KB026412

일제강점기의
예언사상

김탁(金鐸)

1963년에 경상북도 의성군에서 태어났으며, 대구 영남고등학교(30기)를 거쳐 1985년에 한양대학교 경제학과를 졸업하였다. 1985년부터 한국정신문화연구원(현 한국학중앙연구원) 부설 한국학대학원에서 한국사상과 종교를 연구하여, 1995년에 「증산 강일순의 공사사상」이라는 논문으로 철학박사 학위를 취득하였다. 현재까지 50여 편의 논문을 썼으며, 주요 저서로는 『증산교學』(1992), 『한국종교사에서의 동학과 증산교의 만남』(2000), 『한국의 관제신앙』(2004), 『정감록』(2005), 『증산 강일순』(2006), 『역주 송광사 사고: 인물편』(2007, 공역), 『한국의 보물, 해인』(2009), 『대종교원전자료집: 대종교신원경』(2011, 공저), 『조선의 예언사상』 상, 하(2016) 등이 있다.

일제강점기의 예언사상

2019년 1월 20일 초판 인쇄
2019년 1월 25일 초판 발행

지은이 | 김탁
펴낸이 | 이찬규
펴낸곳 | 북코리아
등록번호 | 제03-01240호
주소 | 13209 경기도 성남시 중원구 사기막골로 45번길 14
우림2차 A동 1007호
전화 | 02-704-7840
팩스 | 02-704-7848
이메일 | sunhaksa@korea.com
홈페이지 | www.북코리아.kr
ISBN | 978-89-6324-638-3 (93150)
값 32,000원

일제강점기의 예언사상

김 탁 지음

북코리아

서문

일제강점기는 우리 민족 최대의 수난기였으며, 일제에 의해 국권을 상실당한 채 고통받던 암울한 시기였다. 나라의 주권을 강탈당한 상태에서 당시 민족 최대의 화두는 당연히 조국의 광복이었다. 시대의 질곡을 벗어나 당당히 조국과 민족의 국권을 되찾으려는 노력과 시도는 다양한 방면에서 다각도로 제기되었다. 일제의 폭압에 억눌린 채 살아야 했던 민족의 자존심을 회복하고 나라의 독립을 꿈꾸던 민중들은, 결코 희망의 끈을 놓치지 않고 계속해서 국권회복운동에 물리적인 방법으로 참여하거나 정신적인 차원에서 적극적으로 가담했다.

일제강점기에 종교운동의 일환으로 일어난 국권회복운동은 당시 민중들이 주체적으로 참여한 독립운동이었다. 비록 총과 칼을 들고 일제에 대한 무력투쟁에 적극적으로 뛰어들지는 못했지만, 민중들이 지속적이고 광범위하게 참여했던 '종교를 통한 국권회복운동'은 민족의 독립운동사에서 이 시점에서 재평가되어야 할 중요한 역사의 흐름이다.

일제의 폭압에 맞서 정신적 차원에서 적극적으로 제시되었던 당시의 종교운동은 신종교교단을 중심으로 주로 전개되었다. 유교, 불교, 천주교, 개신교 등의 이른바 거대종단이나 기성교단들이 일제의 강권과 억압에 숨죽이고 있거나 소극적으로 현상유지에 급급했던 상황에서, 새롭게 발생하여 새 세상을 이룩하고자 노력했던 이른바 신종교운동은 민중들의 독립의지를 고취시키고 조국의 독립과 민족의 구원이라는 새로운 희망을 제시한 국권회복운동의 정신적 원동력이었다.

당시 신종교운동은 주로 예언을 중심으로 전개되었다. 일제로부터 국권을 되찾아 새로 정부를 조직하고 민족을 해방시킬 진정한 천자(天子)가 곧 출현할 것이라는 예언들이 여러 신종교교단에서 다양한 형태로 제시되었다. 비록 소박한 형태의 예언이었지만 당시 탈출구를 간절히 찾고 있던 민중들에게는 정신적 차원의 새로운 독립운동이자 그들이 쉽게 참여할 수 있었던 거의 유일한 항일투쟁방법이었다.

따라서 일제강점기의 한국 신종교운동은 한때 폭발적인 교세를 이루었고 당시 사회에 엄청난 영향력을 발휘하였다. 전국 각지에서 수많은 사람들이 여러 갈래로 전개된 신종교운동에 적극적으로 참가하였다. 정신적 차원에서 일제에 맞서고자 했던 민중들의 의지가 새로운 종교조직을 통해 결집된 것이 신종교운동으로 전개된 것이다. 조선시대의 진인출현설이 주로 역모사건과 연관되어 소규모로 주장되었던 역사적 사실에 반해 일제강점기의 천자등극설(天子登極說)은 종교조직을 통해 나름대로 체계적이고 대규모로 제시되었다.

교주에 대한 신성화작업을 시도하고 천자가 새로 출현할 것이라는 교리를 나름대로 체계화시킴으로써 일제강점기에 일어났던 여러 한국 신종교운동은 종교운동이자 일종의 국권회복운동이었다. 비록 그러한 예언들이 당대에 실현되지는 못했지만 나라의 진정한 독립과 민족과 세계의 구원을 약속한 신종교교단의 활동은 조국의 광복이 이루어진 이후에도 새 종교운동과 조직으로 그 생명력을 계속 이어갔다. 예언은 그 실현이 이루어지는 시점까지 계속 살아 움직이는 것이다.

이 연구를 진행하는 과정에서 필자는 조용하고 아담한 집필실을 마련해 준 무지개슈퍼의 박순임 여사께 많은 도움을 받았다. 그리고 못난 형을 음으로 양으로 도와주며 묵묵히 지켜봐준 동생들과 어머님께 감사드린다.

2018년 12월
대덕산(大德山) 아래 백산초당(白山草堂)에서
필자 쓰다

차례

서문 /5

제1장 서론 11

제2장 『정감록』의 공간(公刊)과 의의 17

1. 『정감록』 공간의 역사 24

(1) 호세이본 『정감록』의 간행 /25
(2) 김용주본 『정감록』의 간행 /27
(3) 현병주본 『정감록』 /30
(4) 특기(特記)할 만한 『정감록』 이본(異本)들 /32
(5) 일부 『정감록』의 필사 시기를 알 수 있는 기록들 /39
(6) 기존 학계에서 추정하는 『정감록』의 저자들 /48

2. 『정감록』의 내용과 사상 61

(1) 풍수지리사상 /62
(2) 천운순환(天運循環)사상 /71

(3) 천문(天文)사상 /79
(4) 말세(末世)사상 /82
(5) 비결(秘訣)사상 /104
(6) 진인(眞人)사상 /140
(7) 음양오행(陰陽伍行)사상 /154
(8) 승지(勝地)사상 /157

3. 정감록사상의 특징 ………………………………………… 185

4. 『정감록』을 활용한 예언들……………………………………… 190

5. 일제강점기의 정감록에 대한 평가 …………………………… 222

제3장 한국 신종교의 국권회복운동과 예언사상……………… 241

1. 동학계 종단의 국권회복운동과 예언 ……………………… 248

(1) 천도교 /248
(2) 시천교 /254
(3) 수운교 /260
(4) 청림교 /262

2. 증산교계 종단의 국권회복운동과 예언 …………………… 280

(1) 훔치교(태을교, 선도교) /280
(2) 불무황제 김연일 /290
(3) 보천교 /294
(4) 미륵불교 /394
(5) 무극도 /397
(6) 정인표의 미륵불교 /484
(7) 원군교 /486
(8) 인도교 /489
(9) 선도교 /493
(10) 무극대도교(동도법종금강도) /495
(11) 제주도 미륵교 /500

(12) 서상석의 증산교파 /502
(13) 황극교 /503

3. 기타 신종교의 국권회복운동과 예언 505

(1) 경천교 /505
(2) 칠성교 /506
(3) 정도교 /509
(4) 대정교(大正敎) /512
(5) 금강도 /512
(6) 백백교 /513
(7) 인천교 /525
(8) 도화교 /526
(9) 신선교 /527
(10) 천지교 /527
(11) 청림미륵교 /528

4. 기타 예언들 529

제4장 일제강점기 예언의 특성과 의미 541

1. 체제변혁의 도구와 선전자료 544
2. 인물 중심의 예언 548
3. 기존 예언에 대한 새로운 해석 550
4. 교단 위주의 예언 552
5. 특정 시점과 실제화를 제시한 예언 554

제5장 결론 557

제1장
서론

일제강점기(日帝强占期)는 우리나라가 일본제국주의에 의하여 식민통치를 당한 1910년부터 1945년까지의 35년간을 가리키는 용어다. 20세기에 있어서 우리 민족의 최대 사건은 1910년 일제(日帝)에 의해 나라를 강탈당한 것이다. 이후 한민족의 최대 과제는 일제에 의하여 강탈된 조국의 주권을 찾고, 민족해방과 민족의 자주적인 국가를 건설하는 것이었다.

일제강점기는 우리 민족이 가장 크고 아픈 상처를 입은 한국사의 특수한 시기였다. 일본제국주의의 한국에 대한 식민지정책의 특징은 첫째, 한국민족 말살정책과 둘째, 식민지 수탈정책의 융합으로 요약할 수 있다. 제2차 세계대전 종료 이전까지의 열강의 식민지정책은 나라에 따라 각각 유형적 특징이 있었다.

일본의 한국에 대한 식민지정책은 직접 지배의 원칙을 채택하였으며 이른바 동화정책(同化政策)이라는 이름 아래 한국민족 말살정책을 강행하였다. 즉 일본제국주의는 한국을 강점하여 사회, 경제적 수탈의 극대화와 함께 한국민족을 소멸시키려 한 것이었다. 이 점이 서구 제국주의의 식민지정책과는 근본적으로 다른 점이었다.

일제강점기의 한국민족의 항일독립운동이 전 세계 약소민족의 모범이 될 만큼 완강하고 줄기차게 전개되었기 때문에 일본제국주의의 한국민족 말살정책은 결국 성공하지 못하고 실패하였으며, 사회, 경제적 수탈정책도 많은 부분에서 그들이 원한 바대로 되지는 않았다.

일제강점기에 우리 민족은 일제의 식민지정책으로부터 민족을 보위하고 일제를 몰아내어 조국의 광복과 독립을 쟁취하려고 영웅적 투쟁을 전개하였다. 그 결과 우리 민족의 독립운동과 연합국의 승전으로 마침내 일본제국주의는 한국에서 쫓겨나게 되었다.

일본제국주의는 1910년 8월 29일 대한제국의 주권을 완전히 강탈하여 식민지로 강점하여 한국에 대한 식민지통치기구로서 조선총독부를 설치하고, 그 지휘자로 총독을 두어 식민지통치를 담당하게 하였다. 이후 우리 민족은 35년 동안 불굴의 투지로 조국의 광복과 독립을 위한 투쟁과 더불어 마침내 1945년 8월 15일 광복을 맞이하였다.

예언은 은밀하게 유포되고 비밀스럽게 전파 확산되는 속성 때문에 아직까지 학문적 연구대상이 되는 일이 거의 없었다. 일제강점기에 무라야마 지준(村山智順)이라는 일본인에 의해 『조선의 예언과 점복』(1933), 『조선의 유사종교』(1934)라는 일종의 자료집 성격의 저술이 발간되어 한국의 예언사상에 대한 단초적인 사료를 전하고 있다. 따라서 지금까지 한국의 예언사상에 대한 연구 성과는 실제 전무하다시피 했다.

그러나 지난 시대를 살았던 우리 조상들의 생활상과 역사를 제대로 이해하고 알기 위해서는 당대를 풍미했던 다양한 예언과 그 기저에 흐르는 독특한 사상에 대하여 면밀하게 살펴보는 일이 꼭 필요하다. 이는 한국사, 나아가 한국의 민중사상사를 연구하기 위한 기초적 연구에 해당한다.

당대의 주류가 아니라 비주류로서, 그리고 지식인이나 권력을 지닌 인물이 아니라 민중의 시각과 대중의 입장에서 비밀리에 제기되고 오랜 세월에 걸쳐 조심스럽게 펼쳐진 예언사상을 연구하는 일이 한국사의 온전한 서술을 위해 필수적으로 요청된다. 예언이 가지는 함축적인 의미를 연구하는 과정에서 당대 민중의 생각과 믿음에 대해 알 수 있을 것이다.

이에 필자는 조선시대의 예언사상에 대하여 방대한 자료를 세밀하게 분석하여 『조선의 예언사상』이라는 저서를 2016년 3월에 발행하였다. 약 6년의 오랜 기간 동안 필자는 조선시대의 많은 사료들을 섭렵하여 그 가운데 숨어 있는 조선의 예언사상에 관한 연구를 시도하여 일정한 성과를 이루어냈다.

조선시대의 예언사상을 연구한 역량을 바탕으로 이제 조선을 뒤이어 다가왔던 한국사의 뼈아픈 시기인 일제강점기의 예언사상을 연구하는 일은 그 시기에 대한 제대로 된 평가에 도움이 되는 일이다.

일제강점기에는 시대의 특성상 일제라는 강력한 지배통치체제에 맞서 우리 고유의 문화와 역사 그리고 사상을 지켜가기 위한 다양한 저항과 시도가 있었다. 최종적 목표는 오로지 조국의 독립을 위한 열망과 의지였다.

따라서 일제강점기에 제기된 많은 예언들은 조선시대의 예언들이 반란과 역모에 다수 이용되었던 것과는 다르게 조선의 국권을 지키고 회복하기 위한 수단과 계기로 제시되었다. 조국의 독립을 강렬하게 열망한 우리 민족의 투쟁사에는 물리적 수단을 이용한 투쟁 이외에도 정신적, 사상적 투쟁의 역사가 있었다.

잃어버린 국권을 되찾기 위한 독립운동에는 여러 갈래의 투쟁의 역사가 존재한다. 직접 무기를 들고 일제에 항거한 유혈투쟁의 역사와는 다르게 일제의 강권에 정신적 차원의 대응을 시도한 사상적 투쟁의 역사도 엄연히 존재한다.

이번에 『일제강점기의 예언사상』이라는 저술을 통해서 필자는 일제강점기를 살았던 조상들의 정신적 독립운동과 투쟁의 역사를 면밀하고 일정하게 서술하고자 한다. 이는 독립운동사의 또 다른 모습을 세상에 드러내고 복원하는 일이기도 하다.

이를 통해 필자는 일제강점기 한국독립운동과 사상투쟁의 온전한 복원을 위한 또 하나의 초석을 마련하고자 한다. 신앙과 믿음에 의지해 전개된 예언사상을 이해하고 정리하는 일은 일제강점기 우리 민족의 강렬한 독립의지와 사상적 투쟁을 살펴보는 작업이다.

제2장

『정감록』의 공간(公刊)과 의의

조선 영조 15년(1739) 6월에 처음으로 역사서에 이름이 등장한 이른바 『정감록』은 그 후 오랜 세월 동안 은밀하게 필사되는 과정에서 여러 본의 이본이 현전한다. 현재 약 50여 종의 조금씩 다른 『정감록』 이본들이 존재한다.

필사되는 동안 『정감록(鄭鑑錄)』이라는 제목 아래 수많은 비결서(秘訣書)들이 조금씩 다르게 그리고 필사자의 일정한 의도하에 다양하게 전파되었다. 이러한 과정에서 이른바 『정감록』은 정해진 형태로 고스란히 후대에 전수된 것이 아니다.

흔히 정본 『정감록』이 따로 존재하는 것처럼 인식되지만, 현실은 그렇지 않다. 해석의 문제는 차치하고라도 내용에 있어서 조금씩 다르게 전해지는 『정감록』에 대해 그 서사적 맥락을 규명할 필요가 있다.

『정감록』의 저자는 누구이며, 어떤 내용이 적혀 있을까?

『정감록』의 저자나 그 성립 시기에 대해서는 여러 학자들의 다양한 학설이 있지만 확실한 것은 밝혀지지 않고 있는 실정이다.

『정감록』은 여러 가지 형식으로 서술되어 있으며, 사상적으로도 다양한 배경을 지니고 있는 책이다. 흔히 『정감록』은 몰락한 지식인 계층의 인사들이 풍수지리설이나 음양오행설에 관한 지식을 동원하여 왕조교체와 사회변혁의 당위성을 우주론에 입각한 운세법칙(運世法則)에 연관하여 설명한 책으로 평가된다.

더욱이 『정감록』이 지닌 반왕조적이고 현실부정적인 내용 때문에 공식적으로 인쇄되지 못하고 민간에서 은밀히 필사본으로 전승되었기 때문에, 해를 거듭하는 동안 필사자들의 의도와 성향에 의해 끊임없이 첨삭이 가해졌음이 분명하다.

그리고 설혹 어떤 비결서를 쓴 사람이 있다고 하더라도 자신의 이름을 공개적으로 밝히기는 어려웠을 것이며, 유명한 인물의 이름을 빌어 자신의 신분을 숨길 수밖에 없었을 것이다.

따라서 『정감록』은 결코 한 사람의 창작물이 될 수 없다. 오랜 세월을 거쳐 전해지는 과정에서 수많은 사람들의 손을 거친 공동저작임이 분명하다. 책 이름에서 짐작되듯이 정감(鄭鑑)이라는 전설적인 인물이 기록한 것으로 믿어질 따름이다.

『정감록』「감결」의 첫머리에는 "감(鑑)은 사마휘(司馬徽)나 제갈량(諸葛亮)보다 낫다"는 문구가 있다. 그러나 이런 예언적 참서(讖書)에 저자가 자신의 신분을 노출시키면서 실명을 밝힐 까닭이 없다. 또한 예언의 구술자인 정감(鄭鑑)이 서촉(西蜀)에서 왔다거나 중국인일 것이라는 이야기도 신빙성이 부족하며, 고려 말기의 인물일 가능성도 희박하다. 다만 글의 내용이 정확할 것이라는 독자들의 믿음을 유발하기 위한 일종의 고안 장치에 지나지 않는다.

「감결」에 정감(鄭鑑)이라는 이름이 명시되지 않는 이본이 많으며, 특히 대화자인 이심(李沁)이 말할 경우에는 "심왈(沁曰)"이라고 이름이 구체적으로 거명되지만, 정감이 말할 때에는 "정왈(鄭曰)"이라고 기록한다. 결국 정감이라는 이름이 중요시되지 않고, 다만 그의 성씨만 강조되고 있음이 확인된다. 이와 관련하여 정감록(鄭勘錄)이라는 명칭으로 기록된 이본도 상당수 있다.

일반적으로 『정감록』의 성립 시기를 외적의 침입에 의해 사회적 혼란이 극심하고 개인적인 자기 보전에 급급하였던 임진왜란과 병자호란 이후로 보는 설이 가장 설득력 있게 받아들여진다.

『정감록』은 조선시대 이래 민간에 널리 유포되어온 우리나라의 대표적인 예언서다. 그러나 우리가 흔히 『정감록』이라고 말하는 책은 한 권의 책이 아니다. 여러 가지 비결서의 집성이며 이본(異本)이 많은 것이 특징이다.

『정감록』은 「감결(鑑訣)」을 비롯하여 「동국역대기수본궁음양결(東國歷代

氣數本宮陰陽訣)」, 「역대왕도본궁수(歷代王都本宮數)」, 「삼한산림비기(三韓山林秘記)」, 「무학비결(無學秘訣)」, 「오백론사(五百論史)」, 「도선비결(道詵秘訣)」, 「남사고비결(南師古秘訣)」, 「토정가장결(土亭家藏訣)」, 「서계이선생가장결(西溪李先生家藏訣)」, 「정북창비결(鄭北窓秘訣)」, 「서산대사비결(西山大師秘訣)」, 「두사총비결(杜師聰秘訣)」, 「옥룡자기(玉龍子記)」, 「삼도봉시(三道峰詩)」 등의 짧은 비결서 수십 종을 총칭하는 책이다. 따라서 『정감록』은 단일한 체제와 일관된 형식을 갖춘 책이 아니라, 여러 다양한 형식의 단편적인 비결서들이 합쳐진 책이다.

넓은 의미의 『정감록』은 「감결」 등 여러 비결을 망라하는 책이며, 좁은 의미의 『정감록』은 「감결」만을 가리킨다는 주장도 있다. 아마도 『정감록』을 편찬한 사람들이 「감결」을 중심으로 삼고 당대에 유포되던 여러 비결서들을 합쳐서 '정감록'이라는 제목을 붙여서 책을 만들었기 때문으로 짐작된다. 애초에는 몇 개의 비결서만을 모았던 책이었는데, 세월이 흐르고 시대적 상황이 바뀌면서 또 다른 비결서들이 더욱 보태져서 이른바 『정감록』이라는 책으로 집대성되었던 것으로 이해해야 할 것이다.

『정감록』에서 가장 중요한 부분인 「감결」은 한륭공(漢隆公)의 둘째 아들인 이심(李沁)과 셋째 아들인 이연(李淵)이 정감(鄭鑑)과 함께 금강산, 삼각산, 가야산 등지를 유람하면서 나눈 대화록이다. 주로 이심이 묻고, 정감이 대답하는 형식을 취하고 있다. 내용의 핵심은 이씨 조선이 망하고 정씨의 새로운 왕조가 계룡산에서 일어날 것인데, 그 과정에서 발생할 난리를 피해 몸을 보전할 열 곳의 땅을 제시한 것이다.

『정감록』이 언제쯤 편집되었는지는 정확히 알 수 없다. 왜냐하면 『정감록』에 포함되는 여러 비결서가 편찬자에 따라서 현재 발행되는 해석본에서도 조금씩 다르기 때문이다. 다만 앞에서 언급되는 단편적 비결서들을 대부분 포함하고 있는 책을 현재의 입장에서 편의상 『정감록』이라고 부르는 것이다.

그런데 현재 전하고 있는 『정감록』의 이본은 모두 50여 종이나 되며, 내용은 같지만 이름만 다른 것까지 합치면 무려 73종이나 된다.[1] 이는 『정감록』이 고정된 형태의 저작이 아니라 민중들에 의해 항상 새롭게 부각되고 해석될

수 있는 동적(動的)인 성격을 지녔음을 알려준다.[2]

『정감록』은 다양한 형태의 비결을 집성한 민간예언서로서, 주로 이심(李沁)과 정감(鄭鑑)의 문답과[3] 조선 말기의 쇠운설(衰運說)이 주축이 되며 참위설, 풍수지리, 도교사상 등이 혼합되어 있는 책이다. 정확한 원본이 발견되지 않으며 민간에 유포된 각종의 필사본이 있을 따름이다.[4] 책이름도 정감록(鄭湛錄), 정감록(鄭堪錄), 감론초(堪論抄), 석서(石書), 조선보감(朝鮮寶鑑), 요람역세(要覽歷歲), 징비록(徵秘錄) 등 다양하게 불린다.[5]

『정감록』의 이본이 이처럼 많은 이유는 『정감록』이 필사본으로 유통될 당시 집권층에서 사회질서를 어지럽히는 내용이라고 판단하여 이 책을 소지하거나 배포하는 일을 철저하게 금했기 때문이다. 더욱이 인쇄술이 널리 보급되지 못하던 때여서 일일이 손으로 필사하여 여러 사람에게 유포되는 과정에서 오자나 탈자가 나오기 마련이었으며, 책의 일부 내용이 누락되거나 삭제되었고 때로는 특별한 이유로 몇 구절이 첨삭되기도 했고 가필되었기 때문이다.[6]

결국 지금까지 전하는 여러 이본들 가운데 어느 것이 진본인지를 확인하는 일은 거의 불가능하다. 책 제목에 '원본' 또는 '진본'이라는 이름이 들어가 있다고 하더라도 그 책을 원본이나 진본으로 간주할 수는 없다. 그런 이름이

---

1 『정감록』의 이본과 각 이본들의 체제와 내용의 차이에 대해서는 무라야마 지준(村山智順) 저, 김희경 역, 『조선의 점복과 예언』(동문선, 1990), 533-537쪽; 안춘근 편, 『정감록집성』(아세아문화사, 1981), 4-8쪽; 김수산 · 이동민 역저, 『정감록』(명문당, 1981), 27-65쪽을 참고.

2 양은용, 「정감록(鄭鑑錄) 신앙의 재조명」, 『전통사상의 현대적 의미』(한국정신문화연구원, 1990), 50-51쪽을 참고.

3 정감은 포은(圃隱) 정몽주(鄭夢周, 1337-1392)의 선조(先祖)이고, 이심은 조선 태조(太祖) 이성계(李成桂, 1335-1408)의 선조로 고려시대의 인물이라고 믿어진다. 또 어떤 판본에는 이심이 태조의 7대조라고 밝힌 것도 있지만, 신빙성은 없다. 차천자(車天子), 「신해(新解) 정감록(鄭鑑錄)」, 『별건곤』 11호(1928. 2.), 2쪽.

4 『정감록』에 수록되어 있는 자료 가운데 「비람(秘覽) 청류당음청록(聽流堂陰晴錄)」은 1891년에 필사되었다고 명시되어 있다. 안춘근, 앞의 책, 1981, 8면.

5 「괴서 『정감록』 해부」, 『삼천리』 제9권 5호(1937. 10월호), 1쪽. 조선총독부 경무국에 근무하던 니시무라(西村) 통역관의 다년간의 연구를 인용하고 있다. 『정감록』에는 내각판(內閣版), 안동판(安東版), 송판송사(松板松寫) 등의 이본이 있다고 했다.

6 이태희, 『십승지』(도서출판 참나무, 1998), 105쪽.

들어가 있는 이유는 책의 편자가 그 책에 권위를 부여하기 위해 굳이 그런 이름을 붙인 것일 뿐이기 때문이다.

한편 『정감록』의 여러 이본들 가운데 서울대학교 규장각에 소장되어 있는 규장각본 『정감록』은 그 지질은 근대에 필사된 것이기는 하지만 전체 체제나 내용으로 볼 때 가장 신빙성이 있는 사본으로 보기도 한다.[7] 1923년 3월에 김용주가 공간(公刊)한 『정감록』도 바로 이 규장각본을 중심으로 삼았기 때문에, 앞으로도 특별한 이유가 없다면 규장각본을 『정감록』이라는 책의 중심으로 이해할 수밖에 없을 것이다.

간단하게 정의한다면 『정감록』은 '우리나라 미래의 국운(國運)을 예언한 신비하고 해석이 어려운 도참서'이며, '고려조와 조선조의 흥망 및 새로운 정씨 왕조의 출현을 예고'하고 있다는 내용적인 공통점이 있다. 그리고 『정감록』은 기본적으로 풍수지리설과 역성혁명(易姓革命)사상을 바탕으로 조선의 국운을 예언했으며, 지기쇠왕설(地氣衰旺說)과 동양의 순환사관(循環史觀)에 기초하고 있다.

7 김수산 · 이동민 역저, 앞의 책, 37-38쪽.

1.
『정감록』 공간의 역사

필사본으로 유포되던 시기에는 참위설(讖緯說)적인 비결들이 들쑥날쑥하게 이른바 『정감록』에 포함되기도 하고 누락되기도 했을 것이지만, 일단 근대적 인쇄술로 공간(公刊)이 된 이후에는 이러한 일이 발생할 가능성이 차단되었다. 1923년에 공간된 이후에야 비로소 이전에 필사본의 형태로 은밀히 유포되던 『정감록』이 공식적으로 발행되어 판본이 완전한 형태로 일반인에게도 제공되었다. 이제 『정감록』은 누구나 대중적으로 읽을 수 있는 예언서로 자리매김했으며, 『정감록』에 수록된 예언은 더 이상 불확실하고 애매모호한 내용으로 전파되지 않았다.

따라서 1923년 이후에는 비전(秘傳)되었다는 또 다른 비결서가 일반인에게 공개된다고 하더라도 『정감록』이라는 이름은 사용할 수 없었으며 사용하지도 않았다. 이러한 비결서들은 『정감록』과는 다른 독특한 이름을 짓거나 기존의 『정감록』에 수록된 비결서의 저자나 주인공이 아닌 다른 인물이 지었다는 설명을 달고 제시되는 것이다.

(1) 호세이본 『정감록』의 간행

이른바 『정감록』이 역사의 무대에 그 이름이 전해진 영조 15년(1739) 6월 이후 180여 년 만인 1923년 2월 15일에 일본인 호소이 하지메(細井肇)에 의해 활자본 『정감록』이 처음으로 동경(東京)에서 공식적인 형태로 출판되었다. 이는 오랫동안 말로만 전해지던 『정감록』의 실체가 드디어 세상에 온전하게 모습을 드러낸 역사적 순간이었다. 이 책의 재판이 불과 일주일 만인 그해 2월 22일에 간행되었고, 3월 2일에는 3판을 찍었다는 사실을 고려하면 『정감록』은 당시 일본과 조선 사람들에게 상당한 관심을 끌었음이 확인된다. 『동아일보』 1923년 3월 3일자와 3월 6일자에 호세이본 『정감록』에 대한 광고가 실려 있다.

긴 세월에 걸쳐 은밀하게 유포되고 믿어졌던 이른바 『정감록』이라는 예언서의 공식적 출판은 『정감록』에 대한 객관적이고 현실적인 비판과 연구를 가능하게 했다.

물론 호세이본 『정감록』은 그가 쓴 서문에서 밝혀지듯이, 『정감록』에 대해 비판적인 견해를 진술했고 한마디로 말해 『정감록』을 혹세무민하는 가당치도 않은 예언서로 규정하고 있다. 그러나 은밀하게 필사본으로만 유통되고 정확하지 않은 문구들이 제멋대로 자의적으로 전해지던 『정감록』을 공식적인 역사의 무대에 출현시켰다는 의의가 있다.

호소이(細井肇)가 편찬한 『정감록비결집록(鄭鑑錄秘訣集錄)』은 104면 분량의 활자본으로 「감결」, 「동국역대기수본궁음양결」, 「역대왕도본궁수」, 「삼한산림비기」, 「무학전」, 「오백론사」, 「오백론사비기」, 「도선비결」, 「정북창비결」, 「남사고비결」, 「남경암산수십승보길지지」, 「서산대사비결」, 「두사총비결」, 「피장처」, 「화악노정기」, 「북두류노정기」, 「구궁변수법」, 「옥룡자기」, 「경주이선생가장결」, 「삼도봉시」, 「서계이선생가장결」, 「토정가장결」, 「이토정비결」, 「갑오하곡시」 등이 실려 있다. 역시 '김용주본 『정감록』'의 「감결」에 실린 내용과 거의 동일하며, 약간의 오자와 탈자가 있는 정도이다.[8]

호소이는 이 책에 「정감록의 검토」라는 48면 분량의 논문을 앞부분에 실었다. 「감결」의 일본어 번역본이 있고, 뒷부분에는 부록으로 46면 분량의 『비결집록(秘訣集錄): 의사고본(擬似稿本)』이라는 제하에 「비결」, 「일행사설(一行師說)」, 「현지선견(玄知先見)」, 「정순옹결(鄭淳翁訣)」, 「초암결(草庵訣)」, 「낭선결(浪仙訣)」, 「옥룡자시(玉龍子詩)」, 「옥룡자청학동결(玉龍子靑鶴洞訣)」 등 8편의 비교적 짧은 비결들이 실려 있는데, 기존의 비결서와 내용이 다른 비결들이다.

이 가운데 「옥룡자청학동결」에는 뒷부분에 「도선왈(道詵曰)」과 「의상대사왈(義相大師曰)」이 덧붙여져 있다. 「정감록의 검토」에 대정 12년(1923)이라는 기록이 있기 때문에 그 이후에 간행된 것으로 보인다. 호세이본 『정감록』은 동경(東京) 자유토구사(自由討究社)에서 간행하였다. 호세이본 『정감록』의 전체 면수는 198면이다. 이와 관련하여 1923년 3월 25일자 『매일신보』에 『비서(秘書) 정감록』이라는 책이 출판되었다는 광고가 실려 있다. 이는 김용주본 『정감록』이 3월 20일에 광고를 실자 따라서 광고한 것으로 보인다.

『비결집록』 「비결」의 앞부분은 「감결」과 비슷하고, 마지막 부분은 「순자결(順字訣)」과 비슷한 내용으로 이루어져 있고, 본문에 정씨가 남해의 섬에서 나오는 때가 태조(太祖)가 조선을 창건한 임신년으로부터 27세(世)에 해당한다는 기록이 있는 것으로 볼 때 고종(高宗) 연간이나 그 이후에 기록된 것으로 추정된다.[9] 물론 기타 『정감록』 이본과는 다른 내용도 다수 포함되어 있다.

호소이는 명치(明治)부터 소화(昭和)에 이르는 동안 활동한 신문기자였다. 그는 1907년에 우리나라에 들어와 내전양평(內田良平) 등의 합방촉진운동(合邦促進運動)을 지원하였다. 1919년에 다시 내한하여 3.1독립운동 등을 취재하였고, 조선총독부의 식민정책에 적극 협조하였다. 저서로는 『여왕민비(女王閔妃)』, 『벌족죄악사(閥族罪惡史)』, 『선만(鮮滿)의 경영(經營)』, 『조선문화사론』,

---

8 안춘근 편, 『정감록집성(鄭鑑錄集成)』(아세아문화사, 1973), 659-870면.

9 위의 책, 「비결」, 『비결집록』, 831면.

『조선 문제의 귀추(歸趨)』, 『국태공(國太公)의 자(眦)』 등이 있다.[10]

(2) 김용주본 『정감록』의 간행

무라야마 지준(村山智順)의 『조선의 점복과 예언』(1933)에 의하면 다음과 같은 『정감록』 판본이 있었다.

① 『정감록』: 미농판철(美濃判綴), 80매, 대정(大正) 9년(1920) 무렵, 인쇄(등사본)
② 활자본 『정감록』: 국판(菊版), 53면, 대정 12년(1923) 2월, 저작 겸 발행인 김용주(金用柱), 경성 조선도서주식회사 발행
③ 『조선비결전집(朝鮮秘訣全集)』: 미농판지철, 등사본, 44매

이 가운데 김용주가 편찬하여 1923년 3월 19일에 한성(漢城)도서주식회사에서 발행 인쇄하여 간행한 『정감록』은 기존에 필사된 형태로 은밀하게 전해지던 비결을 연활자본(鉛活字本) 국판(菊版)으로 집대성한 책이다. 총 발매소는 조선도서주식회사였다. 여기에는 『징비록(徵秘錄)』, 『운기구책(運奇龜策)』, 『요람역세(要覽歷歲)』, 『동세기(東世記)』, 『동차결(東車訣)』, 『감결(鑑訣)』, 『감인록(鑑寅錄)』 등 7권의 비결서가 실려 있다.

김용주본 『정감록』이 공간된 것은 무라야마의 주장처럼 1923년 2월에 발행한 것이 아니라 정확히는 그해 3월 19일에 발행되었다. 호세이본 『정감록』이 일본 동경에서 발행된 지 불과 32일 후에 발행된 것이다. 그리고 분량도 53면이 아니라 제목을 포함하여 180면의 방대한 책자였다. 호세이본 『정

---

10 구양근, 『갑오농민전쟁원인론』(아세아문화사, 1993), 367쪽.

감록』의 분량이 198면이지만, 한 면에 들어가는 글자 수가 김용주본 『정감록』이 호세이본보다 1.5배가 많다는 사실을 고려하면 김용주본 『정감록』의 분량이 호세이본 『정감록』보다 훨씬 많은 분량이다.

김용주본 『정감록』의 간행과 관련하여 1923년 3월 20일자 『매일신보』에 조선도서주식회사에서 당일 출판한 『정감록』을 선전하는 광고가 실렸다. 이 광고에는 간략한 김용주본 『정감록』의 목차도 실었다. 그해 3월 26일과 31일에는 총 발매소는 조선도서주식회사이고 한성도서주식회사에서 인쇄했다고 광고했다. 1923년 3월 20일, 3월 23일, 3월 27일, 3월 28일, 4월 4일, 4월 22일자 『동아일보』에도 광고가 실려 있다. 그리고 1923년 4월 28일자 『매일신보』 광고란에 따르면 김용주본 『정감록』이 초판 5천 부가 매진되어 재판을 발행했다고 한다. 간행된 지 불과 40여 일이라는 짧은 기간에 무려 5천 부가 팔렸다고 한다.

이제 많은 필사본으로 그 정확한 내용을 알 수 없었던 이른바 『정감록』이 공식적으로 편찬됨에 따라 『정감록』에 수록된 다양한 예언사상에 대해 비록 해석의 차이는 있을 수 있지만 비로소 학술적인 분석과 연구가 가능하게 되었다.

김용주가 규장각 소장본을 중심으로 교열한 『정감록(鄭勘錄)』이 국립중앙도서관에 분류번호 조선총독부고서부 한(韓) 고조(古朝) 19-62로 소장되어 있다. 김용주가 저작 겸 발행자이며, 한성도서주식회사(漢城圖書株式會社)에서 발행했다. 『동아일보』 1923년 3월 28일자 신간 서평란에 소개되었고, 『개벽』 34호(1923. 4. 1.)에도 「혹세무민의 『정감록』 발행에 대하여」라는 비판적 기사가 실려 있다.

어쨌든 여러 형태와 경로를 통해 오랫동안 민중들에게 필사본으로 전해지던 비결서를 모아 김용주(金用柱)가 1923년 3월 19일에 『정감록』을 180면의 국판 활자본으로 간행하였다. 이 책에는 46종의 비결서가 수록되어 있고, 현재 일반적으로 『정감록』에 포함된다고 여겨지는 거의 모든 비결을 포함하고 있다. 따라서 적어도 1923년 3월 무렵에는 『정감록』으로 불리는 비결서가 집대성되었다고 평가할 수 있다.

그 가운데 『동차결』 뒷부분에 「무망론약이수자손(無忘論略以授子孫)」과 「삼척국기노정기(三陟局基路程記)」가 수록되어 있고, 『감결』에는 「역대기수본궁음양결(歷代氣數本宮陰陽訣)」, 「역대왕도본궁수(歷代王都本宮數)」, 「삼한산림비기(三韓山林秘記)」, 「무학비전(無學秘傳)」, 「오백론사(五百論史)」, 「오백론사비기(五百論史秘記)」, 「도선비결(道詵秘訣)」, 「정북창비결(鄭北窓秘訣)」, 「남사고비결(南師古秘訣)」, 「남경암산수십승보길지지(南敬岩山水十勝保吉之地)」, 「서산대사비결(西山大師秘訣)」, 「두사총비결(杜師聰秘訣)」, 「피장처(避藏處)」, 「화악노정기(華岳路程記)」, 「북두류노정기(北頭流路程記)」, 「구궁변수법(九宮變數法)」, 「옥룡자기(玉龍子記)」, 「경주이선생가장결(慶州李先生家藏訣)」, 「삼도봉기(三道峯記)」, 「서계이선생가장결(西溪李先生家藏訣)」, 「토정선생가장결(土亭先生家藏訣)」, 「이토정비결(李土亭秘訣)」, 「갑오하곡시(甲午夏穀詩)」 등 23개의 비결서가 포함되어 있고, 『감인록』 뒷부분에 「교외문답(敎外問答)」, 「칠언고결(七言古訣)」, 「비지론(秘知論)」, 「신효자사의조사비전(新曉子師義祖師秘傳)」, 「남격암십승지론(南格庵十勝地論)」, 「정이감여론(鄭李堪輿論)」, 「토정묘결(土亭妙訣)」, 「오백론사(五百論史)」, 「호남소전(湖南所傳)」, 「부탐라조선(附耽羅朝鮮)」, 「십승지(十勝地)」, 「가피가은처(可避可隱處)」, 「산록집설(散錄集說)」, 「말속론(末俗論)」, 「도선비결(道詵秘訣)」, 「의상대사비결(義相大師秘訣)」, 「청구비결(靑邱秘訣)」, 「정감문답(鄭堪問答)」 등 18개의 비결서가 실려 있다.[11]

호세이본 『정감록』이 일본 동경에서 출간된 후 불과 한 달여 만인 1923년 3월에 김용주가 『정감록』을 또다시 공식적으로 출간했다. 이는 호세이본 『정감록』보다 무려 3배 이상 많은 내용을 포함한다. 따라서 내용과 규모 면에서 볼 때 김용주본 『정감록』이 호세이본 『정감록』보다 훨씬 풍부하고 다양한 『정감록』의 내용을 제시하고 있다. 따라서 이 책에서는 김용주본 『정감록』을

11 안춘근 편, 앞의 책, 1973, 480-658면.

이른바 『정감록』 정본으로 보고 분석 연구하고자 한다.

한편 1923년 3월 21일자 『매일신보』에는 이문당에서 출판한 『진본 정감록: 비결』이란 책에 대한 광고도 실렸다. 그리고 1923년 4월 17일자 『매일신보』에는 문화서관에서 출판한 『진본 정감록』에 대한 광고가 실렸다. 따라서 1923년에 발행한 『정감록』이 두 권 더 확인된다.

(3) 현병주본 『정감록』

현병주(玄丙周)가 편찬한 『비난정감록진본(批難鄭鑑錄眞本)』은 경성(京城) 우문관서회(友文館書會)에서 간행되었다. 102면 분량의 연활자본인데, 「감결」, 「동국역대기수본궁음양결(東國歷代氣數本宮陰陽訣)」, 「역대왕도본궁수」, 「삼한산림비기」, 「무학전(無學傳)」, 「오백론사」, 「오백론사비기」, 「도선비결」, 「정북창비결」, 「남사고비결」, 「남경암산수십승보길지지」, 「서산대사비결」, 「두사총비결」, 「피장처」, 「화악노정기」, 「북두류노정기」, 「구궁변수법」, 「옥룡자기」, 「경주이선생가장결」, 「삼도봉시」, 「토정가장결」, 「이토정비결」, 「서계이선생가장결」, 「갑오하곡시」 등이 실려 있다. '김용주본 『정감록』'의 「감결」에 실린 내용과 거의 동일하며, 약간의 오자와 탈자가 있는 정도이다. 비결서에 대한 상당히 부정적인 인식이 드러나 있다.[12] 특히 현병주는 각 비결서 앞에 「총비(摠批)」라는 짧은 개괄적 설명문을 덧붙였다.

『동아일보』 1923년 3월 17일과 4월 5일자에 이 책을 근화사(槿花社)에서 발행했다는 광고가 있다. 따라서 현병주본 『정감록』도 1923년 3월 무렵에 발행되었음을 알 수 있다. 정확한 간행연도에 대한 설명이 없어서 더 이상의 자세한 정보는 알 수 없다. 결국 『정감록』의 활자본 간행은 1923년 2월과 3월

12 위의 책, 375-478면.

사이의 기간에 이루어졌고, 주요한 세 판본도 이 시기에 집중적으로 간행되었음을 알 수 있다.

현병주는 조선 건국 초기에 살해된 포은(圃隱) 정몽주(鄭夢周, 1337-1392)의 충절(忠節)을 숭배하던 백성들이 계룡산에 새로 도읍지를 세우려는 역사(役事)에 소극적으로 참가하던 중 "계룡산은 정씨 후손의 도읍지이다. 이씨의 도읍지는 한양이다. 이씨는 정씨의 소유를 침해하지 말라. 한양 도읍 5백 년 후에 계룡산이 정씨의 도읍이 될 것이다"라는 신화(神話)가 내리자 공사를 중지했다는 일화를 설명한다.

이어서 현병주는 "『정감록』의 연원은 계룡역사시대(鷄龍役事時代)에 신화 일절(一節)을 근거로 하여 어떠한 무거자(無據者)가 기록하여 비전(秘傳)한 것"이라고 주장했는데, 근거는 전혀 제시하지 않았다. 그리고 "『정감록』은 5백 년 이래로 전 사회의 정신계를 마취케 하였고 그 죄악이 참독(慘毒)하다"고 평가한다.[13]

또 현병주는 「도선비결」이 "최근 40년간에 기록된 것"이라고 주장하는데, 근거를 제시하거나 특별한 설명은 없이 임오(壬午)라는 연호를 기입하여 위조했다고 본다.[14] 비결의 내용과 관련된 주장이 아니며, 특정한 해에 일어난 사건이 비결서에 포함되어 있다는 비판도 없다.

한편 「두사총비결」의 저술자로 알려진 두사총(杜師聰)은 임진왜란 때 명나라 장수 이여송(李如松)을 따라 우리나라에 들어왔다가 전쟁이 끝난 뒤에도 돌아가지 않고 전국을 돌며 여러 곳에 장지(葬地)와 명당터를 정해주었던 인물이다.[15]

어쨌든 김용주가 1923년 3월에 편찬한 『정감록』의 내용이 현재 우리가 사용할 수 있는 『정감록』 가운데 가장 방대한 양이 실려 있고, 필사본이 아닌

13 「감결」, 위의 책, 382-384면.

14 「도선비결」, 위의 책, 416면.

15 「두사총비결」, 위의 책, 430면.

활자본이라서 판독이 손쉽다. 따라서 이 책에서는 기존의 비결과 『정감록』과 비교할 수 있는 현전하는 『정감록』으로서 '김용주본 『정감록』(1923)'을 사용한다. 다만 '김용주본 『정감록』'이 비결서마다 면수 표기를 달리했기 때문에 독자의 편의를 위해 인용하는 면수는 안춘근이 편찬한 『정감록집성』(1973)을 사용한다.

호세이본 『정감록』과 현병주본 『정감록』은 김용주본 『정감록』보다 전체 분량이 5분의 1 정도에 불과하다. 그러므로 분량과 발행연도로 따져보아도 김용주본 『정감록』을 기본적인 연구 자료로 사용할 수밖에 없다.

(4) 특기(特記)할 만한 『정감록』 이본(異本)들

「유산결(遊山訣)」은 필사본으로 앞부분은 「감결」과 비슷하고, 뒷부분에 「양류결(楊柳訣)」, 「호남도평(湖南道評)」, 「윤고산여유겸암문답(尹高山與柳謙菴問答)」, 「윤고산비결(尹高山秘訣)」, 「청학동비결(青鶴洞秘訣)」』 등이 실려 있다.[16]

「양류결」은 송말(宋末)에 이름을 밝히지 않은 양선생(楊先生)과 유선생(柳先生)이 백두산 천지(天池)에 올라가 나눈 대화이다. 원문에는 송말(松末), 천지(天地)로 기록되어 있으나 오자가 확실하므로 고쳤다.[17] 그리고 「양류결」의 뒷부분은 비파를 든 도사(道士)와 윤고산(尹高山)이 월출산(月出山) 염불암(念佛菴)에서 나눈 대화를 기록한 것이다.[18]

그런데 「양류결」에 "자태조임신(自太祖壬申), 지이십칠세을사(至二十七世乙巳), 향국오백칠십이년(享國五百七十二年)"이라는 내용이 있다.[19] 고종은 조선의

16 「유산결」, 위의 책, 15-88면.

17 「양류결」, 위의 책, 38면.

18 「양류결」, 위의 책, 47면.

19 「양류결」, 위의 책, 54면.

제26대 왕이고, 태조가 개국한 때로부터 1905년 일본이 우리나라의 외교권을 박탈하기 위해 강제로 체결한 을사조약(乙巳條約)이 맺어져 국권이 거의 없어지게 된 때까지의 기간은 512년이다. 27과 572라는 숫자는 착각에 의한 오기로 보인다.

「윤고산비결」은 윤고산이 나이 42세 때 어떤 도사를 만나 천문과 지리를 설명한 책을 받고 공부했다고 주장하는데, 유선생이라는 사람과 나눈 대화와 어떤 해에 어떤 일이 일어날 것인지를 예언한 짧은 글이다. 그렇다면 이 비결서의 저자는 누구인가? 조선시대에 고산(高山)이라는 호를 사용한 인물은 병자호란이 일어나자 척화론을 강력하게 주장하여 결국 청나라에 끌려가 심양성에서 사형당한 윤집(尹集, 1606-1637)이다. 그런데 「윤고산비결」에 "임진년에 왜구(倭寇)가 쳐들어왔다는 소문을 듣고 처자와 함께 강진(江鎭) 보길도(寶吉島)에 피난 갔다"는 내용이 있다.[20]

따라서 시기상으로 볼 때 후대인물인 윤집은 이 비결서의 저자가 아니다. 그렇다면 「어부사시사(漁夫四時詞)」로 유명한 고산(孤山) 윤선도(尹善道, 1587-1671)가 아닐까? 그러나 윤선도 역시 임진년(1592)에 불과 7세에 지나지 않았으므로 처자가 있었을 까닭도 없고, 그가 보길도(甫吉島)에 간 것은 병자호란(1636)이 일어나 왕이 청나라 오랑캐에게 항복하고 화의를 했다는 소식을 접하고 이를 욕되게 여겨 제주도를 향하던 도중에 그곳의 수려한 경치에 이끌렸기 때문이다.

결국 「윤고산비결」은 실제로 윤고산(尹高山)이라는 인물이 생존했었고, 그만큼 비결의 내용이 신빙성이 있음을 강조하기 위해 문재(文才)가 걸출했던 윤선도나 충절의 상징인 윤집의 명성을 빌리려 했기 때문으로 생각된다.

『이본정감록(異本鄭鑑錄)』은 「이씨조선멱천신어(李氏朝鮮覓天神語) 정감록(鄭鑑錄)」, 「순자결(順字訣) 성사겸도호무학국사(成士謙道號無學國師)」, 「추록(追

20 「윤고산비결」, 위의 책, 85면.

錄)」, 「정씨조선(鄭氏朝鮮)」, 「도선비문(道詵秘文)」, 「팔도요결(八道要訣)」, 「생민장(生民章)」, 「정감별록초(鄭勘別錄抄)」 등이 실려 있는 필사본이다.[21]

「이씨조선멱천신어 정감록」은 1세(世) 태조(太祖)부터 27세(世)까지 각각 짤막한 내용이 있고 마지막 부분에 "자태조임신(自太祖壬申), 지이십칠세을사(至二十七世乙巳), 향국오백십사년(享國五百十四年)"이라고 적혀 있다. 15세(世)부터 끝까지는 「호남소전」의 내용과 유사하다. 「순자결」도 「감인록」의 내용과 일부 내용이 비슷하다. 「정감별록초」는 「감결」과 비슷하다.

『비람(秘覽), 청류당음청록(聽流堂陰晴綠)』은 1886년에 간행한 『시헌서(時憲書)』의 이면을 활용하여 초서(草書)로 필사한 책이다. 표지에 "신묘비등(辛卯秘謄)"이라고 적혀 있기 때문에 1886년 이후의 첫 번째 신묘년(1891)에 필사한 것으로 추정된다.[22]

안춘근은 『비람』을 설명하면서 첫 구절인 "갑술년 3월에 왕이 창경궁에 있었다(甲戌三月日, 上御昌慶宮)"는 구절을 "1886년 3월에 고종(高宗)이 창경궁에서 있었던 일을 기술하였다"라고 풀이했다. 그러나 1886년은 고종 23년 병술년(丙戌年)이며, 1886년 이후의 갑술년은 1934년이다. 더욱이 이어지는 기록에 왕이 무학(無學)과 나눈 대화를 싣고 있다는 점과 이 부분이 「감인록」의 내용과 거의 비슷하고 「감인록」과 「순자결」 등에는 이름을 밝히지 않은 채 국사(國師)로 등장한다는 점에서 이러한 주장은 옳지 않다. 즉 『비람』에 나오는 갑술년이 고종 때의 기록이라고 보는 것은 명백한 잘못이다.[23]

『비람』의 앞부분은 「감인록」과 비슷하며, 가운데 부분에는 「감결」과 유사한 내용이 보이며, 뒷부분에는 「도선왈(道詵曰)」, 「서산대사왈(西山大師曰)」, 「연론(年論)」, 「옥룡자십승지비결(玉龍子十勝地秘訣)」, 「십승지외론보신산수지소(十勝地外論保身山水之所)」, 「옥룡비결(玉龍秘訣)」 등 짧은 비결서들이 실려 있

21 「이본정감록」, 위의 책, 91-129면.

22 위의 책, 6면.

23 『비람, 청류담음청록』, 위의 책, 133-154면.

다. 이 비결서들은 「감결」과 「감인록」에 나오는 내용과 일부가 비슷한 내용으로 구성되어 있다. 특히 「서산대사왈」의 마지막 부분은 「정감문답」과 부분적으로 비슷하고, 「옥룡비결」은 「의상대사비결」과 부분적으로 유사하다.

『초창결(蕉蒼訣)』은 필사본으로 뒷부분에 「우장결(又藏訣)」, 「옥룡결(玉龍訣)」, 「두사충요결(杜師忠要訣)」, 「일행결(一行訣)」, 「토정결(土亭訣)」, 「역년수(歷年數)」, 「정감이심토론결(鄭堪李沈討論訣)」, 「퇴계결(退溪訣)」, 「서계결변(西溪訣辯)」 등이 실려 있다.[24]

『초창결』은 반계공(磻溪公)이 영가(永嘉) 화석산장(花石山莊)에 은거하는 동안 그의 아들과 나눈 대화 내용이라고 주장한다. 원래 반계는 유명한 실학자인 유형원(柳馨遠, 1622-1673)의 호이다.

그런데 『초창결』에 "서양 배가 바다에 있으니 국내가 크게 소란스럽다(洋艦浮海, 國內大亂)", "청색 도포를 입은 무리가 크게 일어나 동학(東學)이라 칭하고, 한낮에 주문을 외우고 사람들을 많이 죽인다(青袍大起, 稱爲東學, 白日咀呪, 殺戮無雙)", "임금이 제왕(帝王)의 위(位)에 올라 연호를 광무(光武)라 부르고 관제(官制)를 다시 정한다(龍極帝位, 年稱光武, 官制改定)", "자칭 의병(義兵)이 일어나 백성들을 괴롭히니 마침내 나라가 망하고, 국권이 등(藤)의[25] 손에 들어간다(自稱義兵, 掠侵人民, 而終至敗亡, 國權盡入藤之手矣)", "임금이 선위(禪位)하지만 대를 잇는 임금이 어리석고 약해서 그 자리를 지키지 못하고 적의 괴수가 권력을 마음대로 행한다(龍榻禪位, 戊主昏弱, 不專其位, 賊首擅權)", "적신(賊臣)들이 임금을 꾸짖고 결국 보위(寶位)를 적에게 물려주니 이를 일러 일한연합(日韓連合)이라 한다. 적들이 국권을 장악하고, 폐위된 임금은 궁 안에서 외롭고 임금 자리는 비어 있도다. 오호라! 5백 년 종사(宗祀)가 여기서 끝나는구나(賊臣喝上, 寶位讓

24 『초창결』, 위의 책, 157-193면.

25 인용문에 나오는 등(藤)은 1905년 조선에 통감부(統監部)가 설치되자 초대 통감으로 부임하여 우리나라를 일본에 병탄(倂呑)하기 위한 기초공작을 수행했던 이등박문(伊藤博文, 1841-1909)을 가리키는 듯하다.

賊, 稱日韓連合. 賊掌國權, 廢主孤宮, 龍榻空虛耳. 嗟呼, 五百年宗祀, 於斯盡矣)"[26] 등의 내용이 있는 것으로 보아 동학이 발생한 이후 그리고 광무라는 연호를 사용하는 시기 이후인 비교적 근대 개화기에 작성된 비결서로 볼 수 있다.

특히 『초창결』에는 다음과 같은 내용이 보인다.

> 동북 천리에 철마(鐵馬)가 왕래하고, 도회지마다 시장이 열리고, 전깃불이 잇달아 연결되고, 얼굴을 대하지 않고도 대화하며, 만국이 신호를 통하며, 공중에는 비행기가 다닐 것이며, 풍운이 그치리니, 이교(異敎)가 삿되게 일어나 (왕조의) 말기에 크게 발생하리라.[27]

> 나라가 쇠운에 있으니 비단 우리나라만 그런 것이 아니다. 대국(大國)도 역시 같은 운일 것이며, 선통(宣統)에 이르러 망할 것이다. "선통이란 무엇을 이르는 것인가?"라고 물으니, 늙은이가 "연호(年號)다"라고 대답했다.[28]

> 동쪽 성 몽고 이남(以南)을 일본이 빼앗을 것이고, 만몽국(滿蒙國)이라 부르니 이것이 바로 일본과 만주의 연합이다.[29]

인용문에서 철마는 기차를, 만국통신은 전화기를, 공중을 나는 배는 비행기를 각각 가리킨다. 따라서 『초창결』은 이러한 현대문물이 일상화된 이후에 필사된 것으로 보인다.

그리고 인용문에 나오는 선통은 중국 선통제(宣統帝)의 연호로 선통 1년(1909)부터 선통 3년(1911)까지 사용되었다. 선통은 청나라의 12대이자 마지

---

26 위의 책, 158-159면.

27 東北千里, 鐵馬來往, 城市都會, 電火連繩, 無面狙語, 萬國通信, 天空行船, 風雲腰息, 異教起邪季大起也. 위의 책, 160면.

28 國之運襄, 非但我國也. 大國亦是運耳, 至宣統盡矣. 問曰, 宣統何謂也? 翁曰, 年號也. 위의 책, 161면.

29 東城蒙古以南, 日奪之, 稱爲滿蒙國, 是亦日滿耳連合. 위의 책, 161면.

막 황제인 푸이가 사용한 첫 번째 연호다. 1909년부터 푸이가 퇴위하던 1912년까지 쓰였다. 선통 3년 11월 13일(1912. 1. 1.) 난징에 중화민국 임시정부가 세워진 후, 푸이는 선통 3년 12월 25일(1912. 2. 12.)에 황제 자리를 박탈당하였다. 결국 「초창결」은 1911년 이후에 저술된 비결서라는 사실이 확인된다.

또 일본 관동군이 만주사변(1931. 9. 18.~1932. 2. 18.) 직후부터 만주 지역에 세운 괴뢰국이 만주국(滿洲國)이다. 1931년 일본 제국 관동군은 만주사변을 일으켜 만주 지역을 점령하였다. 1932년 3월 1일 일본은 청나라의 마지막 황제였다가 퇴위한 선통제(푸이)를 황제로 내세웠다. 이러한 역사적 사실에 따르면 『초창결』의 필사 시기는 1930년대 이후의 일로 보아야 할 것이다.

「우장결(又藏訣)」의 일부는 「무학전」의 뒷부분과 비슷하고, 「두사충요결」은 「호남소전」의 일부 내용과 유사하다.[30] 또 「역년수」는 「남사고비결」의 뒷부분과 일치하는 내용이 있다.[31]

『진험(震驗)』은 필사본으로 뒷부분에 「자미묘결(紫微妙訣)」이 실려 있다. 『진험』의 앞부분은 「감결」과 비슷하고, 중간 부분은 「운기구책」과 「호남소전」의 내용과 부분적으로 비슷하다. 마지막 부분에 27세(世) 을사년까지 향국(享國) 514년으로 적혀 있다. 「자미묘결」은 안신명법(安身命法), 납음오행(納音五行), 안십이궁(安十二宮), 제성오행처(諸星五行處), 제성득실방(諸星得失方) 등이 포함된 일종의 점법서(占法書)이므로 비결서로 볼 수 없다.[32]

한편 『농아집(聾啞集)』도 필사본인데 서문에 이어 「책수기례(策數起例)」, 「팔문정례(八門定例)」, 「월건례(月建例)」, 「토정비결원리」 등이 실려 있다.[33] 서문에 토정(土亭) 이선생(李先生)이 지은 것이라고 적혀 있다.[34] 서문은 천계(天啓) 4년 갑자년에 완산(完山) 이씨(李氏) 이운하(李運夏)가 썼다. 천계는 명(明)

---

30 「우장결(又藏訣)」, 위의 책, 175, 177면.

31 위의 책, 186면.

32 『진험』, 위의 책, 197-237면.

33 『농아집』, 위의 책, 241-374면.

34 聾啞一篇, 卽我土亭李先生所著也. 위의 책, 241면.

희종(喜宗)의 연호로, 우리나라로 따지면 인조 2년(1624)에 해당한다.

토정 이지함(1517~1578)은 한산(韓山) 이씨이므로 일단 이운하는 그의 제자로 추정할 수 있다. 그러나 이 책은 비결서가 아니라 『토정비결(土亭秘訣)』을 만들 때 그 원리와 적용법을 밝히기 위해 지은 것이다. 위로 해, 달, 별의 운행을 연구하고, 아래로 삼기팔문(三奇八門)의 비법과 상, 중, 하 삼원(三元)의 이치를 결부시킨 역리를 밝힌 내용이다.

「책수기례」는 상원, 중원, 하원을 정하는 방법, 태세(太歲)와 월건(月建)을 정하는 방법, 괘를 작성하는 법 등을 아주 간략하게 설명한 것이며, 「팔문정례」는 휴문(休門), 생문(生門), 상문(傷門), 두문(杜門), 경문(景門), 사문(死門), 경문(驚門), 개문(開門) 등 팔문(八門)을 우리나라의 팔도(八道)에 안배한 것이고, 「월건례」는 천상에 있는 28수(宿)를 각기 소속된 방위에 따라 열두 달에 2~3개씩 안배한 것이다. 이어서 제목을 구체적으로 붙이지는 않았지만 「토정비결원리」라고 할 수 있는 내용이 전체의 9할을 차지한다. 여기에는 책수와 팔문과 월건의 안배와 연월시에 나오는 육갑(六甲)에 따라 수치를 계산하여 격국(格局)을 형성한 다음 그 격국에 따라서 다시 상, 중, 하의 삼원(元)으로 나누고 길흉을 설명한 것이다. 이 격국에는 해중기화격(海中起火格), 한천망우격(旱天望雨格), 두경하전격(斗傾河轉格) 등 129개가 있어서 길흉이 서로 다르다.

토정이 지었다는 이유만으로 『정감록집성』에 수록된 것으로 보이는데, 내용을 살펴보면 비결서가 아님을 명백히 알 수 있다. 결국 이른바 『정감록』이라고 불리는 비결서는 결코 인조(仁祖) 연간에 작성되었을 까닭이 없다는 사실을 다시 한 번 확인했다.

(5) 일부 『정감록』의 필사 시기를 알 수 있는 기록들

> 촉인(蜀人)이 정감(鄭堪)이다.[35]

> 뎡감은 고려초 이인이라.[36]

> 이심(李沁)이 문천상(文天祥)과 함께 지리(地理)의 묘술을 배우며 중국에서 7년 동안 머물렀다. 송(宋)나라 말기에 이르러 중원이 어지러워지자 걸어서 봉황성에 들어가 갑자기 남루한 의관을 한 사람을 만났다. (…) 대답하기를 "정감(鄭堪)이다."라 했다. (…) 지리의 묘술을 배워 터득했다.[37]

위의 인용문에서 알 수 있듯이 『정감록』의 중요한 주인공의 한 사람인 정감이 고려 초기의 인물이라는 기록이 있다. 이는 『정감록』이 오래전에 기록된 것임을 강조하는 부분이다. 그러나 앞에서 살펴보았듯이 『정감록』의 일부 내용은 조선 후기 그것도 개화기에 가까운 시기에 필사된 부분들이 많다.

이 밖에도 이른바 『정감록』이 집대성되는 시기를 짐작할 수 있는 기록으로 다음과 같은 내용이 있다.

> 즉위한 지 7년 만에 병사가 한쪽에서 일어나니 전하께서 궁을 떠나는 액운이 있을 것입니다. (그 후) 백 년이 못되어 대군과 세조가 왕을 몰아내고 나라를 도모할 것입니다. 300년 후에는 푸른 옷을 입은 무리들이 동쪽으로부터 쳐들어와 팔로(八路)에서 화재가 발생하여 7년 동안 판탕 칠 것입니다. 250년 후에는 북쪽에서 오랑캐가 쳐들어오는데 임금께서 옷을 갈

---

35 蜀人鄭堪 위의 책, 485면.

36 「뎡감녹비결」, 위의 책, 3면.

37 李沁與文天祥, 學地理之妙, 留在中國七年. 至于宋末, 中原紛紛, 步入鳳凰城, 忽遇衣冠藍縷者. (…) 答曰, 鄭堪也. (…) 學得地理之妙耳. 「감인록」, 위의 책, 636면. 그런데 여기에 조선 중기의 인물인 남사고(南師古)가 등장한다. 위의 책, 638면.

아입고 잔을 들어 술을 치는 화를 당할 것입니다.[38]

조선 태조 7년(1398) 태조의 와병 중에 방원(芳遠)이 사병을 동원하여 세자로 정해졌던 방석(芳碩)을 살해하고 그를 보좌하던 정도전, 남은 등을 제거하였다. 이에 태조는 아들에게 왕위를 물려주고 상왕(上王)이 되어 궁궐을 떠났다. 그리고 세조(世祖)가 단종을 폐위시키고 왕위를 찬탈한 사건을 기록하고 있고, 차례로 임진왜란(1592)과 병자호란(인조 14년, 1636)에 대해 기록한다. 여기서 행주(行酒)는 잔에 술을 쳐서 손님에게 드린다는 뜻이다. 따라서 아무리 빨라도 이 부분은 병자호란 이후에 필사된 것이다.

임진년에 푸른 옷을 입은 도적들이 동쪽에서 일어날 것이니, 산천이 핏빛으로 물들어 시내를 이루어 흘러내리리라.[39]

위의 기록은 임진왜란(1592)을 설명한 부분이다. 따라서 이러한 기록이 필사되었다는 사실은 최소한 임진왜란이 일어난 이후에 첨가된 것으로 보아야 할 것이다.

이 밖에도 『정감록』의 저술 시기를 추정할 수 있는 기록으로 다음과 같은 내용이 있다.

왕이 창경궁에 있으면서 국사(國師)에게 국운을 오래 보전할 수 있는 방법을 묻자 순(順)자를 써서 바쳤다. 국사는 순(順)의 뜻은 순수(順數)로는 360이고, 역수(逆數)로는 630인즉 36이라는 뜻이라고 말하면서, 영조(英

38 卽位七年, 兵自一室起, 殿下有離宮之厄. 未及百年, 大君世祖, 逐主擄國. 二百年後, 青衣人, 自東而來, 八路烟火, 七載板蕩. 二百五十年后, 北胡入城時, 君有易服, 行酒之禍. (…) 四十年前, 異人自西而來, 以幻妖之學, 誣愚誘俗爲害, 尤其大行誅戮. 위의 책, 605-606면.

39 壬辰, 青衣大賊起青方, 山川血色, 化水恒流. (…) 「오백론사(五百論史)」, 『정감록』(한성도서주식회사, 1923); 안춘근, 앞의 책, 1973, 621면.

祖) 임신년(壬申年, 1752)은 360년에 해당한다고 말했다. 「운기구책」에는 왕이 무학(武鶴)에게 물었다고 한다.[40]

위의 인용문은 왕이 국사에게 나라를 오래 보존할 수 있는 계책을 묻자, 국사가 순(順)자를 올렸다는 내용이다. 영조 28년(1752)에 이르러 국운이 다할 것이라는 예언이다. 적어도 이 기록은 영조 28년 이후에 작성된 것으로 보인다.

(영조(英祖) 때인) 400년 후에 백성들이 번성하여 해마다 풍년이 들어 모두들 부유하고 풍족하다고 말하리라.[41]

「감인록」의 이 부분은 "영조" 때라고 명시하고 있다. 그러므로 이 부분은 영조 이후에 필사된 것으로 보아야 할 것이다.

임신년에 서적(西賊)이 우(禹)를 좇아 난리를 일으키니, 사람들이 헛된 소동에 많이 죽으리라. (…) 위기는 서쪽에서 먼저 일어나니, 나를 죽이는 것은 설(雪)이요, 나를 살리는 것은 집이다. 집에 있던 자는 살고, 집 밖으로 나가는 자는 죽을 것이다.[42]

순조 11년(1811) 12월부터 이듬해 4월까지 약 5개월간에 걸쳐 홍경래(洪景來), 우군칙(禹君則) 등이 중심이 되어 일으킨 대규모 농민반란인 이른바 홍경래의 난을 설명한 부분이다. 서적(西賊)은 홍경래, 우(禹)는 우군칙을 가리킨

---

40 「운기구책」, 위의 책, 498면; 「감인록」, 위의 책, 605면. 순(順)자를 파자로 풀이하면 삼백(三百) 육십(六十)이 된다는 의미이다.

41 (英廟之世) 四百年后, 人民繁盛, 年歲豊穰, 皆謂富饒. 위의 책, 606면.

42 壬申西賊, 從禹作亂, 人多死於虛動矣. (…) 危機先動乎西方, 殺我者雪, 活我者家. 在家者生, 出家者死. 「동차결」, 위의 책, 547면.

다. 이 사건은 한겨울에 발생했기 때문에 "나를 죽이는 것은 눈(추위)이요, 나를 살리는 것은 집에 있는 것이다"라고 표현했다. 따라서 이러한 기록이 가능한 것은 적어도 이 사건이 진압된 순조 12년(1812) 이었을 것이다.

> 서학(西學)이 크게 일어나니 살육이 성행할 것이다.[43]
>
> 임년(壬年)과 계년(癸年) 사이에 서학이 다시 일어나리라.[44]
>
> 임년과 계년, 갑년(甲年)과 을년(乙年) 사이에 서학이 다시 일어날 것이다.[45]
>
> 을축년 (…) 서학(西學)이 치성하여 무성하리라. (…) 병인년에 서양인들이 침범하여 사방이 한바탕 소란스러우리라.[46]
>
> 서학은 시장을 여는 데 주력하리라.[47]
>
> 을유년: 서학이 다시 일어나리라.[48]
>
> 을유년: 객병(客兵)이 동쪽과 서쪽으로 점차 들어올 것이다. (…) 서학이 다시 일어나리라.[49]
>
> 서학이 치성하고 무성하니 해독이 어질고 착한 이에게 미칠 것이며,

---

43 西學大起, 殺戮盛行. 「운기구책」, 위의 책, 497면.

44 壬癸之間, 西學復起. 「호남소전」, 위의 책, 623면.

45 壬癸甲乙之間, 西學復起. 「양류결」, 위의 책, 50면. 「양류결」 뒷부분은 「호남소전」의 내용과 비슷하다. 위의 책, 49-54면. 그리고 「양류결」의 마지막 부분은 「부탐라조선」을 요약한 것이다. 위의 책, 55면.

46 乙丑 (…) 西學熾茂 (…) 丙寅, 洋人侵犯, 四方一 驚. 「동차결」, 위의 책, 551면.

47 西學傳市 「비결」, 『비결집록』, 위의 책, 836면.

48 乙酉: (…) 西學復起 위의 책, 845면.

49 乙酉: (…) 客兵漸入東西. (…) 西學覆起. 「동차결」, 위의 책, 553면. 「동차결」의 저자 이름은 이경윤(李慶潤)이고, 호는 무망(無忘)이라고 한다. 위의 책, 545면.

원통한 피가 하늘을 덮을 것이다.[50]

최초의 서학에 대한 박해인 신해박해(1791) 이후 신유박해(1801), 기해박해(1839), 병오박해(1846) 등의 많은 박해가 있지만, 대원군이 주도한 서학에 대한 대규모 박해인 병인박해(1866)가 대표적인 예이다. 따라서 위의 두 인용문은 적어도 이러한 박해가 일어난 이후에 필사된 것으로 보아야 한다.

병인년에 서양인들이 침범하여 사방이 하나같이 어지러워지리라.[51]

병인년에 서양인들이 침범한 일은 병인양요(1866)다. 결국 이러한 표현이 있다는 사실을 미루어볼 때 이 부분은 최소한 병인양요 이후에 필사된 것으로 보인다. 이 외에도 「동차결」에 "양독(洋毒)", "양인지독(洋人之毒)"이라는 표현도 보인다.[52]

먼저 왜환(倭患)을 입을 것이고, 재차 양인(洋人)의 해독을 입으리라. 다시 왜환을 입는 그때를 당하면 난리의 우두머리는 왜(倭)와 비슷하지만 왜가 아닐 것이요, 조선을 망하게 하는 자는 임금도 아니요, 신하도 아닐 것이다.[53]

임년(壬年)과 계년(癸年)에 왜란(倭亂)이 있을 것이고, 병년(丙年)과 정년(丁年)에 서양인의 해독이 있으리니, 가히 피할 수 없으리라.[54]

---

50 西學熾茂, 害及良善, 寃血漲天. 위의 책, 551면.

51 丙寅, 洋人侵犯, 四方一驚. 「동차결」, 『정감록』(한성도서주식회사, 1923); 안춘근, 앞의 책, 1973, 551면.

52 「동차결」, 『정감록』(한성도서주식회사, 1923); 안춘근, 앞의 책, 1973, 564면.

53 先被倭患, 再被洋人之毒. 再被倭患, 當次之時, 首亂者, 似倭非倭, 亡鮮者, 非君非臣. 「삼척국기노정기」, 위의 책, 564면.

54 壬癸之倭亂, 丙丁之洋毒, 不可得免. 위의 책, 564면.

위의 두 인용문이 정확히 어떤 사건을 가리키는 것인지는 자세히 알 수 없지만, "병년(丙年)에 서양인의 해독이 있으리라"는 흥선대원군의 천주교 탄압에 대한 보복으로 프랑스군이 침입한 사건인 고종 3년(1866)에 발생한 병인양요(丙寅洋擾)를 설명한 부분으로 보인다.

> 임오년에 (…) 6월의 난리에 왕후께서 궁을 나서고, 흰 눈이 펄펄 내리니 이것이야말로 무슨 변고냐? 병사들이 궁중에서 일어나니 도망치는 것이 상책이다. 나라의 태공(太公)이 한 번 가서 돌아오지 못하니, 오호라! 백발에 나이 63세이더라.[55]

위의 인용문은 임오군란(고종 19년, 1882)을 설명한 부분이다. 이러한 기록이 가능했던 것은 적어도 임오군란이 발생한 후에 첨가됐기 때문으로 보아야 한다.

> 양류목(楊柳木)의 운이 드는 해에 군요(軍擾)가 갑자기 일어나니 여주(女主)가 목숨을 보존하러 도망치고, 동남쪽에서 병사가 일어나니 손님이 오히려 주인이 될 것이다. 나라의 태공은 푸른 바다에 종적이 외로울 것이며, 처량한 신세에 따르던 사람이 좇아갈 수 없을 것이다.[56]

> 지난 60년에 양류목의 운을 맞이한 해를 제한 때에 군요가 홀연히 일어나 여주가 목숨을 구해 도망칠 것이고, 동남쪽에서 병사들이 일어나 손님이 오히려 주인이 될 것이다. 나라의 태공은 창해에서 종적이 외롭고 처

---

55 壬午, (…) 六月之變, 后妃出門, 白雪紛紛, 是何變也? 兵自宮中, 走者上策. 國之太公, 一去未回, 嗟我白首六十三. 「동차결」, 『정감록』(한성도서주식회사, 1923); 안춘근, 앞의 책, 1973, 552면.

56 楊柳木運年, 軍擾忽起, 女主逃命, 東南兵起, 客返爲主. 國之太公, 滄海孤踪, 凄凉身勢, 無人追尋. 「경주이선생가장결」, 『정감록』(한성도서주식회사, 1923); 안춘근, 앞의 책, 1973, 586면. 거의 비슷한 내용이 「토정가장결」에도 있다. 「토정가장결」, 『정감록』(한성도서주식회사, 1923); 안춘근, 앞의 책, 1973, 593면.

량한 신세에 찾는 이가 없으리라.[57]

양류목은 납음오행(納音五行)으로 임오년과 계미년에 해당한다. 이 역시 임오군란과 대원군의 청나라 억류를 설명한 내용이다.

임오년과 계미년에 군요(軍擾)가 홀연히 일어나리니 가주(家主)가 목숨을 구해 도망칠 것이며, 동쪽과 서쪽에서 병사가 일어나 손님이 오히려 주인이 될 것이다. 나라의 태공(太公)은 창해에서 종적이 외롭고 처량한 신세에 가까이 찾는 이가 없을 것이다.[58]

위의 두 인용문 역시 임오군란에 대한 추가적인 설명이다. 흥선대원군(興宣大院君) 이하응(李昰應, 1820~1898)은 왕이 아니면서 왕보다 강력한 왕권을 행사했고 국태공(國太公)이란 최고의 존호를 받은 사람이었다. 임오군란의 책임자를 대원군으로 본 청나라는 대원군을 청나라로 압송해갔다. 이러한 역사적 사건이 일어난 것을 생생하게 목격한 어떤 사람에 의해 이른바 예언과 비결의 형태로 『정감록』에 수록된 것이다.

임오년에 장경성(長庚星)이 후성(后星)에서 나오고, 혜성이 진성(軫星)에서 나오리라. 6월의 변란에 왕후가 궁을 나서며 흰 눈이 펄펄 내리니 이는 무슨 변고인가? 병사들이 궁중에서 일어나리니 도망치는 것이 상책이다. 나라의 태공(太公)은 한번 떠난 후에 돌아오지 못하리니 오호라! 그의 나이 63세일 것이다. 악을 쌓은 집안에는 반드시 재앙이 있을 것이다. 경

---

57 往事六十年, 除之楊柳木運年, 軍擾忽起, 女主逃命, 東南兵起, 客返爲主. 國之太公, 滄海孤踪, 凄凉身勢, 無人追尋. 「동차결」에는 임오년(壬午年)과 계미년(癸未年) 사이에 일어날 일로 기록했다. 「동차결」, 위의 책, 559면; 「경주이선생가장결」, 위의 책, 586면; 「토정가장결」, 위의 책, 593면; 「토정결」, 위의 책, 183면.

58 壬午癸未, 軍擾忽起, 家主逃命, 東西兵起, 客反爲主. 國之太公, 滄海孤蹤, 凄凉身勢, 無人近尋. 「동차결」, 『정감록』(한성도서주식회사, 1923); 안춘근, 앞의 책, 1973, 559면.

성에 들어오는 일을 삼가고 귀퉁이 땅에 은거하라.[59]

인용문의 장경성은 저녁에 서쪽 하늘에 밝게 보이는 금성(金星)으로 태백성(太白星)이라고도 한다. 후(后)는 북극 오성(五星)의 네 번째 별자리를 가리킨다.

석파(石坡) 이하응은 고종(高宗)의 아버지로 세간에서는 대원위대감(大院位大監) 또는 국태공으로 불렸다. 임오군란이 일어난 고종 19년(1882)에 그의 나이가 63세였다. 이때 난병들이 운현궁(雲峴宮)에 몰려와 정국에 개입할 것을 요청하자 그는 입궐하여 왕명으로 사태수습을 위임받고 도망한 민비(閔妃)의 사망을 공포하고 재집권했다. 그러나 청국군의 개입으로 사태가 역전되면서 대원군은 청국으로 연행되어 보정(保定)에서 이후 3년 동안 유수(幽囚) 생활을 겪어야 했다. 따라서 이 기록은 임오군란이 발생한 이후에 필사된 것이다.

임신년부터 을사년까지는 514년이다.[60]

태조가 즉위한 임신년부터 27세가 지난 을사년까지 왕조를 누린지 574년이다.[61]

위의 두 인용문은 1392년 조선이 건국된 지 514년 만인 1905년에 일본에 의해 국운이 뺏긴 역사를 기록한 부분이다. 을사조약이 체결된 이후에도 순종(純宗)이 4년을 왕위에 있었지만, 실제 조선의 운명이 다한 때는 1905년이라고 계산하는 것이다. 두 번째 인용문의 574년은 514년의 오자로 보인다. 따라서 필자는 이 부분이 최소한 1905년 이후에 필사된 것으로 본다.

---

59 壬午, 長庚出后, 彗星出軫. 六月之變, 后妃出門, 白雪紛紛, 是何變也. 兵自宮中, 走者上策. 國之太公, 一去未回, 嗟, 我白首六十三. 積惡之家, 必有其殃. 愼勿入京城, 隱居片地. 「동차결」, 위의 책, 552면.

60 自壬申至乙巳, 則五百十四年. 「운기구책」, 위의 책, 497면.

61 自太祖壬申, 至二十七世乙巳, 享國五百七十四年. 「호남소전」, 위의 책, 625면.

한편 「동차결」도 아래의 인용문에서 보는 바와 같이 광서(光緖) 연간 이후에 작성되었음이 명백하다.

> 동차(東車)의 이름은 이경윤이고, 호는 무망(無忘)이다.[62]
>
> 우리나라를 살펴본즉 대국(大國)과 더불어 같이 번창하고 같이 망하여 하나이나 같지 않음이 조금 있다. 중원의 천자(天子) 광서제(光緖帝)가 결국 동국(東國)에 들어오니 동국이 멸망할 것이다. 그런즉 우리나라의 어느 왕 때의 일인가? (왕위를 이은 지) 28대에 가깝고, 임자년(壬子年)의 임금 초기이니, 서양의 독에 피해를 입을 것이고, 다시 한 번 왜적의 피해를 입을 것이며, 세 번째로 청나라 사람들에게 피해를 입으면 세상일을 가히 알 수 있으리라.[63]
>
> 조선이 미처 망하지 않을 때에 광서제(光緖帝)가 먼저 망하리라.[64]

광서는 청나라 덕종 광서제의 연호인데, 1875년부터 1908년까지 쓰였다. 「동차결」에 광서라는 명사가 정확하게 나오는 것으로 보아 이 부분은 최소한 1908년 이후에 필사된 것으로 보아야 할 것이다.

결론적으로 『정감록』은 아주 오래 전에 필사된 기록이 아니라, 고종(高宗) 때의 사건도 서술되어 있으며, 더욱이 근대 개화기 때 필사된 부분도 상당히 많이 포함되어 있는 비교적 최근세의 산물이다.

---

62 東車姓名李慶潤, 號無忘也. 「동차결」, 위의 책, 545면.

63 惟我國則, 與大國同昌同亡一也, 小有不同. 中原天子光緖, 終入于東國, 東國殘亡矣. 然則我國何王之代耶? 四七近李黑鼠君初, 被患於洋毒, 再被患於倭, 三被患於淸人, 則世事可知. 위의 책, 546면.

64 魚羊未亡, 光緖先亡. 위의 책, 549면.

(6) 기존 학계에서 추정하는 『정감록』의 저자들

그렇다면 이제 기존의 학계에서는 어떤 사람들을 『정감록』의 저자로 추정하는지에 대해 살펴보기로 하자.

먼저 교활하고 노회하며 야심에 찬 정치가였던 정도전(鄭道傳, 1337~1398)이 조선왕조의 역성혁명(易姓革命)을 합리화하고 민심을 조작하기 위해 『정감록』을 저술하였다는 일부의 추측이 있다.[65] 그러나 『정감록』이 특정 인물에 의한 저술이 아니라는 사실은, 그 내용이 다양한 수십여 편의 비결들이 집대성된 형태라는 사실을 통해서도 짐작할 수 있다.

현병주(玄丙周)는 일단 완산(完山) 이씨(李氏)의 족보에 한륭공(漢隆公)이라는 인물이 나오지 않으므로 그의 2세라고 이야기되는 이심(李沁)은 『정감록』 기술자의 상상 속의 인물로서 가차(假借)한 것이 분명하며, 그 대화자인 정감(鄭鑑)도 상상의 인물이라고 주장한다.

나아가 현병주는 조선 초기에 계룡산을 중심으로 도읍을 정하려 했던 일이 실패한 이유를 설화에서 찾기도 했다. 이성계가 계룡산에 도읍을 정하려고 2년간이나 역사(役事)를 계속했지만, 당시 민중들은 고려 말의 충신으로 널리 알려진 정몽주가 억울하게 타살된 일을 안타깝게 여기고 전조(前朝)인 고려를 회고하고 추모하는 분위기여서 일이 제대로 진행되지 않았다고 한다. 그때 공중으로부터 신화(神話)가 있어 "계룡산은 정씨 후손이 도읍할 땅이다. 이씨가 도읍할 땅은 한양이다. 한양 도읍 500년 후에 계룡산이 정씨의 도읍이 될 것이니, 이씨는 공연히 정씨의 소유를 침해치 말라"고 했다는 이야기다.[66]

---

65 차상찬(車相瓚), 『신해(新解) 정감록: 조선삼천년비사』; 신일철, 「해제 정감록」, 『한국의 민속 종교사상』(삼성출판사, 1981), 274쪽에서 재인용. 차천자라는 필명으로 「신해 정감록」이라는 글을 『별건곤』 11호(1928. 2. 1.)에 실은 사람이 있는데, 주장하는 바가 차상찬과 같은 것으로 볼 때 동일인물로 보인다.

66 그런데 이 이야기는 원래 홍만종(洪萬宗, 1643-1725)의 『순오지(旬五志)』(1678)에 실려 있다. 홍만종(洪萬宗) 저, 이민수(李民樹) 역, 『순오지(旬五志)』(을유문화사, 1971), 35쪽.

결론적으로 현병주는 "『정감록』의 연원은 반드시 계룡역사시대(鷄龍役事時代)에 신화 일절을 근거로 하여 어떠한 무거자(無據者)가 기록하여 비전(秘傳)한 것이다"라고 말하여, 조선 초기에 고려를 회고하던 민심이 정몽주의 충절이 후대에는 그 보상을 충분히 받을 것이라는 믿음에 힘입어 수습된 일로써, 『정감록』이 정씨라는 특정 성씨의 인물 중심으로 서술되었다고 본다.[67]

특히 그는 「도선비결」을 설명하면서 나말여초(羅末麗初)의 인물인 도선이 왜 고려에 대해서는 유독 말하지 않았겠느냐는 의문을 표한 다음, 이는 도선을 가차한 익명의 인물이 지었을 것이며, 최근 40년간에 기록된 것이라고 그 저작 연대를 추정하고 있다.[68] 결국 현병주는 『정감록』이 연활자본으로 간행되었기 때문에 아무리 빨라도 19세기 후반에야 저술되었을 것이라고 주장한다.

한편 최수정(崔守正)도 "이태조(李太祖) 즉위 이듬해에는 할 일 없이 계룡산에 가서 어름어름하다가 신탁이나 받은 듯이 다시 한양에 와서 (도읍을) 정한 것이니, 정몽주에 대한 천추유한(千秋遺恨)은 마침내 정감비결(鄭鑑秘訣)로써 500년 동안이나 민간신앙에 잠재하여 오다가"라고 기록하여 『정감록』이 정몽주의 피살사건과 관련이 있다고 보았다.[69]

나아가 최수정은 조선의 고유 신앙의 신앙대상인 용(龍)이라는 상징에서 『정감록』의 연원을 찾았다. 그는 "미래 사회의 창업주라는 소위 정도령(鄭道領, 도의적이요, 양심적인 인물을 상징한 대통령의 느낌이 있음)을 중심으로 한 '용'의 전설 대신에 '진인남래설(眞人南來說)'과 정감(鄭鑑)의 비결이 등장되는 것이, 이전 시대의 종래 비결이 신학적이고 형이상학적임에 비하여 정감 비결이 실증적

67 현병주, 『비난정감록진본(批難鄭鑑錄眞本)』「우문관서회(友文館書會)」, 2-5면. 안춘근, 앞의 책, 1981, 382-385면에서 재인용.

68 현병주, 앞의 책, 35-36면. 안춘근, 앞의 책, 1981, 415-416면에서 재인용.

69 최수정(崔守正), 『정감록(鄭鑑錄)에 대(對)한 사회학적(社會學的) 고찰(考察)』「해방서림(解放書林), 1948」1. 24., 13-14쪽.

인데 더욱 흥미 있는 일이다"라고 주장했다.[70]

그런데 호소이(細井肇)는 「감결」의 저자를 정도전으로 보았다. 호소이는 "조선 건국의 기초를 닦았던 정도전은 이씨 혁명을 혐오한 고려 말의 유신(遺臣)으로서, 태조에게 마음으로 복종하지 않고 세자 방석(芳碩)을 옹립하여 정안군(靖安君, 李芳遠, 太宗)을 제거하고 왕권을 자기 수중에 넣고자 음모를 꾸몄지만 그만 발각되어 결국은 참살되었던 인물"이라고 보았다.[71]

실제로 정도전은 문무를 겸비한 인물로 혁명가적 소질의 소유자였다. 그는 조선 개국과정에서 자신의 위치를 중국 한(漢)나라의 장량(張良)에 비유하여 한고조가 장량을 이용한 것이 아니라 장량이 한고조를 이용하였다고 말하면서, 실질적인 개국의 주역은 자신이라고 믿었다고 전한다. 그렇지만 호소이는 결론에서는 『정감록』의 저작 연대에 대해서는 근대 50~60년 전의 정쟁(政爭)을 나타내는 표현이 있다고 기록하여 1860년대 이후의 저작이라고 주장했다.[72]

그러나 조선왕조 초기의 참서, 비기류 목록에서 『정감록』이나 유사한 비기류를 확인할 수 없고, 『정감록』의 핵심이 조선왕조의 멸망이라는 점을 고려할 때 적어도 왕조의 초기에 이러한 비결서가 저술되었을 가능성은 거의 없다.

이능화(李能和, 1869~1943)는 선조(宣祖) 22년(1589)에 일어났던 정여립(鄭汝立, 1546~1589)의 역모사건에서 『정감록』의 기원을 찾았다. 이능화는 "정여립은 뜻을 잃고 나라를 원망하던 사람이었다. 그는 계룡산에 갔다가 반란을 일으킬 마음을 적은 반시(反詩)를 지어서 자기의 뜻을 나타냈다. 그리고 '장차 목자(木子, 李氏)가 망하고 전읍(奠邑, 鄭氏)이 일어난다'는 노래를 지어서 퍼뜨렸으며, 스스로 그에 응하였다. 이것이 『정감록』에 대한 주장의 시초가 된다"

70 최수정, 위의 책, 13-14쪽.

71 차상찬의 저작을 거의 그대로 인용한 것이다.

72 호소이(細井肇) 편, 『정감록비결집성(鄭鑑錄秘訣集成)』「자유토구사(自由討究社), 1923」, 1-4면. 안춘근, 앞의 책, 1981, 661-664면에서 재인용.

고 주장했다.[73] 그러나 이능화는 정씨가 새로 일어난다는 간단한 언급 이외에 『정감록』의 저자가 정여립이라는 구체적인 근거를 제시하지는 못했다.

또 이능화는 정조(正祖) 을사년(乙巳年, 1785)의 홍복영(洪福榮)의 옥사(獄事)와 순조(純祖) 신미년(辛未年, 1811)에 일어났던 홍경래(洪景來)의 난에 『정감록』이라는 용어가 분명히 나온다는 점을 밝혔으며, 철종(哲宗) 임술년(壬戌年, 1862)에 왕족이었던 이하전(李夏銓, 1842~1862)이 제주도에서 사사(賜死)된 후에 사람들 사이에 "그가 죽지 않고 남조선(南朝鮮)에 숨어 붉은 옷을 입고 있다는 말이 떠돌았다"고 기록하였다.[74]

결국 이능화는 『정감록』의 저작 연대를 그 용어가 분명히 나오는 정조 9년(1785) 이후로 보고 있으며, 그 하한 연대를 철종 13년(1862)까지 끌어내렸다는 점에서 탁월한 견해를 펼쳤다. 따라서 이능화는 지금까지 『정감록』의 저작 연대를 상한선에만 초점을 맞추어 설명한 오류를 시정하고자 노력했다고 평가된다.

최남선(崔南善, 1890~1957)은 이씨 조선이 정씨의 혁명을 만난다는 운명설은 선조조(宣祖朝, 재위기간은 1567~1607) 전부터 있었고, 선조 22년(1589)의 정여립(鄭汝立)의 역모사건이 이를 배경으로 했고, 특히 정조 을사년(1785)의 홍복영의 옥사에 『정감록』이라는 명칭이 분명히 나오기 때문에, 『정감록』은 "선조조로부터 정조조에 이르는 어느 시기에 혁명운동의 필요로 자료를 민간신앙 방면에서 취하여 미래국토(未來國土)의 희망적 표상으로 만들어낸 것"이라고 주장했다.[75]

그리고 양은용은 『정감록』이 조선 중기 이후에 유행했다고 보고 있으면서도, 조선왕조의 흥망이 중심내용이 되었기 때문에 『정감록』의 성립은 조선왕조의 성립(1392) 이후부터 그 명칭이 처음 등장한 홍복영 옥사(1785)에 이르

---

73 이능화, 『조선기독교급외교사(朝鮮基督教及外交史)』 하 「조선기독교창문사(朝鮮基督教彰文社), 1928」, 19면.

74 이능화, 위의 책, 19-20면.

75 최남선, 『조선상식문답』 (삼성문화재단, 1974), 160-161쪽.

는 기간에 이루어졌다고 주장하여, 그 성립시기에 대해 매우 광범위한 규정을 시도했다.[76]

나아가 양은용은 『정감록』은 조선 건국 후 이성계가 계룡산 아래에 신도(新都)를 경영했던 예에서 출발하여, 이 사건이 민중에 의해 하나의 신앙으로 전승되었다고 본다. 이러한 신앙에 의해 양은용은 『정감록』에 십승지(十勝地)의 하나로 계룡산이 열거되었고, 그 후 조선이 망한 다음 이곳에서 새로운 정씨 왕조가 세워질 것이라는 정도령 출현의 참언(讖言)이 등장하여 새로운 전개를 가져왔다고 주장했다. 특히 그는 피난의식이 종교적 교의에 의해 재해석되는 상황을 맞았기 때문이라고 주장하며, 그 예로 1919년 이후의 계룡산 신도안으로의 인구 유입을 들고 있다.[77]

또 이민수는 『정감록』이 임진왜란과 병자호란을 겪은 이후인 17세기경에 저작된 것으로 본다.[78] 그 근거는 『정감록』이 "이망정흥(李亡鄭興)"의 반왕조적 참위설이라는 점이다. 이러한 참설은 풍수지리설을 이론적 바탕으로 하여 이씨 조선의 국운이 쇠했다거나 한양의 지덕(地德)이 쇠했다는 논리를 전제로 하는데, 이런 논리가 민심에 파고들려면 조선왕조 중기 이후, 즉 임진왜란과 병자호란을 겪은 후의 위기의식이 배경이 되지 않으면 안 되기 때문이라고 주장한다.

한편 안춘근이 모은 『정감록집성』(1981)에 수록된 『농아집(聾啞集)』은 "천계(天啓) 4년(四年) 갑자(甲子) 완산(完山) 이운하(李運夏)"라고 끝을 맺는 서문이 있는 필사본이다.[79] 여기서 천계 4년은 명(明)나라 희종(熹宗)의 연호로서 서기 1624년에 해당한다. 이를 근거로 『정감록』의 저작시기를 상당히 끌어올리려는 시도도 있을 수 있다.

76 양은용, 앞의 논문, 38쪽.

77 위의 논문, 55-56쪽.

78 이민수 역, 『정감록』(홍신문화사, 1985), 204쪽.

79 안춘근, 앞의 책, 1981, 244면.

그런데 『농아집』은 「서문」, 「책수기례(策數起例)」, 「팔문정례(八門定例)」, 「월건례(月建例)」, 「토정비결원리(土亭秘訣原理)」 등의 내용으로 이루어져 있다. 「토정비결원리」는 내용이 있는 것은 아니고, 편찬자가 붙인 제목만 있을 뿐이다. 더욱이 『농아집』의 서문에 "농아일편(聾啞一篇), 즉아토정이선생소저야(卽我土亭李先生所著也)"라고 기록되어 있어서, 이 책이 토정 이지함(李之菡, 1517~1578)의 저술 또는 가탁(假託)임을 짐작할 수 있을 따름이다.

결국 『농아집』이 한국 전래의 비결집이라는 사실은 인정할 수 있지만, 필자는 이 책이 곧바로 『정감록』의 하나로 인정될 수는 없다고 생각한다. 왜냐하면 『농아집』에는 정씨의 새로운 왕국이 건설된다는 『정감록』의 특징을 나타내는 내용은 단 한 구절도 찾아볼 수 없고, 다만 상원(上元), 중원(中元), 하원(下元)의 분류에 따라 팔문(八門)과 별 이름을 배치하여 운수를 가늠해보는 기록이 대부분이기 때문이다.

안춘근이 모아놓은 『정감록집성』에서 연대가 밝혀진 판본은 「비람(秘覽) 청류당음청록(聽流堂陰晴錄)」이 유일하다. 이 책은 고종(高宗) 23년(1886)에 간행되었던 시헌서(時憲書)의 이면을 활용하여 필사했다고 한다. 사용한 종이에 의해 일단 그 이후의 어느 시기에 필사했다는 사실을 확인할 수 있다. 그리고 「비람」의 필사연도에 대해서도 "신묘비등(辛卯秘謄)"이라고 적었다. 따라서 고종 23년(1886) 이후에 가장 빠른 신묘년은 고종 28년(1891)이기 때문에, 1891년에 필사되었다고 추정할 수 있겠다. 더욱이 이 책은 1886년 3월에 고종이 창경궁(昌慶宮)에 있었던 일을 기술하고 있으며, 「정감록(鄭堪錄)」, 「옥룡자십승지비결(玉龍子十勝地秘訣)」, 「옥룡비결(玉龍秘訣)」 등이 함께 기록되어 있으므로 정씨 왕국의 건설을 예언한 『정감록』의 하나로 인정할 수 있는 책이다.[80]

이 밖에도 서학이 크게 일어나 천주교인들이 많이 살해되었다는 언급이 나오는 『정감록』 이본도 있다.[81] 서학에 대한 박해는 신해년(1791)과 신유년

80 위의 책, 6면.

81 「운기구책(運奇龜策)」 서학이 크게 일어나니 살륙이 성행하더라(西學大起, 殺戮盛行) 497면.

(1801)에 시작되어 을해년(1815), 정해년(1827), 기해년(1839), 병오년(1846)에 집중되었다. 이 기간 동안 무려 1만여 명의 천주교인이 희생되었다고 전하는데, 적어도 『정감록』 이본에 천주교 박해사건에 대한 언급이 있다는 점에서 본다면 아무리 빨라도 이 이본은 1791년 이후에야 작성되었다고 볼 수 있다.

상당히 길게, 그리고 복잡하게 설명된 듯 여겨진다. 그러나 『정감록』에 대한 선행 연구 성과를 확인해본다는 의미에서 반드시 필요하다고 생각해서 중요한 연구자들의 주장을 알아보았다.

이른바 『정감록』이 언제 편찬되고 필사되기 시작했는지 정확히 알 수는 없다. 다만 현전하는 『정감록』은 비교적 아주 가까운 시기에 필사된 것만 남아 있을 뿐이다. 물론 거의 대부분의 『정감록』 필사본은 은밀하게 유통되는 과정에서 자연스레 없어졌을 것이며, 공개적으로 유통될 수 없었기 때문에 집안 깊숙한 곳에 몰래 숨겨져 있다가 인멸되기도 했고, 그 책이 미칠 부정적 파장을 우려한 소장자들이 자발적으로 없애기도 했을 것이다.

그러나 '현재 우리가 볼 수 있는' 『정감록』은 아무리 빨라도 서학(西學)이 우리나라에 들어온 이후에 필사된 것이며, 구체적으로 확인이 가능한 판본은 1890년대에 필사된 것으로 생각된다. 물론 이 부분에 대해서는 좀 더 많은 정보가 필요하며 엄밀한 서지학적 연구가 뒷받침되어야 할 것이다.

한편 최남선은 『정감록』과 연관되어 남조선(南朝鮮)신앙이라는 용어를 사용하였다. 그는 "남조선신앙은 주관적이고 관념적인 산물이 아니라 객관적 사실의 충동에 의해 자연히 성립된 신앙이며, 미완의 가변적인 것으로 언제나 필요한 수정과 보충을 할 수 있으며, 진보적인 형태로 민족 운명의 판결을 의미하는 신앙"이라고 정의하였다. 그리고 그는 "남조선은 현실의 고(苦)에 대한 정신적 반발력으로 만들어낸 이상사회의 표상으로서, 미래에[82] 남조선이 있어서 때가 되면 진인(眞人)이 나와서 고통받는 인간을 그곳으로 데려가 바라고

82 최남선은 "어의상으로 보면 조선어에 남(南)을 '앞'으로 새기니 남조선이란 전방에 있는 조선 곧 미래 영원의 조선을 나타낸 것으로 언제까지나 희망을 품는 조선"이라고 해석하였다.

하고자 하는 모든 일이 저절로 성취된다고 믿는 민중의 신념"이라고 해석하였다. 특히 그는 19세기에 이 신앙을 내용으로 하는 비밀결사(秘密結社)가 성립되었고, 그 실현을 위하여 혁명운동으로 발전하기에 이르렀다고 주장하였다.[83] 그러나 남조선신앙의 구체적인 내용에 대해서는 언급하지 않았다.

이와 관련하여 최수정은 『정감록』에 대해 "가장 주목되는 것은 팔도유람을 금강산으로부터 출발하여 삼각산 백운대로, 다시 금강산으로부터 가야산에 이르고, 서선(西鮮)과 북선(北鮮)에 가지 않은 것이다. 이로써 남조선설(南朝鮮說) 운운(云云)도 일리가 있는 듯싶다."라고 평하였다.[84]

또한 김수산(金水山)도 『정감록』의 특징 가운데 하나로 남조선 신앙(南朝鮮信仰)을 들고 있으며, 그 구체적 내용에 대해 "진인이 남해(南海)에서 나타난다", "진인이 남해도(南海島)에서 나타난다"는 비기의 내용과 십승지가 모두 남도(南道)에 국한되어 있다는 사실을 들고 있다. 그는 『정감록』을 "남조선신앙을 근거 짓는 도록(圖錄)"으로 규정하고 있으며, 계룡산을 중심으로 한 승지신앙(勝地信仰)을 남조선신앙의 한 표상이라고 본다.[85]

이에 대해 양은용은 "남조선신앙은 우리들 앞에 남조선이 있어서 때가 되면 진인이 나와서 우리를 그곳으로 인도하여, 지금 시달리고 억눌리는 모든 것이 다 없어지고 바라고 하고자 하는 모든 일이 저절로 성취되는 좋은 세월을 보내게 될 것이라는 민중신앙"이라고 정의한다.[86] 또한 『정감록』 등의 도참사상(圖讖思想)은 억눌린 민중의 '원(怨)'과 '망(望)'을 표출하는 미래상의 현세적 집약이기 때문에, 결국 시대사회사적인 요청에 의해 자연스럽게 발생한 것이라는 견해도 있다.[87]

여기서 도참사상은 한국의 전통사상 가운데 민중예언사상으로서 점복,

---

83 최남선, 앞의 책, 162-165쪽.

84 최수정, 앞의 책, 21-22쪽.

85 김수산 편, 『원본 정감록』(명문당, 1972), 120쪽.

86 양은용, 앞의 논문, 57쪽.

87 박종홍, 『한국사상사』(서문당, 1974), 130쪽.

예언, 풍수, 오행, 참위 등을 두루 포함하고 있어서 분명하게 개념화하기는 어렵다. 그러나 도참사상의 역사는 이미 한국사상의 뿌리와 연결되어 있는 우리의 전통사상으로 전개된 하나의 문화현상임에 틀림없다. 나아가 도참사상은 오랜 역사를 통해 한국 특유의 민간신앙을 이루면서 한국정신사의 기층을 이루어왔다.[88]

『정감록』의 필자는 여러 비결서가 오랜 시간에 걸쳐 집대성되어 현전하기 때문에 알 수 없다. 그렇다면 이른바 『정감록』의 저작 시기, 구체적으로는 집대성 시기는 과연 언제쯤일까? 이에 대한 필자의 견해는 다음과 같다.

선조 22년(1589)에 일어난 정여립사건에 "이씨가 망하고 정씨가 일어난다", "계룡산(鷄龍山) 개태사(開泰寺) 터는 곧 후대에 정씨(鄭氏)가 도읍할 곳이다"라는 주장을 하여 앞으로 정씨가 이씨를 대신하여 계룡산 유역에 새 도읍지를 건설하고 새 왕조를 세운다는 예언사상으로 발전되었다. 바로 이 점이 정여립사건이 이른바 『정감록』의 효시로 주목되는 결정적 증거이다.

『정감록』의 핵심 주제 가운데 하나가 "정씨가 새로운 왕조를 세워 계룡산에 도읍을 정한다"라는 사실을 염두에 둔다면, 정여립의 반란음모 사건에 그 요소가 완벽하게 갖추어져 있음을 알 수 있다. 정여립이 조선 개국 초부터 전해온다거나 혹은 1백여 년 전부터 전해오는 비결을 인용하고 있다고 주장한 것은 그 비결이 오랜 전통을 가졌으며 신뢰할 만하다는 점을 강조하기 위한 것이다. 따라서 현전하는 『정감록』의 기본 줄거리는 임진왜란이 일어나기 직전에 이미 갖추어져 있었고, 여기에 계속해서 또 다른 예언들이 덧붙여져서 후대에 『정감록』으로 집대성되었다고 보아야 할 것이다.

계룡산은 조선 태조가 새 왕조의 도읍지로 주목한 이래 정여립에 의해 다시 한 번 부각되었다. 이후 계룡산이 새 왕조가 세워질 중심지라는 인식이 가능했다. 이른바 계룡산 도읍설이 점차 확정적으로 드러나기 시작한 것이다.

---

88 양은용, 앞의 논문, 37-39쪽. 여기서 도참(圖讖)은 국가작업(國家祚業)의 흥망성쇠(興亡盛衰)와 인간만사(人間萬事)의 길흉화복(吉凶禍福)을 징험(徵驗)하는 예언과 비기류(秘記類)의 총칭으로 정의된다.

인조 6년(1628) 유효립사건 관련자들이 "계룡산의 바위들이 흰색으로 변하고, 거친 갯벌에 배가 다닐 때에 새 임금이 등극할 것이다"라는 말을 주고받았다. "초계조입(草溪潮入), 계룡건도(鷄龍建都)"라는 비결로 이처럼 계룡산을 강조하고 새 임금이 등극한다는 주장은 진인(眞人)으로 상징되는 이상적 인물이 출세할 것을 주장한 내용이다. 현전하는 『정감록』에 이와 비슷한 비결이 보이는 것으로 볼 때 유효립사건 당시에 유행하던 비결이 후대의 『정감록』에 수용된 것으로 보인다.

그리고 인조 9년(1631) 2월 옥천에 사는 권대진(權大進)사건은 정씨 진인 출현설과 계룡산을 수도로 삼을 것을 빌미로 역모를 꾸민 사건이다. 또한 숙종 8년(1682)에 일어난 노계신(盧繼信)사건에서는 곧 조선왕조를 대신하여 정씨 진인이 곧 출현할 것을 주장하였다.

또 숙종 17년(1691) 차충걸사건 관련자들은 "한양(漢陽)은 장차 다하고, 전읍(奠邑)이 일어날 것이다"라고 주장했다. 전읍은 정씨(鄭氏)의 파자로 정씨 진인출현설을 표현한 것이다. 영조 4년(1728)에 일어난 이인좌사건에서는 이른바 정도령출현설이 등장한다. 이처럼 인조, 숙종, 영조대에는 정씨 진인출현설을 주장하는 각종 역모사건이 일어났다. 이 시기의 역모사건의 핵심 주장들이 후대의 이른바 『정감록』에 포함되었던 것으로 볼 수 있다.

영조 15년(1739) 6월 이빈(李濱)의 국경범월죄과 관련하여 『정감록』이라는 책 이름이 처음으로 공식적인 관찬사서인 『승정원일기(承政院日記)』에 등장한다. 함경도 지방의 일부 사람들이 국경을 넘어 이상향을 찾아떠났다는 이야기와 관련하여 『정감록』, 『역년』 등의 예언서가 언급된다. 이 사건 관련자 18명이 모두 참수형에 처해졌다는 사실에서 그 사건의 심각성을 알 수 있다. 자세한 죄목과 참수형의 이유가 밝혀져 있지 않아 짐작만 할 수 있지만, 『정감록』과 관련된 유언비어 유포죄가 크게 작용한 듯하다. 어쨌든 이 사건에서 처음으로 『정감록』이 언급된다는 점이 특기할 만하고, 이후 『정감록』은 공개적으로 한국의 대표적인 예언서로 자리매김한다.

정조 6년(1782) 문인방사건에 『정감록』에 대해 본격적이고 구체적인 언급이 시작된다. 이 사건에는 한글로 된 『정감록』을 보았다는 사건관련자의 진술도 있다. 그만큼 이른바 『정감록』이 대중화되기 시작했고, 많은 사람들이 은밀하게 돌려보았다는 증거를 찾을 수 있다. 또 정조 6년(1782) 12월에도 황해도 해주에서 안필복(安必復)과 안치복(安致復)이 『정감록』을 집에 몰래 소장했다는 이유로 관아에 수감되는 사건이 일어났다. 그리고 정조 9년(1785) 2월 경상도 하동(河東)에서 일어난 반란 음모사건인 '이율(李瑮)과 양형(梁衡)' 사건에서는 『정감록비기(鄭鑑錄秘記)』가 조정의 주목을 받았다. 이른바 『정감록』이 조금씩 이름을 달리하면서 다양한 형태로 보급되기 시작한 상황을 알려준다. 아마도 이 시기에도 이른바 『정감록』은 비교적 확정된 형태로 완성된 것이 아니라 다소 들쭉날쭉한 비결 모음집의 형태로 유포되기 시작했을 것이다.

한편 이긍익(李肯翊, 1736~1806)의 『연려실기술』에 조선 태조가 태조 2년(1393)에 벌였던 계룡산 신도(新都) 공사를 약 1년 동안 진행하다가 중지한 일에 대한 설화가 실려 있다. 계룡산은 장차 정씨가 도읍할 땅이라는 신인(神人)의 말을 듣고 신도 건설 공사가 중지되었다는 설화다. 따라서 적어도 18세기 후반에 이르면 '계룡산은 정씨 진인이 출현할 땅'이라는 이야기가 널리 퍼졌고, 이 이야기가 바탕이 되어 왕조(王朝) 교체를 전제로 한 정씨 진인출현설은 더욱 확고한 형태로 사람들에게 받아들여졌음을 알 수 있다.

특히 순조 11년(1811)에 발생한 홍경래사건에는 정씨 진인출현설과 임신기병(壬申起兵)이라는 도참(圖讖)이 발견된다. 임신기병에 대한 언급은 현전하는 『정감록』에 자주 등장하는 표현이다. 따라서 이러한 비결이 『정감록』에 수용된 것은 최소한 홍경래사건이 발생한 이후라야 가능하다.

한편 헌종 2년(1836)에 일어난 남공언사건에서 십승지(十勝地)라는 용어가 처음 등장한다. '열 곳의 빼어난 땅' 또는 '열 곳의 피난처'를 의미하는 십승지가 비로소 공식적으로 언급되기 시작한다. 남공언사건 이후에 그동안 전해지던 각종 지리서의 견해를 받아들여 십승지사상이 구체화되었던 것으로 볼 수 있다.

그런데 일부 『정감록』의 이본에는 서학이 치성할 것을 예언한 부분이 수록되어 있는 것으로 볼 때, 최소한 이 부분은 신해박해(1791), 신유박해(1801), 기해박해(1839), 병오박해(1846)가 일어난 이후에 편입된 기록으로 보인다. 그리고 병인양요(1866)를 언급한 『정감록』 이본이 있고, 임오군란(1882)을 설명한 부분이 있으며, 기차, 전화기, 비행기 등의 개화기 문물의 등장을 표현한 구절도 있다.

나아가 중국 선통제(宣統帝)의 연호인 선통(宣統)이 언급된 점으로 볼 때 최소한 이 구절은 선통 1년(1909)부터 선통 3년(1911) 이후의 어느 시기에 『정감록』 이본에 수록되었다고 평가된다. 또한 광서(光緖)는 청나라 덕종 광서제의 연호인데, 1875년부터 1908년까지 쓰였는데, 『정감록』 「동차결」에 광서라는 명사가 정확하게 나오는 것으로 보아 이 부분은 최소한 이 시기 동안에 필사된 것으로 보아야 할 것이다. 그리고 조선이 건국된 이후 1905년의 을사조약까지의 기간이 조선의 운수로 언급되는 부분이 있다는 사실은 최소한 이 부분은 1905년 이후에 기록된 것으로 보인다.

결국 이른바 『정감록』은 선조 22년(1589)의 정여립사건 때 그 실마리를 발견할 수 있었고, 인조 6년(1628) 유효립사건부터 몇몇 비결이 언급되기 시작했으며, 인조, 숙종, 영조대의 반란사건에 정씨 진인출현설이 널리 알려지기 시작했다. 이후 영조 15년(1739) 6월 이빈(李濱)의 국경범월죄과 관련하여 『정감록』이라는 책 이름이 처음으로 『승정원일기』에 등장한다. 정조대의 역모사건에는 여러 이본으로 추정되는 『정감록』들이 등장하며, 계룡산 도읍설이 많이 알려지게 된다. 홍경래사건(1811)에는 『정감록』에 자주 등장하는 임신기병(壬申起兵) 비결이 널리 유포되었고, 헌종 2년(1836)에 일어난 남공언사건에서 십승지라는 용어가 처음 등장한다. 그리고 일부 『정감록』에는 서학의 치성, 병인양요, 개화기 문물의 등장, 중국 선통제와 광서제의 연호 사용, 을사조약 등에 대한 언급이 있는 것으로 볼 때 해당 부분은 최소한 이 시기 이후에 『정감록』에 수용된 것으로 보인다.

따라서 『정감록』은 그 이름이 처음으로 등장한 영조 15년(1739) 이후 을사조약(1905)까지의 오랜 시간 속에 그 수록 내용을 점차 넓혀갔다고 보아야 할 것이다. 이른바 『정감록』의 저자는 도저히 찾을 수 없다는 것이 필자의 견해이며, 그 저술시기도 약 160여 년에 이르는 긴 기간이라는 것이 필자의 결론이다.

2.

『정감록』의 내용과 사상

조선 후기의 가장 대표적인 민중사상은 『정감록(鄭鑑錄)』으로 대변되는 예언사상이다. 정감록사상으로 부르기도 한다. 『정감록』이라는 책 이름은 역사의 무대에 영조(英祖) 15년(1739) 6월부터 나타난다.[89] 그러나 정감록이 특정한 책자나 논리만을 가리키는 것은 아니다. 『정감록』을 전래의 비기(秘記), 비결(秘訣), 도참(圖讖)의 논리와 현실과 결부시켜 예언한 사상의 총체로 이해한다면 이를 정감록사상 또는 정감록신앙으로 규정할 수 있다.

『정감록』을 대표하는 비결의 하나인 「감결」은 완산백(完山伯) 이공(李公)의 둘째 아들 심(沁)과 촉인(蜀人) 정감(鄭堪)이 팔도(八道)의 산수를 유람하면서 나눈 이야기다.[90] 이와 관련하여 송말(宋末)에 이심이 봉황성(鳳凰城)에서 정감을 만났다는 기록도 있다.[91] 그러나 이 역시 실제로 그러한 사실을 있었던 것이 아니라 『정감록』의 내용이 매우 오래 전에 기록되었다는 주장을 강조하기 위한 장치로 보아야 할 것이다.

---

89 자세한 내용은 김탁, 『조선의 예언사상』 상, 하(북코리아, 2016)을 참고.

90 "정감은 고려 초의 이인(異人)이라." 안춘근, 「뎡감록비결」, 앞의 책, 1973, 3면.

91 「정감문답」 위의 책, 636면.

이 장에서는 이른바 『정감록』의 내용을 김용주본 『정감록』을 근거로 삼아 분석하겠다. 『정감록』에는 풍수지리(風水地理)사상, 천운순환(天運循環)사상, 천문(天文)사상, 말세(末世)사상, 비결(秘訣)사상, 진인(眞人)사상, 음양오행(陰陽五行)사상, 승지(勝地)사상 등이 확인된다.

(1) 풍수지리사상

풍수지리설은 음양오행설에 기초하여 산맥이나 강의 흐름을 보고 인간의 길흉화복을 점치는 세속화된 동양 전래의 자연철학이다. 일반적으로 개인의 묘소를 정하는 일에 이용되었는데, 그 방향과 위치에 따라 후손들의 삶의 대세가 정해진다는 믿음으로 발전되었다. 그런데 『정감록』에는 도읍터의 지기(地氣)가 쇠퇴하거나 왕성함에 따라 그 왕조의 운명이 결정된다는 지기쇠왕설(地氣衰旺說)이 제기된다. 나라 전체의 운세가 그 수도의 풍수지리에 의해 예정되어 있다는 사유체계다.

「감결」에 정(鄭)이 "곤륜산으로부터 내려온 산줄기가 백두산에 이르고, 그 원기(元氣)가 평양에 이르렀다. 그러나 평양은 이미 천년의 운수가 지나 송악(松岳, 개성) 5백 년 도읍할 땅으로 옮겼는데, 요망한 중과 궁녀가 난을 일으켜 땅기운이 쇠(衰)하고 천운(天運)이 막혀 그 운수가 한양으로 옮겨가리라"라고 말했다.[92] 이는 고려의 도읍지가 옮겨진 과정을 풍수지리적으로 설명하고, 조선의 수도가 한양으로 정해진 일에 대해 설명한 기록이다.

또 「감결」에 이심(李沁)이 "(백두산에서 내려온 산줄기가) 금강산으로 옮겨 안동의 태백산과 풍기의 소백산에 이르러 산천의 기운이 모여 계룡산으로 들어갔으니, 정씨(鄭氏)가 8백 년 동안 도읍할 땅이로다. 그 후 원맥이 가야산으로

92 「감결」, 『정감록』(한성도서주식회사, 1923); 안춘근, 앞의 책, 1973, 567면.

들어가니, 조씨(趙氏)가 1천 년 동안 도읍할 땅이로다. 전주는 범씨(范氏)가 6백 년 도읍할 땅이로다. 송악으로 말하면 왕씨(王氏)가 다시 일어날 땅인데, 나머지는 자세하지 않아 고찰할 수 없다"고 했다.[93] 이 기록은 조선 이후에 전개될 왕조를 계룡산, 가야산, 전주, 송악 등을 거론하면서 예언한 내용이다.

「감결」에 "삼각산은 규봉(窺峰)이 되고, 백악(白岳)은 주산(主山)이 되며, 한강은 허리띠가 되며, 계락산「稽絡山, 낙산(駱山)」이 청룡이 되고, 안현(鞍峴)은 백호가 되며, 관악(冠岳)은 안산(案山)이 되고, 목멱산(木覓山)은 남산(南山)이 되었다"라 했다.[94] 조선의 수도 한양의 지세를 산과 강을 중심으로 설명한 부분이다.

또 「감결」에 정감이 "아무 산, 어느 물의 기세가 이러이러하니, 천 년 뒤의 일을 상세히 알 수 있는 것이다"고 했다.[95] 이는 산과 강의 지세와 지기에 따라 향후 전개될 세상일을 알 수 있다고 강조한 대목이다.

「감결」에 "후세의 어리석은 자의 안목에는 용문산(龍門山)이 몸을 숨길 만한 곳으로 보이리라. 대개 산수법(山水法) 이외의 것으로 말하자면 생기(生氣)가 있는 듯하지만, 기운을 한양에 빼앗겼으므로 용문산의 기세는 모두 죽은 혈(穴)이다"라 했다.[96] 산세만 보아서는 풍수지리의 묘리를 알 수 없고, 지기의 흥왕을 위주로 살펴보아야 한다고 강조한 기록이다.

또 「감결」에 "목멱산의 형상은 산모(産母)의 음부형(陰部形)과 같으니, 사대부가 허물을 더하면 온 나라에 예(禮)가 없어질 것이니 어찌 하리오?"라는 구절이 있다.[97] 산의 형세에 따라 인간세상의 풍속이 결정된다는 믿음이 반영되었다.

---

93 「감결」, 『정감록』(한성도서주식회사, 1923); 안춘근, 앞의 책, 1973, 567면.

94 「감결」, 『정감록』(한성도서주식회사, 1923); 안춘근, 앞의 책, 1973, 567면.

95 「감결」, 『정감록』(한성도서주식회사, 1923); 안춘근, 앞의 책, 1973, 568면.

96 원래는 「감결」, 『정감록』(한성도서주식회사, 1923); 안춘근, 앞의 책, 1973, 568면 이후에 있어야 되지만, 『정감록집성』에서 한 면이 빠져 있다. 이민수, 앞의 책, 18-19쪽에 해석이 실려 있다.

97 원래는 「감결」, 『정감록』(한성도서주식회사, 1923); 안춘근, 앞의 책, 1973, 568면 이후에 있어야 되지만, 『정감록집성』에서 한 면이 빠져 있다. 이민수, 앞의 책, 20쪽에 해석이 실려 있다.

그리고 「감결」에 "십승지는 사면(四面)이 이러이러하므로 흉년이 들지 않을 것이니, 산수의 법은 기이하다"라 했다.[98] 이는 풍수지리의 법칙이 인간사의 운명을 결정할 것이라는 점을 강조한 부분이다.

「삼한산림비기」에는 "삼한(三韓)의 산맥이 처음에 몽라골현(蒙羅骨峴)에서 시작하여 용(龍)처럼 날고 봉(鳳)같이 춤을 추며 구불구불 에워 돌아 남쪽으로 뻗어오다가, 장령산(長嶺山)이 되고, 두흑산(豆黑山)이 되고, 백두산이 되고, 검산(劍山)이 되어 동옥저(東沃沮)에서 멈추었는데, (…)"라고 했다.[99] 산맥이 흘러내리는 기세를 여러 산을 중심으로 설명하였다.

또 「삼한산림비기」에 "산맥이 두류산 북쪽으로 옮겨 차현(車峴)이 되었는데, 이 고개 남쪽에는 산의 형상과 물의 형세가 모두 등지고 달렸으니, 나라에 반역하고 사형당할 자가 반드시 여기에서 나오리라. 속리산의 지맥이 꺾여 북쪽으로 달려 황려(黃驪)에 머물렀는데, 틀림없이 성인이 있어 장사지낼 것이니, 동방의 예악과 문물이 이때에 왕성하리라"라 했다.[100] 이는 산수의 형세에 의해 인심이 결정된다는 생각을 반영한 대목이다.

「삼한산림비기」에 "개마산의 맥이 서남으로 뻗어 검지산(劍地山)이 되고, 절령(岊嶺)이 되고, 구월산이 되고, 송악산(松岳山)이 되었으니, 왕 노릇하는 이가 여기에 도읍하면 5백 년을 가리라. 산의 형상이 둘레에서 호위하는 듯하고 깊고 함축성이 있으니, 마땅히 불사(佛事)를 엄숙하게 치를 것이고, 나라의 명령을 제멋대로 하는 신하가 대대로 있으리라. 무릇 도읍을 세 번 옮기고 두 번 고을을 떠나지만 결국은 이씨(李氏)에게 해를 당할 것이다. (…) 물이 서쪽 성 밖으로 새어나가니 자손에게 해로울 것이다. 따라서 왕족이 번성하지 못하며, 끝내는 멸족을 당하는 환란이 있으리라. 장상산(將相山)이 낮고 미미하므로 그 공적을 이루는 사람이 드물고, 문필봉(文筆峯)이 높고 험하므로 중국의 과거에

---

98 원래는 「감결」, 『정감록』(한성도서주식회사, 1923); 안춘근, 앞의 책, 1973, 568면 이후에 있어야 되지만, 『정감록집성』에서 한 면이 빠져 있다. 이민수, 앞의 책, 21쪽에 해석이 실려 있다.

99 「삼한산림비기」, 『정감록』(한성도서주식회사, 1923); 안춘근, 앞의 책, 1973, 569면.

100 「삼한산림비기」, 『정감록』(한성도서주식회사, 1923); 안춘근, 앞의 책, 1973, 569면.

급제하는 사람이 많을 것이다. 대체로 삼한의 산맥이 모두 서산에 배치되므로, 나라를 망치는 일이 반드시 서쪽으로부터 생기리라"라 했다.[101] 역시 산세에 따라 세상사의 중요한 일이 결정될 것이라는 생각이다.

그리고 「삼한산림비기」에 "송악(개성)은 수국(水局)이니, 대궐을 반드시 남향으로 해야 한다. 그렇지 않으면 불설(佛說)에 복종하지 않을 것이다"라 했다.[102] 수도의 지세에 따라 대궐의 방향도 제대로 잡아야 한다는 믿음이다. 나아가 대궐의 방향에 의해 성인의 가르침을 따를지가 정해질 것이라고 주장한다.

「삼한산림비기」에 "송악의 남쪽 감악산(紺岳山)이 신령한 산이고, 목멱산이 그 다음이며, 부아악「負兒岳, 북한산(北漢山)」이 맨 아래가 되니, 송악을 버리고 반드시 여기에 도읍하는 자가 있으리라. 그러나 산의 바위가 드러나 가파르게 솟아 있고, 앞쪽에 물이 얕게 흐르므로, 10년 동안의 풍년이 없고 30년간의 평화가 없으리라"라 했다.[103] 수도의 위치를 잘 잡아야 풍년과 평화가 결정될 것이라는 생각이다.

또 「삼한산림비기」에 "한산(漢山)은 금국(金局)이니, 대궐은 반드시 동향으로 해야 한다. (…) 동쪽은 허(虛)하고 남쪽은 낮으니, 백악산으로 좌(坐)를 삼지 말라. 검은 옷을 입은 도적이 동쪽에서 올까 두렵다"라 했다.[104] 역시 수도의 지형에 따라 대궐의 좌향(坐向)을 정해야 무탈하다고 강조한 기록이다.

「삼한산림비기」에 "병신년(丙申年)에는 사방에서 군사가 움직이고, 서자 중 맏이가 제 분수를 모르고 날뛰면 필시 세상 이치가 타락하리니, 이때부터 다사다난하여 도성에는 이름난 재상이 없고 변방에는 큰 장수가 부족하리라. 이것이 다 한산(漢山)이 뼈처럼 여위었고 한수(漢水)가 여울이 많기 때문이다"

101 「삼한산림비기」, 『정감록』(한성도서주식회사, 1923); 안춘근, 앞의 책, 1973, 569-570면.
102 「삼한산림비기」, 『정감록』(한성도서주식회사, 1923); 안춘근, 앞의 책, 1973, 570면.
103 「삼한산림비기」, 『정감록』(한성도서주식회사, 1923); 안춘근, 앞의 책, 1973, 570면.
104 「삼한산림비기」, 『정감록』(한성도서주식회사, 1923); 안춘근, 앞의 책, 1973, 570면.

라 했다.[105] 군사의 기병이나 지배계층의 타락과 신하와 장수의 출현 여부가 모두 산과 강의 형세에 따라 결정된다는 믿음을 반영한 대목이다.

또 「삼한산림비기」에 "한산이 높이 솟아 드러났으니 훌륭한 인재가 나지 않고, 학사(學士)와 대부(大夫)가 끝까지 등용되지 못한 채 풀처럼 베어지리라"라 하였다.[106] 이 역시 산세에 따라 인재의 출세와 임용 여부가 결정될 것이라는 생각이 반영된 부분이다.

「삼한산림비기」에 "영남(嶺南) 70개 고을은 땅이 기름지고 산이 빼어나 많은 인재가 배출되고, 호남(湖南)은 등지고 달리는 산이 많으니 불충불효하고 간사한 무리들의 소굴이로다. 정권을 손에 잡은 사람은 그런 자들을 끌어다 쓰기를 좋아하지 말라"라 했다.[107] 각 지역의 산세에 따라 인재의 성향이 결정되어 있다는 주장이다.

그리고 「삼한산림비기」에 "청량산이 명주(溟州)를 둘러싸고 있으므로 오래 사는 사람들이 많다"라 했다.[108] 특정한 산이 특정한 지역을 감싼 형국에 의해 인간 수명의 장단이 결정될 것이라는 점을 강조한 부분이다.

「삼한산림비기」에 "남원경(南原京)은 주산(主山)이 낮고 객산(客山)이 우람하니, 서자(庶子)가 요사스러운 일을 도모하여 사대부에게 해를 입힐 것이다. 서원경(西原京)은 물이 공(功)자 모양으로 빙 둘렀으므로 공신(功臣)이 대대로 나올 것이다. 중원경(中原京)은 직산(稷山)이 높고 험준하므로 대대로 부유하게 사는 장남이 많을 것이다. 북원경(北原京)은 물이 북쪽 아래로 흐르고 산이 남쪽으로 가로막혔으니, 무예와 용맹이 뛰어난 사람들이 많이 배출될 것이다. 이들 5경 가운데 명주가 가장 아름답다"라 했다.[109] 역시 특정한 지역을 둘러싼 산과 물의 형국에 의해 인간세상의 중요한 일이 결정될 것이라는 믿음이

105 「삼한산림비기」, 『정감록』(한성도서주식회사, 1923); 안춘근, 앞의 책, 1973, 570면.
106 「삼한산림비기」, 『정감록』(한성도서주식회사, 1923); 안춘근, 앞의 책, 1973, 571면.
107 「삼한산림비기」, 『정감록』(한성도서주식회사, 1923); 안춘근, 앞의 책, 1973, 571면.
108 「삼한산림비기」, 『정감록』(한성도서주식회사, 1923); 안춘근, 앞의 책, 1973, 571면.
109 「삼한산림비기」, 『정감록』(한성도서주식회사, 1923); 안춘근, 앞의 책, 1973, 571-572면.

반영되었다.

또 「삼한산림비기」에 "나라의 기강이 탄탄한 듯하지만 당파끼리 서로 헐뜯고 다투므로, 끝내 의견이 모아지지 않는다. 이는 송경(松京)은 산이 빙 둘러쌌고, 한산은 뒤가 노출되었기 때문이다. 한산의 형세가 서쪽으로 뻗었으니, 성곽을 설치하여 그 허한 곳을 에워싸야 한다. 유사시에 서쪽으로 달아나면 화를 모면할 수 있지만, 두세 번 되풀이해서는 안 된다"라 했다.[110] 산세에 따라 정치의 대세가 결정되어 있다는 생각이 반영된 대목이며, 지기가 허한 곳에 성을 쌓아 지기를 보완할 수 있다고 주장하였다.

한편 「남사고비결」에 "한산(漢山)에 돌이 많고 한수(漢水)는 여울이 많으니, 반드시 골육(骨肉) 간에 서로 죽이는 일이 많을 것이다"라 했다.[111] 산과 강의 형세에 따라 인간세상의 분쟁이 일어날 것을 주장한 부분이다.

「무학전(無學傳)」에 "지나간 일을 살펴보면 중엽에는 서얼(庶孼)의 재앙과 적자(賊子)의 변란이 번번이 일어나리라. 그 연수(年數)를 살펴보니, 군사를 일으키는 것은 신(申), 자(子), 진년(辰年)에 있고, 형벌과 살육은 사(巳), 유(酉), 축년(丑年)에 있었으니, 무슨 까닭인가? 화(火)가 금(金, 목멱산)을 이기기 때문이다. 금국(金局, 도봉산)의 산세에 목맥(木脈, 인왕산)이 백호(白虎, 오른쪽)에 있어 산꼭대기를 쳐드니 여기에 형벌과 살육의 기운이 있고, 수국(水局, 삼각산)의 산세에 도봉산이 청룡(靑龍, 왼쪽)에 있으니 기운이 새어나간다. 그러므로 전쟁이 일어난 것이다"라 했다.[112] 세상에 변란이 일어나는 이유가 산세에 의해 결정된다는 믿음을 반영한 대목이다.

또 「토정가장결」에 "이 태백산 원맥은 수많은 봉우리들이 좌우에 병풍처럼 벌려 있고, 이름난 내와 신령스러운 땅이 앞뒤로 두르고 있으며, 용(龍)이 경원(庚元), 건해(乾亥)로부터 임감맥(壬坎脈)으로 나뉘어, 지세(地勢)가 병(丙),

110 「삼한산림비기」, 『정감록』(한성도서주식회사, 1923); 안춘근, 앞의 책, 1973, 573면.

111 「남사고비결」, 『정감록』(한성도서주식회사, 1923); 안춘근, 앞의 책, 1973, 580면.

112 「무학전」, 『정감록』(한성도서주식회사, 1923); 안춘근, 앞의 책, 1973, 575면.

임(壬), 자(子)의 세 향(向)으로 열리고, 태을성(太乙星)이 그 문을 지키며, 청룡이 그 골짜기를 서려 화기(和氣)가 흐뭇하니 여기가 절승지이다. 그 형국이 활을 당긴 것처럼 기이하고 (…)"라 했다.[113] 산세를 자세히 설명한 부분이며, 왜 명승지가 되는지에 대해 상세히 기술하였다.

「토정가장결」에 "가마산(加麻山)이 백호가 되고, 화산(華山)이 안산(案山)이 되고, 자좌(子坐)로 금구형(金鷗形)이니, 자손을 보전할 만한 땅이다"라 했다.[114] 지세를 산을 중심으로 설명하고, 지세의 이름을 밝히고, 그 효과에 대해 나름대로 주장한 부분이다.

또 「두사총비결」에 "호남의 산은 등을 돌리고 달아난 것이 많아서 간사함을 추구하는 일이 잦다. 내버려두고 논하지 말자"라 했다.[115] 특정 지역의 전체 산세를 설명하면서 이에 따라 인간의 성격이 대체로 결정된다는 생각이 반영되었다.

특히 『정감록』은 조선왕조가 몰락되는 일 역시 수도인 한양의 지덕(地德)이 쇠퇴해지기 때문이라고 주장한다. 그리고 "산천의 기운이 뭉치어 계룡산으로 들어갔으니, 정씨의 8백 년 도읍할 땅이다"라고 주장하여 지형(地形), 지상(地相), 지력(地力)으로 정씨의 새 왕조가 계룡산에 도읍을 정할 것이라고 예언했다.

실제로 그러한지는 증명하기 어렵지만, 땅기운의 쇠퇴와 왕성에 의해 그 위에 자리잡고 사는 인간이 영향을 받는다고 설명하여 자연이라는 환경조건의 변화에 따라 인간사가 조종된다는 믿음을 반영하고 있다. 자연과의 친화를 부각시키고 환경의 중요성을 강조하는 점은 현재에도 긍정적 의의가 있지만, 지나친 환경결정론과 지리운명론은 쉽게 받아들이기 어렵다.

『정감록』의 풍수지리사상의 핵심은 조선을 이어 정씨 왕조가 세워질 것

113 「토정가장결」, 『정감록』(한성도서주식회사, 1923); 안춘근, 앞의 책, 1973, 594면.
114 「토정가장결」, 『정감록』(한성도서주식회사, 1923); 안춘근, 앞의 책, 1973, 595면.
115 「두사총비결」, 『정감록』(한성도서주식회사, 1923); 안춘근, 앞의 책, 1973, 583면.

인데, 계룡산(鷄龍山)에 도읍을 정할 것이라는 이른바 '계룡산 정도설(定都說)'이다.

계룡산은 조선의 개창자인 태조 이성계가 새로운 도읍 후보지의 하나로 선택했던 곳이다. 풍수지리설로 볼 때 회룡고조(回龍高祖)의 산세로 산태극(山太極) 수태극(水太極)이라는 명당의 형국을 이루었다고 해석된다. 실제로 태조는 이곳에 궁궐을 세우기 위해 거의 1년 동안이나 역사(役事)를 시작했지만, 하륜(河崙)이 중국의 풍수가인 호순신(胡舜申)의 풍수설에 따라 반대의견을 개진하여 논의 끝에 역사가 중지되고 마침내 조선의 도읍지는 한양으로 결정되었다.

태조가 계룡산에 궁궐터를 닦을 때 그의 꿈에 어떤 노인이 나타나 이곳은 정씨(鄭氏)가 도읍할 곳이고 이씨의 터가 아니니 빨리 나가라고 했기 때문에 한양에 도읍을 정할 수밖에 없었다는 설화가 홍만종(洪萬鍾, 1643-1725)이 지은 『순오지(旬五志)』에 나온다.[116] 이는 계룡산에 정씨 왕조가 세워질 것이라는 비결이 적어도 17세기 중반 이후에는 널리 유포된 사실을 반영한다. 이후 계룡산은 민중들에게 새 세상이나 이상향이 열릴 성지(聖地)로 받아들여졌다. 이에 따라 19세기 이후 많은 사람들이 계룡산 주변으로 몰려들었다.

정조(正祖) 9년(1785)에 일어난 홍복영(洪福榮)사건에도 『정감록』을 믿고 계룡산에 집을 지었다는 기록이 보인다. 그리고 순조(純祖) 21년(1821)에 강원도 낭천에 살던 자가 "계룡산은 5백 년 도읍지이기 때문에 먼저 들어가 자리를 잡고 살면 자손들이 영귀(榮貴)하게 될 것이다"라는 비결을 믿고 다른 사람들과 함께 계룡산으로 가려 했다.[117]

이러한 기록들을 통해 당시에 이미 계룡산이 새 왕조의 도읍지가 될 것이라는 예언이 널리 퍼져 있었음을 알 수 있고, 실제로 비결을 믿고 실행에 옮겼

116 이와 비슷한 이야기가 『계룡산록(鷄龍山錄)』에도 전한다고 한다. 유병덕, 「계룡산하의 종교」, 『한국민중신앙사상론』(시인사, 1985).

117 『좌포도청등록』 제4책, 7월 14일조.

던 인물이 나타났다는 것이 중요하다. 비결을 믿는 사회적 분위기와 경향을 엿볼 수 있다.

왕조의 도읍지가 곧 왕조의 수명과 관련된다는 믿음인데, 왕조가 쇠퇴하는 운수를 맞는 것은 도읍지의 지기(地氣)가 쇠하였기 때문이다. 따라서 그러한 왕조를 구하는 유일한 방법은 도읍지를 옮기는 일이다. 도읍은 왕조의 운명을 좌우하는 구심점이자 상징으로 받아들여졌다.

결국 조선왕조의 쇠퇴와 멸망을 예언하기 위해서는 당연히 한양의 지기가 쇠퇴했고 새로운 도읍지로 옮겨야 한다는 내용의 예언이 계속 추가되는 것이다.

한편 계룡산 정도설(定都說)이 퍼졌다는 사실은 곧 조선왕조의 멸망이 기대되고 믿어졌다는 것이다. 나라의 운수가 전적으로 도읍지의 지기(地氣)의 통색(通塞)과 쇠왕(衰旺)에 달려 있다는 풍수지리설의 영향이 의외로 상당했고, 계룡산 정도설은 조선왕조를 부정하고 이상세계에 대한 열망에 대한 비결적 응답이었다.

그러나 지기(地氣)가 인간의 운명, 나아가 국가와 사회에까지 커다란 영향을 미친다는 생각은 비과학적인 논리와 견해에 불과하다. 그럼에도 불구하고 전근대사회는 물론 지금도 과학과 이성의 영역을 넘어선 차원에서 믿음의 영역 혹은 종교의 영역은 엄연히 존재한다. 이러한 곳에서 인간이 지닌 종교적 심성은 보상받고 위로받으며 때로는 새롭게 살아가는 원동력을 얻기도 한다.

풍수지리설이 조선사회에 미쳤던 영향은 실로 컸다. 주로 음택(陰宅), 즉 묏자리 잡기에 몰두한 사례는 무수히 많다. 명당을 찾아 조상을 매장함으로써 기대되는 것은 발복(發福)으로 표현되는 미래의 행복을 찾기 위함이었다.

이러한 사회적 분위기를 타고 풍수지리설에 입각한 『정감록』류의 비결서가 깊이 신앙되었던 것이다. 그만큼 비결서의 예언이 설득력이 있고 신뢰를 얻을 수 있었다. 풍수지리설에 대한 믿음이 확산되어 계룡산은 단순히 새 왕조의 도읍지가 될 것이라는 예언을 넘어서 어쩌면 종교적 차원의 이상향이나 미래에 이루어질 낙원의 상징으로서 민중들의 가슴속에 깊이 새겨졌다. 이러한 맥락에서 근대 이후에도 계룡산은 많은 한국 신종교 단체들의 메카로 자리를 잡았다.

한편 광해군(光海君, 1575-1641, 재위기간 1608~1623)은 등극 이후 한양의 지기가 쇠퇴했다는 술관(術官) 이의신(李懿信)의 건의에 따라 경기도 교하로 천도하려는 계획을 추진하였다. 양반관료들의 반대로 중지되고 말았지만, 광해군의 몇 년간에 걸친 천도 추진은 많은 물의와 갈등을 불러일으켰다. 이러한 과정에서 새로운 도읍지 후보가 거론되었을 것이다.

그리고 허균(許筠, 1569-1618)이 새 도읍지에 관한 참서를 지었다는 주장도 있다. 정씨가 새로운 왕조를 세울 것이고 도읍지를 계룡산에 정할 것이라는 예언은 광해군 시대와 인조반정「仁祖反正, 1623년(광해군 15년)」으로 이어지는 정치적 격변기에 조선왕조 종말의 상징으로 조작되기 시작했다고 보기도 한다.[118] 계룡산이 새 도읍지가 될 것이라는 비결을 실제로 역모사건에 이용한 것이 인조 6년(1628)에 일어난 유효립(柳孝立, 1579-1628)사건이다.[119] 선조 22년(1589)에 일어난 정여립(鄭汝立, 1546-1589)사건에는 구체적으로 보이지 않던 계룡산 정도설이 이때부터 분명히 나타난 것은 왕조의 멸망을 예언하는 도참과 비결이 더욱 강력해졌음을 의미한다. 즉 17세기 전반에 계룡산 정도설은 조선사회에 널리 퍼졌으며, 이후 계룡산은 비결이나 사람들의 마음속에 다음 왕조의 도읍지로 확고하게 자리를 차지하였다.

(2) 천운순환(天運循環)사상

진인(眞人)인 정씨(鄭氏)가 이 세상에 나타나는 결정적 계기는 하늘의 운수인 천운(天運)이 바뀌는 일이다. 이러한 순환론적 역사관으로는 『주역(周

118 장영민, 『동학의 정치사회운동』(경인문화사, 2004), 37쪽.

119 자세한 내용은 김탁, 앞의 책, 상을 참고.

易)』의 음양사상, 『맹자(孟子)』의 일치일란설(一治一亂說), 소강절(邵康節)의 원회운세설(元會運世說) 등이 대표적이다.

「삼한산림비기」는 우리나라의 명산에 대한 풍수지리설에 따라 각 왕조(王朝)가 어느 산을 주산(主山)으로 삼았다는 것을 기록하고 있다. 나아가 산세(山勢), 그 산 아래에서의 인물 배출, 전쟁이 났을 때 피난할 장소 등의 내용도 기록하고 있다. 그런데 어떤 산의 기운은 영원히 한 장소에 머물러 있는 것이 아니라, 일정한 기간이 지나면 다른 곳으로 옮겨간다는 천운의 순환을 강조하고 있다. 산의 기운이나 그에 따라 정해지는 왕조의 운세는 머물러 고정되는 것이 아니라 움직여서 흐른다는 천운순환사상을 주장한 것이다. 따라서 한 왕조의 운명을 결정짓는다는 도읍지의 지기(地氣)도 세월의 변화에 따라 달리 작용하기도 한다.

『정감록』에서는 송악, 즉 평양은 고려왕조의 왕씨가 5백 년 동안 다스릴 땅이고, 한양은 이씨 왕조가 5백 년 동안 도읍할 곳이며, 장차 계룡산은 정씨 왕조가 8백 년 동안 도읍을 정할 장소라고 주장된다.

「삼한산림비기」에 "가장 남쪽이 태백산이 되는데, 일만 보살(菩薩)이 이 세상에 머물러서, 그 아래에는 병화와 수재와 기근이 침범하지 못하니 으뜸가는 낙토(樂土)로 일컬어진다. 그러나 5백 년 후에는 인재(人才)가 번성하지 못하고, 또 7백 년이 지나면 그 산의 정기(精氣)를 크게 뭉쳐 한수(漢水) 북쪽 땅을 차지하고, 낙양(洛陽)에 도읍하여 7백 년 후에 그칠 것이다"라고 했다.[120] 천운의 순환에 의해 지기가 옮겨진다는 점을 강조한 대목이다.

또 「삼한산림비기」에 "삭정(朔庭) 이북은 산수가 깊고 험하며 풍속이 거칠고 사나우므로, 왕 노릇할 사람이 나지 않고 반드시 반란이 심하게 일어날 것이다. 1천 년 뒤에는 마침내 오랑캐 땅이 되어 왕실의 터전을 닦은 땅이 끝내 오랑캐의 지배를 받아 흥망의 운수를 징험할 수 있으리라"라 했다.[121] 오랜

120 「삼한산림비기」, 『정감록』(한성도서주식회사, 1923); 안춘근, 앞의 책, 1973, 569면.

121 「삼한산림비기」, 『정감록』(한성도서주식회사, 1923); 안춘근, 앞의 책, 1973, 572면.

기간을 상정했지만, 역시 천운의 순환에 따라 세상사가 변할 것이라고 주장했다.

그리고 「삼한산림비기」에 "관악산이 남쪽에서 엿보니, 건국 초기에는 남쪽에서 일어난 도둑의 힘을 입어 왕업(王業)을 이룩하고, 중간에는 남쪽의 도적떼로 인해 백성들이 도탄(塗炭)에 빠지며, 망할 때는 남쪽 사람들이 은밀히 들고일어나 때때로 변방에 쳐들어가 바닷가 수백 리 땅이 모두 텅 비게 될 것이다. 인왕산(仁王山)이 뒤에서 엿보니, 건국 초기에는 북쪽으로 말미암아 창업하고, 중간에는 북쪽 오랑캐가 쳐들어와 항복하여 신하가 되며, 망할 때에는 북쪽 도둑이 북방 경계로 들어와서 온 나라가 혼란해질 것이다"라 했다.[122] 천운이 순환하는 법칙에 의해 인간사의 대세가 결정된다는 믿음이 반영된 대목이다.

또한 「삼한산림비기」에 "가장 뛰어난 성인은 천지 끝의 일을 알고, 보통 성인은 1만 년의 일을 아는데, 우리들은 대체로 세 차례 나라가 바뀌고 다섯 차례 도읍을 옮기는 일 정도만 알 따름이다. 이 비결을 명산에 감추어두고 알아볼 사람을 기다리니, 큰 난리가 일어날 즈음에 혹시라도 이 글이 나오면 현명한 군자가 그대로 실행한다면 우리들의 소원인 구세(救世)가 얼마라도 이루어질 것이다. (…) 함부로 전하거나 누설하지 않으면, 복을 받고 자비로운 은혜가 미치리라"라 했다.[123] 천운은 고정불변하지 않고 끊임없이 변화한다는 점을 강조하였고, 이는 비결의 형태로 세상에 비밀스럽게 알려질 것이라고 강조한다.

한편 천운순환사상은 보다 구체적으로 왕조교체설(王朝交替說)로 제시되기도 한다. 왕조가 번갈아 이어지면서 우리나라의 운수가 계속 유지될 것이라는 믿음이다. 현재의 이씨 왕조가 망하고 다음에는 정씨 왕조가 일어날 것이며, 그 후 조씨 왕조, 범씨 왕조, 왕씨 왕조로 계속해서 이어질 것이라는 미래

122 「삼한산림비기」, 『정감록』(한성도서주식회사, 1923); 안춘근, 앞의 책, 1973, 573면.

123 「삼한산림비기」, 『정감록』(한성도서주식회사, 1923); 안춘근, 앞의 책, 1973, 574-575면.

에 대한 희망을 반영한다.

> 곤륜산의 지맥이 평양에 이르렀다. 평양은 이미 (왕조) 천 년의 운수를 지났으며 운이 송악 5백 년 땅으로 옮겼다. 요승과 궁중 여인이 난을 일으켜 천운이 막히고 지기가 쇠패하여 운이 한양으로 옮겼다. (…) 백두산의 내맥이 금강산에서 왕성하고 소백산에 이르렀으며, 산천의 기운이 훌륭하고 정숙하며, 계룡산 정씨 8백 년 (도읍할) 땅으로 옮겨간다. 후대에 가야산 조씨 천 년 (도읍할) 땅으로 들어갈 것이며, 그 뒤에는 전주 범씨가 6백 년 동안 도읍할 땅으로 들어갈 것이며, 그 후에는 다시 송악산 왕씨가 부흥할 곳으로 옮겨갈 것인데, 그 나머지는 상세하지 않아 알 수 없다.[124]

각 왕조가 수도를 중심으로 이어질 것이라는 점을 예언했다. 천운의 변화와 결정에 의해 특정 왕조의 운명이 정해질 것이라는 믿음이다.

> 계룡산은 정씨 5백 년지지[125]이며, 삼한(三韓) 산맥은 여진(女眞)의 몽라골현(蒙羅骨峴)에서 비롯한다.[126]

계룡산이 정씨 왕조의 수도로 결정될 것이라고 주장한다. 그리고 삼한의 산맥이 시작한 장소를 제시하였다.

> 계룡산정씨천년지지(鷄龍山鄭氏千年之地), 송악(松岳) 백 년(百年)[127]

---

124 崑崙來脈, 至於平壤. 平壤已過千年之運, 運移於松岳五百年之地. 妖僧宮姬作亂, 天運否塞, 地氣衰敗, 運移於漢陽. (…) 白頭來脈運旺金剛, 至小白山, 山川鍾氣佳淑, 入於鷄龍鄭氏八百年之地. 後入伽倻趙氏千年之地, 後入全州范氏六百年之地, 後又入松岳王氏復興, 其餘未詳, 不可考. 「징비록」, 위의 책, 485면; 「감결」, 위의 책, 567면.

125 「비지론」, 위의 책, 608면.

126 「신효자의조사비전」, 위의 책, 612면.

127 「운기구책」, 위의 책, 500면.

계룡산에 정씨 왕조가 천 년 동안 세워질 것이라는 예언이다. 나아가 송악은 백 년 동안 지속될 왕조가 천운으로 정해져 있다고 강조한다.

> 대개 조선이라는 나라를 지세로써 논한다면, 송악은 곧 5백 년 동안 도읍할 땅인데 후대에 요망한 중이 나라를 망친 후에 천백 년이 지나면 천도가 돌고 돌아 왕씨가 부흥할 것이다. 한양은 곧 이씨가 4백 년 동안 도읍할 땅인데 나라의 마지막에 궁궐의 여인이 국권을 마음대로 전횡하여 패망에 이를 것이다. 계룡산은 곧 정씨가 8백 년 동안 도읍할 땅인데, 그 나라의 마지막에 궁중의 요망하고 황탄한 공주가 어지러운 정사를 펼쳐 마침내 나라가 멸망하기에 이를 것이다. 가야산은 곧 조씨가 천년 동안 도읍할 땅이다. (…) 해마다 흉년과 기아가 그치지 않고 해와 달이 빛을 잃고 여름에 서리가 내리니 백성들이 많이 죽을 것이니 나라가 이에 멸망한다. 전주는 범씨가 6백 년 동안 도읍할 땅이다. 마침내 그 말년에 이르러 달팽이 몸에 사람 머리를 한 것이 오동나무가 얽힌 곳에 출현하니 이에 그 나라가 망할 것이다.[128]

천운이나 천도에 의해 각 성씨가 각각의 왕조를 이어갈 것이라고 예언한 대목이다. 한 번 세워진 왕조는 천운에 따라 왕조의 수명이 결정되어 있다는 생각이 반영되었다. 특정 왕조가 멸망한 후에는 반드시 새로운 왕조가 계속될 것이라는 믿음이다.

그리고 「요람역세」에 정씨 왕조의 멸망을 다룬 부분이 "장차 나라의 말년에 이르면 궁중의 황음이 더욱 심해지고 공주가 정사를 어지럽히고 도리어 오랑캐 종자가 되니 무리를 이루어 결국 나라를 멸망케 할 것이다"로[129] 표현되

---

128 盖朝鮮之國, 以地勢論之, 松岳乃五百年之地, 後以妖僧而亡國後, 千百年以後, 天道回旋, 王氏復興. 漢陽乃李氏四百年之地, 國末妖姬專恃國權, 以至則亡. 鷄龍乃鄭氏八百年之地, 其末宮中妖荒公主, 亂政反爲, 故種以至滅國. 伽倻乃趙氏千年之地. (…) 年荒歲飢, 日月無光, 夏月霜降, 民多死亡, 國乃滅亡. 全州范氏六百年之地. (…) 及其末歲, 蝸身人首, 出於喬桐地, 則及其亡國也. 「징비록」; 위의 책, 486면.

129 將末宮中荒淫益甚, 公主亂政, 反爲胡種, 作黨以至滅國也.

어 있고, 가야산은 조씨가 8백 년 동안 왕조를 이어갈 곳이라고 하며, 전주 범씨에 대한 언급은 없고 팔공산(八公山)이 왕씨(王氏) 천년지(千年地)라고도 한다.[130] 한편 송악은 왕씨 3백 년지지라고 적혀 있기도 하다.[131]

> 한양은 이씨가 3백 년 동안 도읍할 땅이고, 계룡산은 곧 정씨가 5백 년 동안 도읍할 땅이다.[132]

왕조의 수명도 천운에 의해 미리 결정되어 있다는 생각이다. 각 왕조의 수도의 지세와 천운이 왕조의 운명을 좌우한다는 믿음이 반영되었다.

> 또한 일행이 지은 편목을 살펴보니, 송악산은 왕씨가 4백 년 동안 도읍할 땅이고, 한양은 이씨가 3백 년 동안 도읍할 땅이며, 계룡산은 정씨가 8백 년 동안 도읍할 땅이고, 가야산은 조씨가 8백 년 동안 도읍할 곳이며, 팔공산은 왕씨가 7천 년 동안 도읍할 곳이며, 완산은 범씨가 왕이 될 것이나 연수(年數)가 정해지지 않았으며 그 뜻은 알 수 없다.[133]

왕조가 지속될 기간은 각기 다르게 표현되어 있지만, 지세에 따라 왕조의 수명이 정해져 있다고 주장한다. 왕조의 계승이 계속될 것이라는 점이 강조되었다.

---

130 「운기구책」, 위의 책, 501면.

131 「요람역세」, 위의 책, 530면.

132 漢陽李氏三百年之地, 鷄龍山乃鄭氏之五百年之地. 위의 책, 513면; 「정감문답」, 위의 책, 643면.

133 亦觀一行之編目, 松岳山乃王氏四百年之地, 漢陽乃李氏三百年之地, 鷄龍山乃鄭氏八百年之地, 伽倻山乃趙氏八百年之地, 八公山乃王氏七千年之地, 完山乃范氏爲王不定年數, 未詳其意. 「요람역세」, 위의 책, 522면. 그런데 같은 면에 "한양은 이씨가 4백 년 동안 도읍할 땅이다. 漢陽李氏四百年之地"라는 기록도 있다. 거의 비슷한 내용이 「정이감여론」, 위의 책, 620면; 「정감문답」, 위의 책, 651면. 「정이감여론」과 「정감문답」에는 계룡산은 정씨 5백 년, 팔공산은 왕씨가 7백 년 동안 도읍할 땅이라고 적혀 있다.

송악산은 5백 년 동안 도읍이 될 땅이다. (…) 국운이 한양으로 옮겨가 이씨가 4백여 년을 누릴 것이다. (…) 내맥이 금강산으로 옮겨가 태백산과 소백산에 이르면 산천의 기운이 아름답고 깨끗해질 것이며, 계룡산맥으로 (산천의 기운이) 들어가면 정씨가 8백 년 왕 노릇할 것이며, 후에 가야산으로 들어가면 여덟 왕이 천 년을 왕 노릇할 것이며, 김씨와 범씨가 각각 6백여 년을 왕 노릇하여 국운이 흥하고 커진 후에 그 나머지는 상세히 고찰할 수 없다.[134]

역시 천운의 순환에 의해 왕조의 운명이 결정될 것이라는 점을 강조한 대목이다. 왕조의 수명은 조금씩 다르게 표현된다. 어쨌든 중요한 것은 왕조의 이어짐이 계속될 것이라는 사실을 강조한 대목이다.

심이 이르기를 "정씨의 도읍지는 어느 곳에 정하는가?"라 하니, 감이 대답하기를 "닭이 울고 용이 부르짖는 곳이 곧 그 땅이 될 것이다"라 했다.[135]

장차 이씨 왕조를 대신하여 새로 세워질 정씨 왕조의 도읍지가 바로 계룡산이라고 주장하는 기록이다. 계룡산을 글자의 의미로 비유적으로 설명하였다.

고구려(의 왕조를 누릴 기간이) 705년, 백제 678년, 신라 992년, 고려 475년이다.[136]

왕조의 수명은 천운에 의해 미리 정해져 있다는 점을 강조한 대목이다.

---

134 松岳山五百年之地 (…) 運移漢陽, 李氏享四百餘年 (…) 來脈運於金剛, 至於太白小白, 山川鍾氣佳麗, 入于鷄龍山脈, 鄭氏八百年, 後入伽倻山, 八王千年之地, 金氏范氏, 各六百餘年, 運興大後, 餘詳細不可考也. 「요람역세」, 위의 책, 525면.

135 沁曰, 鄭氏國都定於何處? 堪曰, 鷄鳴龍叫, 此乃其地也. 「운기구책」, 위의 책, 507면.

136 「동차결」, 위의 책, 546면.

한 왕조의 지속기간은 정확한 천운에 따라 결정된다는 믿음이 반영되었다.

> 한양은 이씨가 3백 년 동안 왕 노릇할 땅이며, 계룡산은 정씨가 5백 년 동안 왕 노릇할 땅이다.[137]

역시 특정한 왕조가 지속될 기간이 천운에 의해 미리 예정되어 있다는 점을 강조하였다.

> 도선이 이르기를 "조선의 왕이 될 자는 3명이 있다. 왕씨, 이씨, 정씨이다. 첫째는 송악산에 있을 것이고, 둘째는 완산에 있을 것이며, 셋째는 계룡산에 있을 것이다.[138]

왕을 될 운명을 지닌 성씨는 하늘이 정해준다는 생각이다. 나아가 특정한 성씨가 세울 왕조의 수도도 미리 정해져 있다고 강조한다.

> 천명이 진실로 계시하기를 정씨가 320년 동안 왕 노릇할 조짐이 있다 한다. (…) 을축년에 정씨가 망하고 이씨가 회춘한다. (…) 정씨는 태조 이후로 17세에 이르러 303년 동안 나라를 다스린다.[139]

역시 하늘이 정해준 운명에 따라 인간세상의 왕조의 흥망이 결정된다는 믿음이다. 구체적인 시점에 왕조의 교체가 예정되어 있고, 왕조의 존속기간도 구체적으로 정해져 있다는 점을 강조한다.

---

137 漢陽李王三百年之地, 鷄龍鄭王五百年之地. 「정이감여론」, 위의 책, 620면; 「정감문답」, 위의 책, 644면.

138 道詵曰, 朝鮮王者有三, 王李鄭也. 一在於松岳, 二在於完山, 三在於鷄龍山. 「정이감여론」, 위의 책, 620면. 거의 비슷한 내용이 「정감문답」, 위의 책, 644면. 三在海島 「요람역세」, 위의 책, 514면에도 나온다.

139 天命實啓, 鄭氏三百二十年之兆. 「부탐라조선」, 위의 책, 625면; 乙丑, 奠乃亡, 木子回春. 「부탐라조선」, 위의 책, 626면; 鄭氏自太祖, 至十七世, 享國三百三年. 「정씨조선」, 위의 책, 108면.

『정감록』의 왕조교체설은 기본적으로 풍수도참(風水圖讖)에서 비롯되었다. 이러한 풍수도참과 관련된 예언은 왕조나 왕권의 교체기나 정치사회적 변동기에 자주 등장했다. 『정감록』은 '정씨', '계룡산' 등 반조선왕조를 상징하는 내용으로 형성되었다. 그 후 임진왜란과 병자호란 등의 전란을 겪고 사회적 모순이 심화되어 가던 시대상황에서 '뜻을 잃고 나라를 원망하는 무리'들이 기존의 풍수도참을 정리하여 이른바 『정감록』을 만들어내고 유포하기 시작하였다. 특히 정조(正祖) 때에는 한글판 『정감록』이 민간에 나돌 정도로 널리 유포되었는데, 이는 정감록사상 내지 정감록신앙이 민중사상으로 정착되었음을 알려준다.

(3) 천문(天文)사상

『정감록』에는 풍수지리설과 함께 천문에 대한 기록이 의외로 많이 나온다. 동양 전래의 천체관(天體觀)에 입각하여 어떤 별이 어느 별자리에 나타나는가에 따라 지상에 있는 나라의 운세가 영향을 받는다는 생각이다. 정치적 사건의 발생이나 사회적 변화가 하늘의 별에 의해 결정되거나 간섭받는다는 사상은 과학이 발달한 지금으로서는 선뜻 인정할 수 없는 사고방식으로 여겨지지만, 인간을 둘러싼 객관적 환경조건의 범주에 지리와 함께 항상 천문도 중시했던 조상들의 지혜를 엿볼 수 있다. 동양의 천문학이나 천문사상에 대한 연구는 이제 초보적 수준에 머물러 있다. 향후 서양 천문학과의 비교 연구를 통하여 동양 별자리의 정확한 위치가 알려지고, 별이 인간에게 미치는 영향이 밝혀질 가능성도 남아 있다.

『정감록』에 보이는 천문사상과 관련된 주요기록은 다음과 같다.

「감결」에 "혜성(彗星)이 진성(軫星) 머리에서 나타나 은하수나 북두성 사이로 들어가 자미성(紫微星)을 범하여 북두성의 꼬리 쪽으로 옮겼다가, 북두성이나 은하수 사이에 이르러 남두성(南斗星)에서 그치면 중국과 우리나라가 함

께 망할 것이다"라 했다.[140]

「삼한산림비기」에 "태백산 아래 육호(六戶) 동쪽 지역에 천성(天星)이 일주하면, 3명의 대장(大將)이 바다 가운데에서 나와 간악한 도적들을 무찔러 없앨 것이지만, 세 대장도 몸을 보전하지 못할 것이다"라 했다.[141]

「삼한산림비기」에 "염정성(廉貞星)의 정기(精氣)가 자손 둘을 탄생시켜 천명을 대신하여 나라를 주장하되, 을축(乙丑) 기사(己巳)에 신하들의 힘을 빌려 즉위하면 2대에 걸쳐 12년 동안 태평할 것이다"라 했다.[142]

「토정가장결」에 "하늘에는 성진(星辰)의 변화가 있고, 땅에는 운기(運氣)의 남음과 모자람이 있다"라 했다.[143]

「토정가장결」에 "대개 홍무(洪武) 임신년(壬申年)에 (태조가) 등극한 후로 혹은 잘 다스려 안정될 때도 있었고, 혹은 쇠하여 어지러운 세상도 있었으니, 이는 하늘에 있는 별의 변화와 땅 기운의 남음과 모자람이 달랐기 때문이다"라 했다.[144]

「토정가장결」에 "내가 비록 재주가 없지만, 하늘을 우러러보고 땅을 굽어 살피며 여러 해 동안의 성수(星數)를 추산해보니, 한양(漢陽)은 5백 년을 넘기지 못할 것이라"라 했다.[145]

「토정가장결」에 "자미성(紫微星)의 흰 기운이 석 달 동안 하늘을 가리고, 화기(禍氣)가 중원(中原)을 뒤덮어, 청(淸)나라의 운수가 비로소 쇠퇴하고, 상서로운 구름이 금릉(金陵)에 모여들어 명(明)나라의 운수가 다시 일어나리라"라 했다.[146]

---

140 「감결」, 『정감록』(한성도서주식회사, 1923); 안춘근, 앞의 책, 1973, 567면.

141 「삼한산림비기」, 『정감록』(한성도서주식회사, 1923); 안춘근, 앞의 책, 1973, 572면.

142 「삼한산림비기」, 『정감록』(한성도서주식회사, 1923); 안춘근, 앞의 책, 1973, 574면.

143 「토정가장결」, 『정감록』(한성도서주식회사, 1923); 안춘근, 앞의 책, 1973, 592면.

144 「토정가장결」, 『정감록』(한성도서주식회사, 1923); 안춘근, 앞의 책, 1973, 592면.

145 「토정가장결」, 『정감록』(한성도서주식회사, 1923); 안춘근, 앞의 책, 1973, 592면.

146 「토정가장결」, 『정감록』(한성도서주식회사, 1923); 안춘근, 앞의 책, 1973, 592-593면.

「토정가장결」에 "석류목(石榴木) 운은 다섯 개의 별이 서로 합하고, 은하수가 거꾸로 흐르며, 산이 무너지고 물이 넘치며 백성에게 독(毒) 기운이 두루 퍼질 것이니 (…) 이때 연경(燕京)에는 상거(喪車)가 동쪽 미성(尾星)에 생기니 (…)"라 했다.[147]

「토정가장결」에 "노방토(路傍土) 운은 천화(天花)가 떨어지고 땅이 진동하며, 해와 달이 빛을 잃고, 화성(火星)이 남쪽에서 나타나며, 상거(喪車)가 서쪽에 보이고, 또 요성(妖星)이 나타나면 반드시 전쟁이 일어날 징조이다. 이때에 복성(福星)이 동남쪽에 나타날 것이니 (…)"라 했다.[148]

「토정가장결」에 "산두화(山頭火) 운은 사람의 목숨에 액(厄)이 끼었으나, 곡성(穀星)이 점점 나타나니, 이때 곡식을 쌓아두면 큰 흉년을 예방할 수 있을 것이다"라 했다.[149]

「토정가장결」에 "백랍금(白蠟金) 운은 별이 천구(天邱)에 떨어지고, 마침내 기운이 변하여 전쟁과 전염병이 크게 일어날 것이다"라 했다.[150]

「토정가장결」에 "천중수(天中水) 운은 자미원(紫微垣)의 흰 무지개가 다시 동쪽에 걸려 나라에 변괴가 있고, 상사(喪事)가 참혹하며, 남북의 전쟁상황이 점점 치열해지리라"라 했다.[151]

「서계이선생가장결」에 "별이 비치는 곳은 가히 도탄을 면할 것이다. 산동(山東)과 삼남(三南) 지방에 복성(福星)이 두루 비칠 것이다"라 했다.[152]

---

147 「토정가장결」, 『정감록』(한성도서주식회사, 1923); 안춘근, 앞의 책, 1973, 593면.
148 「토정가장결」, 『정감록』(한성도서주식회사, 1923); 안춘근, 앞의 책, 1973, 593면.
149 「토정가장결」, 『정감록』(한성도서주식회사, 1923); 안춘근, 앞의 책, 1973, 593면.
150 「토정가장결」, 『정감록』(한성도서주식회사, 1923); 안춘근, 앞의 책, 1973, 593면.
151 「토정가장결」, 『정감록』(한성도서주식회사, 1923); 안춘근, 앞의 책, 1973, 593면.
152 「서계이선생가장결」, 『정감록』(한성도서주식회사, 1923); 안춘근, 앞의 책, 1973, 591면.

(4) 말세(末世)사상

『정감록』은 곳곳에서 말세에 일어날 참혹한 사건에 대해 묘사하고 있다. 전쟁이 일어나고, 흉년이 들고, 전염병이 돌아 수많은 백성들이 죽을 것이라는 내용이 주를 이루고 때로는 매우 적나라한 표현들도 있다. 이 외에도 『정감록』은 사회의 위계질서가 붕괴되고, 도덕적 해이감이 만연될 것이며, 인륜이 파괴될 것을 예언하고 있다.

특히 『정감록』에는 전란, 자연재해, 질병에 대한 언급이 자주 보이는데, 이는 불안감과 공포감과 결부된 난세(亂世)라는 상황인식이다. 한마디로 말해 말세사상은 전쟁, 전염병, 흉년으로 대표되는 말세의 위기의식을 반영한다. 인간에 의해 벌어질 전란, 가뭄과 홍수 등의 자연재해, 역질(疫疾)과 괴질(怪疾)의 만연 등에 대한 공포감과 결부된 난세관의 표현이 말세사상으로 표출되었다.

먼저 「감결」에 "혜성이 (…) 남두(南斗)에서 멈추면, 대중화와 소중화가 함께 망할 것이다"라 했다.[153] 불길한 별이 특정한 곳에 머물게 되면 그때 중국과 조선이 동시에 멸망할 것이라는 예언이다.

또 「감결」에 "사방에 도둑이 들어와 노략질을 하지만 반드시 다시 중흥할 것이고, 관악산을 안산으로 삼으니 왕궁이 세 번이나 화재를 당하여 전각에 불꽃이 일어날 것이며, 윗사람은 근심하고 아랫사람은 어지러우니, 아전이 태수를 죽이고, 삼강(三綱)과 오상(五常)이 영원히 사라질 것이다"라 하였다.[154] 도둑이 치성할 것이며, 대궐이 자주 불타고, 상하의 강상이 무너질 것이며, 아랫사람이 윗사람을 살해하고, 윤리도덕이 영원히 무너질 것이라는 불길한 예언이다.

그리고 「감결」에 "신년(申年) 봄 3월 성세(聖歲) 가을 8월에 인천(仁川)과

---

153 「감결」, 『정감록』(한성도서주식회사, 1923); 안춘근, 앞의 책, 1973, 567면.

154 「감결」, 『정감록』(한성도서주식회사, 1923); 안춘근, 앞의 책, 1973, 567-568면.

부평(富平) 사이에 밤중에 배 1천 척이 정박하고, 안성(安城)과 죽산(竹山) 사이에 시체가 산처럼 쌓이며, 여주(驪州)와 광주(廣州) 사이에 사람의 내왕이 영영 끊어지며, 수성(隋城)과 당성(唐城) 사이에 피가 흘러 시내를 이루며, 한강 남쪽 1백 리에 닭과 개 소리가 들리지 않고, 인적이 영원히 끊어지리라"라 했다.[155] 특정한 시점이 되면 한밤에 적선이 엄청나게 몰려올 것이며, 내륙지역에도 시신이 많이 나올 것이며, 사람들의 발길이 영원히 없어지고, 상해를 입은 사람들의 피가 넘쳐날 것이며, 수도권조차 인적이 끊어질 것이라는 예언이다.

「감결」에는 "금강산 서쪽과 오대산 북쪽은 12년 동안 도둑의 소굴이 되고, 9년 동안 수해와 12년 동안 병화(兵火)가 있을 것이니, 어느 누가 그 일을 피할 수 있겠는가?"라는 대목도 있다.[156] 특정지역이 오랫동안 도적들의 근거지가 될 것이고, 오랜 기간 동안 홍수와 전쟁이 발생할 것이라는 섬뜩한 예언이다.

또 「감결」에 "궁중의 과부가 제 마음대로 전제(專制)하지만, 임금이 어려서 스스로 맡기면 나랏일이 잘못되니, 홀몸처럼 의지할 데가 없을 것이다. (…) 임신년(壬申年)에 병란(兵亂)이 일어나고 (…) 누른 안개와 검은 구름이 사흘 동안 자욱하리라"라 했다.[157] 나라의 중심인 대궐 안에서도 독재정치가 일어날 것이며, 임금은 어찌할 바를 모를 것이고, 특정한 시기가 되면 전쟁이 일어나고, 자연재해가 발생할 것이라는 예언이다.

한편 「감결」에 "황해도, 평안도 두 서쪽 땅은 3년 동안 천 리 안에 인가(人家)가 없을 것이다"라는 기록도 전한다.[158] 나라의 중요한 지역이 오랫동안 인적이 끊어질 것이라는 말이다.

155 「감결」, 『정감록』(한성도서주식회사, 1923); 안춘근, 앞의 책, 1973, 568면. 이에 대해 배항섭은 서양세력의 침공이라는 대외적 위기의식이 투영된 것으로 이해한다. 배항섭, 「변란의 추이와 성격」, 『한국사』 36권(국사편찬위원회, 1997), 58쪽.

156 「감결」, 『정감록』(한성도서주식회사, 1923); 안춘근, 앞의 책, 1973, 568면.

157 「감결」, 『정감록』(한성도서주식회사, 1923); 안춘근, 앞의 책, 1973, 567면.

158 「감결」, 『정감록』(한성도서주식회사, 1923); 안춘근, 앞의 책, 1973, 568면.

그리고 「감결」에 "심(沁)이 '적이 전주에서 일어나 호남의 진(津)과 화(華) 사이에 병선 만 척이 강을 가로지를 것이니, 이것이 한 가지 큰 근심이구나'라고 말하니, 정(鄭)이 답하기를 '이것은 작은 근심이다. 만약 말세가 닥치면 아전이 태수를 죽이는 데 조금도 거리낌이 없고, 위아래의 분별이 없어지고, 강상(綱常)의 범죄가 잇달아 일어나리라. 그리하여 마침내 임금은 어리고 나라는 위태로워져서 의지할 곳이 없으리니, 대대로 국록을 받던 신하들은 죽을 수밖에 없을 것이다'라 하였다."[159] 특정한 지역에서 대규모의 전쟁이 발생할 것이며, 말세가 되어 아랫사람이 윗사람을 함부로 살해할 것이고, 도덕과 기강이 무너져 각종 범죄가 연이어 터져 나라가 엄청난 위기에 처하게 될 것이고, 정치를 하던 많은 사람들이 죽어나갈 것이라는 섬뜩한 예언이다.

또 「감결」에 "말세에 있을 재앙에 대해 더 상세히 말해보겠다. 9년 동안 큰 흉년이 들어 백성들은 나무껍질로 연명하고, 4년 동안 전염병이 돌아 사람들이 절반이나 줄어들 것이다. 사대부의 집은 인삼(人蔘) 때문에 망하고, 벼슬아치의 집은 이익을 탐내는 것 때문에 망하리라"라 했다.[160] 상당한 기간 동안 흉년이 들고, 괴질이 발생하여 대부분의 사람들이 죽을 것이라는 예언이다. 마지막 구절의 "인삼 때문에 망한다"는 부분은 선뜻 이해가 가지 않는 기록이다. 그런데 특히 이 구절을 철종(哲宗) 말년의 전국에 걸친 콜레라 만연과 막대한 희생을 입었던 상황, 특히 1858년과 그 후 4~5년 동안의 상황을 반영한 것으로 해석하기도 한다.[161]

한편 「감결」에 "큰 흉년이 때때로 들고, 호환(虎患)으로 사람이 상하리라. 생선과 소금은 지천으로 흔하고, 냇물이 마르고 산이 무너지면, 백두산 북쪽에서 중국 말(馬)이 길게 울고, 평안도와 황해도 지방 사이에 억울하게 죽은 사람들의 피가 하늘에 넘칠 것이니, 한양 남쪽 백 리에 어찌 사람이 살 수 있

159 「감결」, 『정감록』(한성도서주식회사, 1923); 안춘근, 앞의 책, 1973, 568면.

160 「감결」, 『정감록』(한성도서주식회사, 1923); 안춘근, 앞의 책, 1973, 568면.

161 조광, 「19세기 민란의 사회적 배경」, 『19세기 한국 전통사회의 변모와 민중의식』(고려대학교 민족문화연구소, 1982)을 참고.

겠는가?"라 했다.[162] 계속되는 흉년이 발생할 것이고, 맹수가 사람을 많이 해칠 것이며, 자연재해가 발생하고, 북쪽 오랑캐의 대규모 침략이 있을 것이니 북쪽 지역의 대부분 사람들이 희생될 것이며, 남쪽 지역도 인적이 끊어질 것이라는 비참한 상황을 예언한다.

「삼한산림비기」에 "삼국의 통합 이후 천여 년 만에 나라가 또다시 나뉘어 서쪽으로 발해에서 남쪽으로 웅진(熊津)에 이르기까지 다시금 말갈(靺鞨) 땅이 되고, 중국 군사 십만이 또다시 청해(淸海)에 오면 군신(君臣)이 세 차례나 도성을 떠나는 환란을 겪을 것이다"라 했다.[163] 나라가 갈라지고, 많은 국토가 오랑캐의 차지가 될 것이며, 중국의 대규모 침략이 일어나 임금과 신하가 수도를 버리고 도망치는 상황이 일어날 것이라는 주장이다.

그리고 「삼한산림비기」에 "이씨가 쇠퇴하면 얼신(孽臣)이 분당(分黨)하고, 둘째 아들이 국통(國統)을 이어받을 것이다. 5대 후에는 서로 시기하여 골육상잔이 일어나고, 6, 7대 후에는 후사가 끊겨 지손(支孫)과 서손(庶孫)이 겨우 계승하되, 적통(嫡統)은 사람이 없고 서자가 임금으로 즉위하지만, 3대 후에는 고립되어 가까이에는 종친이 없고 밖으로는 호위해주는 신하가 없다. 이에 사람들이 이르기를 '이날이 언제쯤에나 없어지려나?' 하며, 아침에 저녁을 기약하지 못하니 도무지 살맛이 나지 않을 것이다. (…) 위태롭도다. 위태롭도다. 이것은 장차 소운(小運)이 다할 때이리라. 그때가 되어 임금의 외척을 농락하면 붕당이 몹시 염려되고, 거실세족(巨室世族)이 결국 멸망당하여 보전할 자가 가히 10 중 2, 3도 되지 못할 것이다. (…) 성세(聖世)에도 어렵거늘 하물며 말세(末世)에랴?"라 했다.[164] 왕실의 기운이 쇠하여 각종 분파가 일어날 것이며, 정상적인 선위(禪位)가 이루어지지 않을 것이며, 왕족 간의 투쟁이 발생하여 결국 후손이 끊기는 지경이 될 것이고, 왕을 보호하는 신하들조차 없어질 것

162 원래는 「감결」, 『정감록』(한성도서주식회사, 1923); 안춘근, 앞의 책, 1973, 568면 이후에 있어야 되지만, 『정감록집성』에서 한 면이 빠져 있다. 이민수, 앞의 책, 19-20쪽에 해석이 실려 있다.

163 「삼한산림비기」, 『정감록』(한성도서주식회사, 1923); 안춘근, 앞의 책, 1973, 572면.

164 「삼한산림비기」, 『정감록』(한성도서주식회사, 1923); 안춘근, 앞의 책, 1973, 572-573면.

이며, 지배계층도 급속히 몰락할 것이라는 예언이다.

또 「삼한산림비기」에 "나이든 왕비가 주렴을 거두고 나랏일을 되돌려 보내며, 작은 아이가 왕이라고 칭하며 세상을 다스리려 한다. 어린 임금 원년에 옥사(獄事)가 크게 일어나 피가 성곽에 흐르고, 40년 전의 이인(異人)이 서쪽에서 들어와 요망스런 학문으로 어리석은 세속을 속이고 유혹하여 해독이 극심해지니, 살육이 자행되어 화기(和氣)를 상하게 하니, 이 모두가 국운(國運)이로다"라 했다.[165] 노욕에 물든 대비가 수렴청정(垂簾聽政)하는 비상사태가 발생할 것이고, 어린 왕이 즉위하는 비상시국이 있을 것이며, 역모사건이 일어나 많은 사람들이 희생될 것이고, 세상을 어지럽히는 요상한 학문이 성행할 것이며, 무자비한 살육사태가 발생할 것이라는 비극적인 예언이다.

한편 「삼한산림비기」에 "간방(艮方)에 삼각산이 있으니, 흥할 때에는 3명의 성인과 같은 왕이 있고, 쇠할 때에는 3명의 몽매한 임금이 있으며, 망할 때에는 삼국의 분열이 있으리라. 북쪽에 백악산이 있어 백 가지 악을 갖추었으니, 흥할 때에는 현명한 선비의 복이 있지만 중간에는 역신(逆臣)의 재앙이 있을 것이며, 마지막에는 사악하고 괴상한 일이 있을 것이다. 남쪽에 종남산이 있으니, 흥할 때에는 남쪽 선비를 크게 써서 나라의 명맥을 유지하지만 도중에는 남북으로 당파가 나뉠 것이며, 망할 때에는 나라가 남쪽에서 마칠 것이다"라 했다.[166] 임금이 어리석어 나라가 셋으로 나뉠 것이고, 사회에 악행이 널리 퍼지는 사태가 발생하며, 반역사건이 자주 일어나며, 많은 정쟁(政爭)이 일어나 나라가 멸망할 것이라고 예언한 대목이다.

「삼한산림비기」에 "나랏일을 그르치는 재상들이 어깨를 나란히 하여 조야(朝野)에 의론이 정해질 날이 없고, 백성들은 농사를 지을 마음이 없어질 것이다. 역대(歷代)는 왕씨(王氏)보다 길겠지만, 참소(讒訴)를 믿는 임금과 불교를 배척하는 신하들로 인해 마침내 나라가 무너질 것이다. (…) 만약 정씨(鄭氏)가

---

165 「삼한산림비기」, 『정감록』(한성도서주식회사, 1923); 안춘근, 앞의 책, 1973, 573면.

166 「삼한산림비기」, 『정감록』(한성도서주식회사, 1923); 안춘근, 앞의 책, 1973, 573면.

옳으니 그러니 한다면 5대가 못되어 왕위를 빼앗기는 화가 생길 것이고, 겨우 2백 년을 채우더라도 나라가 어지러워지는 난리가 일어날 것이니 조심하라. 송악산에는 산 벌레가 나뭇잎을 거의 다 갉아먹을 것이니, 지혜가 있는 군자는 두흑산으로 들어가서 돌아보지 않을 것이며 (…)"라 했다.[167] 나라를 다스리는 대신들 사이에도 수많은 분파가 일어나 다툴 것이며, 백성들은 농사지을 마음조차 먹지 않을 것이고, 간사한 무리들의 무고(誣告)가 계속될 것이며, 나라의 근간인 종교를 부정하는 위정자들로 인해 결국 나라가 멸망할 것이라는 예언이다.

그리고 「삼한산림비기」에 "한강 물이 3일 동안 붉은색을 띠면, 묘년생(卯年生)의 당(唐)나라 장수가 10만 군사를 거느리고 압록강가에 10년간 주둔할 것이니, 자녀들은 남쪽으로 옮기고 문사(文士)들은 북쪽으로 떠나리라"라 했다.[168] 수도를 에워싸 흐르는 강조차 불길한 자연재해를 일으키며, 오랑캐 장군이 대규모 군대를 이끌고 국경에 오랫동안 머물러 수많은 백성들은 피난하고 지식인조차 도망칠 것이라는 예언이다.

한편 「삼한산림비기」에 "병신년(丙申年)에는 사방에서 군사가 움직이고 (…) 도성에는 이름난 재상이 없고, 변방에는 훌륭한 장수가 모자랄 것이다. (…) 금산(金山)의 장륙불(丈六佛)이 흘린 땀이 피가 되고, 황룡사(皇龍寺)의 불상이 땅에 쓰러져 얼굴을 움직이면, 60년 동안 난리가 나서 수성(隋城)과 당성(唐城) 사이가 가장 심각한 피해를 입을 것이니, 군자는 삼가 조심하라"라는 대목도 전한다.[169] 특정한 해가 되면 온 천지에 전쟁이 일어나고, 수도에는 올바른 정치가가 없고, 국경에는 용장(勇將)이 부족할 것이며, 신성한 불상에서 피가 흐르는 재앙이 일어나고, 불상이 엎어지는 불길한 일이 발생할 것이며, 오랫동안 난리가 일어나 특정지역은 엄청난 재해를 입을 것이라는 예언이다.

---

167 「삼한산림비기」, 『정감록』(한성도서주식회사, 1923); 안춘근, 앞의 책, 1973, 570면.

168 「삼한산림비기」, 『정감록』(한성도서주식회사, 1923); 안춘근, 앞의 책, 1973, 570면.

169 「삼한산림비기」, 『정감록』(한성도서주식회사, 1923); 안춘근, 앞의 책, 1973, 570-571면.

「삼한산림비기」에 "중의 무리가 죄를 지음이 한산(漢山)에서 심하여, 무년(戊年)과 기년(己年) 사이에는 중들이 흘린 피가 강을 가득 채우고, 임년(壬年)과 계년(癸年)에는 시사(時事)가 조금 안정될 것이다"라 했다.[170] 종교계에서도 죄악이 만연할 것이며, 결국 특정한 때가 되면 그들이 엄청난 피해를 볼 것이라는 주장이다.

또 「삼한산림비기」에 "덕진(德津)의 물이 묘방(卯方)을 파괴하고 나가면, 궁궐이 온통 물에 잠기고 무사(武士)가 득세하리라"라 했다.[171] 이는 대궐이 홍수의 피해를 입는 일이 일어날 것이며, 병권(兵權)이 세력을 얻게 될 것이라는 예언이다.

그리고 「삼한산림비기」에 "단군 사당의 지반이 한 길이나 내려앉고, 수양(首陽) 남문에 샘물이 저절로 솟으며, 큰 거북과 날개가 달린 물고기가 동해에서 나오고, 쓰러진 버드나무와 엎어진 돌이 남주(南州)에서 일어나면, 시사(時事)가 크게 달라질 것이며, 대마(大麻)의 잎이 아홉 번 나온 연후에야 안정될 것이다"라 했다.[172] 민족의 시조를 모신 신성한 건축물이 땅에 묻히고, 각종 이상현상이 일어나고, 이상한 동물이 나타날 것이라는 예언이다.

「삼한산림비기」에 "병진년(丙辰年)에는 폐위된 임금이 음란하고 거칠어져 오년(午年)과 사년(巳年)이 되면 조정과 민간에 시체가 쌓일 것이다"라 했다.[173] 왕이 폐위되는 비상사태가 발생하고, 특정한 시점이 되면 정계와 민간 모두에 시신이 넘쳐나는 재앙이 일어날 것이라는 주장이다.

또 「삼한산림비기」에 "계유년(癸酉年)에 나쁜 소문이 퍼지고, 경인년(庚寅年)에 힘을 겨루다가, 무신년(戊申年)에 이르면 환란이 극도에 이를 것이다"라는 기록이 전한다.[174] 특정한 해가 되면 악한 풍문이 돌 것이며, 특정한 시점에

170 「삼한산림비기」, 『정감록』(한성도서주식회사, 1923); 안춘근, 앞의 책, 1973, 571면.
171 「삼한산림비기」, 『정감록』(한성도서주식회사, 1923); 안춘근, 앞의 책, 1973, 571면.
172 「삼한산림비기」, 『정감록』(한성도서주식회사, 1923); 안춘근, 앞의 책, 1973, 572면.
173 「삼한산림비기」, 『정감록』(한성도서주식회사, 1923); 안춘근, 앞의 책, 1973, 574면.
174 「삼한산림비기」, 『정감록』(한성도서주식회사, 1923); 안춘근, 앞의 책, 1973, 574면.

이르면 각종 쟁투가 일어날 것이고, 때가 되면 난리가 극성하게 되리라는 예언이다.

그리고 「삼한산림비기」에 "을묘년(乙卯年)에 난리가 시작되어 기미년(己未年)까지 계속되면 착한 사람들의 피가 들풀에 발릴 것이다"라 했다.[175] 난리가 발생하는 시점이 특정되어 있으며, 그때가 되면 어진 사람조차 희생을 당할 것이라는 주장이다.

한편 「무학비결」에는 "묘년(卯年) 출생의 당(唐)나라 장수가 십만 군사를 이끌고 압록강을 지키고 서북 땅을 집어삼킨 지 10여 년 만에 임진 서쪽과 철령 북쪽이 모두 먹히리라"라는 기록이 있다.[176] 특정한 해에 태어난 오랑캐 장군이 대규모 침략을 일으켜 나라의 일부 지역이 모두 그들의 손에 들어갈 것이라는 암울한 예언이다.

또 「무학비결」에 "방백(方伯)과 수령(守令)은 위에서 도적질하고, 아전과 군관은 아래에서 약탈을 일삼으니, 백성들은 불안하여 들에도 살지 못하리라"라 했다.[177] 지배계층은 탐욕에 물들어 사욕을 채우고, 중간계층조차 노략질을 일삼을 것이며, 백성들은 불안감에 휩싸여 들판에서도 살 수 없을 지경에 이를 것이라는 주장이다.

그리고 「무학비결」에 "신유(辛酉)에는 곳곳에서 군사가 일어나고, 술해(戌亥)에는 사람들이 많이 죽을 것이다"라는 기록이 있다.[178] 특정한 시점이 되면 사방에서 전쟁이 발생할 것이며, 특정한 때가 이르면 많은 사람들이 죽는 참혹한 일이 일어날 것이라는 예언이다.

「무학비결」에 "갑을(甲乙)이 언제 이를 것인가? 천 척의 배가 남쪽 물가에 이르리라. 망망한 창해(滄海) 위에 하룻밤 사이에 천척의 배가 이를 것이다"라

175 「삼한산림비기」, 『정감록』(한성도서주식회사, 1923); 안춘근, 앞의 책, 1973, 574면.

176 「무학전」, 『정감록』(한성도서주식회사, 1923); 안춘근, 앞의 책, 1973, 576면.

177 「무학전」, 『정감록』(한성도서주식회사, 1923); 안춘근, 앞의 책, 1973, 576면.

178 「무학전」, 『정감록』(한성도서주식회사, 1923); 안춘근, 앞의 책, 1973, 576면.

했다.[179] 특정한 시점이 되면 수많은 외적의 배가 남쪽 강가에 이르는 사태가 발생할 것이라는 주장이다.

그리고 「무학비결」에 "푸른 옷이 남쪽에서 오니, 중 같지만 중이 아니로다. 백 가호가 소 한 마리를 함께 부릴 것이며, 10명의 계집이 한 지아비를 섬기리라"라 했다.[180] 푸른 옷을 입은 군대가 남쪽 지역에 출몰할 것이고, 이에 따라 백성들은 매우 가난한 처지에 놓일 것이며, 엄청난 숫자의 남자들이 희생되는 위기가 닥칠 것이라고 예언한다.

한편 「오백론사」에는 "임진(壬辰) 푸른 옷을 입은 큰 도적이 동쪽에서 일어나 산천의 혈기(血氣)가 물로 변하여 쉴 새 없이 흐를 것이다"라는 기록이 있다.[181] 특정한 때가 되면 역시 푸른 옷을 입은 도적들이 창궐하여 강물이 피로 잠기는 참혹한 지경이 될 것이라는 주장이다.

또 「오백론사」에 "병자(丙子) 섣달이 지나면 군사가 움직이니, 나라가 텅 비고 백성들은 도망친다. 삼남(三南) 서쪽에 혈기(血氣)가 강을 이룰 것이다"라 했다.[182] 특정한 시기가 되면 전쟁이 일어나 온 나라가 피난 갈 것이며, 남쪽 지역은 많은 사상자가 발생할 것이라는 예언이다.

그리고 「오백론사」에 "경신(庚申) (…) 흑룡「黑龍, 임진년(壬辰年)」: 늦은 겨울에 중이 서울에 들어오는데 도로가 통하지 않으며, 피가 콸콸 쏟아져 흐른다. 천한 자가 귀해지고, 높은 자가 낮아진다. (…) 초포(草浦)와 서진(西津)에 항객(航客)이 만 리에 이르고 (…)"라 했다.[183] 일정한 시기가 되면 나라의 교통이 막힐 것이고, 종교인들조차 참혹한 희생을 당할 것이며, 비천한 신분을 지녔던 사람들이 부귀해지고 신분이 좋은 사람들은 도리어 낮아지는 엄청난 사회적 변화가 일어날 것이라는 예언이다.

179 「무학전」, 『정감록』(한성도서주식회사, 1923); 안춘근, 앞의 책, 1973, 576면.
180 「무학전」, 『정감록』(한성도서주식회사, 1923); 안춘근, 앞의 책, 1973, 576-577면.
181 「오백론사」, 『정감록』(한성도서주식회사, 1923); 안춘근, 앞의 책, 1973, 577면.
182 「오백론사」, 『정감록』(한성도서주식회사, 1923); 안춘근, 앞의 책, 1973, 577면.
183 「오백론사」, 『정감록』(한성도서주식회사, 1923); 안춘근, 앞의 책, 1973, 577면.

또 「오백론사」에 "계사(癸巳) (…) 세 임금이 각각 서니, 만백성이 보금자리를 잃는다"라는 기록이 있다.[184] 특정한 때가 되면 나라에 3명의 왕이 즉위하는 비상사태가 발생하여 온 나라의 백성들이 안정되지 못할 것이라는 주장이다.

「오백론사」에 "갑자(甲子), 을축(乙丑) 두 해 사이에 천연두(天然痘)가 온 나라에 퍼져 열 집 가운데 한 집만 남을 것이다"라 했다.[185] 특정한 시점이 되면 악질이 나라 전체에 만연하여 엄청난 피해를 볼 것이라는 예언이다.

그리고 「오백론사」에 "을묘(乙卯): 바닷물이 넘쳐 뭍으로 들어가니, 많은 백성들이 물에 잠길 것이다"라 했다.[186] 일정한 시기가 되면 바다의 물이 육지로 흘러들어 수많은 백성들이 물에 빠져 죽을 것이라는 비참한 상황을 예언했다.

한편 「오백론사」에 "기축(己丑): 눈동자가 겹으로 생긴 자가 나와서 벼슬아치가 많이 죽으리라"라는 기록이 전한다.[187] 특정한 해가 되면 이상한 외모를 지닌 인물이 갑자기 등장하여 위정자들이 엄청난 희생을 입을 것이라는 주장이다.

또 「오백론사」에 "정묘(丁卯): 외적이 나라에 들어오니, 나인(內人)이 궁 밖으로 나갈 것이다"라 했다.[188] 역시 특정한 시점이 되면 외적의 침략이 있을 것이며, 궁궐을 지키는 사람들조차 도망칠 것이라는 불길한 예언이다.

그리고 「오백론사」에 "경신(庚申): 남쪽 사람이 득세하니, 재앙이 궁중에서 일어난다. 서슬이 시퍼런 도끼가 나라에 들어오니, 임금의 자리가 불안하리라. 임진년 늦겨울에 중이 서울로 들어오면, 도로가 막히고 사람의 피가 홍건해질 것이다. 천한 자가 귀하게 되고, 높은 자리에 있는 사람이 낮아지리라"라 했다.[189] 일정한 때가 이르면 궁궐 안에 재난이 발생할 것이고, 전쟁이 일어

184 「오백론사」, 『정감록』(한성도서주식회사, 1923); 안춘근, 앞의 책, 1973, 577면.
185 「오백론사」, 『정감록』(한성도서주식회사, 1923); 안춘근, 앞의 책, 1973, 577면.
186 「오백론사」, 『정감록』(한성도서주식회사, 1923); 안춘근, 앞의 책, 1973, 577면.
187 「오백론사」, 『정감록』(한성도서주식회사, 1923); 안춘근, 앞의 책, 1973, 577면.
188 「오백론사」, 『정감록』(한성도서주식회사, 1923); 안춘근, 앞의 책, 1973, 577면.
189 「오백론사」, 『정감록』(한성도서주식회사, 1923); 안춘근, 앞의 책, 1973, 577면.

나 왕위조차 보전하지 못할 것이며, 특정한 시기가 되면 산중에서 수도하던 중조차 서울로 도망치는 비상사태가 일어나 교통이 마비되고 많은 수의 사람들이 희생될 것이라는 불길한 예언이다.

「오백론사」에 "갑진(甲辰): 임금은 섬으로 도망치고, 백성들은 숲속에 숨어들 것이다"라 했다.[190] 일정한 때가 되면 나라를 다스리는 왕조차 먼 곳에 있는 섬으로 피난할 것이며, 백성들은 산속으로 도망칠 것이라는 주장이다.

또한 「오백론사」에 "을해(乙亥): 임금이 타는 말에 뿔이 돋아나면, 나라가 오랑캐의 손에 망할 것이다"라는 기록이 있다.[191] 왕이 타고 다니는 말의 머리에 뿔이 돋는 이상현상이 일어날 것이고, 나라가 오랑캐의 침입에 의해 멸망할 것이라는 예언이다.

한편 「도선비결」에 "만약 성년(聖年)을 만나면 백학(白鶴)을 타고 우선 서쪽으로 가니, 산도 아니고 들판도 아니다. 푸른 옷을 입고 남쪽에서 오니, 북쪽 오랑캐도 아니고 왜적도 아니다"라 했다.[192] 정체를 짐작할 수 없는 외적의 침입을 예언한 대목이다.

그리고 「남사고비결」에 "청의공자(青衣公子)가 서쪽 변방에서 나와 중의 머리를 자르고, 남의 처첩(妻妾)을 죽이니, 100명 가운데 한 사람도 살아남지 못하리라"라는 기록이 전한다.[193] 서쪽 지역에서 외적이 침략하여 성직자들조차 살해하고, 부녀자를 죽일 것이며, 엄청난 수의 사람들이 살해될 것이라는 비참한 예언이다.

「남사고비결」에 "흉년이 목숨을 앗아가고, 병란(兵亂)이 쉴 새 없으니, 백성들 가운데 반은 살고 반은 죽을 것이다. 양서(兩西)에 소요가 일어나고, 삼남(三南)에서 군사를 일으킬 것이다"라 했다.[194] 극심한 흉년이 들어 많은 사람들

190 「오백론사」, 『정감록』(한성도서주식회사, 1923); 안춘근, 앞의 책, 1973, 577면.
191 「오백론사」, 『정감록』(한성도서주식회사, 1923); 안춘근, 앞의 책, 1973, 577면.
192 「도선비결」, 『정감록』(한성도서주식회사, 1923); 안춘근, 앞의 책, 1973, 579면.
193 「남사고비결」, 『정감록』(한성도서주식회사, 1923); 안춘근, 앞의 책, 1973, 580면.
194 「남사고비결」, 『정감록』(한성도서주식회사, 1923); 안춘근, 앞의 책, 1973, 580면.

이 굶주려 죽을 것이고, 전쟁이 끊임없이 발생할 것이며, 급기야 절반에 가까운 백성들이 죽음이 이르고, 일부 지방에서는 소요사태가 일어날 것이며, 남쪽에서는 전쟁이 발발할 것이라는 불길한 예언이다.

또 「남사고비결」에 "남과 북이 서로 싸우고, 안과 밖이 세력을 다툰다. 충신과 열사는 싸움터에 그 뼈가 뒹굴고, 왕비와 인척은 고립된 성에서 피눈물을 흘리리라"라 했다.[195] 나라가 남북으로 갈려 투쟁하고, 나라 안팎에서 각종 분열이 일어날 것이며, 위정자와 지도계층이 많이 희생될 것이며, 왕족들조차 암울한 처지에 놓이게 될 것이라는 주장이다.

그리고 「남사고비결」에 "세상 일이 이미 끝이구나. 강동(江東)이 비록 작지만, 왕 노릇하기에 족하도다. 백 집에 소가 한 마리요, 10명의 계집에 한 지아비로다"라 했다.[196] 급기야 세상이 말세에 이르게 될 것이며, 나라의 일부 지역에서는 반란이 일어나고, 결국 엄청난 가난이 들 것이고, 남자들의 희생이 매우 클 것이라는 예언이다.

한편 「토정가장결」에는 "병란(兵亂)과 질병이 크게 일어나고, 호환(虎患)이 먼저 오며, 홍수와 가뭄이 계속되고, 사람들은 도탄에 빠져 세상인심이 흉흉해지고 원망하는 소리가 드높을 것이다"라는 전언이 있다.[197] 전쟁과 전염병이 치성할 것이며, 맹수에 의해 피해가 속출할 것이고, 홍수와 가뭄이 연달아 터지며, 백성들은 지독한 어려움에 처해 인심이 악화되어 곳곳에서 불평불만이 일어날 것이라는 내용이다.

또 「토정가장결」에 "생령(生靈)이 바삐 흩어지고, 삼강(三綱)이 끊어지며, 천재(天災)가 계속 심하니 그 해독을 어찌 말로 표현할 수 있으리오?"라 했다.[198] 뭇 생명들이 희생될 것이며, 윤리도덕이 땅에 떨어지고, 각종 자연재해

---

195 「남사고비결」, 『정감록』(한성도서주식회사, 1923); 안춘근, 앞의 책, 1973, 581면.

196 「남사고비결」, 『정감록』(한성도서주식회사, 1923); 안춘근, 앞의 책, 1973, 581면.

197 「토정가장결」, 『정감록』(한성도서주식회사, 1923); 안춘근, 앞의 책, 1973, 593면.

198 「토정가장결」, 『정감록』(한성도서주식회사, 1923); 안춘근, 앞의 책, 1973, 593면.

가 극심할 것이라는 예언이다.

한편 「서계이선생가장결」에 "적서「赤鼠, 병자년(丙子年)」: 가뭄이 극심해 많은 백성들이 죽는다. (…) 청원「青猿, 갑신년(甲申年)」: 인묘진사(寅卯辰巳)에 장성(長城)이 무너질 것이다. 아울러 병란이 일어날 것이니, 창생이 슬프도다. 청계(青鷄): 천리 강산이 셋으로 나뉘니, 어찌할 것인가? (…) 황우「黃牛, 기축년(己丑年)」: 세상일이 시끄러우니 죽는 사람이 많구나"라는 기록이 전한다.[199] 특정한 시점이 되면 가뭄으로 인해 수많은 사람들이 죽을 것이며, 또 다른 시기가 되면 국경을 넘어 침략하는 외적에 의해 전쟁이 일어나 많은 백성들이 희생될 것이고, 특정 시점이 이르면 전국이 세 나라로 분열되는 위기가 찾아올 것이며, 또 다른 시기가 이르면 사회가 혼란스러워져서 많은 사람들이 죽게 될 것이라는 매우 불길한 예언이다.

또 「서계이선생가장결」에 "9년간의 흉년과 7년간의 수재(水災)와 3년간의 역병(疫病)에 열 집 가운데 한 집만 남을 것이다. 이상하다, 세상의 재난이여! 병란(兵亂)도 아니고, 칼날도 아니다. 가뭄이 아니면 홍수요, 흉년이 아니면 역병이다"라 했다.[200] 오랜 기간 동안 흉년과 홍수와 전염병이 극심하게 발생하여 엄청난 인명이 손상될 것이며, 이러한 자연재해가 연달아 터질 것이라는 주장이다.

그리고 「정북창비결」에 "재물에 인색한 사람은 먼저 집에서 죽고, 아무 재주도 없는 선비는 저절로 길에서 죽는다. 양서(兩西)는 의지할 데가 없고, 경기도 동쪽은 짓밟혀서 결딴이 난다"라는 기록이 전한다.[201] 물질에 탐닉한 사람들은 집에서 갑자기 죽을 것이고, 무능한 지도층 인사들은 길에서 죽을 것이며, 북부지방 사람들은 기댈 곳이 없어질 것이고, 경기도 지역 사람들은 무참하게 희생될 것이라는 예언이다.

---

199 「서계이선생가장결」, 『정감록』(한성도서주식회사, 1923); 안춘근, 앞의 책, 1973, 590-591면.

200 「서계이선생가장결」, 『정감록』(한성도서주식회사, 1923); 안춘근, 앞의 책, 1973, 591면.

201 「정북창비결」, 『정감록』(한성도서주식회사, 1923); 안춘근, 앞의 책, 1973, 579면.

한편 「서산대사비결」에 "만약 성세(聖歲)를 만나면 천척의 배가 갑자기 인천과 부평의 넓은 들에 정박할 것이다"라 했다.[202] 특정한 해가 되면 느닷없이 외적의 배가 엄청나게 많이 특정 지역에 쳐들어올 것이라는 예언이다.

그리고 「옥룡자기」에 "임오(壬午)가 되면 세상에 독질(毒疾)이 유행하여 인명이 많이 상할 것이다. 임진(壬辰) 달에 호남 동쪽 3도(道)에 계속해서 흉년이 드니, 앉아서 주린 창자를 한탄하고 길에는 시체가 즐비하리라. 인심이 소동하고 나라의 형세는 점점 약해지네"라 했다.[203] 특정한 때가 되면 악질이 널리 퍼져 사람들이 많이 죽을 것이고, 특정한 시점이 되면 남쪽 3도에 흉년이 겹쳐 백성들이 굶주릴 것이며, 결국 엄청난 수의 사람들이 죽을 것이라는 매우 불길한 예언을 강조했다.

또 「경주이선생가장결」에는 "살아 있는 백성들이 달아나서 숨으니, 삼강(三綱)이 없어져 끊어졌도다. 하늘의 재앙이 계속 혹독하니 벌레의 독을 일러 무엇하리? 부자가 먼저 죽으니, 후회해도 소용없네. (…) 나라에 변괴가 생기고 상사(喪事)가 참혹하네"라는 기록이 있다.[204] 재앙을 피해 많은 백성들이 피난하는 사태가 생길 것이고, 윤리도덕이 무너질 것이며, 자연재해가 심해질 것이라는 주장이다.

그리고 「경주이선생가장결」에 "하늘의 재앙과 변괴가 옛날에도 드물고 오늘날에도 없을 것이네. 굶주린 사람끼리 서로 잡아먹고, 길에서 서로 짓밟으며 인명을 살해하니 살아 있는 자 그 몇인가? 더욱이 기근이 닥치니 시체가 구덩이를 메울 지경이네"라 했다.[205] 자연재해가 엄청나게 심해져 사람들끼리 서로 잡아먹는 참극이 일어날 것이고, 서로 죽고 죽이는 재앙이 발생할 것이며, 극심한 흉년이 찾아와 많은 사람들이 죽을 것이라는 예언이다.

202 「서산대사비결」, 『정감록』(한성도서주식회사, 1923); 안춘근, 앞의 책, 1973, 582면.

203 「옥룡자기」, 『정감록』(한성도서주식회사, 1923); 안춘근, 앞의 책, 1973, 585면.

204 「경주이선생가장결」, 『정감록』(한성도서주식회사, 1923); 안춘근, 앞의 책, 1973, 586면.

205 「경주이선생가장결」, 『정감록』(한성도서주식회사, 1923); 안춘근, 앞의 책, 1973, 586면.

한편 「삼도봉시(三道峰詩)」에 "6과 9의 운수는 고국의 성에 남아 있고, 그림 가운데 천지는 한 개 떡과 같네. 검은 옷은 북풍 천리에 나부끼고, 흰 익조(鷁鳥)는 밤 오경(五更)에 서쪽으로 올라가네. 동쪽에서 일어나는 푸른 구름은 부질없이 그림자를 안았고, 남쪽에서 오는 붉은 깃발은 아무 소리도 없다네. 진사인묘(辰巳寅卯)가 서로 세상을 재촉하니, 죄 없는 백성은 만에 1명이나 살까?"라는 시가 전한다.[206] 국경지역이 외적의 침략으로 혼란스러워질 것이고, 남쪽 지방에서도 전쟁이 발발할 것이며, 특정한 시기가 되면 수많은 백성들이 엄청나게 죽게 될 것이라는 불길한 상황을 노래하고 있다.

또 「징비록」에는 "괴성(魁星)이 자미원(紫微垣)을 범하고 두성(斗星)으로 옮겨가고, 우성(牛星)이 수성(水星)과 화성(火星)으로 이동한 연후에 대중화(大中華)와 소중화(小中華)가 함께 모두 망할 것이다"라는 기록이 전한다.[207] 불길한 기운을 띤 각종 별의 극심한 이동이 있을 것이고, 이후 중국과 조선이 함께 멸망할 것이라는 예언이다.

「운기구책」에는 "괴성이 자미원을 범하고 두성으로 옮긴 다음 곡숙성으로 이동하면, 수성과 화성이 모두 망할 것이다"라 했다.[208] 역시 별자리의 불길한 이동이 일어날 것이고, 이에 따라 몇몇 별들이 없어질 것이라는 주장이다.

「감결」에는 "혜성이 진성(軫星)으로부터 나와 은하수 사이로 들어가 자미원을 범하고 북쪽 꼬리 쪽으로 이동해 두성에 이르러 남두에 그치면 대중화와 소중화가 모두 망할 것이다"라는 기록이 있다.[209] 역시 하늘의 별자리가 어지러워질 것이고, 결국 중국과 조선이 함께 멸망하리라는 예언이다.

또 「징비록」과 「운기구책」에는 "신년(申年) 3월 안성과 죽산 사이에 시체가 산처럼 쌓일 것이고, 여주와 광주 사이에 해골이 능처럼 쌓일 것이며, 성스

206 「삼도봉시」, 『정감록』(한성도서주식회사, 1923); 안춘근, 앞의 책, 1973, 588면.

207 魁犯於紫微移斗, 牛遷於水星火星然後, 與大中小中俱亡. 「징비록」, 위의 책, 486면.

208 魁犯於紫微, 移於斗星, 迂於穀宿也. 水星與火星俱亡. 「운기구책」, 위의 책, 503면.

209 彗星出於軫頭, 入於河間, 犯於紫微, 移於北尾, 至於斗星, 終於南斗, 則大小中華偕亡矣. 「감결」, 위의 책, 567면. 그런데 비슷한 내용에서 "大白小白中, 偕亡"라는 표현도 보인다. 「비지론」, 위의 책, 608면.

러운 해 8월에는 인천과 부평 사이에 밤에 천척의 배가 정박할 것이며, 수원과 당항 사이에는 닭과 돼지 소리가 없어질 것이다. (…) 인천과 부평 사이에 밤에 천척의 배가 정박하고 수원과 당항 사이에 닭과 개 소리가 없어질 것이다"라 했다.[210] 특정한 시점이 되면 내륙지방에 시신이 엄청나게 생길 것이며, 또 특정한 시기에 이르면 대규모의 외적이 침입할 것이고, 이에 따라 가축조차 전멸할 것이라는 불길한 예상을 한다.

역시 「운기구책」에 "양주와 광주 근처에 닭과 돼지 소리가 없어질 것이다"라는 기록이 전한다.[211] 특정한 지역에 사람은 물론 가축조차 전멸할 것이라는 주장이다.

한편 「비지론」에도 "내년 봄 - 영조 무신년 - 3월에 안주와 죽산 사이에 시체가 산처럼 쌓일 것이고, 성스러운 해 가을 8월에 인천과 부평 사이에 밤에 천척의 배가 정박할 것이고, 여주와 광주 사이에 사람의 흔적이 영원히 없어질 것이다. - 수원, 남양 - 수당 사이에 닭과 개 소리가 없어질 것이다"라는 기록이 있다.[212] 앞에서 살펴본 「징비록」과 「운기구책」의 기록과 유사한 예언이다.

또 「호남소전」에 "무신년: 안성과 죽산의 도적이 주와 군을 노략질할 것이니 병사를 파견하여 토벌할 것이다"라 했다.[213] 특정한 시기가 이르면 내륙지방에 도적들이 성행하여 토벌군과 전쟁을 일으킬 것이라는 주장이다.

「운기구책」 등에 "인천과 부평 사이에 밤에 천척의 배가 정박하고, 완주와 태안 사이에 하루에 만 마리의 말이 운행할 것이다"라는 기록도 있다.[214] 수

---

210 申年三月, 安竹之間, 積尸如山, 驪廣之間, 骸積如陵, 聖瑞八月, 仁富之間, 夜泊千艘, 水唐之間, 鷄豚無聲. 「징비록」, 위의 책, 487면. 仁富之間, 夜泊千艘, 水唐之間, 鷄犬無聲. 「운기구책」, 위의 책, 498면. 비슷한 내용이 「감결」, 위의 책, 568면에도 나온다.

211 楊廣之際, 鷄豚無聲. 「운기구책」, 위의 책, 503면.

212 明年春 -英, 戊申- 三月, 安州竹山之間, 積尸如山, 聖世秋八月, 仁川富平之間, 夜泊千艘, 呂州廣州之間, 人烟永絶.-水原, 南陽- 隨唐之中, 鷄犬無聲. 「비지론」, 위의 책, 609면.

213 戊申年, 竹山之賊, 惕掠州郡, 遣兵討之. 「호남소전」, 위의 책, 623면.

214 仁富之間, 夜泊千艘, 完泰之間, 日行萬馬. 「운기구책」, 위의 책, 497면; 「호남소전」, 위의 책, 624면; 完

도권에 갑작스러운 외적의 대규모 침략이 있을 것이고, 남쪽 지방에도 엄청난 전쟁이 일어날 것이라는 예언이다.

그런데 「요람역세」와 「산록집설」 등에는 "인천과 부평 사이에 밤에 천척의 배가 정박하면 요(堯) 임금의 성스러운 덕이 펼쳐지는 세상이 될 것이다"라는 기록이 전한다.[215] 앞에서 살펴본 예언들에서는 수도권 지역에 갑자기 외적의 대규모 병선(兵船)이 출몰할 것이라고 주장하였는데, 여기서는 외선(外船)이 들어오면 이상적인 정치가 이루어질 것이라고 주장한다.

한편 「징비록」에는 "4백 년 이후에 변괴가 백출할 것인데, 도적의 근심이 많을 것이고, 국운이 장차 그치려 하니 한양 근처 백 리에 사람의 흔적이 영원히 없어질 것이다"라는 기록이 전한다.[216] 특정한 시기가 되면 각종 재앙과 재난이 일어날 것이며, 국운이 멸망기에 이르러 수도권 지역에도 사람들이 없어지는 변괴가 발생할 것이라는 예언이다.

또 「운기구책」에는 "한양 근처 백 리에 사람의 흔적이 영원히 없어질 것이고, 닭과 개 소리가 없어질 것이며, 황해도와 평안도 근처 천 리에 사람의 인적이 거의 없어질 것이다"라 했다.[217] 역시 수도권 지역에 사람들이 살 수 없을 것이며, 가축들조차 전멸할 것이고, 광범위한 지역에 인적이 드물게 될 것이라는 주장이다.

나아가 「징비록」에는 "9년 동안의 기근에 백성들이 나무껍질을 먹고 생계를 이어갈 것이다. 그러므로 천리에 푸른 소나무가 하루아침에 붉게 변할 것이다. 4년 동안의 전염병에 백성의 태반은 죽을 것이다. 사대부 집안은 인삼으로 망할 것이고, 세력가의 집안은 이익을 탐하기 때문에 망할 것이며, 방

未之間, 日行百馬. 「이토정비결」, 위의 책, 601면.

215 仁富之間, 夜泊千艘, 唐堯聖德矣. 「요람역세」(안춘근 편, 『정감록집성(鄭鑑錄集成)』(아세아문화사, 1973), 525면). 仁富之間, 夜泊千艘, 隋唐之際, 鷄豚無聲 「요람역세」, 위의 책, 530면. 비슷한 내용이 「산록집설」, 위의 책, 629면에도 있다.

216 四百年以後, 變怪百出, 賊患荐仍, 國運將訖之時, 漢陽百里, 人影永絶. 「징비록」, 위의 책, 487면.

217 漢陽百里, 人影永絶, 鷄犬無聲, 兩西千里, 小無孑遺. 「운기구책」, 위의 책, 504면.

백과 수령은 단지 재물을 모으는 데 몰두할 것이므로 백성의 형편을 고려하지 않을 것이다"라는 기록이 전한다.[218] 오랜 흉년 때문에 백성들이 굶주릴 것이고, 긴 기간 동안 발생하는 돌림병 때문에 절반 이상의 백성들이 죽을 것이라는 예언이다.

또 「운기구책」과 「요람역세」에도 "임진년 후 3년 안에 큰 흉년이 들어 사람들이 나무껍질로 연명할 것이다. 천 리에 연이은 소나무들이 하루아침에 희게 변할 것이다. 4년 동안의 전염병 때문에 살아남는 자가 드물 것이다"라 했다.[219] 역시 특정한 시기가 되면 엄청난 흉년이 일어나 사람들이 소나무 껍질을 벗겨 연명하느라 전국의 소나무가 하얗게 변할 것이고, 오랜 기간 동안 돌림병이 돌아 많은 사람들이 죽을 것이라는 불길한 예언이다.

한편 「징비록」에는 "갑신년에 백 명의 조상에 한 자손만 살아남을 것이며, 십 리에 한 사람만 살 것이다. 임신년 뒤 3년 안에 해마다 기근이 들어 백성들이 도탄에 빠질 것이며, 농사지을 땅조차 없어질 것이다. 연후에 족보 있는 집안과 세족들이 천하게 되어 농사를 지을 것이며, 빈천한 백성들이 도리어 귀하고 영예롭게 될 것이다"라는 기록이 있다.[220] 특정시기가 되면 매우 적은 수의 사람만 살아남을 것이고, 또 특정한 때가 되면 연이어 흉년이 들어 백성들이 엄청난 고통이 시달릴 것이며, 농사지을 땅도 없어지고, 급격한 신분 역전이 일어날 것이라는 예언이다.

또 「징비록」에 "백두산의 북쪽에 오랑캐 말이 길게 울 것이며, 황해도와 평안도에 원통한 피가 하늘을 덮을 것이며, 임진강 이북은 다시 오랑캐 땅이

---

218 九年大歉, 人民食木皮而生. 故千里青松, 一朝赤立. 四年染氣, 人命除半. 士庶亡於人蔘, 世祿之家, 亡於貪利, 方伯守令, 但知有財, 不知有民. 「징비록」, 위의 책, 488면. 비슷한 내용이 「비지론」, 위의 책, 609면에도 있다.

219 黑龍後三年凶荒, 人食木皮得生. 千里連松, 一朝白立. 四年染疾, 生者幾人. 「운기구책」, 위의 책, 504면; 千里連松, 一朝白立. 「요람역세」, 위의 책, 528, 531면; 千里連松, 一朝蕩盡 「요람역세」, 위의 책, 531면.

220 青猴之年, 百祖一孫, 十里一人. 黑猴後三年, 年事大飢, 生民塗炭, 無有餘地. 然後古家世族, 廢爲蓬田, 下賤之民, 反爲貴榮. 「징비록」, 위의 책, 488면.

되리라"라는 기록이 전한다.[221] 북쪽 지방에 외적의 침입이 일을 것이며, 많은 희생이 일어나 결국 나라의 절반이 오랑캐의 손에 넘어가게 될 것이라는 주장이다.

그리고 「징비록」에 "백 가지 곡식이 태풍에 없어질 것이며, 백성들이 병들고, 온갖 가축이 많이 죽고, 십 리에 한 사람만 살아남을 것이다. (…) 먼저 가뭄이 들고 후에 홍수가 일어날 것이며, 북쪽에서 전쟁이 일어날 것이며, 빈천한 사람들이 많이 죽을 것이다"라 했다.[222] 태풍에 사람들이 먹을 양식이 없어질 것이고, 질병 때문에 많은 사람들과 가축들이 죽어 엄청난 희생을 당할 것이며, 가뭄과 홍수가 빈발하고, 전쟁이 일어나 가난한 사람들이 많이 죽게 될 것이라는 예언이다.

또 「징비록」에 "묘년생의 당나라 장수가 장차 10만 병사를 일으켜 압록강을 지킬 것이며, 10년 정도 서북방을 삼킬 것이다. 임진강 서쪽과 철령 북쪽은 깡그리 병탄될 것이다"라는 기록이 있다.[223] 특정한 해에 태어난 당나라 장수가 많은 병력을 동원하여 압록강 유역을 오랫동안 침범할 것이고, 결국 국토의 대부분이 적의 손에 넘어갈 것이라는 암울한 예언이다.

한편 「운기구책」에는 "괴질이 재앙을 일으킬 것이다. (…) 서리가 많이 내려 우려할 바가 되리라. (…) 간신배들이 국권을 농단하여 궁중의 일을 전횡하리라"는 기록이 전한다.[224] 전염병이 크게 돌아 많은 사람들이 희생당할 것이며, 큰 자연재해가 발생할 것이고, 국정이 어지러워지는 사태가 일어날 것이라는 예언이다.

그리고 「운기구책」과 「비지론」에는 "9년 동안 흉년이 들 것이며, 4년 동

---

221 白頭之北, 胡馬長嘶, 兩西之間, 寃血漲天, 臨津之北, 再作胡地. 「징비록」, 위의 책, 488면; 臨津以北, 再作胡地. 「운기구책」, 위의 책, 498, 499면.

222 百穀風損, 人民病, 六畜多死, 十里一人. (…) 先旱後水, 兵起北方, 賤人多死. 「징비록」, 위의 책, 493면.

223 唐將卯生人, 將十萬兵, 守鴨綠江, 呑食西北, 凡十年. 臨津以西, 鐵嶺以北, 盡爲所呑. 「징비록」, 위의 책, 496면.

224 怪疾作災 (…) 霜災可憂 (…) 奸黨擅權, 宮中之事 「운기구책」, 위의 책, 497면.

안 전염병이 돌 것이니, 계룡산의 돌이 하얗게 변할 것이며, 평지가 30리나 모래로 덮일 것이다"라는 기록도 있다.[225] 오랫동안 흉년이 계속될 것이며, 전염병도 크게 발생할 것이고, 계룡산의 돌이 희게 변하는 기괴한 현상이 일어나고, 육지에 대규모로 모래가 쌓일 것이라는 불길한 예언이다.

또 「운기구책」에는 "산들이 붕괴되고, 바다가 마르며 산이 불타오를 것이며, 하늘이 무너지고 땅이 갈라지는 운을 맞이할 것이다"라 했다.[226] 산들이 무너지고, 바다가 메마르며, 하늘과 땅이 붕괴되는 운수를 맞이할 것이라는 주장이다.

「요람역세」에는 "아전이 태수를 죽이니, 상하와 존비의 분별이 없어지리라. (…) 아전이 태수를 죽이니 강상이 영원히 없어져 양반의 체모를 잃으리라. 예의가 없어지고 재물만 중히 여기니 그 후에 혁신되리라"라는 기록이 있어[227] 아랫사람이 윗사람을 죽이고, 상하의 구분과 귀천의 분간이 모두 엉클어지게 될 것이며, 윤리도덕이 땅에 떨어지고, 예의범절도 없어지고, 재물만 탐하는 세상이 될 것이라고 예언했다.

한편 「요람역세」와 「감결」에는 "한양(조선)의 말년을 세상에서 이르기를 '인명이 없어지고 진탕되고, 사대부는 인삼으로 망하고, 벼슬아치들은 탐관오리로서 망할 것이고, 팔도의 방백과 각 도의 수령들은 단지 재물 모으기에만 급급하여 백성들의 곤궁을 알지 못할 것이다'"라는 기록도 있다.[228] 역시 조선의 운수가 다하면 많은 사람들이 죽을 것이고, 지배계층도 타락하고, 벼슬아치들은 백성들을 착취하기에만 골몰할 것이며, 급기야 백성들은 매우 어려운 상황을 맞이하게 될 것이라는 주장이다.

---

225 九年歉, 四年染疾, 鷄龍石白, 平沙三十里. 「운기구책」, 위의 책, 498면. 鷄龍山, 自古平沙三十里. 「비지론」, 위의 책, 610면.

226 山崩岳頹, 海枯山焚, 天傾地坼之運. 「운기구책」, 위의 책, 499면.

227 吏殺太守, 亦無分別上下之尊卑. 「요람역세」, 위의 책, 526면; 吏殺太守, 綱常永殄, 班無當矣. 禮滅財重, 然後可革矣. 「요람역세」, 위의 책, 530면; 비슷한 내용이 「감결」, 위의 책, 567, 568면.

228 漢陽之末世言之則, 皆蕩盡人命消殘, 士夫亡於人蔘, 仕宦亡於貪吏, 八道方伯各道守令, 但知財物, 不知人民之困窮. 「요람역세」, 위의 책, 526면; 비슷한 내용이 「감결」, 위의 책, 568면에도 있다.

또 「감결」에 "아비가 자식을 죽이고, 동생이 형을 죽일 것이다"라는 주장도 전한다.[229] 인륜이 처참하게 무너지는 상황을 표현한 내용이다.

한편 「동차결」에는 "부자는 더욱 부유하게 되고, 가난한 사람들은 더욱 빈한하게 될 것이다. (…) 부자는 가난한 자를 업신여기고, 가난한 자는 부자를 업신여겨 서로 원망할 것이다"라 했다.[230] 부익부(富益富), 빈익빈(貧益貧)의 악순환이 계속 이어질 것이며, 이에 따라 계층 사이의 반목과 질시가 극심해질 것이라는 주장이다.

또 「동차결」에는 "만 명에 한 사람이 살아남기 어렵고, 백 명의 조상에 한 자손이 살아남기 어려우리라"라는 표현도 전한다.[231] 심각한 위기상황을 맞아 결국 매우 적은 숫자의 사람만이 살아날 수 있을 것이라는 암울한 예언이다.

그리고 「무학전」에도 "백 집안이 소 한 마리를 부릴 것이며, 열 계집이 한 지아비를 섬길 것이다"라는 표현이 전한다.[232] 역시 엄청난 가난이 올 것이며, 많은 사람들이 희생될 것이라는 예언이다.

「오백론사」에는 "갑자년과 을축년 사이에 천연두가 온 나라에 퍼져 열 집 가운데 한 집이 남을 것이다"라 했다.[233] 특정한 시점에 오게 되는 위기상황의 실체를 심각한 전염병의 발생으로 보았다. 역시 엄청난 수의 사람들이 희생될 것이라는 주장이다.

그리고 「징비록」에는 "여광여취(如狂如醉)"라는 표현이 나오고,[234] 「동차결」에는 "막지소향(莫知所向)"이라는 구절이 보인다.[235] 여광여취는 동학(東學)

229 父殺子, 弟殺兄. 「감결」, 위의 책, 568면.

230 富人益富, 貧人而益貧. (…) 富者笑貧, 貧者笑富相爲猜. 「동차결」, 위의 책, 547면.

231 萬無一生, 百祖一孫. 「동차결」, 위의 책, 547면.

232 百家幷一牛, 十女奉一夫. 「무학전」, 위의 책, 577면.

233 甲子乙丑, 兩年之間, 痘疫滿國, 十家餘一. 「오백론사」, 위의 책, 577면.

234 「징비록」, 위의 책, 488면; 「동차결」, 위의 책, 545면; 이와 비슷한 "여광여치(如狂如癡)"라는 표현도 보인다. 「운기구책」, 위의 책, 504면; 「요람역세」, 위의 책, 526면. 여광여취는 수운(水雲) 최제우(崔濟愚, 1824-1864)가 지은 『용담유사』에 나오는 표현이기도 하다.

235 이와 같이 황탄하고 어지러운 때를 맞이하여 백성들이 향할 바를 알지 못할 것이다. 當此荒亂之時, 人民莫知所向. 「동차결」, 위의 책, 560면.

의 창시자 수운 최제우(1824-1864)가 지은 『용담유사』에 나오며, 막지소향도 그가 지은 『동경대전(東經大全)』에 나오는 표현이다. 아마도 『정감록』의 구절들이 수운에게 영향을 미친 것으로 보인다.

한편 「초창결」에는 다음과 같은 구절이 있다.

> 대저 정씨의 운은 귀신세계인데, 유불선(儒佛仙) 세 글자가 합쳐서 일가(一家)를 이룬 것이다. 불(佛)은 진주(眞主)가 되니 서로 죽이는 일이 없다. 불(佛)의 형체(形體), 유(儒)의 풍절(風節), 선(仙)의 조화(造化)다. 계룡산의 운이 모여 백일승천(白日昇天)하는 자는 자주 있다.[236]

여기서 형체, 풍절, 조화라는 구절은 증산교의 교조인 증산 강일순(1871-1909)이 제자들에게 써주었다는 구절과 매우 비슷하다. 따라서 『정감록』에 나오는 구절들이 증산에게 영향을 끼친 것으로 보인다.

『정감록』의 말세사상은 말세(末世)의 위기설(危機說)로 구체화된다. 자연현상이 질서를 벗어나고, 정치력의 부재로 인해 백성이 도탄에 빠지고, 사회의 기본적 가치와 윤리가 무너지게 되면 머지않아 이러한 세상은 멸망하고 새로운 세계가 올 것이라는 주장이다. 이때가 바로 말세이다. 말세는 하원갑(下元甲)으로 표현되기도 한다.

결국 말세는 대변화의 시점이자 세계의 종말을 가리킨다. 새 세상은 상원갑(上元甲)으로 표현되기도 하며, 미륵불의 용화세계(龍華世界)로도 표현된다. 장차 석가불의 시대가 가고 이제 미륵불이 이 세상에 내려와 이상향을 건설할 것이라는 믿음이다.

이러한 말세사상에 반영된 엄청난 변란은 새 세상이 이루어지기 위한 필

---

236 大抵鄭氏之運, 鬼神世界, 儒佛仙三字, 合爲一家. 佛爲眞主, 無相戮之事. 佛之形體, 儒之風節, 仙之造化. 鷄龍山運會, 白日昇天者, 比比有之矣. 「초창결」, 위의 책, 171-172면. 비비는 자주라는 뜻이다. 증산(甑山) 강일순(姜一淳, 1871-1909)의 언행록인 『대순전경(大巡典經)』에는 "佛之形體, 儒之凡節, 仙之造化"라는 표현이 보인다.

연적인 과정으로 인식되며, 종말의 불가피성은 천운의 순환으로 이해된다. 따라서 이러한 말세사상은 새로운 희망을 갖기 위한 의도적 장치로 볼 수 있다.

(5) 비결(祕訣)사상

『정감록』에는 단순히 서술하는 문장이나 단어가 아니라 특별한 의미가 담긴 글자나 구절을 해석한 후에야 비로소 그것이 가리키는 뜻을 짐작할 수 있는 부분이 간혹 보인다. 이러한 특수한 단어나 구절을 '비결'이라고 정의할 수 있을 것이다.

물론 광범위하게 비결은 '일반적으로 볼 수 있는 내용이 아니라 비밀스러운 내용이 숨겨져 있는 자료'라고 정의할 수 있다. 광범위한 정의에 따른다면 『정감록』의 내용 모두가 비결이라고 할 수 있지만, 여기서는 그 가운데도 파자(破字)를 사용하여 단어나 문장의 정확한 의미가 무엇인지 아직도 알 수 없거나 힘든 용어를 특히 '비결'이라고 정의한다.

「감결」에 "선비「사(士)」가 갓을 삐딱하게 쓰고「임(壬)」, 신인(神人)이 옷「시(示)와 의(衤)를 같이 봄」을 벗으며「申」, 달릴 주(走) 변에 몸 기(己)를 가로지르고 「기(起)」, 「성인(聖人), 공자(孔子)」를 가리킴의 이름인 글자 「구(丘)」에 여덟 팔(八)을 더하며 「병(兵)」"라는 내용이 있다.[237] 이는 임신년(壬申年)에 기병(起兵)한다는 뜻으로 풀이되는 비결이다.

또 「감결」에 "계룡산의 돌이 희게 변하고, 청포(淸浦)의 대나무가 희게 변하고, 초포(草浦)에 바닷물이 들어와 배가 다니고, 누른 안개와 검은 구름이 사흘 동안 자욱하면 (…) 대중화(大中華)와 소중화(小中華)가 함께 망하리라"라 했다.[238] 자연의 이상적인 변화를 주장했는데, 명확한 의미가 닿지 않는 구절이

237 「감결」, 『정감록』(한성도서주식회사, 1923); 앞의 책, 1973, 567면.

238 「감결」, 『정감록』(한성도서주식회사, 1923); 앞의 책, 1973, 567면.

다. 여기서 대중화는 중국을, 소중화는 우리나라를 가리킨다.

그리고 「감결」에 "대개 인간세상에서 피신하려면, 산도 좋지 않고 물도 좋지 않고 양궁(兩弓)이 가장 좋다. 네 자손 말년에 국운(國運)이 팔임(八壬)에게 끝나고, 목복(木卜)에게 난리를 당하며, 나의 자손으로 끝마치리라"라 했다. 팔임은 전씨(全氏)를, 목복은 박씨(朴氏)를 가리키는 말로 짐작된다.[239]

한편 「삼한산림비기」에 "금산장륙(金山丈六)이 흘린 땀이 피가 되고, 황룡불구(黃龍佛軀)가 땅에 넘어져 얼굴을 움직이면, 60년 동안 난리가 나서 수성(隋城)과 당성(唐城) 사이가 가장 큰 피해가 있을 것이니, 군자는 삼가야 할 것이다"라 했다.[240] 금산사의 육장 높이의 미륵불상에서 땀이 흘러내려 피가 될 것이고, 황룡사의 부처상이 넘어져 얼굴을 움직인다는 이상현상을 예언했다. 그렇게 되면 무려 60년 동안이나 난리가 일어나 특정지역이 피해를 볼 것이라는 주장이다.

그리고 「삼한산림비기」에 "산추(山隹)가 외척(外戚)으로 권세를 부리고, 비의(非衣)가 외방에서 군권을 희롱하여, 세 성(姓)이 저마다 틈을 노리되 (…)"라는 구절이 있다.[241] 여기서 산추는 최씨(崔氏)를, 비의는 배씨(裵氏)를 파자로 표현한 것이다.

또 「삼한산림비기」에 "2백여 년이 되면 장차 큰 난리가 일어날 것이니, 전읍(奠邑)이 말을 타고 주초(走肖)가 양에 걸터앉으면 천리에 피가 흐르리니 말로 다 할 수 없으리라"라 했다.[242] 이 구절에서 전읍은 정씨(鄭氏)를, 주초는 조씨(趙氏)를 파자로 표현한 것이다.

「삼한산림비기」 마지막 부분에 "상첩(上帖) 끄트머리에 '부산에서 일어나 부산에서 멸망한다(興於釜山, 滅於釜山)'라는 여덟 자가 있고, 하첩의 첫머리에

---

239 원래는 「감결」, 『정감록』(한성도서주식회사, 1923); 앞의 책, 1973, 568면 이후에 있어야 되지만, 『정감록집성』에서 한 면이 빠져 있다. 이민수, 앞의 책, 20쪽에 해석이 실려 있다.

240 「삼한산림비기」, 『정감록』(한성도서주식회사, 1923); 앞의 책, 1973, 570-571면.

241 「삼한산림비기」, 『정감록』(한성도서주식회사, 1923); 앞의 책, 1973, 572면.

242 「삼한산림비기」, 『정감록』(한성도서주식회사, 1923); 앞의 책, 1973, 574면.

'입립대망(粒粒大亡)'라는 말이 있는데, 글의 뜻이 이어지지 않아 싣지 않았다"는 기록이 보인다.[243] 선뜻 그 뜻을 알 수 없는 구절이다.

또한 「무학비결」에는 "삼 전내(奠乃)가 내응하여 삼한(三韓)을 멸망시킬 것이다. 목자장군(木子將軍)의 칼이요, 주초대부(走肖大夫)의 붓이로다"라는 구절이 있다.[244] 여기서 전내는 정씨(鄭氏), 목자는 이씨(李氏), 주초는 조씨(趙氏)를 파자로 표현한 것이다.

한편 「오백론사」에 "푸른 돼지는 창해에 빠지고, 나무 양은 달 아래 꽃과 같구나"라 했다.[245] 이 역시 그 정확한 뜻을 알 수 없는 수수께끼 같은 구절이다.

또한 「오백론사비기」에는 "백호(白虎)의 해를 만났으니, 사람은 어디로 갈 것인가? 만일 뱀의 꼬리를 잡았다가는 반드시 흉한 일이 있을 것이다. (…) 중과 속인이 셋으로 나뉘니 어느 날에나 끝이 날까? 황소는 동쪽으로 달아나고, 백호는 남쪽으로 가도다. 인간세상을 초월한 도사에게 부탁하노니, 모름지기 흰 토끼를 따라 푸른 숲으로 달아날 일이다"라는 구절이 있다.[246] 백호는 간지(干支)로 경인(庚寅)에 해당하고, 뱀의 꼬리는 사년(巳年)의 말기를 의미하며, 흰 토끼는 간지로 신사(辛巳)를 가리킨다. 각기 그해가 되면 어떤 사건이 벌어질 것을 예언한 구절로 보인다. 부분의 의미는 선뜻 와닿지 않는다.

그리고 「도선비결」에 "임진(壬辰)에 섬 오랑캐가 나라를 좀먹으면 송백(松栢)에 의지하고, 병자(丙子)에 북쪽 오랑캐가 나라에 가득하면 산도 불리하고 물도 불리하며 궁궁(弓弓)에 이로움이 있으리라"라는 구절이 보인다.[247] 각각의 해가 되면 어떤 일을 행하거나 피난처를 찾으라는 예언이다. 임진왜란이 발생했을 때는 소나무가 울창한 산으로 피난하거나 송(松)자 이름을 가진 이여송(李如松) 같은 장군에게 몸을 의지하라는 해석이 가능하다. 나아가 병자호란

243 「삼한산림비기」, 『정감록』(한성도서주식회사, 1923); 앞의 책, 1973, 575면.

244 「무학전」, 『정감록』(한성도서주식회사, 1923); 앞의 책, 1973, 576면.

245 「오백론사」, 『정감록』(한성도서주식회사, 1923); 앞의 책, 1973, 578면.

246 「오백론사비기」, 『정감록』(한성도서주식회사, 1923); 앞의 책, 1973, 578면.

247 「도선비결」, 『정감록』(한성도서주식회사, 1923); 앞의 책, 1973, 578-579면.

때는 산속이나 강가에 피난하지 말고 궁궁(弓弓)을 찾아가라는 해석이 가능하다. 궁궁의 뜻은 명확하지 않지만, 궁벽한 장소라는 풀이도 있다.

한편 「남사고비결」에 "고월(古月)은 어양(魚羊)에 망하고, 전내(奠乃)는 조산(鳥山)에 내려온다"라는 구절이 보인다.[248] 여기서 고월은 호(胡)로 중국을 가리키고, 어양은 선(鮮)으로 조선(朝鮮), 즉 우리나라를 가리키며, 전내는 정씨(鄭氏)를 뜻한다. 조산은 조(鳥)자가 들어가는 지명이나 산을 가리키는 것으로 보인다.

그리고 「토정가장결」에 "참(讖)에 이르기를 '이씨(李氏)의 운(運)에 신비한 글자 세 개가 있으니, 송(松), 가(家), 전(田) 석자이다. 앞의 송(松) 자는 왜란(倭亂)에 이롭고, 가운데 가(家) 자는 호란(胡亂)에 이로우며, 마지막 전(田) 자는 흉(凶)에 이로울 것이다'라 했다.[249] 흉(凶)은 병기(兵器)를 뜻하고, 병기는 흉년을 가리킨다"라는 구절이 있다.[250] 조선왕조의 운수를 알 수 있는 세 개의 글자가 있다는 주장이다. 송(松)은 임진왜란 때 소나무가 있는 산속이나 송(松) 자가 들어간 이름을 가진 장수에게 몸을 의지하면 살 수 있다는 뜻이고, 병자호란 때는 집안에 가만히 앉아 피난하면 살 수 있다는 뜻으로 풀이한다. 그런데 마지막 부분의 전(田)은 어떤 의미인지 명확히 알기 어렵다. 흉(凶)은 흉년, 가뭄, 전쟁, 재난 등을 의미하는 글자로 보인다.

한편 「토정가장결」에는 "이로운 것은 궁궁(弓弓)이니, 궁궁이란 것은 낙반고사유(落盤孤四乳)니라"라는 구절이 있다.[251] 궁궁(弓弓)도 그 뜻을 알기 어렵고, 더욱이 "떨어진 소반에 외로운 네 개의 젖"이라는 구절은 특히 알 수 없는 난해한 용어다.

한편 「토정가장결」에는 "이때를 당하여 이로운 것은 궁궁(弓弓)이니, 궁궁

---

248 「남사고비결」, 『정감록』(한성도서주식회사, 1923); 앞의 책, 1973, 581면.

249 「토정가장결」, 『정감록』(한성도서주식회사, 1923); 앞의 책, 1973, 594면.

250 똑같은 내용이 「경주이선생가장결」에도 보인다.

251 「토정가장결」, 『정감록』(한성도서주식회사, 1923); 앞의 책, 1973, 594면. 「경주이선생가장결」에는 궁궁을 "꽃 소반에 산수국 네 개가 피었네(花盤芪四起)"라 했다.

이란 것은 약(弱)자의 뜻이다. 내가 (…) 태백산을 바라보매, 백여 리 남짓 울창한 숲만 있고 인가는 없었는데, 여기가 곧 대소궁(大小弓) 터였다. (…) 그 형국이 활을 당긴 것처럼 기이하고 그 모습이 목성(木星) 같으니, 목성(木姓)이 살 만한 곳이겠다"라는 구절이 보인다.[252] 위기를 맞아 살 수 있는 방법은 궁궁(弓弓)에 있다는 주장이다. 여기서는 궁궁을 약(弱)으로 보아 가난하게 살거나 궁벽한 곳을 의미한다고 보았다. 태백산에 크고 작은 궁(弓)과 관련된 은밀한 장소가 있다고 강조하는데, 그 지세가 마치 활「궁(弓)」을 당긴 듯한 모양이며, 목(木)과 관련된 성씨(姓氏)인 이씨(李氏) 등이 살 만한 장소라고 주장한다. 그렇지만 여전히 명확한 뜻을 알 수 없는 구절이다.

그리고 「토정가장결」에 "동방별구시(東方別區詩)에 이르기를 '계룡산이 한 차례 진동하여 검은 돌이 하얗게 되고, 한강 물이 붉게 흘러 공주에 이르니, 초포(草浦)에 배가 다닐 때라야 그대는 알 수 있으리라"라 했다.[253] 앞에서 살펴본 비결과 비슷한 표현이 다시 나온다. 여전히 명확한 의미를 알기 어려운 구절이다.

나아가 「서계이선생가장결」에는 "소의 성품은 들판에 있으니, 이로움이 밭에 미치도다. 나를 죽이는 것은 누구인가? 소두무족(小頭無足)이다. 나를 살리는 것은 가난함이니, 혈하궁신(穴下弓身)이다"라는 구절이 보인다.[254] 소두무족은 정확히 알기 어렵고, 혈하궁신은 궁(窮)의 파자로 풀이할 수 있다. 소두무족을 어떤 물건의 형태로 보아 폭탄을 형상화한 글자로 보기도 하고, 글자의 형태로 보아 '귀신 머리 불(甶)자'라고 주장하기도 하지만, 정확한 의미를 알 수 없다.

한편 『정감록』의 비결사상은 조선국운삼절설(朝鮮國運三絶說)을 제시하기도 하는데, 우리나라의 운수가 세 번에 걸쳐 단절될 것이라는 예언이다. 주요

252 「토정가장결」, 『정감록』(한성도서주식회사, 1923); 앞의 책, 1973, 594면.
253 「토정가장결」, 『정감록』(한성도서주식회사, 1923); 앞의 책, 1973, 595면.
254 「서계이선생가장결」, 『정감록』(한성도서주식회사, 1923); 앞의 책, 1973, 591면.

구절은 다음과 같다.

> 임진년에는 이로움이 소나무에 있고, 병자년에는 이로움이 집안에 있으며, 갑진년에는 이로움이 궁궁(弓弓)에 있다. 궁궁은 낙반고사유(落盤高四乳)다.[255]

> 임진년에는 (이로움이) 소나무에 있고, 병자년에는 이로움이 집안에 있으며, 갑진년에는 이로움이 궁궁을을(弓弓乙乙)에 있다.[256]

> 임진년에는 왜적의 난리가 있고, 병자년에는 오랑캐와의 전쟁이 있고, 병신년에는 나라 안에 난리가 있으리라.[257]

> 임진년에는 이로움이 푸른 소나무에 있고, 갑신년에는 이로움이 궁궁을을(弓弓乙乙)에 있을 것이다.[258]

임진왜란과 병자호란에 대한 예언풀이가 있은 연후에 마지막으로 찾아올 위기상황에 대해 예언하고 그 대비책을 제시한 부분으로 보인다. 물론 세 번째에 닥칠 위기의 때가 정확히 어떤 연도에 있을지에 대해서는 이견(異見)이 있다. 궁궁을을의 의미에 대해서는 여러 견해가 있지만, 비밀스러운 해석의 여지가 남아 있는 용어다.

한편 「비지론」에 다음과 같은 구절이 보인다.

> 임진년 큰 파도의 해에는 마땅히 해가 떠오르는 곳에서 전쟁이 있을 것이고, 병자년 마시는 시내의 해에는 반드시 백룡(白龍)의 난리가 있을 것

255 黑龍利在松松, 赤鼠利在家家, 靑龍利在弓弓. 弓弓者, 落盤高四乳也. 「징비록」, 위의 책, 489면.

256 黑龍在於松松, 赤鼠利在家家, 靑龍利在弓弓乙乙. 「운기구책」, 위의 책, 506면; 黑龍利在松松, 黃猴利在家家, 赤猴利在弓弓乙乙. 「비결」, 『비결집록』, 위의 책, 828면.

257 黑龍倭亂, 赤鼠胡兵, 赤猴自國之亂. 「요람역세」, 위의 책, 526면.

258 黑龍利在靑松, 靑猿利在弓弓乙乙. 「유산결」, 위의 책, 24면.

이다.[259]

"파도의 해", "마시는 시내의 해"의 의미를 알기 어렵고, "흰 용의 난리"도 알 수 없는 구절이다.

그리고 「도선비결」에는 다음과 같은 내용이 보인다.

> 임진년에는 섬 오랑캐가 나라를 좀먹으니, 소나무와 측백나무에 의지할 만하다. 병자년에는 북쪽 오랑캐가 나라에 가득하니, 산도 불리하고 물도 불리하고 궁궁(弓弓)에 이롭다. (…)[260]

이 부분은 앞에서 살펴본 이른바 조선국운삼절론과 비슷하다. 다만 병자년의 난리를 예언한 부분과 마지막 세 번째 찾아올 위기설이 합쳐진 형태로 제시되었다.

한편 「양류결」에는 다음과 같은 알기 힘든 구절도 보인다.

> "소나무 아래를 어떤 이는 당목(唐木)이라고 부르고, 어떤 사람은 인지(人地)라고 칭하니 과연 이것은 그럴듯한가?"라고 물으니, 대답하기를 "맞다"라 했다. 또 묻기를 "집의 아래를 어떤 이는 얼굴 주렴이라 부르고, 어떤 사람은 불주(不走)라고 칭하니 이 둘은 과연 그럴듯한가?"라고 물으니, 답하기를 "그렇다"라 했다.[261]

위의 인용문에 나오는 "소나무 아래"를 의미하는 송송지하(松松之下)를 중

259 黑龍-壬辰-, 張波之歲, 宜有日出之兵. 赤鼠-丙子-, 飮澗之年, 必有白龍之亂. 「비지론」, 위의 책, 609면. 뒷부분에는 영조 4년(1728)에 발생한 무신난(戊申亂)에 대해 서술하고 있다.

260 壬辰島吏蠹國, 可依松栢. 丙子坎胡滿國, 山不利, 水不利, 利於弓弓. 「도선비결」, 위의 책, 579면.

261 松松之下, 或以唐木稱之, 或以人地稱之, 果是然耶? 曰是也. 又問曰, 家家之下, 或以面簾稱之, 或以不走稱之, 幷果然耶? 曰然也. 「양류결」, 위의 책, 39면.

국 장군 가운데 「이(李)」 여송(如松)이라는 사람이 있음을 듣고 군사를 청했다고 해석하고, 가가지하(家家之下)를 집 안에 있고 도망치지 않으면 눈에 묻혀 죽거나 기아로 죽을 염려가 없다는 뜻으로 풀이했다.[262] 그렇지만 당목, 인지, 얼굴 주렴, 불주 등의 용어는 그 뜻을 짐작조차 하기 어렵다.

한편 『정감록』에는 궁궁(弓弓)과 같은 뜻인 양궁(兩弓)이 나오는 부분도 있는데, 다음과 같다.

> 산에도 불리하고, 물에도 불리하며, 이로움은 양궁의 즐거운 땅에 있다.[263]

> 백성들이 전쟁을 피할 수 있는 방법은 산에도 불리하고, 물에도 불리하고, 양궁에 이롭다.[264]

> 몸은 보호하는 계책으로는 궁궁만한 것이 없다.[265]

궁궁과 양궁은 동일한 의미인데, 그 정확한 풀이는 알기 어렵다. 궁(弓)자 형태의 땅, 궁벽한 장소, 개활지 등으로 해석한다.

위에서 살펴본 구절과 거의 비슷한 내용으로 양궁 대신에 양백(兩白)이 들어간 다음과 같은 구절도 보인다.

> 백성들이 몸을 피하는 방법은 산과 물에 불리하고, 가장 좋은 방법은 양백 사이다.[266]

---

262 위의 책, 41면.

263 不利於山, 不利於水, 利在兩弓樂地. 「징비록」, 위의 책, 490면. 비슷한 내용이 「비지론」, 위의 책, 610면에도 보인다.

264 人民避兵之方, 不利山, 不利水, 利於兩弓. 「운기구책」, 위의 책, 498면.

265 明喆保身, 莫如弓弓. 「운기구책」, 위의 책, 497면; 明哲保身, 莫如弓弓之間. 「호남소전」, 위의 책, 624면; 明哲保身之計, 莫如弓弓之間. 「이토정비결」, 『정감록』(한성도서주식회사, 1923); 위의 책, 600면.

266 人民避身, 不利山水, 最好者, 兩白之間. 「요람역세」(안춘근 편, 『정감록집성(鄭鑑錄集成)』(아세아문화

양백도 명확한 뜻을 알기 어려운데, 태백산(太白山)과 소백산(小白山) 사이라는 풀이도 있다.

그런데 궁궁을 열 곳의 피난할 수 있는 장소인 십승지(十勝地)와 연관시킨 구절도 보인다.

> (목숨을) 보존할 수 있는 땅은 십승(十勝)만한 것이 없다.[267]

> 지각이 있는 자의 몸을 보전하는 계책은 산에도 불리하고, 물에도 불리하며, 弓弓의 사이에 있으니, 걸인이 하필이면 십승지를 일컫는가?[268]

이 밖에도 『정감록』에는 그 뜻을 거의 짐작할 수조차 없는 구절들이 보이는데, 대표적인 부분은 다음과 같다.

> 궁궁을을(弓弓乙乙)에는 소 울음소리가 들어가야 능히 만인을 보호할 수 있다. 십승(十勝)은 궁궁을을과 전전(田田)을 도모한다. 그러므로 이로움이 궁궁을을에 있고, 이로움이 전전에 있다. 두 사람이 태전(太田)에서 풀을 심어 털을 얻으니, 이로움이 십승지에 있다.[269]

> 궁궁(弓弓)은 어려운 것이 아니니, 이로움이 석정(石井)에 있다. 석정은 어려운 것이 아니니, 사답칠두(寺畓七斗)다. 사답(寺畓)은 어려운 것이 아니니, 마땅히 석정 아래의 정(精)에 있다.[270]

> 병신년: 궁궁(弓弓)은 어렵지 않으니, 이로움이 석정에 있다. 석정은

사, 1973), 531면).

267 保存之地, 莫如十勝. 「운기구책」, 위의 책, 498면.

268 有知覺者, 明哲保身之計, 不利山, 不利水, 在弓弓之間, 乞人何以謂十勝之地耶? 「삼척국기노정기」, 위의 책, 564면.

269 弓弓乙乙, 牛聲入中, 能保萬人. 十勝圖弓弓乙乙田田. 故利在弓弓乙乙, 利在田田. 二人太田, 種草得毛, 利在十勝之地也. 「동차결」, 위의 책, 550면.

270 弓弓非難, 利在石井. 石井非難, 寺畓七斗. 寺畓非難, 當在石井下精. 「동차결」, 위의 책, 549면.

어렵지 않으니, 사답칠두다. 사답칠두는 어렵지 않으니, 정에서 그 오른쪽을 벗긴[271] 것이다.[272]

제일의 승지(勝地)는 석정곤(石井崑)인데, 사답칠두는 동쪽 땅이다.[273]

이로움이 소나무에 있고 이로움이 집에 있다는 운은 이미 지나갔고, 이로움이 밭에 있고 궁궁을을 사이에 있다.[274]

이로움이 송송(宋宋)에 있다는 것은 십팔공(十八公)인데,[275] - 사람이다 - 호랑이의 성질은 산에 있으니 나를 죽이는 것은 사람 인(人)변에 화녀(禾女)다.[276] 이로움이 집에 있다는 것은 달리는 돼지가 관을 쓴 것인데, - 얼굴 주렴이다 - 개의 성질은 집안에 있으니 나를 죽이는 것은 우(雨) 아래 산(山)을 가로놓은 것이다.[277] 이로움이 궁궁에 있다는 것은 혈궁초전(穴躬草田)인데,[278] - 묘각(猫閣)이다 - 소의 성질은 들판에 있으니 나를 죽이는 것은 소두무족(小頭無足)이다.[279]

이로움이 소나무에 있다는 것은 사람 이름과 땅인데, 나를 죽이는 것은 여인이 벼를 이고 있는 것이고, 나를 살리는 것은 십팔(十八)에 공(公)을 더한 것이며, 호랑이의 성질은 산에 있으니 소나무 아래에서 그친다. 이로움이 집에 있다는 것은 얼굴 주렴인데, 나를 죽이는 것은 우(雨) 아래 산

271 정(精) 자에서 오른쪽을 탈락시키면 쌀 미(米) 자가 남는다.

272 丙申: 弓弓非難, 利在石井. 石井非難, 寺沓七斗. 寺沓非難, 精脫其右. 「비결」, 『비결집록』, 위의 책, 850면.

273 第一勝地石井崑, 寺沓七斗東方地. 「비결」, 『비결집록』, 위의 책, 835면.

274 利在松松, 利在家家之運已去, 利在田田弓弓乙乙之間. 「동차결」, 위의 책, 550면.

275 파자(破字)하면 송(松)이 된다.

276 파자하면 왜(倭)가 된다.

277 파자하면 설(雪)이 된다.

278 혈궁을 파자하면 궁(窮)이 되는데, 초전은 확실히 알 수 없다.

279 利在宋宋, 十八公也. -人也- 虎之性在山, 殺我者, 人邊禾女. 利在家家, 走豕得冠.-面簾- 犬之性在家, 殺我者, 雨下橫山. 利在弓弓, 穴躬草田.-猫閣- 牛之性在野, 殺我者, 小斗無足. 「윤고산여유겸암문답」, 위의 책, 73면. 소두무족(小斗無足)은 소두무족(小頭無足)의 오자로 보이므로 바로잡는다.

(山)을 옆으로 적은 것이며, 나를 살리는 것은 돼지에 관이 없는 것인데, 개의 성질은 집에 있으니 집에서 멈춘다. 이로움이 밭에 있다는 것은 혈하신궁(穴下身弓)인데,[280] 나를 죽이는 것은 소두무족이며 나를 살리는 것은 초전(草田)의 이름이니, 소의 성질은 들판에 있으니 벼 아래에서 그친다.[281]

이로움이 소나무, 밭, 집에 있다. 세 가지 운은 이미 지나갔으니 이로움이 궁을(弓乙) 사이에 있다. 궁궁을을(弓弓乙乙)은 어느 곳인가? 모름지기 금빛 갈매기와 나무 토끼 변을 좇아라.[282]

보신하는 계책은 이로움이 촌락 한편에 있는데, 생이계변(生耳溪邊)이다. 목숨을 보존하는 방법은 궁궁(弓弓) 사이만한 것이 없다.[283]

을을(乙乙)에 이르기를 깊지도 얕지도 않으니, 산도 아니요, 들도 아니며, 한 조각 생이(生耳)의 땅이다.[284]

참(讖)에 다음과 같이 일렀다. 이씨의 운에 비자(秘字)가 있으니, 송(松), 가(家), 전(田) 세 글자다. 송(松)은 먼저 왜(倭)에 이롭다. 이로움이 소나무에 있고, 이로움이 집에 있고, 이로움이 밭에 있으며, 이로움이 궁궁을을에 있다. 이로움이 소나무에 있다는 것은 인명과 지명인데, 호랑이의 성질은 산에 있으니 나를 죽이는 것은 왜이며, 나를 살리는 것은 송(松)이다. 물건 이름은 송아지인데, 음은 송하지다. 또 이르기를 이로움이 송(宋)에 있다는 것은 당(唐)이다. 집은 호(胡)에 이롭다. 이로움이 집에 있다는 것은 개의 성질이니 집에 있으면서 도달하는 것이다. 나를 죽이는 우(雨) 아래

280 파자하면 궁(窮)이 된다.

281 利在松松人名地, 殺我者女人戴禾, 活我者十八加公, 虎性在山松下止. 利在家家面簾, 殺我者雨下横山, 活我者有豕無冠, 狗性在家家下止. 利在田田穴下身弓, 殺我者小頭無足, 活我者草田名, 牛性在野稻下止. 「두사충요결」, 위의 책, 179면.

282 利在松松, 田田, 家家. 三運已去, 而利在弓乙之間. 弓弓乙乙是何處? 須向金鷗木兎邊. 「정감문답」, 위의 책, 657면.

283 保身之計, 利在村落一片, 生耳溪邊. 保命之方, 莫如弓弓之間. 「동차결」, 위의 책, 554면.

284 乙乙謂, 不深不淺, 非山非野, 一片生耳之地. 「유산결」, 위의 책, 24면.

산(山)을 옆으로 적은 것이니, 설(雪)이다. 나를 살리는 것은 관(冠) 아래 달리는 돼지다. 밭은 마지막에 궁(弓)에 이롭다. 궁은 병사가 일어나는 것이니, 밭과 낫이다. 궁궁(弓弓)이란 것은 토궁(土弓)에 크게 이롭고, 무궁(武弓)에 작게 이로우니, 산에도 불리하고 물에도 불리하다. 깊지도 얕지도 않고 산도 아니요, 들판도 아니며, 한 조각 생이(生耳)의 땅이니, 이로움이 궁궁에 있다. 나를 죽이는 것은 소두무족(小頭無足)이니 소의 성질은 들판에 있다. 나를 살리는 것은 혈궁초전(草田)이니, 묘각(猫閣)이다. 머리는 있고 발이 없는 멧돼지를 파자하면 도하지(都下地)다. 소두무족은 산(山)자이며, 혈궁초전(穴躬草田)은 사람들이 버린 곳의 궁핍함이니 황무지이다. 힘써 감자를 심는 일을 위주로 하면 서리가 내릴 것이고 쌀을 미리 준비하면 가할 것이다.[285]

참(讖)에 이르기를 이씨의 운에 세 가지 비밀스러운 글자가 있는데 송(松), 가(家), 전(田)이라 했다. 해석하기를 송은 먼저 오는 운인데 왜(倭)에 이롭고, 가 중간에 호(胡)에 이로우며, 전은 마지막에 흉(凶)에 이롭다. 흉은 병기(兵器)다. 병기는 흉년을 가리킨다. 궁궁은 무궁(武弓)에 크게 이롭고, 토궁(土弓)에 작게 이롭다. 경(經)에 이르기를 "9년의 흉년에 곡식 종자는 삼풍(三豊)에서 구하고, 12년 동안의 전쟁에서는 인간 종자를 양백(兩白)에서 구한다"라 했는데, 이는 검은 머리를 한 정씨의 말이다. (…) 궁궁이란 꽃 쟁반에 산수국(山水菊)이 네 곳에 핀 것이다. (…) 태백산을 바라보는 백 여 리 가량에 울창한 숲에 사람의 인적이 없는 곳이 있으니 곧 크고 작은 궁기(弓基)니 약한 것이 강한 것을 이기고 빈 것 가운데 가득 찬 것이

285 讖曰, 李之運, 有秘字, 松家田三字也. 松, 先利於倭. 利在松松, 利在家家, 利在田田, 利在弓弓乙乙. 利在松松, 人名地名, 虎性在山, 殺我者, 人邊禾女, 活我者, 十八公也. 物名犢也, 音卽松下地. 又云, 利在宋, 卽唐. 家, 中梨胡. 利在家家, 狗性, 卽在家巡詹. 殺我者, 雨下橫山, 卽雪. 活我者, 冠下走豕也. 田, 末利於弓. 弓者, 兵起也, 田, 鎌. 弓弓者, 大利於土弓, 小利於武弓, 不利於山水, 不利於水. 不深不淺, 非山非野, 一片生耳之地, 利在弓弓. 殺我者, 小頭無足, 牛性在野. 活我者, 穴躬草田, 又猫閣. 破有頭無足猪者, 都下地. 小頭無足者, 山字, 穴躬草田者, 窮於人棄, 荒荒之地. 勤力種柑子爲主, 霜根爲次, 豫備米, 爲可也. 「동차결」, 위의 책, 560면. 중리(中梨)는 중리(中利)의 오자로 보이며, 산수(山水)의 수(水)자는 첨자로 보인다.

> 있고 원맥(元脈)의 형태는 굽은 활과 같아서 몸체는 목성(木星)과 같아 이씨가 살 만한 곳이라 했다.[286]

그리고 『정감록』에 포함되는 「토정가장결(土亭家藏訣)」과 「경주이선생가장결(慶州李先生家藏訣)」에도 "참왈(讖曰), 이씨지운(李氏之運)이 유삼비자(有三秘字)하니 송가전삼자(松家田三字)라. 해왈(解曰) 송(松)은 선리어왜(先利於倭)요, 가(家)는 중리어호(中利於胡)요, 전(田)은 말리어흉(末利於凶)이라"는 기록이 있다. 조선국운삼절론의 변형으로 보인다.

앞서 살펴본 기록들 이외에도 명확히 의미를 알 수 없는 다음과 같은 구절도 있다.

> 소 울음이 들리는 곳에 전염병의 발이 먼저 들어오리니, 가히 일신을 보존할 것이고, 소의 성질은 들판에 있으니 그 소리가 '음매'하고 들리는 멀고도 가깝고, 즐거운 소리가 들어가는 십승지(十勝地)다. (…) 큰 활과 작은 활을 든 두 사람이 태전(太田)에 있으니 풀을 심어 털을 얻을 것이고, 이로움이 밭에 있으니 이곳이 십승지다.[287]

> 생각건대 우리 후손은 길지(吉地)를 찾아들 것이니 길지와 길운(吉運)이 앞뒤로 일관되니 소의 성질은 들판에 있고 이로움이 밭에 미치니 나를 죽이는 것은 누구인가? 소두무족(小頭無足)이며, 나를 살리는 것은 빈한함

---

286 讖曰, 李氏之運, 有三秘字, 松家田三字. 解曰, 松, 先利於倭, 家, 中利於胡, 田, 末利於凶. 凶, 兵器也, 兵器曰, 歉也. 弓弓, 大利於武弓, 小利於士弓. 經曰, 九年之歉, 求穀種於三豊, 十二年賊血, 求人種於兩白. 此鄭氏黎首之云也. (…) 弓弓者, 花盤茋四起也. (…) 望太白山, 百餘里許, 有深林無人之處, 卽大小弓基, 弱能勢强, 虛中有實, 元脈其形如彎弓, 其體如木星, 李氏可居之處云. 「경주이선생가장결」, 위의 책, 587면; 「토정가장결」, 위의 책, 594면. "화반(花盤)에 산수국(山水菊)이 네 곳에서 핀다"는 구절은 「토정가장결」에는 "낙반고사유(落盤孤四乳), 약능승강(弱能勝强)."으로 적혀 있고, 그 땅이 얕고 드러나 있지만 바다에 가까워 적선(賊船)이 이르지 못하고 토병(土兵)이 침범하지 못한다고 강조했다.

287 聞牛吟地, 疾足先投, 可保一身, 牛性在野, 其聲唵嘛, 遠也近也, 歡音入之十勝之地. (…) 大弓小弓, 兩人太田, 種草得毛, 利在田田, 此卽十勝之地. 「동차결」, 위의 책, 561면.

이니 궁핍한 것이고, 별들이 비취는 곳에 도탄을 면할 수 있을 것이다.[288]

묘각(猫閣)은 먹을 것을 감추어두는 누각이다. 머리는 있고 발은 없는 돼지는 곧 맥자(貊字)와 맥인(貊人)이다. 단지 힘써 토전(土田)에 농사를 지어 스스로 경작하여 먹을 것을 구하라. 9년의 흉년에 곡식 종자는 삼풍(三豊)에서 구할 것이요, 12년 동안의 전쟁에는 인간 종자를 양백(兩白)에서 구하라.[289]

또 묻기를 "궁궁을을(弓弓乙乙)의 아래를 어떤 이는 묘각(猫閣)이라 부르고, 어떤 사람은 반복(反覆)이라고 부른다. 묘각과 반복의 이치는 어째서 서로 끊어지지 않는가?"라 했다. (…) 묘(猫)라는 것은 마지막을 지키는 물건이다. 각(閣)은 곡식을 저장하는 창고다. 마땅히 닭이 올라가는 삼나무가 있고 입하(立下)의 운에 그 말이 도달하는 곳이니, 곡식을 저장하고 반복하는 것이며, 곡식을 저장하면 어려움을 많이 면할 수 있을 것이다.[290]

반복하는 이치는 또 이르기를 "도적을 방비하는 데 이로운 물건이다"라 했다. 또 말하기를 "많고 많은 문자 가운데 단지 을(乙)과 궁(弓) 두 글자로써 그를 칭하는 것은 무슨 까닭입니까?"라 하니, 답하기를 "다름이 아니라 선비는 을이 있어 사용하고, 장차 궁이 있는 연고로 그렇게 부르는 것이다"라 했다.[291]

궁궁(弓弓)이란 떨어진 쟁반이 높은데 아래로 네 곳에 젖이 흐르는 것

---

288 惟我後裔, 往尋吉地, 吉地吉運, 前後一規, 牛性在野, 利及田田, 殺我者誰, 小頭無足, 活我者貧, 穴下弓身, 星辰所照, 可免塗炭. 「서계이선생가장결」, 위의 책, 591면.

289 猫閣者, 藏食物之閣. 有頭無足猪, 卽貊字貊人也. 只以耕力土田, 爲主自耕食. 九年歉歲, 救穀種於三豊, 十二年賊血, 求人種於兩白. 「동차결」, 위의 책, 561면.

290 又問曰, 弓弓乙乙之下, 或以猫閣稱之, 或以反覆稱之. 猫閣反覆理, 豈不相殊乎? (…) 答曰, (…) 猫者, 守末之物也. 閣者, 匿粟之庫也. 當其鷄在上麻之木, 立下之運, 厥言所到處, 則匿粟而反覆, 而匿粟庶可免難矣. 「양류결」, 위의 책, 42면.

291 反覆之理, 又云, 利於防賊之物也. 又曰, 許多文字中, 只以乙弓二字, 稱之者, 何也? 曰, 非他, 士有乙用, 將有弓, 變故, 是所然也. 「양류결」, 위의 책, 42면.

이니, 곧 미(米) 자다. 옛날에 쟁반의 모양이 단 자(丹字)와 십 자(十字)와 같기 때문에 선사(先師)들이 비유해 말한 것이다.[292]

궁궁의 이치는 고사구(高四口)에 있다. 고사구의 이치는 낙반고유(落盤孤乳)에 있다.[293]

궁궁의 땅은 고전구(高田口)에 있다. 고전구라는 것은 두 젖 사이에 떨어진 쟁반이 외롭다는 말이다. 사답칠두락(寺沓七斗落)과 정석천(井石泉)은 어째서 어려운가? 어떤 이는 낙반고전유(落盤高田乳)라 했다. (…) 궁궁을을(弓弓乙乙)의 뜻은 오로지 한 조각 생리(生理)의 땅에 주로 하기 때문에 쌀과 산림이 무성한 곳이다.[294]

나를 죽이는 것은 십승(十勝) 그 심산궁곡이요, 나를 살리는 것은 황야의 한 조각 땅이다.[295]

마상(馬上)에서 길을 내려다보고, 사답삼두락(寺沓三斗落) 이곳은 곧 정곤(井崑)이다.[296]

이러한 도탄지경을 면하고자 한다면 석정곤(石井琨)만한 것이 없다.[297]

(…) 손 안에 활을 잡고 부자(符字)가 있는 듯이 한 연후에 이 액운을 면할 수 있을 것이니, 궁궁으로써 말한 것이다. 묻기를 "그러한즉 부자(符字)는 무슨 부적이냐?"라 하니, 답하기를 "좌측의 을(乙)과 우측의 을 사이에 건삼련(乾三連)이 있는 것이 그것이다"라 했다.[298]

---

292 弓弓者, 落盤高下四乳注, 卽米字也. 昔盤物形如丹字十字, 故先師比云. 「동차결」, 위의 책, 561면.

293 弓弓之理, 在於高四口. 高四口之理, 在於落盤孤乳. 「순자결」, 위의 책, 105면.

294 弓弓之處, 在於高田口. 高田口者, 兩乳之間, 落盤孤. 寺沓七斗落, 井石泉, 何難也? 或曰, 落盤高田乳. (…) 弓弓乙乙之意, 專主於一片生理之地, 且米與林木茂盛之處. 「비결」, 『비결집록』, 위의 책, 831면.

295 殺我者, 十勝其深山窮谷, 活我者, 荒野一片之地. 「동차결」, 위의 책, 548면.

296 馬上下路, 寺沓三斗落, 此地是井崑. 「오백론사」, 위의 책, 578면.

297 欲免此塗炭, 無如石井琨. 「팔도요결」, 위의 책, 113면.

298 執弓手裡, 有符字然后, 可免此厄, 以弓弓所言也. 曰, 然則, 符字何符也? 曰, 左乙右乙之中, 有乾三連則,

또 묻기를 "을을(乙乙)이란 무엇이냐?"라 하니, 답하기를 "좌측의 을(乙)과 우측의 을 사이에 오묘한 이치가 무궁하다. 많고 많은 영웅과 준걸 사이에 태백산의 신령한 선비가 있는데 다른 이름은 을용(乙用)이기 때문에 그렇게 부른다"라 했다.[299]

무릇 사람이 목숨을 보전하기 위한 땅은 산에도 불리하고, 물에도 불리하고, 이로움이 양궁(兩弓)에 있다.[300]

뛰어난 지혜로 몸을 온전히 하는 데는 궁궁(弓弓)만한 것이 없으리라.[301]

명철보신(明哲保身)하는 계책은 산에도 불리하고, 물에도 불리하며, 궁궁의 사이에 있다.[302]

백성들이 군대를 피하는 방법은 산에도 불리하고, 물에도 불리하며, 궁궁에 이롭다.[303]

명철보신(明哲保身)할 땅은 십승지(十勝地)가 아니다. 죽음 가운데 삶을 구하는 데는 궁궁만한 것이 없다. 궁(弓)과 궁 사이는 십승(十勝)보다 못하지 않다. 궁궁은 어렵지 않다. 이로움이 석정(石井)에 있다. 석정은 어려운 것이 아니다. 사답(寺畓) 칠두(七斗)이다. 사답은 어렵지 않다. 석정 아래에 있는데 그 돌을 곱게 찧어 쌀알을 얻고 절구질하는 것이다.[304]

是也. 「양류결」, 위의 책, 47면.

299 又曰, 乙乙者, 何也? 曰左乙右乙間, 妙理無窮. 而許多英俊之中, 太白山鍾靈之士, 有一名曰, 乙用者, 故以云也. 「양류결」, 위의 책, 48면.

300 凡人保命之地, 不利於山, 不利於水, 利在兩弓, 「징비록」, 『정감록』(한성도서주식회사, 1923); 안춘근, 앞의 책, 1973, 490면.

301 明喆保身, 莫如弓弓. 「운기구책」, 『정감록』(한성도서주식회사, 1923); 안춘근, 앞의 책, 1973, 497면.

302 明哲保身之計, 不利山, 不利水, 在弓弓之間. 「동차결」, 『정감록』(한성도서주식회사, 1923); 안춘근, 앞의 책, 1973, 564면.

303 人民避兵之方, 不利山, 不利水, 利於兩弓. 「운기구책」, 『정감록』(한성도서주식회사, 1923); 안춘근, 앞의 책, 1973, 498면.

304 明哲保身地, 匪十勝, 死中救生, 莫如弓弓. 弓弓兩間, 不下十勝. 弓弓非難. 利在石井. 石井非難. 寺畓七斗. 寺畓非難. 當在石井下精脫其石, 一粒二舂. 「동차결」, 『정감록』(한성도서주식회사, 1923),; 안춘근,

위의 인용문들에 자주 등장하는 궁궁은 '약(弱)자'의 파자로 난세를 당하면 강자(强者)는 죽고 숨어사는 약자(弱者)가 살아남는다는 해석도 있다.[305] 그러나 여전히 정확한 의미를 짐작하기 어렵다.

> 궁(弓) 자는 자(字)와 신(身) 자가 같은데 글자 모양으로 말하면 사람이 마을에 있어 먼저 촌신(村身)을 점치고 뒤에 묘각(猫閣)의 이치를 행하는 것이다.[306]

> 말하기를 "이때에 집안을 보존하는 것은 심(心)이라는 한 글자에 있다. 그러니 말세를 당하여 당파를 범하지 말고, 관리를 거스르지 말고, 돈과 재물을 귀하게 여기지 말고, 사람들을 해치지 말고, 넉넉한 땅에 들어가지 말라. 임총(林葱)을 삼가 그치고, 사람들이 쇠락한 곳을 택해 조금씩 촌락을 이루면 농장과 용슬(容膝)로 농사를 업으로 삼아 이름을 숨기고 몸을 닦아 짐승처럼 그곳에 산다면 자연히 집안을 보존할 수 있으리라.[307]

그리고 『정감록』의 곳곳에는 그 의미를 짐작하기 어려운 다음과 같은 구절들이 있다.

> 모악산 머리에서 금빛 부처가 능히 말을 하고, 천관산 아래에서 거문고 타는 사람이 옥새를 바치리라.[308]

앞의 책, 1973, 549-550면.

305 한우근, 「동학의 창도와 그 기본사상」, 『한국사』 15(국사편찬위원회, 1975), 376쪽.

306 弓字, 字與身字字同, 可使字樣言之, 人在其村, 先筮村身, 後可行猫閣之理也. 「양류결」, 위의 책, 48면.

307 曰, 此時保家在於心一字. 然耳當末世, 勿犯黨派, 勿犯官吏, 勿貴錢財, 勿害人民, 勿入滿地. 謹廢林葱, 擇於人衰耳, 一二微成村處, 庄土容膝, 以農爲業, 埋名修身, 如獸處之, 自然保家也. 「초창결」, 위의 책, 164면.

308 母岳山頭, 金佛能語, 天冠山下, 琴人奉璽. 「운기구책」, 위의 책, 497면; 「호남소전」에 같은 표현이 있는데, 임진년에 일어날 일이라고 한다. 위의 책, 624면; 甲乙之間, 母岳山頭, 金佛能言, 天冠山邊, 琴人奉玉. 「이토정비결」, 위의 책, 601면.

3명의 정씨가 예로부터 안으로 응하여 삼한(三韓)을 멸하리라. (…) 이씨 장군의 검이요, 조씨 대부의 붓이로다. 푸른 옷을 입은 무리들이 남쪽으로부터 올 것이니, 중과 비슷하나 중이 아니다.[309]

도사가 말하기를 "천 년 후 이씨가 왕 노릇할 때, 오랑캐가 조선이 될 것이다"라 했다. 도선(道詵)이 "잘 알지 못하는 것은 무슨 연고입니까?"라고 물었다. 도사가 답하기를 "동국(東國)과 요동(遼東)은 이웃이 되니, 만일 이씨가 왕이 되면 곧 목(木)이 화(火)를 일으키는 것이다. 그러므로 남씨(南氏) 성을 가진 자가 오랑캐들을 진멸시키고, 조선을 크게 부흥시키리라. 이 또한 하늘의 이치다"라 했다.[310]

한편 『정감록』에는 중국이 조선에 의해 망하고, 조선은 가정(假鄭)에 의해 망하며, 가정은 진주(眞主)에 의해 망할 것이라는 다음과 같은 예언도 전한다.

왜인(倭人)이 호(胡)에게 망하고, 오랑캐는 선(鮮)에게 망하고, 선은 가정(假鄭)에게 망하고, 가정(假鄭)은 진주(眞主)에게 망할 것이다.[311]

갑진년과 을사년에 호는 선에게 망하고, 전내(奠乃)가 조산(鳥山)에 내려올 것이다.[312]

호(胡)가 선(鮮)에게 망할 것이다.[313]

---

309 三奠三乃古, 內應滅三韓. (…) 木子將軍劍, 走肖大夫筆. 靑衣自南來, 似僧則非僧. 「무학전」, 위의 책, 576면.

310 道士曰, 千年後李王時, 胡爲朝鮮矣. 道詵曰, 未知何故而然耶? 道士曰, 東國與遼東爲隣, 萬一李爲王, 則木生火. 故南姓盡滅胡人, 大興朝鮮矣. 是亦天理也. 「도선비결」, 위의 책, 631면.

311 倭人亡於古月, 古月亡於魚羊, 魚羊亡於假鄭, 假鄭亡於眞主. 「동차결」, 위의 책, 549면.

312 甲辰乙巳, 古月亡於魚羊, 奠乃降於鳥山. 「남사고비결」, 위의 책, 581면; 奠邑 「정감문답」, 위의 책, 655면; 「역년수」, 위의 책, 186면.

313 古月亡於魚羊. 「이토정비결」, 위의 책, 601면. 「호남소전」, 위의 책, 624면.

나라 전체의 운명이 이미 결정되어 있다는 생각이 반영된 구절들이다.

그리고 『정감록』에는 임신기병(壬申起兵)을 뜻하는 파자풀이와 비슷한 다음과 같은 구절도 보인다.

> 선비가 갓을 삐뚤게 쓰고, 신인(神人)이 옷을 벗으며, 주(走)변에 기(己)를 쓰고, 성인의 이름에 입(入)을 가로놓아라. (…) 성인의 이름에 팔(八)을 더하라.[314]

> 사(士)자에 갓을 옆으로 쓰고, 신인이 옷을 벗으며, 달리는 뱀의 머리가 없으며, 작은 산에 발이 있다.[315]

> 선비가 갓을 비뚤게 쓰고, 신인이 옷을 벗고, 작은 구(丘)에 발을 더하며, 달리는 뱀의 머리를 끊어라.[316]

> 유자(儒者)가 갓을 기울게 쓰고, 죽은 사람이 옷을 잃어버리고, – 임신(壬申) – 병사가 서북쪽에서 출현하고, 육조(六朝)가 난리를 평정한다.[317]

> 임신년에 서쪽의 도적이 우(禹)를 좇아[318] 난을 일으키니, 많은 사람들이 헛된 소동에 죽으리라. (…) 나를 죽이는 것은 설(雪)이요, 나를 살리는 것은 가(家)니, 집 안에 있는 사람은 살 것이고, 집 밖으로 나가는 사람은 죽을 것이다.[319]

---

314 士者橫冠, 神人脫衣, 走邊橫己, 聖諱橫入. 「감결」, 위의 책, 567면; 聖諱加八 「비지론」, 위의 책, 608면; 「진험(震驗)」, 위의 책, 198면.

315 士字橫冠, 神人脫衣, 走蛇無頭, 小山有足. 「운기구책」, 위의 책, 503면; 「유산결(遊山訣)」에는 마지막 부분이 성산가족(聖山加足)이라고 적혀 있다. 「유산결(遊山訣)」, 위의 책, 16면.

316 士子橫冠, 神人脫衣, 小丘加足, 走蛇斷頭. 「요람역세」, 위의 책, 525면; 走蛇無頭 「요람역세」, 위의 책, 530면.

317 儒者傾冠, 死人失衣 – 壬申 –, 兵出西北, 六朝靖難. 「비지론」, 위의 책, 611면.

318 임신년에 발생한 홍경래 사건 때 그의 참모 역할을 했던 우군칙(禹君則)을 가리키는 말로 보인다.

319 壬申西賊, 從禹作亂, 人多死於虛動矣. (…) 殺我者雪, 活我者家, 在家者生, 出家者死. 「동차결」, 위의 책, 547면.

한편 장차 병(兵), 흉(凶), 병(病) 삼난(三難) 이외에 팔난(八難)이 잇따르는 예전에는 없었던 큰 변화가 올 것인데 이를 인문개벽운(人文開闢運)이라고 한다. 그리고 기근이 들고 질병이 돌 때 죽음을 피할 수 있는 방법이 『격암유록(格庵遺錄)』에 상세히 실려 있다고 주장하기도 한다.

> 황량한 세상에 목숨을 보존하는 방법과 질병이 발생하는 운을 맞아 죽음을 피하는 방법은 격암유록에 상세히 실려 있는데, 어떤 어려움이 있느냐?[320]

여기서 『격암유록』을 진경(眞經)으로 표현하기도 했고, 이외에 『격암홍수록(格庵紅袖錄)』과 『마상록(馬上錄)』에 길지(吉地)가 약간 적혀 있다고 강조한다. 물론 이 구절에 보이는 『격암유록』은 1970년대 후반에 등장하는 한국 기독교계 신종교단에서 발행한 『격암유록』과는 다르다.

> 묻기를 "진경은 어디에 있는가?"라 하니, 답하기를 "격암유록에 상세히 실려 있다"라 했다. (…) 격암홍수록과 마상록에도 약간 실려 있다.[321]

> 심재(三災)와 팔난(八難)이 있기 때문에 예부터 큰 변화가 없었다. 곧 인문개벽(人文開闢)의 운이다.[322]

이 밖에도 진인(眞人)과 함께 신술(神術)을 사용하여 세상을 구원할 2명의 존사(尊士), 12명의 신인(神人), 8백 명의 법사(法士)가 나올 것인데, 이러한 인

---

320 荒歲保命之方, 運疾癈死之方, 詳在格庵遺錄, 何難之有? 「초창결」, 위의 책, 165면.

321 問曰, 眞經何在乎? 曰, 昭載格庵遺錄也. (…) 格庵紅袖錄及余馬上錄, 有若干所載矣. 「초창결」, 위의 책, 172면. 여기서 『마상록』은 가공인물인 유형원 자신의 저술이라고 주장한다.

322 三災兼有八難, 故自古未有大變矣. 卽人文開闢運也. 「초창결」, 『정감록』(한성도서주식회사, 1923); 위의 책, 165면.

재들은 경상도와 전라도에서 많이 나올 것이라고 예언한다.[323]

한편 알기 어려운 글자들에 대해 나름대로 해석을 한 부분들도 있는데, 이 역시 그 정확한 의미를 알 수 없다. 대표적인 구절은 다음과 같다.

> 혈하신궁(穴下身弓)은[324] 곧 궁벽한 곳에 거처하는 것이니, 약함으로써 무본(無本)을 삼는다. (…) 소두무족(小頭無足)은 곧 불이다. 창생이 모두 불로써 망할 것이다. 묻기를 "삼인일석(三人一夕)은 무엇인가?"라 하니, 답하기를 "수(修)자다. 마음을 닦고 도를 닦는 것이다"라 했다. "사답칠두락(寺沓七斗落)은 무엇인가?"라고 물으니, "물과 밭을 택하여 농사짓는 것이다"라고 대답했다. "부금냉금(浮金冷金)은 무엇이며, 엄택곡부(奄宅曲阜)는 무엇인가?"라고 물으니, "부금냉금은 농기구다. 엄택곡부는 밭 앞의 총록(總錄)이니, 모두 궁벽한 곳에 살며 농사짓는 것이다"라 했다.[325]

> 나를 살리는 것은 초전(草田)의 이름이요, 소의 성질이 들판에 있다는 것은 벼에 그치라는 말이다.[326]

> 보통으로 말하자면 혈하신궁(穴下身弓)은 궁벽한 곳에 사는 것으로 약(弱)으로써 무본(無本)을 삼는 것이다. "소두무족(小頭無足)은 무엇인가?"라고 물으니, 대답하기를 "소두무족은 화(火)다. 창생이 모두 불로써 망하는 것이다"라 했다. "삼인일석(三人一夕)은 무엇인가?"라고 물으니, "곧 수(修)다. 마음을 닦고 도를 닦는 것이다"라고 대답했다. "사답칠두락(寺沓七斗落)은 무엇인가?"라고 물으니, "물과 밭을 선택하여 농사짓는 것이다"라고 대답했다. "부금냉금(浮金冷金)은 무엇인가? 엄택곡부(奄宅曲阜)는 무엇인가?"

---

323 「초창결」, 위의 책, 171면.

324 파자하면 궁(窮)이 된다.

325 穴下身弓耳, 卽窮居, 以弱爲無本矣. (…) 小頭無足, 卽火也. 蒼生皆以火亡也. 問曰, 三人一夕何也? 曰, 卽修也. 修心修道也. 問曰, 寺畓七斗落何也? 曰, 擇其水田, 作農也. 問曰, 浮金冷金何也? 奄宅曲阜何也? 曰, 浮金冷金, 卽農具, 奄宅曲阜, 卽前田總錄耳. 都是窮居作農也. 「초창결」, 위의 책, 173면.

326 活我者, 草田名, 牛性在野, 稻下止. 「초창결」, 위의 책, 179면.

라고 물으니, "부금냉금은 농기구다. 엄택곡부는 전전(前田)의 총록(總錄)이다. 모두 궁벽한 곳에 살면서 농사짓는 것이다"라고 대답했다.[327]

나를 살리는 것은 삼인일석이며, 나를 죽이는 것은 소두무족(小頭無足)이다.[328]

소두무족이란 것은 오히려 흑인(黑人)이다. 낙반고사유(落盤孤四乳)는 성질이 곤(坤)에 있는데, 이로움이 전(田)자에 있다. 석정곤(石井崑)은 가(可)자의 변화다. 정(井)자는 전(田)인데, 힘써 농사짓는다는 뜻이다. 사답칠두락은 두성(斗星)에 문성(文星)과 무성(武星)이 함께 있는 것으로 이름하여 곡(曲)이라 한다. 곡은 별인데, 촌토(寸土)의 밭으로 스스로 농사짓는 일을 상책으로 삼는다. 오미낙당당(午未樂當當)은 존귀함과 비천함의 차등이 없는 것으로, 현명한 사람은 은거하여 선한 세상에도 나서지 않고 악한 세상에도 물러나지 않아, 법을 어겨 곤란해도 이어가 옛것을 변화시켜 일상을 바꾼다.[329]

참(讖)에 말하기를 이씨(李氏)의 운(運)에 세 가지 비자(秘字)가 있다. 송(松), 가(家), 전(田)의 세 글자다. 송은 먼저 왜(倭)에 이롭고, 가는 중간에 호(胡)에 이롭고, 전은 끝에 흉(凶)에 이롭다. 흉이라는 것은 병기(兵器)를 뜻하고, 또 겸(歉)-흉년-을 가리킨다. 궁궁(弓弓)이라는 것은 '대리어무무(大利於武無), 소리어토궁(小利於土弓)'으로, 9년간의 흉년에 삼풍(三豊)에서 곡식을 구하고, 12년간의 병화(兵火)에 양백(兩白) 사이에서 인종(人種)을

---

327 普通言之, 穴下身弓耳, 卽窮居, 以弱爲無本矣. 問曰, 小頭無足, 何也? 曰, 小頭無足, 卽火也. 蒼生皆以火亡也. 問曰, 三人一夕, 何也? 曰, 卽修也. 修心修道也. 問曰, 寺沓七斗落, 何也? 曰, 擇其水田作農也. 問曰, 浮金冷金, 何也? 奄宅曲阜, 何也? 浮金冷金, 卽農具. 奄宅曲阜, 卽前田總錄耳. 都是, 窮居作農也. 위의 책, 173면.

328 生我者, 三人一夕. 殺我者, 小頭無足. 「퇴계결」, 위의 책, 190면).

329 小頭無足者, 尙黑之人也. 落盤孤四乳者, 性在坤也, 利在田字也. 石井崑者, 可字之變也. 井字, 田也, 力農之意也. 寺沓七斗落者, 並斗有文武星, 名曰曲. 曲者, 辰, 寸土田, 自農爲上策也. 午未樂當當者, 尊卑無等, 賢者隱蔽, 善善不進, 惡惡不退之世, 違法葛藟相連, 變古易常也. 「서계결변」, 위의 책, 191-192면). 갈류는 칡이나 등나무 같은 덩굴 풀을 가리키는데, '근심이 되는 곤란함'을 비유하여 이르는 말이다.

구하는 것이니, 이것은 곧 정씨(鄭氏)를 따르는 백성들의 운(運)일 뿐이다. 비록 양생(養生)을 한다 하더라도 십승처(十勝處)를 지시하니, 혹 먼저 들어가면 어려울 것이고 혹 뒤에 처지면 따라가지 못할 것이지만, 선후(先後)를 가리지 않고 믿고 들어가면 반드시 생각하지 못했던 화(禍)를 볼 것이다. 가히 삼가지 않을쏘냐? 이때를 당하여 궁궁이 이로울 법하다. 궁궁이라는 것은 '낙반고사유(落盤孤四乳)'이다.[330]

임진년에 이로움은 소나무에 있고, 병자년에 이로움은 집에 있고, 갑진년에 이로움은 궁궁을을(弓弓乙乙)에 있다. 궁궁을을이란 낙반고사유다.[331]

위의 인용문은 임진왜란 때 산으로 피난했던 사람들이 많이 살았던 사실과 명나라 장수 이여송(李如松)의 이름자인 송(松)에 착안하여 그가 임진왜란 당시에 조선을 도와 왜적을 물리쳤던 역사적 사실을 지적한 것으로 해석한다. 또 혹독한 겨울철에 발생했던 병자호란 때에는 산이나 들로 피난 가지 않고 집에 머물렀던 사람들이 많이 목숨을 보전한 사실을 지적한 비결로 풀이한다. 나아가 다가올 미래의 일로 믿어지는 궁궁에 대해서는 다양한 해석들이 있다. 먼저 궁궁을 활처럼 생긴 지형의 피난지로 해석하거나, 난세에는 강한 자는 죽고 숨어사는 약자(弱者)가 살아남을 것이라는 의미로 약(弱)의 파자로 해석하기도 한다.[332] 또 어떤 이는 궁(弓)은 불(弗)을 가리키며 전란이 발생했을 때 화를 입지 않는다는 뜻으로 풀이하여 불참기화(弗參其禍)로 풀이한다. 어떤 사람은 궁을 불(佛)로 보거나 좌(坐)의 고자(古字)라고 주장한다.

330 『서계이선생가장결』

331 黑龍利在松松, 赤鼠利在家家, 靑龍利在弓弓乙乙. 弓弓乙乙者, 落盤孤四乳也. 『진본정감록(眞本鄭鑑錄)』 한우근 소장본이다. 흑룡은 임진년(壬辰年), 적서는 병자년(丙子年), 청룡은 갑진년(甲辰年)을 가리킨다. 한편 그가 소장한 『정감록원본초(鄭戡錄原本抄)』에는 "黑龍利在松松, 黃鼠利在家家, 赤猴利在弓弓乙乙"이라고 기록되어 있어서 각기 임진년, 무자년, 병신년을 가리킨다. 한우근, 『조선시대 사상사 연구논고』(일조각, 1996), 285쪽.

332 김용덕, 「동학사상연구」, 『중앙대 논문집』 제9호(1965).

한편 "궁궁자(弓弓者)는 낙반고사유야(落盤高四乳也)"라는 표현은 현전하는 『정감록』 「징비록(徵秘錄)」에 보인다.[333] 고(孤)가 아니라 고(高)로 표기되어 있다.

때로는 궁궁(弓弓)이 궁을(弓乙) 또는 궁궁을을(弓弓乙乙)로 변형되기도 했다. 조선 후기에 동학의 창시자 수운 최제우(崔濟愚, 1824-1864)는 "매관매작 세도가도 일심은 궁궁이오, 전곡 쌓인 부첨지도 일심은 궁궁이오, 유리걸식 패가자도 일심은 궁궁이오"라고 노래했다.[334] 궁궁을 마음 심(心)으로 보았고, 후대의 천도교단에서는 궁을 형태의 기장을 교단의 상징을 삼았다.

나아가 궁궁은 재난을 피하고 살아날 수 있는 법방이자 상징으로 믿어졌다. 수운 최제우는 자신이 한울님에게 받은 영부(靈符)가 바로 궁궁(弓弓)과 태극(太極)의 형상이며, 이 영부가 사람들을 질병에서 구할 수 있는 불사약(不死藥)이라고 주장했다.[335] 특히 수운은 궁을 형태의 불사약이 인간의 가슴속에 있다고 강조한다.[336] 단순히 몸의 질병만 고치는 것이 아님을 알 수 있다.[337]

그런데 고종 1년(1864)에는 동학의 무리들이 궁(弓) 자를 불에 태워 마시면서 환란의 위기를 벗어날 수 있다는 믿음을 실천했다는 다음과 같은 기록도 있다.

> 옛날 임진년(壬辰年)과 임신년(壬申年)에 각기 '이로움이 소나무에 있다'는 이재송송(利在松松)과 '이로움이 집안에 있다'는 이재가가(利在家家)라는 말-비결-이 있었다. 그리고 갑자년(甲子年)에는 '이로움이 궁(弓)에 있다'는 이재궁궁(利在弓弓)이라 하여 궁 자(弓字)를 불에 태워 마시면 제압할

333 「징비록」, 『정감록』(한성도서주식회사, 1923); 안춘근, 앞의 책, 1973, 489면.

334 최제우, 「몽중노소문답가」, 『용담유사』.

335 『동경대전(東經大全)』, 「포덕문(布德文)」과 『용담유사』, 「안심가(安心歌)」.

336 이와 관련하여 수운은 한울님께 대한 믿음이 없거나 약하면, 영부(靈符)를 태워 물에 타서 마셔도 아무런 효과가 없었다고 진술했다. 『일성록(日省錄)』 고종 1년(1864) 3월 2일조.

337 胸中不死之藥, 弓乙其形. 『동경대전(東經大全)』, 「포덕문(布德文)」.

수 있다고 말했다.[338]

한편 『정감록』의 어떤 필사본에서는 궁궁을을을 낙반고사유(落盤孤四乳)라고 정의했는데, 반(盤)은 밑받침, 반석 등의 뜻이다. 즉 기반이 갑자기 무너져버리는 위기상황을 의미한다.

사유(四乳)도 심(心) 자가 형상화(形象化)된 것으로 보아 고사유(孤四乳)는 '홀로 마음을 바로잡는다'는 뜻이 표시된 것이며, 낙반고사유는 "낙반(落盤)의 경우와 같은 위난의 경우라 하더라도 홀로 마음만 바로잡으면 두려울 것이 없다"는 우의적(偶意的)인 경구(驚句)로 해석하기도 한다.[339] 고(孤)는 제후나 왕이 스스로를 부르는 칭호이며, 사유(四乳)는 대인(大仁)을 뜻한다.[340] 이렇게 볼 경우에는 위기에 처했을 경우에는 정감(鄭鑑)이 대인으로 방패가 되어준다는 의미로 풀이된다.[341]

> 이곳의 아래에 하나의 정외(井嵬)가 있는데, 어떤 백마(白馬)가 길을 오르내리는 것이고, 사답삼두락(寺畓三斗落) 이곳이 바로 정외다.[342]
>
> 도탄의 지경을 면하고자 한다면 마땅히 석정곤(石井崑)을 구할 것이다. 석정(石井)은 알기 어렵지 않은데, 사답칠두락(寺畓七斗落)에 해마(亥馬)가 길에 오르내리는 것으로 바로 이것이 석정곤이다.[343]

---

338 昔在壬辰壬申之年, 有曰, 利在松松, 利在家家. 而甲子則利在弓弓, 嬈飮弓字, 足以制之云. 『일성록(日省錄)』, 고종 1년(1864) 3월 2일조.

339 한우근, 앞의 책, 1996, 285쪽.

340 "삼가 주상 전하(主上殿下)께서는 사유(四乳)로 백성을 기르고 (…) 恭惟主上殿下, 四乳養民, (…) " 『성종실록』, 성종 24년(1493) 3월 10일조. 주(周)나라 문왕(文王)이 젖꼭지가 넷이 있었다고 전하는데, 상법(相法)에서는 그것이 대인(大仁)의 상이라고 하였다. "文王四乳, 是謂大仁." 『회남자(淮南子)』, 「수무훈(脩務訓)」.

341 한우근, 앞의 책, 1996, 285쪽.

342 此下一有井嵬, 是何白馬上下路, 寺畓三斗落, 此地是井嵬. 「오백론사」, 『정감록』(한성도서주식회사, 1923); 안춘근, 앞의 책, 1973, 578면.

343 欲免期塗炭, 宜求石井崑, 石井非難知, 寺畓七斗落, 亥馬上下路, 正是石井崑. 「이토정비결」, 『정감록』(한

사람들이 정심(正心)이 없으니, 효험이 없는 것이다.[344]

피난의 본래 길은 그 마음에 있다. 착한 사람은 살고, 악한 사람은 죽는다. 말세를 당하여 착한 자가 어떤 사람이냐?[345]

궁궁(弓弓)의 이치는 합하면 을을(乙乙)이 되고, 을을의 이치는 밟으면 입산(入山)이 된다. 궁궁을을(弓弓乙乙)은 합하면 약(弱)자가 되니, 약산(弱山)에 감추고 허약을 본다. 낙반사유(落盤四乳)는 곧 고사구(高四口)다. (…) 입산(入山)을 계책으로 삼아 빈한한 삶을 깨쳐라. (…) 을(乙)은 궁궁이 되고 산(山)이 되며, 산 위에 초(草)를 더해 궁(弓)이 된다. 심어서 낙반고사구(落盤高四口)를 얻으니, 이것이 대도야지(代都也止)가 된다. (…) 한 점의 전두(田頭)가 도하지(稻下止)다. (…) 삼풍(三豊)의 곡식 이름은 첫 번째는 청풍조(淸風租)를 가리키고, 두 번째는 부풍조(扶風租)를 가리키고, 세 번째는 연풍조(延風租)를 가리킨다.[346]

이 외에도 비결사상을 엿볼 수 있는 다음과 같은 기록들이 있다.

천년 사이의 앞에 삼원(三元)이 있는데, 상원(上元)은 하늘의 운이 베풀어지는 것이고, 중원(中元)은 (하늘의) 운이 바야흐로 성한 것이요, 하원(下元)은 천운이 쇠패하는 것이다.[347]

천년의 사이에 또한 삼무갑(三无甲)이 있다. 상원은 천운(天運)이 비로소 행하는 때요, 중원은 천운이 바야흐로 무르익는 때요, 하원은 천운이

성도서주식회사, 1923); 안춘근, 앞의 책, 1973, 598면.

344 人無正心, 則無驗耳. 「초창결」, 위의 책, 172면.

345 避亂之本道, 在其心也. 善者生, 惡者死也. 當于末世, 善者幾人耶? 「초창결」, 위의 책, 174면.

346 弓弓之理, 合爲乙乙, 乙乙之理, 履爲入山. 弓弓乙乙, 合爲弱字, 藏以弱山, 見以虛弱. 落盤四乳, 卽高四口. (…) 入山爲計, 覺以貧生. (…) 乙則爲弓弓爲山, 山上加草合爲弓. 種得落盤高四口, 以此爲代都也止. (…) 一點田頭稻下止. (…) 三豊穀名, 一云, 淸風租, 二云, 扶風租, 三云, 延風租. (…) 「정감이심토론결」, 위의 책, 187-188면.

347 千年間前有三元, 上元天運施也, 中元運方盛也, 下元天衰敗也. 「요람역세」, 위의 책, 516면.

쇠패하는 때이다.[348]

모름지기 백일(白日)을 늘어뜨려 숲 사이로 달아나라.[349]

모름지기 검은 뱀을 좇아 산림(山林)으로 달아나라.[350]

모름지기 검은 토끼를 좇아 산림으로 달아나라.[351]

모름지기 흰 토끼를 좇아 청림(靑林)으로 달아나라.[352]

모름지기 흰 토끼를 따라 산림으로 들어가라.[353]

모름지기 흰 소를 따라 종성(從城)으로 달아나라.[354]

모름지기 붉은 소를 좇아 종횡(縱橫)으로 달아나라.[355]

그리고 『정감록』에는 난리를 일으킬 기운을 가진 겹눈동자를 가진 인물이 출현할 것이라는 예언도 다음과 같이 전한다.

기축년: 마땅히 겹눈동자를 가진 사람이[356] 출현할 곳이니, 벼슬아치들이 많이 죽임을 당하리라.[357]

---

348 千年之間, 亦有三无甲. 上元者, 天運始行之時, 中元者, 天運方盛之時, 下元者, 天運衰敗之時也. 「정감문답」, 위의 책, 645면.

349 수종백일주림중(須縱白日走林中) 「징비록」, 위의 책, 485면.

350 須從玄蛇走山林 「징비록」, 위의 책, 491면.

351 須從玄兎走山林. 「운기구책」, 위의 책, 500면.

352 須從白兎走靑林 「운기구책」, 위의 책, 506면; 「오백론사비기」, 위의 책, 578면; 「비결」, 『비결집록』; 위의 책, 829면. 「칠언고결」, 『정감록』(한성도서주식회사, 1923); 위의 책, 608면.

353 須從白兎山林入 「요람역세」, 위의 책, 528면. 백토는 신묘(辛卯)년을 가리키는 것으로 짐작된다.

354 須從白牛走從城 「감결」, 위의 책, 567면.

355 須從赤牛走縱橫 「비지론」, 위의 책, 608면.

356 겹눈동자를 가진 사람은 이인(異人)이나 큰일을 저지를 사람을 가리킨다.

357 己丑: 當出重瞳, 宦仕多戮. 「오백론사」, 위의 책, 577면.

> 기축년: 남쪽에서 겹눈동자를 가진 사람이 출현하니, 벼슬아치들이 많이 죽을 것이다.[358]

> 기축년에 겹눈동자를 가진 사람이 나타나면 벼슬아치들이 많이 죽임을 당할 것이다.[359]

나아가 『정감록』에는 외적의 침입을 우려하는 구절이 곳곳에 보이는데, 대표적인 구절은 다음과 같다.

> 임진년: 푸른 옷을 입은 큰 도적이 동쪽에서 일어나니 산천의 혈기가 물로 변해 크게 흐르리라.[360]

> 오랑캐와 비슷한데 왜적도 아닌 무리가 푸른 옷을 입고 남쪽에서 나올 것이다.[361]

> 병인년: 이인(異人)이 남쪽에서 출현하니, 왜적과 비슷하나 왜적이 아니다. 한꺼번에 소동을 일으키니 강화(講和)를 위주로 할 것이다.[362]

한편 『정감록』에는 이상한 모습을 한 인물들의 출현을 예고하는 다음과 같은 구절도 보인다.

> 갑자년: 벌의 눈을 한 장군이 병사를 이끌고 서쪽에서 일어난다. 왕이

---

358 己丑: 南出重瞳, 仕宦多死. 「남격암십승지론」, 위의 책, 617면.

359 己丑出重瞳子, 仕宦多戮. 「오백론사」, 위의 책, 621면.

360 壬辰: 靑衣大賊, 起於靑方, 山川血氣, 化水洹流. 「오백론사」, 위의 책, 577면; 壬辰: 靑衣賊, 起於南方, 山川又血, 和水恒流. 「남격암십승지론」, 위의 책, 617면; 壬辰, 靑衣大賊起靑方, 山川血色, 化水恒流. 「오백론사」, 위의 책, 621면.

361 似胡非倭, 着靑衣而自南. 「도선비결」, 위의 책, 579면; 着靑衣而自南, 非胡非倭. 「산록집설」, 위의 책, 629면; 南來. 「일행사설(一行師說)」, 『비결집록』, 위의 책, 858면.

362 赤虎 : 異人南來, 似倭非倭. 一境騷動, 以和爲主. 「서계이선생가장결」, 위의 책, 590면.

금강을 건너면 적이 화천에 이를 것이다.[363]

봉목장군(蜂目將軍) 이외에도 백미장군(白眉將軍), 백마장군(白馬將軍)이라는 표현이 있고,[364] 백의장군(白衣將軍)과 흑비장군(白衣將軍)이라는 표현도 보인다.[365]

그런데 『정감록』에는 정씨 진인출현설을 부정하는 구절도 함께 보인다.

계룡산에 개국하는 것은 변씨 재상과 배씨 장군이요, 개국의 공신은 방씨 성과 우씨 성을 가진 자가 손과 발과 같을 것이다.[366]

곽씨(霍氏) 장군이 요동의 병사를 거느리고 방씨(方氏)와 두씨(杜氏) 두 장군과 함께 왜적과 서남의 오랑캐를 멸망시키리라. 청(淸)나라를 몰아 명(明)나라를 도우며, 정씨(鄭氏)를 돕고 이씨(李氏)를 습격한다. 이씨가 제주도로 들어가고, 다시 북경에 들어가면 3년 안에 망할 것이고, 낙엽이 뿌리로 돌아가니 오호라 운이 쇠퇴하도다.[367]

또한 『정감록』에는 특정한 년도를 거론하면서 사태의 추이가 변할 것을 예고하는 구절들이 많이 보인다. 특정한 시점에 이르면 어떤 사건이 일어날

---

363 甲子 : 蜂目將軍, 提兵西起. 王渡錦江, 賊已禾川. 「오백론사」, 위의 책, 577면; 甲子 : 蜂目將軍西起, 王渡錦水, 賊滅禾川. 「남격암십승지론」, 위의 책, 617면; 靑鼠-甲子-, 蜂目將軍, 提兵西起, 王渡錦水, 賊已亡禾川(一作利川). 「오백론사」, 위의 책, 621면.

364 白眉將軍 「토정묘결」, 위의 책, 621면; 「비결」, 『비결집록』, 위의 책, 828면; 白馬將軍 「산록집설」, 위의 책, 629면; 「정순옹결(鄭淳翁訣)」, 『비결집록』, 위의 책, 861면.

365 白衣將軍 「동차결」, 위의 책, 547면; 黑鼻將軍 「도선왈」, 위의 책, 149면.

366 鷄龍開國, 卞相裵將, 開國元功, 方姓牛哥, 如手如足. 「징비록」, 위의 책, 489면; 鷄龍開國功臣, 房牛如手如足. 「운기구책」, 위의 책, 506면; 鷄龍開國, 卞相裵將, 開國元勳, 房姓牛哥, 如水如足. 「감결」, 위의 책, 568면; "卞臣裵相" 외에는 비슷한 내용이 「비지론」, 위의 책, 610면에도 보인다. 鷄龍開功臣, 禹哥房姓, 如手如足. 「요람역세」, 위의 책, 531면.

367 霍將軍, 率遼東兵, 與方杜兩將, 滅倭及西南夷. 駈淸助明, 扶鄭襲李. 李入濟州, 還入北京, 三歲而亡, 落葉歸根, 嗚呼, 運之衰矣. 「동차결」, 위의 책, 560면. 비슷한 내용이 「경주이선생가장결」, 위의 책, 586면; 「토정가장결」, 위의 책, 594면; 「토정결」, 위의 책, 184면에도 있다.

것이라고 예언하는 형식이다.

> 자년(子年)과 축년(丑年)에는 오히려 정해지지 않았고, 인년(寅年)과 묘년(卯年) 사이에 성인이 함양의 숲속에서 출현할 것이니, 진년(辰年)과 사년(巳年)에는 일을 가히 알 수 있다는 것이다.[368]

> 오년(午年)과 미년(未年) 사이에 나라가 셋으로 나뉠 것이다.[369]

> 자년과 축년에는 오히려 정해지지 않았고, 인년과 묘년에는 일을 가히 알 수 있고, 진년과 사년에는 성인이 출현할 것이며, 오년과 미년에는 즐거움이 당당하리라.[370]

> 진년과 사년에는 일을 알 수 있고, 오년과 미년에는 즐거움이 당당하리라.[371]

> 이씨 장군의 칼날, 조씨 대부의 갑주(甲冑), 배씨 군자의 뜻이 삼한(三韓)의 서울을 다시 평정하도다. 이씨는 성책(星冊)이 되고, 조씨는 성정(星精)이 되니, 이씨가 돼지를 타고, 조씨는 개를 타고 넘어간다. (…) 3명의 정씨가 네 곳에 앉아 삼한을 멸망시키리라.[372]

> 조씨 장군이 스스로 의병을 얻으며, 거문고 타는 사람이 옥새를 바치

---

368 子丑猶未定, 寅卯年間, 聖人出於咸陽林中, 則辰巳事可知矣. 「징비록」, 위의 책, 489면. 「운기구책」, 위의 책, 506면. 「요람역세」, 위의 책, 531면.

369 馬羊之間, 國分三邦. 「징비록」, 위의 책, 491면; 午未之年, 國分三方. 「운기구책」, 위의 책, 499면.

370 子丑猶未定, 寅卯事可知, 辰巳聖人出, 午未樂堂堂矣. 「징비록」, 위의 책, 496면; 「무학전」, 위의 책, 576면; 「감인록」, 위의 책, 607면.

371 辰巳事可知, 午未樂堂堂. 「청구비결」, 위의 책, 634면; 辰巳事何如, 午未樂堂堂. 「낭선결(浪仙訣)」, 『비결집록』, 위의 책, 865면.

372 木子將軍釼, 走肖大夫革, 非衣君子志, 復定三韓京. 木子爲星冊, 走肖星之精, 木子乘猪下, 走肖跨犬來. (…) 三奠三邑者, 四座滅三韓. 「청구비결」(안춘근 편, 『정감록집성(鄭鑑錄集成)』(아세아문화사, 1973), 634면). 일(釼)은 인(刃)의 오자로 보인다.

니, 천관산 아래에서 직접 환영하리라.[373]

그리고 비록 비결서는 아니지만 「농아집」에 "백악산 근처의 석불이 말을 한다"는 표현이 있다.[374]

> 금산사(金山寺) 육 척 불상(佛像)이 땀을 흘리니 피로 변하리라. 황룡사 불상의 뼈가 뒤집어지면, 땅이 흔들리고 난리가 일어나리라.[375]

> 금산사의 육 척 불상이 땀을 흘려 피가 되고, 광주 청룡사의 부처상이 땅에 엎어지면 난리가 60년 동안 일어나리라.[376]

미래불(未來佛)인 미륵불(彌勒佛)을 모신 전라북도 모악산에 있는 금산사 불상이 땀을 흘려 피로 변하고, 경상도 경주 황룡사나 전라남도 광주에 있는 청룡사의 불상이 뒤집어지면 지축이 흔들리고 난리가 발생할 것이라는 예언인데, 명확한 의미를 알기 어렵다.

한편 「운기구책」에는 바다로부터 외적의 침입이 있을 것이라는 다음과 같은 예언구절도 보인다.

> 해랑적(海浪賊)[377]

『정감록』에는 십승지 이외의 지역도 사람들이 구원받을 수 있는 성스러

373 走肖將軍, 自得義兵, 琴人奉玉璽, 自迎于天冠山下. 「정감문답」, 위의 책, 643면. 정씨를 맞이한다는 내용으로 보인다.

374 白岳山頭, 石佛能言. 「농아집」, 위의 책, 272면.

375 金山丈六佛, 汗出成血. 黃龍佛骨仆, 地動容亂. 「비지론」, 위의 책, 611면. 「신효자의조사비전」, 위의 책, 613면.

376 金山寺, 丈六佛, 汗血, 廣州青龍寺, 佛軀仆地, 亂生六十年. 「의상대사왈(義相大師曰)」, 『비결집록』, 위의 책, 868면.

377 「운기구책」, 위의 책, 498면.

운 땅으로 주장되기도 한다.

> 김제와 만경평야는 가히 만인(萬人)을 살릴 수 있을 것이다.[378]

> 장수와 운봉에는 길한 별이 비칠 것이니, 지각이 있는 자는 기운을 살펴 살 곳을 점쳐 삶을 도모하라.[379]

이 외에도 "별이 비취는 곳", "길한 별이 비취는 곳" 등의 유사한 표현이 보인다.[380] 또 "길셩 빗치난 곳"이란 표현도 보이며,[381] 길한 별이 이십팔숙(二十八宿)이라는 구절도 있으며,[382] 길한 별이 비취는 곳이 바로 길혈(吉穴)이라고도 한다.[383]

나아가 『정감록』에는 "소"와 "엄마"라는 그 뜻을 알기 힘든 구절도 다음과 같이 전한다.

> 이와 같은 황량한 세상에 소 울음소리가 들판에 가득찰 것이고, '엄마'라는 노래가 원근(遠近)에 환영받으리라.[384]

> 소의 성질은 들판에 있으니, 신중하게 가벼이 움직이지 말 것이니, 명심하여 결코 잊지 말라.[385]

> 괴질이 유행하리니 엎어지고 토하는 병이며, 천식의 질병이어서 더욱

---

378 金萬之野, 可活萬人. 「동차결」, 위의 책, 550면.

379 長水雲峰, 吉星照臨, 知覺望氣, 卜居圖生矣. 「동차결」, 위의 책, 550면.

380 星辰所照 「서계이선생가장결」, 위의 책, 591면; 吉星照臨 「동차결」, 위의 책, 553면; 吉星照臨 「동차결」, 위의 책, 550면.

381 길셩 빗치난 곳 「뎡감록비결」, 위의 책, 8면; 「비결」, 『비결집록』, 위의 책, 851면.

382 可居地, 何也. 吉星所照之地. 曰吉星何星也? 曰, 二十八宿也. 「양류결」, 위의 책, 43면.

383 吉星所照處, 吉穴也. 「윤고산비결」, 위의 책, 85면.

384 此荒凉之世, 牛聲滿野, 奄麻之歌, 遠近歡迎. 「동차결」, 위의 책, 550면.

385 牛性在野, 愼勿輕動, 銘心不忘不忘. 「동차결」, 위의 책, 553면.

그치지 않을 것이다. 마땅히 엄마부(唵嘛符)를 복용하고, 엄마주(唵嘛呪)를 외우면, 만가지 괴질이 모두 소멸되리라.[386]

한편 『정감록』에는 전라도 광주와 나주에 대해 특기한 구절들도 다음과 같이 보인다.

광주와 나주 땅을 밟지 않으면 몸이 두류산을 떠나지 않으리라.[387]

그 일을 아는 자는 몸이 두류산 아래를 떠나지 않으며, 광주와 나주 땅을 밟지 않을 것이다.[388]

정유년: 이와 같은 때를 맞아 살길은 어려운 곳이니, 광주와 나주는 순하고 태평하여 새가 화살을 만나는 것과 같으리라.[389]

또 『정감록』에는 "가짜 진인 정씨"를 의미하는 가정(假鄭)의 출현에 대해서도 다음과 같이 언급한다.

정해년: 가정(假鄭)이 일어날 것이다.[390]

한양의 말년에 다섯 가지 재앙이 있을 것이다. 첫째 서양, 둘째 왜적, 셋째 청나라, 넷째 가정, 다섯째 진주(眞主)다. 이씨는 이 다섯 가운데 망할 것이다.[391]

---

386 怪疾流行, 仆伏吐瀉之病, 喘息之疾, 若益益不息. 當服唵嘛符, 當誦唵嘛呪, 萬怪皆消也. 「동차결」, 위의 책, 556면.

387 不踏光羅, 身不離頭流 「동차결」, 위의 책, 553면.

388 知其事者, 身不離頭流之下, 足不踏光羅之地. 「호남소전」, 위의 책, 624면.

389 丁酉: 當此之時, 生道難處, 光羅順平, 如鳥逢箭. 「비결」, 『비결집록』, 위의 책, 851면.

390 丁亥: 假鄭蜂起 「동차결」, 위의 책, 554면.

391 漢陽之末, 有五災. 一曰, 洋, 二曰, 倭, 三曰, 淸, 四曰, 假鄭, 五曰, 眞主. 李亡於五中. 「삼척국기노정기」, 위의 책, 565면.

「서계이선생가장결」과 「비결」에는 나라가 셋으로 분열될 것이라는 예언도 있다.

> 을유년: 천리 강산이 셋으로 나뉠 것이니 무슨 까닭인가?[392]

> 그 마지막에는 세 나라로 나뉘리라.[393]

한편 「정감문답」과 「요람역세」에는 민족의 시조인 단군이 태백산에 다시 출세할 것이라는 예언도 다음과 같이 전한다.

> 단군의 영기(靈氣)가 태백산에 가득찼다.[394]

> 도선(道詵)이 말하기를 "생각하건대 우리 여러 백성은 태백산으로 돌아갈 것이다. 그 뜻은 매우 오래되고, 궁극의 이치에 깊이 잠기니, 곧 단군의 영(靈)이 반드시 세상에 출현할 것이기 때문이다"라 했다.[395]

그리고 『정감록』에는 조선왕조의 역대연수가 정해져 있다는 다음과 같은 기록들도 자주 보인다.

> 태조가 즉위한 임신년으로부터 진년(辰年)과 사년(巳年)의 마지막에 이르기까지 왕조가 유지되기를 454년이 될 것이다.[396]

> 을사년에 수적(水賊)이 일어나니 사람과 가축들이 이미 없어져버렸구나. 오호라, 애석하도다! 시운이 이미 다했구나. 태조 임신년부터 27대를

---

392 靑鷄: 千里江山, 三分何爲? 「서계이선생가장결」, 위의 책, 590면.

393 其終也, 三國之分. 「비결」, 『비결집록』, 위의 책, 833면.

394 檀君之靈氣, 彌滿太白山. 「정감문답」, 위의 책, 643면.

395 道詵曰, 惟我諸生, 歸于太白山矣. 其意甚遠, 沈潛窮理, 則檀君之靈, 必出於世. 「요람역세」, 위의 책, 514면.

396 自太祖壬申, 至辰巳之末, 而享國四百五十四年. 「이토정비결」, 위의 책, 601면.

지난 을사년까지 나라가 574년을 누렸구나.[397]

그런데 조선이 개국된 임신년(1392)부터 일본과 을사조약(乙巳條約)이 체결된 을사년(1905)까지 계산하면 514년이 된다. 위의 필사본들은 계산 착오로 기록된 것으로 보인다. 또한 이씨 조선의 역대 27세의 왕에 대해 간략히 설명한 다음 "향국(享國) 514년"으로 기록하기도 한다.[398]

27세 을사년에 수적(水賊)이 아울러 일어나니, 오호라, 시사(時事)를 이미 알지니 나라가 514년 동안 유지되고 말리라.[399]

한편 이른바 순자결(順字訣)의 대표적 기록은 다음과 같다.

갑술년 3월에 왕께서 경창궁에 가셔서 국사(國師)에게 친히 술을 권하시면서 국가의 운명을 이어갈 술책을 물으셨다. (국사가) 대답하기를 "영원한 운명이란 하늘에 있는 것이지 인간에게 있는 것이 아닙니다." 이윽고 순(順) 자를 써서 (왕께) 올렸다. 왕이 "무슨 뜻인가?"라고 하문하셨다. (국사가 대답하기를) "신이 산수(山水)를 논하고 점을 쳐서 글자 하나를 얻은 것이오니 곧 순 자입니다. 순 자의 뜻은 순하면 순수(順數)가 되고, 거스르면 역수(逆數)가 됩니다. 청컨대 산수(山水)로써 말하면 순수는 360이고, 역수는 630입니다. 306이 없다면 세상이 630년에 응할 것입니다"라 했다. 왕께서 말씀하시기를 "그렇다면 만족하도다"라 하셨다. 국사가 "이는 대운(大運)이옵고, 그 가운데 소운(小運)이 있으니 소운은 어려울 것이기에 오로지 인사(人事)에 있을 따름입니다"라고 말했다. (…) 즉위한 지 7년 되는 해에

---

397 乙巳之間, 水賊並起, 人畜已耗, 嗚呼惜哉! 時運已矣. 自太祖壬申至二十七世乙巳, 享國五百七十四年. 「호남소전(湖南所傳)」, 위의 책, 625면.

398 「이본정감록」, 『정감록』(한성도서주식회사, 1923); 앞의 책, 1973, 99면.

399 二十七世乙巳, 水賊竝起, 嗚呼, 時事已知. 享國五百十四年. 「진험(震驗)」, 『정감록』(한성도서주식회사, 1923); 앞의 책, 1973, 212면.

군사가 한곳에서 일어나 전하께서 궁을 떠나는 액운이 있을 것이며, 백 년이 지나지 않아 대군(大君)이 왕을 내쫓고, 나라를 다스린 지 2백 년 후에는 푸른 옷을 입은 무리들이 동쪽에서 와서 팔로(八路)에 전쟁과 연기가 일어나 7년 동안 판탕할 것입니다. 250년 후에는 북쪽에서 오랑캐가 성으로 들어오니 임금이 옷을 바꾸어 입고 잔에 술을 쳐서 (외적에게) 올리는 재앙이 있을 것입니다.[400]

갑술년 3월에 임금께서 창경궁에 계실 때 국가의 명운을 무학(武鶴)에게 물으셨다. 무학이 순을 올리면서 "순수는 360년이고, 역수는 630년입니다. 백 년 후에 대군이 왕을 쫓아내고, 2백 년 후에는 푸른 옷을 입은 (무리들의) 난리가 있을 것이며, 그 뒤 40년 후에 북쪽 오랑캐가 우리나라에 쳐들어와 잔을 쳐서 술을 올리는 치욕이 있을 것입니다"라 했다.[401]

조선왕조가 이 세상에 지속된 기간이 운수로 정확히 정해져 있다는 주장이다. 역사를 보면 정확한 기간이 아니지만 이러한 믿음이 예언서에 반영되었다는 점이 특기할 만하다.

또한 「정감문답」에는 다음과 같이 신분이 차별을 부정하는 구절도 있다.

왕후장상(王侯將相)이 될 종자가 어찌 따로 있을쏘냐?[402]

---

400 甲戌三月, 上御慶昌宮, 親以御醞勸國師, 問承命之術. 對曰, 永命在天非人也. 乃寫順字以進. 上曰, 何意也? 臣論山水且筮得一字, 乃順字也. 順字之義, 順則順數可也, 逆則逆數可也. 請以山水白之, 順數則三百六十, 逆數則六百三十. 無乃三百六, 世應六百三十年乎? 上曰, 然則足矣. 師曰, 此乃大運, 其中自有小運, 小運亦難矣, 專在人事而已. (…) 卽位七年, 兵自一室而起, 殿下有離宮之厄, 未及百年, 大君逐主, 據國二百年後, 靑衣之人, 自東而來, 八路兵煙火, 七載板蕩. 二百五十年後, 北胡入城時, 君有易服行酒之禍. 「징비록」, 위의 책, 494면; 「감인록」, 위의 책, 605면.

401 甲戌三月, 上御昌慶宮, 問國祚於武鶴. 武鶴進順字, 順數則三百六十年, 逆數則六百三十年. 百年大君逐主, 二百年後, 有靑衣之亂, 四十年後, 北胡入域, 有行酒之恥. 「운기구책」, 위의 책, 498면.

402 王侯將相, 寧有種乎? 「정감문답」, 위의 책, 638면.

(6) 진인(眞人)사상

『정감록』에 등장하는 진인은 도가(道家)에서 정의되는 진인과는 다른 한국 민중사상의 영웅이자 메시아이다. 진인은 새 왕조를 건설하여 민중을 구원한다는 점에서 장차 정치적 군주로 등극할 인물인 동시에 도덕적으로도 완벽한 존재인 진리를 깨달은 '참 인간'이다.

또 『정감록』에 나오는 진인은 역성혁명(易姓革命)사상을 기반으로 이씨(李氏)의 조선왕조가 곧 멸망한다는 예언과 깊은 관련이 있다.

『정감록』은 정씨(鄭氏) 진인(眞人)에 의한 신왕조개국설(新王朝開國說)이 주장되는 예언서다. 『정감록』이 유포될 당시 무기력한 민중들은 초월적이고 초인간적인 능력을 지닌 인물이 출현하기를 열렬히 바랐다. 구체적으로 정씨 성을 가진 사람이 등장할 것을 믿고 갈망했다.

때로는 진인, 신인(神人), 이인(異人), 생불(生佛), 성인(聖人) 등으로 불리며, 인간세계를 구원할 절대자는 진인을 대표적 용어로 사용했다. 원래 진인은 도교적 용어로 사전적으로는 "천지의 도를 얻은 사람 또는 선인(仙人)이 되어 하늘로 올라간 사람"을 뜻한다.[403]

애초에 중국 후한(後漢) 때의 경전인 도교의 『태평경(太平經)』에는 하늘세계와 인간세계는 신인, 진인, 선인, 도인(道人)의 순서로 이루어진 위계질서를 따른다고 믿어졌다.[404] 『태평경』에 따르면 신인은 하늘의 가르침을 직접 인간에게 전하는 천사(天師)이며 이 세상을 구제할 임무를 수행하는 존재이다. 반면 진인은 단순히 이 세상을 관장하는 책임을 맡고 있다.

그런데 우리나라에서는 이러한 순서나 위계질서에 의한 구분을 따르거나 인정하지 않아 상호 간의 지위나 역할 분담이 명확하지 않았다. 진인, 신인 이인은 서로 다른 점도 있는 듯하지만, 많은 용례를 통해 볼 때 명확히 나누어

---

403 『사해(辭海)』, 진인 항목.

404 윤찬원, 「태평경에 나타난 도교사상 연구」(서울대학교 박사학위 논문, 1992), 195-196쪽.

지지 않았고, 특히 진인(眞人)과 이인(異人)은 동일한 인물에도 혼용되어 사용되었다.[405]

조선 후기의 진인은 넓은 의미에서 하늘의 명령에 따라 새로운 왕조를 열어 고통받는 민중을 구원할 구원자, 즉 메시아였다. 조선의 민중들은 소극적으로 환란과 위기를 피난하는 것이 아니라 적극적으로 진인의 출현을 열망했다. 따라서 진인은 이상향 건설의 주역으로 비범하고 특이한 능력의 소유자였다. 진인은 난국을 헤쳐 나갈 영웅적 존재이자 초월적 힘을 발휘하는 카리스마를 지닌 인물이며, 장차 세상을 한꺼번에 바꿀 주인공으로 믿어졌다. 나아가 진인은 곧 새 나라를 세워 세상을 구하는 성스러운 임무를 담당한 사람이다.

정씨 진인은 후대에는 흔히 '정(鄭)도령'이라고도 불렸다. '도령'이라는 말은 무속(巫俗)에서 나온 말로 짐작된다.[406] 어린 아이의 혼을 모신 무당들이 그들이 강림해달라고 부를 때 '도령'이라고 높여 불렀던 것이다. 도령(徒領)이라고 한자로 쓰기도 하는데, 이는 신라의 화랑(花郎)을 일컫던 말이라고 해석하기도 한다. 이러한 맥락에서 현재 우리말에서 도령은 형수가 결혼하지 않은 시동생을 이르는 말로, '도련님'이라고 높여 부르는 경우도 있다.

그러나 『정감록』에는 '정씨(鄭氏)', '전읍(奠邑)',[407] '진인'이라는 용어는 보이지만 '정도령'이라는 표현은 찾을 수 없다. 진인은 새로운 인물이자 새 세상을 열어야 하는 존재이므로, 젊고 신선한 이미지를 강조하기 위해 정도령이라고 부르는 경우가 있었다고 판단된다. 따라서 정씨 진인을 정도령으로 부르거나 믿는 일은 필사본 『정감록』들이 세상에 알려지고 연활자본 『정감록』이 공

---

405 조동일, 「진인출현설의 구비문학적 이해」, 『한국고전산책연구』(장덕순 선생 화갑기념 논문집 간행위원회, 1981)과 조동일, 「진인출현설의 이야기 구조와 기능」, 『민중영웅이야기』(문예출판사, 1992)를 참고.

406 무축(巫祝)이 부르는 노래 가운데 '강님도령'이 있다. 이능화, 「조선무속고(朝鮮巫俗考)」, 『계명(啓明)』 19집(1927)「『이능화전집』 제6집(영신아카데미 한국학연구소, 1977)」, 52쪽. 또 강님도령은 불가(佛家)에서 재(齋)를 드릴 때 불보살이 재를 드리는 장소에 강림하여 공양을 받아달라는 말에서도 언급된다고 한다. 한편 『전우치전(田禹治傳)』에는 하느님의 사자로 '강림도령'이 등장하여 전우치를 처벌하려는 대목도 있다. 이상택, 「한국도가문학의 현실인식 문제」, 『한국문화』 7집(서울대, 1986), 66-67쪽.

407 정(鄭)의 파자(破字)이다. 읍(邑)은 우부방 (阝)을 뜻하기 때문이다.

간된 1923년 이후에야 가능했다.

한편 『정감록』에 기초하여 이루어진 이른바 '정감록신앙'이란 '정씨 성을 가진 진인이 출현하여 미래 국토를 실현하고, 지복(至福)의 터전을 이룩한다는 신앙'이다. 이러한 신앙은 「감결」 등에 나타나는 "이망정흥(李亡鄭興)"이라는 예언적 구절에 근거한다. 나아가 『정감록』 신앙자들은 계룡산에 등장하는 정씨 왕조의 8백 년 통치에 이어, 가야산에는 조씨 왕조가 세워지고, 완산에는 범씨(范氏) 왕조가 계속 세워질 것이라고 믿는다.

『정감록』에 나오는 진인(眞人)과 관련된 글귀를 살펴보면 다음과 같다. 인용서적은 안춘근의 『정감록집성(鄭鑑錄集成)』(아세아문화사, 1981)이며, 괄호 안의 숫자는 해당 면수를 나타낸다.

「유산결(遊山訣)」 진인이 남도(南島) 가운데로부터 온다(眞人自海島中來矣). (28)
정씨가 남도에서 출현한다(鄭氏出於海島中). (29)

「오백론사(五百論史)」 성인이 남에서 태어난다(聖人生南). (412)
진인이 남에서 나온다(眞人南出). (413)

「경주이선생가장결(慶州李先生家藏訣)」, 「토정가장결(土亭家藏訣)」 이때 정씨가 남도의 병사를 통솔한다(此時, 奠邑率海島之兵). (447)
곧바로 금강을 건너온즉, 천운(天運)이 돌아와 융성하리라(直渡錦江則, 天運回泰). (459)

「서계이선생가장결(西溪李先生家藏訣)」 이인이 남(南)에서 온다(異人南來). (472)
진인이 남을 건너온다(眞人渡南). (473, 797)

「징비록(徵秘錄)」 진인이 남해로부터 나와서, 계룡(鷄龍)에 왕업(王業)을 이룰 것이다(眞人自南海而來, 鷄龍創業). (486)

「운기구책(運奇龜策)」 신유년간에 성인이 바다로부터 나오니, 천명이 정씨에게 내려져 나라를 이루어 17세 520년 동안 유지하리라(辛酉間聖人出海, 天命啓鄭, 享國十七世五百二十年). (498)

진인이 남해로부터 와서, 계룡산에 창업하리라(眞人自南海來, 鷄龍山創業). (502)

「요람역세(要覽歷歲)」 개국 초에 진인이 어느 곳으로부터 세상에 나올 것입니까? 처음에 제주로부터 와서 다시 전라도에 이른 다음, 남으로부터 올 것이니라(國初眞人從何而出世乎? 初自濟州而更至全羅, 而自南而來). (527)

진인이 제주도의 명도에서 출현하니, 성은 정이요, 이름은 도인이며, 자는 인감이요, 병진생이리라(眞人出濟州道, 鳴島, 姓鄭名道仁, 字仁鑑, 生丙辰). (529)

「동차결(東車訣)」 임진년간에 직주(直主)가 해도(海島)로부터 출현하리라(壬辰直主出於海島中). (555)

진사년간에 진왕(眞王)이 해도에서 나오리라(辰巳之年, 眞王出海島中). (565)

「감결(鑑訣)」 계해년에 진인이 남에서 출현하여, 화산(花山)에 도읍을 정하리라(癸亥眞人南出, 國都花山). (578)

이인이 남으로부터 오리라. 異人南來. (590)

「감인록(鑑寅錄)」 세 대장이 바다에서 출현하리라(三大將出自海中). (615)

성인이 남(南)에서 나오리라(聖人出南). (622)

「정이감여론(鄭李堪輿論)」 정씨가 해도(海島)에서 일어나리라(鄭起於海島). (620)

「비결집록(秘訣輯錄)」 정씨가 남해도(南海島)에서 나오리라(鄭氏自南海島中來矣). (830)

직인(直人)이 남해도에서 나와서, 곡종(穀種)을 삼풍(三豊)에서 구하고,

인종(人種)을 양백(兩白)에서 구하리라(直人自南海島中來矣, 求穀種於三豊, 求人種於兩白). (…) 성인이 남에서 나오리라(聖人南來). (853)

인용문을 통해 알 수 있듯이 『정감록』의 핵심 내용은 "진인이 곧 세상에 나타난다"는 진인출현설이다. 진인(眞人), 성인(聖人), 이인(異人), 직주(直主), 진왕(眞王) 등으로 불리는 초월적 능력을 지닌 인간이 정씨(鄭氏)라는 성을 가지고 남, 남도, 남해(도), 해도에서 나올 것이라고 주장한다. 때로는 진인의 이름과 자호와 생년이 구체적으로 명시되기도 하며, 출세지도 화산이라는 곳 또는 제주도의 특정 섬에서 출현하여 전라도를 거쳐 나올 것이라고도 이야기되며, 계룡산에서 왕업을 이루거나 나라를 세워 520년 동안 다스릴 것이라고 자세히 설명되기도 한다. 어쨌든 『정감록』의 가장 큰 줄거리가 바로 진인출현설이라는 사실을 명심해야 할 것이다.

이 외에도 『정감록』에는 곳곳에 진인출현설을 강조하는 대목이 다음과 같이 나온다.

「감결」에 "금강산으로 옮겨진 산줄기의 운이 안동의 태백산과 풍기의 소백산에 이르러 산천의 기운이 뭉쳐져 계룡산으로 들어가니, 정씨가 8백 년 동안 도읍할 땅이로다. 그 후 원맥(元脈)이 가야산으로 들어가니, 조씨(趙氏)가 1천 년 동안 도읍할 땅이로다. 전주는 범씨(范氏)가 6백 년 동안 도읍할 땅이 되리라. 송악은 왕씨(王氏)가 다시 일어날 땅이 될 것인데, 그 나머지는 자세하지 않아서 고찰할 수 없다"고 말했다.[408]

「감결」에 "계룡산에 나라를 세우면 변씨(卞氏) 성을 가진 정승과 배씨(裵氏) 성을 가진 장수가 개국(開國)의 일등공신이 될 것이고, 방성(房姓)과 우가(牛哥)가 손과 발처럼 도울 것이다. 태백과 소백 사이에 옛날 양반들이 다시 일어날 것인데, 후세 사람으로서 조금이라도 지각이 있는 사람은 자손을 태백과

408 「감결」, 『정감록』(한성도서주식회사, 1923); 안춘근, 앞의 책, 1973; 567면.

소백 사이에 길이 감추어 두리라"라 했다.[409]

「삼한산림비기」에 "이 땅에 들이 넓고 물살이 빨라서 반드시 이인(異人)이 날 것이다. 마땅히 천명(天命)을 받아 세상에 나와 혹은 황제, 혹은 왕이 되리라. 그러나 그 산이 아주 높고 험하므로 시문을 짓고 읊는 풍류의 도를 아는 선비는 드물게 날 것이다"라 했다.[410]

또 「삼한산림비기」에 "이때를 당하여 금담(金坍) 아래에 이인이 나타나리니, 조용히 그의 말을 들으면 중흥(中興)의 업적을 이룰 수 있을 것이다. 임신년(壬申年)에 일어나고, 임진년(壬辰年)에 천도(遷都)하고, 오미년(午未年)에 즐거움이 크리라"라 했다.[411]

그리고 「삼한산림비기」에 "계룡산 아래에 도읍할 땅이 있으니, 정씨(鄭氏)가 나라를 세우리라. 그러나 복덕이 이씨(李氏)를 따르지는 못하리라. 다만 밝은 군주와 의로운 임금이 연이어 나와서, 세상의 운이 돌아온 때를 만나 불교를 크게 일으키고, 현명한 재상과 지혜로운 장수와 고승과 선비가 왕국에 많이 나서 한 시대의 예악을 찬란하게 장식하리니, 세상에서 드물게 보는 일일 것이다"라는 구절이 보인다.[412]

나아가 「삼한산림비기」에는 "묘년(卯年)과 진년(辰年) 사이에 분명히 삼국(三國)이 갈라서게 될 것이다. 태백산 아래에 자리잡는 나라가 제일 강성하여 170년이 지난 후에는 나머지 두 나라를 병합시킨다. 그러나 결국에는 외성(外姓)인 정씨에게 나라를 빼앗기게 될 것이다. 그때에 사람들은 반드시 계룡산 아래를 물어라"라는 구절도 있다.[413]

한편 「무학비결」에 "진사(辰巳)에 성인(聖人)이 나올 것이니, 오미(午未)에

---

409 원래는 「감결」, 『정감록』(한성도서주식회사, 1923); 안춘근, 앞의 책, 1973, 568면 이후에 있어야 되지만, 『정감록집성』에서 한 면이 빠져 있다. 이민수, 앞의 책, 20쪽에 해석이 실려 있다.

410 「삼한산림비기」, 『정감록』(한성도서주식회사, 1923); 안춘근, 앞의 책, 569면.

411 「삼한산림비기」, 『정감록』(한성도서주식회사, 1923); 안춘근, 앞의 책, 570면.

412 「삼한산림비기」, 『정감록』(한성도서주식회사, 1923); 안춘근, 앞의 책, 571면.

413 「삼한산림비기」, 『정감록』(한성도서주식회사, 1923); 안춘근, 앞의 책, 574면.

는 즐거움이 당당하리라"라 했다.[414] 여기서 성인은 곧 진인이다.

그리고 「오백론사」에는 "병진(丙辰): 바위가 바다 밖으로 나오면 성인이 남쪽에서 나온다. 임금의 수레가 이르면 백성들이 태평성대를 누리리라"라는 구절이 있다.[415]

또 「오백론사」에 "계미(癸未): 한꺼번에 백 가지 경사가 생기고, 노래와 춤이 길에 가득할 것이다"라 했다.[416]

나아가 「오백론사」에 "계해(癸亥): 진인(眞人)이 남쪽에서 나오고, 도읍을 화산(花山)에 정하면, 백성이 세금과 부역을 면하고 깃발이 길을 덮을 것이다"라는 구절이 보인다.[417]

또한 「도선비결」에는 "온 나라가 평안해지니, 이것이 누구의 공(功)인고? 오로지 전읍(奠邑)이 총명하고 신이하며 예지가 있도다. 군사를 서쪽 변방에서 일으키니, 천자(天子)가 아름답게 여기는구나. 세 이웃이 도우니, 계룡산에 세 아들이 편안하리라"라는 구절이 보인다.[418] 여기서 전읍은 정(鄭)의 파자다. 결국 진인 정씨를 가리키는 말이다.

「토정가장결」에는 "장류수(長流水) 운에는 푸른 옷을 입은 자들과 흰 옷 입은 사람들이 서쪽과 남쪽에서 한꺼번에 침략하리라. 이때 전읍(奠邑)이 해도(海島)의 병사를 거느리고 방씨(方氏)와 두씨(杜氏) 장수와 함께 갑오년 섣달에 즉시 금강(錦江)을 건넌다면, 천운(天運)이 돌아와 태평하리라. 이때 한양의 도읍을 화산(華山)의 깊은 골짜기로 옮기고, 곽장군(霍將軍)이 요동(遼東)의 군사를 거느리고 방씨 두씨 두 장수와 함께 왜적과 서남쪽의 오랑캐를 무찌른 다음, 청(淸)나라 군사를 몰아내고 명(明)나라 유민(遺民)을 도우며, 정씨(鄭氏)에 협조하고 이씨(李氏)를 기습한다면, 이씨는 제주(濟州)로 들어갈 것이니, 불과

---

414 「무학전」, 『정감록』(한성도서주식회사, 1923); 안춘근, 앞의 책, 576면.
415 「오백론사」, 『정감록』(한성도서주식회사, 1923); 안춘근, 앞의 책, 577면.
416 「오백론사」, 『정감록』(한성도서주식회사, 1923); 안춘근, 앞의 책, 577면.
417 「오백론사」, 『정감록』(한성도서주식회사, 1923); 안춘근, 앞의 책, 577-578면.
418 「도선비결」, 『정감록』(한성도서주식회사, 1923); 안춘근, 앞의 책, 579면.

4, 5년 동안의 운수에 지나지 않으리라"라는 구절이 보인다.[419]

이 외에도 「토정가장결」에 "경(經)에 '9년 동안의 흉년에 곡식 종자는 삼풍(三豊)에서 구하고, 12년 동안의 병화(兵火)에 사람 종자는 양백(兩白)에서 얻으라'라 했으니, 이는 정씨를 가리킨 것이니라"라 했다.[420]

그리고 「토정가장결」에 "이때에 곽장군이 백두산에서 나와 오수덕(烏首德)으로부터 요동(遼東)에 들어가, 고월(古月)의 백성들을 거느리고 칼을 들고 오가니, 고월 반도(半道) 동쪽 백성들의 소요를 무찌를 것이다"라 했다.[421] 여기서는 정씨가 아니라 곽씨 성을 지닌 장군의 출현을 주장했다.

한편 「토정가장결」에 "시에 이르기를 (…) 하늘이 금포(錦浦)를 열었으니 전읍이 나아가고, 땅이 화산(華山)을 열었으니 이(李)씨가 망해서 물러나리라"라는 기록도 있다.[422] 여기서는 진인 정씨의 출현을 대망하고 있다.

또 「서계이선생가장결」에는 "이인(異人)이 남쪽으로부터 오니, 한곳에 소동이 일어난다"라는 기록이 보인다.[423] 진인과 비슷한 이인출현설을 주장했다.

그리고 「서계이선생가장결」의 「논(論)」에 "진인(眞人)이 남쪽으로 건너가 순순히 천명(天命)을 받는다. 술년(戌年)과 해년(亥年)에 계룡산에서 일어날 것이다. 인(寅), 묘(卯), 진(辰)의 해에는 왜국(倭國)을 통일할 것이다. 이후부터는 정씨의 운수가 형통하고, 갑진년과 을사년에는 문물(文物)이 왕성하리라"라 했다.[424]

한편 「징비록」에는 다음과 같은 구절이 있다.

---

419 「토정가장결」, 『정감록』(한성도서주식회사, 1923); 안춘근, 앞의 책, 594면. 「경주이선생가장결」에도 거의 비슷한 내용이 있다. 이씨가 제주도로 들어갔다가 북쪽 국경지역으로 갈 것이지만 3년 만에 망할 것이라는 부분이 다를 뿐이다.

420 「토정가장결」, 『정감록』(한성도서주식회사, 1923); 안춘근, 앞의 책, 594면.

421 「토정가장결」, 『정감록』(한성도서주식회사, 1923); 안춘근, 앞의 책, 595면.

422 「토정가장결」, 『정감록』(한성도서주식회사, 1923); 안춘근, 앞의 책, 595면.

423 「서계이선생가장결」, 『정감록』(한성도서주식회사, 1923); 안춘근, 앞의 책, 590면.

424 「서계이선생가장결」, 『정감록』(한성도서주식회사, 1923); 안춘근, 앞의 책, 591면.

> 마침내 그 장군이 망하고, 한양 이북에 붉은 해가 3일 동안 뜰 것이며, 피가 궁중에 흐를 것이고, 해와 별이 서로 해치며, 검은 안개와 구름이 하늘을 7일 동안 덮은 이후에 진인이 남해로부터 와서 계룡산에 창업함을 가히 알 수 있을 것이다. 말세에 당하면 계룡산의 돌이 희게 될 것이고, 초포에는 배가 다닐 것이며, 목멱산의 소나무가 붉게 변하고 삼각산의 모양이 변할 것이다.[425]

진인의 성씨가 밝혀지지 않았지만, 계룡산 도읍설을 주장한다. 그리고 『정감록』의 도처에 계룡산에 진인이 출현할 것이라는 다음과 같은 기록이 전한다.

> 계룡산의 돌이 희게 변할 것이며, 초포에 배가 다닐 것이다. (…) 계산의 돌이 하얗게 될 것이며, 초포에 배가 다닐 것이다. (…) 초포에 배가 다닐 것이다.[426]

> 계룡산 아래 도읍터가 있는데, 정씨가 주재할 것이다.[427]

나아가 『정감록』에는 계룡산 이외의 지역에 진인이 출현할 것이라는 예언도 있다.

> 한강이 붉게 끓어오를 것이며, 해와 별이 서로 싸우면, 진인이 남해도로부터 올 것이다.[428]

---

425 及其將亡, 漢陽以北, 赤陽三日, 血流宮中, 日星相戲, 玄霧黑雲蔽天七日以後, 眞人自南海而來, 鷄龍創業可知. 當其末世, 鷄龍石白, 草浦行舟, 木覓松赤, 三角變形.「징비록」, 위의 책, 486면.

426 鷄龍石白, 草浦行舟.「운기구책」, 위의 책, 503면;「요람역세」, 위의 책, 530면; 鷄山石白, 草浦行舟. 위의 책, 525면; 草浦舟行.「비지론」, 위의 책, 608면; 이와 비슷한 내용이 다음 구절에도 보인다. 石白鷄龍, 舟行草浦「동차결」, 위의 책, 554면; 鷄龍石白, 淸浦竹白, 草浦潮生, 行舟.「감결」, 위의 책, 567면; 戊子: (…) 石白鷄山, 舟行草浦.「비결」,『비결집록』, 위의 책, 846면.

427 鷄龍山下, 有都邑之地, 鄭氏主之.「신효자의조사비전」, 위의 책, 613면.

428 漢江赤湯 日星相戰 眞人自南海島來「운기구책」, 위의 책, 502면.

갑진년과 을사년에 오랑캐가 조선에 의해 망할 것이며, 정씨가 도산에 내려올 것이다.[429]

신유년간에 성인이 바다로부터 나올 것인데, 천명이 정씨에게 계시하여 나라를 17세 520년 동안 다스릴 것이다.[430]

정씨가 남해도에서 나올 것이다.[431]

진인이 남해도로부터 나올 것이다.[432]

정씨가 섬에서 나올 것이다.[433]

성인이 남쪽에서 나올 것이다. (…) 성인이 남쪽에서 태어날 것이며, 진인이 남쪽에서 출현할 것이다.[434]

나라의 초기에 진인은 어디로부터 세상에 나올 것인가? 처음에 제주로부터 나올 것이며, 다시 전라도에 이를 것이며, 남쪽에서부터 올 것이다.[435]

진사(辰巳) 연간에 진인이 나올 것이다.[436]

진인이 해도촌에서 출현할 것이다.[437]

진인이 제주도로부터 나올 때 섬이 울 것인데, 성이 정씨이고 이름은 도인(道仁)이며 자는 인감(仁鑑)이며 병진년생(生)일 것이다.[438]

---

429 靑龍靑巳, 古月亡於魚羊, 奠邑降於島山. 「징비록」, 위의 책, 493면.

430 辛酉間, 聖人出海, 天命啓鄭, 享國十七世, 五百二十年. 「운기구책」, 위의 책, 498면.

431 鄭氏自南海島中 「운기구책」, 위의 책, 507면.

432 眞人自南海島來 「운기구책」, 위의 책, 507면.

433 鄭氏出於海島 「요람역세」, 위의 책, 513면.

434 聖人南來 「비결」, 『비결집록』, 위의 책, 853면; 聖人生南, 眞人南出. 「의상대사왈(義相大師曰)」, 『비결집록』, 위의 책, 870면.

435 國初眞人, 從何而出世乎? 初自濟州, 而更至全羅, 而自南而來. 「요람역세」, 위의 책, 527면.

436 辰巳之間, 眞人出來 「요람역세」, 위의 책, 528면.

437 眞人出於海島村 「동차결」, 위의 책, 549면.

438 眞人出濟州道, 鳴島, 姓鄭, 名道仁, 字仁鑑, 生丙辰. 「요람역세」, 위의 책, 529면.

태조의 성은 정씨이며 이름은 홍도, 자는 정문, 무오생이며, 해도에서 나올 것이며 계룡산에 평범한 집을 지어 건국할 것이다.[439]

정을룡이 남쪽에서 일어나니 칼과 창이 늘어서 있고 원통한 혼령들이 웅얼거리네.[440]

임진년: 진주(眞主)가 섬 가운데 무릉도로부터 출현할 것이다.[441]

조씨 성을 가진 신장이 진주를 보필할 것이다.[442]

이씨 5백 년의 사직이 결국 정씨에게 망할 것이다. (…) (정씨가) 계룡산에 솥을 걸 것이니,[443] 산세가 거스르는 곳의 아래일 것이다. 8백 년 동안은 태평할 것이다. (…) 태조의 성은 정씨이고 이름은 홍도이며, 자는 정문이고 무오생인데, 섬으로부터 나와 계룡산에 평범한 집을 지을 것이다.[444]

임진년과 계사년에 흰 옷과 푸른 옷을 입은 무리가 서쪽과 남쪽으로 함께 침공할 것이다. 이때에 정씨가 섬의 병사를 거느리고 방씨와 두씨 성의 장군과 함께 나올 것이다.[445]

진사년간에 진왕(眞王)이 해도에서 출현할 것이다.[446]

을사의 운에 정씨가 섬의 산으로부터 나와 기병할 것이며, 먼저 성스러운 덕을 펼칠 것이니 당시 사람들이 그를 요순과 같다고 칭송할 것이

---

439 太祖, 姓鄭, 名紅桃, 字正文, 戊午生, 自海島中, 平室建國鷄龍山. 「동차결」, 위의 책, 556면.

440 鄭乙龍南起, 釼戟森森, 冤魂啾啾. 「동차결」, 위의 책, 554면.

441 壬辰, 眞主出於海島中武陵島 「동차결」, 위의 책, 555면; 원문에는 직주(直主)라고 적혀 있지만, 이어지는 기록에서 진인(眞人)으로 적고 있으므로 오자이므로 고쳤다.

442 神將走肖, 輔相眞主. 「동차결」, 위의 책, 556면.

443 왕조를 세운다는 뜻이다.

444 李氏五百年社稷, 終亡於鄭氏. (…) 掛鼎于鷄龍山, 逆龍之下. 八百年太平. (…) 太祖姓鄭, 名紅桃, 字正文, 戊午生, 自海島中, 平室鷄龍山. 「동차결」, 위의 책, 556면.

445 壬辰癸巳, 白衣青衣, 幷侵西南. 此時奠邑, 率海島之兵, 與方杜將. 「동차결」, 위의 책, 560면.

446 辰巳之年, 眞王出海島中. 「삼척국기노정기」, 위의 책, 565면.

다.[447]

성인이 남쪽에서 태어나 왕의 어가(御駕)가 바르게 임하면 백성들은 즐겁고 태평할 것이다.[448]

계해년: 진인이 남으로부터 나올 것이다. 나라의 수도는 화산이 될 것이며, 백성들은 세금과 부역을 면제받을 것이고 도로에는 깃발이 뒤덮을 것이다.[449]

병진년 (…) 성인이 남쪽에서 태어날 것이다.[450]

계해년에 진인이 남으로부터 나와서 수도를 화산에 정하면, 백성들이 세금과 부역을 나눌 것이다.[451]

장류수운에 푸른 옷과 흰 옷을 입은 무리가 서쪽과 남쪽으로 침입할 것이다. 이때 정씨가 섬의 병사를 이끌고 방씨와 두씨 두 장수와 함께 갑오년 납월에 금강으로 곧바로 들어오면 하늘의 운이 다시 크게 이룩될 것이다.[452]

그때의 시운의 변화를 논하면, 진인이 남쪽을 건널 것이다. (…) 정씨의 운이 크게 이루어질 것이며 문물이 빛나고 흥할 것이다.[453]

공주에 있는 배의 노를 통하게 한 연후에 정씨가 섬에서 일어날 것이

---

447 乙巳之運, 奠乃自南海島山起兵, 先施聖德, 時人之稱如堯舜. 「팔도요결」, 위의 책, 116면.

448 聖人生南, 王駕正臨, 民樂太平. 「오백론사」, 위의 책, 577면.

449 癸亥: 眞人南出, 國都花山, 民免稅役, 路蔽旌旗. 「오백론사」, 위의 책, 577-578면.

450 丙辰, (…) 聖人生南. 「남격암십승지론」, 위의 책, 618면.

451 癸亥, 眞人南出, 國都花山, 民分稅役. 「남격암십승지론」, 위의 책, 618면.

452 長流水運, 靑衣白衣, 並侵西南. 此時奠邑率海島之兵, 與方杜之將. 甲午臘月, 直到錦江, 則天運回泰. 「경주이선생가장결」, 위의 책, 586면; 「토정가장결」, 위의 책, 594면; 「토정결」, 위의 책, 184면. 장류수(長流水)는 납음오행(納音五行)으로 임진년과 계사년에 해당한다.

453 論其時變, 眞人渡南 (…) 鄭運通泰, 文物彬興. 「서계이선생가장결」, 위의 책, 591면.

다.[454]

> 금강이 초포에 들어간 뒤에 - 어떤 이는 한강이 공주에 다다른 후에 - 능히 배의 노를 통하게 한 후에 정씨가 섬에서 출현할 것이라 한다.[455]

> 정씨가 해도에서 출현하니 의관과 문물이 중국에 비견할 수 있을 것이다.[456]

> 세상을 다스릴 진주 (…) 남쪽에서 잠행하며 때를 맞춰 움직일 것이다. (…) 묻기를 "이씨의 뒤에 정씨가 이르러 계룡산에 8백 년의 기업을 세운다는데 과연 맞는 말이냐?"라 했다. 대답하기를 "어찌 헛된 말이겠느냐? 인심은 곧 천심이다"라 했다. 묻기를 "포은 정몽주의 후손이냐?"라 하니, 대답하기를 "그렇다"라 했다.[457]

정씨 진인이 곧 세상에 출현하여 새 나라를 세울 것이라는 것이 핵심인 진인사상이 그 표현이 조금씩 다르게 나타나기도 했다. 그러나 이씨 왕조를 대신하여 정씨 왕조가 세워지면 온갖 환란과 위기를 극복하고 평화롭고 행복한 세상이 지상에 곧 이루어질 것이라는 믿음이 재삼 강조되고 있다.

한편 『정감록』에 보이는 파자(破字)가 낯설거나 어렵게 여겨지는 경우가 종종 있다. 파자는 '한자의 자획을 나누거나 합쳐서 어떤 사건이나 대상을 암시하는 방법'인데, 의외로 간단하다.

전읍(奠邑)을 합쳐서 정(鄭), 산추(山隹)를 합쳐서 최(崔), 비의(非衣)를 합쳐서 배(裵), 주초(走肖)를 합쳐서 조(趙), 목자(木子)를 합쳐서 이(李), 고월(古月)을 합쳐 호(胡), 어양(魚羊)을 합쳐 선(鮮), 혈하궁신(穴下弓身)을 합쳐 궁(窮)을 나타

454 公州能通舟楫然後, 鄭起於海島. 「정이감여론」, 위의 책, 620면.

455 錦江圮入草浦- 或漢江至于公州 -, 能通舟楫後, 鄭氏出於海島中. 「정감문답」, 위의 책, 643면.

456 鄭氏出於海島, 衣冠文物, 比侔中華. 「정감문답」, 위의 책, 637면.

457 濟世之眞主 (…) 潛於南, 待時而動. (…) 問曰, 李氏后奠乃以遂, 鷄龍山八百基業, 果是乎? 曰, 何有虛言也? 人心卽天心. 問曰, 圃隱之后乎? 曰, 然也. 「초창결」, 위의 책, 163-164면.

낸다. 단순히 두 글자를 옆이나 아래위로 배열하기만 하면 되는데 누구라도 쉽게 알 수 있다.

그런데 조금 복잡한 파자가 보이기도 하는데, "선비가 관을 비뚤게 쓰고(士者橫冠), 신인(神人)이 옷을 벗고(神人脫衣), 달릴 주(走) 변에 기(己)를 비껴 타고(走邊橫己), 성인(聖人)의 휘자(諱字)에 팔(八)을 덧붙인다.(聖諱加八)"가 그 예다.

선비 사(士)라는 글자에 모자를 비뚤게 쓴 형상을 덧붙이면 임(壬)이 된다. 그리고 신(神)이라는 글자에 옷을 뜻하는 의(衤)를 벗겨서 없애면 신(申)이 된다. 또 달릴 주(走)에 기(己)를 올리면 기(起) 자가 된다. 또 성인은 공자(孔子)를 뜻하고 공자의 이름은 구(丘)이므로, 여기에 팔(八)을 아래로 붙이면 병(兵) 자가 된다.

결국 위의 구절은 '임신기병(壬申起兵)'이라는 네 글자를 나타낸 것으로 "임신년에 병사(군대)를 일으킨다"는 뜻이다. 이러한 파자풀이는 뚜렷한 방법이나 특별한 체계가 있는 것이 아니라 그때그때마다 다르게 표현되기 때문에 견강부회하거나 자의적 표현법으로 보이기도 한다. 그러나 이러한 형식의 파자는 『정감록』에서 거의 유일하게 나오는 표현이기 때문에 더 이상 걱정할 필요가 없다.

이 밖에도 『정감록』에는 한자의 음(音)과 훈(訓)을 빌려 어떤 뜻을 나타낸 경우도 있다. 예를 들면 궁궁(弓弓)이라는 글자다.

궁궁의 궁은 뜻으로 보면 활 궁(弓)이므로 '활활'을 의미한다. 여기서 유추하여 궁궁을 활활과 유사한 광활(廣闊)이라는 의미로 풀기도 한다. 그러나 어떤 이는 궁궁을 글자 모양이 비슷한 약할 약(弱) 자로 풀이하며, 발음과 연관시켜 궁색하고 가난한 모습이라고 해석하기도 했다.

또 다른 예를 들자면 소두무족(小頭無足)을 들 수 있다. 어떤 사람은 깎을 삭(削)으로 풀이하여 '머리를 깎은 왜구(倭寇)'를 가리킨다고 주장한다. 그런데 또 다른 이는 '무리 당(黨)'으로 해석하며, 때로는 '작은 머리에 발이 없다'는 뜻에 집착하여 귀신 머리 불(甶) 또는 폭탄 모양을 가리킨다고 풀기도 했다.

이런 표현법은 하나의 정해진 해석이 있을 수 없으며, 풀이하는 개인이나 집단에 따라 다양하게 해석하고 있다. 일단 남김없이 해석이 가능하다면 비결서라고 이름 붙일 수도 없겠지만, 장차 일어날 사건에 대한 예언적 단어나 문장이라는 입장에서 다양한 해석 가능성이 열려 있다고 보는 것이 좋을 듯하다.

(7) 음양오행(陰陽五行)사상

『정감록』에는 동양 전래의 음양오행(陰陽五行)사상을 확인할 수 있는 부분이 상당히 보인다. 기본적으로 풍수지리설 자체도 음양오행사상으로 설명할 수 있으므로 반복되는 점도 있다. 여기서는 음양과 오행이 특히 구체적으로 표현되고 있는 내용만 몇 부분 추출했다.

「동국역대기수본궁음양결」에 "조선(朝鮮): 4745, 음(陰)으로써 음을 받드니, 왕씨(王氏)에 비해 연수가 모자란다. 양(陽)을 합하고 양을 잉태하였으니, 끝은 삼한(三韓)과 같다. 화(火)에 속하고, 수(水)를 꺼린다"라 했다.[458] 음양과 오행으로써 역대 왕조 존속기간의 변화를 설명하고자 했다.

그리고 「역대왕도본궁수(歷代王都本宮數)」에 "본건(本乾) 조선: 9357, 상(象)은 앞뒤가 모두 금(金)이고, 수위(數位)는 위아래가 모두 화(火)니, 공자(孔子)의 도가 병력(兵力)에 굴복하여 결국 번신(藩臣)이 됨을 알 수 있다. 양으로써 음을 받드니 도둑이 궁실(宮室)에 방화하고, 음을 합하고 음을 잉태하니 덕도(德島)에 군사가 나아가리라"라는 구절이 있다.[459] 역시 음양과 오행을 이용하여 왕조의 존속기간과 발생할 사건을 설명하려 한 부분이다.

또 「남사고비결」에 "동쪽은 목기(木氣)가 속한 곳이니, 금(金)을 만나면 반

---

458 원래는 「감결」, 『정감록』(한성도서주식회사, 1923); 안춘근, 앞의 책, 1973, 568면 이후에 있어야 되지만, 『정감록집성』에서 한 면이 빠져 있다. 이민수, 앞의 책, 31쪽에 해석이 실려 있다.

459 「감결」, 『정감록』(한성도서주식회사, 1923); 안춘근, 앞의 책, 1973, 569면.

드시 장평(長平)의 화가 있을 것이다"라 했다.[460] 장평이 무엇을 의미하는지는 분명하지 않지만, 동쪽을 목(木)으로 보고 금과 만난다는 표현은 오행설이다.

『정감록』의 전체적 내용은 난세에는 풍수설에 따라 지정된 피난처에서만 지복(至福)을 누릴 수 있으며, 궁극적으로 정씨 성을 지닌 진인(眞人)이 출현하면 이씨 왕조가 망하고 새로운 세계가 도래할 것이라는 주장이다.

기본적으로 『정감록』을 책의 종류별로 분류하면 비결서(秘訣書)다. 비결은 "어떤 일을 하는 데 있어서 남들이 알지 못하는 가장 효과적인 방법이나 그를 적은 글귀"로 정의된다. 따라서 『정감록』의 표현기법은 직설적인 표현을 피하고 은어(隱語), 우의(寓意), 시구(詩句), 파자(破字) 등을 사용하여 해석이 난삽하고 애매한 부분이 상당히 많다.

예를 들어 『정감록』을 보면 적후(赤猴), 청마(靑馬), 금계(金鷄), 목사(木巳), 금구(金狗), 흑룡(黑龍), 청저(靑豬), 백호(白虎), 황우(黃牛), 백토(白兎), 청서(靑鼠), 현사(玄蛇) 등의 표현이 자주 나온다. 붉은 원숭이, 푸른 말, 금빛 닭, 나무 뱀, 금빛 개, 검은 용, 푸른 돼지, 흰 호랑이, 누런 소, 흰 토끼, 푸른 쥐, 검은 뱀 등 알듯 말듯한 용어가 상당수 등장한다. 도대체 무슨 말일까?

언뜻 보면 무척 난해한 것 같지만 알고 보면 의외로 간단한 표현법이다. 동양에서는 시간을 나누고 규정하기 위해 하늘의 체계인 십간(十干)과 땅의 체계인 십이지(十二支)를 상정하여 조합했다. 즉 갑을병정무기경신임계(甲乙丙丁戊己庚辛壬癸)와 자축인묘진사오미신유술해(子丑寅卯辰巳午未申酉戌亥)를 결합시켜 이른바 육십갑자(六十甲子)를 얻어 이를 시간의 명칭으로 사용했다.

그리고 십간을 동양적 세계관의 하나인 오행론(五行論)의 분류체계에 적용하면, 갑과 을은 목(木), 병과 정은 화(火), 무와 기는 토(土), 경과 신은 금(金), 임과 계는 수(水)에 해당한다. 나아가 이를 색깔별로 분류하면 목은 청(靑), 화는 적(赤), 토는 황(黃), 금은 백(白), 수는 흑(黑)에 해당한다.

---

460 「남사고비결」, 『정감록』(한성도서주식회사, 1923); 안춘근, 앞의 책, 1973, 580면.

이처럼 기본적인 동양적 사유체계를 이용하여 육십갑자를 색깔과 동물에 비유하여 표현한 것은 동양권에서도 우리나라에만 보이는 독특한 사고방식이다. 따라서 이러한 표현법을 한국적 역학(易學) 또는 역(易)에 대한 한국적 이해라고 보아도 무방하다. 어렵다고만 여겨져 왔던 전래의 역학을 민중적 차원에서 쉽게 풀어서 이해하려 했던 노력들이 결집된 것으로 보인다.

이제 실제의 사용례를 들어보겠다.

적후(赤猴)의 붉을 적(赤)은 화(火)에 해당하는 천간(天干)인 병(丙)과 정(丁)을 뜻하고, 원숭이 후(猴)는 지지(地支)의 원숭이 신(申)에 해당한다. 따라서 적후는 병신(丙申) 또는 정신(丁申)이 될 수 있다. 그런데 천간과 지지의 조합인 육십갑자에 정신이라는 조합은 있을 수 없으므로, 적후는 병신을 가리킨다. 결국 『정감록』 안에서 적후라는 표현이 나오면 병신과 동일시하면 되고, 그해에 태어난 사람을 가리키거나 그해에 일어날 사건을 뜻한다고 이해하면 된다.

마찬가지 방법으로 유추해보면 청마(靑馬)는 갑오(甲午), 금계(金鷄)는 신유(辛酉), 목사(木巳)는 을사(乙巳), 목마(木馬)는 갑오(甲午) 등을 가리키는 표현이다. 십간십이지(十干十二支)만 안다면 쉽게 알 수 있는 표현법이며, 특히 동물과 결부시켜 육십갑자를 이해한 점이나 오행의 색깔을 동물에 적용시킨 점에서 우리 조상들의 해학을 느끼게 해준다.

이러한 맥락에서 「삼한산림비기」에 보이는 백원선인(白猿仙人)은 경신(庚申)년에 태어난 선인을, 금계여주(金鷄女主)는 신유년에 태어난 여주를 가리킨다.

한편 「토정가장결」에는 이른바 납음오행(納音五行)에 따른 표현들이 나온다. 납음오행이란 음(音)의 오행을 말하는 것인데, 수(數)로써 음을 붙이고 이치로써 상(象)을 취하여, 오행의 성정과 물질의 변화를 밝힌 것이다.

당나라 때 이허중(李虛中) 선생이 오성학(五星學)이란[461] 학설을 응용하여

461 오성학은 연간을 녹(祿), 연지를 명(命), 간지를 합한 납음오행을 신(身)으로 보는 삼명법(三命法)이라는 설이다.

연(年)을 위주로 하는 납음(納音)의 화기오행(化氣五行)으로 운명을 추리하였으며 일명 화갑자(化甲子)라고도 한다.

무오와 기미는 천상화(天上火), 병오와 정미는 천하수(天河水), 임신과 계사는 장류수(長流水), 갑오와 을미는 사중금(沙中金), 갑인과 을묘는 대계수(大溪水), 병신과 정유는 산하화(山下火), 병진과 정사는 사중토(沙中土), 무술과 기해는 평지목(平地木) 등에 배당된다.

(8) 승지(勝地)사상

『정감록』에는 말세를 당해 생명을 지킬 수 있다는 빼어난 장소가 제시되어 있다. 『정감록』에 승지(勝地)가 복 받은 땅, 길지(吉地), 온갖 재난과 천재지변이 일어나도 생명과 안락을 보장받을 수 있는 땅으로 기록되어 있다.

이른바 『정감록』의 승지사상은 구체적으로 십승지(十勝地) 피난설(避難說)로 제시된다. 말세의 위기상황을 맞아 십승지라는 열 곳의 피난처에 들어가야 살아남을 수 있다는 주장이다. 이때 가난하고 천한 사람들이 많이 살아날 것이고, 부귀한 자는 죽음을 면하지 못할 것이라 주장한다.

실제 헌종 2년(1836)에 발생한 역모사건에 십승지라는 용어가 처음 나온다. 엄청난 재앙과 전쟁을 피할 수 있는 장소이자 피난처가 제시된 것은 임진왜란과 병자호란 등의 전쟁을 겪은 조선의 민중들이 가졌던 공포감과 위기의식의 반영이다. 이러한 승지사상에는 조선 후기에 이르러 또 다른 오랑캐로 여겨지는 서양세력의 침입에 대한 걱정과 두려움도 포함되어 있다. 승지사상에는 외세의 침략이 비호비왜(非胡非倭), 사왜비왜(似倭非倭), 남왜북호서달(南倭北胡西㺚)로 표현되기도 한다.

외세 침략에 대한 두려움은 피난지에 대한 관심을 고조시켰다. 현실세계가 멸망하고 새로운 세계가 도래하기 위해서는 전란과 질병의 발생 등의 재난이 불기피하다. 그렇기 때문에 사람들은 이러한 재앙을 피하기 위한 노력을 기울이기 마련이며, 실제로 자신과 가족의 몸을 온전히 보전할 수 있는 피난처를 찾았다. 따라서 이러한 노력에는 "병란(兵亂)이 쳐들어오지 못하고 흉년도 없는 곳", 즉 승지에 대한 동경이 녹아 있다.

한편 피난처가 "일의이공(一義二公), 일평이공삼한사광(一平二公三漢四光)"으로 제시되기도 했다.[462] 여기서 일의(一義)와 일평(一平)은 임진왜란(1592) 때 임금이 의주와 평양으로 피난했던 사실을 가리키고, 이공(二公)은 이괄의 난(인조 2년, 1624) 때 공주로 피난한 사실을 가리키며, 삼한(三漢)은 병자호란(1636) 때 남한산성으로 피난한 사실을 가리킨다. 그리고 사광(四光)은 앞으로 있을 광주로의 피난을 예언한 것이라고 한다.

또 승지사상에는 양백(兩白)에서 피난해서 무사히 지내야만 "인종(人種)과 곡종(穀種)"을 구할 수 있을 것이라고 예언했다. '두 곳의 백(白)'은 일반적으로 태백산과 소백산을 가리키는 말로 해석된다.

이와 관련하여 이익(李瀷, 1681-1763)도 "태백산과 소백산 아래와 예안(禮安) 사이가 명당이다. 장차 나라에 일이 일어날 때 반드시 이곳에 의지해야 하리라"라고 주장했다.[463]

한편 이에 앞서 남사고(南師古, 1509-1571)가 "소백산을 보자마자 곧 말에서 내려 절하며 이 산은 사람을 살리는 산이다. 『저기(著記)』에 '태백산과 소백산이 전쟁을 피할 수 있는 최적의 장소이다'라 이른다"라고 했다는 전언도 있다.[464]

이러한 남사고의 견해를 이어받아 이중환(李重煥, 1690-1756)도 태백산과 소백산을 제일의 피병지(避兵地)로 손꼽았다. 이 외에도 『택리지』 「산수조(山水條)」에는 남사고가 무주의 무풍, 지리산 북쪽의 함양, 영암의 월출산 등을 복

---

462 『추안급국안(推案及鞫案)』 191책, 「포도청추안(捕盜廳推案)」, 434면.

463 大小白之下, 禮安之間, 爲堂奧. 他日邦家有事, 終必賴之也. 이익, 『성호사설(星湖僿說)』 1권, 천지편 하, 「양남수세조(兩南水勢條)」.

464 昔有方士南師古見小白, 輒下馬拜, 曰此活人山也. 著記言以大小白爲避兵第一地. 이중환(李重煥), 『택리지(擇里志)』, 「복거총론(伏居總論) 산수조(山水條)」 『저기』는 풍수서의 일종일 가능성이 높다.

지(福地)로 지정해놓았다. 그리고 청천의 선유산은 수도하는 자들이 살 만한 곳이라고 추천한다. 『택리지』에는 피난지, 피병지, 은둔지(隱遁地), 피세지(避世地), 복지 등의 용어가 등장한다. 이는 당시에 그런 곳을 찾는 사람이 많았다는 사실을 반영하며, 이러한 풍조가 널리 유행되었음을 확인할 수 있는 자료라는 사실을 알 수 있다.

이규경(李圭景, 1788-?)도 「비결」에 실려 있는 청학동과 우복동을 찾아나서기도 했다. 지리산에 있다고 전해지는 청학동(青鶴洞)과 속리산에 있다는 우복동(牛腹洞) 등의 이상향을 찾으려는 노력이 계속되고 있는 것이다.[465]

한편 이규경의 『오주연문장전산고』 천지편(天地篇) 지리류(地理類) 「지리산변증설(智異山辨證說)」에 정조(正祖) 때에 지리산의 도적을 토벌할 때 발견한 석벽의 비결이 청(淸)나라 선종(宣宗)의 연호인 도광(道光, 1821-1850)을 뜻하며 우리나라의 왕위 계승과 관련이 있다는 내용이 있다.[466]

어쨌든 갖가지 재앙을 피하기 좋은 열군데의 땅을 특히 십승지(十勝地)라고 부르는데, 이는 완전한 숫자로 상징되는 십(十)이 덧붙여진 것으로 보아야 할 것이다. 굳이 열 군데만이 아니라 더 많은 장소가 제시되기도 한다. 십이승지라는 표현이 그 대표적인 예이다. 그리고 각종 비결서에 따라 승지는 각기 조금씩 다르게 적혀 있으며, 때로는 십승지 대신 피장처(避藏處)라고도 부른다.

---

465 이규경, 『오주연문장전산고』 상, 「우복동변증설(牛腹洞辨證說)」, 601-603쪽.

466 新羅義相大師, 『青丘祕訣』, 頭流之山, 隱居者多歸之. 卓犖奇偉之士, 世世多産, 談道雜國演法猴地之士, 亦萃于玆, 甚盛. 正廟朝, 命申鴻周, 白東脩, 搜捕智異賊徒時, 白公於石壁上, 有坼字一紙粘焉. 其紙坼字曰, 八一自有尾, 小一几口弓虎, 禾千十木, 囗王丁口, 目几禾多. 其下又書二句詩曰, 海外限無石, 流沙詔嬰洲, 花誤人不誤, 風驚意不驚. 其下又有示八十單白春教于寄年寄月寄日, 揭來進呈翻本, 留其家其道. 未知何謂, 歲純廟庚辰冬, 白公庶子心鎭袖來示之, 故怪而藏之. 其翌淸道光帝卽位, 改元曰道光, 始解坼字, 八一自有尾, 合書則道字也. 小一几, 合書則光字也. 口弓虎, 合書則號字也. 禾千, 合書則季字也. 十木, 合書則末字也. 囗王, 合書則國字也. 丁口, 合書則可字也. 目几, 合書則見字也. 禾多, 合書則移字也. 奇其豫知有道光年號. 然其下義, 未知爲何意也. 及當己酉, 憲廟昇遐無嗣. 今上承統, 則適當淸帝道光年號末也. 天命意移於當宁矣. 歲庚戌元月淸帝崩, 則非道光末耶. 大抵頭流隱居者, 有前知術, 預作坼字讖說以示, 寔是怪且異也. 故付辨證之末.

『정감록』에 따르면 이 세상에는 가까운 미래에 엄청난 천재지변이 일어나며, 이로 인해 인간은 끔찍한 질병과 굶주림, 추위와 공포에 시달리게 되고, 이에 따라 대다수의 사람들이 죽음을 맞이함으로써 인류는 절멸의 위기에 처하게 될 것이라고 예언한다. 그러나 십승지에 들어가 사는 사람들은 이처럼 끔찍한 재앙으로부터 벗어나 목숨을 보전하고 안락한 생활을 누릴 수 있으며, 그 자손들도 후세에까지 이어질 것이라고 주장한다.

그런데 이러한 승지사상은 이상향과 이상사회에 대한 동경이라는 거대한 목표 대신에 다소 소극적인 보신책(保身策)으로 전락한 느낌이다. 나를 포함한 가까운 주변인물만 살아남으면 된다는 안일한 생각이 반영된 것이다.

『정감록』의 십승지가 얼마나 타당한 근거가 있으며 신빙성이 있는가는 과학적으로 규명된 바가 없다. 그러나 십승지라는 개념은 오랫동안 우리 민중의 마음속에 자리하면서 삶을 지탱해주는 정신적 지주 역할을 해왔다. 그리고 이러한 승지사상(勝地思想)은 갖가지 재난과 고난이 닥칠 때마다 민중들에게 위안을 주었고, 나아가 희망을 주는 심리적 토대가 되기도 했다.

결국 십승지와 그에 관련된 도참, 풍수사상은 우리 민중들이 끊임없는 전쟁, 폭정, 억압, 착취, 가난, 질병의 고통 속에서도 끈질기게 삶을 꾸려오면서 역사를 이어온 원동력으로 작용했다.

십승지에 대해서는 『정감록』의 여러 이본에서 다르게 나타난다. 50여 종의 이른바 넓은 의미의 『정감록』에 기록된 십승지는 풍기 차암 금계촌, 영월 정동 상류, 봉화 춘양 일대, 예천 금당동 북쪽, 보은 속리 난증항 근처, 공주 유구와 마곡 두 강 사이, 합천 가야산 남쪽 만수동, 무주 무풍 북쪽 덕유산 아래 방음, 부안 변산 동쪽 호암 아래, 남원 운봉 두류산 아래 동점촌, 정선 상원산 계룡봉, 단양 영춘, 안동 화산(화곡), 진천 목천, 영동 황간 등 20여 곳이다.

이를 산(山)을 중심으로 살펴보면 소백산, 태백산, 속리산, 계룡산, 덕유산, 가야산, 지리산, 두류산, 금오산, 조계산, 조령, 변산, 월출산, 내장산, 수산, 보미산, 오대산, 상원산, 팔령산, 유량산, 온산, 청량산 등 20여 곳이 된다.

「감결」에 "몸을 보전할 땅 열 곳이 있으니, 첫째는 풍기 예천, 둘째는 안동

화곡, 셋째는 개령 용궁, 넷째는 가야, 다섯째는 단춘, 여섯째는 공주 정산 마곡, 일곱째는 진천 목천, 여덟째는 봉화, 아홉째는 운봉 두류산인데 이는 길이 살 수 있는 땅이어서 어진 정승과 훌륭한 장수가 연달아 날 것이다. 그리고 열 번째는 태백이다"라 했다.[467]

그리고 「감결」에 "곡식 종자는 삼풍「三豊, 삼풍(三風)이라고도 한다」에서 구하고, 사람 종자는 양백(兩白, 태백과 소백)에서 구할 것이다.[468] 이 열 곳은 병화(兵火)가 들어오지 못하고 흉년도 들지 않는다. 흰 옷을 입은 도둑을 만나면 혼인하여 형제처럼 이야기를 나누고 즐겁게 지내리라. '영가(永嘉) 사이에 화기(和氣)가 융성하리라'고 했는데, 영가가 바로 이 산(태백산과 소백산)이다. (…) 십승지(十勝地)에 들어간 사람은 시국을 잘 관망하여 살 수 있으리라"라는 구절도 있다.[469]

또 「감결」에 "후세에 지각이 있는 사람이 먼저 십승지에 들어가면, 가난한 사람은 살고 부자는 죽으리라. (…) 부자는 많은 돈과 재물이 있으므로 섶을 지고 불에 뛰어드는 것과 같고, 가난한 사람은 일정한 생업이 없으니 빈천한 신세로 어디에 간들 못 살겠는가? 그러나 조금이라도 지각이 있는 사람이라면 시국을 보아 행하리라"라 했다.[470]

한편 「감결」에 "만일 후세 사람들이 지각이 있어 십승지에 들어가려 해도 필시 어리석은 사람들이 만류할 것이니, 공(公)과 사(私), 그리고 크고 작음을 막론하고 화복(禍福)을 어찌 다 말할 수 있겠는가? 형용하기가 힘들다"라 했다.[471]

---

467 「감결」, 『정감록』(한성도서주식회사, 1923); 안춘근, 앞의 책, 1973, 568면.

468 "인재(人才)는 양백에서 구하고 곡식 종자는 삼풍에서 구한다"는 구절이 현전한다. 「징비록」, 『정감록』(한성도서주식회사, 1923); 안춘근, 앞의 책, 1973, 490면. 인종은 양백에서 구하고 곡식종자는 삼풍에서 구한다는 표현은 「동차결」, 『정감록』(한성도서주식회사, 1923); 안춘근, 앞의 책, 1973, 556면과 561면과 「감결」, 『정감록』(한성도서주식회사, 1923); 안춘근, 앞의 책, 1973, 587면에도 보인다. 그리고 "곡종은 삼풍에서 구하고, 인체(人體)는 양백에서 찾는다."는 표현이 「요람역세」, 『정감록』(한성도서주식회사, 1923); 안춘근, 앞의 책, 1973, 526면에 보인다.

469 「감결」, 『정감록』(한성도서주식회사, 1923); 안춘근, 앞의 책, 1973, 568면.

470 「감결」, 『정감록』(한성도서주식회사, 1923); 안춘근, 앞의 책, 1973, 568면.

471 원래는 「감결」, 『정감록』(한성도서주식회사, 1923); 안춘근, 앞의 책, 1973, 568면 이후에 있어야 되

또한 「감결」에 “십승지는 사람이 세상에서 피신하기에 가장 좋은 땅이다. (…) 이 열 곳은 병화(兵火)가 들지 않고 흉년도 들지 않는다. 그러니 이곳을 버리고 어디로 가서 살겠는가? 장씨(張氏)가 의병을 일으켜 난을 시작하는 것이 경염(庚炎)의 때이니, 지각이 있는 자는 이때 십승지로 가라. 그러나 먼저 들어가는 자는 되돌아가고, 중간에 들어가는 자는 살고, 나중에 들어가는 자는 죽으리라”라 했다.

「감결」에 “이 열 곳은 비록 12년 동안이나 병화가 있더라도 해를 입지 않을 것이지만, 6도(道)의 백성은 죽으리라. 이 열 곳은 사면(四面)이 이러이러하니 흉년이 들지 않는다. 대개 산수(山水)의 법은 기이하여 훗날 지각이 있는 자가 비록 걸식을 하며 이곳에 들어가더라도 좋을 것이다”라는 구절이 보인다.[472]

한편 「감결」에 “첫째는 풍기 차암 금계촌(金鷄村)으로, 소백산의 두 물길 사이에 있다. 둘째는 화산 소령 고기로 청양현(靑陽縣)에 있는데, 봉화 동쪽 마을로 넘어 들어간다. 셋째는 보은 속리산 사증항(四甑項) 근처로, 난리를 만나 몸을 숨기면 만에 하나도 다치지 않을 것이다. 넷째는 운봉 행촌(杏村)이다. 다섯째는 예천 금당실(金塘室)로 이 땅에는 난리의 해가 미치지 않는다. 그러나 이곳에 임금의 수레가 닥치면 그렇지 않다. 여섯째는 공주 계룡산으로, 유구와 마곡 사이 두 물골의 둘레가 2백 리나 되므로 난리를 피할 수 있다. 일곱째는 영월 정동쪽 상류로, 난을 피해 종적을 감출 만하다. 그러나 수염 없는 자가 먼저 들어가면 그렇지 않다. 여덟째는 무주 무봉산 북쪽 동방(銅傍) 상동(相洞)으로, 피난하지 못할 곳이 없다. 아홉째는 부안 호암(壺岩) 아래인데, 가장 기이하다. 열 번째는 합천 가야산 만수봉(萬壽峰)으로, 그 둘레가 2백 리나 되어 영원히 몸을 보전할 수 있다. 그리고 동북쪽 정선현 상원산 계룡봉(鷄龍峰) 역시 난리를 피할 만하다”라 했다.[473] 열 군데의 피난처가 구체적으로 제시되

지만, 『정감록집성』에서 한 면이 빠져 있다. 이민수, 앞의 책, 1973, 19쪽에 해석이 실려 있다.

472 원래는 「감결」, 『정감록』(한성도서주식회사, 1923); 안춘근, 앞의 책, 1973, 568면 이후에 있어야 되지만, 『정감록집성』에서 한 면이 빠져 있다. 이민수, 앞의 책, 21쪽에 해석이 실려 있다.

473 원래는 「감결」, 『정감록』(한성도서주식회사, 1923); 안춘근, 앞의 책, 1973, 568면 이후에 있어야 되

어 있다.

그리고 「감결」에 "계룡산 남쪽 밖에 있는 네 고을 또한 백성들이 몸을 보존할 곳이다"라는 구절도 보인다.[474] 기존에 알려진 십승지 이외의 지역도 피난처로 제시된다.

한편 「무학비결」에는 "그러므로 여러분들은 머리에 누른 빛깔의 수건을 두르고, 명산대천(名山大川) 사이로 들어가라"라는 주장도 있다.[475] 명산대천이라는 애매모호한 표현이 있을 따름이다.

그런데 「남사고비결」에 "대소백산의 가득찬 정기는 천 년 동안의 전쟁으로도 오염되지 않는 땅이니라. 예주를 지나가다가 대소백산을 보고 말에서 내려 절하며 '십이승지(十二勝地)라'고 말했도다"라는 구절이 있다.[476] '열두 군데의 승지'라는 표현은 『정감록』에서 이 구절이 유일하다. 굳이 열 군데의 승지가 아니라 열두 군데의 승지도 있을 수 있다는 입장이다.

또 「남사고비결」에 "이때가 되면 몸을 보전할 곳은 산수(山水)를 의지함이 제일이지만, 먼저 움직이면 반드시 죽고, 중간에 움직이면 반드시 살 것이다. 만약 덕을 쌓고 인(仁)을 베풀어 온 집이 아니면 남는 것이 없으리라"라 했다.[477] 비록 십승지라 하더라도 그곳에 들어가는 시점이 중요하다는 주장이다.

「토정가장결」에는 "비록 창생(蒼生)을 위하여 십승지를 일러주었으나, 혹은 먼저 어려움이 있고 혹은 나중에 어려움이 있으리니, 앞뒤를 모른 채 믿고 들어가면 반드시 예기치 않은 화를 당할 것이다. 어찌 삼가지 않을 수 있겠는가?"라는 구절이 있다.[478] 십승지에 들어가더라도 어려움에 처할 수 있으니 조

지만, 『정감록집성』에서 한 면이 빠져 있다. 이민수, 앞의 책, 22-23쪽에 해석이 실려 있다.

474 원래는 「감결」, 『정감록』(한성도서주식회사, 1923); 안춘근, 앞의 책, 1973, 568면 이후에 있어야 되지만, 『정감록집성』에서 한 면이 빠져 있다. 이민수, 앞의 책, 22쪽에 해석이 실려 있다.

475 「무학전」, 『정감록』(한성도서주식회사, 1923); 안춘근, 앞의 책, 1973, 576면.

476 「남사고비결」, 『정감록』(한성도서주식회사, 1923); 안춘근, 앞의 책, 1973, 580면.

477 「남사고비결」, 『정감록』(한성도서주식회사, 1923); 안춘근, 앞의 책, 1973, 580-581면.

478 「토정가장결」, 『정감록』(한성도서주식회사, 1923); 안춘근, 앞의 책, 1973, 594면.

심하라는 주장이다.

그리고 「토정가장결」에 "내가 (…) 금강산에서 기운을 바라보며 근원을 찾아 (…) 태백산을 바라보니, 백여 리 가운데 깊은 숲만 있고 인가는 없으니 곧 대소궁기(大小弓基)였다. (…) 참으로 경치가 뛰어난 곳이다. 그 모양이 활시위를 당긴 듯 기이하고, 그 몸이 목성(木星)과 같으니, 목씨(木氏) 성을 가진 사람이 거주할 땅이다. (…) 적선(賊船)이 이르지 못하고 토병(土兵)이 쳐들어올 수 없으니, 이는 약함이 능히 강함을 이기고 허(虛)한 가운데 실(實)하여 하늘이 정한 궁기(弓基)니 일시 쓰일 때가 있을 것이다. (…) 이곳에 들어가서 열심히 일하여 곡식을 쌓아두면 진실로 삶을 도모하고 생명을 보전할 수 있는 백년의 땅이다"라 했다.[479] 태백산에 빼어난 승지가 있고, 그곳에 들어가 살 수 있는 사람들의 성씨가 정해져 있다는 주장이다.

한편 「서계이선생가장결」에 "오로지 내 자손들은 길한 땅을 찾아갈 일이다. 길한 땅과 길한 운수는 전후를 막론하고 마찬가지다"라는 내용이 있다.[480] 목숨을 보전할 수 있는 장소를 적극적으로 찾아야 한다는 주장이다.

또 「서계이선생가장결」에 "산(山)과 선(仙) 사이에는 기근이 들어갈 수 없다. 작은 산과 작은 시내에 모습을 숨기는 것이 어떨까? 만약 그 땅에 들어가면 협자촌(俠字村)을 찾으라. 여덟 가지 물건이 장생(長生)하여 사람을 돕고 목숨을 구할 것이다"라 했다.[481] 기존에 알려진 십승지 이외의 지역도 승지가 될 수 있다는 입장이다.

나아가 「서계이선생가장결」에는 "황간과 영동 사이에도 가히 만 가구가 살 수 있고, 청주 남쪽과 문의 북쪽도 가히 모습을 숨길 수 있다. 옥천과 진잠도 간혹 별이 비친다"라는 구절이 있다.[482] 알려진 십승지 이외의 지역이 승지

479 「토정가장결」, 『정감록』(한성도서주식회사, 1923); 안춘근, 앞의 책, 1973, 594면.
480 「서계이선생가장결」, 『정감록』(한성도서주식회사, 1923); 안춘근, 앞의 책, 1973, 591면.
481 「서계이선생가장결」, 『정감록』(한성도서주식회사, 1923); 안춘근, 앞의 책, 1973, 591면.
482 「서계이선생가장결」, 『정감록』(한성도서주식회사, 1923); 안춘근, 앞의 책, 1973, 591-592면.

로 제시되었다.

또 「서계이선생가장결」에 "이런 땅에서 살아가기 위해서는 남편은 밭을 갈고 부인은 베를 짜라. 벼슬자리에는 오르지 말고, 농사짓는 일에 부지런히 힘써 스스로 살 수 있는 길을 버리지 않도록 하라. 집은 반드시 누추할 것이며, 살림은 필히 가난해야 한다. 가난한 사람이 무엇이 두려우랴? 가는 곳마다 좋게 될 것이다. (…) 부자를 쫓아가지 말라. 부자가 되면 죽을 일이 많고, 횡액에 걸릴까 두렵구나"라 했다.[483] 승지에 들어가서 살아가는 자세에 대해 설명한 부분이다.

한편 「두사총비결」에 "내가 조선의 산천을 돌면서 내 몸을 보전할 곳을 두루 보니, 대개 태백산과 소백산은 백두산에서 갈려 내려와서 산맥이 나뉘었는데, 본래부터 왕성한 기상이 있어 화기(和氣)가 넘쳐흐른다. 화산, 가야산, 지리산, 두류산과 삼풍(三豊)의 네 평야는 어진 정승이나 훌륭한 장수가 계속해서 나올 곳으로서, 땅은 기름지고 풍속은 순해서 오래갈 것이니, 누가 주인이 될 것인가? 오서산과 성주산은 그다음이다"라는 구절이 있다.[484]

또 「두사총비결」에 "강화의 마니산과 약수산, 영가의 백운산, 화악산, 대아산, 도성산 같은 곳은 비록 산세가 얕게 드러났지만, 병화(兵火)가 들어가지 못하고 간사한 것이 침입할 수 없다. 그러나 덕을 쌓고 오랫동안 어진 일을 한 집안이 아니면 어떻게 그곳에 살 수 있겠는가?"라 했다.[485] 오랜 기간에 걸쳐 적선한 가문이라야 승지에 들어갈 수 있다는 입장이다.

그리고 「두사총비결」에 "영천의 백운산, 동주, 용해는 주고받는 말이 화락하고 입고 먹을 것이 풍족하니 영세토록 길한 것을 보전할 땅이다"라 했다.[486] 역시 기존에 알려진 십승지 이외의 지역도 승지의 하나로 제시된 부분

---

483 「서계이선생가장결」, 『정감록』(한성도서주식회사, 1923); 안춘근, 앞의 책, 1973, 592면.

484 「두사총비결」, 『정감록』(한성도서주식회사, 1923); 안춘근, 앞의 책, 1973, 582-583면.

485 「두사총비결」, 『정감록』(한성도서주식회사, 1923); 안춘근, 앞의 책, 1973, 583면.

486 「두사총비결」, 『정감록』(한성도서주식회사, 1923); 안춘근, 앞의 책, 1973, 583면.

이다.

한편 「피장처」에는 "인천 영종도는 복지(福地)이니, 고려 말년으로부터 병화(兵火)가 미치지 않았고, 임진왜란과 병자호란 때에도 이곳만 홀로 편안했다"라 했다.[487] 오랫동안 전쟁이 발생하지 않은 새로운 지역이 승지로 포함되었다.

그리고 「피장처」에 "정선은 도원(桃源)이라고 불리며, 부근에 성마(星磨)도 있다. 모두 하늘이 만들어놓은 듯 험한 곳이어서 한 사람으로도 관문을 지킬 만한 땅이다"라 했다.[488] 피난처가 아니라 전쟁이 일어났을 때 적을 막을 수 있는 장소로 상정되었다.

또 「피장처」에 "여주 사전촌(寺前村)은 30대 동안 장수와 정승이 날 곳이니, 천기(千基)의 안쪽 정혈(正穴)은 용암 아래쪽이다. 광주, 율평, 석인 동쪽의 혈자리는 여덟 성씨가 들어가 살면서 58대 동안 장수와 정승이 태어날 땅이다. 이천 북면 광복동은 읍에서 백십 리가 떨어진 곳인데, 길함을 보전할 땅이다"라 했다.[489] 역시 십승지 이외의 훌륭한 장소가 거론된다.

『정감록』에서 승지사상은 구체적으로 십승지피난설(十勝地避難說)로 제시된다. 말세의 위기를 벗어날 수 있는 피난처와 이상향에 대한 동경이 깃들어 있다. 대표적인 구절은 다음과 같다.

> 그때를 맞아 몸을 보존할 수 있는 땅은 십승(十勝)을 넘어설 수 없다. 첫째는 풍기, 둘째는 안동 화곡, 셋째는 개령 용궁, 넷째는 가야, 다섯째는 단양 영춘, 여섯째는 공주 정산, 일곱째는 진천 목천, 여덟째는 봉화, 아홉째는 풍천, 열 번째는 태백이 영원히 살 만한 땅이다. 현명한 재상과 좋은 장수가 계속해서 출현하여 종말에 이르면 곡식 종자는 삼풍(三豊)에서 구하고, 사람 종자는 양백(兩白)에서 구하라. 이 열 곳은 전쟁이 침입하지 않

487 「피장처」, 『정감록』(한성도서주식회사, 1923); 안춘근, 앞의 책, 1973, 583면.

488 「피장처」, 『정감록』(한성도서주식회사, 1923); 안춘근, 앞의 책, 1973, 583면.

489 「피장처」, 『정감록』(한성도서주식회사, 1923); 안춘근, 앞의 책, 1973, 584면.

고, 흉년이 들지도 않으니, 흰 옷을 입은 도적을 만나면 혼인하고, 형제가 화목하게 이야기를 나누며, 영가(永嘉)의 사이에서 화기가 무르녹을 것이다. (…) 만일 지각이 있는 자라면 반드시 십승지로 들어갈 것이니, 가난한 자는 살겠고, 부자는 죽으리라.[490]

그런데 "열 곳의 빼어난 장소"라는 뜻의 십승지(十勝地)는 구체적 장소에서 조금씩 다르게 열거된다. 위의 인용문과 다른 장소는 다음과 같다.

"다섯째 단춘, 일곱째 진목, 아홉째 운봉 두류산"으로 거론된 구절이 있으며,[491] "일곱째 진목, 여덟째 무풍 덕유, 아홉째 예천"으로 거론되기도 한다.[492]

한편 곡식 종자를 삼풍에서 구하고 인간 종자를 양백에서 구한다는 표현은 여러 곳에 보인다.[493] 특히 「비지론」에서는 삼풍을 풍기(豊基), 연풍(延豊), 무풍(茂豊) 세 곳을 가리킨다고 주장했다.

백 가지 곡식을 삼풍에서 구하고, 인간 종자를 양백에서 구하라.[494]

몸을 보존하고 목숨을 도모하는 땅에 십승지가 있다. 첫째는 풍기 차

---

490 當其時保身之地, 莫踰十勝. 一曰豊基, 二曰安東華谷, 三曰開寧龍宮, 四曰伽倻, 五曰丹陽永春, 六曰公州定山, 七曰鎭川木川, 八曰奉化, 九曰豊川, 十曰太白, 乃永居之地. 賢相良將, 繼繼而出, 終末則, 求穀種於三豊, 求人種於兩白. 此十處, 兵火不入, 凶年不入, 逢白衣賊則結婚姻, 兄弟和語樂談, 永嘉之間, 和氣融融. (…) 若有知覺者, 必入十勝, 貧者生, 富者死. 「징비록」, 위의 책, 487면. 안동(安東) 永嘉之北 「유산결」, 위의 책, 19면.

491 五曰, 丹春, 七曰, 鎭木, 九曰, 雲峯頭流山으로 표현된 것 이외에는 거의 비슷한 내용이 「감결」, 위의 책, 568면에 나온다.

492 七曰, 眞木, 八曰, 茂豊德裕, 九曰, 醴泉 이외에는 「비지론」, 위의 책, 609면과 비슷하다.

493 「요람역세」, 위의 책, 526면; 「동차결」, 위의 책, 556면; 「감결」, 위의 책, 568면; 「비지론」, 위의 책, 609면.

494 百穀於三豊, 求人種於兩白. 「운기구책」, 위의 책, 507면.

암 금계촌 (…) 둘째는 화산 소래고기 (…) 셋째는 보은 속리 증항연지 (…) 넷째는 운봉 두류산 동점 백 리 안 (…) 다섯째는 예천 금당동지 (…) 여섯째는 공주 유구 마곡 서수 사이 주변을 돌아드는 백 리 안 (…) 일곱째는 영원 정동 상류 (…) 여덟째는 무주 무풍 북방동 (…) 아홉째는 부안 호암혈 아래 (…) 열 번째는 협천 가야산 남쪽에 있는 만수동 주변을 돌아드는 2백 리.[495]

이 밖에도 "소라고기(召羅古基), 속리(俗離) 증정근지(蒸頂近地), 유구 마곡 양수지간(兩水之間)" 등 조금씩 차이가 나는 표현도 보이며,[496] "화초소래동고기(花苕萊洞古基), 보은 속리산(俗離山) 승경근지(承傾近地), 운봉 하류동(河流洞) 무주 무풍동(舞風洞)" 등 지명이 약간 다르게 표현된 곳도 있다. 그리고 "예천 금당동과 영월"이 빠지고 "부안 서암(西岩), 소백산 회인동(會仁洞), 태백산 좌측 만양동(滿陽洞)"이 새로 들어간 기록도 있다.[497] 또 "화산소령고기(花山召嶺古基), 운봉행촌(雲峰杏村), 예천 금당실(金塘室), 무주 무봉산(舞鳳山)"이라고 적힌 곳도 있고,[498] "화산석라고기(花山石羅故基), 속리산연항근지(俗離山燕項近地)"라고 기록된 곳이 보인다.[499]

한편 "첫째 풍기, 둘째 부안, 셋째 용궁, 넷째 가야, 다섯째 단춘, 여섯째 공주, 일곱째 삼풍, 여덟째 봉화, 아홉째 예천, 열 번째 대소백산"으로 적힌 곳도 있다.[500]

---

495 保身圖之命地, 有十勝地. 一曰豊基車岩金鷄村 (…) 二曰花山召來古基 (…) 三曰報恩俗難甑項連地 (…) 四曰雲峰頭流山銅店百里內 (…) 五曰豊泉金堂洞地 (…) 六曰公州維鳩麻谷西水間周回百里內 (…) 七曰寧越正東上流 (…) 八曰茂朱豊北方洞 (…) 九曰扶安壺岩穴下 (…) 十曰陜川伽倻山南有萬壽洞周回二百里 「운기구책」, 위의 책, 503면.

496 「남경암산수십승보길지지」, 위의 책, 581면.

497 「요람역세」, 위의 책, 525-526면.

498 「감결」, 위의 책, 569면; 「부탐라조선」, 위의 책, 626면.

499 「남격암십승지론」, 위의 책, 617면.

500 一豊基, 二扶安, 三龍宮, 四伽倻, 五丹春, 六公州, 七三豊, 八奉化, 九醴泉, 十大小白. 「운기구책」, 위의 책, 506면.

십승지에도 들어가는 시점에 따라 살고 죽는 일이 결정될 것이라는 생각이 다음과 같이 표현된다.

먼저 들어간 사람은 돌아 나오고, 중간에 들어간 자는 살고, 나중에 들어가는 자는 혹은 미치지 못하고 혹은 불안할 것이다. (…) 중간에 들어가는 사람은 길하다.[501]

먼저 움직이는 자는 돌아 나오고, 중간에 움직이는 자는 살 것이고, 나중에 움직이는 자는 미치지 못할 것이다. (…) 나중에 들어오는 자는 죽을 것이다.[502]

그리고 흔히 태백산과 소백산 사이의 승지를 가리키는 용어로 해석되는 양백(兩白)에 대한 다음과 같은 기록도 전한다.

이씨의 운은 장차 옮겨갈 것이니, 백성들이 피신하는 땅은 양백(兩白)만한 곳이 없을 것이다.[503]

가장 좋은 곳은 양백의 사이이다.[504]

그런데 십승지에 대한 부정적 견해도 보인다.

너희들은 십승(十勝)을 좋게 여겨 들어가지 말며, 황야를 버리고 거주하는 운을 따르지 말라. 나를 죽이는 것은 십승이라는 깊은 산과 궁벽한

---

501 先入者環出, 中入者生, 後入者或未及或不安. 「징비록」, 위의 책, 489면. 中入者吉 「운기구책」, 위의 책, 506면.

502 先動者還, 中動者生, 後動者未及. 「운기구책」, 위의 책, 497면. 後入者死 「비지론」, 위의 책, 610면. 비슷한 표현이 「호남소전」, 위의 책, 624면에도 보인다.

503 李運將移, 人民避身之地, 莫如兩白. 「징비록」, 위의 책, 489면.

504 最好則兩白之間也. 「요람역세」, 위의 책, 527면.

계곡이며, 나를 살리는 것은 황야의 한 조각 땅이다.[505]

태백산과 소백산 아래는 더욱 재앙이 미칠 것이다.[506]

우리나라는 예부터 유난히 많은 외세의 침략을 받아왔다. 북쪽에는 중국의 여러 나라들이 우리나라를 침범해왔고, 남쪽에서는 왜구의 침략이 끊이지 않았다. 따라서 우리의 선조들은 난리를 피할 수 있는 장소를 물색하였다.

이러한 종말론은 비단 우리나라뿐만 아니라 전 세계 여러 나라에서 다양한 형태로 유포되고 있다. 그러나 우리나라의 예언서들은 다른 나라의 종말론과는 달리 재난을 피하는 방법이 제시되고 나아가 재난이 지난 후에 전개될 세계를 전망하고 있다는 특징이 있다. 우리나라의 예언서가 지니고 있는 이와 같은 특징은 미래에 대한 희망, 삶에 대한 의욕과 투지를 북돋워준다는 점에서 그 의의가 크다고 할 수 있다.

물론 이러한 생각은 십승지나 십승지와 관련된 사상과 활동이 가지는 부정적인 면을 도외시하고 긍정적인 면만을 고려한 편견이며 균형감을 잃은 생각이라는 비난을 면하지 못할 수도 있다.

그러나 인류가 창조해왔던 사상, 이념, 철학, 종교들이 모두 양날을 지닌 칼처럼 인간의 삶에 긍정적인 영향을 미치기도 했지만 때로는 부정적인 영향을 끼치기도 했다는 점을 인정한다면, 십승지와 십승지에 얽힌 풍수, 도참사상에 대해 무조건적인 비판을 가하거나 왜곡된 색안경을 끼고 바라보기에 앞서, 보다 과학적인 분석과 검증을 거쳐 그 본질을 규명하고 우리 생활에 활용하는 방법의 하나로 탐색하는 일을 게을리하지 말아야 할 것이다.

예언서라는 특성상 원래 표현이 우의적(寓意的)이고 이해하기가 쉽지 않고, 비밀리에 읽히고 필사되는 과정에서 오자와 탈자가 생겼고, 개인이나 집

---

505 汝等勿以十勝爲好而入, 勿以荒野爲棄而居世之運. 殺我者十勝其深山窮谷, 活我者荒野一片之地. 「동차결」, 위의 책, 549면.

506 太白小白之下, 尤被其禍. 「토정묘결」, 위의 책, 621면.

단의 이익을 반영하기 위해 첨가, 삭제, 수정이 멋대로 이루어짐으로써 십승지의 내용에도 상당한 차이가 생기게 되었던 것이다.

따라서 이러한 상황에서 십승지의 위치를 정확하게 규명하는 일은 어려울 수밖에 없다. 십승지에 대해 언급하고 있는 책들은 대부분 저자와 저작 시기조차 불분명하며, 더욱이 내용과 형식마저 비슷하여 어떤 책이 십승지 열군데를 정확히 적은 원본인지 부정확하게 언급하는 이본인지를 지금으로서는 도저히 알 수 없게 되어버렸다.

결국 십승지의 위치를 정확히 규명할 수 있는 가장 현실적인 방법은 『정감록』의 여러 이본들에 언급되고 있는 십승지 가운데 출현 빈도가 높은 곳 순으로 선정하는 것이다. 즉 구할 수 있는 모든 『정감록』이본들에 나름대로 제시되어 있는 십승지를 망라한 다음, 이들을 출현 빈도가 높은 정도에 따라 순위를 정하여 10권에 드는 지역을 현재적 관점에서 이른바 십승지로 선정하는 방법이다. 현실적으로 이 방법 외에는 다른 합리적인 방법을 찾을 수 없으며, 계량적 분석에 기초하여 최소한의 객관성을 확보할 수 있다는 점에서 비교적 무난한 방법이라고 여겨진다.

『정감록』의 여러 이본들에 제시되어 있는 십승지를 출현 빈도가 높은 순서에 따라 선정하면 영월, 봉화, 영주, 예천, 합천, 보은, 공주, 무주, 부안, 남원 등 열곳이 된다.

십승지라는 지명은 예언서에 표시된 지명과 약간의 차이를 보이기도 하지만, 대개의 경우 큰 차이를 보이지 않는다. 그 이유는 이 지명들이 고려시대 말기나 조선시대 초기의 지명이 대부분이며 훗날 개명된 채 오늘날까지 거의 그대로 이어져 내려오고 있기 때문이다.

이들 십승지를 오늘날의 행정구역에 따라 정리하면 그 위치는 대체로 다음과 같다.[507]

---

507 이태희, 앞의 책, 129쪽.

영월: 강원도 영월군 상동읍 연하리 일대

봉화: 경상북도 봉화군 춘양면 석현리 일대

보은: 경상북도 보은군 내속리면 및 경상북도 상주군 화북면 화남면 일대

공주: 충청남도 공주시 유구읍 사곡면 일대

풍기: 경상북도 영주시 풍기읍 금계리 일대

예천: 경상북도 예천군 용궁면 일대

합천: 경상북도 합천군 가야면 일대

무주: 전라북도 무주군 무풍면 일대

부안: 전라북도 부안군 변산면 일대

남원: 전라북도 남원시 운봉읍 일대

어떤 사람들은 공주 계룡산, 개성 송악산, 평양, 한양, 가야산, 전주 등을 십승지와 관련지어 생각하기도 한다. 그러나 이 지역들은 왕도(王都)의 위치와 관계된 지명으로 일반 민중들이 피난하거나 보신하기 위해 찾는 십승지와는 엄연히 구별되어야 할 것이다.

왜냐하면 왕도(王都)에 대해 언급한 「감결」에 다음과 같이 기록하고 있기 때문이다.

> 곤륜산으로부터 온 맥이 백두산에 이르고 평양에 이르렀으나, 평양은 이미 천 년의 운수가 지났고, 송악으로 옮겨져 5백 년 도읍할 땅이 되었으나 요망한 중과 궁녀가 난을 꾸미고 땅 기운이 쇠패하고, 하늘 운수가 다하면 운은 한양으로 옮길 것이다.
>
> 내맥의 운수가 금강산으로 옮겨 태백산과 소백산에 이르러 산천이 기운을 뭉쳐 계룡산으로 들어갔으니, 정씨가 8백 년 도읍할 땅이요. 원맥은 가야산으로 들어갔으니, 조씨가 천 년 도읍할 땅이요, 전주는 범씨가 6백 년 도읍할 땅이요, 송악에 되돌아와서 왕씨가 다시 일어나는 땅인데, 나머지는 자세하지 않아서 상고할 수 없다.

이와 비슷한 내용은 「삼한산림비기」 등의 이본들에서도 찾아볼 수 있다.

한편 십승지는 전지전능한 신적인 존재가 점지하거나 설정해준 땅이 아니다. 지형과 지세, 맥과 기의 흐름, 풍수지리적인 논리 등에 의해 결정되고 있다.

「감결」에 보면 "대개 인간세상에서 몸을 피하려면, 산도 이롭지 않고, 물도 이롭지 않고, 양궁(兩弓)이 가장 좋다"라 했다. 여기서 양궁은 발음으로 '활활'이므로 개활지라고 풀이하기도 한다. 또 「감결」에 "이 십승지는 병화(兵火)가 들어오지 못하고 흉년이 들지 아니하니, 여기를 버리고 사람이 어디에서 살겠는가? (…) 알아 깨달은 사람은 이때 십승지에 거주하여라. 그러나 먼저 들어간 사람은 되돌아오고, 중간에 들어간 이는 살며, 뒤에 들어간 자는 죽을 것이다"라 했다.

또 「감결」에 다음과 같은 내용도 보인다.

> 이 열 곳은 비록 열두 해 동안 병란이 있어도 들어오지 않지만, 육도(六道)의 백성은 죽음이 있을 뿐이다. 이 열 곳은 사면(四面)이 이러이러해서 흉년이 들지 않으니, 참으로 산수(山水)의 법은 기이하다. 뒤에 지각이 있는 자가 비록 빌어먹어 가며 들어가더라도 좋을 것이다.

인용문에 나오는 산, 물, 양궁, 사면, 흉년, 산수의 법 등은 모두 지리, 지형, 지세 등 자연환경적인 조건과 관계가 있다. 이와 같은 사실에 기초해서 십승지의 공통적인 특색을 개략적으로 추출해보면 다음과 같다.[508]

① 십승지는 백두대간을 이루는 남쪽의 명산들을 중심으로 위치하고 있다.

508 위의 책, 133-139쪽.

십승지가 위치하고 있는 지역들은 태백산, 소백산, 속리산, 덕유산, 가야산, 지리산 등의 명산들이 자리하고 있다. 이 산들은 백두산에서 시작된 백두대간에 속해 있으며, 모두 남쪽에 위치하고 있다.

풍수지리설에 따르면 백두대간의 정기가 태백산과 소백산에서 크게 뭉치고, 지맥을 따라 속리산, 덕유산, 가야산, 지리산까지 이어졌기 때문에 이 산들을 중심으로 해서 큰 인물이 많이 태어난다고 한다. 그리고 이 산들을 중심으로 피난하거나 보신할 장소도 있다고 설명된다. 그러나 이러한 주장이 과학적으로 검증된 것은 아니다.

② 십승지는 대부분 소규모의 평탄면과 하천이 전개되는 협곡에 위치하고 있다.

십승지는 대개 높은 산자락 아래쪽의 협곡에 위치하고 있으며, 2-3개의 하천과 이 하천 때문에 발달한 소규모의 평야가 함께 펼쳐진 곳에 위치하고 있다. 전체적으로 볼 때 산이 높고 많은 반면, 하천과 평탄면은 규모가 작은 편이어서 비교적 넓은 평야라고 하더라도 최대 폭이 24km 정도밖에 안 되며, 좁은 곳은 8km 정도이다.

③ 십승지는 병풍과 같은 산들에 둘러싸여 있어서 외부와의 교류가 차단되어 있다.

십승지는 동서남북 사방으로 높은 산들이 울타리처럼 둘러쳐져 있어서 외부로부터의 접근이나 침입이 용이하지 않으며, 내부로부터 외부로의 진출 또한 쉽지 않은 곳에 자리잡고 있다.

십승지와 외부 세계를 연결하는 교통로는 대개의 경우 한 곳밖에 없는데 이 교통로도 협곡을 가로질러 흐르는 물이 빠져나가는 곳에 있으며 산자락에 의해 아물어져 있기 때문에 외부 세계와의 교류를 어렵게 만든다.

④ 십승지는 풍수지리상의 장풍득수(藏風得水)와 밀접한 관련을 갖는 지형적 구조를 하고 있다.

십승지는 높은 산들에 둘러싸여 있을 뿐만 아니라 협곡을 관통하는 하천이 필수적으로 존재하고 있어서 풍수지리에서 중시하는 장풍득수의 전형적인 지형 조건을 충족시키고 있다는 특징이 있다.

풍수지리설에 입각하여 십승지의 지형을 살펴보면, 장풍의 조건인 청룡, 백호, 주작, 현무의 사신(四神)과 득수(得水), 파수(破水)의 조건인 하천이 펼쳐져 있으며, 음양이 화하여 생기(生氣)가 머무는 혈장(穴場)이 넓어서 더없이 좋은 양택지(陽宅地)가 된다.

⑤ 십승지는 정치, 경제, 행정, 사회, 교육적 이익이 없는 곳에 위치하고 있다.

십승지는 인구, 산업, 유통, 교육, 문화, 복지, 교통 등이 절대적으로 뒤쳐진 오지(奧地)에 위치하고 있다. 이 지역들은 현실적으로도 대부분 국립공원지역이기 때문에 개발이 극히 제한되어 있으며, 정부의 국토개발계획이나 산업계획, 도시계획에도 들어 있지 않아 당분간은 개발될 가능성이 거의 없는 지역이다. 이처럼 이른바 십승지가 아직까지도 개발과 무관한 지역으로 남아 있게 된 까닭은 정치, 경제, 사회, 군사적으로 이용할 가치가 별로 없었기 때문이다.

일반적으로 땅의 가치는 지리적 위치, 면적, 토양, 자원, 교통, 배후도시 등에 의해 결정되는데, 십승지는 산간벽지에 위치하고 있으며, 면적도 좁고, 토양도 척박하며, 자원도 부족하고, 배후도시도 발달되어 있지 않기 때문에 개발되지 않은 상태로 여전히 남아 있는 것이다.

또 십승지는 전략전술적인 측면에서 볼 때도 그다지 가치가 없어서 임진왜란이나 한국전쟁 때에도 왜적이나 인민군들이 전혀 접근하지 않았던 지역이었다. 즉 침략군이 들어오지 않을 수밖에 없었던 것이 아니라 들어올 필요성이나 가치가 희박했던 것이다.

⑥ 십승지는 인간에게 닥쳐올 재앙의 모습을 제시해주고 있다.

십승지가 거의 모든 면에서 뒤쳐져 있고 발전 가능성도 없는 지역임에도 불구하고 『정감록』에서 십승지를 길지(吉地)로 서술하고 있는 이유는 가까운 미래에 닥쳐올 재앙을 피할 수 있는 최적의 장소로 믿어지기 때문이다.

『정감록』에는 "곡식의 종자는 양백에서 구할 것이니, 앞에서 말한 열 곳은 병화(兵火)가 들어오지 않고, 흉년이 들지 않으며"라는 구절을 비롯하여 "금강산 서쪽과 오대산 북쪽은 12년 동안 적의 소굴이 될 것이고, 9년 동안 수재(水災)가 들며, 12년 동안 병란(兵亂)이 있을 것이니"라는 구절이 있다. 여기서 재앙은 가뭄, 홍수 등의 자연적 재해와 굶주림, 질병, 사망, 전쟁, 폭동 등의 인위적 재난으로 인한 살육과 방화와 약탈로 요약된다.

그런데 이와 같은 자연적 재해와 인위적 재난은 대체로 인구가 밀집되어 있고, 정치, 경제, 사회, 군사적인 가치가 높은 곳일수록 그 피해가 크게 나타날 것이 분명하다. 똑같은 자연적 재해가 발생하더라도 인구가 밀집되어 있는 곳이 상대적으로 큰 피해를 입으며, 인위적 재난은 부와 경제, 군사적 이익이 많은 곳일수록 다툼이 치열하여 그 피해가 커질 수밖에 없는 것이다.

한편 국토사랑과 환경보호운동의 차원에서 『정감록』의 십승지사상을 주목할 필요가 있다.

부와 경제적 이익으로 인한 재난에 대한 경고는 『정감록』에 다음과 같이 적혀 있다.

> 후세 사람 중에 지각이 있는 사람은 먼저 십승지에 들어갈 것이니, 가난한 사람은 살고 부자는 죽을 것이다.[509]

---

509 「감결」, 『정감록』(한성도서주식회사, 1923); 안춘근, 앞의 책, 1973, 568면.

부자는 돈과 재산이 많기 때문에 섶을 지고 불에 뛰어드는 것과 같고, 가난한 사람은 재산이 없으니 어디에 간들 가난하고 천하게 살지 못하겠는가?[510]

이와 관련하여 「서계이선생가장결(西溪李先生家藏訣)」에도 다음과 같이 기록되어 있다.

집은 반드시 귀난 데라야 하고, 살림은 반드시 가난해야 한다. 가난한 자가 무엇이 두려운가? 가는 곳마다 모두 좋은 곳이다.[511]

빈한한 것 같은 것이 없으니, 부자를 따라가지 말라. 부자가 되면 죽는 일이 많고, 횡액에 걸리는 것이 두렵다. 그 이치를 알지 못하면 부자를 쫓아가기가 첩경처럼 쉽다.[512]

말세에는 부와 경제적 이익으로 인한 피해가 자연적 재해로 인한 피해보다 더 클 것이라고 강조하는 것이다. 이러한 점을 고려해볼 때 재난을 피하고 목숨을 안전하게 보존할 수 있는 곳은 결국 정치, 경제, 사회, 군사적 이익이 전혀 존재하지 않거나 거의 없는 곳일 수밖에 없다.

한편 『정감록』에는 이른바 남조선신앙이 있다. 『정감록』의 기본적인 이야기 구조는 남(南), 남해(南海), 남도(南島), 남해도(南海島)에서 진인이 출현하리라는 것이다. 그렇지만 남조선(南朝鮮)이라는 용어는 나오지 않는다.[513] 국토의 남쪽, 남쪽의 섬, 남쪽 바다에서 진인이 출세하리라는 것이 남조선신앙이다. 이와 관련하여 조선시대 역모를 추진하던 세력들이 근거지로 삼던 해랑도

510 「감결」, 『정감록』(한성도서주식회사, 1923); 안춘근, 앞의 책, 1973, 568면.

511 「서계이선생가장결」, 『정감록』(한성도서주식회사, 1923); 안춘근, 앞의 책, 1973, 592면.

512 「서계이선생가장결」, 『정감록』(한성도서주식회사, 1923); 안춘근, 앞의 책, 1973, 592면.

513 비결서로는 『정감록』보다 훨씬 후대인 1970년대에 기록된 것으로 보이는 『격암유록(格庵遺錄)』의 「가사총론(歌辭總論)」 등에 비로소 "남문복기남조선(南門復起南朝鮮)"이라는 용어가 나온다.

(海浪島)나 삼봉도(三峰島) 등의 섬이 가지는 이상향으로서의 이미지로 전한다.[514] 다만 『정감록』에 피난처로 언급되고 있는 십승지(十勝地)가 주로 남쪽 조선에 있다는 점과 관련지어 남조선이라는 의미가 상정될 가능성은 충분하다고 본다.

한편 『정감록』에는 불교에 대한 호감을 표한 곳이 보인다.

「삼한산림비기」에 "관음진신(觀音眞神)이 항상 바다 위에 있는 산봉우리에 있어서, 신령스럽게 느껴지는 기운이 늘 모이니, 장수가 직효공(直曉公) 몽가리(蒙伽梨)란 이를 만나 예를 베풀어 귀의(歸依)하고 축원하기를 '중생을 유익되게 하시되, 총명한 남자와 착하고 효성스러운 여자가 배필이 되어 기도하게 하소서' 하면 마땅히 귀하게 될 사람을 낳으리라"라 했다.[515]

반면 「감결」에 "요사스런 중"이라는 표현이 있고,[516] 「삼한산림비기」에 "중의 무리가 죄를 지음이 북한산에서 심하여 무년(戊年)과 기년(己年) 사이에 중들이 흘린 피가 강에 홍건하고"라는 불교에 대해 부정적으로 서술한 기록도 있다.[517]

그리고 「삼한산림비기」에 "송악은 수국(水局)이라. 궁전을 반드시 남향으로 해야 하니, 그렇지 않으면 불설(佛說)이 복종하지 않을 것이다. 도읍을 정하여 나라를 세우는 일을 남쪽 중이 주관하여 13도로 나누어 관할하면 기강(紀綱)이 서지 않고, 다만 무관(武官)에게 이롭고 문관(文官)에게는 불리할 것이다. 그리하여 이 나라에는 약왕보살(藥王菩薩)이 머무르므로, 마침내 망할 때는 불사(佛事)의 모임이 더욱 성하여 요사스러운 중이 사사로운 집안의 일을 어지럽히리라"라 했다.[518] 불교에 대한 부정적인 서술이다.

그런데 「삼한산림비기」에 "불교를 배척하는 신하들이 마침내 나라를 망

514 정석종, 「조선 후기 이상향 추구 경향과 삼봉도」, 『조선 후기정치와 사상』(한길사, 1994)
515 「삼한산림비기」, 『정감록』(한성도서주식회사, 1923); 안춘근, 앞의 책, 1973, 571면.
516 「감결」, 『정감록』(한성도서주식회사, 1923); 안춘근, 앞의 책, 1973, 567면.
517 「삼한산림비기」, 『정감록』(한성도서주식회사, 1923); 안춘근, 앞의 책, 1973, 571면.
518 「삼한산림비기」, 『정감록』(한성도서주식회사, 1923); 안춘근, 앞의 책, 1973, 570면.

칠 것이다. 도읍을 선택하는 이가 만일 중의 말을 들으면 조금 존속이 연장될 가망이 있겠으나 (…)"라는 구절도 전한다.[519] 불교를 옹호해야 나라의 운수가 지속될 것이라는 주장이다.

또 「삼한산림비기」에 "북한산은 금국(金局)이니 궁전을 반드시 동향으로 해야 한다. 그렇지 않으면 불설(佛說)이 막혀 유행되지 못할 것이니, 땅을 선택하는 이는 남의 말에 흔들리지 말라"라 했다.[520] 부처의 법이 널리 퍼져야 나라가 안정될 것이라는 입장이다.

그리고 「삼한산림비기」에 "북한산 옛터에 붉은 풀이 많이 나고, 다른 나라의 중이 가사(袈裟) 차림으로 임금과 마주앉으면 시국의 일을 알 수 있을 것이다"라는 기록도 있다.[521] 정확한 의미는 알 수 없지만, 외국에서 불법이 들어오면 시국이 평안해질 것이라는 뜻으로 볼 수 있다.

한편 「삼한산림비기」에 "계룡산 아래에 도읍할 땅이 있으니, 정씨가 나라를 세울 것이다. (…) 운이 돌아온 때를 만나면 불교를 크게 일으키고 (…) 한 시대의 예악을 장식하리니, 세상에서 드물게 보는 일일 것이다"라는 구절이 보인다.[522] 정씨 진인이 세울 계룡산 도읍과 나라에서는 불법이 크게 유행할 것이라는 예언이다.

또 「삼한산림비기」에 "안양부(安養府) 남쪽에 있는 큰 떡갈나무에 꽃이 피면, 신통한 중이 세상에 나와서 사람의 근심을 다스리게 되겠으나, 만일 금빛이 나는 뱀을 만나면 그 중이 사라져 나타나지 않을 것이다"라 했다.[523] 신비한 능력을 지닌 중의 출현을 예고하는 구절이다.

그리고 「삼한산림비기」에 "만일 탑과 사당을 완전하게 하면 난세가 평화시대로, 위태로움이 안정으로 될 수 있어, 자비의 교화가 백성을 구제하리니,

---

519 「삼한산림비기」, 『정감록』(한성도서주식회사, 1923); 안춘근, 앞의 책, 1973, 570면.
520 「삼한산림비기」, 『정감록』(한성도서주식회사, 1923); 안춘근, 앞의 책, 1973, 570면.
521 「삼한산림비기」, 『정감록』(한성도서주식회사, 1923); 안춘근, 앞의 책, 1973, 570면.
522 「삼한산림비기」, 『정감록』(한성도서주식회사, 1923); 안춘근, 앞의 책, 1973, 571면.
523 「삼한산림비기」, 『정감록』(한성도서주식회사, 1923); 안춘근, 앞의 책, 1973, 571면.

남이 모르는 공덕 쌓기를 힘쓰라"라 했다.[524] 불법을 권장해야 나라가 안정될 것이라는 주장이다.

한편 「삼한산림비기」에는 "문수(文殊), 보현(普賢)이 오대산(五臺山)에 머물러 있으니, 대대로 임금이 예를 갖출 것이다"라는 구절도 있다.[525] 특정지역에 불교의 성인들이 실제로 거주한다고 믿었음을 알 수 있는 부분이다.

반면 「삼한산림비기」에 "왕씨의 말년에는 요사스러운 신하가 나라를 도둑질하고, 이씨의 말년에는 요사스러운 중이 권력을 함부로 쓴다"라는 구절이 있다.[526] 조선의 말기가 되면 권력을 농단하는 중이 출현할 것이라는 예언이다.

또 「삼한산림비기」에 "왕씨는 부처를 받들고 이씨는 부처를 배척할 것이니, 삼가고 삼가야 하리라"라 했다.[527] 고려는 불법을 숭상하고 받들지만, 조선은 불교를 억압할 것이라는 주장이다. 아마도 조선시대의 불교가 처한 상황을 표현한 부분으로 보인다.

한편 「삼한산림비기」에는 "유년(酉年)으로부터 묘년(卯年)에 이르기까지 아랫사람이 신령함을 아뢰어, 비로소 단향(檀香) 목재로 큰 절을 짓고 중들에게 모두 붉은 삿갓을 쓰게 하리니, 이는 다 문수보살이 보호하여 대세(大勢)를 얻음이고 보살이 다스리는 육씨(陸氏)의 사람이다"라는 구절도 보인다.[528] 불교가 흥왕하는 일이 일어날 것이라고 예언한 부분이다.

그리고 『정감록』에는 사대주의에 대한 반기도 엿보인다.

「토정가장결(土亭家藏訣)」에 "임진, 계사 장류수(長流水) 운에는 푸른 옷을 입은 자들과 흰 옷 입은 사람들이 서쪽과 남쪽에서 한꺼번에 침노하리니, 이때 정씨가 해군을 거느리고 방씨(方氏), 두씨(杜氏)의 장수와 함께 갑오년 섣달

524 「삼한산림비기」, 『정감록』(한성도서주식회사, 1923); 안춘근, 앞의 책, 1973, 571면.
525 「삼한산림비기」, 『정감록』(한성도서주식회사, 1923); 안춘근, 앞의 책, 1973, 571면.
526 「삼한산림비기」, 『정감록』(한성도서주식회사, 1923); 안춘근, 앞의 책, 1973, 573면.
527 「삼한산림비기」, 『정감록』(한성도서주식회사, 1923); 안춘근, 앞의 책, 1973, 573면.
528 「삼한산림비기」, 『정감록』(한성도서주식회사, 1923); 안춘근, 앞의 책, 1973, 574면.

에 즉시 금강(錦江)을 건너면 천운이 돌아와서 태평하리라. 이때를 당하여 한양의 도읍을 화산(華山)의 깊은 골짜기로 옮기고, 곽장군(霍將軍)이 요동(遼東)의 군사를 거느려 방씨, 두씨와 함께 왜인 및 서남방 오랑캐를 멸하고, 청(淸)의 군사를 몰아내고 명(明)의 유민(遺民)을 도우며, 정씨를 협조하여 엄습하면 이씨는 제주도로 들어갈 것이니 불과 4, 5년의 운수이다"라 했다.[529]

한편 예언신앙은 사회에 긴장과 갈등을 유도하기는 했지만 전체적 입장에서 보면 부분적 현상일 뿐 그 자체가 사회변동의 원동력으로 기능하지는 못했다는 한계가 있다. 비결신앙의 신봉자들은 역사의 무대에서 적극적인 활동을 하지 못하고, 세상으로부터 은둔하려는 경향을 가지고 있었다. 따라서 예언이나 비결이 사회 전반적으로 확산되고 많이 믿어졌다는 역사적 사실은 분명하지만, 나름대로 한계는 분명히 존재한다.

사회적 약자나 소외된 사람들이 곤란한 생계 대책 마련에 힘쓰며 제대로 된 사회적 대우도 받지 못하여 사회에 대한 불만이 자연스레 고조되었고 급기야 사회의 변혁에 대한 남다른 갈망을 키워나가던 것이다. 특히 몰락한 양반이나 일부 지식인들은 일련의 변란이나 모반사건에 가담하거나 주도하여 첨예한 저항의식을 드러냈다. 민중들의 저항의식을 비결이나 예언 등을 통해 결집시켜 무장집단이 가능했던 것이다.

국가권력으로 포장한 부패하고 부도덕한 관리들에 의해 착취의 대상으로 전락한 민중들이 기댈 수 있었던 것은 주술적인 환상의 형태로 전해진 새로운 왕조의 건설이었다. 결국 예언사상은 도덕성마저 상실해가던 당시 지배층에 대한 민중들의 주체적 대응방식의 하나로 이해된다.

변란 주도층은 『정감록』류의 비기와 참언을 이념적 무기로 이용하였다. 왕조의 멸망을 예언하는 참위서는 난세와 말세에 대한 공포 전란, 자연재해, 전염병 등의 발생에 대한 공포감을 바탕으로 그러한 공포로부터의 도피를 모

529 「토정가장결」, 『정감록』(한성도서주식회사, 1923); 안춘근, 앞의 책, 1973, 594면.

색했다.

따라서 『정감록』류의 예언사상에는 당시 조선사회의 모순에 대한 비판의식이 일정하게 제시된다. 특히 『정감록』에는 경제적 모순에 대한 비판의식도 보인다.

> "재물에 인색한 사람이 먼저 집에서 죽고, 아무런 재주도 없는 선비는 길에서 저절로 죽는다." 「정북창비결」[530]

> "부자는 돈이 많으니 섶을 지고 불에 뛰어드는 것과 같고, 가난한 사람은 재산이 없으니 어디로든지 가나니, 조금이라도 지각이 있는 자라면 시국을 보아 행하리라." 「감결」[531]

위의 인용문에는 지주제의 모순에서 비롯된 빈부 간의 갈등과 부자에 대한 반감이 표현되어 있다.

또 『정감록』에는 지배질서와 신분제의 모순에 대한 비판도 있다.

> "말세가 오면 아전이 태수를 죽이되 조금도 거리낌이 없고, 상하의 분별이 없어지고, 변란은 잇따라 일어나고, 마침내 임금은 어리고 나라가 위태로워 외롭게 될 때에는 대대로 국록을 먹는 신하가 죽음을 당할 것이다." 「감결」[532]

이에 따라 『정감록』에는 지배계층과 부유층에 대한 비판의식이 표현된다.

> "사대부는 이익을 탐하고, 팔도의 방백과 수령들은 다만 재물만 있음을 알고 백성이 있음은 알지 못한다." 「유산결」

530 「정북창비결」, 『정감록』(한성도서주식회사, 1923); 안춘근, 앞의 책, 1973, 579면.

531 「감결」, 『정감록』(한성도서주식회사, 1923); 안춘근, 앞의 책, 1973, 568면.

532 「감결」, 『정감록』(한성도서주식회사, 1923); 안춘근, 앞의 책, 1973, 568면.

"사대부의 집은 인삼(人蔘)으로 망하고, 벼슬아치의 집은 이익을 탐내다가 망한다." 「유산결」

"사람들의 마음이 오로지 재물에 있어서 매문매리(賣文賣利)함에 꺼리는 바가 없고, 매관매작(賣官賣爵)함이 마치 시장과 같으니, 천도(天道)가 어찌 부흥할 수 있으랴!" 「유산결」

『정감록』 등의 예언사상이 민중을 변란의 세계로 끌어들이고 새로운 사회를 주체적으로 열어가는 변혁의 무기가 되기에는 중대한 한계가 있었다. 어떤 사상이나 이념이 변혁을 위한 실천적 무기가 되기 위해서는 고통에 찬 현실로부터의 도피나 새로운 세상의 숙명적인 도래를 예언하는 데 그쳐서는 안 된다. 변혁운동의 동력이 될 농민들이 당면하고 있는 현실사회의 모순과 억압으로부터의 해방을 위한 의지와 주체적인 실천행위가 결합될 필요가 있기 때문이다. 그러나 『정감록』에는 그러한 요소가 없었다. 그것은 무엇보다 『정감록』에 내재한 사상적 기조인 숙명론과 현실도피사상 때문이었다.[533]

한편 『정감록』에는 숙명론이 엿보이는데 대표적인 구절은 다음과 같다.

"병신년과 정유년에 흉년이 목숨을 앗아가고, 병란(兵亂)이 쉴 새 없으리니, 백성들 가운데 반은 살고 반은 죽을 것이다." 「남사고비결」[534]

"9년간의 흉년과 7년간의 물난리와 3년간의 역질(疫疾)에 열 집 가운데 한 집만 살아남을 것이다." 「서계이선생가장결」[535]

즉 『정감록』에는 조선왕조 멸망의 필연성과 새로운 세상의 숙명적 도래만 예언된다.

---

533 배항섭, 앞의 논문, 370쪽.

534 「남사고비결」, 『정감록』(한성도서주식회사, 1923); 안춘근, 앞의 책, 1973, 580면.

535 「서계이선생가장결」, 『정감록』(한성도서주식회사, 1923); 안춘근, 앞의 책, 1973, 591면.

이와 관련하여 『정감록』에는 현실도피사상이 다음과 같이 보인다.

"아홉 해 동안의 수재(水災)와 12년 동안의 병란이 있을 것이니, 어떤 사람이 피하겠는가? 십승지에 들어가는 사람은 그때를 보아 살 수 있을 것이다." 「감결」[536]

"후세에 만약 지각이 있는 자가 십승지에 먼저 들어가면 가난한 사람은 살고 부자는 죽으리라." 「감결」[537]

536 「감결」, 『정감록』(한성도서주식회사, 1923); 안춘근, 앞의 책, 1973, 568면.

537 「감결」, 『정감록』(한성도서주식회사, 1923); 안춘근, 앞의 책, 1973, 568면.

3.
정감록사상의 특징

먼저 『정감록』은 이상사회를 추구하는 논리를 제시한다. 이는 다양한 형태로 제기된 체제모순으로부터 벗어나려는 민중의 염원과 폭발적 기대를 수렴한 것으로 이해할 수 있다. 이러한 이상사회의 논리는 비현실적이고, 비합리적이라고 비판받을 수 있지만, 적어도 현실의 온갖 모순으로 인해 고통과 좌절을 일상적으로 겪고 있는 민중들에게는 크게 문제되지 않는다. 문제는 얼마나 민중에게 호소력을 갖고 있느냐에 달려 있을 뿐이다.

곧 진인이 출현하여 구현될 이상사회는 바라고 하고자 하는 모든 것이 다 이루어지는 좋은 세상이 올 것이라는 것이 핵심이다. 민중들의 가슴에 새겨져 있는 이상사회와 민중의 염원이 깃들어 있는 미래의 조선이 궁극적으로 도달할 점이 소박한 형태이지만 나름대로 제시되어 있다.

그리고 『정감록』에는 현실부정의 논리가 있다. 「감결」의 "부자는 돈과 재물이 많기 때문에 섶을 지고 불로 들어가는 것 같고, 가난한 사람은 일정한 직업이 없으니 어디에 간들 빈천하게야 살지 못하랴?"라는 구절과 「감결」의 "가난한 사람은 살고, 부자는 죽을 것이다"라는 구절이 대표적이다. 현재적 상황에 대한 역전을 기대하며, 구체적으로는 경제적 불평등구조에 대한 반감, 즉 '가진 자'에 대한 적대감을 드러낸다.

또한 "만일 말세가 되면 아전이 태수를 죽이고도 조금도 거리낌이 없고, 상하의 분별이 없어지고 강상(綱常)의 변이 잇따라 일어날 것이다"라는 「감결」의 구절과 "사대부의 집안은 인삼으로 망하고, 벼슬아치의 집안은 탐욕으로 망할 것이다"라는 「감결」의 주장은 신분질서를 강조하는 봉건사회에 대한 적대감이 표현되어 있다.

따라서 정감록사상은 현실사회의 구조를 부정하는 민중의 정서를 대변한다. 신분제도에 따른 사회적 불평등 구조와 빈부격차의 심화에 따른 경제적 불평등 구조를 부정하고 이를 타파하기 위한 민중의 바람이 담겨 있다. 이는 이상사회를 이루기 위한 에너지로 작용하기도 했다.

이러한 맥락에서 제기되는 대표적 구절은 다음과 같다.

> 왕후장상(王侯將相)에 어찌 종자가 따로 있겠는가?[538]

> 가난한 자는 살고, 부자는 죽을 것이다.[539]

> 부자는 망하고, 가난한 자는 살 것이다.[540]

> 대대로 녹(祿)을 이어온 집안은 이익을 탐하기 때문에 망하고, 방백과 수령들은 단지 재물에만 욕심을 내기에 백성들의 형편을 아랑곳하지 않는다.[541]

> 글과 과거(科擧)를 팔고, 벼슬을 파는 사람들이 시장처럼 많으니, 하늘의 도가 어찌 해치는 이치가 없겠는가?[542]

---

538 王侯將相, 寧有種乎? 「감인록」, 위의 책, 638면.

539 貧者生, 富者死. 「징비록」, 위의 책, 487면; 「운기구책」, 「요람역세」, 「감결」, 위의 책, 504, 526, 568면.

540 富亡貧存 「동차결」, 위의 책, 561면.

541 世祿之家, 亡於貪利, 方伯守令, 但知有財, 不知有民. 「징비록」, 위의 책, 568면. 「요람역세」에도 비슷한 내용이 있다. 백성의 곤궁을 모른다고 기록되어 있다. 「요람역세」, 위의 책, 526면.

542 賣文賣科, 賣官賣爵, 有如互市, 天道豈無傷成之理乎? 「징비록」, 위의 책, 488면. 비슷한 내용이 「운기구책」에도 보인다. 「운기구책」, 위의 책, 505면.

전통이 있는 집안과 세족(世族)들은 망해서 농사지을 것이고, 낮고 천한 백성들은 도리어 귀하고 영예롭게 되리라.[543]

사대부 집안은 이익을 탐하기에 망할 것이다. 권력이 있는 신하와 도적들은 웅덩이와 연못에 빠져 죽을 먹는 환란을 당할 것이며, 서민들은 (이러한 일을) 면할 수 있을 것이다.[544]

부유한 사람은 더욱 부유해지고, 가난한 자는 더욱 가난해지니, 부자는 금곡(金谷)의 땅에서 죽을 것이며, 가난한 사람들은 모래와 돌이 깔린 황야에서 많이 살아나리라. (…) 부유함은 뭇사람의 원한으로 이루어져 있다.[545]

벼슬아치가 되지 말며, 농업에 근면하게 힘쓰라. (…) 가난한 자가 두려울 것이 있으랴? 가는 곳마다 모두 왕성해지리라. (…) 부자를 좇아가지 마라. 부자는 많이 죽을 것이다.[546]

한편 『정감록』에는 역성혁명(易姓革命)의 논리가 있다. 즉 정감록사상에는 왕조교체를 주요 내용으로 하는 역성혁명의 논리가 구체적으로 나타난다. 「삼한산림비기」의 "계룡산 아래 도읍할 땅이 있어 정씨가 나라를 세우리라. 그러므로 복덕이 이씨(李氏)에게는 미치지 않으리라"는 내용이 대표적이다.

『정감록』의 내용 가운데 왕조교체설이 이를 잘 표현하고 있다. 『정감록』에는 역성혁명의 구체적 대상과 각 왕조의 교체순서와 각 왕조의 존속기간까지 풍수지리설 내지 풍수적 도참을 이용하여 설명된다. 특히 이망정흥(李亡鄭

543 古家世族, 廢爲逢田, 下賤之民, 反爲貴榮. 「징비록」, 위의 책, 488면. 비슷한 내용이 「운기구책」에도 보인다. 「운기구책」, 위의 책, 505면.

544 士大夫家, 亡於貪利. (…) 權臣盜弄, 潢池喫粥之患, 庶可免矣. 「운기구책」, 위의 책, 504면.

545 富人益富, 貧人而益貧, 富死於金谷之鄕, 貧者多生於沙石之野. (…) 富者衆人之怨. 「동차결」, 위의 책, 547면.

546 勿爲仕宦, 勤力農業. (…) 貧者何畏, 往處皆旺. (…) 勿從富去, 富則多死. 「서계이선생가장결」, 『정감록』(한성도서주식회사, 1923); 안춘근, 앞의 책, 1973, 592면.

興)과 정씨가 계룡산에 도읍할 것이라는 내용은 거의 모든『정감록』류의 예언서에 나타나는 기본 뼈대이다. 장차 정씨(鄭氏)라는 메시아가 출현하여 왕조를 교체하는 혁명을 구체적으로 이룰 것이라는 것이 핵심이다.

또『정감록』에는 저항의 논리가 숨어 있다. 정감록사상 가운데 해도기병설(海島起兵說)은 가장 강력한 저항논리이다. 곧 진인(眞人)이 남쪽의 해도(海島)에서 군사를 이끌고 나와 현재의 부패한 왕조를 무너뜨리고 새로운 왕조를 세워 이상사회를 건설한다는 내용이다. 뛰어난 용력이나 무술은 물론 신비한 도력을 지닌 진인은 하늘의 명에 따라 나라를 차지하거나 세상과 민중을 구원하는 성스러운 과업을 담당하는 존재이다.

해도기병설과 관련된 진인은 해도의 군사를 이끌 군사지도자로서 민중의 현실적 고통을 구제할 수 있는 메시아적 인물이다. 조선 후기 특히 18세기 이후에는 도망친 노비나 유민들이 해도로 몰려들어 저항세력화하고 있었다. 이러한 해도세력의 현실적 존재가 해도기병설의 논리를 뒷받침하고 있다.

그리고『정감록』에는 현실도피의 논리가 깔려 있다.『정감록』에는 말세의 위기상황을 맞아 자신과 가족의 생계를 도모하고 생명을 보전할 길을 찾으려는 내용이 많이 보인다.『정감록』에는 전란의 공포감이 반영되어 있고, 질병의 만연에 대한 두려움이 보이며, 자연재해에 대한 불안감이 엿보인다.

이러한 위기의식은 십승지로 대표되는 안전한 땅을 중심으로 이곳에 들어가면 병화(兵禍)와 각종 재난이 미치지 않고 흉년도 들지 않아서 잘 살 수 있다는 바람으로 이어졌다.『정감록』이 필사되고 유포될 당시 사회의 여러 사회경제적 모순이 난리로 나타날 것이라는 위기의식이 절실하게 반영되어 있다.

또한『정감록』에는 현실적 고통으로부터 도피하려는 민중의 열망이 담겨져 있다. 그러나 이러한 논리는 현실의 모순을 숙명적으로 받아들이고 있을 뿐이며, 이를 타파하기 위한 구체적인 대안이 없다. 이것이 정감록사상이 지니는 논리의 부정적 측면이며 한계이다. 아울러 이러한 논리는 어쩌면 당시 민중이 지닌 현실인식의 한계로 볼 수도 있다.

그리고『정감록』에는 장래에 펼쳐질 이상사회에 대한 묘사도 보인다. 귀한 자는 천해질 것이고, 천한 자는 귀해질 것이라는 신분계급의 역전이 역설된다. 물론 이러한 묘사는 막연하고 상징적으로만 표현되었고, 구체적이지 못하다는 단점이 있다. 실제 『정감록』 「삼한산림비기」는 마가전단대국토(摩訶旃檀大國土)라는 이상향을 제시하기도 했다.

4.

『정감록』을 활용한 예언들

1912년 2월 29일자 『매일신보』에는 「정감록은 치안 방해의 재료」라는 기사가 실려 있다. 내용은 "수운동 경찰분서에는 근일에 허탄한 자들이 구한국시대에 유행하던 『정감록』과 같은 신언(神言)이라는 비결을 휴대하고 각 인가로 출몰하야 우매한 남녀로 하여금 미혹케 하고 치안을 방해하는 고로 모처에서 그 비결을 압수하고 해당 문(文)의 출처를 엄중히 조사 중이라더라"이다. 비교적 이른 시기에 『정감록』 등의 비결로 사람들을 유혹하던 일당이 조사받았다는 점이 특기할 만하다.

그리고 1913년 9월 9일자 『매일신보』 사설에는 「요언(妖言)의 폐해」라는 글이 실려 있다. 도선결(道詵訣)과 토정결(土亭訣) 등이 유포되는 상황을 우려하는 내용이다. 도선과 토정이 썼다는 비결이 비밀스럽게 성행하고 있다는 보고다.

또 1914년 12월 11일자 『매일신보』에는 「계룡산으로 사기」라는 기사가 있다. 원적은 충남 논산이요, 서울에 사는 민영필의 아들 민충식(당시 37세)이 각처로 돌아다니며 황당한 말을 퍼트렸다. 그는 장차 국권을 회복하기 위한 운동 중인데 명년(明年) 안으로 도술을 부리는 현리학자가 나타나서 화공(火攻)으로 온 세상을 바꾸어 인류를 멸망케 할 것이라고 주장한다. 충청남도 진잠군을 중심으로 소문을 퍼트리고 있었는데 장차 계룡산에 신도읍을 세우려고 노력하고 있다고 강조했다. 이에 경찰에서 엄중 조사 중이라는 내용이다. 계룡산 도읍설을 주장하면서 국권회복운동의 일환으로 위기상황이 곧 닥칠 것이라고 주장했던 것이다.

한편 1914년 12월 13일자 『매일신보』에는 「주출(做出)한 천강도인(天降道人)」이라는 기사가 있다. 도인이 하늘에서 하강하여 국권을 회복한 후 내각 대신을 임명할 것이라고 주장한 자들이 있었다고 한다. 원적은 전라북도 임피군, 주소는 서울 체부동에 사는 민영필의 아들 민충식이 올해 7월 이래로 각지를 돌아다니며, 손진형, 윤지병 등에게 곧 천문지술에 능통한 도인이 하늘에서 내려와 국권을 다시 회복하고 한 번 세상을 바꿀 것이라, 이미 내각 조치도 벌써 확정되었다고 말했다. 이에 북부경찰서에서 조사하고 구류 20일에 처했다. 국권회복운동을 표방하면서 세상에 닥칠 위기상황을 강조했다는 점이 주목받았다.

그리고 1915년 5월에는 영남 지역의 부자들에게 『정감록』을 이용한 협박장을 보내 공갈 편취한 민충식이 검거되었다.[547] 고려조는 개성에 4백 년, 이조는 한양에 5백 년, 그다음은 정씨가 일어나서 영남 근처에 도읍한다는 예언서를 이용했다고 한다. 왕조의 존속기간이 정해져 있다고 주장하면서 정씨 진인출현설을 강조했다. 계룡산이 아니라 영남 지역에 정씨 진인이 도읍을 정할 것이라는 주장이 특기할 만하다.

한편 『정감록』에 의해 장차 국도신흥(國都新興)의 땅으로 보아온 계룡산 기슭 신도내(新都內)에 1919년 3월의 독립운동 이후 민심의 동요에 편승하여 정씨를 옹립하고 국도(國都)의 건설을 도모하려는 중망(衆望)을 업고, 자가(自家)의 세력을 펴서 사욕을 이루어보려는 무녀(巫女), 복자(卜者) 내지 종교유사단체 등의 야망적 선전에 현혹되어 각 지방으로부터 이주해온 자가 날로 증가

547 「정감록(鄭勘錄)을 재료로」, 『매일신보』 1915년 5월 6일.

했으며, 1924년 말에는 1,515호, 인구 6,949명에 달하였으므로 사립 초등학교 및 시장의 개설을 보기에 이르렀다는 보고가 있다. 이에 따라 신도내의 호구는 1918년을 기점으로 하여 6년 동안에 3배로 증가했다고 한다. 이러한 상황에 대해 토지가 비옥하지도 않고 또한 생산품도 없는 곳에 이처럼 다수의 이주자가 몰려오는 것은 그 이주열(移住熱) 때문이라고 주장했다. 결국 이는 신흥왕도(新興王都) 신앙이 얼마나 강하게 민심을 좌우하고 있는지를 말해주고 있다고 강조했다.[548]

또한 대정 9년(1920) 10월 29일 밤에 월식(月蝕)이 있었다. 밤 12시경에 달의 둥근 형태의 한 면은 암흑이 되었고 다른 한 면은 옅은 흑색이 되었는데, 이것이 조선의 독립이 있을 것이라는 전조(前兆)라고 여겼다고 한다.[549] 자연현상에 빗대어 이를 조선의 독립과 결부시킨 예언이 퍼졌던 것이다.

그리고 대정 9년(1920) 12월 이래로 한낮에 월성(月星)이 출현하여 태양의 빛과 다투었는데, 월성은 곧 미국(美國)이므로 일본과 전쟁할 징조가 열림을 의미하고, 미군(美軍)이 조선(朝鮮)에 쳐들어와 일본군을 쫓아내고 조선을 독립시켜줄 조짐이라는 이야기가 퍼졌다.[550] 역시 자연현상의 변화를 현재의 정세와 연관시켜 예언했던 것이다.

또 1921년 5월에는 계룡산 신도안 지역에 이주민이 급격하게 늘어나고 있다는 보고가 있다. 장래에 정씨가 신도안에 도읍을 정하고 조선을 다스릴 것이며, 특히 계룡산 신도안은 십승지 가운데 하나이므로 큰 난리를 면할 수 있다고 주장했다. 신도안에 도읍을 정할 시기가 다가왔다고 믿었던 사람들이 전국에서 무려 2,560명이나 모여들었고, 황해도에서 오는 사람이 가장 많았다고 전한다.[551] 계룡산 도읍설을 믿고 신도안으로 이사 오는 사람들이 많았다

---

548 무라야마 지준(村山智順), 『朝鮮의 占卜과 豫言』(조선총독부, 1933); 무라야마 지준(村山智順) 저, 정현우 역, 『조선의 점복과 예언』(명문당, 1991), 591-592쪽.

549 호소이(細井肇), 「정감록의 검토」, 앞의 책, 1973, 668면.

550 위의 책, 668면.

551 「공주 계룡산 전설의 도성에 이주민이 근 육백호수」, 『동아일보』 1921년 5월 5일자.

는 보고다.

한편 노아(魯啞)가 쓴 「팔자설(八字說)을 기초로 한 조선 민족의 인생관」, 『개벽』 제14호(1921. 8.)에 다음과 같은 내용이 있다.

> 조선서 가장 민중에게 영향을 만히 주는 경전이 무엇입니까. 사서오경입니까. 신구약성경입니까. 나는 말하기를 이도 저도 아니오 정감록이라 합니다. 조선 민중 중에 정감록을 어더 본 사람은 몃명이 아니 되리다마는 아동을 제해 노흔 조선 민족 치고 정감록 중의 1, 2절을 못들은 자도 업고 의식적으로나 무의식적으로 그중에 몃 구를 아니 밋는 자가 업스리라 합니다. 일세의 호걸인 대원왕(大院王)도 그의 필생의 정력을 정감록에 예언된 리조의 운명의 진로에 바치기에 다하엿다 합니다. 지금도 계룡산으로 사람들이 만히 모혀든다 하니 이것을 일부 우민(愚民)의 망거(妄擧)라고 일소(一笑)하여 버릴 수 업는 것이오, 진실로 조선 민족의 혈액 중에 흐르는 숙명론적 인생관의 발로라 할 수 잇습니다. 계룡산으로 짐을 싸가지고 가는 자는 몃백이나 몃천에 지나지 못하더라도 「갓스면」 하는 생각을 품은 자는 수백만에 달할 것이며 「구인종어양백(求人種於兩白)」, 「구곡종어삼풍(求穀種於三豐)」이라든지,[552] "진인(眞人)이 종해도중출래(從海島中出來)"라든지 「경신신유(庚申辛酉) 유혈성천(流血成川)」, 「임술계해(壬戌癸亥) 만사가지(萬事可知)」하든지 하는 예언을 확신하는 자, 반신하는 자, 그럴는지도 모르리라 하는 자는 거의 30세 이상 된 조선 민족의 전부라고 할 만합니다.

위의 인용문은 계룡산 도읍설과 각종 비결에 탐닉한 사람들의 행태를 비판하는 내용이다. 당시에 유행되었던 비결의 일부 내용을 알 수 있는 구절이다.

---

552 이 표현은 「운기구책」, 『정감록』(한성도서주식회사, 1923); 안춘근, 앞의 책, 1973, 504면에 나온다. 백곡(百穀)을 삼풍에서 구하고 인종을 양백에서 구한다는 표현도 있다. 「운기구책」, 『정감록』(한성도서주식회사, 1923); 안춘근, 앞의 책, 1973, 507면.

그리고 1922년 6월 12일자 『매일신보』에 「미신의 계룡산 신도(新都)」라는 기사가 있다. 계룡산으로의 이주자가 증가하는 상황을 당국에서 엄중 취체했다는 내용이다. 이들은 『정감록』에 계룡산에 도읍한다는 말이 있다는 말을 기화로 삼아 우매한 인민을 미혹케 하여 갑자년 갑자월 갑자일 갑자시에 계룡산에 도읍할 정도령이 나타날 것이라고 주장했다고 전한다. 나부터 대신 노릇을 하겠다고 사람들이 다투어 모여들었는데, 특히 황해도 지방의 시천교도들이 계룡산으로 모여들었다고 보고한다. 계룡산 신도안이 곧 새 정부의 도읍이 될 것이라고 믿었던 사람들의 대규모 이주가 보고되었고, 특히 시천교도들이 중심이라는 내용이다.

한편 1922년 2월에는 계룡산 아래에서 독립운동을 빙자하고 군자금을 마련하던 사람도 있었는데, 남원에 살던 그를 조사한 결과 통치우주삼십육선교서(統治宇宙三十六仙教書)라는 문서가 발견되었다고 한다. 그는 삼십육선교의 신자가 되면 바람을 일으키고 비를 오게 하며 나라를 다스리고 세상을 구제한다고 주장했다.[553] 특이한 제목의 문서가 거론되며, 이적을 일으켜 나라를 다스릴 것이라고 주장했던 점이 특기할 만하다.

그리고 인형(人形) 3천 개를 조각해서 충청남도 논산군 계룡산에 바치면 대정 11년(1922) 4월에는 일본인이 돌아갈 것이라는 이야기도 유포되었다.[554] 인형을 많이 조각해서 계룡산에 바치면 일본이 자기 나라로 돌아갈 것이라는 소문이 퍼졌다는 내용이다. 그런데 어떤 인형인지, 또 어떻게 계룡산에 바치는지에 대해서는 더 이상의 설명이 없다.

이 외에도 1922년 5월 무렵에는 서울 서대문에서 계룡산에 신도읍이 건설될 것이라고 말하며 사기를 치고 다니는 사람도 있었다.[555] 역시 계룡산 도읍설이 광범위하게 유포되었던 상황을 전해주는 기사다.

---

553 「독립운동을 빙자하고 군자금을 모집하던 계룡산하의 괴교도」, 『동아일보』 1922년 2월 9일자.

554 호소이(細井肇), 「정감록의 검토」, 안춘근 편, 앞의 책, 1973, 670면.

555 「계룡산에 신도읍, 미신을 이용한 사기단 검거」, 『동아일보』 1922년 5월 27일자.

한편 『개벽』 제32호(1923. 2.) 「쟁투(爭鬪)의 세계(世界)로부터 부조(扶助)의 세계에」라는 논설에 다음과 같은 내용이 보인다.

> 그네(조선 백성)는 남조선(南朝鮮)과 정도령(鄭道令)에 구제(救濟)의 빗을 차잣고, 그네는 평화회의(平和會義)에 구제(救濟)의 빗을 차잣고, 국제연맹(國際聯盟)에 구제의 빗을 차잣다. 그러나 엇지 못하고 지금은 아모 희망도 업시 땅에 업더저 울 뿐이다.

남조선과 정도령이라는 용어가 나온다는 점이 특기할 만하다. 그리고 평화회의와 국제연맹이라는 구체적인 현실에서 벌어지는 정치현상에 주목하여 구원을 강조했다는 점도 주목된다.

또 1923년 당시에 태양의 윤곽에 이상한 햇무리가 흡사 매자(每字) 형태로 나타났는데, 매자는 곧 원형 가운데 십자형(十字形)을 그은 것으로 이는 예수 그리스도가 재강림(再降臨)할 징조이며, 그리스도의 재강림할 때에는 조선의 독립이 확실하다고 한다는 소문도 퍼졌다.[556] 『정감록』류의 비결신앙이 아니라 이제는 기독교의 영향을 입은 예수의 강림을 주장하는 세력도 있었다는 사실이 이채롭다.

그리고 1923년 무렵에 경기도 교하(交河) 지방에서는 계룡산의 바위 안에서 종이 한 장이 발견되었는데, 거기에 "음력 2월 15일은 만세(萬歲)를 부르는 날로 10회를 부르면 일가(一家)가 보존되고, 20회를 부르면 조국(祖國)을 되찾을 것이다. 이 취지의 종이 두 장을 다른 사람에게 전하면 일신(一身)이 보존되고, 여덟 장을 전하면 충신 효자가 되고, 전하지 않으면 천벌을 받을 것이다"라고 적혀 있었다는 이야기가 유포되었다. 실제로 이 이야기를 믿고 만세를 높이 외친 사람들이 있었다고 한다.[557] 계룡산에서 발견되었다는 문서에 만

---

556 호소이(細井肇), 앞의 책, 1973, 668면.

557 위의 책, 670면.

세를 외치라는 이야기가 적혀 있었다는 점이 특기할 만하다.

또 1923년 6월 3일자 『동아일보』 「휴지통」에 경기도 연천군에 사는 정회근이란 사람이 개성 선죽교 정포은(鄭圃隱)의 비석에 물이 솟고 좀이 나서 돌을 파먹는다는데, 『정감록』에 쓰여 있기를 정포은의 비석에 무슨 이상한 조짐이 있으면 조선이 독립한다더니 이제 되나 보다고 소문을 퍼뜨렸다고 한다. 고려말의 충신인 포은 정몽주의 비석이 조선의 독립과 연관되어 이야기되는 점이 이채롭다.

한편 1923년 6월 5일자 『매일신보』에는 「기괴한 천지개벽」이라는 기사가 있다. 청주에 사는 광인의 허탄한 미친 말이라고 전한다. 그는 청주시장에 광고 몇 장을 부쳤는데, 음력 본월 20일부터 24일까지 천지가 개벽되리라고 주장했다고 한다. 만일 이때 개벽이 일어나지 않으면 6월 신해일, 7월 무신일에 개벽되리라고 주장해서 경찰이 조사 중이라는 기사다. 천지개벽의 시점을 특정하게 주장하면서 그 시일이 계속 연기된다는 점이 주목할 만하다.

또 1923년 12월에는 조선 태조가 사흘 동안 대궐을 짓기 위해 역사하다가 계룡산 할머니의 말을 듣고 그쳤다는 전설이 전해지는 주춧돌 터가 있는 신도안에 정도령을 기다리는 사람들이 많다는 기사가 보인다.[558] 계룡산 할머니라는 신격은 이전에는 볼 수 없던 주장이다. 어쨌든 계룡산에 정도령이 출현할 것을 고대하는 사람들이 많이 모였다는 보고다.

그리고 1924년 4월에는 계룡산 암벽에 새겨져 있다는 비결에 대한 다음과 같은 보고가 있다.

> 너의 중복(中腹) 연전봉(連巓峯) 두암석면(頭巖石面)에는 엇던 자의 소위인지 "방백마각(方百馬角) 구혹화생(口或禾生)"이라고[559] 색이고 (…) 구혹

558 「정도령을 기다리는 '신도(新都)'의 시민」, 『동아일보』 1923년 12월 25일자.

559 호소이(細井肇), 「비결집록」, 『정감록』(자유토구사, 1923); 안춘근, 앞의 책, 1973, 839면에 나온다. 최소한 1923년경에는 이른바 『정감록』의 내용에 포함되었음이 확인된다.

> 화생은 대개 국이(國移)라 해(解)하고, 방부마각은 아직 해하는 자가 무(無)하다. 연이(然而) 융희 4년 경술 일한합병시에 세간에 선전하기는 계룡산 연전봉 암석에 "방부인과(方夫人戈) 구혹화생(口或禾生)"이란 팔자이서(八字異書)가 현(現)하얏는데, 차(此)는 경술국이(庚戌國移)의 의(意)라고 해(解)한 자가 다(多)하얏다. (…) 근년 삼남(三南) 급 경성 부근에서는 "사희칠월이화락(四熙七月李花落), 육대구월해운개(六大九月海運開)"라는 참어가 유행하얏다. (…) 대정(大正) 육년(1917)에 해도중(海島中)에 정씨(鄭氏)가 해도중에서 출(出)하야 계룡(鷄龍)에 도(都)한다 해(解)한 자가 다(多)함. (…) 심지어 호남선 철도가 개통되야 기차가 단이고 수목이 무(無)하야 사태나는 것을 보고 정감록에 소위 "계산석백(鷄山石白), 초포행선(草浦行船)"이라고 혹세무민한 자까지 잇섯다.[560]

"방백마각, 구혹화생"이라는 표현과 이와 비슷한 표현은 김용주본 『정감록』에는 보이지 않는다. 다만 계산석백초포행주(鷄山石白草浦行舟)라는[561] 표현과 계산석백초포주행(鷄山石白草浦舟行)이라는[562] 표현이 현전하는 『정감록』에 전한다. 그리고 계룡석백초포행주(鷄龍石白草浦行舟)라는[563] 표현도 전하며, 석백계룡주행초포(石白鷄龍舟行草浦)라는[564] 표현과 계룡석백청포죽백초포조생(鷄龍石白淸浦竹白草浦潮生)이라는[565] 표현도 전한다.

그런데 위의 비결과 비슷한 내용이 현전하는 『정감록』 이본에 다음과 같이 전한다. 이 이본의 필사 시기는 정확히 알 수 없다.

---

560 향로봉인(香爐峰人), 「계룡산아」, 『개벽』(1924. 4월호), 128-129면.
561 「요람역세」, 『정감록』(한성도서주식회사, 1923); 안춘근, 앞의 책, 1973, 525면.
562 「감인록」, 『정감록』(한성도서주식회사, 1923); 안춘근, 앞의 책, 1973, 608면.
563 「요람역세」, 『정감록』(한성도서주식회사, 1923); 안춘근, 앞의 책, 1973, 530면.
564 「동차결」, 『정감록』(한성도서주식회사, 1923); 안춘근, 앞의 책, 1973, 554면.
565 「감결」, 『정감록』(한성도서주식회사, 1923); 안춘근, 앞의 책, 1973, 567면.

경오년: 방부마각(方夫馬角)에 구혹화생(口或和生)이라.[566]

그리고 위의 인용문과 비슷한 예언과 해석이 다음의 기록들에서도 확인된다.

> 조선이 일제에 의해 강제로 합병된 국치(國恥)를 당한 경술년(1910)은 정감록 중에 감추어진 예언 "방부인재(方夫人才) 구혹다화(口或多禾)" 즉 경술국이(庚戌國移)가 된다고 한다. 그리고 계룡산 연천봉 위의 암벽에 인각된 예언 "방백마각구혹화생(方百馬角口或禾生)"은 「방은 4, 마는 오(午), 즉 80, 각은 뿔이 두 개이므로 2, 구혹은 국(國), 화생은 이(移) 따라서 482국이(國移)가 된다고 풀이한다.」이 모두 적중한다고 해석되었다.[567]
>
> 또 세상에 전하는 비서(秘書)로 『향악유결(香嶽遺訣)』이라는 것이 있는데, 그 참문에는 "방부인재(方夫人才), 구혹다화(口或多禾)"라고 써져 있다고 한다. 여기서 방부(方夫)는 경(庚)의 파자이고, 인재(人才)는 술(戌)의 파자이고, 구혹다화(口或多禾)는 국이(國移)의 파자로 풀이한다. 그러므로 이 참문은 '경술년에 국운이 옮겨질 것이다'는 내용이 된다. 경술년에 국치(國恥)인 한일합방을 당한 것을 정확히 예언했다고 후대에 회자되는 내용이다.[568]

대체로 "경술년에 나라의 운수가 다한다"라고 해석되는 이 비결 해석이 부절처럼 꼭 들어맞았다고 강조한다. 이 비결이 『정감록』에 나오는 비결이 아니라 후대에 이르면 『향악유결』이라는 비결서에 등장한다고 적시한 점이 특기할 만하다.

기존에 알려지지 않았던 비결이 유행되었다는 점이 주목되며, 계룡산 부

566 庚午: 方夫馬角, 口或和生. 「비결」, 『비결집록』, 안춘근, 위의 책, 839면.

567 무라야마 지준(村山智順), 『朝鮮의 類似宗敎』(조선총독부, 1935); 무라야마 지준(村山智順), 최길성 · 장상언 역, 『조선의 유사종교』(계명대학교 출판부, 1991), 873쪽.

568 구양근, 앞의 책, 379쪽.

근에 철도가 개설된 현실상황을 새로운 세상의 도래로 해석했다는 점이 특기할 만하다.

그리고 『개벽』 제46호(1924. 4.) 향로봉인(香爐峰人)의 「계룡산(鷄龍山)아」에는 다음과 같은 내용이 전한다.

> 세상 사람의 떠든는 국도(國都)는 고사하고 개인도 잘 살 수가 업다. 그런데 엇지 하야 세상 사람은 모다 너를 동경하고 너들 숭배하고 너를 그다지 기대하너냐. 심지어 경가파산(傾家破産)을 하고 너를 차저 가기까지 하너냐. 너를 빙자하고 무중돌출(無中突出)한 가천자(假天子)가 다 잇고 너를 이용하야 가련한 동포의 피와 땀을 빼먹는 도사(道士) 이인(異人)이 퍽 만으냐. (…) 이태조(李太祖)는 (…) 너가 왕도지지(王都之地) 될 수 업는 것을 깨다럿다. 그러되 무명색(無名色)으로 공사를 중지하면 자기 위신에 관계도 될뿐더러 인심의 동요가 생길가 염려하야 이에 신인현몽설(神人現夢說)을 고출(做出)하얏다. 「즉(卽) 신인(神人)이 현몽(現夢)하되 차지(此地)에 정도(定都)하면 불과 80년에 멸망할지니 이씨(李氏)가 만일 영원히 보국하랴면 타지를 선정하되 관악산(冠岳山) 부근 왕십리(往十里)라는 곳에 가면 부인(婦人)이 수(水)를 급(汲)할 터이니 그 부인(夫人)의 소재지를 중심으로 하야 십 리(十里) 이내에 정도(定都)하면 5백 년 내지 8백 년을 가히 향국(享國)하리라」 운운 하얏다고 언(言)을 선포한 후 공사를 정지하고 (…) 또 도선(道詵)이라 하는 이는 과연 엇더한 인물인지 그의 소위 비기(秘記)는 진자(眞者) 도선이가 맹긴 것인지 가자(假者) 도선이가 맹긴 것인지는 알 수 업다만은 그 비기(秘記) 중에는 너를 이와 갓티 말하얏다. 「송도오백년(松都五百年), 이씨탈기국(李氏奪其國), 천도한양사백년(遷都漢陽四百年), 정씨찬탈국권축도계룡(鄭氏簒奪國權築都鷄龍), 신도산천풍후(新都山川豊厚), 조야광(朝野廣), 인민치(人民治), 개손순시팔백년도읍지지(皆遜順是八百年都邑之地)」.
>
> 기차(其次)에 정감록(鄭勘錄)에는 「이씨삼백년(李氏三百年), 유소운즉(有小運則), 가지사백년(可至四百年), 불과리외(不過理外), 혹여〈지이심〉자손사백년이멸(或汝〈指李沁〉子孫四百年而滅), 정씨출계룡산(鄭氏出鷄龍山), 대왕이씨

이지팔백(代王李氏以至八百)」이라 운(云)하고, 우(又) 이인격암남사고십승기(異人格菴南師古十勝記)에는 「유마양수지간위피병지지(維麻兩水之間爲避兵之地)」라 운(云)하얏고〈유(維)는 공주유구(公州維鳩), 마(麻)는 마곡(麻谷)이니 개(皆) 계룡산(鷄龍山) 부근〉,

상차(尙且) 너의 중복연전봉두암석면(中腹連巓峯頭巖石面)에는 엇던 자의 소위인지 「방백마각구혹화생(方百馬角口或禾生)」이라고 색이고 〈차(此) 8자는 원광악유결편말(元光嶽遺訣篇末)에 유(有)한 자(者)인데, 혹자가 차(此) 참어(讖語)를 잉용(仍用)하야 각(刻)한 것이다. 기의(其意)는 지(知)키 난(難)하나 구혹화생(口或禾生)은 대개 국이(國移)라 해(解)하고[*은 이(移)의 고자(古字)인 고(故)로] 방백마각(方百馬角)은 아즉 해(解)하는 자(者)가 무(無)하다. 연이(然而) 융희(隆熙) 4년 경술(庚戌) 일한합병(日韓合倂) 시(時)에 세간에 선전하기는 계룡산(鷄龍山) 연전봉암석(連顚峯岩石)에 「방부인재구혹화생(方夫人戈口或禾生)」이라는 8자 이서(異書)가 현(現)하얏는데 차(此)는 경술국이(庚戌國移)의 의(意)라고 해(解)한 자(者)가 다(多)하얏다.〉 차외(此外) 연기군(燕岐郡) 부근지(附近地)에는 합병(合倂) 당시에 또 엇던 자(者)가 암면(巖面)에다가 「충청남도계룡산(忠淸南道鷄龍山) 방천서각구혹다화(方天鼠角口或多禾) 소육팔년이화낙지(小六八年李花落地)」라고 각(刻)하얏고, 근년(近年) 삼남(三南) 급(及) 경성(京城) 부근에서는 「사희칠월이화락(四熙七月李花落), 육대구월해운개(六大九月海運開)」라는 참어(讖語)가 유행하얏다. 「전구(前句)는 융희(隆熙) 4년 7월에 합병이 되고, 후구(後句)는 대정(大正) 6년에 정씨(鄭氏)가 해도(海島) 중에서 출(出)하야 계룡(鷄龍)에 도(都)한다 해(解)한 자(者)가 다(多)함」.

이와 가티 계룡산(鷄龍山) 너 한아를 중심으로 하야 가지고 허언망설(虛言妄說)을 고출(做出)한 자가 만엇고 심지어 호남선철도(湖南線鐵道)가 개통되야 기차가 단이고 수목이 무(無)하야 사태(沙汰)나는 것을 보고 정감록(鄭勘錄)에 소위 「계룡석백(鷄山石白), 초포행선(草浦行船)」이라고 혹세무민(惑世誣民)한 자까지 잇섯다.

속담에 숩이 조흐면 독갑이 가만이 모혀든다고 네가 그럿케 미신의 마굴이 되고 허탄(虛誕)의 준적(準的)이 된 까닭에 세상에 여간 협잡(狹雜)이나 하고 우민(愚民)을 농락하랴는 자는 모도 너를 향하야 갓다. 수호지(水滸誌)에 양산박파(梁山泊派)와 가튼 무풍대사(無風大師)도 가고〈무풍(無風)은 원강원도승(元江原道僧), 자칭선종행자(自稱禪宗行者), 솔도십칠인(率徒十七人), 거갑사부속초암(居甲寺附屬草菴), 년칠십여(年七十餘), 자칭관성제사자(自稱關聖帝使者)라는 전북(全北) 출생 임명조(林命祚)〉도 가고「대정(大正) 2년경 사(事)」, 천황지교주(天黃地敎主) 차일부(車一富)도 가고「차일부(車一富), 역자칭차천자(亦自稱車天子), 이여보천교차천자이파(而與普天敎車天子異派)」일본인(日本人) 소봉원작(小峯源作)을 조합장으로 하고 김정묵(金正默)을 주임으로 한 숭신인조합(崇神人組合) 충청지부(忠南支部)도 갓다「대정(大正) 11년 5월경 사(事). 기시(其時) 무녀(巫女) 매복자(賣卜者)를 규합하고 회비 3원식을 수합(收合)하다가 해산당함」차(且) 근일에는 시천교(侍天敎) 김천자(金天子)까지 가서 굉대(宏大)한 가궁궐(假宮闕)을 건축하얏다. 그뿐이냐, 여간 유사종교단체도 다 모혀들엇다. 이것을 열기(列記)하야 보자.

구 분	종교별 신도수 (宗敎別 信徒數)	위치(位置)
김파시천교(金派侍天敎)	3,320	두마면(豆磨面) 석계리(石溪里)
정토종포교소(淨土宗布敎所)	1,076	동(仝) 부남리(夫南里)
대곡파동명교회 (大谷派同明敎會)	3,172	동(仝)
제칠일안식일야소재림회 (第七日安息日耶蘇再臨會)	30	진잠면(鎭岑面) 남선리(南仙里)
단군교충남지부 (檀君敎忠南支部)	17	두마면(豆磨面) 용동리(龍洞里)
대화교포교소(大華敎布敎所)	80	진잠면(鎭岑面) 남선리(南仙里)

차외(此外)에 용동리(龍洞里), 우적동(禹跡洞) 일부 산상에는 무녀매복자(巫女賣卜者)가 약 40호가 거주한다. 또 너의 소위 신도내(新都內)로 이주하는 자는 얼마나 되는냐. 이것도 열기(列記)하야 보자.

연별(年別)	호수(戶數)	인구(人口)	각년말현재(各年末現在)
대정(大正) 7년 이전	이거자(移居者) 70	350	7년 말 585호(戶) 2,667
대정 8년	중(中) 91	455	8년 말 676호 3,122
대정 9년	중 142	710	9년 말 816호 3,832
대정 10년	중 610	2,443	10년 말 1,428호 62,775
대정 11년	중 148	744	11년 말 1,576호 7,019
대정 12년	중 63	237	12년 말 1,639호 7,256
계	1,124	4,939	6,722호 30,171

기중(其中)에 도별(道別)로는 황해도(黃海道) 373호가 제일 만코, 종교별(宗敎別)로는 시천교도(侍天敎徒) 2,012인(人)이 제일 만으며, 직업별(職業別)로는 종교포교사(宗敎布敎師) 72호, 무녀(巫女) 28호, 복자(卜者) 36호, 노동자(勞働者) 530호, 농민(農民) 711호오. 또 생활 상태를 보면 전 호수 1639호 중에 생활상 곤란이 과무(過無)한 자가 근(僅)히 250호, 겨우 생활을 유지하는 자가 650호, 극빈하야 조석을 난계(難繼)하는 자가 739호다.

조선 태조의 계룡산 도읍을 위한 공사가 중지된 설화와 도선과 『정감록』의 비결 등에 대해 서술하고, 계룡산 석벽에 새겨져 있다는 비결에 대해서도 언급한다. 당시 유행했던 비결의 내용이 확인되는 구절이다. 나아가 임명조, 차일부, 차경석, 김정묵, 김연국 등의 인물들이 천자(天子)를 자처했다는 내용을 보고한다. 그들이 세운 교단의 교세와 신도안에 몰려든 사람들의 숫자가 변화된 상황도 자세히 적고 있다. 당시 계룡산 신도안을 중심으로 형성되었던 교단과 교세에 대한 1차적 보고로 평가된다.

한편 1924년 5월에는 다음과 같은 기사가 있었다.

모 교단의 교도들은 총독부에서 발행하고 있는 민력(民曆) 책 표지에 인쇄되어 있는 봉황(鳳凰)의 그림을 계(鷄)라고 해석하고 그 밑에 있는 용(龍)과 연관시켜 계룡(鷄龍)이라 하고, 이를 경상남도에 있는 산 이름이라 칭하여, 또 금년은 60년 만에 돌아오는 갑자년(甲子年)이므로 만물의 시작을 의미하는 해라 하고, 그들의 우두머리에 서는 자가 계룡산의 정상에서 조선왕의 자리에 오른다는 소문을 퍼뜨리고 무지한 사람들로부터 많은 금품을 받아내고 있다. (…) 『경성신문』 902호, 1924년 5월 4일.[569]

조선총독부에서 발행했던 달력에 있던 그림을 계룡이라고 해석했다는 보고인데, 경상남도에 있는 산 이름이라고 풀이했다는 점이 특기할 만하다. 나아가 이들은 새로운 갑자년에 새 정치가 이루어질 것이라고 주장했는데, 계룡산에서 조선을 다스릴 새로운 왕이 즉위할 것이라고 예언했다고 전한다.

그리고 『개벽』 제48호(1924. 6.)에 실린 「경성(京城)의 미신굴(迷信窟)」이라는 글에 "민간에서 관우(關羽)의 화상(畵像)을 위하는 소위(所謂) 전내(奠乃)집은 「본시(本是) 전내(殿內)인데 인심(人心)을 유혹하기 위하야 특히 전내라 명명(命名)함이니, 차(此)는 『정감록(鄭鑑錄)』 소위 정씨(鄭氏)의 정자(鄭字)를 의미한 것이다.」 요괴(妖怪)의 사(事)가 심다(甚多)하다"라 했다. 관우를 모시는 전내가 곧 정(鄭) 자의 파자라는 주장이다. 이들도 정씨 진인출현설을 주장했다는 보고다.

한편 1925년 12월 23일자 『동아일보』에는 평남 순천군에서 근일 중국 동란의 풍운이 날로 급박함에 따라 기이한 풍설이 유행하는데, 『정감록』에 "곽장군이 승리를 얻는 날이면 남쪽에서 난리가 일어난다"는 말이 있는데 지금 장작림(張作霖)을 압박 중에 있는 곽송령(郭松齡)이 곽장군이라 풀이하여 곧 난리가 난다는 이야기가 유포되었다는 기사가 있다. 『정감록』에 나오는 특정한 구절을 중국 정세의 변화와 연관시켜 해석했다는 보고다. 이처럼 급박하고 임박한 구원을 약속한다는 점이 예언의 특성이다.

그리고 정인모, 이제모 두 사람이 1926년 7월부터 조선도 통감정치(統監政治)를 하는데 그때 자신들이 대신급이 되기로 내약되었다고 주장하면서 예복, 기타 복장, 구두 등을 미리 준비해두어야 한다고 현금 등을 사취하여 동대

569 무라야마 지준(村山智順), 앞의 책, 1933; 무라야마 지준(村山智順), 앞의 책, 1991, 527쪽에서 재인용.

문경찰서에 체포된 사람들도 있었다.[570] 곧 새 나라가 세워질 것이라고 주장했고, 엽관주의적인 태도를 보였다는 점이 주목된다.

1926년 5월에는 서울 종로에서 김종태라는 사람이 『정감록』을 팔고 엉터리 사기 행각을 벌였는데, 정도령을 정도령(正道靈)으로 취음(取音)하여 대동아 화평통일을 위한 천인제국부흥동맹(天人帝國復興同盟)을 결성한다고 주장했다. 이들은 철원군 산중에 천안궁을 건설하기도 했던 일파라고 한다.[571] 굳이 정씨가 아니라도 진인(眞人)이 될 수 있다고 주장했음을 알 수 있고, 현실적인 정치적 결사를 도모했다는 점이 특기할 만하다.

최남선(崔南善)이 지은 『동광』 제7호(1926. 11.) 「'상ㅅ달'과 개천절(開天節)의 종교적 의의, 조선고대사 연구 일단」에 다음과 같은 내용이 있다.

> 「당굴교(敎)」란 것이 조선의 옛날로부터 시방까지 일관(一貫)해 나려오면서 정신계의 중추(中樞)를 짓습니다. (…) 산악(山岳)은 그 천(天)의 표상이요, 「당산」은 그 제단(祭壇)이요, 「무당」은 그 제사(祭司)요, 「노래」는 그 찬송(讚頌)이요, 「이인」은 그 예언자(預言者)요, 「정감(鄭鑑)」은 그 경전(經典)이엇습니다. 「순진(純眞)한 고초(古初)의 그것들과 변쇠(變衰)한 시방의 「무당」, 「정감(鄭鑑)」등은 무론 혼동해 볼 수 업는 것임니다.」 또 환국(桓國)은 그 절대적의 「이데아」 세계요, 남조선(南朝鮮)은 그의 지상천국적 이상(理想) 목표(目標)이엇슴니다.

『정감록』의 연원이 매우 오래되었다는 주장이며, 민족의 시원국가인 환국과 연관시켜 남조선을 이상적 이상국가로 주장했던 점이 특기할 만하다.

한편 『별건곤』 제8호(1927. 8.)에 "정도령(釘道令), 안주(安州) 철뢰생(鐵雷

570 『조선신문』 1926년 2월 10일자; 무라야마 지준(村山智順), 앞의 책, 1933; 무라야마 지준(村山智順), 앞의 책, 1991, 527쪽에서 재인용.

571 「대동아 화평통일 천인제국부흥동맹, 정감록을 팔고 엉터리없는 사기 취재」, 『시대일보』 1926년 5월 29일자.

生)"이 지은 「엽서통신(葉書通信), 투서환영(投書歡迎)」이라는 글에 "내가 이것은 평양(平壤) 기휼병원(病院)에서 입원하야슬 때 들은 말이다. 「그곳 목사(牧師)인지 전도사(傳道師)인지 한 金○○이다」. 『정감록』에 정도령(鄭道令)이란 것은 사실 정도령이 오는 것이 아니라 예수의 재림(再臨)을 일음이다. 정도령(鄭道令)이란 정도령(釘道令)이다. 「예수는 십자가(十字架)에서 못(釘)에 박혀 죽고, 또 예수는 장가든 일이 업스니까 도령(道令)이다」. 그러니 업는 정도령(鄭道令)을 찾지 말고 재림할 예수, 즉 정도령(釘道令)을 믿으라 열변을 토한다. 그는 이 말로 우교도(愚敎徒)에게 상당히 성공하얏다고 한다. 병실에 잇는 사람이 모다 촌(村)사람 갓흐니까 이런 수작을 하는 모양이다"라는 내용이 있다.

평양의 한 병원에 근무하던 기독교 관련 인물이 『정감록』에 등장한다는 정도령에 대한 새로운 해석을 시도했다. 그는 "정도령이 새로 오는 것이 아니라 예수의 재림이 있을 것이다"라고 풀이했다. 그 근거로 정도령이 정씨(鄭氏)라는 성씨로 오는 것이 아니고, '못 정(釘)'을 의미하기 때문에 십자가에 못박혀 죽은 예수 그리스도가 다시 올 것을 뜻하며, 장가가지 않았던 예수를 가리킨다고 기독교적으로 해석했다. 한국 전통적 예언서에 등장하는 정도령을 기독교적 의미로 새롭게 이해하고 해석한 내용이다. 이제는 정도령이 예수라고 주장하는 사람도 있었다는 매우 이채로운 보고다. 그만큼 『정감록』에 대한 다양한 해석이 시도되고 있던 상황을 반영하는 기록이다.

그 후 1928년 4월에도 계룡산에서 춘분일에 노인성(老人星)을 보는 사람은 수명이 장수한다는 설이 유포되었다.[572] 하필이면 계룡산이 강조된다는 점에서 계룡산 도읍설과 관련이 있는 듯하다.

그리고 1928년 5월 5일에 경성종로경찰서장이 경무국장에게 발송한 「천명(天命)이라 제(題)한 불온문서 반포(頒布)의 건」, 「문서번호 경종경고비(京鍾警高秘) 제5103호」에 다음과 같은 내용이 있다.

572 「허무맹랑한 예언, 계룡산에 새 미신」, 『동아일보』 1928년 4월 1일자.

경성부 장사동(長沙洞) 경회여관(慶會旅館), 경성부 종로 남산여관 등에 '천명(天命)'이라는 문서가 붙었다. 그 내용은 하늘이 정해준 진인(眞人) 정도령(鄭道令)이 해도(海島)에서 나와서 국호는 태상천국(太上天國), 연호는 천세(天世)라 할 것인데, 관리들은 신속히 사퇴하지 않으면 생명을 보존하기 어려울 것이라고 경고하고 각 지방에서는 지금부터 세납을 거절하라는 것이었다. 경찰에서 조사한 내용에 의하면 평양 서대문에 사는 정영원(鄭永元)이라는 천신교(天神教) 신자가 "천신교는 지금부터 60여 년 전에 정도령이 개교(開教)한 단체이다. 이조 말에 정몽주가 계룡산 암벽에 '계림(鷄林)이라는 나라가 흑의(黑衣)를 입은 자들의 나라가 된 후에 장차 계림지국(鷄林之國)이 될 것이다'라는 내용을 검은 글씨로 써놓았는데, 이 검은 글씨가 흰 글씨로 변하는 때에 천신교주 정도령이 조선왕(朝鮮王)이 되고 천신교도는 고위관직을 차지하게 될 것이다"라는 말을 퍼뜨리고 다녔다고 한다.

진인인 정도령이 출세하여 세울 나라의 이름이 태상천국이며 그 연호는 천세로 정해졌다는 주장이다. 국호와 연호가 결정되어 있을 만큼 새 나라의 건설은 확실한 사실임이 강조되었다. 그리고 새로운 나라가 세워질 예정이므로 기존의 관리들은 반드시 사퇴해야 목숨을 보전할 것이고 국민들은 현 정부에 세금도 납부하지 말라고 주장한다. 이 사건을 조사한 결과 천신교라는 단체가 거론되었다. 천신교는 60여 년 전에 정도령이 만든 교단이라고 주장하면서 이조 말기의 인물인 정몽주가 써놓았다는 검은 글씨가 희게 변할 때에 천신교의 교주인 정도령이 조선의 새로운 왕으로 등극할 것이라는 믿음이다.

또한 1928년 5월 8일자 『동아일보』에 「해도(海島)에서 나올 정도령의 **」라는 기사가 있다. 종로경찰서에서 이상한 말을 쓰고 산포한 괴문서를 발견 압수했는데, 계룡산의 정도령 이야기를 중심으로 『정감록』에서 끌어낸 천명이라는 "진인 정도령의 어명"이라는 것인데 내용은 비밀이라고 전한다. 수원과 평양에서도 이러한 문서가 나돌아 체포령이 내려졌다. 자세한 내용은 전하지 않아 알 수 없지만 이 사건도 『정감록』의 해도 진인출현설을 기반으로 제기된 일이었다.

그리고 『별건곤』 제15호(1928. 8.)에 실린 사정찰(私偵察)이라는 필명을 쓴 사람이 지은 「이십세기(二十世紀) 대복마전(大伏魔殿), 남녀미신굴(男女迷信窟)의 비밀(秘密) 공개」라는 글에도 "협잡배의 무리들은 자긔 개인(箇人)의 집에다 관우의 위패나 화상을 위하야 놋코 무지몽매한 사람의 치성 드리는 돈과 음식을 어더 먹게 되엿스니 이것이 소위 전내(奠乃)집이다. 전내라는 명칭은 원래에 『정감록(鄭鑑錄)』에 말한 소위 계룡산(鷄龍山) 정씨(鄭氏)라는 정자(鄭字)를 해자(解字)하야 전내 두 자로 리용한 것이니, 실상은 『정감록』과 관운장과는 아무 관계도 업지만은 협잡의 무리들이 일반의 미신하는 『정감록』을 리용하야 또 그러한 이름을 붓친 것이다"라 했다. 전내를 정(鄭)의 파자라고 주장하고, 관우신앙과 연관시킨 점이 특기할 만하다.

또 1929년 4월에는 정도령(鄭道令)이 하강하여 사람들의 질병을 고쳐주고 길흉화복을 가려준다는 말을 유포하며 사기를 치던, 자칭 정도령인 평양 출신의 정중례라는 천리교(天理教) 입교자가 체포된 일도 있었다.[573] 천리교라는 교단 이름을 주장했다는 점이 이채롭다.

1929년 8월 1일자 『동아일보』에는 「복마전을 찾아서 (12) 계룡산 해부」가 실려 있다. 계룡산의 돌이 희게 되면 장백산 위에서 시기를 관망하던 정도령이 온다는 것이요, 초포행선(草浦行船)은 계룡산 남쪽으로 보이는 풋 갯벌이 바다와 강이 되어 배가 다닌다는 뜻이요, 그때가 되면 정도령이 도읍을 정할 것이라 주장한다. 신해년(1911)에 호남선이 개통되자 갯벌을 달리고 있는 열차를 보고 초포행선이니 우리 임금 정도령이 오신다고 하고 계룡산 돌이 점점 희게 되니 진주 정도령이 도읍할 날이 멀지 않았다고 풀이했다고 전한다. 『정감록』에 나오는 구절을 예언으로 믿고 나름대로 풀이했으며, 철도 개통을 비결풀이에 이용했다는 점이 특기할 만하다.

또 『별건곤』 제36호(1931. 1.) 「흡연실(吸煙室)」에는 다음과 같은 내용이

---

573 「자칭 정도령, 사기하다 피촉(신의주)」, 『동아일보』 1929년 4월 12일자.

있다.

> 오인조(五人組)의 모단(某團)이 계룡산신도(鷄龍山新都) 경찰관주재소(警察官駐在所)를 습격하야 2명을 죽이고 1명은 중상케 하얏다니 아마 남조선정도령국(南朝鮮鄭道令國)에서 특파(特派)한 사람들인게지.

신도안에 있던 경찰관주재소에서 일어난 범죄조차 남조선에 있다는 정도령 나라에서 벌인 일일 것이라고 조롱받는 것이다.

한편 1931년 1월 22일자 『동아일보』 「휴지통」에 공주에서 계룡산에 가까운 대전으로 도청을 옮기는 사실을 신도안 건국이 가까워지는 징조라고 보고, 계룡산 바위에 흰 이끼가 돋은 일을 계룡석백(鷄龍石白)으로 믿는다는 일이 보고되었다. 계룡석백은 현전하는 『정감록』 「운기구책」에 나온다.[574] 도청이 이전되는 현실에서 일어나는 변화가 『정감록』에 나오는 비결풀이에 이용되었던 것이다.

또 『동아일보』 1931년 8월 11일자 기사에는 "유령진인(幽靈眞人) 배운담(裵雲潭) 선생을 팔고 계동의 김씨 성을 가진 부호에게 1만 2천여 원을 편취한 민치환(閔致煥)에게 경성지방법원에서 2년 6개월의 징역을 판결했다"는 내용이 있다. 배씨 진인이 출현할 것이라는 예언을 이용하여 재물을 편취한 인물에게 징역형이 처해졌다는 것이다.

그리고 1931년 8월 15일자 『매일신보』에는 「교주라는 정모(鄭某), 왕이라 자칭」, 「정감록을 이용한 일대 괴사건 발각」, 「해인사 비장의 해인을 도적」 등의 기사가 있다. 이들은 유사종교단체를 만든 뒤에 군자금 조달을 계획했다고 한다. 충남에서 정인용을 교주로 하는 단체가 『정감록』에 의하여 자기는 조선 왕이 될 수 있다고 말한 후 일당에게 대신, 관찰사 등을 주고 군자금을 모집한다는 소문을 냈다가 10여 명이 검거되었다. 서대문서에서 취조를 마치

---

574 「운기구책」, 『정감록』(한성도서주식회사, 1923); 안춘근, 앞의 책, 1973, 497면.

고 근간 서류만 경성검사국에 송국(送局)했다. 우민(愚民)을 미혹시켜 수만 원을 편취해 정인용은 대정 14년(1925) 가을에 계룡산에 나타나 교주가 되는 동시에 해인을 훔쳐가지고 『정감록』에 기재된 정도령 일명 정진인(鄭眞人)이 왕이 된다는 것과 해인을 가지면 무엇이든 할 수 있다고 말하고 자기가 조선의 왕이 된다고 주장했다. 조선의 ****를 하고자 비밀결사를 조직했다고 한다. 유일의 증거물인 해인도 압수했으나 산중에 숨겨두었다는 무기는 찾지 못했다고 한다. 1925년 개벽설을 주장했고, 해인(海印)이라는 보물을 그 증거로 강조했다는 점이 주목된다.

한편 『조선신문(朝鮮新聞)』 1931년 8월 15일자 「五百年前に遡る因緣, 怪著鄭鑑錄に絡む陰謀: 忠南論山鷄龍山に立籠つて檢擧古風グロ · 事件のあらすじ」에 다음과 같은 내용이 있다. 정인용사건과 관련된 내용이다.

> 논산군 두마면 부남리에서 동포교(同胞教)를 세운 주모자 정인용(鄭寅熔 또는 寅鎔, 69세)과 그의 아들 정갑영(鄭甲永, 20세), 이민각(李敏珏, 55세), 심성택(沈成澤, 68세), 이봉규(李鳳珪, 66세) 등이 체포되었다. (이들은) 교주 정인용을 『정감록』에 보이는 '조선(朝鮮)'이라는 인물이라는 기괴한 주장을 했다. (그들은 교도들에게) 대신, 금위대장, 관찰사 등의 임명장을 발급하고 무기를 저장하고 군자금을 모집한다고 각지의 부호들에게 사기를 친 사실이 적발되었다. 그러나 피의자들이 고령이고 시대적 망상에 따라 일어난 사건으로 보고 석방되었다.
>
> 해인사에 비장된 목조(木彫)로 된 해인(海印)을[575] 명치 22년(1889)과 23년(1890)에 누군가가 훔쳐갔다. 당시 그 지방 사람들은 『정감록』에 예언된 해인이 세상이 나타날 때 정씨(鄭氏) 일문(一門)에 의해 계룡산에 천하의 **가 열리는 때라는 미신이 있고, 해인이 분실되었다는 이야기가 유포되

575 해인에 대한 자세한 내용은 김탁, 『한국의 보물, 해인』(북코리아, 2009)을 참고. 해인은 신라 의상대사의 해인도(海印圖)에서 유래한 한국 전통의 보물신앙으로 설화, 신종교의 교리체계 등에 관련기록이 남아 있다.

었고, 정맹인(鄭盲人)이라는 사람이 구름을 타고 해인을 가지고 가버렸다는 이야기도 있었다. 이 사건의 주동자 정인용이 바로 이 해인을 훔친 범인이라는 소문이 있었다.

명치 35년(1902) 무렵 갑자기 (정인용이) 영천군 은해사(銀海寺)에 모습을 나타내 해인을 보여주고 내가 민중의 *가 될 정맹인(鄭盲人)이라고 신분을 밝히자, 왕(고종)이 직접 신하인 김상한(金商翰)에게 칙명을 내려 군사를 파견하여 그를 체포하게 했다. 정인용은 2년 동안 감옥에 있다가 명치 37년(1904) 1월에 석방되었다. 소식이 끊어졌던 그가 대정 14년(1925) 가을에 계룡산에 다시 나타나 동포교를 세우고 교주로 추대되었다. 지난해 비장했던 해인을 가지고 허망한 정*설(鄭*說)을 유포하고 조선 **의 비밀결사를 조직하고, 해인을 날인한 관직 임명서를 남발하였으며, ** 출현의 꿈에 취하여 군자금을 모집하였다. 피해자는 서울에 사는 김상윤(金相潤, 55세), 이민섭(李敏燮, 66세), 유석관(柳錫觀, 71세), 충남 연기군에 사는 유연호(柳然浩, 48세) 등이다. 서대문경찰서에서 관직 임명장을 받은 사람을 조사한 결과 50 - 60여 명이고 수만 원을 사기당했다고 한다. 해인은 어떠한 물건인가? 민간에 전하는 이야기에 따르면 지금부터 수백 년 전에 어떤 왜관선(倭冠船)이 남선(南鮮)의 바다에서 난파되었을 때 해안으로 밀려든 선재(船材)로 만든 것이라고 한다. 최근 경성대학(京城大學)의 교수 등이 해인사에서 발견된 팔만대장경에도 이 해인이 날인되어 있다고 주장하지만, 방(方) 4촌(寸)에 한쪽 면에 기괴한 문자가 새겨진 신비한 인판(印判)-도장-이다. 경찰들이 두 차례나 현지에 가서 수색한 끝에 해인을 압수하였다. 전라남도의 어떤 산에 은닉했다는 무기는 직접 관련된 자들이 죽었거나 다른 사정으로 인해 발견하지 못했다. 괴수 정인용이 해인사로부터 문제의 해인을 훔쳐 은해사에 머물고 있을 때, 당시 영천군수(永川郡守)로서 그를 체포하러 갔던 집포관(執捕官) 김상한(金商翰)에게 여러 가지 편의를 제공하고 그의 지휘 아래 조사에 입회(立會)했던 이장용(李章鎔, 65세)도 서대문경찰서에서 증인심문을 받았다. 서대문구에 사는 그를 찾아가 그 당시의 일에 회상한 말을 들었다(관복을 입은 이장용의 사진이 실려 있다).

벌써 30여 년 전의 일입니다. 정맹인(鄭盲人)이라는 사람이 출현해서 인심을 동요시킨 일이 실제로 있었습니다. 해인을 가지고 있다고 주장했는데 그를 따르지 않는 사람은 천변지이(天變地異)를 만나 죽는다는 황당무계한 말이 있어서 큰 난리가 났습니다. 당시 그 정맹인이라는 사람의 가슴에는 칠성(七星)이, 어깨에는 삼태성(三台星)의 무늬가 있고, 눈동자가 두 개이고, 손에는 왕자(王字)가 있고, 해인을 가지고 비를 부르고 바람을 일으키는 일이 가능하다는 터무니없는 이야기를 퍼뜨린 괴이한 인물인데 지금 계룡산에 **를 세울 것이라는 유언비어가 성행했습니다. 그를 체포해 보니 모두 허황한 것임을 알 수 있었는데, 집포관이 서울에 데리고 가서 조사했는데 의외로 석방되자 집포관 김상한이 인심이 소란될까 염려하여 추방한 것으로 알고 있습니다. 문제의 해인이 현재 서대문경찰서에 있다는 말을 믿지 않을 수 없지만, 어떤 사람은 해인은 수백 년 전래의 해인사에 있었는데 약 40년 전에 정만인(鄭萬人)이라는, 정맹인(鄭盲人)인가도 모르겠습니다만, 요사스러운 인물이 훔쳐갔기 때문에 조사해도 소재를 알 수 없을 것이라는 이야기도 전합니다. 만일 해인이 있다고 한다면 그것은 전부 기적입니다. 기괴한 사건임에는 틀림이 없습니다.

위 인용문에 나오는 **, * 등은 왕, 왕국, 황제, 독립 등을 뜻하는 말로 보인다. 한편 위의 기사에 나오는 김상한은 황현(1855-1910)이 지은 『매천야록』 1903년 6월조에 나오는 '영남의 집포관 김상한'과 동일인물이다. 『매천야록』 제6권에 따르면 그는 순종 융희 3년(1909) 5월에 의병을 일으켰는데 "태백산과 소백산 및 4개 군을 점거하여 이명상(李明相)과 김상태(金相泰) 등을 소모장(召募將), 이춘삼(李春三)을 좌익장(左翼將), 원근선(元根善)을 우익장(右翼將), 김성부(金聖夫)를 도령장(都領將)으로 임명하였으며 부하들은 모두 700여 명이었다"고 한다.

1909년 5월 충청북도경찰부장이 내부(內部) 경무국장에게 보낸 「폭도에 관한 보고」에 따르면 김상한은 "안동, 순흥, 단양, 청풍, 문경, 영춘의 각 군에 있어서의 총대장으로서 청풍군 근남면 지곡(池谷)에서 태어났으며, 동아개진교육국장(東亞開進教育會長)을 역임한 양반출신의 60세 가량의 인물"이라고 한다.[576]

그리고 『대한제국 직원록』에 따르면 이장용(李章鎔)은 1906년에는 전남 장흥 군수를 지냈고, 1908년에는 경상남도 함양군의 군수(郡守)를 지냈다.

위의 사건과 1903년의 정해일 사건을 같은 맥락의 일로 보는 기록도 있다.

> 1903년 9월 4일 평리원(平理院) 검사가 발송한 「백성의 재산을 늑탈한 집포관(戢捕官) 김상한에 대한 처분 보고」에 의하면 "재수(在囚) 김상한(金商翰)의 무인지사(誣人至死)ᄒᆞ고 고조요참지죄(做造妖讖之罪)와 삼남집포관(三南戢捕官)으로 늑탈민재(勒奪民財)가 엽계이만육천여냥(葉計二萬六千餘兩)을 공개심사지일(公開審查之日)에 거개자복(渠旣自服)ᄒᆞ얏ᄉᆞ오나"라 했다.

그렇다면 정해일이 참언을 조작했다는 사건은 무엇일까?

1903년 12월 24일에 평리원재판장(平理院裁判長)이 의정부집정법무대신(議政府贊政法部大臣)에게 발송한 「사람을 속여 죽게 한 즙포관 김상한에 대한 처분 문의」「문서번호 질품서(質稟書) 제23호」의 주요 내용은 다음과 같다.

> 정해일은 본래 경주 안강면에 살았는데 어미가 잉태할 때 대들보 위에 검은 용이 서려 있고 해와 달이 입 안에 들어오는 꿈을 꾸고 태어났습니다. 8세 때 부모가 돌아가시고 소백산에 들어가 머리를 깎고 중이 되어 명산대천에 기도 다녔는데, 제 몸에는 이상한 징표가 있습니다. 충청, 경상, 전라, 강원도 등지의 지사와 호걸들이 구름처럼 저를 따르고 귀의하였

576 『한국독립운동사 자료』 14권(「의병」편 Ⅶ)

습니다. 내년 계묘년(1903) 5월 12일에 큰 비가 폭주하여 파도가 계룡산으로 들어오고 19일에는 천지가 개벽하여 인구수가 반으로 줄 것이며, 세계가 혼돈하여 정해진 주인이 없을 것이라고 말했습니다. 갑진년(1904) 3월 21일에 제가 천자(天子)의 지위에 등극하여 계룡산 아래에 왕국을 세워 금계포란형(金鷄抱卵形)의 혈자리에 내궐(內闕)을 창건하고 청룡농주형(靑龍弄珠形)의 혈자리에 외궐(外闕)을 창건하여 천하의 조공을 받을 것이니 어찌 구차하게 삼천리 조선만을 통활하겠는가라 했습니다. (…) 집포관의 심문에 "네가 본래 계룡산주인(鷄龍山主人)으로서 몸에 여러 가지 비상한 표시가 있다고 주장하고, 천운과 인심이 여차여차하다고 말했느냐?"[577]

---

577 被告金商翰, 尹箕炳, 案件, 由檢事公訴審理, 則被告金商翰, 所供內, 上年陰曆二月分, 被差三南戢捕官, 持帶木印章, 下往南道, 視事月餘. 有召還之命, 卽爲上來. 同年九月四日, 更蒙其任, 復下南道, 至十二月初, 聞永川郡守, 李章鎔, 捉囚, 鄭海日, 同黨之說, 卽往該郡銀海寺, 押致質問, 則果有鄭海日, 陰謀之事. 故其同黨, 金祥勳, 白命吉, 仍作心腹, 曉諭將功贖罪之事, 派送從人, 尹箕柄, 洪漢杓, 李秉浩, 權斗璿等, 四面詗捉. 一朔後, 得見, 洪漢杓等報告書, 則捉得, 鄭海日, 於醴泉郡孝子洞, 尹姓人家云故, 矣身時在慶州抵林寺, 馳往永川郡, 與該郡守, 李章鎔, 及中隊長, 柳錫用, 招集兵丁四名, 該郡刑吏與巡校四名, 所捉從人四名, 招人鄭海日, 捧招則, 鄭海日, 言內, 若平問, 則以實直告, 刑問則嚼舌不對云. 故矣身曰, 新章程所在, 不爲刑問, 前後事實, 汝其直告, 鄭海日曰, 矣身本居慶州, 安康面, 矣母孕胎時, 大樑上有黑龍之盤, 日月幷入口中, 仍生矣身. 八歲失父母之懷, 入小白山, 削髮爲僧, 祈禱名山大川, 身有異常之表. 忠淸慶尙全羅江原道內, 有志豪傑之士, 從之如雲, 以待運歸. 而明年癸卯五月十二日, 大水瀑注, 潮入鷄龍山, 十九日天地開闢, 人數半減, 混沌世界, 無定主. 甲辰三月二十一日, 矣身登天子位, 定鼎鷄龍山下, 金鷄抱卵形, 創建內闕, 靑龍弄珠形, 創建外闕, 以受天下朝賀, 豈可區區統轄三千里朝鮮乎? 稟生天地光明正大之氣, 造化無窮, 呼風喚雨, 一動一靜, 天心先應, 矣身被捉時, 靑天長虹, 白日雷聲, 可知天心, 非以臣伐君, 天數歷歷而歸, 以吾爲罪人捕捉, 去則去矣. 而雖千萬人簇圍之中, 何畏而拘縶哉? 然而押上京廳, 平問, 則少有天變, 刑問, 則長安屠戮, 是促矣身之好運也. 八路英雄, 各率千萬, 靡風依歸, 催促起兵故, 矣身挽留, 以待天心, 各處魁首不聽, 而欲除公卿大夫之列, 固執擧行, 以至此境, 然天命在我, 於我何哉云云, 故以此電稟矣. 自上有押上 鄭海日之處分故, 押付大邱隊中隊長, 柳錫用, 本年陰曆正月二日, 使之發程上京, 同月十九日, 奉命上京, 留待城外, 今至裁判之境, 被告鄭海日, 所供內, 矣身二歲失母, 六歲父沒, 隨僧爲雇, 乞粮資生, 丙申年分, 歸鄕退俗, 以筆商爲業, 上年陰曆四月分, 轉到醴泉郡孝子洞, 借得, 尹炳浩, 挾戶, 托身生活. 同年十二月十二日, 尹箕柄, 以戢捕官之令, 稱有御命, 捕縛押去, 尹家家産, 沒數籍沒, 到永川郡, 以靑道袍着之, 以轎子擔舁, 大吹囉叭前導, 而抵戢捕官所住處, 從人巡校, 各持木棒, 羅立左右, 戢捕官杖劍而坐, 問曰, 吾今奉勅捉汝, 依吾指使納供, 則汝我俱爲顯達, 汝則上京之日, 入對皇上 官職可圖, 不然則死於吾手云. 故問其納供之說, 則戢捕官言內, 汝本鷄龍山主人, 身有諸般非常之表, 天運人心如此如此等說, 上京納供, 則刑不及身, 可國官職云. 故矣身曰, 似此納供, 不爲逆賊乎? 戢捕官曰, 汝誠無識, 自古史冊, 豈有不爲聚黨起兵之逆賊也. 且使在傍從人, 勸之誘之, 安居盛餽, 製給衣服, 給錢矣身之妻, 使白命吉, 善爲保護, 多般甘誘, 不可盡記. 而無罪平民, 歸之同黨, 捉囚幾百名, 施以惡刑, 呼哭之聲, 震動天地, 自度身勢, 不從戢捕官之指使, 則難保性命, 今不若唯唯爲答, 以待辨晰之日. 同年十二月二十八日, 自永川發程, 押上京廳, 而中路作弊, 柳錫用之諸般敎唆, 不可枚告. 本年陰曆正月十四日,入城押到警廳取招時, 矣

정해일은 1931년에 일제 경찰에 체포되기 훨씬 이전인 1903년 무렵에도 자신이 계룡산에 궁궐을 세우고 천자에 등극할 것이라고 주장했다. 이른바 동포교 교주 정해일이 『정감록』의 정씨진인출현설은 그 기원이 무척 오래되었음이 밝혀졌다.

광무 10년(1906) 10월 29일에 발송된 「판임관 이상 죄인들의 이름, 관직, 형기 등을 기록하여 보냄」에 따르면 전(前) 집포관(戢捕官) 김상한(金商翰)은 광무 7년(1903) 12월 21일에 역종신(役終身)을 선고받았다.

1909년 1월 20일자 「관동종교(關東宗敎)에 관한 건」 「문서번호 헌기(憲機) 제179호」에 따르면 대교주(大敎主) 정해일(鄭海日)은 광덕선생(廣德先生)으로 불렸고, 교주(敎主) 여영조(呂永祚)는 각금자(覺今子)로 불렸다. 그들은 강사(講師), 교감(敎監), 교무원(敎務員), 교육원(敎育員), 전도원(傳道員) 등의 조직을 두었다.

사건을 재구성하면 다음과 같다.

身所經被誣之事, 從實直告. 同月二十日, 又移警衛院取招時, 一依警供納告, 今又越交本院, 惟願明查卞白, 於是, 公開裁判之庭, 金鄭兩犯及押上時中隊長, 柳錫用, 所謂鄭海日, 同黨金祥勳, 徐準成, 同庭質查, 則金商翰, 對鄭海日, 其身上異表, 一不指的, 虛誕凶悖之說, 渠意搆報, 始乃自服曰, 此非素有嫌怨, 而如是搆捏者也. 矣身平生所慾, 惟在立身揚名, 故搆誣鄭海日, 於逆名, 實藉此而誇張功勞, 欲圖富貴之計也. 永川, 慶州, 河陽等郡人民, 搆稱, 鄭海日, 同黨, 捉囚討索錢, 合爲葉二萬六千餘兩, 則到此明查之下, 無辭納供, 惟願速勘, 死亦無冤, 蓋此被告之陷人不測, 覬成功, 自作虛誕凶悖之說, 誣奏於至嚴至尊之地, 討索民財, 多至數萬兩, 則究厥所犯, 合寘重辟, 被告尹箕柄, 所供內, 逢着戢捕官, 金商翰, 於醴泉龍門寺, 始爲知面, 隨往永川郡, 因金商翰, 指使與洪漢杓, 李秉浩, 權斗璿等, 偵探鄭海日, 所住處, 往醴泉郡孝子洞, 尹姓人家, 捉得鄭海日, 納于戢捕官所在處, 則金商翰曰, 此眞鄭海日也. 押上京司時, 金商翰言內, 汝今上京, 則必着宕巾云, 故押領上來而已, 橫捉無辜, 勒奪民財之事, 矣身所不知, 鄭海日, 爲鷄龍山主人之說及有非常之表等事, 矣身等修報于戢捕官時, 洪漢杓, 作之書之, 矣身目不識丁, 不知報辭云, 被告名在從員之首, 推諉, 洪漢杓, 尤極狡惡, 捕捉無罪之鄭海日, 納於戢捕官, 覬官職, 押領上京, 究其情節, 難逭隨從之律. 鄭海日, 金祥勳, 徐準成, 審查之場, 確無罪證, 理當放免. 洪漢杓, 李秉浩, 權斗璿等, 在逃未捉, 柳錫用押, 交陸軍法院, 照律勘處, 其事實, 被告等陳供自服及諸被告質卞, 自服明白, 被告金商翰, 照大明律訴訟編誣告條, 凡誣告人至死罪未決者律, 同律賊盜編造妖書妖言條, 凡造讖緯妖書妖言及傳用惑衆者律, 同律受贓編官吏受財條, 有祿人枉法贓八十貫律, 大典會通推斷條, 凡亂言若干犯於上, 情理切害者律, 大明律名例二罪俱發以重論條, 凡二罪以上俱發以重者論文, 處絞, 被告尹箕柄, 大明律訴訟編誣告條, 凡誣告人至死罪未決者律, 同律名例共犯罪分首從條, 隨從者減一等文, 依刑律名例第四條, 處笞一百懲役十五年何如? 粘聯該書類, 玆質稟, 查照指令爲望 . 平理院裁判長, 李南熙, 議政府贊政法部大臣兼任奎章閣學士侍講院日講官, 李載克, 閣下, 大臣, 協辦, 光武七年十二月二十四日, 光武七年, 月日, 接受 第九百九十六號.

1914년 12월 28일에 경찰이 조선총독인 사내정의(寺內正毅)에게 발송한 「불령자(不逞者)의 처분」, 「문서번호 경고기발(警高機發) 제3049호」 『불령단관계잡건(不逞團關係雜件)-조선인(朝鮮人)의 부(部)-재만주(在滿洲)의 부(部) 4』의 내용에 따르면 이종태(李鍾泰)의 범죄행위는 아래와 같다.

> 정담록(鄭湛錄)에[578] 이른바 제왕(帝王)이 될 것이라는 정해일(鄭海日)의 처형(妻兄)으로서 십수 년 동안 정해일의 옆에서 모시면서 관헌에 발각될까 염려하여 함께 각지로 전전하면서 살다가 경상북도의 이승연(李昇淵) 등의 지방 수령과 연락하고 혹은 이형국(李衡國), 이헌교(李憲教) 등을 정해일에게 소개해서 그 무리에 가입시켰다.
>
> 발각의 단서
>
> 올해 11월 20일 중국 서간도(西間島) 통화현(通化縣)에서 신흥무관학교를 세우고 독립운동을 하던 이시영(李始榮)은 정감록의 정해일을 이용하는 한편 동지를 규합하여 자금을 모집하였고, 대구에서 정해일의 무리와 만났으며, 계룡산 부근에 숨어 있던 정해일과 만나기도 했다.

이와 관련하여 1934년 7월 5일자 『매일신보』에 「사음(邪淫)의 화마(化魔)인 정도령 정체」라는 기사가 보인다. 자칭 계룡산 정도령으로 곤룡포와 옥새를 가지고 다니면서 우민(愚民)을 속여가던 정인용은 본래 충남 연기군 금남면 감성리에 살면서 불교를 믿어오던 중 9년 전 진종 동붕교회 법사로서 신도안에 오게 되어 사람들에게 도장을 찍어주었다고 한다.

한편 1932년 1월에는 전남 구례에서 정도령 등극설에 속아서 가산을 탕진한 사람에 대한 기사가 실려 있다. 그는 1923년경에 정도령이 출입천하(出入天下)한 다음에 30여 명의 제자들이 각국에 있는데, 그를 새로운 세상에 자

578 정감록(鄭鑑錄)의 오기로 보인다.

기 성씨인 박씨의 시조로 만들어주겠다는 권유자의 말에 유혹되어 가산을 날렸다고 한다. 더욱이 그는 곧 난리가 나니 양식을 준비해야 한다는 말을 믿고 곡식을 쌓아두었다가 낭비했던 일이 있었고, 하동에서 정도령의 결혼식이 열린다는 말에 상당한 금액의 축의금을 주기도 했다.[579] 정도령 출현설의 한 변형으로 보이는 사건이다.

또 1932년 12월 16일자 『동아일보』에 「선관(仙官)과 정천자(鄭天子)를 팔어 우매한 민중을 기만」이라는 기사가 있다. 자하도(紫霞島) 일명 남진도(南辰島)에 선관과 내관(內官)이 있고 충남 계룡산에 정도령이라는 정천자가 있다는 소리로 우매한 백성을 속이고 헌금을 납입하면 정도령과 선관을 보여준다고 꾀어 금품을 편취한 일당이 체포되었다.

한편 이광수(李光洙)의 『동광』 제40호(1933. 1.) 「신년(新年)을 당하야 학생에게 보내는 공개장, 영웅이 되라」에는 다음과 같은 내용이 있다.

> 우리가 구하는, 대망(待望)하는 영웅이란 이러한 사람이다. 우리는 이러한 영웅을 남조선(南朝鮮)도 아니요 해도중(海島中)도 아니요 오직 우리 청년남녀 학생 중에서 구하고 대망한다.

남조선에서 진인이 출세할 것이라는 예언이 당시에 널리 퍼져 있었음을 알려주는 기록이다. 물론 진인이 해도에서 출현할 것이라는 주장도 포함된다.

또 1933년 3월 충남 논산군 두마면 부남리에 사는 조학련이라는 중은 만주문제에 대하여 "만주는 북방으로서 오행의 수(水), 일본은 동방으로서 오행의 목(木)이므로 만주국과 일본과의 관계는 오행의 상생률(相生律)인 수생목(水生木)에 적합하다. 반면 만주는 북방으로서 수(水), 미국은 남방으로서 화(火)이므로 만주 대 미국은 오행의 상극률(相剋律)인 수극화(水剋火)에 당한다. 그러므로 만주와 미국은 근본적으로 접근할 수 없고 만주와 일본이 한 덩어리

---

579 「소위 정도령 등극에 속아, 가산을 전부 탕진」, 『중앙일보』 1932년 1월 18일자.

가 되는 것은 자연의 이치이며 장차 만주국이 자연적으로 일본 부속이 될 것이 확실하다"라고 예언했다.[580] 음양오행설에 입각하여 현실 정세의 변화를 주장한 것이다.

그리고 1933년 3월 충북 영동에 사는 박모라는 사람은 신도내(新都內) 부남리에서 조선 전래의 예언시를 해석하여 선전했는데, 내년에는 만주문제가 빌미가 되어 세계대전이 발발함과 동시에 악역(惡疫)이 유행하여 조선민족이 불안을 느끼고 사회적 동요가 일어날 것이라고 예언했다.[581] 계룡산 신도안에 살던 사람이 곧 전 세계에 전쟁이 일어날 것이며, 동시에 극심한 전염병이 퍼질 것을 예언했다는 보고다.

또 충청남도 예산군 고덕면 부근에서는 다음과 같은 이야기가 전한다. "고래의 비결에 왜왕(倭王) 3대를 거쳐가도(假都) 3년에 이르면 진실한 정왕(鄭王)이 출현해서 계룡산의 신도(新都)에 나라를 세운다고 되어 있다. 그 글의 뜻은 왜왕 3대란 총독(總督) 3대이며, 가도란 가정부(假政府) 3년을 가리키는 것으로, 1921년에는 반드시 신도(新都)가 실현될 것이다"라는 주장이다.[582] 총독정치가 곧 끝장날 것이며, 이후에는 정씨 진인이 세울 새 왕조가 건립될 것이라는 예언이다.

한편 평안남도 일부 지역에서는 『정감록』에 "가정(假政) 3년 후에 인정(仁政)이 도래한다"는 이야기가 나돌았다고 한다. 여기서 가정은 확고하지 않은 정치를 의미한다. "지금 조선은 그 가정 3년 중이다. 태평양 회의 결과 미일전쟁(美日戰爭)이 일어날 것이며, 그 전쟁이 종결된 후에는 인정이 베풀어지며 조선의 독립이 이루어질 것이다"라는 예언이 퍼졌다고 보고한다.[583] 미국과 일본 사이에 곧 전쟁이 발발하고, 그 직후 조선이 독립될 것이라는 주장이다.

---

580 무라야마 지준(村山智順), 앞의 책, 1933; 무라야마 지준(村山智順), 앞의 책, 1991, 528-529쪽.

581 무라야마 지준(村山智順), 앞의 책, 1933; 무라야마 지준(村山智順), 앞의 책, 1991, 529-530쪽.

582 무라야마 지준(村山智順), 앞의 책, 1933; 무라야마 지준(村山智順), 앞의 책, 1991, 588쪽.

583 무라야마 지준(村山智順), 앞의 책, 1933; 무라야마 지준(村山智順), 앞의 책, 1991, 588쪽.

그리고 1933년 3월 31일자 『중앙일보』에 「정감록을 믿는 일파의 비밀결사」라는 기사가 있다. 주요 내용은 다음과 같다.

> 경상북도 칠곡군 왜관경찰서에서는 대활동을 개시하여 상주, 문경 등지에 누차 출장을 하여 일반의 주목을 끌었다. 문경, 의성, 선산, 상주 등에 거주하는 박지영, 이상연, 이성연, 김순녀 등이 조선 독립을 목적으로 하는 비밀결사를 조직하였다. 이들은 『정감록』의 "토가여분(土價如糞), 마천우복(馬千牛腹)"이라는 문구를 절대 신뢰하였는데, 앞으로 10년 동안은 반드시 세계 전쟁이 계속되며 그 결과 일본은 절대적으로 패망함과 동시에 조선 독립이 반드시 실현될 것이다.
>
> 그러므로 『정감록』에 기록된 조선 십승지(十勝地)의 하나인 상주군 화북면 중대리 일명 우복동(牛服洞)에 피난처를 정하고 조선 독립운동을 개시했다. 그 수단으로서 사찰을 세우고 표면으로는 승려로 가장하고 내용으로는 장차 조선에 군림할 정씨(鄭氏)를 기다리는 한편 인재를 양성하여 그때의 각료를 조직한다는 취지로 우복동에서 1930년 5월 결사식(結社式)을 거행했다. 이들은 총지휘, 활동부, 교육부, 원조부 등의 조직에 참여했으며, 동지를 규합하고 자금 수집에 노력하다가 보안법 위반으로 대구검사국에 송치되었다.[584]

위의 인용문에 나오는 비결은 현전하는 『정감록』에서는 확인되지 않는다. 어쨌든 나름대로 비결을 이용하여 정세의 급격한 변화를 예언했던 점은 명확하다. 국권회복운동의 일환으로 비밀조직을 결성하고, 십승지의 하나로 제시되는 상주군 우복동에서 관직까지 임명했다는 점이 주목된다.

한편 경기도 교하지방에는 다음과 같은 이야기가 유포되었다. 계룡산 바위 속에서 한 장의 종잇조각이 발견되었는데 "음력 2월 15일은 독립을 외치

584 무라야마 지준(村山智順), 앞의 책, 1933; 무라야마 지준(村山智順), 앞의 책, 1991, 586-587쪽에도 동일한 내용이 실려 있다. 그런데 무라야마는 『조선중앙일보』라고 적었는데, 중앙일보의 착오다.

는 날로서 열 번 외치면 일가(一家)를 보존하고 스무 번 외치면 국가를 회복한다. 이런 취지를 기록하여 남에게 두 장을 전하면 일신(一身)을 보존하고, 여덟 장을 전하면 충신 효자가 되며, 이를 전하지 않으면 천벌을 받게 된다"라고 적혀 있었다. 그래서 이 이야기를 믿고 독립을 크게 외치는 사람이 있다고 한다.[585] 독립만세를 외치는 일도 계룡산에서 발견된 비밀문서에 적혀 있다고 믿었다는 보고다.

이 외에도 계룡산 신도안에 새 국가가 세워질 것이라는 예언이 다음과 같이 전한다.

> 목하(目下) 신도내(新都内)에는 굉장한 전당(殿堂)이 다수 세워지고 그 명칭을 사원 또는 교회당이라고 칭하고 있지만 머지않아 신국가(新國家)가 수립되고 국도(國都)가 되면 그 건축물들은 모두 청사(廳舍) 혹은 관사(官舍)가 되도록 지금부터 은밀하게 계획을 세워나가고 있다. 근래 신도내 및 계룡산 기슭에는 가옥이 속속 신설되고 이주자가 속출하는데 이는 상해(上海) 임시정부와 연락이 있었고, 임시정부로부터 국가 건설을 위하여 은밀히 부지 측량을 하고 있는데 완성된 후에는 신도내가 도성(都城)이 될 것이다.[586]

종교단체에서 세우는 건축물로 포장하고 있지만, 실은 새로운 나라에 세워질 관공서라는 예언이 퍼졌다는 사실이 보고된 것이다.

그리고 충청북도 영동군에 거주하는 여운영의 어머니인 배씨는 금년 66세인데 17년 전부터 임신하고 있다가 금년 3월 10일 여아를 분만했다고 전한다는 보고가 있다. "그 아이를 3년간 계룡산 안에 은닉해두었는데 나중에 조선왕 정씨(鄭氏)의 왕비가 될 것이다"라는 주장이다.[587] 이제는 정씨 진인의 부

---

585 무라야마 지준(村山智順), 앞의 책, 1933; 무라야마 지준(村山智順), 앞의 책, 1991, 588-589쪽.

586 무라야마 지준(村山智順), 앞의 책, 1933; 무라야마 지준(村山智順), 앞의 책, 1991, 589쪽.

587 무라야마 지준(村山智順), 앞의 책, 1933; 무라야마 지준(村山智順), 앞의 책, 1991, 590쪽.

인까지도 출현했다는 보고다.

한편 권덕규(權悳奎)의 「양미만곡(凉味萬斛)의 제주도(濟州島)」에 다음과 같은 내용이 보인다.

> 전라도(全羅道)처럼 미신 만흔대가 업고 제주도(濟州島)는 전라도의 남단(南端)이니가 그러한지 모르나 제주도 사람처럼 미신 만흔 사람은 업다. 제주(濟州)가 해도(海島)이기 때문에 진인(眞人)이 해도중(海島中)으로부터 나온다는 말을 미더, 남조선(南朝鮮)이 여긔요 남조선봉(南朝鮮峯)이 한라산(漢拏山) 북록(北麓)속으만 산이라 가리처 남조선설(南朝鮮說)을 성언(盛言)하며 이것을 증명하기 위하야 송태조(宋太祖)의 출생지도 제주요, 송태조의 선묘(先墓)가 제주에 잇다는 등 (…)[588]

제주도가 『정감록』류의 비결서에서 주장하는 남조선이라는 해석이 있었다는 보고다. 제주도가 진인이 출현할 성스러운 지역이라는 믿음이 특기할 만하다.

또 1936년 7월 3일자 『조선중앙일보』에는 「정감록의 복마전, 계룡산 신도안을 찾아(2)」라는 기사가 있다. 경술년(1910) 이후 서북 조선에서 모여든 양민들이 있었고, 『정감록』을 맹신하는 군중이 모여들었는데, 기사년(1929) 이후에 쇠잔해졌다고 전한다. 천자등극설의 경과를 신도안의 이주인구의 변화에서 찾고 있는 기록이다.

그리고 1936년 7월 6일자 『조선중앙일보』에 「정감록의 복마전, 계룡산 신도안을 찾아(4)」라는 기사가 실려 있다.[589] 최덕룡(허 보살)이라는 괴녀가 “정씨 8백 년은 불교가 국교로 되고, 자기는 국왕모가 되었다”고 주장했다는 내용이 있다. 정씨 진인이 출현하여 불교 국가를 세울 것이라고 주장하며, 자기

---

588 『삼천리』 제7권 6호(1935. 7.) 김영식 편, 『삼천리』 10권(도서출판 한빛, 1995), 201-208쪽.

589 그런데 연재 기사물 (1)과 (3)은 해당 날짜의 기사 내용에서 찾을 수 없었다.

가 정씨 진인의 부인이 될 것이라고 예언했다는 보고다.

그 후 세월이 흘러 1939년에도 여전히 계룡산 유역에는 새 세상을 꿈꾸는 무리들이 몰려들었다고 한다.[590] 진인출현설의 끈질긴 생명력이 확인되는 보고다.

---

590 「황당무계설로 도중 취집, 계룡산하에 몽상천국, 보천교도 최면사 일당 27명 피검」, 『동아일보』 1939년 1월 29일자.

5.
일제강점기의 정감록에 대한 평가

이마무라(今村鞆)가 지은 『조선풍속집(朝鮮風俗集)』, 「조선총독부 중추원(中樞院), 1914년~1918년」에 다음과 같은 기록이 보인다.

> 이조(李朝)가 선 이후 승려는 왕실에 대해 호감을 가지고 있지 않았는데, 그중에는 일종의 적대감을 품은 자도 있었다. 훗날 저 유명한 정감록「鄭鑑錄, 태종 시절 불태워졌다가 나중에 사본(寫本)이 비밀리에 민간에 전해진 참위서(讖緯書)」에서는 왕씨(王氏)가 송도(松都)에서 2백 년, 이씨(李氏)가 한양(漢陽)에서 5백 년, 정씨가 계룡산(鷄龍山)에서 1천 년이라 하여, 불국(佛國)의 시대가 다시 도래할 것이라고 믿고, 불교국의 도래를 은밀하게 기원하고 조복「調伏, 불력(佛力)으로 원수와 악마를 제어한다는 불교 용어 – 번역자 주」하고 있던 자도 있었다.

『정감록』의 연원이 조선 태종 대라는 주장인데, 근거가 제시되지 않는다. 다소 섣부른 판단으로 보인다. 어쨌든 이마무라는 『정감록』을 승려들이 지은 비결서로 보고 있다.

그런데 1928년 2월에 발행된 잡지에서는 "『정감록』은 군주나 귀족 등 특권계급이나 영웅호걸 등 특수 인물이 자기의 지위와 세력을 공고히 확장할 야심으로 만드는 참서와 비기이다"라고 주장했고, 개성의 사대부 계층이 인삼장사를 한 것을 경계하여 양반들이 아무 일도 안 하고 국가와 사회에 해독과 폐해를 끼치는 일이 『정감록』에 반영되었다고 주장하기도 했다.[591] 『정감록』을 저술한 주체나 특정인에 대해서는 전혀 언급하지 않고 있다. 다만 『정감록』에 나오는 "사대부는 인삼으로 망할 것이다"라는 예언을 개성의 인삼장수와 연관시켜 서술한 점이 특기할 만하다.

한편 『별건곤』 제11호(1928. 2.)에 실린 차천자(車天子)라는 필명을 사용하는 사람이 쓴 「신해(新解) 『정감록(鄭鑑錄)』」이라는 글은 당대의 『정감록』에 대한 이해의 정도를 보여주는데, 비교적 긴 글이지만 주요한 부분만 인용해도 아래와 같다.

> 그러면 여긔에 소위 정감록(鄭鑑錄)이라 하는 것은 과연 엇더한 시대에 엇더한 사람이 맹기려 내인 것이며, 또한 그 내용이 엇더하기로 이조(李朝) 반천 년간(半千年間)을 두고 우부우민(愚夫愚民)으로부터 일부 식자계급(識者階級)까지 단서철권(丹書鐵劵)과 가티 밋고 혹하야 십승지지(十勝之地)를 차저 다니느라고 패가도산(敗家倒産)을 하고 심지어 오날까지도 그것을 이용하야 계룡산(鷄龍山)이나 입암산(笠巖山) 가튼 어수룩한 속에다 대하거옥(大厦巨屋)을 지여 놋코 자칭 김천자(金天子)니 차천자(車天子)니 하는 망량(魍魎)의 무리가 준동(蠢動)하며, 또 태인(泰仁)에는 강증산(姜甑山)의 백골을 파라 먹는 색기 천자(天子) 조씨(趙氏)까지 현출(現出)하게 되엿는가.
>
> 이제 그것을 소고(溯考)하면 참으로 허무하고도 맹랑한 일이 만타. 세상의 사람들은 정감록을 볼 때에 보통으로 정감(鄭鑑)이라는 실재의 인물이 잇고 또 그는 천하의 이인(異人)으로서 억천만 대의 일까지도 무불통지(無不通知)하야 일언일구(一言一句)가 다 꼭꼭 더러맛는 줄로 오신(誤信)하

591 차천자, 앞의 논문(1928. 2. 1.)

며, 또 정감(鄭鑑)과 이심(李沁)은 고려시대의 인물로 정감은 정포은(鄭圃隱)의 조선(祖先), 이심은 이태조(李太祖)의 조선(祖先)「정감록 중에 아(我) 자손이 살여자손(殺汝子孫)하고 여(汝) 자손(子孫)이 살아자손(殺我子孫)이라는 구(句)를 빙자하야 언(言)함이다. 또 정감록 중 엇던 초본(草本)에는 이심(李沁)은 태조의 7대조라 한 것도 있다.」라고 오신(誤信)하고 따라서 정감록은 이조(李朝) 이전에 생긴 비록(秘錄)으로 생각한다.

그러나 그것은 결코 그러한 것이 안이다. 세속이 전하는 바와 가티 정감이 포은(圃隱)의 조선이고 이심이 태조(太祖)의 조선으로 실재에 잇는 인물이라고 할 것 가트면, 정씨(鄭氏)의 보첩(譜牒)이나 이씨(李氏)의 보첩에 반드시 그러한 인물이 기재되엿슬 것이다. 그러나 그네의 보첩을 고구(考究)하면 정감이나 이심은 영자(影字)도 볼 수가 업다. 또 이심이나 정감이가 무명의 인(人)만 가터도 용혹무괴(容或無怪)이지만은 정감록 벽두(劈頭)에 왈(曰)하기를 "완산백이공유삼자(完山伯李公有三子), 장왈빈(長曰彬), 차왈심(次曰沁), 연(淵), 심연여서촉래인정감동유(沁淵與西蜀來人鄭鑑同遊)" 운운(云云)하얏스니, 포은의 조선에 어듸 서촉인(西蜀人)이 잇스며 이씨 조선 중에 어듸 완산백(完山伯)과 삼자모모(三子某某)가 또 잇는가. 뿐만 아니라 소위 정감록의 전체를 보면 운명론이나 추수설(推數說)도 안이고 전혀 여말(麗末)시대에 성행하든 풍수설(風水說)이다. 또 그중에 나타난 지명(地名)을 보면 여말이초(麗末李初) 시대의 지명이 만코 그 이전의 것이 별로 업다. 이 여러 가지로 미루워 보면 소위 정감록은 결코 리조 이전에 잇든 무슨 비록(秘錄)이 안이오, 이조 초에 엇던 야심적 정치가가 당시의 일반인심을 농락하기 위하야 고출(做出)한 것이 명백하다.

그러면 이조(李祖) 초(初)에는 과연 엇더한 인물이 엇더한 이유로 감히 이 허무맹랑의 설을 고출하얏슬가. 그것은 뭇지 안어도 당시 재기발발(才氣勃勃)하고 경륜(經綸)이 만복(滿腹)한 야심적 정치가로 이태조의 좌명공신(佐命功臣)이든 정도전(鄭道傳)의 소위(所爲)이다. 당시 이태조는 함경도(咸鏡道)의 일개 무부(武夫)로 비록 일시적 무덕(武德)에 의하야 고려의 왕위를 찬탈하고 조선의 천하를 장중(掌中)에 느헛스나 왕씨(王氏)의 구신(舊臣)이 아즉까지 조야(朝野)에 만히 은둔하야 이조(李朝)에 불굴(不屈)할 뿐 안이라 최영(崔瑩), 정몽주(鄭夢周) 가튼 위대한 인물을 원통이 죽이고 왕씨의 황족을 요유(了遺)가 업다십시 학살한 원한은 그때 민중의 가슴속에 삼우처서 항상 위구불안(危懼不安)한 상태에 잇는 중에 태조의 제왕자(諸王子)는 왕위계승문제로 서로 반목함으로 태조는 태(殆)히 침식(寢食)이 불안하야 주소우탄(晝宵憂歎)하얏섯다. 그 시기를 타서 예(例)의 교회(狡獪)한 정도전은 전일 위화도(威化島)에서 태조를 권하야 회군할 때에 태조의 마음을 동(動)케 하고 군병을 유혹하기 위하야 '일토운진목자위왕(一土運盡木子爲王)'이란 팔자(八子)를 고괴(古怪)한 목편(木片)에 각(刻)하야 압록강상(鴨綠江上)에 가만히 띄워 놋코 천강(天降)의 참서(讖書)라고 하든 것과 계룡산(鷄龍山)에서 무학(無學)의 정(定)한 신궁(新宮)의 역(役)을 중지식히고 한양(漢陽)으로 천도(遷都)할 때에 지중(地中)에 '차내정씨팔백년지지(此乃鄭氏八百年之地), 타인범즉흉(他人犯則凶)'이란 14자를 각(刻)한 옥석(玉石)을 암중(暗中)에 매장(埋藏)하얏다가 발굴하야 상하 인심을 동(動)케 하든 수단을 다시 써서 일종(一種) 비기(秘記)를 고출(做出)하야 옥함(玉函)에 입(入)한 후 경회루(慶會樓) 연지기지(蓮池基址) 중(中)에 암매(暗埋)하고 공사(工事) 중에 그것을 발굴하야 천장(天藏)의 비록(秘祿)과 가티 태조와 근신(近臣)에게 뵈히고 또 일방(一方)으로 그것을 등본(謄本)하야 민간에 유전(流傳)하얏스니 이것이 즉 소위 정감록(鄭鑑錄)이라는 이다.

이제 그 내용을 해부하야 보면 전체가 산수론 즉 풍수설을 위주하얏스니 그것은 당시 일반인민 중 특히 개성(開城) 사람이 풍수를 혹신(酷信)함으로 그것을 이용코자 함이오(지금도 개성 사람이 묘지를 숭상하는 습관이 특히 만타). 또 왕씨(王氏)가 망하고 이씨(李氏)가 흥(興)함은 일시적으로 무력이나 기타 권모(權謀)로 된 것이 안이라 몃백 년 이전에 벌서 정해 노흔 운수라는 것을 일반에 신념케 하기 위하야 평양 천 년(平壤千年), 송악4백 년(松嶽四百年), 한양5백 년(漢陽五百年)이라는 설을 벽두에 말한 것이다. 그리고 당시 일반인민이 이씨나 정도전(鄭道傳), 하륜(河崙), 조영규(趙英珪) 등 좌명공신(佐命功臣) 등에 대하야 제일 원한(怨恨)하는 것은 정포은(鄭圃隱)을 살해한 사실임으로 인심을 무마함에는 무엇보다도 먼저 운명설을 주창하는 것이 당시 민지정도(民智程度)에 제일 필요함으로 포은(圃隱)의 조선(祖先)이라는 정감(鄭鑑)과 태조의 조선이라는 이심(李沁)의 가상인(假想人)을 맹기러 놋코 문답례로 왈(曰)하되 "여자손(汝子孫)이 살자손(殺子孫)하고「포은살해사실(圃隱殺害事實)」아자손(我子孫)이 살여자손(殺汝子孫)이라"하얏스며 또 당시 고려유민이 항상 왕씨의 부흥을 생각함으로 그것을 무위(撫慰)하기 위하야 왈(曰)하되 "한양 이씨5백 년(漢陽李氏五百年), 계룡산 정씨8백 년(鷄龍山鄭氏八百年), 가야산 조씨 천 년(伽倻山趙氏千年), 이후에 천운이 순환하야 고려 왕씨가 부흥한다" 운운(云云)하얏다. 이것은 맛치 사자(死者)에 대하야 내세부활(來世復活)한다고 그 가족을 위안식히는 말과 조곰도 다름이 업다. 그리고 인삼(人蔘)은 개성의 특산인 동신에 당시 사대부가(士大夫家)가 또한 삼업(蔘業)을 위주하야 사자풍(士子風)을 손상하는 폐(弊)가 유(有)함으로 "사대부가는 망어인삼(亡於人蔘)이니", "가가인삼(家家人蔘)이니"하는 구어(句語)를 고출(做出)하야 그것을 방지하랴 하얏고, 또 여말이초(麗末李初)에 왜구(倭寇)로 인(因)하야 변민(邊民)이 불안함으로 일반의 방비를 불태(不怠)케 하기 위하야 맛치 독제(獨帝)의 황화설(黃禍說)을 주창함과 가티 "살아자수(殺我者誰)오, 소두무족(小頭無足)"이라는 말을 하야 왜구(倭寇)를 경계하얏섯다「소두무족(小頭無足)은 당자(黨字)니 혹은 묵자(默字)니 하나, 본의(本意)는 삭자(削字)인대 당시 왜구(倭寇)의 내침(來侵)을 경계함이다」.

그런 외에 이와 가튼 여러 가지의 말을 인민이 밋도록 하자면 맛치 무녀(巫女)가 환자의 집 사정을 미리 다 알어가지고 뭇구리를 하야 신무(神巫), 영무(靈巫)의 칭호를 밧듯시 기왕의 사실을 들어 말하는 것이 필요하다 생각하고 "왕씨지말(王氏之末)에 요승(妖僧)이 작난(作亂)"이니 "배장변상(裴將卞相)이 역위개국공신(亦爲開國功臣)이니" 하는 설을 하야 여말(麗末) 신돈(辛旽)의 사(事)와 공신(功臣) 배극렴(裵克廉)의 사(事)가 꼭꼭 부합(符合)하게 하엿섯다. 차외(此外) 허다문구(許多文句)는 구태여 해석하랴고 하지도 안커니와 하여간 이 정감록을 정도전의 일시교계(一時巧計)로 맹기러

내힌 것은 사실이다. 그로 인하야 당시 인심을 만히 지배한 것도 사실이다.

그 후 임란 때에도 인심이 이산(離散)하야 도저히 수습하기 어려운 때에 오성(鰲城)이 또한 이 정감록에 이씨5백 년 운수설(李氏五百年運數說)을 이용하야 군신 상하를 격려하얏고, 병자난(丙子亂)때에도 최명길(崔鳴吉)이 또한 "임진이북(臨津以北)이 재작호지(再作胡地)"라는 설로 강화(講和)를 주창하는 데 이용하고, 근세 동학란 때에도 "갑오납월(甲午臘月)에 직도금강(直到錦江)"이라는 설을 만히 이용하얏다. 총이언지(摠而言之)하면 조5백 년간(朝五百年間)에 상하 인심은 전혀 이 정감록의 지배를 바덧다고 하야도 과언이 안이다. 극단으로 말하면 이조(李朝)는 정감록으로 5백 년 왕업(五百年王業)을 지지(支持)하고 또 정감록으로 인하야 망하얏다 하야도 가(可)하다.

금일에도 일부 망량(魍魎)의 무리가 이 정감록을 이용하야 여러 우부우민(愚夫愚民)을 유혹하며 아모 일도 하지 안이하고 해도진인(海島眞人)이 나와 구제하야 주기만 좌대(坐待)하는 까닭에 일반사회에 해독을 끼치는 일이 만타. 이것을 생각할 때에 국가 1백 년을 계(計)하는 자가 장래의 폐해를 생각하지 안이 하고 다만 일시의 권모술수로 인민을 사만농락(欺瞞弄絡)하는 것은 큰 죄악이 된다는 것을 각오치 안이 하면 안이 될 것이다. 이씨(李氏) 왕업(王業)에 대하야 정도전(鄭道傳)의 공이 크다고 안이 할 수 업스나 그 죄가 엇지 공으로 속(贖)할 수 잇스랴. 가설이나마 이조 5백 년사(五百年事)를 논하면서 자기 당대의 사(事)는 알지 못하야 몸도 형륙(刑戮)을 면치 못하고 화(禍)가 자손에게까지 미치엿스니 소위 10승(勝)의 피난지지(避亂之地)는 과연 어듸 잇느냐. 도전(道傳)을 위하야 일비(一悲)를 금(禁)치 못하겟다.

우선 위의 인용문은 『정감록』을 이용하여 시천교의 김연국, 보천교의 차경석, 무극교의 조철제 등이 진인출현설을 주장했다는 역사적 사실을 명시한다. 그리고 『정감록』에 등장하는 이심과 정감은 실존인물이 아닌 가공의 인물로 『정감록』의 역사가 일천하고 의미가 없는 기록이라고 주장한다. 나아가

『정감록』의 저자가 정도전이라고 주장하면서 정도전이 비결을 풀이한 몇 가지 사례를 들고 있다. 또 임진왜란, 병자호란, 동학의 발생 등에 『정감록』의 비결이 해석된 사례도 거론한다. 어쨌든 가공의 필명을 이용한 인용문의 필자는 『정감록』이 허무맹랑한 미신이라고 강조한다. 그럼에도 불구하고 김연국, 차경석, 조철제 등이 『정감록』의 비결을 맹신하여 새로운 종교운동을 일으켜 혹세무민하고 있다고 비판한다.

또 김기전(金起田)은 「조선최근사(朝鮮最近史) 십삼강(十三講) (1)」『별건곤』 제26호(1930. 2.)에서 조선왕조 말기의 상황에 대해 "일반 백성은 행(幸)혀 살아날 도(道)를 어들가 하야 ① 혹은 직접으로 당시의 집권급(執權級)과 반항하는 폭동 「예여(例如) 신미(辛未)의 홍경래난(洪景來亂), 철종(哲宗) 말년(末年)의 전라(全羅), 경상(慶尙), 함경(咸鏡) 각지의 민요(民擾)」과 가튼 것을 기(起)하고, ② 혹은 유교의 형식적 허위로부터 일신(一神)인 천주(天主)를 밋고 또 그 뒤의 세력에 의하야 살아나볼가 하는 생각으로 서래(西來)의 천주교(天主教)를 환영도 하엿스며, ③ 재래의 『정감록』(鄭鑑錄), 토정비결(土亭秘訣) 가튼 무계(無稽)의 참서류(讖書類)와 산수설(山水說) 가튼 것을 미더 계룡산(鷄龍山), 궁을촌(弓乙村), 양백(兩白), 삼풍(三豐), 긴 산(山)발 등에서 최후의 안주지(安住地)를 차즈려 하는 애련(哀憐)한 경상(景狀)을 연출키도 하엿다"라고 적고 있다. 조선 후기와 개화기의 종교상황을 개설하면서 『정감록』류의 비결서가 광범위하게 유포된 상황에 주목하고 있다.

그리고 소화 5년(1930) 8월에 발행된 『농민』(조선농민사) 제1권 4호에는 다음과 같은 내용이 전한다.

> 소위 『정감록』(鄭鑑錄)이라는 책은 이태조(李太祖)가 민심 수습을 위하여 만들어낸 당시에 있어서의 불교 세력을 탄압하고 유교사상을 고취하기 위하여 중의 피는 강물과 같이 흐르는 것이라고 하는 글을 표본으로 하여 만든 것이 그것이다.

『정감록』이 불교에 대한 비판의식을 기초로 만들어진 것이라는 주장이다. 『정감록』의 일부 구절을 인용하여 태조 이성계가 만든 것이라고 주장하는데, 근거가 매우 미약하다.

한편 1936년 3월에는 『정감록』을 유언비어로 세상을 미혹하고 민중을 기만하는 책이라고 규정한 연재물이 있다. 이 기사에서 『정감록』은 자기 위안책으로 작성된 것이며, 정치적 격변기나 변동기에 우국지사의 분심으로 국사를 도모한 것이라고 강조했다. 이 연재물에서는 『정감록』에 등장하는 정감은 중국 송나라의 유명한 예언가이며, 이심은 이태조의 친부(親父)라고 주장했다. 또 "방부인과(方夫人戈), 구혹다화(口或多禾)", 즉 경술국이(庚戌國移)로 풀이되는 예언은 33년 전인 1903년 무렵부터 유포되었으며, 대정(大正) 6년(1917) 9월에 정씨가 등극한다는 설이 있었다고 보고한다. 나아가 논산군 아래에 초개, 즉 초포(草浦)라는 지명이 있는데, 이곳에 배가 다니면 계룡산이 왕도(王都)가 된다는 소문도 있었다고 적고 있다.[592]

그리고 필자가 밝혀지지 않은 「괴서(怪書) 『정감록(鄭堪錄)』 해부(解剖)」 『삼천리』 제9권 5호(1937. 10.)라는 논설에는 다음과 같은 내용이 있다.

> 이조(李朝) 500년 동안을 두고 『정감록(鄭堪錄)』과 가치 기괴하게 민심을 흔들어 내려온 서(書)는 드물다. 그렇지만 신비하고 불가사의한 이 예언비서 『정감록』이 항간에 그렇게 많이 떠돌아다니기는 하엿건만 어느 누구 하나 그 정체를 해부하여 본 이가 없다. 이제 총독부 경무국에 있어 국금(國禁)의 서(書)를 취체(取締)하는 서촌(西村) 통역관이 다년의 연구를 기우려 그 내용을 천명하는 바 잇서 시대 인민의 추향(趨向)을 밝힌다.
>
> (1) 『정감록』의 종류
>
> 조선의 비서(秘書) 『정감록』은 기(其) 서명(書名)에서조차 삿갈니기 쉬

592 「정감록의 복마전, 계룡산 신도안을 찾아 (3)」, 『조선중앙일보』 1936년 7월 4일자.

운 이명(異名)을 가지고 있다. 즉 정담록(鄭湛錄), 『정감록(鄭堪錄)』, 감론초(堪論抄), 석서(石書), 조선보감(朝鮮寶鑑), 역세요람(歷歲要覽), 징비록(徵秘錄)[징비록(懲毖錄)이 아니다] 등으로 이명(異名)에 따라서 다소 그 내용을 달니하지만 대강에 있어서 기(其) 소설을 한가지로 하며, 또한 내각판(內閣版), 안동판(安東版), 송판송사(松板松寫) 등의 이본(異本)이 있으나 이 또한 그 내용은 대동소이하다.

(2) 『정감록』의 저자

본서는 전혀 비밀을 주지로 하여 그 실물조차 타인에게 시(示)하는 바 없이 오직 구두(口頭)로써 『정감록(鄭鑑錄)』에 이렇게 이른다고 하여, 그냥 마구 내려 찌워서 무조건하게 차(此)를 신뢰케 하도록 하여 왔기 때문에 그 저자도 아직 누구인지 상세치 않다. 더욱 이조시대(李朝時代)에 있어서의 유일의 금서(禁書)이었기 때문에 이를 비장(秘藏)하는 것조차 금지되여 있는 관계상, 그 저작 발행자가 일홈을 내어걸고 내다라 올 리도 없이 금일에까지 및인 것이다.

(3) 『정감록』의 발행 시기

저작불명(著作不明)한 『정감록』은 어느 때부터 조선에 유포되었는가, 차역(此亦) 불명하지만 요(要)는 이조(李朝)의 정권이 문란하여 당화(黨禍)가 성(盛)하였을 때의 작(作)이 아니었을가? 문록역(文祿役)[임진란(壬辰亂)]의 서명(書名) 징비록(懲毖錄)에 비슷하게 징비록(徵秘錄)의 명이 있음을 보아도 차(此)를 증(證)할 것으로, 처음 한 사람이 까닭이 있어 이를 저작하고, 그다음에 다음다음으로 사후 추가의 수단으로서 일견사전(一見事前)의 예언이 적중한드시 보히여 일한병합(日韓併合) 전후(前後)에 지(至)하여 아조 붓을 절(絶)한 것으로, 실로 괴문서(怪文書)인 성질을 충분히 발휘하고 있는 것이다.

(4) 『정감록』의 발행부수

금단(禁斷) 『정감록』은 이조시대에 있어선 절대로 입수할 수 없었든 서책이었든 것은 더 말할 것 없으나 더욱 경상북도 안동에서 상재(上梓) 발행되었든 형적이 있었고, 또한 남모르게 비밀 출판으로 하여 연(鉛)*에 부(附)하였든 것도 있어 당시로부터 벌써 많은 열람자를 유(有)하고 있었든 것은 사실이었다. 원래 순한문(純漢文)의 난해기괴의 서(書)이었던 까닭에 진실한 유림(儒林) 양반(兩班)은 이것을 손에 들지 않었고, 오직 겨우 미신사설을 좋와 하는 한학무뢰(漢學無賴)의 도(徒)가 이를 악용한 정도이었은즉 수(數)에 있어서 대체로 극히 적은 소수이었다고 말하지 않을 수 없었다.

최근에 지(至)하여 조선총독부(朝鮮總督府) 경무국(警務局)에서 사서(斯書)를 악용함은 그의 비밀성을 역용(逆用)함에 있다 하야 차(此)의 출판을 허가하였더니 겨우 수인(數人)의 서적(書籍) 뿌로카-가 차(此)를 발행하였었으나 어느 것이나 1,000부 이내를 인쇄하여 그중에 겨우 수십 내지 수백 책의 판매를 봄에 불과하였으며, 더구나, 종전부터 본서(本書)를 악용하여 오든 도배(徒輩)는 암(暗)히 유언(流言)하기를 방금 시정(市井)에서 발매되고 있는 『정감록』은 진정한 『정감록』이 아니고 신비초(神秘抄), 불가사의한 『정감록』은 따로 있다, 아등(我等)이 믿고 있는 것은 그것이다라고 실로 분반(噴飯)할 일이다.

(5) 『정감록』의 목적

『정감록』은 황당무계의 괴문서로서 도저히 읽기에도 참지 못할 것이나 고래로 조선인의 흉리(胸裡)에 깊이 침윤(浸潤)되여 있든 것이다. 그러기에 민중의 심금에 촉(觸)하여 차(此)에 공명하는 바 있는 소이(所以)를 캐지 않을 수 없다.

『정감록』의 목적은 나변(那邊)에 있는가.

1. 이조(李朝)의 정치를 5백 년이라 함.
2. 존도(尊都)할 개소(箇所)의 득실장단(得失長短)을 설(說)하였다.
3. 산천(山川) 지리(地理)를 해부(解剖)하고 풍수(風水)를 가르친다.

4. 난세(亂世)에 처(處)하여 은둔(隱遁)의 지(地)를 논하였다.

5. 성자(盛者) 필멸(必滅)을 논하였다.

6. 윤회(輪廻)의 설(說)이 있다.

7. 현실의 영화(榮華)를 꿈꾼다.

대체 여상(如上)의 우론(愚論)을 혹은 문답체로, 혹은 자문자답체로 서술한 것으로서, 주인 정감(鄭堪)이란 자를 중심으로 배(配)함에 옥룡자(玉龍子) 이하 20수가(數家)의 권모술수가로써 한 것으로 그 술(述)하는 바를 승인(承認), 반박(反駁), 인차(引借), 부연(敷衍)하여 이 서(書)를 만들어낸 것으로 그 목적으로 하는 바가 단지 지사풍수(地師風水)의 미신에 불과하다.

(6) 『정감록』의 악용

조선의 불교는 이조(李朝)에 입(入)하여 쇠운에 함(陷)하였으나 불도(佛徒)는 그 만회책으로 무격(巫覡)에 접근하여, 무격과 불교와의 혼합교를 작출(作出)하였다. 이것이 금일 조선 사회에 행하여 있는 무녀(巫女) 신교(神敎)이다.

고로 무녀 등은 단지 토병마(兎病魔)의 추나(追儺), 구화(驅火)를 기도함에 지(止)치 않고 사자(死者)의 명복을 빌며 내세의 안심입명(安心立命)을 설교한다. 또 불교도 무격에게서 전래한 북두칠성 기타의 여러 성진(星辰)을 제(祭)하며 현세지상의 행복을 차(此)에 의하야 기(祈)하며 옥(玉)*을 제수(除授)하며, 염세(厭世)의 원만을 기도한다. 세상에서는 이것을 불교의 타락이라고 한다. 말엽에 드러 백정(百政)이 문란하여 난마(亂麻)와 같고 탐관오리 양반유생은 당쟁(黨爭), 매작(賣爵), 수뢰(收賂)를 일로 삼고 백성을 토개시(土芥視)하며 가렴주구(苛斂誅求)가 심하여 인심이 흉하여 안정을 얻지 못하야 백성이 끗끗내 이심(異心)을 포(抱)함에 지(至)하다. 차기(此機)를 면치 않고 봉기한 것이 전봉준(全奉準) 일파의 동학당(東學黨)이었다. 전북(全北)의 일각에서 봉화를 든 동학당은 그 평정 후에는 끗끗내 잠행운동(潛行運動)에 입(入)하야 소위 동학당 일미(一味)의 제(諸)종교로서 머리를 들어서, 동(東)에서 기(其)한 가지를 탄압하면 서(西)에 그 류(流)를 급(汲)하는 자 기

(旗)를 들고 나서며 아츰에 경천교(敬天教)가 쇠(衰)하면 석(夕)에 인천교(人天教)가 생(生)하는 상태로서 금일에 급(及)하였는데 이러한 유사 종교단체의 교의(教義)는 모도 다 『정감록』에 그 근거를 두고, 거기에 유도(儒道), 불교(佛教), 선도(仙道)의 3자(者)를, 짜넣어, 만들어낸 것이다.

『정감록』 가운데 어떠한 것이 그들에게 악용되는 있는가, 그 급소를 알어두지 않을 수 없다.

『정감록』 제2장에

"생민도탄(生民塗炭)의 고(苦)에 함(陷)하지만 후(後)에 이르러 구가세족(舊家世族)은 하천(下賤)이 되고 평민이 반(反)히 영귀(榮貴)하게 된다."

"연(淵)이 왈(曰) 후세의 인(人) 우매(愚昧)하여 용문산(龍門山)으로서 신(身)을 은(隱)하는 곳으로 한다. 그러치만 생기(生氣) 이미 경성(京城)에 집(集)하여, 기여(其餘)는 개사혈(皆死穴)이다."

"정씨(鄭氏) 왈 대개 사람이 몸을 피(避)함에, 산이 이(利)하지 않고, 물이 이(利)하지 않고, 이(利)는 양자지간(兩者之間)에 있다."

상기(上記) 문장으로 보면 그 뜻이 어듸에 있는지 추측을 허(許)하지 안는 것이 있나. 그렇건난 유사종교는 이를 상의함에 도도수천언(滔滔數千言), 마치 녹피(鹿皮)에 갈 왈자(曰字)를 쓰고 자바당기어 날 일자(日字)로 대답케 하며 그렇지 않다고 도로 가로 당기어 갈 왈자(曰字)라고 말하는 식의 필법으로서 수(遂)히 태을교(太乙教)를 지어내었고, 태극교(太極教)를 지어내었고, 써 우민(愚民)을 함(陷)하여 그 고혈(膏血)을 철(啜)한다. 이제 시험삼아 그 설(說)을 연술(演述)하건대,

"귀족양반(貴族兩班)은 없이 되고 세상은 모다 변하여 평민의 세상이 된다."

"경기도 가평의 용문산(龍門山)은 피난소(避難所)는 되지만 그렇지만 그보다도 경성(京城)이 좋다. 요컨대 란세가 되는데 산에 피난하여도 효능

이 없고, 수(水)에 피난하여도 효능이 없고, 다만 궁궁을을(弓弓乙乙)의 간(間)에 사라날 길이 있다. 궁궁을을이라 함은 유(柔)는 능히 강(剛)을 제(制)하는 무리(無理)를 시(示)하는 것으로, 태극묘(太極卯) 천지음양(天地陰陽)의 양극지간(兩極之間)에 을을(乙乙)의 형(形)을 수(守)하여, 일본이 아모리 강하다 할지라도 을을(乙乙)의 자형(字形)과 여(如)히 어느 곳에 머리가 붙고 어느 곳에 꼬리가 붙는지 모르는 처세술로써 대한다면 이(利)는 끗끗내 조선(朝鮮)에 있다."

대개 이상과 같은 설법으로서 우민(愚民)에 접하여 차(此)를 함(陷)케 하는 바이다.

(7) 결론

이상으로써 『정감록』의 외곽을 설명하였으나 다시 부(附)함에 그 내용의 원문을 훈독하며 그네들 일류(一流)의 설명을 부기(附記)하여, 써 본서(本書)가 여하한 특질의 책인가를 분명히 하리라.

① 제1장 산수론(山水論)

1. 한강(漢江)은 난의(亂衣)의 형(形)이요, 대동강(大同江)은 구곡(九曲)의 류(流)라. 대길(大吉)의 지상(地相)이다. 산맥에는 내룡(來龍)의 상(相) 없을지나, 다 곤륜(崑崙)의 일맥(一脈)이다. 즉 백두산심(白頭山心)을 작(作)하여 일본(日本) 조선(朝鮮)에 이르렀다.

[이용자(利用者) 부연(敷衍)의 대략(大略)]

한강, 대동강은 훌륭한 대천(大川)으로 창생(蒼生)은 반듯이 조공(朝貢)한다. 원래 조선은 지나(支那)의 부수국(附隨國)으로 산맥의 종기(鍾氣)의 우으로는 일본이나 조선이나 지나대국(支那大國)의 부수국의 상(相)이다. 그 안에 좋은 보필산(輔弼山)을 상(相)하여 도성(都城)을 존(尊)할진대 소위 밝은 정치가 될 것이다.

2. 주실(周室)의 현신(賢臣) 이충국(李忠國)이 가로대 나라를 망하게 하는 자는 철야(鐵也)라고.

나종에 분명히 깨닫지 못하고 기자(其子) 철(鐵)을 죽인다.

[이용자(利用者)의 부연(敷衍)], [이상(以上) 동(同)] 나라를 망하게 하는 자는 철(鐵)이다. 대포(大鉋)도 총검(銃劍)도 철이 아니더냐. 군함(軍艦)도 탄환(彈丸)도 모다 철이다. 철이 나라를 망하게 하는 현실을 보여주고 있다. 그러나 주(呪)로써 하면 대포(大鉋)도 변하여 물이 되고, 군함도 진퇴(進退)를 잃어 암초(岩礁)에 교착(膠着)한다.

3. 도선(道詵)[승명(僧名)] 가로대 우리 제생(諸生)은, 태백산(太白山)으로 도라 가라고. 그 뜻은 심원(深遠)하고 심잠(沈潛)하다. 이치를 구명해보면, 단군(檀君)의 영(靈)이 반듯이 세상에 나오리라. 그럴 때는, 호지소색(胡地蕭索)의 기(氣)를 면하고 인물이 교후(敎厚)하게 되며 속(俗)은 문자(文子)를 숭상하고, 그중에서 영장(靈將)이 세상에 나오리라.

도선(道詵)은 능히 천지의 이치를 꾀여 뚤는 자다. 산을 옮기고 물을 옮기는 묘(妙)라 할지라도 일국(一國)의 산천은 오직 이 가운데 있는 듯하다. 그럼으로 중국(中國)으로부터 나올 때 눈을 드러 백두산(白頭山)을 바라보고 즉 가로대 조선(朝鮮) 국왕은 왕(王), 이(李), 정(鄭)으로 한다. 기일(其一)은 개성(開城)에, 기이(其二)는 전주(全州)에, 기삼(其三)은 해도(海島)에 재(在)하여 맛당히 천년의 조(祚)를 받는다. 백두산, 태백산의 종기(鍾氣)와 대동강, 낙동강의 영기(靈氣)가 가득 차 있는 조선에는 배달민족의 선조인 단군의 영(靈)이 있다. 조선 민족은 아무래도 단군을 제(際)하지 안으면 안 된다. 왕(王)씨는 개성에 도읍하였으나 곳 망하고, 이조(李朝)는 완주(完州)로부터 출발하여 한양(漢陽)에 천도하였으나 한강은 난의(亂衣)의 상(相)이 있음으로 국운(國運)이 평안치 못하고 드듸여 망하고, 그다음에는 정(鄭)씨가 국왕이 된다.

정씨는 해도(海島)[후에 계룡산(鷄龍山)]에 도읍을 정하고 천년의 조를 받는다[정씨는 본서(本書)의 히로인, 이조(李朝) 금서(禁書)의 소이재차(所以在此)].

4. 심(沁)[가공(架空)의 도사(道士)]은 가로대 능히 삼한(三韓)의 왕자(王

者) 될 자를 역력(歷歷)히 지언(指言)할 것이 아니냐, 정(鄭)[가공의 도사(道士), 본서의 주인공]이 가로대 내 생각컨데, 송악산(松岳山)은 즉 왕(王)씨 4백 년의 땅, 한양은 이(李)씨 3백 년의 땅, 계룡산은 정(鄭)씨 8백 년의 땅, 팔공평(八公平)[대구(大邱)]은 왕(王)씨 7천 년의 땅, 완산(完山)[전주(全州)]은 범(范)씨가 왕이 되여 연수(年數) 미정(未定)이다. 그 뜻은 천지(天地)의 회수(會數), 신회(申會)에 이르면 사람의 형(形)이 각각 다르다.

경성(京城)의 도성은 3백 년에 끗나고, 다음에 정씨가 계룡산에 존도(尊都)한다.

계룡산에 존도하면 국운이 융성하고 창생이 평안하다.

계룡산이 왕도(王都)가 되리니 지금에 신도내(新都內)로 이주(移住)함이 좋다.

5. 이러는 가운데 수양산(首陽山)[해주(海州)]은 변체(變體)하여 요승(妖僧)이 되여 천리에 선(亘)한다. 천도(天道)는 유행(流行)하고 지세(地勢)는 순환(循環)하여, 즉 왕(王)씨 후에 흥(興)한다. 한양은 이씨 4백 년의 땅, 경(庚)에 좌(座)하고 갑(甲)에 향하면 변하여 계축(癸丑)이 되며, 맥(脈)은 장차 없어지려고 하여 요희(妖姬)가 되여 나종에 패망함에 지(至)한다.

계룡산의 지(地)는 이에 정씨 5백 년의 지(地)이다.

이조(李朝) 말기에 요희(妖姬)가 나와 이것을 멸망시킨다[사실에 맞는가 안 맞는가]. 천도지세(天道地勢) 잠시도 끗치지 안는다. 천도교(天道敎)는 그 세(勢)에 승(乘)한 것이다.

② 제2장 이정문답록(李鄭問答錄)

1. 송(宋)나라 때, 중국수일(中國隨一)의 풍수사(風水師) 정감(鄭堪)은 이심(李沁)과 더부러 산수기절(山水奇絶)한 곳으로 주유(周遊)하며 팔도산수를 논평(論評)하였다.

심(沁)이 가로대, 내맥(來脈)의 운(運)은 금강(金剛)으로부터 태백(太白), 소백(小白)에 지(至)하여 산천의 종기(鍾氣) 가려(佳麗)하여 계룡산으로 드러간다.

정씨 8백 년 후 가야산 천년의 지(地)에 드러간다. 김(金)씨 범(范)씨 각각 6백 년이고, 기여(其餘)는 상세히 생각하지 말라. 중국 풍수사의 예언도 대체로 본서 산수편(山水篇)과 일치되여 있고, 자못 신비적중(神秘適中)은 두러울 일인즉 그런 고로 본서(本書)를 의심해서는 안 된다.

2. 폄론(貶論)하여 가로대 사(士), 관(冠)을 횡(橫)으로[임자(壬字)],[593] 신인(神人) 옷을 벗고[신자(申字)], 소구(小丘)에 발을 가(加)하고[병(兵)]. 주사두(走蛇頭)를 단(斷)함[기(起)], 계룡산, 석백(石白)하고 초원(草原)에서 배(船)를 부틴다.

황무(黃霧) 어둡게 움직이고 흑운(黑雲)이 해를 가린다. 적탕(赤湯) 3일 만에 혜성(慧星)이 건방(乾方)에 나타나여 자미궁(紫微宮)을 범(犯)하고, 북두성(北斗星)으로 옴겨가 주환(周環)하여 남극에 입(入)하여, 대소(大小) 중화(中華) 모다 망하리라. 사, 관, 횡으로 탄[파자법(破字法)]에 의하여 해(解)하면 임자(壬字)가 된다. 신(神) 자(字)의 편(扁)을 제(除)하면 신(申)이 된다. 다음 자는 병(兵) 급(及) 기(起)가 된다. 임신년(壬申年) 병란(兵亂)이 이러난다. 그런데 계룡산 바위에 백 자(白字)가 나타나 그것에 의하여 난(亂)이 평정(平定)된다.

과연 충남 계룡산 정상의 바위에 흰 글자로 방백마각(方百馬角), 국혹화생(國或禾生), 신미칠월(辛未七月), 석정수(釋定叟)라 씨워 있다. 이것이 무슨 의미냐 하면 파자법(破字法)에 의하여 판단하여 볼진대 "481년에 이국(移國)"의 숫자(數字)를 득(得)한다. 대란(大亂)이 기(起)하여 이조(李朝)가 망하고 정씨가 입(立)하여 국도(國都)를 신도(新都)에 옴긴다는 것이다. 고로 신도내(新都內)는 신성한 땅이니, 또한 그곳에 거(居)를 복(卜)할 것이 안인가. 결코 의심치 마러라. 하물며 초원에 행선(行船)한다는 것에 있어 초원에 육증기(陸蒸汽)며 자동차(自動車)가 통(通)하고 있지 안은가.

그 대병란(大兵亂)은 천변지이(天變地異)의 대소동(大騷動)으로 별이 운

---

593 원문에는 왕(王) 자이지만, 임(壬) 자로 바로잡는다.

행을 정지하고 또 궤도 외를 운행하기도 하며, 대진재(大震災)며 대홍수(大洪水)가 생겨 이 세상이 뒤집히고 대소의 모든 나라는 다 망할 것이다. 그 대변(大變)에 처함에 있어 아(我) 교도(敎徒)는 운운(云云) 이러이러한 일을 미리 행하면 생명과 재산이 안전할 뿐 외(外)라 고위고관(高位高官)이 된다. 고위고관이 됨에는 (…)

3. 한양의 3월은 초욕(草褥)과 같다. 철마(鐵馬)가 와서 한강변(漢江邊)에서 운다. 일편(一片) 복주안정(福州安靜)의 지(地) 아지 못게라. 이 누구냐 복사나무를 심는 사람. 한양은 봄이 되여 기후가 좋고, 풀이 담뇨와 같다. 거기에 철마가 와서 한강변에서 운다. 현재 한강에는 철교(鐵橋)가 놓였고 그 우로 철마(鐵馬)[기차(汽車)]가 통(通)하며 울지[기적(汽笛)] 안는가. 그럼에도 불구하고 멍하니 있는 인간은 생활안정을 잃고 빈곤하게 되나 복사와 임금(林檎)의 과수원을 경영하는 자만이 구조된다.

③ 제3장 성항설(性恒說)

경성(京城)의 대운(大運) 59에 지(至)하여 서쌍국(庶雙國)을 잡은 지 60년이다. 즉 5백 년의 수(數)를 연장시키려 해도 무염자(無髥者) 차(此)를 찬(簒)한다.

이조(李朝)는 서자왕(庶子王)이 된다. 범(凡) 5백 년으로, 수염 없는 자가 차(此)를 찬(簒)하다.

④ 제4장 도선비결(道詵秘訣)

한양(漢陽) 말(末)에 장(張)씨 난(亂)을 삼장(三將) 남편(南便)으로부터 나와서 조선(朝鮮)을 교란하다.

3년 후 정씨 그 나라를 찬탈하여 계룡산에 축성(築城)하다. 신도(新都)는 산천풍후(山川豊厚), 조야(朝野) 널리 다스리우고 인민(人民)이 다 손순(遜順)하다. 이것이 8백 년 도읍지다.

장비(張妃)의 난(亂)이 잇다. 이조(李朝) 28세(世)에 정(鄭)씨 차(此)에 대신하여 신도(新都)에 축성(築城)하다. 신도는 생활안이(生活安易)의 이상향이다.

전반적으로 『정감록』에 대해 비판적인 내용인데, 종류, 저자, 발행 시기, 발행부수, 목적, 내용 등을 나름대로 서술하고 있다. 그렇지만 부정확한 언급이 많다. 다만 당시에 유행하던 일부 비결의 내용을 알 수 있다는 점에서 주목할 만한 기록이다.

제3장
한국 신종교의
국권회복운동과 예언사상

일제강점기는 일제의 지배에 맞서 조국의 독립을 지향하려 했던 시기였다. 이 시기 국권회복운동은 다각도로 제기되고 실행되었는데 지금까지 연구가 거의 안 된 분야 가운데 하나가 바로 예언과 관련된 부분이다.

일제강점기에 조국의 국권을 회복하려는 우리 민족의 정신적 투쟁의 역사를 제대로 알기 위해서는 당시 다양하게 제시되고 해석되었던 예언의 역사에 대해 주목해야 한다. 일제(日帝)가 곧 망하고 새로운 왕조가 들어서 조선인에 의한 새 나라가 건설될 것이라는 것이 핵심인 일제강점기의 예언은 당시 우리 민족과 민중의 많은 호응을 얻고 은밀한 형태로 유포되었다.

단편적으로나마 제시되었던 예언의 단편들을 모으고 분석하여 일제강점기의 민족투쟁사의 한 단면을 드러내는 일은 조국의 광복을 맞이하기까지 오랜 시간 동안의 역사를 온전하게 찾아내는 일이다.

일제강점기에 한국 신종교는 많은 예언을 유포하고 이를 믿는 이들에게 신앙적 관심 이외에도 일제의 강점을 벗어나 조국의 독립을 갈망하는 기제로 작용하였다.

동학, 천도교, 시천교, 증산교, 선도교, 보천교, 무극대도, 청림교, 백백교 등 많은 한국 신종교의 교리체계에는 고유한 특성 이외에도 다양한 형태의 예언이 포함되어 있다.

이에 필자는 한국 신종교의 교리와 역사를 간단하게 서술한 다음 이들 종교단체들에서 제기되었던 각종 예언의 역사와 배경을 분석하여 특히 국권회복운동과 관련하여 분석 연구하고자 한다.

예언은 그 속성상 은밀하게 유포되어 실제 상황을 알기가 매우 어렵다. 그러나 신문기사, 잡지, 각종 저술 등의 공식적인 기록들에 산견되는 내용을 통해 당시 유행되었던 예언의 유포현황과 전개 과정을 조심스럽게 알 수 있는 연구가 가능하다.

필자는 당시 상황을 비교적 객관적으로 살펴볼 수 있는 『매일신보』, 『시대일보』, 『중외일보』, 『중앙일보』, 『조선중앙일보』, 『동아일보』, 『조선일보』 등의 각종 신문, 『삼천리』, 『개벽』, 『별건곤』 등의 잡지, 법원의 판결문 등을 통해 일제강점기에 널리 유포되고 믿어졌던 각종 예언을 재구성하여 당시 예언이 가지는 역사적 의미와 그 의의를 분석하겠다.

특히 40여 년 동안 발간된 당시 신문과 잡지 기사 가운데 단편적으로 전해지는 예언 관련기사를 찾아내는 일 자체가 매우 어렵고 힘든 일이다. 몇 년 혹은 수십 년에 걸쳐 단 한 건의 예언 관련기사를 찾기 힘든 상황에서 이를 찾아내 분석하고자 한다.

시천교, 보천교, 무극대도 등의 교단에서는 이른바 천자등극설(天子登極說)을 주장하여 1919년 3월 기미만세운동의 실패 이후 허탈과 실망에 빠져 있던 우리 민족에게 새로운 왕조 개창과 독립에의 희망을 주었다. 이는 일제의 강점에 대항하는 우리 민족의 정신적 투쟁의 일면을 보여준다. 필자는 한국 신종교 교단들이 천자등극설을 주장하게 된 배경에 대해 살펴보고 천자등극설의 변천과정에 관해 연구한다.

그리고 청림교, 백백교 등의 교단에서는 말세의 위기상황에서 안전하게 목숨을 보전할 수 있다는 피난처 몇 곳을 제시하여 『정감록』과는 다른 장소들을 새로운 승지(勝地)로 주장하였다. 이는 일제강점기에 새로운 형태의 십승지(十勝地)사상을 제기한 것이다. 이들 지역이 기존의 『정감록』에 등장하는 십승지와 어떤 지역이 겹치고 다른지를 분석하여 십승지사상의 변모과정을 살펴보도록 한다.

일제강점기인 1923년에 그동안 베일에 가려졌던 신비의 예언서인 『정감록』이 공식적으로 출판된 이후 그를 신봉하는 교단과 사람들에 의해 다양한 방식으로 이해된 믿음들이 예언의 형태로 세상에 제시되었다. 시대적으로 이들 예언에 대해 그 실제적 내용과 역사적 상황을 중심으로 서술하는 일은 일제강점기의 예언사상을 제대로 규명할 수 있는 방법이다.

그리고 일제강점기에는 이른바 『정감록』에 대한 비판적 논술과 기사가 신문기사와 잡지 기사에 실려 있다. 이를 바탕으로 『정감록』에 대한 비판의 내용과 논란에 대하여 자세히 분석하여 그 시기 예언사상의 명암을 살펴보겠다.

필자의 이번 저술은 일제강점기 우리 민족의 독립투쟁사에 새로운 장을 열어줄 것으로 기대되며 향후 그 시기 민중의 생활사와 역사를 서술하는 새로운 시각을 제시할 것이다.

일제강점기의 예언사상을 재조명하고 정리하는 일은 한국종교사 특히 한국 신종교사의 온전한 서술을 위한 초석을 마련하는 일이기도 하다.

나아가 예언사상이 민족의 독립과 새 정부조직을 구성하기 위한 사상적 기제로 작용하였다는 필자의 이번 저술은, 독립운동을 또 다른 시각에서도 조명할 수 있는 계기를 마련할 것이다.

일제의 강점은 조선 후기부터 심화되어 왔던 사회적 모순을 더욱 악화시켰다. 특히 일제의 식민지 경제정책과 더불어 시행된 토지조사사업은 농민의 토지를 국유지로 편입시켜 한국을 일본의 식량 공급지로 만드는 한편, 대다수의 농민을 노동자로 전환시켜 값싼 노동력을 확보하려는 의도에서 나온 정책이었다. 그 결과 농촌에서는 일제의 지배 정책에 협조하여 성장한 친일 지주계급과 봉건적 특권 지주계급을 중심으로 하는 새로운 구조의 지주제가 형성되었고, 이에 따라 농민의 몰락은 더욱 가속화되었다. 조선 후기부터 심화되어 왔던 계급모순이 일제의 강점과 식민정책이라는 민족모순과 결합되어 민중의 삶을 더욱 어렵게 했던 것이다.

이와 같은 민중의 열악한 사회 경제적 상황은 신종교의 발생과 확산을 촉진하는 요인의 하나로 작용하였다. 가중되는 일제의 억압과 수탈은 항일독립운동과 같은 세속적 차원에서의 사회운동뿐만 아니라 종교적 차원에서 구원을 얻으려는 경향을 증대시켰다. 특히 강한 민족주의적 성향을 나타내며 곧 도래할 이상세계의 참여와 현세 복락에 대한 여러 신종교의 약속은 식민통치에 고통받던 민중에게는 그 자체가 해방의 메시지로 받아들여지기에 충분하였다.[1]

따라서 일제강점기는 한국 신종교운동의 발흥기였다고 할 정도로 수많은 신종교운동들이 전개되었다. 동학, 정역, 증산교, 대종교 등 이미 19세기 말과 20세기 초에 발생하였던 신종교들은 일제강점기에 접어들면서 여러 종파로 분파되면서 교세를 확장시켰으며, 독특하고 새로운 신종교운동들도 많이 발생하였다. 이러한 한국 신종교운동의 다양한 전개와 발전은 손상된 민족의 자존과 긍지를 회복하려는 민중의 열망을 반영한 것이다.

1932년 6월 16일자 『동아일보』 사설에는 종교유사단체가 55개소, 신도가 10만 명이라고 보고한다.

> 정치에 실의하고 생활에 궁핍해진 조선인의 미묘한 심리를 이용하여 우후죽순처럼 발생한 종교유사단체는 한때 대단한 기세로 발흥하여 민중의 대다수는 그것을 믿었다. 보천교는 황금의 궁전을 지을 정도였고, 충청남도 계룡산 밑의 신도내(新都內)와 같은 곳은 혹세무민(惑世誣民)의 역설에 현혹되어 모여드는 농민 등이 기아상태를 폭로했는데, 세상에는 아직도 종교를 사칭한 혹세무민의 단체가 55개소나 있으며 그 신도는 10여만 명에 이르고 있다.[2]

그리고 1933년 12월 29일자 『매일신보』에는 「사회를 병들게 하는 종교유사단체들, 전 조선적으로 엄중 조사하야 금후 철저히 단속」이라는 기사가 있는데, 이들 단체가 30여 종류에 150여만 명을 돌파하고 있다고 보고한다. 당시 우리나라의 인구수가 2천만 명 정도였다는 사실로 추정해보면 신종교

---

1 노길명, 『한국의 종교운동』(고려대학교 출판국, 2005), 135쪽.

2 『동아일보』 1932년 6월 16일자. 사설.

단체들은 상당히 활발하게 활동했으며 엄청난 세력이 있었다고 평가된다.

그리고 1934년 7월 22일자 『매일신보』에는 「종교유사단체의 유언비어 취체, 지방에 탐사원을 보내 엄중히 탐사할 터」라는 기사가 보인다. 유언비어를 유포하는 단체가 경향 각지에 속출하며 최근에 격증하자 경무국에서 엄중 단속했다는 내용이다. 특히 보안과에서 평남에 출장을 갔다고 한다. 유언비어는 곧 예언의 확산을 뜻한다. 그리고 보안과의 단속대상이 되었다는 점에서 신종교 단체들의 반제국주의적 성향과 일제에 대한 저항의식이 확인된다.

한편 1935년 1월 17일자 『동아일보』에는 유사종교단체가 전 조선에 127교(敎) 22만 명의 교도가 있다고 한다. 경기도, 전북, 충남 등의 순으로 교도가 분포하고 있다는 보고다.

그리고 1938년 3월 16일자 『매일신보』에는 「유사종교단체에 제2차 숙청의 철추, 취조에 따라 전선적(全鮮的) 검거선풍일 듯」이라는 기사가 보인다. 이 시기에도 신종교단의 활동이 활발했으며, 이에 대한 일제의 대규모 단속이 단행되었다는 보고다.

1.
동학계 종단의 국권회복운동과 예언

동학계 종단은 수운(水雲) 최제우(崔濟愚, 1824-1864)를 교조로 신앙하는 종단의 총칭이다. 천도교(天道教)를 필두로 시천교(侍天教)가 분립되었으며, 수운의 화신으로 주장하는 이상룡을 교주로 믿는 수운교(水雲教)도 있다.

(1) 천도교

1920년 5월 1일자 『매일신보』에는 「독립자금 모집에 종사하던 천도교도의 결심(結審) 일(一)」이라는 기사가 있다. 내용은 평북 강계군 자성면과 후창면을 중심으로 독립자금을 모집한 천도교 무리가 경찰에 체포되었다는 것이다. 이들은 작년 3월부터 조선 독립사상을 고취했고, 20여 명이 참가했으며, 조선 독립선언서를 발표하고 독립시위운동을 하다가 체포되었다. 1919년 3월에 만세운동을 주도했던 천도교에서 이후 계속해서 일제의 강점을 반대하는 독립운동을 일으켰다는 내용이다. 천도교도가 독립운동 자금 모집에 열중하다가 경찰에 검거되었다는 사실은 겉으로는 종교운동을 표방하면서 실은 정치적 독립을 위해 활동했다는 증거이다.

또 1920년 5월 2일자 『매일신보』에는 「천도교도의 결심(結審) 이(二)」라는 기사가 보인다. 내용은 "조선인은 자유인이며, 조선은 독립국이다"라고 주장한 무리가 체포되었다는 것이다. 전날의 추가 기사로 보이는데, 체포된 천도교도의 핵심 주장이 바로 조선은 독립국이라는 것이다. 따라서 이들의 입장에서는 일제의 지배와 강점은 결코 받아들일 수 없는 일이었다. 천도교도가 독립운동과 독립사상의 확산과 유포에 앞장섰다는 명백한 증좌이다.

한편 1921년 12월 30일자 『매일신보』에 「천도교도의 설화(舌禍)」라는 기사가 있다. 이들은 조선 독립시기가 절박하였으니 우리는 가히 분투할 때라고 주장했다. 평남 청원군 청원경찰서에서 천도교 전도사 이관달을 검거하여 취조했는데, 조선 독립을 계획하고 압록강으로부터 얼음이 녹으면 어느 날에 암살단이 다수 침입하여 독립운동을 일으킨다고 주장하며, 사람들에게 독립운동에 몸을 바치자고 설득했다고 한다. 조국의 독립이 곧 닥칠 일이라고 강조하면서 이제는 투쟁에 나설 때라고 사람들을 회유했다는 것이다. 그리고 이들은 구체적으로 봄이 되면 암살단이 조직되어 독립운동을 벌일 것이라고 주장했다고 전한다. 실제화되는 사건이 곧 일어날 것이라는 점을 강조하며 독립운동에 나설 것을 강조했던 것이다.

천도교라는 종교단체가 국권회복운동에 나섰다는 사실은 1923년에 발행된 호소이(細井 肇)의 저술에도 다음과 같이 적시된다.

> 천도교(天道教): "본교(本教)는 5만 년 무극대도(無極大道)로서 장차 국권을 회복하고 이어서 세계를 통일할 예정인데, 지금 본교를 믿고 정성을 다한다면 바라는 바가 하늘에 통하고 국권회복과 세계통일이 되면 고위고관(高位高官)의 요직(要職)을 받을 수 있고, 자기는 물론 자손의 행복이 무한할 것이다. 바치는 정성에 따라 하늘이 주는데 우리 교도는 그 정성을 다하는 상징으로서 각자 가족 수에 맞춰 매번 밥을 지을 때 한 숟가락씩의 성미(誠米)와 청수(清水) 한 그릇을 바치고 기도해야 한다. 하늘은 성미의 많고 적음에 의해 상, 중, 하의 장부(帳簿)에 기입하여 그에 따라 화복(禍福)

을 정한다. 또 우리들의 교조인 최제우(崔濟愚)는 본교의 창교(創敎) 61년「대정 9년(1920)에 해당한다」에 다시 태어나 세계통일의 대업(大業)을 성취할 예정이다. 그때 성미를 적게 바친 사람은 죄를 받을 것이다"라고 주장하는데, 민도(民度)가 저급하기 때문에 교도들이 많은 성미를 바쳐서 그 액수가 연간 수십만 원 이상이다.[3]

호소이는 천도교의 목표가 "국권회복과 세계통일"이라고 명시한다. 세계 구원은 모든 종교의 궁극적 목표이다. 특히 국권회복을 강조한 것은 천도교가 민족주의적 입장에서 당면한 일제의 강점에서 벗어나 조국의 독립을 지향하는 종교단체라는 점을 명확히 밝힌 것이다. 물론 그는 이어지는 문장에서 천도교가 고위고관의 벼슬을 받을 수 있고 자손의 행복을 원한다는 기복주의적 색채를 지녔다고 서술한다. 나아가 그는 천도교도들이 창교 60주년을 맞는 1920년에 교조 수운선생이 다시 환생하여 세계통일의 대업을 완성하고 창생 구원의 위대한 업적을 이룩할 것을 믿는다고 강조했다. 구체적 시기를 못 박으며 조국의 독립과 세계 통일을 약속했다는 점이 특기할 만하며, 당시 천도교도의 신앙이 매우 실제적이고 임박한 구원을 원했다는 사실을 지적한다.

한편 무라야마(村山智順)도 1933년에 발행한 자신의 저술에서 천도교의 목표에 대하여 다음과 같이 서술했다.

천도교(天道敎)는 5만 년 무극대도(無極大道)로서 장차 국가 독립에 이어서 세계를 통일하기에 이른다고 예언한다. 이에 천도교를 믿음에 지성을 다하면 국가 독립 후 세계 통일을 할 때에는 고위고관의 직(職)을 받고 자신과 자손의 행복도 무한할 것이라고 주장한다. 천도교인들은 정성을 다하는 상징으로서 각기 가정에서 가족 수에 따라 매 취사 시 한 숟갈의

3 호소이(細井肇),「징김록의 검도」(1923), 인춘근 편,『정감록집성(鄭鑑錄集成)』(이세아문화사, 1973), 671면.

성미(誠米)와 청수(淸水) 한 사발을 바치고 기도하면 하늘에서 성미의 다소에 따라 상중하의 장부가 있으며 그것에 의해 화복을 정하여 줄 것이라고 강조한다. 또 교조인 최제우는 천도교의 창시 61년째인 1920년에 강생하여 세계통일의 대업을 성취할 것인데 그때 성미가 적은 자는 처벌될 것이라고 예언했다.[4]

전체적으로 볼 때 무라야마도 호소이와 거의 동일한 견해를 밝혔다. 사회적으로 공인된 제도종교의 길을 걸었던 동학정신과 운동의 유일한 계승자를 자처했던 천도교에서는 믿음을 충실히 하면 현세적 복락을 누릴 것이라고 강조했다. 특히 천도교의 성미와 청수제도도 하늘의 장부에 기록될 것이며 그 다소에 의해 화와 복이 정해질 것이라고 주장했다. 나아가 천도교인들은 창시자 수운 최제우가 교단 창립 60주년을 맞아 새로이 태어나서 세계통일을 이룩할 것이라고 주장했다. 수운이 동양적 역법인 60갑자(甲子)의 새로운 해가 돌아오는 시기를 맞춰 부활할 것이라는 믿음이다.

한편 김경재(金璟載)가 쓴 「흥망기로(興亡岐路)에 선 천도교(天道敎)」라는 논설이 『삼천리』 제6권 7호(1934. 7.)에 있는데 다음과 같다.[5]

"오미낙당당(午未樂當當)"

기다리는 창조품(創造品)도 이제 구상(構想)의 종결을 고하야 1928년 12월에 천도교(天道敎) 임시대회(臨時大會) 석상(席上)에서 끗끗내 나오게 되엿으니 그것은 '도령제도(道領制度)'이엿다. 다시 말하면 교회(敎會)의 규약을 제정할 것인대 규약의 명칭을 천약(天約)이라 하고, 그 배역으로 최고간부 정도령(正道領) 부도령(副道領)이라는 역명(役名)을 붓치고 중국의 오

4 무라야마 지준(村山智順), 『朝鮮의 占卜과 豫言』(조선총독부, 1933); 무라야마 지준(村山智順), 정현우 역, 『조선의 점복과 예언』(명문당, 1991), 584-585쪽.

5 김영식 편, 『삼천리』 6권(도서출판 한빛, 1995), 254-262쪽.

원제(五院制)를 모방하엿음인지 오관제(五觀制)를 작정(作定)하엿으니, 성도관(誠道觀), 경도관(敬道觀), 신도관(信道觀), 지도관(知道觀), 법도관(法道觀)이라는 명칭이엿다. 그리하야 교중(敎衆)으로 하야금 『정감록(鄭鑑錄)』을 연상케 하엿다. 중국(中國) **을 몽상(夢想)케 하엿다.

대회에 모혓든 그들이 도라오기를 기다리고 기다리든 농촌교중(農村敎衆)은 이 말을 듯자 밧드덩에서 논드덩에서 혹은 사랑방에서 모혀 안는 대로 수군거리엿다. "이게 정말 정도령(鄭道領)이다. 이제야 세상이 바로 된다. 올치 부도령(副道領)의 성(姓)이 정씨(鄭氏)이지." 당시의 부도령(副道領)이 정광조군(鄭廣朝君)이엿음으로 농촌의 무지한 교중(敎衆)은 이럿케 밋엇다. 엇지 그뿐이랴. 그 도령제(道領制)에는 소제(小題)가 붓터스니 그것이 "오미낙당당(午未樂當當)"이라는 것이다. 이 표제는 『정감록(鄭鑑錄)』에 잇는 일장(一章)인대 그 대사(臺詞)는 이러하엿다. 오년(午年)과 미년(未年)「육갑(六甲)으로 오자(午字)와 미자(未字)가 잇는 해」에 모든 일은 된다는 것이다. 때맛츰 1929~30년이 그 육갑(六甲)에 해당한 경오(庚午) 신미(辛未)인 것을 일장(一章)한 것으로 그 대사(臺詞)의 구연자(口演者)는 야뢰(夜雷) 이돈화군(李敦化君)이엿다. 그들의 관념의 세계에서 이 말은 금상(錦上)에 첨화(添花)이엿다.

천도교에서 새로운 조직을 정했는데, 그 명칭이 도령제도(道領制度)였다. 간부의 이름도 정도령(正道領), 부도령(副道領)으로 불러 호칭이 정도령(鄭道令)과 비슷했다. 이에 당시 사람들이 『정감록』에 나온다고 믿어지는 정도령을 연상시켰다는 것이다. 더욱이 부도령직을 맡은 정광조의 성씨가 정씨(鄭氏)라는 사실에 주목하여 그 신빙성을 높였다고 믿어졌다. 그리고 천도교의 대표적 이론가인 이돈화도 『정감록』에 나오는 비결의 하나인 오미낙당당(午未樂當當)을 1929년과 1930년에 맞추어 해석했다. 당시 천도교에서도 『정감록』신앙에 심취했었음이 확인되는 구절이다. 오미낙당당은 현전하는 『정감록』「징비록」과 「감인록」에 오미낙당당(午未樂堂堂)으로 나온다.[6]

또 1934년 12월 21일자 『매일신보』에 「천도교의 오심당(吾心黨) 사건, 71명을 송국(送局)」이라는 기사가 있다. 불불당(不不黨)의 후신으로서 그동안 침체 부진했던 오심당은 대정 12년(1923)경 천도교 청년회의의 간부 수 명에 의하여 조선 민족의 절대 독립을 목적으로 조직된 단체이다. 당시는 불불당이라고 불렀지만, 소화 4년(1929)말에 오심당으로 개칭했다. 천도교의 하부조직이 독립투쟁을 위해 조직되었다는 혐의로 일제의 억압을 받았다는 내용이다.

그리고 위의 기사와 관련하여 1934년 12월 21일자 『동아일보』에도 「천도교 오심당, 전부 불구속 송국」이라는 기사가 있다. 천도교청년당의 김기전(金起田) 이하 71명에 대한 치안유지법 위반의 소위 오심당사건은 평양지방법원 검사국으로 송국되었다. 오심당은 주로 서북지방을 중심으로 활동했다고 한다.

"조선 민족의 절대 독립"을 목적으로 결성된 단체인 불불당, 즉 오심당이 서북지방을 중심으로 활동했다는 전언이다. 천도교가 국권회복운동에 주력했으며, 실제 조직화된 활발한 활동을 추진했다는 구체적 증거이다. 무려 70여 명이 체포된 큰 사건으로 그 이후의 활동에 대해서는 현재로서는 자세히 알 수 없지만, 조국의 절대 독립이라는 강렬한 목적의식을 가지고 뭉친 조직으로서 조국의 독립을 위해 투쟁했다는 점은 분명하다. 이는 종교단체가 사상적이고 정신적인 독립운동을 위해서도 조직화되었다는 역사적 사실을 알려준다.

---

6 「징비록」, 『정감록』(한성도서주식회사, 1923); 안춘근, 앞의 책, 1973, 496면; 「감결」, 『정감록』(한성도서주식회사, 1923); 안춘근, 앞의 책, 1973, 570면; 「감결」, 『정감록』(한성도서주식회사, 1923); 안춘근, 앞의 책, 1973, 576면; 「감인록」, 『정감록』(한성도서주식회사, 1923); 안춘근, 앞의 책, 1973, 607면과 634면.

(2) 시천교

시천교(侍天敎)는 1906년 이용구(李容九)에 의해 서울 종로구 견지동에서 창립된 동학계 종교이다. 이용구가 일진회(一進會)를 조직하여 친일적 노선을 걷게 되자 천도교로부터 출교를 당한 뒤 권병덕, 송병준 등과 신도들을 모아 시천교를 조직하여, 당시 천도교의 대도주(大道主)로 있던 김연국(金演局, 1857-1944)을[7] 시천교의 대례사(大禮師)로 삼았다. 1912년 이용구가 사망하자 1913년에 김연국이 권병덕과 더불어 서울 가회동에 교당을 세우고 제화교(濟化敎)라고 하였다가, 다시 시천교로 고쳐 부르면서 시천교는 견지동시천교와 가회동시천교로 나누어졌다. 가회동시천교의 교주 김연국은 1920년 충남 계룡산 신도안으로 교당본부를 옮겼고, 1925년 계룡산 상제봉에서 천제(天祭)를 지낸 다음 교명을 상제교(上帝敎)라 개칭하였다.

이능화(李能和, 1869-1943)의 『조선기독교급외교사』(1928)에는 시천교와 보천교를 『정감록』의 영향을 받아 일어난 대표적 종교운동으로 규정한다.[8]

손병희, 손천민과 함께 최시형의 3대 제자 가운데 한 사람이었던 김연국은 1907년에 천도교의 대도주(大道主)가 되었지만 손병희와의 불화로 이듬해에 천도교를 탈퇴하여 이용구가 조직한 시천교의 대례사(大禮師)가 되었다. 1912년에 이용구가 죽은 후에 김연국은 박형채와 대립하여 별도로 시천교총부(侍天敎總部)를 조직하였다가, 이후 1925년 6월에는 계룡산에 들어가 신도안(新都內)에 상제교(上帝敎)를 세워 교주가 되었다.

한편 이능화는 시천교, 정확히 말하자면 상제교의 교리가 교주가 계룡산에 새로운 도읍지를 세워 벼슬을 내린다는 터무니없는 것이라고 비판한다.[9]

---

7 구암(龜菴) 김연국은 동학의 2세 교주 최시형(崔時亨, 1827-1898)의 수제자로 손병희, 손천민과 더불어 삼암(三菴)의 한 사람이다.

8 이능화, 「정감록미신지유래」, 『조선기독교급외교사』 하편, 18면.

9 이능화의 신종교 연구에 대해서는 김탁, 「이능화와 한국신종교의 연구」, 『이능화연구』(집문당, 1994)를 참고.

1922년 4월 무렵 시천교 관도사(觀導師) 김종대는 충남 계룡산에 시천교의 영당(靈堂) 혹은 잠실(蠶室)을 크게 짓는데 이것이 시천교 5만 년의 기초가 될 터인데, 그곳이 곧 이조 5백 년이 지난 후 정씨 5만 년의 신부지인즉 장래에 궁성(宮城)이 될 것이라고 주장했다. 특히 교주 김연국은 금강산에서 1만 2천 봉에 산제(山祭)를 지내고 있는데, 신도들은 그가 105일 동안 기도하여 조선의 독립을 위해 산신의 힘을 빌리고 있는 것이라고 강조했다. 또 계룡산에 1만 명을 수용할 집을 지어놓으면 병란이 일어나서 민심이 불안할 때 김연국이 구성제(九星祭)를 지내 구원을 얻게 하면 앞으로 조선은 3일, 동양은 세 달, 세계는 3년 동안 시천교가 전파될 것이며, 다가오는 갑자년에 조선은 독립하여 세계 일등국이 될 것이요, 제생주(濟生主)가 탄생한 땅인 조선은 독립이 되며 일등국이 될 것이라고 강조했다. 사건 관련자들은 갑자년에 조선이 독립되며 시천교가 세계의 종교가 될 것이며, 김연국은 가장 높은 자리에 오를 것이며, 시천교 신자는 양반이 될 것이라고 주장했다.[10]

시천교의 간부가 주장한 바에 따르면 시천교의 교당을 크게 건축하는 일이 곧 조선의 민중들이 오랫동안 고대하던 정씨 진인이 건설할 새 왕국의 궁궐이라고 한다. 그 일을 실제로 주도하는 인물은 시천교 교주 김연국인데, 금강산에서 산제를 지내고 있고 특히 조선의 독립을 위해 기도하는 중이라고 강조한다. 나라의 독립이 산신 기도에 의해 가능할 것이라고 믿었던 점이 특기할 만하다.

또 시천교에서는 구체적인 피난처로 예정된 계룡산에 1만 명이 모일 큰 집을 지어 다가올 병란에서 화를 면할 수 있다고 주장했다. 재앙이 끝나고 갑자년(1924)이 되면 조선은 일제의 강점을 벗어나 독립국가가 될 것이며, 장차 세계 일등국이 될 것인데 그 까닭은 세계를 구원할 제세주가 탄생한 땅이기 때문이다. 그리하여 결국 김연국은 황제의 지위에 오를 것이며, 시천교 신도

---

10 「갑자년과 계룡산으로, 조선 독립의 말을 전파한 3명의 공판」, 『동아일보』 1922년 4월 24일자; 「시천교주가 천자(天子)되야」, 『동아일보』 1923년 5월 26일자.

들은 양반이라는 위치를 차지하게 되리라는 믿음이다. 계룡산이 여전히 구원의 중심지로 비정되며, 정씨 진인출현설을 강조하고 있다는 점에서 정감록적 구원관이 엿보인다. 그리고 이제 정씨 진인을 중심으로 새 나라가 건설되는 것이 아니라, 시천교 교주인 김연국을 중심으로 새로운 독립국가가 세워질 것이라는 주장과 믿음이 강조된 점이 특색이다.

그리고 1923년 5월 26일자 『동아일보』에 「시천교주가 천자(天子)되어 계룡산에 도읍한다는 기괴한 풍설이 또 유행」이라는 기사가 있다. 수천의 가호가 즐비한 신도안의 대궐 터에 시천교의 당집이 제법 대궐답게 되었으며 교도만 수천 명이 넘는다는데 명년은 갑자년이므로 조선은 정치적으로 독립하고 도읍은 계룡산 신도안에 정할 터이니 시천교주 김연국씨는 천자가 되어 정사를 다스릴 것이라는 풍설이 유행한다는 내용이다. 앞에서 살펴본 1922년 4월의 기사내용이 함축적으로 다시 성행한다는 기사다.

한편 1925년 7월 27일자 『매일신보』에 「양교 병합 와해와 시천교명 개칭」이라는 기사가 있다. 지금부터는 시천교를 상제교로 개칭한다는 내용이다. 김연국이 계룡산 상제봉에서 천제를 지내고 교명을 바꾸었다는 것을 기사화했다.

1928년 1월 3일자 『동아일보』에는 김연국 시천교는 교도가 60만이니 70만이라고 주장하고 상제교(上帝教)라고 개칭하여 정도령을 믿어 계룡산 신도안에 궁궐 같은 교당을 건축하고 주야로 계룡석백초포행선(鷄龍石白草浦行船)의 시절을 기다리고 있다는 기사가 있다. 시천교도의 숫자가 매우 많다는 전언과 함께 결국 시천교는 "정도령을 믿어 계룡산 신도안에 궁궐을 짓는다"는 믿음이 핵심이라고 한다. 정감록적인 신앙의 총합과 정수를 시천교가 강조했다. 그리고 "계룡산의 돌이 하얗게 변하고, 초포에 배가 지나다닐 것이다"라는 『정감록』의 비결 구절을 굳게 믿는다는 시천교인들의 신행에서 『정감록』에 대한 절대적 믿음이 드러난다.

"계룡석백초포행선"이라는 구절은 현전하는 『정감록』에는 보이지 않는다. 이와 거의 비슷한 계룡석백초포행주(鷄龍石白草蒲行舟)라는 구절은 현전하는 『정감록』에 보인다.[11] 뜻은 동일하다. 이 외에도 계룡석백(鷄龍石白) 평사삼십리(平沙三十里)라는 표현도 있고,[12] 계산석백초포행주(鷄山石白草浦行舟)라는[13] 표현도 있다.

또 당시 상제교(上帝敎)의 교도는 수만 명이었는데 교주 김연국이 계룡산에서 갑자년 갑자월 갑자일 갑자시에 등극한다는 설을 믿고 30만 명의 대중이 몰려들었다고 보고도 있다.[14] 시천교인들은 갑자년이라는 동양적 역법의 시초인 해, 그것도 하필이면 갑자월, 갑자일, 갑자시에 김연국이 황제로 등극할 것을 믿었다고 한다. 연도만 중요하고 새로운 것이 아니라 매우 구체적으로 월, 날짜, 시간까지도 새로운 역법의 시간대에서 새로이 시작될 것이라는 점이 강조되었다. 전혀 새로운 시간대에 새 국가가 세워질 것이라는 믿음의 반영이다. 기존 질서의 전면적 개혁과 급격한 전환에 대한 갈망의 표현이기도 하다.

1930년 7월 28일자 『중외일보』에는 「조선 **의 대음모」라는 기사가 있다. 피검자가 20여 명이 되는 큰 사건이었는데, 시천교도 중심의 결사를 적발한 일이었다. 평북도 경찰부 고등과에서 영변경찰서 관내에서 수 명의 시천교도들을 인치하고 엄중 취조했는데, 이들은 시천교도를 중심으로 조선 **를 목적한 모종의 결사를 조직하고 음모를 계획했다고 한다. **는 독립을 의미한다. 시천교도가 중심이 되어 조국의 독립을 위해 비밀결사를 조직하고 활동하다가 일제에 의해 체포되었던 것이다. 이처럼 시천교도도 나라의 독립을 추

11 「징비록」, 『정감록』(한성도서주식회사, 1923); 안춘근, 앞의 책, 1973, 486면; 「운기구책」, 『정감록』(한성도서주식회사, 1923); 안춘근, 앞의 책, 1973, 502-503면, 505면.

12 「징비록」, 『정감록』(한성도서주식회사, 1923); 안춘근, 앞의 책, 1973, 488면; 「운기구책」, 『정감록』(한성도서주식회사, 1923); 안춘근, 앞의 책, 1973, 498면.

13 「요람역세」, 『정감록』(한성도서주식회사, 1923); 안춘근, 앞의 책, 1973, 525면.

14 「정감록의 복마전, 계룡산 신도안을 찾아 (6)」, 『조선중앙일보』 1936년 7월 8일자. 이 연재물은 1936년 7월 2일부터 7월 10일까지 연재되었다고 한다. 그러나 필자가 인터넷으로 확인한 결과 7월 3일자 연재물 (2)와 7월 6일자 연재물 (4)만 남아 있다. 해당 일자의 전자신문자료에서는 그러한 연재물이 없었다. 연속되는 숫자로 보아 연재물이 실렸음은 짐작이 가지만 현재로서는 원문을 다시 한 번 확인해야 할 것이다.

구하는 구체적 행동에 나섰다.

1931년 2월 10일자 『동아일보』에 「상제교 내홍, 천국도 기울어」라는 기사가 있다. 『정감록』에 쓰인 계룡산 새 나라의 건국을 빙자하고 신도안에 굉장한 궁궐을 짓고 우매한 백성을 모우던 김연국 일파에 황기동을 두령으로 한 개혁파가 등장했다는 내용이다. 역시 시천교는 정감록신앙과 떼려야 뗄 수 없는 긴밀한 관계에 있는 신앙으로 평가되었다. 시천교는 외부적으로는 동학계 종단을 표방하고 선전했지만, 속내는 정감록적 신앙에 심취하여 계룡산의 정씨 진인출현설을 주장하고 믿었던 단체로 규정되었다.

1931년 4월 16일자 『매일신보』에는 「당파쟁으로 고소 제기, 시천교 내홍 폭로, 문서위조 배임횡령으로 중앙간부 등이 피소」라는 기사가 있다. 또 1931년 4월 22일자 『매일신보』에는 「시천교의 내홍, 경찰이 엄사(嚴査)」라는 기사가 전한다.

한편 무라야마는 그의 저서에서 "장차 신국가(新國家)가 수립될 때에는 시천교(侍天教) 교도가 모두 중요한 지위를 차지하고 시정(施政)을 펼칠 것이다. 신도내(新都內)에 서북(西北) 조선 지방으로부터 이주해온 자가 많은 것은 조선의 독립이 실현되며 또 독립 후에는 반드시 신도내에 신왕(新王)이 군림하고 서북에 거주하는 조선인을 요직에 등용할 것이다"라는 믿음에 따른 것이라고 시술했다.[15] 무라야마도 시천교가 계룡산 신도안에 새 나라가 건설되고 새 황제가 등극할 것을 믿는 단체였으며, 조선의 독립이 실현될 때를 기다리는 국권회복운동의 종교단체라고 갈파한다.

1934년 9월 24일자 『매일신보』에는 「계룡산 엽기행, 천도교와 분열 후 시천교를 조직」라는 기사가 있는데, 상제교의 전신 내력을 설명하고 있다.

또 1934년 9월 25일자 『매일신보』에 「계룡산 엽기행, 광대전당 건립코 『정감록』을 방송(放送), 상제교 출현의 유래」라는 기사가 있다. 김연국 일파는

15 무라야마 지준(村山智順), 앞의 책, 1933; 무라야마 지준(村山智順), 앞의 책, 1991, 590쪽.

대정 2년(1913) 시천교를 조직하여 계룡산 미신설, 즉 『정감록』의 황당설을 유포시켰다. 신도안에 계묘년(1903)과 갑진년(1904)에 황해도로부터 신도 30호가 이주했으며, 대정 8년(1919) 이후에 황해도와 평안도, 경상북도 각지에서 교도들이 연달아 이주했다. 대정 9년(1920) 12월에 성대한 전당(殿堂) 낙성식을 거행하고, 교도가 36만 2천 2백 명이라고 주장했으며, 대정 14년(1925) 7월 시천교를 상제교로 개명했고, 소화 2년(1927) 4월 총본부를 신도안으로 이전했다고 한다. 시천교의 약사(略史)를 설명했고, 시천교의 신도수의 증가와 지역별 분포에 대해서도 언급했다. 하필이면 많고 많은 산 가운데 계룡산으로 교 본부가 이전했는지는 역시 『정감록』에 대한 신뢰의 표현이며, 믿음의 표출로 보아야 할 것이다.

1934년 9월 26일자 『매일신보』에 「계룡산 엽기행, 훈패(勳佩)와 같은 신표, 속임수의 한끝, 관직첩지로 맹신」이라는 기사가 있다. 시천교에서는 최근 정왕(鄭王)이 돌아와서 상제교를 중심삼아 독립을 실현할 것이며, 따라서 급속히 왕궁을 지어야 한다는 명령이 있어 돈을 거두었다고 한다. 그리고 이들은 부작(符作)을 만들어 신도들에게 강매하고, 장차 정왕(鄭王)이 즉위하면 도지사, 군수, 면장까지 상제교 신자가 한다고 선전했다고 전한다. 시천교가 계룡산의 정씨 진인등극설을 철저히 믿었으며, 구체적으로 패첩과 첩지 등을 만들어 교도들에게 나누어주며 그 실현 가능성을 극대화시킨 사례가 보고되었다. 장차 독립국가가 이룩되면 시천교신자들이 고위 관직을 독차지할 것이라는 얼핏 소박하지만 강렬한 유혹이 유포되었다.

또 1934년 9월 27일자 『매일신보』에 「계룡산 엽기행, 신용을 잃케 되매, 상제교로 개칭」이라는 기사가 있다. 대정 12년(1923) 이후 시천교는 퇴거자와 탈교자가 늘어갔지만, 여전히 교주가 곧 등극하여 신도안에 왕국을 건설한다고 선전했다고 한다.

그리고 1934년 9월 28일자 『매일신보』에 「계룡산 엽기행, 세력을 잡고나매 대두하는 대적(對敵)」이라는 기사가 있다.

또 1934년 9월 30일자 『매일신보』에는 「계룡산 엽기행, 눈가리고 야옹

격, 자력갱생운동」이라는 기사가 있다.

한편 1934년 8월 18일자 『동아일보』에 「시천교 선교사의 종교사기사건 발각」이라는 기사가 있다. 시천교도 김창하는 금강산 비로봉에 올라가 천일 기도를 드린 결과 득도하여 옥황상제로부터 김창하 자신이 천하를 정복한 후 사용할 옥새와 천병만마라도 이 부적 한 장으로 박멸한다는 해인(海印)과[16] 만 명을 고친다는 석침(石針)을 받았다고 주장하며 약과 부작을 팔다가 신의주경찰서에 체포되어 취조받았다는 내용이다. 교주 김연국의 갑자년 황제등극설이 허위로 돌아가자 이에 실망한 일부 신도들이 이제는 자신이 직접 옥황상제의 명령을 받았노라고 강조했던 것이다. 그리고 이들은 옥황상제의 명령에 대한 구체적 증거물로 해인이라는 부적과 많은 사람을 고칠 수 있는 석침 등을 제시하며 사람들을 구할 수 있다고 선전했다.

1934년 10월 3일자 『매일신보』에도 「계룡산 엽기행, 소위 제 3세 교주 김연국 사생활」이라는 비판적 기사가 보인다.

그리고 1939년 8월 9일자 『매일신보』에 시천교 잔류파 10만과 상제교 5만이 합동했고, 교주에 김연국이 추대되었다는 기사가 있다.

(3) 수운교

1923년 5월 31일자 『매일신보』에 「수운대신사(水雲大神師) 환생이라고 허무맹랑한 괴물」이라는 기사가 있다. 30일 오전에 계동 권병덕의 집에서 천도교 1세 교주 최제우의 소생식(甦生式)을 남녀 2백여 명이 모여 개최한 최상용이 천도교도에게 매를 맞고 종로서로 구인되었다는 내용이다. 여기서 최상용은 이상용이 수운 최제우의 환생이라는 사실을 강조하기 위해 성씨를 최씨

---

16 해인에 대한 자세한 내용은 김탁, 『한국의 보물, 해인』(북코리아, 2009)를 참고.

로 표현한 것이므로 이상용의 오기로 보인다. 수운교 교주 이상용은 자신이 수운의 환생이라고 주장했는데, 동학의 종지를 계승했다는 점을 강조한 것으로 보인다.

또 1923년 6월 1일자 『매일신보』에 「가(假) 수운(水雲)은 일주일 구류, 망령된 노인」이라는 기사가 있다. 자칭 120세로 최수운이 부활했다는 이상용(일명 최상용)은 금강산과 태백산 등지를 걸인으로 방황했던 인물이라고 한다. 자신의 나이가 120세라고 주장한 이상용은 그 주장의 진위와 상관없이 교도들에게는 진실로 믿어졌다. 어쨌든 수운교 창시의 결정적 계기가 된 사건이 바로 그의 이러한 주장이었다.

그리고 1924년 11월 12일자 『시대일보』에 「수운교의 개교식」이라는 기사가 있는데, 최수운 선생이 재생했다고 2만여 명의 교도를 기만하여 취재(取財)했다는 내용이다. 상당히 많은 인파가 몰렸는데, 그만큼 수운 선생이 다시 살아나 새로운 교단을 이끌 것이라는 주장에 관심이 많았던 것으로 평가된다.

또 1924년 11월 24일자 『매일신보』에는 「수운교의 내홍(內訌)」이라는 기사가 있다.

한편 천도교, 수운교, 시천교 등의 동학계 교단에서 갑자년(1924)에 계룡산에서 진인(眞人)이 출현할 것을 예언했다는 보천교 측의 비판이 전한다.

> 계룡산(鷄龍山) 갑자(甲子) 등설(等說)은 누가 떠들던 소리야, 궁궁을을(弓弓乙乙)은 어느 교의 기장(旗章)이야, 시천주조화정(侍天主造化定)을 불으면서 강령(降靈)한다고 떨기는 어느 교인이야, (…) 남이 듣지 못하던 이백초(李百草) 용호도사(龍虎道士)를 건들어 (…)[17]

위의 인용문에서 보천교는 구체적인 동학교단의 이름을 지칭하지는 않았지만 문맥상 동학계 교단 전체를 가리키고 있다. 이백초는 수운 당시에 함

---

17 일교인(一敎人), 「답객난(答客難)」, 『보광(普光)』 창간호(1923. 10.), 46면.

경도 갑산 지역에서 청림도사를 자처하던 인물인데, 용호도사는 정확히 어떤 인물을 가리키는지 명확하지 않다. 그렇지만 동학계 종단에서 계룡산의 갑자년 등극설을 주장했다는 사실은 역사적으로 명확하다. 그리고 『정감록』의 비결에 나오는 궁궁을을을 재해석해서 동학계 종단의 기장(旗章)으로 삼은 사실도 정감록적 신앙의 증거이다.

(4) 청림교

청림교(靑林敎)는 서울의 양반 출신 남정(南正) 또는 한간(韓旰, 호가 청림)이 최제우의 문하에 들어가서 도를 배우고 동학사건 후 지하에 잠입하여 포교에 종사하다가 1904년 그가 죽은 후 잇는 자가 없어서 1920년 김상설, 이옥정 등이 이를 부활시켜 청림교라는 간판을 걸었던 교단이다. 이들은 본거를 경성에 두고 포교에 노력하여 조선은 물론 만주의 길림, 북간도 등지에 교세를 신장하여 교도가 30만이나 되었다고 전한다. 청림교의 「도가요람(道家要覽)」에는 "우리 수운대신사(최제우)께서는 5만 년 개벽 창세주가 되시어"라는 구절이 있다.[18]

청림교의 강령주문은 "지기금지원위대강(至氣今至願爲大降)"으로 동학의 강령주문(降靈呪文)과 같고, 본주문도 "시천주조화정영세불망만사지"로 동학과 같다. 이 외에도 청림교는 "포덕천하(布德天下)", "광제창생(廣濟蒼生)", "영세불망(永世不忘)" 등 동학과 같은 용어를 사용한다. 또한 청림교의 기념일도 수운 최제우의 생일, 수도일(受道日), 화천일(化遷日)이다.[19] 또 청림교의 종헌(宗憲)에도 "수운대신사는 무극대도 대덕의 대본을 이루는 천종의 명을 받은 대

18 무라야마 지준(村山智順), 『朝鮮의 類似宗敎』(조선총독부, 1935), 무라야마 지준(村山智順), 최길성 · 장상언 역, 『조선의 유사종교』(계명대학교 출판부, 1991), 167쪽.

19 무라야마 지준(村山智順), 앞의 책, 1935; 무라야마 지준(村山智順), 앞의 책, 1991, 173쪽과 176쪽.

교조이시다"라고 명시되어 있다.[20] 이처럼 애초에 청림교는 동학의 한 분파로 시작되었다. 그러나 후대에 갈수록 동학과 관련이 있는 내용은 거의 찾아볼 수 없는 『정감록』과 비결에 기초를 둔 교단으로 변모되었다.

1917년 2월 27일자 『매일신보』에 「청림교 주모자 17명 취박(就縛)」이라는 기사가 있다. 내용은 교도 천 명을 산중에 이주시키고자 충남 공주군에 사는 이원식(李元植), 김병훈 등이 청림교라는 비밀결사를 조직하여 불온한 풍설을 유포했다는 것이다. 이들은 마곡사와 유구 사이에 있는 청림교도만이 재앙을 피할 수 있을 것이라고 주장하다가 경찰에 체포되었는데 작년 4월부터 이주했다고 한다. 이른바 청림교도가 주장했던 "불온한 풍설"은 자세한 내용이 전하지 않아 알 수 없지만, 조만간 엄청난 재난이 발생할 것이라거나 피난처를 찾아야 살 수 있을 것이라는 예언과 관련이 있는 듯하다. 이러한 추정이 가능한 것은 "마곡사와 유구 사이"가 구체적인 피난처로 제시되어 『정감록』에 나오는 십승지 가운데 하나인 유구지역과 정확히 일치하기 때문이다. 어쨌든 당시 청림교도들이 주장했던 피난처가 『정감록』의 승지(勝地)사상의 영향인 것은 틀림없다.

한편 『정감록』에 "모름지기 흰 토끼를 쫓아 청림(靑林)으로 달아나라"는 기록이 있다. 아마도 이 구절과 연관하여 청림교를 추종한 것을 강조했을 가능성이 있다.

충청남도 북청군 주인화의 1917년 10월 19일자 공주지방법원의 판결문에[21] 다음과 같은 내용이 있다.

> 피고는 1915년 음력 11월경부터 청림교라는 단체에 가입하여 1917년 9월에 (…) 구주(歐洲) 각 국은 전란으로 자멸하고 동양에서도 천변지이

20 무라야마 지준(村山智順), 앞의 책, 1935; 무라야마 지준(村山智順), 앞의 책, 1991, 178쪽.

21 일제강점기의 법원 판결문은 '국가기록원' 홈페이지에서 '독립운동 관련 판결문'에 들어가서 단어를 검색하면 볼 수 있다.

(天變地異)가 일어난 틈에 정씨(鄭氏)가 계룡산에서 즉위하여 조선을 통치하게 될 때 청림교도는 재해를 면하게 되고 국권회복을 하면 중용될 것이다. (…) 입교를 권유하였고 (…)

청림교도들이 천재지변과 정씨 진인의 계룡산 등극설을 예언했다는 판결이다. 이들 청림교도들은 국권회복운동으로 판단되었다.

그리고 경기도 파주군 조하승의 1918년 5월 30일자 경성지방법원의 판결문에는 다음과 같은 내용이 보인다.

> 피고 조하승은 5년 전부터 청림교를 믿고 (…) 머지않은 장래에 구주전쟁은 독일의 승리로 돌아가 점차 동양에 파급되어 대혼란을 일으키게 되고 그때 청림교에서는 정(鄭)이란 사람이 충청남도 계룡산을 시작으로 옛 한국을 복고하고 청림교 신자는 고위관직에 임명되어 안락한 생활을 할 수 있다고 말을 뱉어 정치에 관해 불온한 언동을 하여 치안을 방해하고 (…)

매우 이른 시기에 청림교도들이 계룡산에 곧 정씨 진인이 출현할 것을 예언했다는 판단이다.

그리고 충청남도 공주군 이문협의 1918년 6월 26일자 경성복심법원의 판결문에는 다음과 같은 내용이 있다.

> 피고인은 청림교 교도가 되어 (…) 청림교는 조선의 국권을 회복함을 목적으로 하는데 (…) 수운(水雲) 선생이 국가를 통일하는 것을 목적으로 하고, 전라도의 자하도(紫霞島)에서 수운선생은 구름을 타고 서양에 가서 비행기를 가지고 와서 포(包)의 비를 내려 청림교 이외의 사람 전부를 살해하고, 교도로서 철표(鐵票)를 소지한 자는 생존하여 새로운 국가를 건설할 것인데 마곡사 및 유구 사이는 청림교도가 피난하기에 좋은 적당한 땅

이므로 이주하라고 (…) 3년 후에는 전쟁이 일어나니 이에 사용할 쌀과 소금을 사두는 것이 필요하여 교도들에게 입교금을 징수한다. (…) 계룡산에 정왕(鄭王)이 신조선(新朝鮮)을 열어 (…)

당시 일제는 청림교를 국권회복을 도모하는 단체로 규정하여 탄압했다. 청림교도들은 수운 최제우가 다시 태어나 이 세상을 멸망시키고 새 나라를 세울 것이라 예언했으며, 계룡산 유역을 피난처로 제시했다. 역시 계룡산에 정씨 진인이 곧 출세할 것이라는 예언이 주를 이루었다.

또한 충청남도 공주군 장춘섭의 1919년 3월 6일자 공주지방법원의 판결문에도 다음과 같은 내용이 있다.

피고 등은 (…) 청림교라고 칭하는 비밀결사에 가입하고 (…) 구주 전란은 확대되어 동양에 파급될 것이며, 그때 교주가 나와 전란을 평정하고 국권을 회복할 것이며, 청림교에 가입된 자들은 고관에 채용될 것이다"라는 유언비어를 유포하여 (…)

1919년이라는 비교적 이른 시기에 청림교에서 전쟁이 곧 발발할 것이며, 국권이 회복될 것이라는 내용의 예언을 퍼뜨렸다는 법원의 판단이다. 청림교의 교주가 전쟁을 종식시키고 새로운 나라를 세워 신도들을 고위관직에 임명할 것이라는 엽관적 주장에 현혹되었던 당시 청림교도들의 죄상을 논한 대목이다.

한편 1921년 3월 14일자 『매일신보』에 「통일이 된 청림교」라는 기사가 있다. 교주 한오를 중심으로 김몽필 등의 간부가 있으며, 간도와 경성에 본부를 두고 있는 청림교의 교도수가 10만 혹은 15만이라는 보고다. 당시로서는 상당히 많은 교도를 확보하고 있었다는 전언이다.

1923년 10월 5일자 『매일신보』에는 청림교총본부가 경성부 서대문정(町)에 있다는 광고가 실려 있다.

그리고 1924년 5월 25일자 『매일신보』에는 「정도령이 출현하야 화우(火雨)를 내려 세계를 파멸한다고」라는 기사가 있다. 청림교에서 여러 가지 황당한 말로 우민(愚民)을 속이고 각처에서 적지 않은 금전을 편취한 자가 있었다는 내용이다. 경기도 장단군 거곡리에 사는 윤지형은 개성 부근을 돌아다니며 불원간에 충청도 계룡산에 정도령이 출현하야 선술(仙術)로써 불비를 내려 모든 생명을 벽살시키고 현 세계를 파멸시키는데, 청림교를 진실히 믿으면 그때에 죄악을 면하고 신의 도움을 받아서 자하도(紫霞島)로 모아놓고 정도령이 왕위에 앉아서 조선을 통치하면 청림교도는 고관대직으로 임용할 터이니 청림교를 진실히 믿으라고 권고했다고 전한다. 결국 이들은 금전사취죄로 경성지방법원에서 엄밀한 취조를 받고 공판이 진행될 예정이라고 한다.

경기도의 청림교도가 "곧 계룡산에 정도령이 출현하여 천하를 진멸시킬 것인데, 청림교를 믿으면 살 수 있다"는 예언을 퍼뜨렸고, "정도령이 왕위에 올라 (일제의 강점으로부터) 조선을 독립시킬 것이다"라고 주장했다는 말이다. 청림교가 『정감록』의 정씨(鄭氏) 진인출현설(眞人出現說)과 함께 국권회복운동에 나섰음을 알 수 있는 기록이다.

또 1925년 10월 18일자 『동아일보』에는 「재독유학생이 귀국 후 황제가 된다.」는 기사가 있다. 안변군에 사는 청림교도 박병학은 내년에 조선 안에 전염병이 유행하여 전 인종이 멸망할 터인데 중국과 조선의 명산에 기도하면 그 액을 벗어나리라고 주장했고, 또 청림교도 중에 유학 간 변모(卞某)가 머지않아 조선에 돌아와 독립을 선언하고 즉시 황제에 즉위할 터인데 그때 청림교도들이 고위고관에 등용될 것이라는 말을 퍼뜨렸다는 내용이다. "청림교도인 변씨(卞氏)가 곧 조선에 돌아와 조선의 독립을 선포하고 황제에 오를 것이다"라고 예언한 점이 특기할 만하다. 이는 정씨 진인출현설의 한 변형으로 보이는데, 이제는 정씨가 아니라 변씨도 새로운 조선의 독립을 이룩할 인물로 설정되었다.

그리고 1930년 12월 27일자 『동아일보』에 「백일하 폭로된 청림교 정체」라는 기사가 있다. 7월 중순에 평북 영변경찰서에 체포된 일당은 『정감록』의

"방부팔십화다구혹(方夫八十禾多口或) 방부마각(方夫馬角)" 등의 구절을 풀이하여 경오년(1930) 8월 11일에는 계룡산으로부터 정도령이 나타나 건국할 터인데 그때가 오면 세상이 난세가 되어 화우(火雨)와 석우(石雨)가 내려 만민이 화를 입겠으나 청림교도는 철기(鐵旗)를 들고 철량(鐵糧)을 먹고 권각(圈閣) 안에 들어가 있으면 화를 면할 수 있고 후세는 청림교도의 세상이 될 것이라고 우매한 사람들을 미혹케 했다고 한다. "방부팔십화다구혹"이나 "방부마각"은 현전하는 『정감록』, 정확히는 김용주본 『정감록』에는 보이지 않는다. 이와 비슷한 비결이 계룡산 연천봉에 새겨져 있고, 유사한 비결이 필사시기가 확실하지 않는 『정감록』 이본에 보일 따름이다.

1930년 당시 청림교의 교리를 알 수 있는 대목이다. 청림교는 『정감록』에 나온다는 비결을 적극 해석하여 "1930년 8월 11일에 계룡산에 정도령이 나타나 새 나라를 세울 것이다"라는 예언을 유포했던 것이다. 나아가 청림교도들은 민중의 오랜 염원이었던 조국의 독립과 신왕조의 개창이 오기 전에 "불비와 돌비가 내려 많은 사람이 희생될 것이다"라는 섬뜩한 예언을 주장했으며, "청림교도만이 재앙을 피할 수 있고, 다가오는 세상에는 청림교도가 주관할 것이다"라고 주장했다. "계룡산에 정도령이 출현하여 새 왕조를 열 것이다"는 예언은 『정감록』의 핵심 주장 가운데 하나다. 따라서 청림교의 믿음과 주장이 『정감록』과 긴밀하게 관련이 있다는 사실이 밝혀졌다.

위의 인용문을 통해 청림교에서도 1930년에 계룡산에 정도령이 출현하여 새 나라를 세울 것인데 그때가 되면 세상에 난리가 날 것이라는 예언이 강조되었다. 나아가 이들은 구체적으로 청림교를 믿어야 재앙을 면할 수 있을 것이며, 새 세상에는 청림교도가 세상을 다스릴 것이라고 주장했다. 계룡산의 정도령 출현설이 다시 한 번 강조되었으며, 청림교의 주요한 교설 가운데 하나로 자리잡았음이 확인된다.

1931년 1월 16일자 『동아일보』에는 「조선 공화국 사건 공판」이라는 기사가 있다. 대정 13년(1924) 중국 간도에서 이동휘를 수령으로 한 조선공화정치국의 간부들이 조선에 잠입하여 관동 일대를 근거로 청림교도의 중요인물인 진홍거, 안윤홍, 석신형 등과 연락하여 조선에도 조선공화정치국을 설치하기로 결정하고 여러 부서를 결정했다는 내용이다. 결국 이들은 무기 수입 중에 검거되었는데, 입단할 때 낸 돈은 **자금으로 쓰일 예정이었다고 한다. **는 독립으로 추정된다. 청림교의 간부들이 국권회복운동에 나섰다가 일제 경찰에 의해 체포된 사건이다. 당시 일부 청림교도는 청림교를 믿는 일이 곧 국권회복운동의 일환이라고 여겼으며, 실제로 구체적 모금활동도 했음이 밝혀졌다.

한편 『동아일보』 1931년 1월 25일자 기사에 청림교 사건공판에 관한 기사가 실렸는데, 제목은 「『정감록(鄭鑑錄)』은 허위(虛僞), 교도모집에 리용하얏슬 뿐, 강홍국(康弘國)의 재판공술(判廷供述)」이고 주요 내용은 다음과 같다.

> 청림교에 관한 보안법 위반사건의 제2회 공판은 23일 신의주지방법원 형사법정에서 (…) 개정되었다. (…) 사건의 수괴는 김제(金濟) (…) 청림교 총시장(總視長)으로 있으면서 다수한 교도를 모집한 강홍국(53세)이었는데 (…) 피고가 교도를 모집할 때 『정감록』을 이용하여 우매한 백성을 속인 것은 『정감록』을 자기 역시 절대로 신용치 아니하였으나 신도를 모으기 위하여 그러한 허무맹랑한 말을 한 것이라고 진술하였다.

총시장(總視長) 강홍국은 교도를 모집할 때 『정감록』을 이용하여 우매한 백성을 속인 것은 『정감록』을 자기 역시 신용치 않았으나 신도들을 모으기 위하여 그러한 허무맹랑한 말을 한 것이라고 진술했다. 당시 청림교의 간부가 교도를 모을 때 『정감록』을 적극 활용했음이 드러난다. 청림교와 관련해서는 항상 『정감록』이 등장하는 사실로 미루어볼 때 비결과 예언사상이 청림교 교리체계의 기반을 이루고 있었다는 점이 확인된다.

1932년 10월 31일자 『동아일보』에도 20여 년 전부터 순민족주의자들이 청림교를 조직하고 오늘날까지 암암리에 **사상을 고취하는 한편 전국에서 동지를 규합하여 비밀결사의 세력신장을 꾀했다는 기사가 있다. 여기서도 **

는 독립으로 추정된다. 당시 일제 당국에서는 청림교도를 '순민족주의자'로 규정했으며, 청림교를 '독립사상을 고취하는 비밀결사체'로 보았음이 이 기사를 통해 확인된다.

한편 1932년 11월 27일자 『매일신보』에 「청림교 사건 관계인물, 몽상에 노던 그들」이라는 기사가 있다. 이들을 취조하던 중 넌센스가 폭발했는데, 어떤 사람은 학교에 다니던 아들까지 중도에 퇴학시키고 그 학자금을 전부 조선 **운동자금으로 제공하였다는 내용이다. 조선 **만 되면 자기가 고관의 지위에 오를 것이니 공부를 하지 아니하여도 관계치 않다고 말했다고 한다. 청림교도가 조선의 독립을 강하게 열망했던 사실이 확인되며, 공적 교육까지 거부하면서 자금을 독립군자금으로 제공했다는 점에서 수그러들지 않는 열정까지 느껴진다. 물론 당시 일제 당국은 청림교도의 이러한 신행을 비판적으로 보고 미신으로 규정했지만, 자식의 교육도 불사하고 독립운동에 헌신하고자 했던 아버지의 확고한 신념마저 부인할 수는 없을 것이다.

1932년 12월 14일자 『매일신보』에는 「종로서 청림교사건, 신체 구속 송국(送局) 30여 명, 불구속 송국도 30여 명 다수」라는 기사가 있다. 비밀결사 청림교 관계자 70여 명이 **운동을 팔고 돈을 모아 낭비한 혐의로 경찰에 체포되었다는 내용이다. 주모자 태두섭은 대정 12년(1913) 청림교에 입교하였고, 철원에 본부를 두었다고 한다. 100만 교도가 조선 **운동을 한다고 빙자하고 장생불사약을 강매했다고 전한다. 청림교는 독립운동을 도모하던 비밀결사체였으며, 자칭 백만 교도가 조선의 독립을 위한 운동에 나섰다고 주장하면서 금전을 모았다는 것이다. 당시 일제 당국은 청림교를 종교단체로 보지 않고 국권회복운동을 꾀하는 비밀결사체로 이해했음을 알 수 있는 대목이다.

그리고 1932년 12월 15일자 『중앙일보』에는 「혹세무민의 청림교」라는 기사가 있다. 사취 금액이 백만여 원에 달한 사건이었다고 한다. 태두섭(太斗燮) 등 60명을 다음 날 송국(送局)할 예정인데, 백일 하에 폭로된 사교(邪教)의 정체라고 규정했다. 청림교는 전국에 지부로 23방(坊)을 두고, 대정 2년(1913) 이래 자하도에서 거인(巨人)이 탄생하여 미래 조선을 통일하고 정치적으로 **

만 되면 대관고위(大官高位)를 줄 터이라고 민중을 유혹했다고 한다. 나아가 이 사건에 연루되어 거액의 돈을 받고 입교시키는 혐의로 체포된 자가 85명에 달한다고 전한다. 청림교에서 "자하도라는 신비의 섬에서 이인(異人)이 나타나 조선을 독립시킬 것이다"라는 예언을 퍼뜨렸다는 것이 핵심 내용이다. 이제는 정씨 진인의 출현설이 아니라 '거인의 탄생'을 강조했다는 점이 특기할 만하다. 그렇지만 "(남해의) 섬에서 이인이 출현할 것이다"라는 예언은 『정감록』에 자주 나오는 표현이다. 이러한 맥락에서 당시 청림교에서 이인의 출세와 국권회복운동에 나섰던 것이다.

1932년 12월 16일자 『중앙일보』에도 「자하도(紫霞島)에서 입교(立教), 계룡산 천도(遷都) 예정」이라는 기사가 있다. 자하도는 남진도(南辰島)라고도 하는데, 청림교도 태두섭 등이 송국(送局)된 사건이다. 내각의 대신 격에는 선관(仙官) 9명이 있고, 교주 이하 총시(總視) 등을 조직했다고 한다. 태두섭, 태극현, 태을선의 3부자가 청림교라는 비밀결사를 조직했다며 조직에 대해서도 상세히 설명했다. 이들은 머지않은 장래에 계룡산에 도읍을 옮길 것이며, 만일 내각이 변동되면 불의의 천재지변이 있을 것이고, 만일 일본군이 중국군에게 구축당할 때에는 조선에는 살육이 성행할 것이라고 주장했다고 한다. 그리고 당시 청림교는 백수십 만 호의 교세를 가졌다고 강조했다고 전한다. 청림교는 "자하도라는 신비의 섬에서 거인이 출세하여 장차 계룡산에 도읍을 옮겨 정할 것이다"라는 예언을 했다. 그리고 그 예언의 실현에 맞춰 구체적인 조직과 활동에 힘썼다. 더욱이 "일본군이 중국군에게 패할 때 조선에 살육이 크게 일어날 것이다"라는 종말론적 예언도 퍼뜨렸다. 계룡산 도읍설을 주장했다는 점에서 청림교의 정감록적 신앙의 단서가 드러난다.

한편 1932년 12월 16일자 『동아일보』에 「총 검거 인원 백명을 돌파」라는 기사가 있다. 사건의 중요인물인 정서복은 강원도 방면의 우매한 백성들에게 큰 난리가 일어나는데 그때에 강원도로부터 정도사(鄭道士)가 나와 적공한 교도들은 구원할 터인데 미리 건축된 피화당(避禍堂)으로 피난해야 한다고 주장하며, 파주, 철원, 통천, 평원 등지의 피화당에 넣는다는 순금을 교도들에게 사취했다는 내용이다. 정서복이라는 인물이 "장차 강원도에서 정씨 성을 가진 이인(異人)이 나타나 사람들을 구원할 것이다"라고 주장했던 것이다. 그는 구체적으로 난리를 피하기 위한 땅인 이른바 피화당에 넣기 위해 순금을 교도들로부터 거두어들였다. 계룡산이 아니라 강원도 지역에서 정씨 성을 지닌 인물이 출세할 것이라는 주장이 특기할 만하다.

그리고 위의 사건과 연관된 다음과 같은 보고가 있다.

> 청림교의 별파인 정서복(鄭瑞福, 당시 37세) 일당은 민심을 현혹하는 수단으로서 "정서복은 금강산에 은거하는 도사로서 우주의 현묘한 이치를 깨닫고 세상사 모든 것을 예언하여 적중하지 않는 것이 없다. 그 예언에 의하면 계유년(1933) 초두부터 **전쟁이 발발하고 조선은 일대 수라장으로 화한다. 이때 정도사가 은거지 금강산에서 내려와서 중국 **를 격퇴한 뒤 갑술년(1934)에 이르러 조선으로 하여금 완전히 (…) 앞의 중국 **의 학살을 면하려고 하면 정도사의 도법에 의해 피화당「避禍堂, 법동(法洞) 또는 법사(法舍)라고도 한다」을 건축하여 이곳에서 난을 피하는 외에 방법이 없는데 이 피화당은 그 아래 땅속 아홉 곳에 각 10돈씩의 금괴를 매장할 것을 요한다.[22]

위의 보고서에 따르면 정서복은 자신이 바로 "이인 정도사(鄭道士)"라고 주장했음이 드러난다. 정서복은 1933년 벽두에 전쟁이 일어나 조선이 난리에 휩싸일 것이라고 예언했다. 이때 정서복이 금강산에서 내려와 중국 군대를 물리칠 것이고, 이듬해인 1934년에 일어날 난리를 피하기 위해 피난처에 금괴를 묻어야 한다고 주장했다고 전한다.

한편 "청림교(靑林敎)는 대정(大正) 12년(1923)에 경성(京城)에서 『정감록』의 자구를 견강부회하거나 다른 미신을 가미하여 포교하기 시작했다. 점차 각

22 무라야마 지준(村山智順), 앞의 책, 1935; 무라야마 지준(村山智順), 앞의 책, 1991, 877쪽.

도(各道)에 교세가 퍼지자 이 교단은 항상 '정씨가 계룡산에 도읍을 세운다'라는 황당무계한 이야기를 유포하여 어리석은 사람들을 미혹하고 치안을 방해하는 일이 심하였다. 따라서 일제가 포교자를 검거하기를 수십 회에 이르자, 결국 청림교는 대정 10년(1921) 무렵부터 쇠퇴하기에 이르렀다. 그렇지만 청림교는 어리석은 사람들의 미신에 힘입어 일시에 교세가 전국에 미쳤고, 교도도 많았다고 한다. 이와 관련하여 대정 9년(1920) 3월 경성에 거주하던 청림교도 가운데 한창수(韓昌洙) 등이 이 교단의 진흥을 도모하여 종교적 방편에 의해 조선 내지(內地)와 외지(外地)의 사람들에게 불온한 사상을 교정하고 시정(施政)에 공헌할 것이라고 칭하였는데, 본부를 경성에 두고 각도에는 지부를 설치하고 다수의 포교자를 각지에 파견하여 포교에 종사하고 있다"라는 호소이의 1923년 보고도 전한다.[23]

그런데 한국종교에 대한 개척적 연구자인 이능화(1869-1943)는 청림교(青林教)라는 교명이 정감록비기(鄭鑑錄秘記) 가운데 '수종백토주청림(須從白兎走青林)'이라는 글귀에서 따온 것이라고 주장했다.[24] 현전하는 『정감록』에 수종백토주청림은 「운기구책」과 「감결」에 나오며,[25] 이와 비슷한 수종백일주림중(須縱白日走林中),[26] 수종현토주산림(須從玄兎走山林),[27] 수종백토산림입(須從白兎山林入)[28] 등의 표현이 전한다.

그리고 이능화는 청림교의 교주 한오(韓晤)가 『매일신보』에 실었던 「청림교취지문」을 인용하기도 했다. 이와 관련하여 무라야마는 『조선의 유사종교』(1935)에서 경성의 양반 출신인 남정(南正) 또는 호가 청림인 한오(韓旿)가 명

23 호소이(細井肇), 앞의 책, 1973, 673면.

24 이능화, 『조선도교사』, 332-333면.

25 「운기구책」, 『정감록』(한성도서주식회사, 1923); 안춘근, 앞의 책, 1973, 506면. 「감결」, 『정감록』(한성도서주식회사, 1923); 안춘근, 앞의 책, 1973, 578면과 600면.

26 「징비록」, 『정감록』(한성도서주식회사, 1923); 안춘근, 앞의 책, 1973, 485면.

27 「운기구책」, 『정감록』(한성도서주식회사, 1923); 안춘근, 앞의 책, 1973, 500면.

28 「요람역세」, 『정감록』(한성도서주식회사, 1923); 안춘근, 앞의 책, 1973, 528면.

치 37년(1904)에 사망하자, 1920년에 김상설(金相卨), 이옥정(李玉汀) 등이 청림교를 부활시켰다고 보고한다. 그런데 『매일신보』 1921년 2월 6일자에는 청림교주 한병수(韓秉洙, 일명 晤) 등의 이름이 적혀 있다. 따라서 청림교주가 1904년에 죽었다는 무라야마의 보고는 착오가 있다.

한편 오지영이 지은 『동학사』(1940)에는 동학의 분파를 30개로 제시하며 간략하게 설명하고 있는데 그 가운데 비결과 관련된 교파에 대해 살펴보자.

> 청림교파(青林教派)니, 본파는 수운선생 당시 이백초(李白初)라는 도인이 갑산(甲山)으로 정배(定配)되어 그곳에서 은도(隱道)로 도를 전하여 청림도사(青林道士)라고 칭하여 그것이 청림교가 되었다고도 하고, 혹은 한오(韓悟), 태두섭(太斗燮), 남정(南正) 등이 그것을 설립하였다고 하는 이도 있으나, 그것은 다 청림교라는 명칭이 생겨나온 이후의 일이라. 그 진상(眞狀)을 확실히 알 수 없는 것이라.[29]

> 남진교파(南辰教派)니, 본파는 청림교의 일파로서 동학은 곧 선도(仙道)라 하여 죽은 수운 선생이 부활하여 남해도중(南海島中)에 있다고 하며 장차 조선(朝鮮)으로 출세(出世)한다는 등 허황설(虛荒說)로써 세상을 유혹한 것이다.[30]

오지영은 청림교의 창교 시기가 수운 당시라고 주장하여 매우 이르다고 판단한다. 그리고 그는 이백초라는 인물의 호가 청림(青林)이어서 교명이 되었다고 주장한다. 또 오지영은 청림교의 교설에 "죽은 수운 선생이 부활하여 남해의 섬에 살아 있다", "수운이 곧 조선에 출세할 것이다"라는 주장이 있다고 강조한다. 교조의 부활설과 진인출현설이 청림교의 핵심적인 믿음이라는 판

---

29 오지영, 『동학사(간행본)』(영창서관, 1940), 238쪽; 오지영, 「이장희(李章熙) 교주본(校註本)」, 『동학사』(박영사, 1974), 256쪽.

30 오지영, 앞의 책, 1940, 240쪽; 오지영, 앞의 책, 1974, 258쪽.

단이다.

『동아일보』 1935년 7월 5일자 기사에 『정감록』을 맹신하여 양민을 속여 재산을 편취한 태두섭(太斗燮) 등 9명을 체포하여 재판한 이른바 청림교(靑林敎) 사건에 대한 다음과 같은 내용이 보인다.

> 경성지방법원 제1예심에서 (…) 피고 8명은 경성지방법원공장에 회부되고 (…) 이 사건은 피고 태두섭(66세) 등이 『정감록』을 빙자하여 장차 계룡산 속에서 정도령이 등극한다고 우매한 농민들을 속여 적지 않은 사기를 하는 한편 유언비어를 만들어 치안을 방해했다는 것으로 (…)

청림교의 핵심 주장이 "곧 계룡산에 정도령이 등극한다"는 계룡산 도읍설과 정도령출현설이라는 것이다. 이러한 주장의 근거는 『정감록』이라고 판단한다. 계룡산에 정도령이 출현하다는 주장과 믿음은 곧 새로운 나라가 세워질 것이라는 점에서 국권회복운동의 일환으로 보인다.

『동아일보』 1935년 9월 28일자 기사에도 위 사건에 관한 기록이 있다. 제목은 「『정감록(鄭鑑錄)으로 혹세(惑世)한 청림교사건공판(靑林敎事件公判), 보안법 위반(保安法違反)과 사기피고사건(詐欺被告事件) 피고동성(被告同聲)으로 사실부인(事實否認)」이고 주요 내용은 아래와 같다.

> 계룡산 속에서 『정감록』을 빙자하여 정도령이 등극한다고 우매한 농민들을 속여 경향각지에서 적지 않은 사기를 하는 동시에 유언비어를 만들어 치안을 방해하였다는 청림교 (…) 교주 태두섭은 대정 3년(1914) 이래로 정도령이 계룡산에 나타나서 등극한다는 말로 선도적(仙道的) 색채를 가미한 청림교를 조직하여 제1대 교주로 한병수(韓秉秀)를 세운 후 경성부 창신동에 본부를 두었다가 여의치 못하여 지방 농민을 속일 예정으로 충남 논산군 두마면 두계리로 이전한 후 교도를 모집 중 교주인 한병수가 죽게 되자 태두섭은 스스로 제2대 교주가 된 후 정도령이 등극할 때에는 반

드시 화우(火雨)와 석우(石雨)가 내리게 될 터인데 청림교도만이 이를 피할 수 있고 또는 청림교로 하여금 신국가가 실현되는 때에는 청림교도중에 지식이 있는 자에게는 고관대작을 얻게 할 수도 있다고 우매한 농민을 속이고 장차 흉년이 들게 될 터인데 그때에는 괴질이 성행하게 되어 수많은 사람이 죽게 되므로 이를 피하기 위하여 피화당(避禍堂)을 건축하기로 하며 (…) 수백 농민에게 수만 원을 사취하였다.

『정감록』을 이용하여 교리를 선전하는 청림교에 대해 설명하고, 그 교단의 역사를 간략하게 설명한다. 제1대 교주 한병수가 충남 논산군 계룡산 지역으로 교단 본부를 옮겼고, 그가 갑자기 사망하자 제2대 교주가 된 태두섭은 정도령출현설을 중심으로 재난설을 강조하면서 장차 청림교를 중심으로 한 새 국가가 세워질 것이라고 예언했다고 전한다. 태두섭은 흉년과 괴질로 대표되는 재난을 예언했으며, 이를 피하기 위한 건축물을 지어야 할 것이라고 주장했다. 『정감록』에는 등장하지 않는 불비와 돌비를 강조하기도 했으며, 난리를 피하기 위한 장소인 십승지가 아니라 특정한 건축물인 피화당을 주장하였다는 점이 특기할 만하다.

『동아일보』 1935년 10월 8일자에도 「『정감록(鄭鑑錄)』으로 농민(農民) 속인 청림교도(靑林敎徒)에 체형(體刑), 경향 각지로 다니며 사기를 영업 최고(最高) 5년 역(五年役)을 언도(言渡)」라는 기사가 있다.

한편 무라야마는 청림교도들이 병화(兵禍)와 신천지 건설을 설파하여 민심을 기만하고 강원도 철원, 통천, 영월, 경기도 문산 등 네 곳의 피화당 건설 자금, 기타의 명목하에 1932년부터 8월경까지 경기도, 강원도의 각지에서 돈과 순금을 편취했다고 보고했다.[31] 강원도의 세 곳과 경기도의 한 곳 등이 새로운 피난처로 부각되면서 기존의 『정감록』에서 주장되는 이른바 십승지와는 다른 지역이 피난처로 제시되었다는 점이 특기할 만하다. 이들 지역은 기존의

31 무라야마 지준(村山智順), 앞의 책, 1935; 무라야마 지준(村山智順), 앞의 책, 1991, 877-878쪽.

『정감록』에서는 전혀 주목받지 못하던 곳이었다. 따라서 이제는 『정감록』의 십승지가 아니라 새로운 피난처가 제시되어 사람들을 유혹했던 것이다.

그리고 청림교(青林敎)의 활동과 관련하여 "우리 교에 입교하는 자는 정씨(鄭氏)가 계룡산에 도읍을 정할 때 대우받아서 고위고관에 취임할 수 있고, 또 장래 천변지이가 일어나서 흉작이 계속되고 역병이 유행하여 인류가 모두 사멸하지만 선관이 만든 선약을 복용하면 이 재액을 면할 수 있다"는 입교 권유가 있었다는 보고가 있다. 또 남해에 남진도(南辰島) 또는 자하도(紫霞島)라는 섬이 있는데 이 섬에 칠선관(七仙官)이 거주하여 장래 정천자(鄭天子)를 도와 신국가를 건설하고 충청남도 계룡산에 도읍을 정한다고 한다는 보고도 있다.[32] 이러한 주장은 여전히 청림교가 『정감록』의 정씨 진인출현설, 계룡산 도읍설, 남조선신앙을 벗어나지 못하고 있다는 사실을 반영한다. 십승지에서 제시되는 피난처와는 다른 새로운 지역을 새 피난처로 손꼽는다는 점에서는 일부 『정감록』을 벗어난 듯 보이지만, 진인출현설과 계룡산 도읍설 등의 『정감록』의 또 다른 핵심적인 주장과 믿음에 대해서는 적극 수용했다는 점에서 볼 때 청림교의 신행은 여전히 『정감록』신앙의 다양한 지류 가운데 하나를 형성하고 있었다고 평가된다.

한편 청림교는 동학혁명 후 남정(南正)이 설립하였던 동학계의 종교단체라는 주장이 있다. 남정은 동학혁명 이후 포교에 종사했다고 전한다. 남정은 1904년 후계자가 없이 죽었으나, 1920년 김상설(金相卨)과 이옥정(李玉汀) 등이 서울에서 소멸되어 가던 청림교의 간판을 다시 달고 포교활동을 시작하였다. 청림(青林)이라는 교단 명칭은 남정의 호가 청림이었기 때문이라고 한다. 청림교는 교세가 늘어 한때는 만주의 길림과 북간도 방면까지 뻗어나갔고, 42개의 지부와 50개소의 포교소에 신도가 30여만 명이었던 때도 있었다. 그러나 2세 교주 태두섭(太斗燮)과 많은 간부들이 항일투쟁의 죄명으로 일본 경

32 무라야마 지준(村山智順), 앞의 책, 1935; 무라야마 지준(村山智順), 앞의 책, 1991, 711쪽.

찰에 체포된 뒤 교세가 약화되다가 완전히 소멸되었다고 한다.

어쨌든 태두섭이 2세 교주가 된 이후의 청림교와 관련된 기록들은 적어도 동학의 교리체계와는 관련이 거의 없다.

그런데 1922년 무렵 청림교 2세 교주 태두섭 등이 주장한 바에 따르면 "남해에 남진도라는 선경이 있고, 이곳은 칠선관이 노는 바 항상 자운이 충만하다. 따라서 또한 자하도라고도 한다. 이 선관의 영술(靈術)은 무한하여 이루어지지 않는 게 없고 시기가 도래하면 다시금 천지개벽을 단행한다. 그 개벽에 즈음해서는 천변지이가 일어나고 흉작이 이어지고 질병이 유행하여 어떠한 인력도 또한 어떻게 할 방책이 없어 인류는 이에 모두 멸망의 위기를 면할 수 없다. 단지 이 선관의 내명(內命)을 받은 우리 교의 교도로서 지성을 다하는 자에 한해서, 교주에 의해 받은 선약을 사용함으로써 그 질병을 면하고 교도가 쇠로 짓는 집에 수용되어 천재(天災)를 피할 수 있다. 그때에 반도에 이제까지 기다리던 정(鄭) 천자가 나오고 선관이 이를 원조하여 신국가를 건설하고 충청남도 계룡산에 도읍을 정하게 한다. 이렇게 살아남은 우리 교도의 공로자 중에서 9명의 내관(內官, 중앙정부의 대신)을 뽑아 통치부를 조직하고 다른 교도도 또한 각각 치성의 다소에 따라 내외의 관위에 취임케 한다고 한다"라는 보고가 있다.[33]

"남해에서 이인이 출현하여 천지개벽을 할 것이다", "각종 천재지변과 흉년과 질병이 잇달아 인류는 절멸의 위기를 맞이할 것이다", "교주가 주는 선약(仙藥)을 먹으면 질병을 피할 수 있고, 쇠로 지은 집에 피하면 하늘의 재앙을 면할 수 있을 것이다", "이윽고 조선에 정씨 진인이 출현하여 새로운 나라를 세우고 계룡산에 도읍을 정할 것이다", "새 나라에서는 청림교도들이 통치할 것이다" 등의 예언이 태두섭 이후 청림교의 핵심교리였다. 청림교가 사회에 알려지게 된 이유는 바로 정감록적 신앙과[34] 국권회복운동 때문이었다. 일제

33 무라야마 지준(村山智順), 앞의 책, 1935; 무라야마 지준(村山智順), 앞의 책, 1991, 876쪽.

34 청림교(靑林敎)는 1924년 서울에서 『정감록』의 자구를 견강부회하거나 다른 미신을 가미하여 포교하

당국이 청림교를 독립운동을 도모한 비밀결사체로 탄압했던 까닭도 여기에 있었다.

나아가 이러한 필자의 주장과 관련하여 "청림교(靑林教) 교주 태두섭 외 10명은 강원도에 본거지를 두고 전국 각지에 특파원을 보내 남해에는 자하도(紫霞島)라는 무인도가 있는데 그곳에는 칠성관(七聖官)이 살며 청림교를 믿는 자는 자하도에서 가져온 성약(聖藥)으로 장생불사할 뿐 아니라 충청도 계룡산에서는 왕의 즉위 준비가 추진 중이라는 소문을 만들어 내어 농민들로부터 금품을 뜯어내어 구속 송치된 자가 30명이었다"라는 기사도 있다.[35]

1935년 9월 28일자 『동아일보』에는 「정감록으로 혹세(惑世)한 청림교사건 공판」이라는 기사가 있다. 충남 계룡산 속에서 『정감록』을 빙자하여 정도령이 등극한다고 우매한 농민을 속여 각지에서 치안 방해를 했다는 죄목으로 체포된 일당 8명에 대한 공판이 경성지방법원에서 개정되었다. 교주 태두섭은 대정 3년(1914) 이래로 정도령이 계룡산에 나타나서 등극한다는 말로 선도(仙道)적 색채를 가미한 청림교를 조직하여 제1대 교주로 한병수를 세운 후 경성 창신동에 본거를 두었다고 한다. 이후 이들은 교단 본부를 논산군 두마면 두계리로 이전한 후 한병수가 죽자 태두섭이 제2대 교주가 되었다. 또 이들은 장차 정도령이 등극할 때에는 반드시 화우(火雨)와 석우(石雨)가 내릴 터인데 청림교도만이 피할 수 있고 신국가가 실현되는 때에는 청림교도 중에 지식이 있는 자가 고관대작이 될 수 있다고 속였다고 전한다. 또 이들은 장차 흉년이 들게 될 터인데 그때에는 괴질이 성행하여 많은 사람이 죽게 되므로 이를 피하기 위해 피화당(避禍堂)을 건축하기로 하며 선관을 위하여 성폐금(誠幣金)을 거둔다는 명목 아래 사람들에게 돈을 사취했다는 죄목으로 일제에 체포되었다. 앞에서 살펴본 내용과 대동소이하다. 다만 청림교의 1세 교주의 이름이

기 시작했는데, "정씨가 계룡산에 도읍을 정한다"는 말을 유포하여 어리석은 백성을 미혹하였다. 무라야마 지준(村山智順), 앞의 책, 1933; 무라야마 지준(村山智順), 앞의 책, 1991, 585쪽.

35 『경성일보』 1932년 2월 27일자. 무라야마 지준(村山智順), 앞의 책, 1933; 무라야마 지준(村山智順), 앞의 책, 1991, 528쪽에서 재인용.

남정(南正)이 아니라 한병수라고 기록한 점이 특기할 만하다.

또 1935년 10월 8일자 『동아일보』에 「정감록으로 농민 속인 청림교도에 체형(體刑)」이라는 기사가 있다. 대정 3년(1914) 이래로 『정감록』을 빙자하여 정도령이 계룡산에 나타나서 등극한다고 우매한 농민을 속여 유언비어를 만들어 치안을 방해했다는 청림교도의 태두섭 외 8명에 관한 보안법 위반과 사기죄에 대한 언도공판에서 태두섭은 징역 5년을 언도하였다는 내용이다. 역시 당시 일제 경찰은 "청림교는 『정감록』을 이용하여 정도령이 계룡산에서 등극할 것이다"는 예언을 퍼뜨렸다는 죄목으로 징역형을 선고했다. 청림교의 핵심적인 주장과 믿음이 『정감록』에 토대를 두고 있다는 사실이 다시 한 번 확인된다.

2.
증산교계 종단의 국권회복운동과 예언

증산교계 종단은 증산(甑山) 강일순(姜一淳, 1871-1909)을 교조로 믿는 신앙단체 전체를 아우르는 용어이다. 증산 사후 2년 만인 1911년 음력 9월 고판례(高判禮, 1880-1935)가 교단 창립을 선언하였다.

이후 1916년 12월 차경석(車京錫, 1880-1936)이 24방주(方主)를 조직하여 고판례의 교단에서 분립을 시작하였고, 1919년 10월에는 차경석이 중심이 되어 60방주제를 조직하였으며, 1921년 음력 9월에는 보화(普化)라는 교명을 선포하였다. 1922년 2월 차경석은 교명을 보천교(普天敎)로 개칭하였고, 1924년 차경석의 갑자년 천자등극설(天子登極說)이 실패로 돌아간 이후 보천교 혁신운동이 발생하여 이후 증산교단은 수많은 교파로 분립되었다.

(1) 훔치교(태을교, 선도교)

훔치교(吽哆敎)는 1911년에 고판례가 창립한 종단으로 태을교(太乙敎) 또는 선도교(仙道敎)라고도 불렸다. 훔치교는 증산교의 대표적 주문인 태을주(太乙呪)의 첫머리에 나오는 '훔치 훔치'에서 나온 말인데, 일제강점기 당시에는 사람들이 재물을 '훔친다'는 말과 유사하다는 의미에서 증산교인들을 비하하여 그렇게 부르기도 했다.

현재적 시점에서 훔치교(태을교, 선도교)와 1922년에 교명을 보천교로 바꾼 차경석의 교단을 분리하여 인식하는 것은 매우 어렵다. 증산교계 종단의 대표적 교단인 보천교가 역사의 무대에 등장한 것은 1910년대 후반부터이기 때문이다. 1910년대의 증산교계 종단의 활동은 훔치교와 차경석의 교단(훗날의 보천교)과 혼재되어 나타난다. 따라서 차경석과 관련된 구체적 언급이 있는 사건은 보천교로 보고 서술하겠다.

1915년 9월 25일자 『매일신보』에 「태을교의 신자」라는 기사가 있다. 전남 보성군에 사는 김용구가 기도 드리면서 부인의 얼굴을 난타해 헌병에 체포되었다는 내용이다. 태을교에 대한 비판적 내용이지만, 이른바 증산교계 종단의 활동이 처음으로 보고되었다.

또 1918년 5월 17일자 『매일신보』에는 「태을교도의 살인」이라는 기사가 전한다. 충남 부여군에 사는 김경환이 몇 해 동안 태을교를 믿어 주문을 외우면 정신병을 고친다고 하다가 결국 사람을 죽였다는 내용이다. 태을교가 "주문을 외워 사람을 고친다"는 다소 소박한 믿음으로 널리 퍼져나갔음을 짐작케 한다.

그리고 1920년 3월 17일자 『매일신보』에는 「소위 규치교도(叫哆敎徒)의 참행(慘行)」이라는 기사가 있다. 여기서 규치교는 훔치교의 오기이다. 내용은 경북 청도에서 순사와 경부보를 사상케 하고 그 외에도 사상이 많았다고 한다. 이상한 훔치교도의 폭행이 있어 2명은 총살하고 2명을 체포했다. 사건의 구체적 내용은 밝혀지지 않았지만, 역시 전라도 정읍에서 발흥한 훔치교가 경상북도까지 성행하고 있다는 사실을 반영하고 있다.

1920년 5월 28일자 『매일신보』에는 「증산 선생의 태을교가 또다시 생겨」라는 기사가 있다. 내용은 이영도 등이 태을교를 창립했다는 것이다. 비교적 이른 시기인 1920년부터 증산교계 종단은 여러 교파로 분립되었다는 내용이다.

한편 1920년 6월 3일자 『동아일보』에 다음과 같은 기사가 있다.

> 태을교는 원래 세상 사람의 심리를 시끄럽게 하여, 작년 만세소요 때부터 밀양군 방면에서 독립문제에 관계가 있어서 농민을 선동하고 군내에 2천 명의 신도를 가졌다고 말하며 (…)[36]

위의 인용문과 비슷한 내용이 같은 날짜의 『매일신보』에 「혹세무민하는 소위 훔치교도 검거」라는 기사로 실려 있다. 내용은 밀양경찰서에서 훔치교도 13명을 검거했다는 것이다. 이들은 청도군을 중심으로 독립문제에 관련된 활동을 했으며, 추파산성에서 제천식도 거행했다고 한다. 훔치교가 독립문제와 연관이 있다는 기사다. 그들은 산성에서 제천식도 가졌는데 아마도 나라의 독립을 기원하는 행사였던 것 같다. 훔치교가 일제의 주목을 받은 결정적 이유가 독립을 강조하는 믿음과 선전 때문이었다.

1919년 3월 전국에 걸친 만세운동이 조국의 독립을 결국 이루지 못하자 이후 태을교가 새롭게 독립운동의 중심으로 세인들의 주목을 받았다. 종교단체가 독립운동과 관여되어 있다는 일제 당국의 의심을 샀으며, 밀양군에서만 2천여 명의 신도가 조직화된 당시 상황을 잘 나타낸다.

1920년 12월 17일자 『매일신보』에 「태을성신(太乙聖神)이 출현한다는 훔치교도」라는 기사가 있다. 부산에서 훔치교가 선전, 포교되는데 이들은 가정(假政) 3년에 태을성신이 탄신하여 정부를 조직하고 대한이 독립된다고 주장했는데, 기도만 드리는 중이라 한다. 이에 경찰이 조사 중에 있다고 전한다. 가정은 1919년 만세운동 이후 중국 상해에 조직된 임시정부를 가리킨다. 가정 3년, 즉 1921년에 증산교의 신앙대상으로 짐작되는 태을성신이 태어나 새롭게 정부를 조직하고 조선이 독립한다고 주장했다는 것이다.

그러나 태을성신이 증산교의 대표적 신앙대상은 아니다. 아마도 태을교

---

36 『태을교도 체포』, 「동아일보」 1920년 6월 3일.

의 신앙대상인 증산 강일순을 가리키는 별칭이거나 증산교의 대표적 주문인 태을주(太乙呪)에 나오는 태을천상원군(太乙天上元君)을 지칭하는 신격으로 보인다. 어쨌든 태을교의 신앙대상인 태을성신이 곧 태어나 새로운 나라를 건설한다는 주장과 믿음은 일제로서는 결코 받아들일 수 없는 역린(逆鱗)이자 반항의 결정적 증거였다. 따라서 태을교가 조국의 독립과 연관된 종단이라는 점에서 엄청난 핍박과 박해를 받았을 가능성은 매우 농후하고 짙다.

1921년 1월 21일자 『매일신보』에는 「훔치교도 구인(拘引)」이라는 기사가 보인다. 부산에서 훔치교도들이 대활동을 하고 있다는 내용이다. 구체적 내용은 없지만 부산 지역에서 훔치교가 매우 성행하고 있다는 기사다. 역시 독립운동과 관련된 활동이 아닐까라는 일제 당국의 의심을 받았던 것이다.

그리고 1921년 2월 11일자 『매일신보』에 「태을교 혁신」이라는 기사가 있다. 증산 강일순씨를 개교조(開教祖)로 하여 이영로, 하재륜 등이 태을교를 세웠다는 내용이다. 1920년 5월에 이영로가 주창한 새로운 훔치교의 일파가 정식으로 사무실을 차리고 포교활동에 나섰다는 점을 기사화했다.

한편 1921년 3월에 강원도에서 국권회복을 위해 활동했던 태을교도 여덟 명이 구속된 사건이 있었다. 사건 관련내용은 다음과 같다.

> 이달에 태을교도 조준호 등 일단(一團)이 김화(金化)에서 강원도 경찰부에 검거되었다. 이들은 태을교의 목적이 국권회복에 있고, 태을교에 의하여 독립을 꾀하지 않으면 안 된다는 취지하에 교도 8명을 일조(一組)로 한 동맹의형제(同盟義兄弟)를 조직, 국권회복 8인조 이단(二團)을 결성하여 활약하였던 것이다. 이에 관련된 자는 다음과 같다.[37]

또 1921년 4월 13일자 『매일신보』에 「선도교(仙道教) 대검거」라는 기사

37 한국독립운동사 애국동지후원회 편, 『조선 독립운동 제1권, 일제침략하 36년사』 6, 104쪽; 「조선국내에 있어서의 민족주의운동」(국사편찬위원회), 『조선 독립운동 제1권, 일제침략하 36년사』, 1921.

가 실려 있다. 원산에서 선도교도 20여 명을 체포했다는 내용이다. 이들은 경상남북도를 중심으로 활동했는데, 경찰이 수괴를 검거하는 데 실패했다고 한다. 왜 검거했는지에 대한 서술이 없어서 현재로서는 사건의 내용을 명확하게 알 수 없다. 그러나 꽤 왕성한 활동을 하고 있는 훔치교가 어떤 목적으로 조직되었으며 포교하는지에 대해 일제의 단속과 검거가 이어지고 있었다.

1921년 4월 30일에는 다음과 같은 기사가 있다.

> 평양경찰서에서 채선묵, 김규당을 검거하여 (…) 동교의 교조 강증산은 오는 을축년(1925)에 다시 살아나서 황제가 될 터인데, 그렇게 되면 동교 신도 중 유력한 사람을 관찰사, 군수 등의 요직에 임명할 터이며, 일반 신도에게도 다수한 이익을 얻게 할 터이라 권유하고, 또 금년부터 오는 을축년까지 다섯 해 동안에는 세계가 크게 어지러워서 각국이 다 자기 나라 진정에 전력을 다하고 타국에 간섭할 틈이 없을 터이므로, 그때에 강(姜) 교조가 강림하여 조선 독립이 완성될 터이며, 내년에는 전 세계에 악한 병이 유행하고 채소 같은 것도 모두 그 독기를 받아서 사람이 이것을 먹으면 모두 병들어 죽게 될 터이므로, 동교 신자에게는 금년 9월까지 악한 병에 걸리지 않도록 예방약을 제조하여 분배할 터이며, 각 도에 정리장, 부정리장, 각 군에 정포교장, 부포교장을 두고, 각 면에 정정의, 부정의를 두어 신도모집을 계획코저 한 것이라더라.[38]

채선묵과 김규당을 중심으로 한 증산교계 교파에서 국권회복운동을 벌였다는 내용이다. 이들은 "교조인 증산 강일순이 1925년에 다시 살아나서 황제가 될 것이다"라는 예언을 퍼뜨렸다. 차경석을 중심으로 그가 황제로 등극할 것이라는 주장과 믿음과는 다르다. 따라서 이들은 훗날의 보천교와는 그 궤를 약간 달리한다. 교조인 증산이 부활해서 황제가 될 것이라는 믿음은 여

---

38 「태을교 두목 검거」, 『동아일보』 1921년 4월 30일.

기서 처음 확인된다. 당시 증산교계 교단의 중심인물이었던 차경석이 아니라 교조인 증산이 직접 다시 태어나 황제에 등극한다는 주장이자 예언이다.

이들도 증산이 황제의 위에 등극한 후 신도 가운데 핵심 인물을 선발하여 관찰사, 군수 등의 요직에 임명할 것이라는 엽관적 신앙을 가졌다. 그리고 이들은 앞으로 5년 동안에는 "세계가 크게 어지러워질 것이다"라는 예언을 유포했다. 이후 1925년에 증산이 강림하면 그때 "조선 독립이 이루어질 것이다"라고 강조했다. 교단의 최종 목적이 국권회복에 있었다. 그 징조로 "세계적으로 악질(惡疾)이 널리 퍼질 것이며, 많은 사람들이 죽을 것이다"라는 참혹한 재앙을 예고하기도 했다. 나아가 이들은 악질에 대한 구체적 방비책으로 예방약을 제조하여 나누어줄 것이라고 주장했다. 또 교단 조직인 정리장, 부정리장, 정포교장, 부포교장, 정정의, 부정의를 두어 교도를 모으고 이 조직을 근거로 장차 조선의 독립을 추진할 것이라고 강조했다. 교단조직이 정치운동의 실제적 근거와 발판으로 제기되었다. 여기서도 이들 증산교계 교파가 국권회복운동을 도모했음을 충분히 짐작할 수 있다.

1921년 5월에 전북 옥구에서 다음과 같은 사건이 발생하였다.

> 소위 태을교주(太乙教主)라는 전북 옥구군 임피면에 사는 채선묵과 동교 평남정리장이라는 동도 김제군 만경면에 사는 김규당 양인은 (…) 검사국으로 넘어갔는데 (…) 또한 그들은 말하되, 5년 후 을축년(1925년)에는 한국이 독립되고 해교(該教)의 교조(教祖)로서 이내 죽었던 강증산이가 부활하여 황제가 된다 하여 사람을 미신케 한다 하는 바 (…)[39]

1921년 5월에도 경기도 이천에서 국권회복을 목적으로 하는 사건이 발각되어 사건관련자들이 구속되었다.

---

39 『독립신문』 제106호, 1921년 5월 4일.

이천의 태을교도 14명이 국권회복을 목적으로 운동하다가 체포되었다. 그 명단은 다음과 같다.[40]

당시 일제는 태을교를 국권회복운동단체로 판단했던 것이다.

1921년 7월 3일과 7월 9일자 『매일신보』에는 「증산 강선생 휘 일순, 불선유 삼교일치, 태을교본부 교장 이영로, 부교장 채봉묵」이라는 내용의 광고가 실려 있다. 이영로의 분파가 신앙대상은 증산 강일순이라고 명시하고, 교단 이름과 조직을 분명히 하고 있다는 내용이다.

한편 1921년 7월 22일자 『매일신보』에 「황제위에 등극하면 각 대신 관찰사 군수 같은 것은 전부 태을교 신도로 등용」이라는 기사가 있다. "대정 10년(1921)에 악역(惡疫)이 유행할 터이니 채소를 먹어야 피난할 수 있을 것이다. 대정 13년(1924)에는 조선 독립의 기운이 돌아와 강증산이라 하는 태을교 교주가 소생하야 황제위에 등극할 터인데, 관직을 모두 태을교 신도에서 등용할 것이다. 지금부터 태을교 포교에 힘을 다하여 국권을 회복하기로 기도해야 할 것이다. 전북 옥구군에 사는 채선묵이 평양에서 다수의 신도를 모집했으며, 간부가 55만 7천 7백 인이 되는 때에는 일시에 조선 독립을 운동하기로 계획하여 평양경찰서에서 체포하여 징역형을 선고했다"는 내용이다.

이 기사는 곧 굉장한 전염병이 크게 퍼질 것이고, 3년 후에는 조선이 독립할 것이라는 예언이 중심이다. 그리고 증산 강일순이라는 태을교 교조가 다시 태어나 황제의 지위에 올라 나라를 다스릴 것이라고 강조한다. 그렇게 되면 태을교도들이 중요한 관직을 차지할 것이니, "태을교 포교에 전력하여 국권을 회복해야 할 것이다"라고 힘주어 말한다. 역시 태을교가 국권회복운동의 중심에 섰다는 점이 주목되었다. 그리고 보천교의 교주 차경석이 조선의 새로운 황제에 등극하는 것이 아니라 태을교 교조 강일순이 황제의 지위에 오를 것이라고 주장한 점이 특기할 만하다.

---

40 『동아일보』 1921년 5월 13일; 『매일신보』 1921년 5월 13일.

그리고 1922년 2월 24일자 『동아일보』에 「화부(華府)회의를 기회로 독립운동금을 모집한 일과 천제(天祭)를 빙자하고 처녀 유인, 태을교도의 공소사건」이라는 기사가 있다. 평안남도 중화군에 사는 유계요, 박기형 등은 작년 9월에 태평양 회의에는 조선 독립 문제가 해결될 터이요 동시에 상해임시정부에서 임원호와 최준호 2명을 태평양 회의에 파송할 것인데 그 비용을 전부 태을교도가 전부 부담하기로 결정되었다고 운동비를 모집하였다. 전라도 지역에서 발생한 종단이 불과 10년 만에 평안남도까지 전파되었음이 특기할 만하며, 종교적 문제가 아니라 정치적 운동단체의 혐의로 교인들이 검거되었음이 특색이다. 구체적으로 태평양 회의에 보낼 임시정부의 파송비용을 부담하기 위해 자금을 모았다고 한다. 훔치교가 독립운동과 국권회복운동에 깊이 관여하고 있었다는 사실이 드러나는 사건이며, 훔치교가 일제 당국의 엄격한 감시와 검거에 피해를 받았음이 짐작된다.

1922년에는 다음과 같이 다소 황당한 인물이 등장해 화제가 되기도 했다.

> 1922년 2월 1일 금룡사(金龍寺)에 생불(生佛)이 나타났다. 어디서 왔는지도 모르는 인물인데, 이름은 백천황(白天皇)이라 했다. 나이가 375세라고도 하고, 또 주공「周公, 중국 주(周)나라 무왕(武王)의 동생」 때 태어났다느니, 천황(天皇) 때 태어났다느니 하는 괴물인데, 80~90세 되는 노인을 보고도 '자네'라고 하대한다. 그러나 얼굴은 30여 세 밖에 안돼 보인다. 이 젊은이는 5~6일이나 밥을 안 먹어도 거뜬히 살아가는 그런 괴인이기도 하다. 분명 선도교인(仙道敎人)인 것 같은데, 일언이폐지하고 세상을 현혹시키는 요물이다.[41]

위의 인용문은 세상을 현혹시키는 이인(異人)의 등장을 알리는 글인데, 그

41 박성수 주해, 『저상일월(渚上日月)』(민속원, 2003), 465쪽. 『저상일월』은 경상도 예천의 양반이었던 박주대(朴周大, 1836-1912)의 일기이다. 이후 그의 아들 면진과 손자 희수가 이어서 1950년까지 일기를 썼다.

가 선도교인일 것이라는 전언이다. 훔치교 내지 선도교인일 가능성이 전혀 없지는 않지만 어쨌든 당시에 선도교가 세상의 주목을 받았음을 알려준다.

전라남도 고흥군 유영선(柳永善)의 1922년 12월 28일자 광주지방법원 순천지청 판결문에 다음과 같은 내용이 있다.

> 피고 유영선은 1915년경 전라남도 순천군 쌍암면 장기준(張基俊)이란[42] 사람에게 태을교의 교지를 배운 이래 깊이 그 교의를 믿고 (…) 태을교를 믿으면 병이 낫거나 또는 역병에 걸리지 않는 효과가 있을 뿐만 아니라 교조 강증산은 다시 태어나서 조선의 국왕이 될 것이고 신자는 행영(幸榮)을 받아 누린다고 설명하여 정치에 관한 불온한 언론을 선전하여 (…)

태을교 신자들이 교조인 강증산이 재생하여 조선의 왕이 될 것이라는 예언을 퍼뜨렸다는 혐의로 처벌받았다는 내용이다.

한편 호소이는 훔치교 내지 태을교에 대해 다음과 같이 평가한다.

> 청림교(青林教), 훔치교(吽哆教), 태을교(太乙教), 선도교(仙道教) 등의 교단은 무엇보다도 미신사교(迷信邪教)로서 『정감록』의 자구(字句)를 견강부회(牽强附會)하거나 가공의 허황된 이야기를 유포하는 것을 일상적으로 한다. 한두 가지 예를 들면 전란(戰亂)의 종국(終局)에 독일(獨逸)이 승리하고 조선도 전쟁터로 변하는 동시에 천변지이(天變地異)가 일어나 인류는 모두 사멸(死滅)하지만, 유독 본교(本教)를 믿는 신자는 이 재액을 면하는 것은 물론 전후(戰後) 정씨(鄭氏)가 계룡산에 도읍을 정하면 신도들은 신앙의 원부(原簿)와 포교(布教) 공적의 경중에 따라 작록(爵祿)을 받을 예정이다. 또는 전시중(戰時中)에 독일이 연합국을 적으로 연전연승하는 것은 독일군 안에 정작(鄭爵) 등 다수의 유능한 조선인 장교가 있기 때문이다. 그리하여

42 장기준(1880-1922)은 증산이 남긴 『현무경(玄武經)』을 중시하는 순천교(順天教)의 창교자다.

정작 등은 곧 대군(大軍)을 거느리고 조선에 돌아와서 일본 세력을 물리칠 예정이라고 말해왔다. 그런데 독일이 패망으로 끝나자 전후에는 과연 어떤 새로운 표제를 도출했는가는 아직 저자가 듣지 못했다. 혹은 본교(本敎)를 믿으면 여러 가지 일을 마음대로 이룰 수 있고, 선술(仙術)을 얻어 새처럼 공중으로 날아갈 수 있거나 탄환을 아무리 쏘아도 맞추지 못한다는 등의 황당무계한 이야기를 퍼뜨려 교도를 모집하거나 금전을 모으려 한다.[43]

호소이는 훔치교, 태을교, 선도교의 핵심사상을 "『정감록』의 자구를 견강부회하거나 가공의 허황한 이야기를 유포하는 것"이라고 규정한다. 그는 훔치교의 본질인 증산 강일순에 대한 신앙과는 관계없이 훔치교를 예언서에 집착한 종단이라고 평가한 것이다. 물론 당시에는 증산의 행적이 별로 알려지지 않았고, 그에 대한 신행도 밝혀지지 않았을 때이다. 그리고 호소이는 훔치교의 신도들이 "정씨가 계룡산에 도읍한다"는 것을 철저히 믿었다고 규정하고, 신앙과 포교 공적에 따라 새로 건설될 국가에서 벼슬을 받을 것이라는 점을 신앙했다고 전한다. 이는 정감록신앙의 전형적인 형태다. 그리고 훔치교도들이 독일이 제1차 세계대전에서 연전연승하는 것도 정작 등의 조선인 장교가 있어서 가능한 일이라는 소문을 퍼뜨렸다고 한다. 여기서 정작은 정씨 진인출현설을 반영하는 이름이다. 이들은 곧 대군을 거느리고 조선으로 돌아와 일제를 무찌르고 새 나라를 세울 예정이라고 강조한다. 구체적 인물과 집단이 상정되고, 구체적 시기가 거론되며 나라의 독립과 일제의 패망을 예언한 점은 국권회복운동의 본질이기도 하다. 즉 훔치교는 국권회복운동의 선봉에 선 집단이라는 점이 다시 한 번 확인된다.

43 호소이(細井肇), 앞의 책, 1973, 671-672면.

(2) 불무황제 김연일

1918년 10월에[44] 제주도 좌면(현재의 중문)에 위치한 법정사(法井寺)에서 항일 무장봉기가 일어났다. 이름하여 '법정사 항일항쟁'이다.[45] 이 사건과 관련하여 경찰에 체포된 관련자만 66명이며 수형자도 31명에 이른 큰 사건이었다.[46]

1913년에 경상북도 영일군 동해면 출신 김연일(金蓮日, 1871-1940)이 선도교 포교를 위해 제주도 중문리 법정사에 근거를 두고 포교에 힘을 쏟으니, 교세가 크게 확대되었다.[47] 이들의 주요 포교 수단은 갑자년 갑자월 갑자일에 불무국(佛務國)이 건설될 것이며, 이때 교인들은 모두 구원받을 것이라는 주장이었다. 이에 당시 일제 경찰은 이를 태을교 운동의 일환으로 보고 김연일이 거처하던 법정사를 감시하기 시작했다.

김연일은 보천교 수령이었던 박명수「朴明洙, 일명 박주석(朴周錫)」와 함께 1918년 9월 우란분회(盂蘭盆會) 때 교인 33인을 모아 "왜노(倭奴)가 우리 조선을 병탄한 후 관리들은 물론 왜상인(倭商人)들에 이르기까지 우리 동포를 학대하고 있다. 이제 머지않아 불무황제(佛務皇帝)가[48] 출현하여 국권(國權)을 회복할 것이니, 우리는 첫째로 제주도에 거주하는 왜노(倭奴) 관리들을 죽이고 왜상인들을 섬 밖으로 축출하여야 할 것이다"라고 선동하였다. 10월 3일에

---

44 거사일은 양력으로 10월 5일이었다.

45 이 사건과 관련된 연구로는 안후상, 「무오년 제주 법정사 항일항쟁 연구」, 『종교학 연구』 15집(서울대 종교학연구회, 1996)과 김정인, 「법정사 항일투쟁의 민족운동사적 위상」, 『제주도 연구』 22집(제주도 연구회, 2002) 등이 있다. 이들 논문들이 발표되기 이전의 법정사 항일투쟁은 '보천교의 난', 또는 '보천교 사건' 등으로 불렸다. 관련 연구가 어느 정도 진척이 되면서부터 '법정사 항일운동'으로 불리다가, 최근 서귀포시에서 주도한 법정사 성역화 사업이 추진되는 가운데 '법정사 항일항쟁'이라는 용어가 공식적으로 채택되었다.

46 총 선고형량은 87년 6개월에 달했으며, 벌금형을 받은 사람이 15명, 옥사자가 5명이나 되었다.

47 안후상, 앞의 논문, 162쪽. 안후상은 보천교라고 적었으나 1918년 당시에는 훔치교, 태을교, 선도교 등으로 불렸다. 1922년 이른바 교단 공개 이후에 보천교라는 교명이 사용된다.

48 부처님(佛, 미륵)의 권능(務)을 갖고 현실에 뛰어든 전륜성왕(皇帝)이라고 풀이했다. 조성윤, 「제주 지역 주민의 입장에서 본 법정사 항일운동」, 『제주 법정사 항일운동의 재조명』(제주 관음사, 2008), 47쪽.

교도 대표들이 모여 의논한 끝에 부근의 3개 면(面) 13개 리(里)의 각 이장에게 위와 같은 내용의 격문을 돌렸다. 이때 김연일은 스스로 불무황제라고 자임하며 도대장(都大將)에 박명수를 임명하여 대오를 편성하게 하니 호근리(好近里) 및 인근 부락민 4백여 명이 모여들었다.

10월 5일 서귀포 중문리 일대의 길목에는 낫과 괭이 그리고 엽총으로 무장한 농민들이 줄을 이었다. 박주석의 지휘 아래 거사가 진행되었다. 김연일은 가담자들이 점차 늘어나자 "불무황제인 나에게는 불력(佛力)이 있다. 이제 왜놈이나 개화인(開化人)을 몰아내고 불력에 의하여 지상천국을 만들고 오늘의 교도에게는 영화로운 자리를 누리게 하리라"고 기세를 돋우었다. 이들은 먼저 서귀포의 일본인들을 공격하려 했으나 정보를 미리 입수한 일제 경찰의 강화된 경비로 인해 방향을 바꿔 수 개의 전신주를 쓰러뜨리고 전선을 절단하는 한편 중문리(中文里)의 경찰주재소를 습격해 불사르니 봉기대의 사기가 충천하였다. 이들 봉기대는 주재소장 요시하라를 비롯한 왜경(倭警)과 일본 상인 3명을 납치 구타하였다. 이에 일제는 목포에 주둔시켜 놓은 경찰병력을 제주도에 상륙시켜 일단의 무력 진압에 나섰다. 일제 경찰과 교도들이 충돌하자 교도들은 오합지졸과 같이 뿔뿔이 흩어져버렸다. 이때 기독교 목사 윤명식과 전도사 윤용혁이 선교 활동 차 법환리로 가던 도중에 하원리(河原里)에서 쫓겨 도망가던 교도들에게 붙잡혀 무차별 구타를 당하기도 했다. 당시 경찰은 이 사건을 태을교도의 소행이라며 엄밀히 조사하였다.

이 사건과 관련하여 박명수 이하 12명의 사건 주동자가 체포되었고, 불무황제를 자처하던 김연일도 천제연(天帝淵) 서쪽으로 도망가다가 붙잡혔다. 체포된 김연일은 치안유지법 위반으로 징역 4년(실제는 10년)을[49] 언도받았고, 박명수 이하 33명도 3년에서 6년형을 받았다.

김연일에 대한 기억은 대체로 『정감록』과 선도교와 관련되었으며, 그는

---

49 10년형이었으나 감형을 받아 1923년 6월에 석방되었다.

평범한 승려가 아니라 증산 강일순의 가르침은 물론 비결과 풍수지리 등 각종 비기를 두루 익힌 인물로 추정된다. 김연일은 승려를 자처하면서도 이른바 도술을 계기로 주민들을 끌어모은 흔적이 있다.

1919년 12월 26일에 작성된 일본 육군성의 극비문서와 1926년에 작성된 정보보고서 등의 문서에는 김연일이 차경석과 통모했다고 적시되어 있다. 그리고 훗날 천도교 측에서 발행한 『개벽』(1923. 8월호)에도 '제주도의 김연일 사건'을 보천교 사건의 하나로 인식하였다.

훗날 보천교의 교주가 되는 월곡(月谷) 차경석이 이 항일항쟁의 주모자로 몰렸다.[50] 사건이 발생하자 일제 경찰은 김연일(金蓮日) 이하 봉기를 주도한 이들을 검문하고 검색하던 중에 교금(敎金) 10만 원을 가지고 나오던 제주도의 교인 문인택(文仁宅)을[51] 목포에서 체포하였다. 문인택을 심문한 경찰은 선도교를 창립한 고판례와 차경석의 동생인 차윤칠 등 핵심인물 18명을 체포하였다. 체포된 이들은 조사를 받는 과정에서 반정부 음모 혐의로 경찰로부터 혹독한 고문을 당했고, 결국은 당시 교단의 비밀결사체인 24방주(方主) 조직이 탄로가 나면서 당시 교주 노릇을 하던 차경석에 대한 검거령이 내려졌고, '태을교인에 대한 검거 선풍'이 전국적으로 확대되었다.[52]

이 법정사 항일항쟁으로 인해 구속, 수감된 보천교 간부 김문진(金文振)이 출옥 직후에 형독으로 사망했으며, 1920년 6월에는 차경석의 동생인 차윤칠도 형독으로 사망하였다. 법정사 항일항쟁을 주도한 인물인 보천교인 박주석(朴周錫)도 복역 중에 사망하였다.

---

50 『동아일보』 1921년 4월 26일자 「선도(仙道)를 표방하는 비밀단체 대검거」와 『조선일보』 1921년 4월 26일자 「훔치교의 일부인 허무맹랑한 선도교」 등에 관련기사가 있다. 『조선일보』에는 "훔치교에서 분리한 선도교에서 1924년 3월 5일에 교주가 왕이 된다고 유혹한 교도 100여 명이 일망타진되었다"고 기록되어 있다. 이들은 영평과 정평 방면으로 돌아다니며 선도교를 선전하였다고 전한다.

51 문인택은 훗날 보천교 제주진정원의 참정원장을 지낸 인물이다. 「각 진정원 급 정교부」, 『보광(普光)』 창간호(보광사, 1923. 10.), 58면.

52 이영호, 『보천교연혁사』 상(보천교중앙협정원, 1948), 6-7면. 김정명 편, 『조선 독립운동』 제1권(분책), 「민족주의운동」 편「명치(明治) 백년사총서, 동경, 원서방(原書房), 1967」, 247면. 당시 검거된 교인의 숫자가 3만여 명에 이른다는 이야기도 전한다. 이정립, 『증산교사』(증산교본부, 1977), 89면.

1918년 제주도에서 발생한 법정사 항일항쟁은 보천교 지도부가 의도했든 의도하지 않았든 간에 보천교 운동의 맥락 속에서 벌어진 일이다.[53] 당시 보천교의 활동은 다분히 정치적이고 민족주의적 성향이었다. 당시 민중의 새 왕조 개창이라는 염원은 보천교라는 새로운 가능성에 힘입은 채 예언이나 풍설로 재생산되고 있었다.

당시에 김연일과 관련된 다음과 같은 내용이 전한다.

> 수괴 김연일(金蓮日)은 경북 영일군 출신으로 (…) 불원간 불무황제(佛務皇帝)가 출현하여 국권을 회복하게 될 것이니 (…) 스스로 불무황제라 칭하여 앞서 선언한 목적을 수행할 것을 말하고 (…)[54]

1922년 12월 29일자 『동아일보』에 「탐라의 고국 제주에」라는 기사가 있다. 제주도와 같이 보천교도가 많은 지방이 드물다는데 지금 만여 명에 달한다 하며, 대독립운동이 발하기 전해인 1918년에 제주도 내에서 독립을 선언하고 정부까지 조직하여 자칭 불무황제(佛霧皇帝)라는 자가 감옥에 갇혀 있다는 내용이다. 불무(佛霧)는 불무(佛務)의 오기로 보인다.

이 사건에 대한 후대의 보고 내용은 다음과 같다.

> 제주도는 원래 미신사교의 신도가 많은 곳으로 대정 2년(1913)경부터 강증산을 교조로 한 보천교, 미륵교, 동화교(東華教), 대세교(大世教)와 최제우를 교조로 하는 동학계의 수운교 등이 들어와서 대정 8년(1919)에 김연일(金連日)이란 자가 그들 사교도를 규합하야 가지고 자칭 불무(佛武) **이라 하는 제주도 대정면 산방산에서 **식을 거행한 후 약 3백 명의 민중을 선동하야 중문경찰관주재소를 습격하고 불을 질러 태워버린 사건이 발생

---

53 안후상, 「식민지 시기 보천교의 '공개'와 공개 배경」, 『신종교연구』 제26집(한국신종교학회, 2012), 153면.

54 「제주도소요사건」, 『폭도사편집자료고등경찰요사』(일제경찰극비본 영인판), 265-266면.

하는 등 그들 사교도는 여전히 불온한 행위를 반복하고 있음으로 (…)[55]

김연일이 증산교계와 동학계 교단의 신도들을 모아 자칭 불무황제라 칭하고 제천식을 거행하고 민중을 선동하여 경찰서를 습격했다는 것이다. 법정사라는 이름에서 불교의 사찰과 관련이 있을 것이라는 추정은 위의 인용문을 통해 볼 때 사실이 아니라는 점을 알 수 있다. 김연일은 신종교 교단과 밀접한 관련이 있는 인물로 지칭되고 있다.

(3) 보천교

① 머리말

이 장에서는 일제강점기 때 한국 신종교 역사상 최대교단을 형성했던 보천교의 예언사상에 대해 살펴보고자 한다. 보천교의 간부조직만 완성되어도 55만 7천 7백 명에 달한다는 보고가 있으며, 한때 보천교는 자칭 6백만 신도를 자랑하기도 했었다. 일제강점기 당시 우리나라의 전체 인구가 2천만 명 정도였다는 사실을 감안해볼 때 실로 방대한 조직을 가지고 있었음은 틀림없다.

이처럼 보천교가 엄청난 교세를 폭발적으로 일으킨 배경에는 이른바 천자등극설(天子登極說)이 있었다. 갑자년(1924)과 기사년(1929)의 천자등극설이 대표적 사례이다.[56] 이후 기사년에도 교주 차경석이 천자로 등극하는 일이 일어나지 않자, 그의 천자등극설은 다시 그 실현시기를 유보하였다. 이 글에서

---

55 「후천 오만년 영세를 꿈꾸는 무극대도교의 극악한 죄상」, 『조광(朝光)』 1938년 12월호, 184면-185면.

56 일제강점기의 보천교 운동의 개괄적인 설명은 안후상, 「일제하 보천교운동 (상): 교주 차경석의 정치적 성향을 중심으로」, 『남민』 4집(서해문집, 1992)과 「일제하 보천교운동 (하)」, 『남민』 5집(서해문집, 1995)를 참고.

는 보천교의 천자등극설에 대해 당시의 신문기사와 판결문 등의 자료를 상세하게 살펴 분석하겠다.

② 갑자년 천자등극설

1915년 정읍 천원(川原) 헌병에 의해 차경석(車京石, 1880-1936) 교단에 대한 심문이 이루어졌는데, 그 혐의는 "차경석은 오래지 않아 조선을 독립시켜 스스로 황제가 될 것이라고 하여 농촌의 우민을 유인하여 금전을 사기하고 음모를 꾀한다"는 것이었다.[57] 그러나 실증이 없어 경찰에서 검거하지 않았다.[58]

위의 인용문에서 차경석이 1915년부터 벌써 "조선을 독립시켜 황제가 될 것이다"라는 소문을 유포하다가 경찰의 주목을 받았다는 사실을 알 수 있다. 이 시기는 교단이 형성된 지 얼마 되지 않은 때였는데, 교단 설립 초기부터 국권회복운동과 관련이 있다고 의심받았던 것이다. 결국 차경석은 외부적으로는 종교를 표방하면서 내부적으로는 독립운동에 참가했다는 혐의를 받아 관계 당국의 수사망에 포착되었다.

1915년 무렵부터 고판례의 태을교가 점차 차경석을 중심으로 조직화되었다. 교단 창립을 선언하고 주도한 인물이었던 고판례를 제치고 그의 이종사촌이었던 차경석이 조금씩 교단의 구심점이자 핵심인물로 등장하는 순간이다. 차경석은 1915년경부터 "조선을 독립시켜 황제가 될 것이다"는 예언을 주장하여 교도를 모았다. 이른바 차경석의 천자등극설(天子登極說)은 그 유래가 오래되었으며, 이후 등장하는 여러 교단의 천자등극설의 시초를 차지한다.

충청남도 아산군 이종옥의 1918년 6월 20일자 공주지방법원 판결문에 다음과 같은 내용이 있다.

---

57 "차경석이 농촌의 우민(愚民)을 유인하여 금전을 사취(詐取)하며 조선의 독립을 음모하고 황제(皇帝)되기를 꾀한다"고 고발하여 전주 정읍 천원의 3개 헌병대가 출동한 일이 있었다. 이영호, 『보천교연혁사』 상(1935), 6면; 홍범초, 『범증산교사(汎甑山敎史)』(도서출판 한누리, 1988), 101쪽.

58 무라야마 지준(村山智順), 앞의 책, 1935; 무라야마 지준(村山智順), 앞의 책, 1991, 258쪽.

피고 이민동은 전부터 태을교라는 비밀단체에 가입하여, 1917년 2월 경 피고 이종옥 집에서 (…) 서천서역국(西天西域國)으로부터 조선에 돌아온 태을교 교주 강순일(姜淳一)은 수년 전에 사망했으나 이제부터 10년 후에 환생한다. 악병(惡病)이 유행하여 관민이 괴멸하는데 도읍을 계룡산으로 옮겨 국권을 회복해야 한다. 그때에 맞추어 동교(同敎)의 신도는 그 악역(惡疫)을 피하고 아무 일 없이 고관이 되어 행복하게 될 것이다 라는 내용으로 설명함에 따라 (…) 치안을 방해한 것이다.

위의 인용문을 통해 1918년 당시, 즉 차경석의 천자등극설이 널리 유포되지 않았을 시기에는 증산 강일순이 다시 태어나 계룡산에 도읍할 것이라는 주장과 믿음이 알려졌음을 알 수 있다. 애초에는 증산의 출세가 주장되었던 것이다.

그리고 제주도 우면 오성태의 1919년 1월 16일자 대구복심법원 판결문에도 다음과 같은 내용이 있다.

선도교(仙道敎) 교주(敎主) 강증산(姜甑山)은 10년 내에는 세상에 나와 조선의 황제가 될 것이라고 선언하고, 지금으로부터 7-8년 전에 사망하여 신선이 되었으며, 2-3년 안에 조선은 난리가 나서 선도교 신자 이외의 사람은 살해되거나 병들어 죽지만 선도교 신자는 신선의 은택(恩澤)을 받게 된다. 따라서 지금이라도 선도교의 제사비용으로 돈을 낸다면 황제에게서 관록을 받게 될 것이다.

증산이 다시 태어나 조선의 새 주인이 될 것이라는 예언이 당시에 널리 알려졌으며, 난리에 살아남기 위해서는 선도교에 가입하거나 성금을 내라는 이야기가 홍보되었음을 짐작할 수 있다.

차경석은 1919년 10월에 경남 함양군 대황산에서 치성을 드린 후 역서식(曆書式)에 의한 60방주(方主)라는 간부조직을 행하였다. 간부조직 후에는 그는 주요 신도들과 간부에게 교첩과 상아로 만든 인장(印章)을 주었는데, 이는 장차 교주 차경석이 천자(天子)로 등극하면 새 왕조의 관직의 임명장과 직결된다는 믿음으로 발전되어 교도들은 직첩을 얻기 위해 가산(家産)을 기울여 가면서 성금을 바쳤다고 한다.

차경석의 교단이 폭발적인 교세확장이 가능했고, 그의 천자등극설이 신빙성이 있게 받아들여졌던 가장 큰 이유는 시대상황과 관련이 있다. 당시는 망국의 한과 식민지적 상황을 타개하기 위해 전국적으로 전개되었던 1919년의 기미독립운동이 실패된 직후여서 새 왕조가 건설되고 차경석이 새로운 천자로 등극하게 될 것이라는 설교는 정신적 구심점을 상실한 민중들이 매혹되기 쉬운 시대적 상황이었다.

예언은 당대의 집단 구성원이 가지는 의지와 희망이 구체적인 형태로 표출되는 것이며, 시대상황과 밀접한 관계가 있다. 따라서 예언은 때에 따라서는 엄청난 사회적 영향력을 행사하기도 한다.

경상북도 달성군 유상준의 1920년[59] 제령 제7호 위반에 대한 판결문에 다음과 같은 내용이 보인다.

> 요사이 태을교(太乙敎)라는 것이 있는데 (…) 1920년 1월 (…) 경관은 피고에게 계룡산 차천자(車天子)라는 자가 한 독립운동에 대하여 물으니, 피고는 이를 하지 않았다고 대답하자 형용할 수 없을 정도의 포악한 고문을 받아 사경에 이르게 되었다.

차경석이 계룡산에 새로운 도읍을 정하고 천자로 등극할 것이라는 예언을 독립운동으로 규정했다는 내용이다. 1920년에 이미 차천자의 등극설이 유포되기 시작했음을 짐작할 수 있다.

1920년 6월 3일자 『동아일보』에 「태을교도 체포」라는 기사가 있다. 내

59 원문에는 1917년의 사건으로 기록되어 있으나 판결문의 내용으로 볼 때 1920년에 일어난 일이다.

용은 "태을교는 원래 세상 사람의 심리를 시끄럽게 하여 작년 만세 소요 때부터 밀양군 방면에서 독립문제에 관계가 있어서 농민을 선동하고 군내에 2천명의 신도를 가졌다고 말하며"이다. 태을교가 주목을 받은 이유가 "독립문제와 관계가 있다"는 혐의였다는 사실이 밝혀졌다. 1919년 기미만세운동이 일어난 직후에 유달리 태을교의 신도가 많아졌고, 그 주된 이유가 바로 독립운동과 관련이 있다는 믿음 때문이었다.

전라북도 무주군 신종범의 1920년 12월 29일자 광주지방법원 금산지청의 판결문에 다음과 같은 내용이 있다.

> 피고는 훔치교 신자인데 1920년 9월 (…) 현세는 곧 상태가 바뀌어 새로운 천자(天子)가 나타나 큰 전쟁이 일어날 것인데 그때 신자는 여러 가지를 얻을 수 있다고 말하며 은근히 조선 독립을 풍자함으로써 치안을 방해한 자이다.

위의 판결문 역시 천자등극설을 주장하고 전쟁발발설을 유포했다는 혐의를 받은 일을 알려주며, 이러한 예언과 믿음이 독립운동과 관련이 있다고 일제가 판단했음을 짐작케 한다.

조선일보 1921년 2월 19일자에 「독립운동하는 태을교신자 오는 21일에 2심 판결」이라는 기사가 있는데, 내용은 다음과 같다.

> 경북 문경군 수순면 리화리 356번지 강진수(姜晋秀, 21)는 대정 9년(1920) 9월 이래로 태을교 신자가 되어 교(敎)를 전도하며 조선 독립운동하기를 진력하여 교를 전하는 말끝에는 조선 독립 사상을 고취하며 인민을 권고하여 독립을 희망하는 동시에 우리 태을교에 가입하라 하며 책을 편찬하였든 바, 책에도 조선 독립 사상과 및 조선 총독 정치의 변혁할 취지를 기재하여 인민을 선동한 사실이 발각되어 경성 지방법원 원주 지청에서 징역 8개월에 처한 것을 불복하고, 경성 복심법원 형사부에 공소를 제

기한 사실은 기재하였거니와 동법원에서는 작일 제2심 공판을 마치고 오는 20일에 판결언도 한다더라.

경북 문경군 강진수의 1921년 2월 21일자 경성복심법원 판결문에 다음과 같은 내용이 있다.

피고는 1920년 11월에 (…) 내년 즉, 1921년에 상해임시정부 대원이 출동하여 태을교와 합하여 조선을 독립시키는 것이 성취되었을 때 태을교 신자는 고위 고관에 오르고 행복하게 살 수 있다고 설명하고, 또 태을교의 시조는 10년 전에 사망하였지만 지금도 시체는 부패하지 않았는데 이것은 신력(神力)에 의하여 독립하는 것이라고 말하고 (…)

상해임시정부의 대원들이 국내로 들어와 조선을 독립시킬 것이라는 그럴듯한 주장이 제기되었으며, 이들이 태을교 신자와 연합세력을 이루어 새로운 나라를 세울 것이라는 예언이다. 당시 그들은 태을교의 시조, 즉 증산 강일순이 다시 태어날 것이라는 점을 강조했다는 점이 확인된다.

1921년 4월 22일자 대구지방법원 안동지청의 손재봉 외 25인의 판결문에 다음과 같은 내용이 보인다.

대정 13년(1924) 갑자년에는 교주 차경석이 계룡산에 도읍을 정하고 제위(帝位)에 올라 일본의 통치를 벗어나 조선반도를 통일하여 조선이 독립하는 해이다. 그리고 그 교도가 국민이 되고 그 자격에 응하여 관직을 얻을 것이라는 취지의 망상을 선전하고, 훔치교의 힘으로 조선 독립이 가능하다고 말하면서 단결을 촉구하였다.[60]

---

60 일제강점기 보천교의 민족운동자료집 편찬위원회, 『일제강점기 보천교의 민족운동 자료집』 1(충남대학교 충청문화연구소, 2017), 64쪽.

1921년 무렵부터는 이전의 증산재출세설이 점차 사라지고 차경석의 계룡산 도읍설과 천자등극설이 구체화되기 시작한다. 새로운 도읍을 정하고 새로운 국가를 세우는 일은 곧 조국의 독립을 의미하며, 이는 일제의 강점을 거부하는 적극적 항거였다. 이처럼 보천교는 초기부터 나라의 독립을 지향하면서 사람들을 모으고 자금을 수집하였던 것이다.

1921년 11월 26일자 대구복심법원의 손재봉 외 49인의 판결문에는 다음과 같은 내용이 있다.

> 이 종교의 참목적은 조선 독립운동이라는 내용을 밝힌다. 대정 13년 갑자년에는 조선이 독립하고 교주 차(車)가 계룡산에 도읍을 정하고 제위에 즉위하고, 교도는 자격에 따라 상당한 대우를 받을 것이라는 내용의 선언을 하고, (…) 또한 비결서(秘訣書)라는 제목 가운데 갑자년에는 세상이 일변한다는 예언도 있고 (…) 지금으로부터 13년 전 강(姜) 선생은 39세에 사망하고 천상으로 올라가 옥황상제가 되었다. 대정 11년(1922)에는 내세에 차천자(車天子)에게 명하여 교도를 지휘하고 차천자가 천하를 통일하는 일에 착수하였다. 그렇기 때문에 통일이 되면 차천자는 황제의 자리에 오르고 교도 등은 국민이 되고, 각 계급에 따라 상당한 관직에 오를 수 있으니 (…) 비결(秘訣)이라고 하는 서적 중에는 유일한 운수(運數)라는 것이 있는데, 이는 나라가 통일된다고 하는 의미로 오는 갑자년(1924)은 즉 이 유일한 운수라고 하는 해에 해당하는 뜻이라고 말하였다. (…) 갑자년에는 흠치교의 힘에 의해 천하가 통일되고 차선생이 황제가 되고 신도는 그 국민이 된다는 사실을 믿고 가입했다는 내용의 진술 (…) 또한 갑자년에는 정씨(鄭氏)가 계룡산에서 황제로 즉위한다. 요순(堯舜)의 인정(仁政)이 행해지고 천하태평과 행복을 얻을 것이라고 입교를 권유함에 따라 (…) 교주 차(車) 선생은 갑자년이 되면 조선을 통일하고 계룡산에 도읍을 정하고 조선의 왕이 될 것이다. 그 교도는 관직으로 채용될 것이니 (…) 흠치교도의 힘에 의해서 조선이 통일된다고 이야기하였다. (…) 3년 후 계룡산이 도읍이 되고 정씨(鄭氏)가 황제가 될 것이니, 지금부터 풍운조화의 법의 훈련이 시

작되고 (…)[61]

당시 재판부는 흠치교의 본질을 조선 독립운동단체로 규정하였다. 갑자년이 되면 조선이 독립될 것이라는 주장이 흠치교의 핵심이며, 교주인 차경석이 계룡산에 새 나라의 수도를 정할 것라는 믿음이 형성되었다고 파악했다. 한편 당시 갑자년 독립설에는 특정한 비결서의 내용이 이용되었다는 사실이 이 판결문을 통해 확인된다. 명확한 언급이 없기 때문에 이 비결서의 내용을 지금으로서는 알 수 없지만, 무언가 특정한 구절이 유포되었을 가능성이 높다. 그리고 증산 강일순은 천상의 옥황상제로 믿어졌고, 흠치교의 교주 차경석은 장차 조선의 왕이 될 것이라는 주장이 제기되었다. 2명의 역할이 각기 분담되었다. 성(聖)과 종교적 분야는 증산이 맡고, 속(俗)과 정치적 분야는 월곡(月谷)이 맡았다고 믿어졌다.

그런데 위의 판결문에는 약간 모순되는 점이 발견된다. 갑자년에 계룡산에서 천자로 등극할 존재가 '차(車) 선생'이라는 주장도 있고, 정씨가 황제가 될 것이라는 주장도 있다. 차씨와 정씨가 동일한 황제등극설의 두 주인공인 셈이다. 이러한 모순을 차경석은 자신의 실제 성씨가 정씨라는 주장으로 해결하려 했다. 어쨌든 당시에 차경석이 계룡산에서 새로운 황제로 즉위할 진인(眞人) 정씨라는 주장과 믿음이 널리 알려졌음을 알 수 있다.

1921년 4월에는 선도교도들이 많이 검거되고 체포되었다.[62] 그리고 1921년 4월 26일자 『동아일보』에 「선도(仙道)를 표방하는 비밀단체 대검거」

---

61 위의 책, 75-81쪽.

62 『조선일보』 1921년 4월 12일자에 「선도교도 대검거, 경상북도를 중심으로 한 비밀결사, 닥치는 대로 체포」라는 기사가 보인다. 내용은 "경상남북도를 중심으로 한 선도교(仙道教)라는 것이 근자에 발생하여가지고 어느덧 조선 전도에 수만의 신도가 생기어 그 형세가 범연히 볼 수 없게 된 고로 총독부 경무국에서는 전 조선 경찰서에 달령하여 선도교인이라는 것은 일일히 발견하는 대로 검거하라 한바, 원산(元山)에도 이미 10여 명의 선도교 선전 모집원을 체포하고 계속하여 검거에 착수한바, 원산서에서는 중촌(重村) 경부보가 오랫동안 경상남도에 출장하여가지고 원산 검거대와 호상 체용하여 검거하는 중, 아직까지도 수괴자는 잡지 못하였으나 사건은 매우 복잡한 비밀결사대의 단체로 아직까지도 선도교의 내막을 공개할 자유가 없다더라"이다. 당시 전국적 규모로 선도교가 치성하게 된 상황을 알려준다.

라는 기사가 있다. 선도교도 백여 명이 원산경찰서에 검거되어 취조를 받는 중인데, 선도교는 지금으로부터 4년 전에 제주도 의병사건의[63] 수령인 전북 정읍군 차경석을 교주로 삼아 은밀히 국권회복을 도모하되 교도가 5만 5천 명에 달하면 일제히 독립운동을 일으키자는 일종의 배일음모단체로서 주모자는 전국을 돌아다니며 교도 모집에 분주하다고 한다. 목하 차경석은 지리산 속에서 360명의 제자를 양성 중이며 금년 음력 7월경에는 조선 전국에 일제히 독립운동을 일으켜 3년 후 3월 15일에 교주 차경석은 조선의 임금이 될 터인데 그때는 교도는 모두 고관대작이 되어 행복한 생활을 할 수 있다는 것을 미신 중이라는 내용이다.[64] 관련된 중요한 원문은 다음과 같다.

> 원래 선도교(仙道教)는 4년 전에 제주도 의병사건의 수령인 전북 정읍군 대흥리 차경석을 교주로 삼아 은밀히 국권회복을 도모하되, 교도가 5만 5천 명에 달하면 일제히 독립운동을 일으키고자 하는 일종의 배일음모단체로서, 주모자는 조선 전국을 돌아다니며 교도 모집에 분주하되, 특히 산간지방에 있는 사람들을 모아서 세력이 매우 성대하였다. 원산경찰서에 체포된 교도는 백여 명이나 그 실수(實數)는 무려 수만 명이라. 이 교도는 독립적립금으로 많은 돈을 냈는데, 그 신조는 믿으면 병에 걸리지 않고 죽은 선조의 신령을 볼 수 있으며, 차경석은 신선의 술법에 능통하여 천지간 모든 일을 뜻대로 하고 항상 구름을 타고 다니는데, 목하 지리산에서 360명의 제자를 양성하는 중이며, 준비되는 대로 금년(1921) 음력 7월경에는 조선 전국에 일제히 독립운동을 일으켜 지금으로부터 3년 후 3월 15일에 교주 차경석은 조선의 임금이 될 터인데, 그때에는 교도는 모두 고관대작이 되어 행복스러운 생활을 할 수 있다는 것을 미신하는 중이라.[65]

---

63 김연일에 의해 발생한 법정사 항일항쟁사건을 가리킨다.

64 이와 관련하여 『조선일보』 1921년 4월 26일자에도 「훔치교의 일부인 허무맹랑한 선도교, 훔치교에서 분리한 선도교, 대정 13년 3월 5일에는 교주가 왕이 된다고 유혹, 교도 100여 명을 일망타진」이라는 기사가 전한다.

65 「선도(仙道)를 표방하는 비밀단체 대검거」, 『동아일보』 1921년 4월 26일.

인용문의 "4년 전 제주도 의병사건"은 불무황제 김연국의 이른바 법정사 사건을 가리킨다. 여기서도 이 사건의 핵심을 의병사건으로 규정하고 있다는 점에서 국권회복운동과 관련이 있다는 점이 다시 한 번 확인된다. 그리고 선도교는 1922년 차경석이 보천교로 개명하기 이전에 그를 중심으로 한 교단을 가리키는 명칭으로 보아야 한다. 선도교는 "국권회복을 도모하는 단체"로 표현된다. 여기서도 선도교가 실은 국권회복을 음모하는 비밀단체로 단정되어 관련 당국의 관심을 끌고 있었음이 확인된다. 새로운 정부 건설이라는 슬로건은 당시 3.1운동의 실패 이후 절망감에 빠져 있던 민중들의 관심을 하나로 모으는 엄청난 힘과 원동력이 되었음이 분명하다.

또 선도교는 교도가 5만 5천 명에 달하면 일제히 "독립운동을 일으키고자 하는 일종의 배일음모단체"로 표현되어, 당시에 일제 당국에 의해 국권회복운동을 위한 비밀결사단체로 규정되고 주목받았음을 알 수 있다. 그런데 왜 하필이면 교도수가 5만 5천 명이 되면 독립운동을 일으킬 예정인지에 대해서는 자세한 설명이 없다. 다만 일정한 정도의 숫자가 채워지면 독립운동을 일시에 일으킬 작정이었음이 짐작될 뿐이다.

당시 일제 당국에서는 선도교도의 숫자가 실은 굉장히 많으며 "수만 명"에 달할 것이라고 보았다. 실제로 선도교도들은 이른바 "독립적립금"으로 상당한 액수의 자금을 모았다는 실증이 있었다. 그리고 선도교도들은 철저한 신행(信行)에 따르는 이적과 교주의 행적에 대한 신비한 이야기를 주고받으며 교도를 모집했으며, "지리산에서 360명의 제자를 양성 중이다"라는 구체적 사실을 실제인 양 퍼뜨렸다. 그리하여 1921년 7월부터 전국에서 일제히 독립운동을 벌일 것이며, 구체적으로 3년 후인 1924년 3월 15일에 교주인 차경석이 조선의 임금으로 등극할 것을 믿었다. 단순하고 막연한 이야기가 아니라 실제 역사의 무대에서 실현될 가능성이 충분하며 구체적 연도와 날짜까지 명확하게 제시되었다. 어쨌든 당시 선도교의 활동과 선전은 배일음모사건이자 국권회복운동으로 이해되었음을 충분히 알 수 있다.

『조선일보』 1921년 4월 26일자에 「훔치교의 일부인 허무맹랑한 선도교,

훔치교에서 분리한 선도교 대정 13년 3월 5일에는 교주가 왕이 된다고 유혹, 교도 100여 명을 일망타진」이라는 기사가 있는데 주요 내용은 다음과 같다.

3월 말경에 괴이한 조선인이 영흥(永興)과 정평(定平) 방면으로 돌아다니며 선도교(仙道教)를 선전하며 사람들을 미혹케 하여 금전을 편취한다는 일을 원산서에서는 조선인 순사의 보고를 받고 즉시 곡천(谷川) 서장은 그 부하를 명하여 소굴을 탐지케 하고 (…) 그 선도교는 훔치교의 분리한 일파로 대정 7년(1918)에 제주도(濟州島) 의병사건 괴수인 전라북도 정읍군 대흥리의 차경석(車京錫)을 교주로 한 국권회복을 목적으로 하고 벌써 교도가 15만 5천 명에 달한 고로 조선 독립 만세를 호창하는 일부 배일조선인의 독립단체로 무삼 일을 계획하는 것이라. 주모자 등은 조선 전국에 통하여 교도 ○○에 분주한바 경찰의 힘이 잘 미치지 못하는 산 벽촌으로 다니며 우민을 공교한 말로서 속이여 미혹케 하는 그 교의 세력이 무거울 만한 정도에 이르렀던 것을 원산서에서 탐지하여 겨우 체포한 것이 100여 명에 불과하나 조선 전국에 있는 그 교도 수는 수십만이 될지라. 이 같은 주모자 등의 감언에 혹하여 선도교인의 신도가 된 이상에는 독립적립금(獨立積立金)이라는 명목으로 금전과 물품을 내는 것인데 거기에 참가한 교도들은 기쁨으로 금전을 제공한 고로 그 손해액이 참말 놀랄 만한 거액에 달하는데 (…) 선도교를 믿으면 병도 없고 또 이미 죽은 신조의 영혼을 만나볼 수 있으며, 또 교주 차경석은 신선의 술을 통하여 우주의 일을 모두 알고 마음대로 하며, 늘 구름을 불러 타고 날아다니며 지금 전라남도 지리산(智異山)에서 360명의 청년을 교양하는데 정예한 군기 제조에 종사함으로 근근 준비가 다 되는 대로 ○○년 7월을 기약하여 조선국에서 일제히 독립운동을 일으켜서 대정 13년(1924) 음력 3월 15일에 이르러서는 교주 차경석은 조선국 왕의 왕위에 즉위할 터이요, 그때에 신도들은 자격과 지식의 정도에 따라 고관(高官)과 대작(大爵)을 얻어 행복스러운 생활을 하게 된다고 독신하는 모양이라. 차경석의 가정은 지금 본적지에 있어 상당한 생활을 하지만 본인은 제주 사건 이래로 종적을 감추어 행방불명되었는데, 그 지방교도들의 말에 의하면 신선의 술법에 정통한 교주는 선도교의 기도일에는 반드시 집에 돌아오기는 하나 보통 사람의 눈에는 보이지 아니한다며 또 그 단체의 수령들도 다 행방불명이 되어서 용이하게 그 행동을 살필 수 없는 고로 무한한 정력으로 지금 주의를 하는 중이라더라.

『동아일보』 1921년 4월 26일자에도 「선도(仙道)를 표방하는 비밀단체 대검거」라는 기사가 있다. 내용은 『조선일보』의 기사와 대동소이하다. 『동아일보』에도 선도교를 "은밀히 국권회복을 도모하는 배일음모단체"로 규정하고 있다.

1921년 4월 29일자 『매일신보』에 「선도교도의 처벌」이라는 기사가 있다. 안동지청의 판결 언도가 있었는데, 선도교도 16명에 대한 판결이 있었다. 훔치교 교주 차경석이 사설(邪說)을 유포했는데, 치성비로 자금을 모집하여 조선 독립을 기획한다고 주장했다는 내용이다. 이들은 국권회복의 운동을 하기로 결의하고 정치의 변혁을 목적으로 했다고 한다. 이 역시 훔치교 내지 선도교의 교주 차경석을 중심으로 "자금을 모집하여 조선의 독립을 도모한다"는 혐의로 일제 경찰당국에 체포되었던 것이다. 차경석의 교단은 "국권회복운동을 결의한 정치적 변혁을 목적으로 한 단체"로 규정된다. 따라서 차경석의 교단은 일제의 주목과 감시를 피할 수 없었다. 치성금을 모은다는 명목으로 모아진 금전이 실은 독립운동자금으로 이용되었다는 의심을 받았던 것이다. 종교를 가장한 정치적 결사체로 지목된 차경석의 교단은 국권회복운동의 기수로 낙인찍혔다.

1921년 4월 30일자 『매일신보』에는 「옥황상제의 선약(仙藥)으로」라는 기사가 있다. 이들은 평안남도에서 훔치교를 믿는 신자가 먹으면 악역(惡疫)도 걸리지 않는 선약이 있다고 선전했다. 훔치교주 차일문(車一文)의 명을 받아 훔치교 포교를 빙자하여 국권회복운동에 종사했는데, 교주가 장차 조선의 왕위에 올라 조선 왕정을 복구할 것이고, 신자는 국무대신 이하 각지 지방관에 취임할 것이라고 주장했다. 이 기사에서 차일문은 차경석의 오기 또는 잘

못된 전언으로 보인다. 훔치교가 옥황상제의 선약을 나누어준다고 선전했으며, 이를 빌미로 교도를 모집했다.

위의 기사 역시 훔치교의 포교활동을 국권회복운동의 일환으로 보았다. 장차 "교주가 조선의 왕위에 올라 왕정을 복구할 것이다"라는 예언을 퍼뜨리며 이를 믿는 자들은 고관대작에 오를 것이라고 사람들을 유혹했다. 훔치교는 그 교주가 곧 조선 국왕이 되어 왕정을 다스릴 것이라고 주장하고 믿음으로써 국권회복운동에 종사한 단체라는 일제의 의심을 사기에 충분했다.

1921년 5월 13일자 『동아일보』에는 「국권회복을 목적하고 비밀리에 운동하던 태을교도」에 대한 다음과 같은 기사가 보인다.

> 국권회복을 목적하고 비밀히 운동 중이던 태을교도들을 검거하였는데, 태을교를 믿으면 병이 나을 것은 물론이요, 이 뒤에도 이러한 재액에 걸리는 일이 없으리라고 말하여 입교케 하고 (…) 태을교의 내용 목적은 국권을 회복하고자 함이라고 말하고 태을교의 두목 차석정(車石井)은 금년 중에 황제가 되려고 운동 중인즉 (…) 두목 차석정은 '관통(貫通)공부라는 신술(神術)을 연구 중인즉 미구에 완성할 때에는 세상만사를 자기가 하고 싶은 대로 할 것은 물론이요, 공중으로 날라다니기도 할 것이요, 신자 한 사람으로써 백만의 병사와 대적하게 할 것이요, 따라서 금년 5월 이후에는 경찰 관리와 일본 군사를 마음대로 죽일 것이요, 또 두목이 조선황제가 될 때에는 상당한 관직을 주리라고 말을 하였으므로 (…) 국권회복의 운동자금으로 각각 돈 2원씩을 거두어서 (…)[66]

인용문에 등장하는 차석정은 물론 차경석의 오기이다. 태을교의 목적은 "국권을 회복하는 데 있다"는 것이 핵심이다. 차석정, 즉 차경석이 황제가 되기 위해 이른바 관통공부라는 신비한 술법을 연구하고 있다고 전한다. 이 관

66 「국권회복을 목적하는 태을교도 대검거」, 『동아일보』 1921년 5월 13일.

통공부가 완성되면 차경석은 세상의 모든 일을 마음대로 하는 것은 물론 공중을 날아다니고 신자 한 사람이 백만의 병사와 맞서게 할 수 있는 능력을 발휘할 것이라는 믿음이 유포되었다. 실제로 이들은 "국권회복을 위한 운동자금"을 모아서 당국의 엄중한 경계를 받고 체포되었는데, "교주가 조선의 황제가 될 것이다"라는 예언을 굳게 믿었기 때문에 가능한 일이었다.

위의 인용문과 관련하여 1921년 5월 13일자 『매일신보』에도 「국권회복을 목적한 태을교도 검거」라는 기사가 있다.[67] 내용은 "(태을교의) 수령 차석정은 본년 중에 조선국 황제가 되리라고 주장했고, 배일사상을 가지고 동지를 규합하였다. 태을교의 궁극적 목적은 국권회복에 있다. 교주는 신술(神術)을 연구 중이며, 태을교주가 조선국 황제가 되는 때에는 관직을 줄 것이라고 선전했다. 또 국권회복의 운동자본금으로 자금을 징수했다"는 내용이다. 『동아일보』의 동일한 날짜의 기사와 대동소이하다. 1921년에 차석정(차경석)이 조선국의 황제가 될 것이라고 강조하여 그 실현시기를 매우 빠르게 본 점이 특기할 만하다.

『조선일보』 1921년 5월 13일자에 「국권회복을 요망하는 태을교도의 검거. 이 교만 믿으면 만병회춘, 교주는 조선황제 된다고」라는 기사가 있다. 주요 내용은 다음과 같다.

> 오랫동안 조선 각 지방을 통하여 비밀히 활동하는 강진산(姜晉山), 차석정(車石井) 일파의 창조한 태을교(太乙敎, 별명은 훔치교) 교도들은 조선 국권회복을 목적하고 여러 가지 방법으로써 교의 세력을 확장하는 고로 항상 경무국장의 눈엣가시와 같이 지독한 지목을 받아온 결과 마침내 지난번에 무산경찰서에 검거를 당한 자가 적지 아니하다 함은 이미 보도한 바이어니와, 다시 강원도 이천(伊川)경찰서로부터 그 관내에 있는 교도 중 김

67 『조선일보』에도 1921년 5월 13일자에 「국권회복을 요망하는 태을교도의 검거, 이 교만 믿으면 만병회춘, 교주는 조선 황제된다고」라는 기사도 있다.

문하(金文河) 등 14명을 체포하였는데, 요사이 경무당국으로부터 발표하는 말을 들은즉 본래 이 태을교도 중에 김문하라는 자는 시천교 신자로서 오래전부터 반일 사상을 품고 동지를 규합하기에 전력을 기울여 거사할 기회만 고대하든 바, 뜻밖에 자기 아내가 중병에 걸려 매우 민망하든 즈음 작년 12월 5일에 이르러 태을교도 신자 이치홍(李致弘)이라는 자가 찾아가서 김문하를 대하여 태을교만 잘 믿으면 아무리 중병인이라도 다만 일 첩 약을 쓸 것도 없이 만병회춘될 뿐 아니라 이후라도 삼재팔난을 면한다고 감언이설로 꾀어 김문하와 기타 2명을 입교시키고, 지난 2월 18일에 이치홍은 김문하를 대하여 태을교의 큰 목적은 우리의 국권회복에 있고, 교주되는 차석정(車石井) 선생은 금년 안으로 조선 황제가 되기 내정하고 운동하는 중인데, 즉 일반 신자들은 이때를 당하여 일심으로 협력하여 이러한 목적을 대성하도록 힘쓰지 않을 수 없겠고, 또한 차 선생은 관통공부(關通工夫)라 하는 신출귀몰하는 신술을 연구하여 오래지 않아서 성공하는 날에는 세상만사를 마음대로 ○계됨은 물론이요, 공중을 날아다니기를 자유로워 신자 한 사람으로써 백만의 군병이라도 무례히 대적하게 될 터이오. 따라서 ○년 5월 이후부터는 조선 안에 있는 경찰 관리와 일본 군대를 전부 소탕하게 될 터이오. 또 우리 교주가 황제가 되는 날에는 먼저 입교한 교도에게는 상당한 벼슬을 준다고 백방으로 권유함으로써, 김문하도 이○영설○ 취히어 쾌히 승낙하였고, 계속하어 박경문과 기타 9명의 입교시한 후 지난 3월 ○일부터 그달 ○칠일까지 행동을 계속하여 국권회복의 운동자금으로 각각 현금 12원씩을 추렴하여 이치홍에게 모두 모아주고 더욱더욱 사방으로 세력을 긴○하다가 마침내 검거를 당하였는데 그 검거된 자의 주소와 직업, 성명은 좌편에 기록한 바와 같다.

강진산은 강증산(姜甑山), 차석정은 차경석의 오기이다.

『동아일보』 1921년 5월 14일자에는 경기도 고양군의 한 마을 주민 가운데 대부분이 「태을교 신자가 되어 조선의 독립을 굳게 믿었다」는 다음과 같은 기사가 있다.

> 고양군 한지면 상모리 (…) 그 동리는 호수 약 백 호 가량의 동리인데, 주민 중에 남녀 약 70~80명은 태을교의 열렬한 신자가 되어 조선의 독립을 굳게 믿고, 남자는 모두 머리를 길은 자가 많으며, 교감이라는 자들의 지휘를 받아가지고 황당한 말을 전파하여 인심을 소동케 한다는데 (…)[68]

1921년 5월 14일자 『동아일보』의 또 다른 기사에도 「조선의 국권을 회복한다는 취지로 국권회복단을 만들어 비밀사상을 고취하던 태을교」에 대한 다음과 같은 검거 소식이 있다.

> 시내 종로경찰서 고등계에서는 조선 국권을 회복한다는 취지로서 국권회복단을 조직하여가지고 여러 가지로 비밀사상을 고취하던 태을교를 믿는 교도를 계속하여 체포하며, 한편으로는 취조를 진행하여 날마다 사건의 내용은 점점 확대하여가며 관계자의 수효도 각 방면으로 증가하는 터인데 (…)[69]

1921년 5월 16일자 대구지방법원 안동지청의 권영기 외 17인의 판결문에는 다음과 같은 내용이 있다.

> 대정 13년(1924) 갑자년에 교주 차경석이 계룡산에 도읍을 정하고 제위에 올라 일본의 통치로부터 벗어나 조선반도를 통일하고, 조선이 독립하는 해라 하였다. 그리고 그 교도가 국민이 되고 그 자격에 따라 관직을 얻을 수 있다는 취지의 (…) 겉으로는 흠치교를 믿고 또 신자를 권유하나 그 내용은 정씨(鄭氏)가 황제의 자리에 오르고 도읍을 계룡산에다 정하고, 하나의 국가를 건설하는 준비금 모집에 있다는 것을 (…) 흠치교 원조 전라도 차천자(車天子) 정(鄭) 아무개가 나라의 임금이 되어 충청도 계룡산에

---

68 「전 동리가 태을교도」, 『동아일보』 1921년 5월 14일.

69 「회복단원 또 체포」, 『동아일보』 1921년 5월 14일.

도성(都城)을 짓고 확실하게 조선을 수호하는 것으로, 자진해서 군자금(軍資金)을 제공해야만 한다고 말했다는 내용의 (…) 갑자년 혹은 정묘년(1927)에 충청도 계룡산에 흠치교 교주 차(車), 즉 정씨(鄭氏)가 나라의 도읍을 세우고 황제의 자리에 오르기 때문에 (…)[70]

위의 판결문을 통해 차경석의 천자등극설이 전통적으로 전해져 내려오던 정씨 진인의 계룡산등극설과 동일하다는 주장과 믿음이 형성되고 알려졌음을 알 수 있다. 그리고 당시 일제가 주목했던 점은 새로운 국가 건설을 위한 군자금 모집이라는 사실이 확인된다. 이는 새로운 국가를 세우기 위한 기금을 마련하기 위한 불온한 행동으로 규정되어 흠치교 탄압의 명분이 되었다. 또한 이 시기에 이르면 차경석의 실제 성씨가 정씨라는 사실이 널리 홍보되었고, 이를 당연하게 받아들이는 분위기가 조성되었다는 사실도 확인된다.

한편 『조선일보』 1921년 5월 19일자에 「겸이포(兼二浦) 경찰서에 검거된 태을교도의 자백, 교도가 55만 7천 명만 되면 조선은 독립, 교주는 왕(王), 13일 평양지방법원 검사국으로」라는 기사가 보인다. 내용은 다음과 같다.

겸이포경찰서(兼二浦警察署)에서는 황주군(黃州郡) 청수면(淸水面) 3가(街)에 거주하는 태을교 두목 김병준(金炳俊)과 기 부하 오○○을 검거하였다함은 이미 보도한 바와 같거니와, 전기 김병준은 평일에도 직업이 없는 자로 태을교에 입참하여 남선 각 지방을 내왕하며 열심으로써 교도를 모집하다가 이번에 관헌에게 체포되었는데, 취조의 결과 그 자백에 의지하면 태을교의 목적은 교도가 55만 7천 명이 되면 조선은 스스로 독립이 되고 태을교주는 스스로 인군(人君, 王)이 된다고 허황무계한 말을 한지라 이에 취조를 마치고 13일 평양지방법원으로 압송하였다더라.

70 일제강점기 보천교의 민족운동자료집 편찬위원회, 앞의 책, 89-91쪽.

여기서는 태을교의 교도수가 55만 7천 명이 될 때 조선이 독립될 것이며, 태을교의 교주는 왕으로 등극할 것이라는 예언을 유포한 태을교도가 체포되었다고 한다. 교도수가 하필이면 55만 7천 명이 될 때라고 정한 것은 보천교의 방주제(方主制)가 완성되는 시기의 교도수와 일치하기 때문이다.

경상북도 영덕군 전명조의 1921년 5월 16일자 대구지방법원 안동지청의 판결문에 다음과 같은 내용이 있다.

> 훔치교 원조 전라도 차천자(車天子) 정(鄭) 아무개가 나라의 임금이 되어 충청도 계룡산에 도성(都城)을 짓고 확실하게 조선을 수호하는 것으로 자진해서 군자(軍資)를 제공해야만 한다고 말했다. (…) 훔치교의 교주 차(車), 즉 정씨(鄭氏) (…) 갑자년 혹은 정묘년(1927)에 충청도 계룡산에 훔치교 교주 차씨, 즉 정씨가 나라의 도읍을 세우고 황제의 자리에 오르기 때문에 (…) 갑자년에 조선이 독립하여 총독정치를 타파한다는 (…)

위의 판결문을 통해 1921년 무렵에 이미 차경석의 성씨가 실은 정씨라는 주장이 널리 퍼졌으며, 이러한 예언이 전통적인 정씨 진인출현설에 정확히 부합한다는 믿음이 형성되었음을 알 수 있다. 그리고 갑자년 천자등극설이 정묘년 천자등극설로도 변형되었음이 짐작된다.

1921년 5월 24일자 『동아일보』에도 「회복단원 또 체포」라는 기사가 있다. 종로경찰서 고등계에서 조선 국권을 회복한다는 취지로써 국권회복단을 조직하여가지고 가지가지로 배일사상을 고취하던 태을교도를 계속 체포하며 취조를 진행한다는 내용이다. 당시 일제는 태을교를 국권회복운동을 위한 단체로 규정하고 엄격히 처벌했다. 태을교도는 "조선의 국권을 회복하기 위해 국권회복단을 만들었다"는 죄목으로 배일사상을 고취했기 때문에 일제로서는 통제하고 검거할 수밖에 없었다. 태을교가 배일단체이며 국권회복운동을 추구하는 단체로 규정되었음이 다시 한 번 확인된다.

1921년 6월 2일자 대구지방법원 안동지청의 이정호 외 3인의 판결문에는 다음과 같은 내용이 보인다.

> 갑자년에는 교주 차경석이 계룡산에 도읍을 정하고 조선국왕이 될 것이니 (…) 비결문서에 갑자년에는 세상이 일변한다는 내용의 예언도 있다. (…) 일본은 중국 또는 미국과 대정 13년(1924)까지는 전쟁을 시작할 기운으로 향하고 있다.[71]

갑자년에 차경석이 계룡산에 도읍하여 국왕이 될 것이라는 주장이다. 그리고 이름을 밝히지 않은 비결서에 갑자년에 세상이 엄청나게 변할 것이라는 전언도 있다. 그 핵심은 일본이 중국이나 미국과 곧 전쟁을 일으킬 것이라는 내용이다. 예언의 기본 줄거리가 전쟁의 발발과 새로운 국가의 탄생이라는 점이 확인된다.

1921년 6월 6일자 『조선일보』에 다음과 같은 기사가 보인다.

> 일본인을 물리치고 신정부(新政府)를 조직, 「개안법(開眼法)과 관통법(貫通法)으로 (…) 태을교도의 검거, 오는 7월에는 옥황상제가 강림하여 괴질로써 조선에 있는 일본인들을 모두 물리치고 교도로써 신정부를 조직한다고」 요사이 훔치교에서는 당국의 주목을 불구하고 다시 계속하여 개안법이라는 술법을 가르치며 만일 이 법을 배우기만 하면 옥황상제를 위시하여 기왕 사망한 부모 형제를 만나볼 수가 있으며, 또 관통술을 배우면 본년 7, 8월경에 옥황상제가 강림하실 때 다시 이 세상에 초연한 관통술을 배우게 될 터이요, 그때는 ** 괴악한 병이 유행이 되어 일본 사람들은 모두 재난을 만나 일본으로 들어가게 됨으로 우리 태을교도만 남아서 각각 상당한 대관이 되어 일반이 모두 항복을 받으리라는 말을 전파하여 지방 인심을 미혹케 한다 함으로 요사이 강서경찰서에서는 이들을 체포하여 검

71 위의 책, 99-101쪽.

사국으로 보내었다는데 그 검거된 자의 주소와 성명은 좌기와 같다더라.

신앙대상인 옥황상제, 즉 강증산이 1921년 7월이나 8월에 다시 이 세상에 강림할 것이라고 믿었다는 내용이다. 이들은 이때가 되면 괴악한 질병이 유행하고 일본인들이 물러나고 조선이 독립될 것을 강조했다.

1921년 6월 22일자 『동아일보』에는 다음과 같은 기사가 있다.

> 전라북도 정읍군에 사는 차(車) 모(某)라는 자의 발기로 선도교를 창설하여 세상 사람에게 권유하여 말하기를, 선도교에 가입하면 질병을 앓지 아니하며 죽었던 부모를 만나볼 수 있다 하여 다수한 교도를 얻은 후, 다시 선도교의 교도된 사람은 한 사람 앞에 열 사람씩 교도를 가입시키되 그 자금으로 10원씩 징수하고, 또 동 교도가 15만 5천 명만 되면 일제히 독립운동을 할 터인데, 지금 그의 수령되는 차경석 외 360명이 전라남도 지리산 속에서 총기와 화약을 만드는 중인즉, 장래 기회를 보아 독립운동을 일으키되 오는 갑자년 음력 3월 15일에는 차경석이가 조선국 황제가 될 터이요, 선도교도는 모두 높은 벼슬을 한다는 허무황당한 말로 돈을 수천 원이나 징수하다가 (…)[72]

인용문의 차 모씨는 차경석을 가리킨다. 이 기사에는 선도교를 창설한 인물로 차경석이 지칭되지만 실은 그의 이종누이인 고판례가 1911년 9월에 창립하였다. 물론 선도교를 세상에 널리 알리고 훗날 보천교로 개칭하여 방대한 조직과 영향력을 미친 인물은 차경석이다. 어쨌든 차경석은 많은 교도를 모은 다음 피라미드식의 조직화를 통해 사람과 조직을 관리했다. 그가 강조한 것은 교도가 15만 5천 명이 되면 "독립운동을 할 것이다"라는 주장이었다. 그 근거로 차경석은 360명의 제자를 모아 지리산에서 총기와 화약을 만들고 있다는

72 「갑자년 3월 15일에 차황제의 출현설」, 『동아일보』 1921년 6월 22일.

이야기를 널리 퍼뜨렸다. 그리고 차경석은 "장차 독립운동을 일으켜 1924년 3월 15일에 조선국의 황제가 될 것이다"라는 예언을 유포하여 자금과 인물을 모았다. 당시 그의 이러한 주장과 예언은 상당한 영향력을 미쳤으며, 이는 이후 보천교의 방대한 조직과 물적 자원의 결집으로도 확인된다.

경상남도 진주군 강영필의 1921년 7월 1일자 대구복심법원 판결문에 다음과 같은 내용이 있다.

> 피고 강영필은 1920년 음력 11월 말경 (…) 태을교를 믿으라고 권유하며 동교(同教) 교주 차경석은 현재 상해임시정부에서 조선의 독립운동에 종사 중이다. 조선의 독립은 태을교에 의하여 실현될 뿐이니 (…)

이제는 교주 차경석이 상해임시정부에서 독립운동을 벌이고 있다는 이야기가 퍼졌다. 당시 태을교 신자들은 신앙행위가 곧 독립운동이라고 믿었던 것이다.

경상북도 군위군 홍창흡의 1921년 7월 8일자 대구지방법원 안동지청 판결문에 다음과 같은 내용이 있다.

> 조선 각 도에 걸쳐 훔치교라는 것이 있어 (…) 1920년 4월과 5월 이후 점차 정치적 색채를 띠게 되었다. (…) 그 자금 및 단체의 위력으로 조선의 독립을 도모하게 되었는데 (…) 갑자년(1924)에는 훔치교의 교주 차경석은 계룡산에 도읍을 정하고 제위(帝位)에 오르고 일본 통치로부터 벗어나 조선반도를 통일하여 조선이 독립하는 해이다. 그때 훔치교 신자는 그 국민이 되고 자격에 따라 관직에 오르며 기타 상당한 대우를 받을 것이다.

훔치교의 조직활동이 실은 조선의 독립운동이라는 혐의를 받았으며, 갑자년 천자등극설이 구체적인 독립운동으로 범죄행위로 규정되어 탄압받았음을 알 수 있다. 새로운 나라가 곧 세워질 것이라는 말은 일제의 강압정치를 정면으로 부정하는 행위였기 때문이다.

전라남도 무안군 송남섭의 1921년 7월 27일자 경성복심법원 판결문에 다음과 같은 내용이 있다.

> 다수의 사람과 조선 독립의 목적을 수행할 것을 맹약하고 조선 각지에서 선도교도(仙道敎徒)의 권유 및 독립운동자금의 모집에 종사하여 치안을 방해했다는 (…) 선도교주(仙道敎主) 차경석(車京錫)은 선술(仙術)에 능하여 그 힘으로 조선의 정치를 변혁시켜 1921년 7월 이후 동인(同人)이 조선의 천자(天子)가 되면 동 교도들은 관리에 임용된다고 주장하여 (…) 불온한 언동을 하여 치안을 방해하고 (…) 1924년 갑자년 음력 3월 15일 조선이 독립한다는 내용을 듣고 (…) 선도교주 차경석이라는 선생이 산을 움직이고 바다를 변화시킨다는 것 같은 선술에 능한 위인으로 조선의 천지간 주인이 된다고 하는 이야기를 했고 (…) 교도의 권유 및 독립운동자금모집을 하여 조선 독립의 목적을 이룰 것을 맹약하고 (…)

이 역시 당시 선도교의 종교행위와 활동이 독립운동, 즉 국권회복운동의 일환으로 인식되었다는 사실을 알려준다. 갑자년 음력 3월 15일이라는 매우 구체적인 날짜가 제시되며 예언의 실현이 약속되었다. 물론 그 내용은 교주 차경석이 신비한 술법을 부려 제위에 오를 것이라는 다소 실현 불가능한 전설적인 이야기의 형태로 제기되었다.

1921년 8월 6일자 『동아일보』에는 다음과 같은 기사가 보인다.

> 박희백은 재작년 음력 6월경에 태을교에 가입하여 은밀히 조선 독립을 운동코저, 그 교의 교주되는 차경석이가 조선이 독립되면 조선국왕이 되어 계룡산에 도읍하고 태을교도는 모두 큰 벼슬을 한다는 허무황당한 말을 전파하야 교인을 모으고, 담뱃대에 태극과 칠성을 새기어 한국을 기념하고 제단을 모으고 칠성에게 조선이 독립되기를 기도하였으며, 작년

음력 3월경에는 신자에게 다수한 금액을 거둔 것이라더라.[73]

태을교에 가입한 인물이 "조선의 독립을 위해 운동한다"는 것이 핵심이다. 그리고 그는 "태을교 교주 차경석이 조선의 국왕이 되어 계룡산에 도읍할 것이다"는 예언을 널리 퍼뜨렸다. 차경석이 『정감록』에서 오랫동안 믿어져 오던 "진인(眞人)이 계룡산에 도읍하리라"는 예언을 실현할 인물로 믿어졌다. 도읍지가 구체적으로 제시되면서 차경석의 천자등극설은 정감록적 예언을 적극 수용하고 있다. 실제로 이들 태을교도는 항상 소지하고 다니던 "담뱃대에 태극과 칠성을 새겨 한국을 기념한다"고 주장하고, "칠성에게 조선이 독립되기를 기도했다"고 전한다. 태극은 이해가 되지만 칠성이 한국을 기념하는 까닭은 명확하지 않다. 그리고 태을교의 신앙대상이 아닌 전래의 별자리 신앙의 하나인 칠성(七星)에 조국의 독립을 기원했던 점도 특기할 만하다.

1921년 10월 12일자 경성복심법원의 박희백 외 1인의 판결문에 다음과 같은 내용이 보인다.

> 대정 13년(1924) 3월 15일에는 태을교주 차경석이 왕위에 오르고 구(舊) 한국이 회복되기 때문에 태을교를 믿는 자는 차경석이 독립을 위해 기도하는 비용으로 자금을 모으는 데 응해야 한다고 하여 돈을 냈다. (…) 또 차(車)는 천하를 통일하고 동서(東西) 각국에 이르러 그 왕이 된다.[74]

이제는 태을교주 차경석이 세계 전체를 아울러 다스리는 존재가 될 것이라는 예언이 제시되었다. 예언 실현의 범위가 확대되었다. 당시 그들의 혐의는 교주 차경석이 드리는 독립을 위한 기도비용을 부담했다는 것이다.

1921년 8월 6일자 『동아일보』에는 「제단을 설치하고 독립을 빌은 자, 이

---

73 「태을교인의 독립운동」, 『동아일보』 1921년 8월 6일.

74 일제강점기 보천교의 민족운동자료집 편찬위원회, 앞의 책, 171쪽.

계림은 공소」라는 기사가 있다. 강릉에 사는 이계림은 작년 3월경에 태을교에 가입하여 조선 독립을 위하여 동지를 규합하고 군자금을 모아 회원을 모집하여 8월에 제단을 모으고 주문을 외우며 조선 독립을 위해 기도하였으며 닭의 피를 먹고 맹세했다는 내용이다. 태을교에 입교한 인물이 "조선의 독립을 위해 동지를 모으고 군자금을 모았다"는 것이 핵심적인 검거 이유이며, 나아가 "제단을 설치하여 주문을 외우며 조선의 독립을 위해 기도하고 닭의 피를 마시며 맹세했다"는 신행(信行)이 보고된다. 결국 태을교 신자는 국권회복운동의 주요 인물로 규정되었다. 또 그들이 기도한 이유는 "조선의 독립"을 위함이었고, 짐승의 피를 서로 나누어 마시며 조국의 독립을 갈망했던 것이다. 주문을 외우는 일은 현재까지도 증산교계의 대표적이고 중심적인 신행의 표현이지만, 닭의 피를 마시며 맹세하는 일은 조금 낯설다. 어쨌든 태을교도가 "조선의 독립을 위해 사람과 자금을 모았다"는 점이 이 기사에서도 확인된다.

1921년 8월 25일자 『동아일보』에도 다음과 같은 기사가 보인다.

> 원래 서석주는 태을교 포교를 표방하여 조선 독립을 운동하기로 음모하고, 작년 8월경에 강원도 고성군 사람 지명한 외 여러 사람에게 태을교를 전하고, 금년 8월경에는 지명한 등과 함께 고성군 신북면 서성리 성황당에서 닭의 피를 마시어 맹세하고, 독립자금으로 3백여 원을 모았던 일이라.[75]

여기서도 "태을교를 표방하고 조선의 독립운동을 한다"는 혐의로 체포된 인물에 대한 이야기가 전한다. 태을교 포교를 내세우고 실은 독립운동을 했다는 것이다. 이들 역시 성황당에서 닭의 피를 마시고 맹세하는 의식을 치르고 "독립자금을 모았다"는 이유로 일제 경찰에 체포되었다. 여전히 태을교를 믿는 일은 독립운동으로 취급받았음을 알 수 있다.

---

75 「태을교를 표방하고 독립운동을 맹세한 단체 공소」, 『동아일보』 1921년 8월 25일.

1921년 8월 25일자 『매일신보』에 「태을교를 표방하고」라는 기사가 있다. 독립운동을 하려고 지방 사람을 입교케 한 전남 함평군에 사는 서석 외 6인은 조선 독립운동을 계획하다가 강원도에서 발각되었다고 한다. 같은 날짜 『동아일보』 기사와 거의 동일한 내용이다.

1921년 9월에는 황해도에서 태을교 신자가 차경석의 천자등극설을 퍼뜨렸다.

> 황해도 황주군 청수면 석평리에 사는 이인언은 본래 태을교 신도로서, 작년 9월경부터 금년 3~4월경까지 그 동리 최인준 외 두어 명에 대하여 대정 13년(1924)에는 전라북도 정읍 읍내에 거주하는 선도도주 차경석이가 대왕이 되어 태을교도는 물론 높은 지위에 처하게 될 터이요, 그 밖에 태을교를 믿지 아니하는 자는 멸망한다고 불온한 말을 하여, 드디어 치안을 방해하였으므로 (…)[76]

위의 인용문을 보면 1920년 9월에는 차경석이 갑자년(1924)에 천자로 등극할 것이라는 구체적 내용의 예언이 등장함을 알 수 있다. 불과 3년 안에 왕위에 오를 것이라는 '임박한 구원'을 약속한다. 한편 인용문에 나오는 태을교, 선도(仙道)는 보천교라는 교명이 일반인에게 받아들여지기 이전의 교단명으로 이해된다. 일제라는 정치체제를 거부하고 새로운 정치체제가 우리나라 사람, 구체적으로 차경석이라는 인물에 의해 새롭게 열릴 것이라는 예언과 주장이 강조된다. 이는 잃어버린 국권(國權)을 다시 회복하고자 하는 움직임이다.

1921년 9월 18일자 『매일신보』에 「태극 연죽(煙竹)이 법망에」라는 기사가 있다. 강원도 강릉군에 사는 박의백은 태을교를 신앙하였는데, 총수 차경석은 조선을 독립시켜 계룡산에 도읍을 정할 것이라고 주장했다. 그는 태극과 칠성을 그린 담뱃대를 가지고 다녔으며, 제령 위반으로 체포되었다. 태을교

76 「선도대왕(仙道大王)의 제자 이인언은 공소(控訴)」, 『동아일보』 1921년 9월 8일.

신자가 "교주 차경석이 조선을 독립시켜 계룡산에 도읍할 것이다"라는 예언을 널리 선전하고 다니다가 체포된 사건이다. 그 역시 태극과 칠성을 그린 담뱃대를 가지고 다니면서 조선의 독립을 기원했다.

차경석은 1921년 음력 9월 24일에 경남 함양군 황석산에서 대규모의 제단과 풍성한 제수를 갖추어 고천제(告天祭)를 행하였다. 이 고천제에서 차경석은 새로 건설될 나라의 국호를 대시국(大時國)이라고 선포하고, 자신이 천자가 될 것이라고 하늘에 고하고, 교명을 보화(普化)라고 정했다. 황석산에서 차경석은 상징적인 방법으로 천제(天祭)를 지냄으로써 자신의 입장을 정당화시키고, 아울러 자신을 믿고 따르는 사람들에게 보다 적극적인 신앙을 요구하였다. 이러한 사실이 전국 각지에 입에서 입으로 갖가지 풍설과 함께 전해져서 상당한 파문을 이루었다는 점은 당시 보천교의 방대한 간부조직과 그 수를 살펴보면 단적으로 드러난다.

당시 차경석 교단의 간부조직은 60방주와 하부조직으로 6임, 12임, 8임, 15임으로 이루어져 있는 방대한 조직으로 조직 활동이 3년간에 걸쳐 총수가 55만 7천 명이었다고 전한다.[77]

1921년 10월 1일자 『매일신보』에 「옥황상제께 기도차로」라는 기사가 보인다. 사건 연루자들은 돈을 받아 호역 예방을 함이요, 결코 음모는 아니라고 주장했다. 피고 서석주는 태을교도를 표방하고 조선 독립운동을 하였다고 지목되어 고성경찰서에 체포되었다. 그는 태을교 간부 채규철, 백양규와 함께 태을교를 포교하기 위하여 각지로 다녔다. 그러나 재판정에서 그는 독립운동을 한 일은 없다고 공술했다. 아울러 서석주는 "태을교의 대장은 강중산이고, 지금의 대장은 차경석이다. 머지않아 조선이 독립되면 조선의 국왕이 되어 태을교에 입교한 사람은 고위고관이 되고, 기도는 옥황상제께 치병을 목적으로 한 것이다"라고 공술했다. 태을교의 대장 강중산은 증산 강일순의 오기로 보

---

77 이영호, 앞의 책, 1935, 13면.

인다. 태을교도가 "조선의 독립을 기원하고 현재의 교주인 차경석이 새로운 조선의 국왕이 될 것이다"라는 예언을 적극적으로 알리고 다니다가 경찰에 체포된 사건이다.

1921년 10월 4일자 『매일신보』에는 「태을교도 6명, 무죄 판결」이라는 기사가 있다. 제령위반으로 원산지청에서 유죄를 받았으나 경성복심법원에서 강원도 고성군에 사는 서석주 등 태을교 신자 6명이 결국 무죄 판결을 받았다는 내용이다.

1921년 10월 7일자 『동아일보』에 「갑자년을 기약하고 독립운동, 태을교도 공소」라는 제목의 아래와 같은 기사가 있다.

> 강원도 양양군 손양면 수여리 191번지 이주범 외 4명은 모두 태을교에 들어서 허무황당한 말을 믿고 조선 독립운동을 하다가 (…) 이주범은 5년 전에 태극교에 가입하여 신앙하던 중 3년 전에 (…) 그 교의 간부인 백남구와 만났을 때에 그의 말이 태을교로 조선 독립을 도모하면 오는 갑자년 봄에는 태을교주 차경재가 조선황제가 되고, 교도는 각각 상당한 벼슬을 할 수 있다는 말을 듣고 (…) 신자 총계가 57,700인이 되면 일제히 독립운동을 시작한다 하고 운동비로 수백 원을 모은 것이 발각되어 체포된 것이라더라.[78]

인용문의 태극교는 태을교, 차경재는 차경석의 오기이다. 태을교인들이 1918년 무렵부터 "조선의 독립을 기원했다"는 사실을 적시하고 있으며, "갑자년(1924) 봄이 되면 태을교주 차경석이 조선의 새 황제가 될 것이다"라는 구체적 예언을 굳게 믿었음이 확인된다. 이들은 태을교를 믿는 목적이 바로 독립운동이었다고 진술했다. 신앙의 목표가 조선의 독립이었다는 말이다. 이들은 태을교도가 되는 일이 곧 조선의 독립을 위하는 일이라고 믿었던 것이다.

---

78 「갑자년을 기약하고 독립운동, 태을교도 공소」, 『동아일보』 1921년 10월 7일.

독립운동을 위한 신행(信行)이 강조되었으며, 태을교를 믿는 행위 자체를 독립운동으로 이해했던 것이다. 실제로 이들은 독립운동을 일제히 시작할 시점을 태을교도의 숫자가 일정한 정도에 오를 때라고 확신하고 독립자금을 모았던 일로 체포되었다. 단순히 조직을 확산하는 데 전력했을 뿐만 아니라 운동자금을 모았던 것이다.

1921년 10월 7일 『매일신보』에는 「태을교 9명 유죄」라는 기사가 있다. 강원도 양양군, 강릉군, 고성군에서 작년 이후 태을교가 매우 전파되었는데, 표면으로는 종교의 신앙자와 같이 하나 내면으로는 조선 독립을 운동했다는 혐의였다. 양양군의 태을교도 9명은 태을교주 차경석은 자유자재로 공중을 날아다니며 탄환이나 창검이 몸에 들지 아니하는 신통한 사람이라고 주장했다. 갑자년(1924)에 조선을 독립시켜 차경석이 황제가 되면 신도도 교리를 연구하면 신통을 부릴 수 있어 1명이 일본군사 수십 명을 당할 수 있어서 독립의 목적을 달함은 필연이요, 신도 권유 수효와 독립자금 모집에 응하여 관직을 줄 것이라고 주장했다.

1921년 10월 29일자 『동아일보』에 다음과 같은 기사가 보인다.

> 전라북도 정읍군에 큰 교당을 짓고 백만 명의 신도가 있다 하는 태을교는 전라북도와 충청남도의 두 경찰부에서 늘 주의를 하여오던 중인데, 지난 음력 9월 16일에 모처에서 그 교의 간부가 비밀회의를 한다는 말을 듣고 (…) 그들은 태을교의 교주라 하는 차경석을 중심으로 하여 여러 간부들이 전라북도 정읍에 굉장한 교당을 짓고 조선 전도에 신도를 모집하는 동시에, 치성금이라 하야 돈을 모아서 대정 7년(1918)경에 이미 그 돈이 십수만 원에 달하였다 하며, 그때의 태을교로 말하면 순전한 신앙뿐이었으나 재작년에 독립운동이 일어난 후로는 상해임시정부와 연락하여 조선 독립의 목적을 달코자 교도에게 모집한 돈을 군자금에 쓰기로 결의하고, (…) 이와 같이 독립운동에 착수한 이후로 교내의 조직을 변경하여 교주의 아래에 12명의 제자를 두고, 그 아래에는 다시 60명의 교직원을 두어 복

잡한 조직을 꾸며가지고, 일후에 독립이 되면 12제자는 각 대신이 되고, 그 아래의 교도는 모두 유수한 관(官)에 처한다 하여, 경찰당국의 눈을 속여가며 여러 가지로 독립운동을 하였다 하며 (…)[79]

1921년 10월에 태을교, 즉 이후의 보천교는 이미 100만 명의 신도가 있는 방대한 조직을 가지고 있다고 주장했다. 당시 일제 경찰은 태을교의 신행이 독립운동과 직결되거나 연관되어 있다고 믿어진 결정적 계기는 바로 1919년 3월에 일어난 기미만세운동이었다고 판단하였다. 그리고 태을교는 종교활동에 그치지 않고 실제로 상해임시정부와 모종의 연락을 주고받으며 나라의 독립을 이루고자 치성금 명목으로 모은 돈을 군자금으로 사용할 의도를 가지고 있었다는 혐의로 경찰의 지목을 받았다. 태을교를 믿어 간부가 되면 새로운 독립국가에서 요직에 오를 것이라는 주장은 당시 경찰국의 의심을 받기에 충분했다. 즉 당시의 태을교는 독립운동단체로 간주되었다.

1921년 10월 29일자 『매일신보』에는 「태을교의 음모」라는 기사가 보인다. 은닉자금 10만 원이 발견되어 경찰에 압수되었다는 내용이다. 전북 정읍군에 큰 교당을 세우고 백만의 신도가 있다는 태을교의 간부를 체포했다. 교주는 차경석이고, 치성금을 모집하여 상해임시정부와 연락을 취하며 조선의 독립을 음모했다는 의심을 받았다. 이들이 모은 자금은 독립군 자금에 보태어 쓰기로 결의했다고 한다.

1921년 10월 30일에는 강원도에서 태을교를 이용하여 대규모 독립운동을 일으키려던 사람이 체포되었다.

강원도 양양군에 사는 김홍식은 (…) 육군 참위가 되었으나 미구에 군대가 해산되매 향리 양양군에 돌아가서 무한한 불평을 품고 있더니, 그 후 몇 해 후에 일한합병이 되매 더욱 불평을 품고 지내던 중, 재작년 3월 중에

79 「십만 원의 독립자금」, 『동아일보』 1921년 10월 29일.

> 조선 각지에서 독립운동이 일어나매 기회를 보아 독립운동에 참가코자 하는 중, 태을교도 백남구와 상의하고 수만의 교도를 모으고, 수백 원의 돈을 모집하여 기회를 보아 독립운동을 일으키고자 하던 중 발각 체포되어 (…)[80]

군 출신의 인물이 1919년 기미독립운동이 실패로 돌아간 후 태을교(훗날의 보천교)에 참가하여 교도와 금전을 모아 독립운동을 일으키려 했던 사건이다. 당시 태을교에 입교하는 일은 곧 조국의 독립운동과 동일시되었던 것이다. 수많은 사람이 모여 점차 거대한 조직으로 성장하는 종교단체에 투신하여 새로운 형태의 독립운동을 하려는 사람들이 늘어난 상황을 반영한다.

1921년 11월 11일자 『매일신보』에 「태을교 3명 심리」라는 기사가 있다. 이들은 병을 낫게 하므로 태을교를 믿는다고 주장했다. 강원도 영동지방에 작년 여름 이후로 태을교 전도(傳道)가 심한데, 조선 독립운동을 의미한다는 경찰의 신경과민이 결국 유죄로 결정되었다. 강릉지청에서 유죄 판결에 불복하고 경성복심법원으로 항소한 것이 11건에 피고인 15인이었다. 금전을 모집한 것은 조선 독립군자금이 아닌가라는 재판장의 질문에 이들은 성리대전(聖理大典)을 출간하기 위함이라고 답했다. 독립운동을 위한 자금 모집이 아니라 경전 출판비용을 모은 것이라고 항변했던 것이다.

1921년 11월 17일자 『매일신보』에는 「태을교도 판결 언도」라는 기사가 전한다. 강릉지청에서 정치범으로 유죄 판결을 받고, 경성복심법원으로 공소한 태을교도 15명이 태을교도가 된 것은 조선 독립운동을 하고자 한 것이며, 금전 모집은 군자금으로 충용하고자 한 것이라는 판사의 언도가 있었다. 그러나 정치범이 아닌 치안 위반으로 감형되었고, 이 가운데 10명은 무죄 판결을 받았다.

경상북도 군위군 유한성의 1921년 11월 26일자 대구복심법원 형사 제2

80 「무과출신으로 독립운동」, 『동아일보』 1921년 10월 30일.

부 판결문에 다음과 같은 내용이 있다.

> 피고 유한성 등은 (…) 전라북도 정읍군 정읍에 본부를 두고 차경석을 교주로 하여 (…) 훔치교에 가입할 것을 권유받고 (…) 동교(同教)의 참목적은 종교를 표방하여 치성비라 칭하며 많은 군자금과 다수인 교도의 집단을 만들어 1924년 갑자년을 기하여 국외에서 이미 독립운동을 하고 있는 다른 독립결사단과 서로 호응하며 일제히 일어나 조선 독립운동을 개시하여 희망을 관철시키려 하는 계획으로 교도의 조직 및 독립자금의 모집에 노력해달라 라고 말하자 그 취지에 찬동하였다. (…) 훔치교의 교조는 차경석이고 (…) 입교할 때에는 치성제라 칭하는 제사를 지낸다. 그때 정면에는 옥황상제(玉皇上帝) 하감지위(下鑑之位)라 크게 쓴 표찰이 있고 (…) 축문을 읽고 닭의 생피를 마시며 일심동체를 서약한다. (…) 이 종교의 참목적은 조선 독립의 운동이라는 내용을 밝히며 대정 13년 갑자년에는 조선이 독립하여 교주 차(車)가 계룡산을 도읍으로 제위(帝位)에 즉위하고 교도는 자격에 따라 타당한 대우를 받는다는 내용을 선언하고 (…) 그리고 비결서(秘訣書)라는 제목의 글 중에 갑자년에는 세계가 아주 달라진다는 예언도 있다. (…) 국외의 독립기관과 서로 호응하여 일제히 일어나 소요하면 독립의 목적을 관철할 수 있다. (…) 훔치교는 처음에 강증산(姜甑山) 선생이 열었고 (…) 지금부터 13년 전 강(姜) 선생은 39세로 사망하여 천상으로 올라가 옥황상제가 되었는데 대정 11년(1922)에는 세상에 내려와 차천자(車天子)에게 명하여 교도를 지휘하고 차천자가 천하를 통일하는 일에 착수하였다. 통일이 되면 차천자는 황제의 지위에 오르고 교도들이 (…) 타당한 관직을 얻을 수 있게 된다. (…) 비결(秘訣)이라는 제목의 서적 중에 유일운수(唯一運數)라고 불리는 것이 있는데 그것은 국가가 통일된다는 의미로 오는 갑자년(1924)이 이 유일운수의 해에 해당된다고 말하고 있다. (…) 갑자년에는 훔치교의 힘으로 천하가 통일되어 차(車) 선생이 황제가 되고 신도는 그 국민이 된다고 믿고 (…) 차경석은 세계의 왕이 되어 세계 전체의 정치를 행하게 된다는 의미이니 (…) 갑자년에는 정씨(鄭氏)가 계룡산에서 즉

위하여 황제가 되어 요순(堯舜)의 인정(仁政)을 행하여 천하가 태평하고 행복해진다. (…) 교주 차(車) 선생은 갑자년이 되면 조선을 통일하여 계룡산을 수도로 하여 조선의 왕이 되고 그 교도는 상당한 관직에 채용될 것이다. (…) 훔치교도의 힘으로 조선이 통일된다고 이야기하였다. (…) 훔치교는 장래 조선의 독립을 계획하는 것으로 (…) 치성비로 출금된 돈은 모두 독립자금이라는 (…)

경상북도 의성군 손양중의 1921년 11월 26일자 대구복심법원 형사 제2부의 판결문에는 다음과 같은 내용이 있다.

훔치교의 개조(開祖) 강증산(姜甑山)은 명치 42년(1909) 중에 사망했으나 갑자년(1924) 사이에 갱생하여 전 세계를 통일하고 그 고족제자 차경석은 동시에 조선의 제왕이 되어 계룡산에 도읍을 정하고 (…) 또 훔치교에서 정도(精道)하면 둔신술을 알아 탄환을 맞지 않는다. 도검(刀劍)도 찔리지 않는다. 따라서 전쟁에서 패할 염려가 없으므로 갑자년 사이에 일을 일으켜 천하를 통일할 수 있다. (…) 훔치교의 참목적은 조선 독립운동의 자금모집에 있고 (…)

당시 갑자년에 엄청난 사건이 일어날 것이라는 예언이 널리 퍼졌으며, 그 내용은 증산의 갱생과 차경석의 천자등극설로 요약되었음을 알 수 있다. 천하통일까지 강조하면서도 신비적 술법을 주장했다는 점이 확인된다. 당시 법원에서는 훔치교의 참된 목적은 오로지 독립운동을 위한 자금모집책이었다고 판단했음을 짐작할 수 있다.

경상북도 군위군 이종원의 1921년 12월 12일자 대구지방법원 판결문에 다음과 같은 내용이 있다.

종교를 표방하고 치성비라 하여 다액의 군자금과 다수인 교도집단을 만들어 갑자년(1924)을 기하여 조선 내 각지에서 소요를 일으켜 조선 독립 운동을 시도하고 (…) 교도의 조직 및 독립자금의 모집에 노력해달라는 말을 듣고 그 취지에 찬동했다.

종교라는 가면을 쓴 채 실은 독립운동자금을 마련하기 위한 행위가 훔치교 내지 선도교의 실체라고 당시 법원은 판단했다. 실제 교도들은 갑자년이라는 구체적 시점을 제시하면서 그때가 되면 조선 각지에서 소요를 일으켜 독립을 쟁취할 것이라는 주장을 했으며, 독립운동을 위한 자금을 마련하기 위한다는 명분으로 교세를 확장시켜나갔음을 알 수 있다.

1922년 당시 교도가 수십만 명으로 폭발적인 교세 확장을 보이던 태을교(太乙敎)는 다가오는 갑자년인 1924년 4월에 계룡산에서 교주인 차경석이 차 황제(車皇帝)로 등극한다고 선전했다.[81]

1922년 2월 21일자 『동아일보』 「괴교(怪敎) 태을(太乙) (1) 갑자년 4월을 기하여 계룡산에 차황제(車皇帝)의 출현설 세상의 주목받는 태을교의 여러 풍설, 교도가 수십만에 달한다는 태을교의 내막을 과연 어떠한가」에 다음과 같은 내용이 있다.

최근 여항간 무식한 계급에게 불소한 세력을 가지고 있는 종교단체가 있으니, 혹은 태을교(太乙敎) 혹은 훔치교 혹은 보천교(普天敎)라는 명목으로 전파되는 것이라. 이것은 지금으로부터 십여 년 전에 전라북도 고부군 강일순을 중심으로 일어난 기이한 종교이니, 그가 이 교를 세운 후 삼남지방에 교도가 편만하고 그 후 다시 서북지방으로 전파되어 지금은 무려 수십만이라 하며, (…) 당국에서는 이를 정치운동을 음모하는 비밀단체로 인정하고 검거가 자못 혹독하여, 수삼 년 이래로 강원도와 삼남지방에서 수백 명의 교도가 잡히어 처형되었고 (…) 그 교를 믿으면 그 교의 제2

81 「풍설이 전하는 태을교(1)」, 『동아일보』 1922년 2월 20일자.

세 교주 차경석이가 갑자년 4월에 황제가 되어 계룡산에 도읍하면 그 교도는 마음대로 고관대작이 될 수 있느니, 세계만국을 앉아서 볼 수 있느니, 세계 형편을 앉아서 알 수가 있느니, 장생불사를 하느니, 옥황상제의 얼굴을 보게 되느니, 죽은 부모의 얼굴을 보게 되느니, 생전에 염라국에 들어가서 수명을 마음대로 늘릴 수가 있느니 하여 (…)[82]

1922년 당시에 이미 상당한 세력으로 성장한 태을교(훔치교 또는 보천교)의 교조가 증산 강일순이라는 사실이 밝혀졌다. 전국적으로 교세가 급성장하여 수십만의 교도가 있다는 주장이다. 일제 당국은 태을교를 단순한 종교단체로 보지 않고 "정치운동을 음모하는 비밀단체"로 규정했다. 이에 일제(日帝)는 태을교도를 방관하지 않고 검거에 주력했다. 태을교를 신앙하는 사람들을 "조선의 독립운동을 하는 사람"으로 보았던 것이다.

그리고 보천교의 2세 교주인 차경석이 1924년 4월에 황제가 되어 계룡산에 도읍할 것이라는 주장과 믿음을 이른바 '종교를 통한 독립운동'의 핵심으로 보았다. 일제를 부정하고 새로운 정부가 세워질 것이라는 보천교인들의 신앙은 일제의 통치와 억압을 거부하는 새로운 형태의 국권회복운동이었다. 계룡산이 새로운 국가의 도읍지가 될 것이라는 주장은 『정감록』의 계룡산건국설에서 유래한 것이다. 오랫동안 민중들의 가슴에 새 나라가 계룡산을 중심으로 세워지리라는 믿음과 염원을 반영하였던 것으로 평가된다. 후대의 증산교계의 교단에서 구원의 중심지가 교조 증산 강일순의 주요 활동무대였던 김제 모악산 금산사 주변이었다는 사실과 비교해볼 때 당시의 태을교는 정감록적 예언사상과 깊이 관련된 계룡산 건국과 도읍설에 심취했던 것으로 평가된다.

『동아일보』 1922년 2월 22일자에는 「괴교(怪敎) 태을(太乙): 후천세계(後天世界)의 개벽(開闢)과 옥황상제(玉皇上帝)의 강세(降世)」라는 기사가 있고, 2월

82 「괴교(怪敎) 태을(太乙): 갑자년 4월을 기하여 계룡산(鷄龍山)에 차황제(車皇帝)」, 『동아일보』 1922년 2월 21일.

23일자에는 다음과 같은 기사가 전한다.

> 일시 괴상한 병이 유행하여 사람이 무수히 죽을 터인바, 가만히 앉았다가도 툭툭 쓰러져 죽는 사람이 있을 터이라. 나의 가르침을 따라 주문을 외우고 경문을 읽는 사람은 구원을 얻으리라 하였다는데 (…) 스스로 말하기를 옥황상제로 천지공사를 행한다고 칭하고, 신축년부터 그가 죽던 기유년까지 아홉 해 동안 행한 일은 (…) 풍운조화를 마음대로 부리었다는데 (…)[83]

위 인용문에서 태을교의 교조 증산의 언행이 약간씩 전해지기 시작한다. 증산은 "앞으로 괴병(怪病)이 유행하여 많은 사람이 죽을 것이다"라고 예언하고, 이를 극복하기 위해서는 자신의 가르침을 따라 "주문을 외우고, 경문을 읽으라"고 당부했다. 증산은 자신이 하늘의 가장 위대한 신격(神格)인 옥황상제이며, 자신의 행위는 하늘과 땅과 인간의 모든 질서를 혁신적으로 바꾸는 천지공사(天地公事)라고 강조했다. 따라서 증산이 깨달음을 선언한 신축년(1901)부터 그가 이 세상을 떠난 기유년(1909)까지 행했던 모든 언행은 천지공사로 선포되고 믿어졌다.

1922년 2월 23일자 『동아일보』에는 「풍설이 전하는 태을교」라는 기사가 있다.

> 금후로 몇 해 후에 천지가 한 번 개벽이 되고, 세상은 꽃이 피고 새가 울며 서로 기뻐하는 신선의 지경이 될 터인데, 그러자면 일시에 괴상한 병이 유행하여 사람이 무수히 죽을 터인바, 가만히 앉았다가도 툭툭 쓰러져 죽는 사람이 있을 터이라, 나의 가르침을 따라 주문을 외우고 경을 읽는 사람은 구원을 얻으리라 하였다는데 (…)

---

83 「풍설(風說)이 전하는 태을교(太乙敎): 거병해원(去病解冤)의 신조」, 『동아일보』 1922년 2월 23일.

증산은 "곧 천지가 개벽될 것이다"는 예언과 함께 "장차 신선의 세계가 열릴 것이다"라고 주장했다. 그러나 그렇게 되기 전에 "세상에 갑자기 괴병(怪病)이 돌아 많은 사람이 죽을 것이다"라는 종말론적 예언도 추가했다. 어쨌든 증산은 자신의 가르침을 좇아 "주문을 외우고 경전을 읽는 종교적 행위"를 통해 이른바 궁극적 구원의 길에 다다를 수 있다고 강조했다.

증산의 이러한 교설은 당시의 민중을 감격케 하기에 충분한 것이었다. 이는 주역(周易)을 바탕으로 한 그 당시의 지식인들의 관심을 끌기에 충분한 교설인 동시에 빈부의 차별, 귀천의 차별, 남녀의 차별에 넌더리가 난 서민대중의 호응을 받을 수 있는 교설이고 혁명 또는 의병운동으로 달성하지 못했던 국권회복이 신통묘술을 가진 도인의 조화로 가능할 수도 있다는 광복운동과도 맥을 같이 하는 것이기도 하였다.[84] 일제의 억압과 통치에 억눌린 당시 우리나라의 민중들이 원했던 일은 이러한 질박과 고통으로부터의 탈출이었다. 그것이 바로 "개벽(開闢)"이라는 전혀 다른 차원의 새로운 세계의 도래였다. 개벽은 국권회복운동의 일환으로 이해되고 믿어졌던 것이다.

1922년 2월 24일자 『동아일보』에는 다음과 같은 기사가 있다.

> 강일순이가 죽을 때에 유언하기를 "내가 죽으 지 몇 해 후에 계룡산에 재림하겠다"고 말했다는 풍설이 있고, 또 차경석이가 천자가 된다는 풍설도 유행하여 교도의 검거가 심하던 터에, 작년 봄에 전주에 모아놓았던 돈 11만 원이 압수되는 동시에 당국에서는 크게 놀라 상해가정부로 보내려는 군자금으로 인정하고 크게 검거를 행하여 강원도 일대와 삼남지방에 수천의 교도가 검거되었고 (…)[85]

증산이 "몇 년 후에 계룡산에 다시 태어나겠다"는 유언을 남겼다는 소문

84 홍범초, 앞의 책, 80쪽.

85 「풍설이 전하는 태을교: 교주의 사(死)와 대분열」, 『동아일보』 1922년 2월 24일.

과 "차경석이 곧 천자가 될 것이다"라는 풍문이 널리 퍼졌다. 계룡산 도읍설과 천자등극설이 제기되었기 때문에 일제는 태을교도를 검거했던 것이다. 새로운 나라가 세워질 것이며, 새로운 왕이 즉위할 예정이라는 말은 일제의 지배를 전면적으로 부정하는 항거로 받아들여졌다.

더욱이 태을교도들이 모은 자금은 "상해임시정부로 보내려는 군자금"으로 의심받았고, 이에 일제 경찰은 수많은 태을교도를 체포했다. 당시에는 태을교를 믿고 치성금을 내는 행위 자체가 조선의 독립을 도모하는 반체제적 사건으로 이해되었던 것이다. 상해임시정부에 보내기 위해 군자금을 조성하는 일은 실제적인 독립운동으로서 일제의 탄압을 받을 수밖에 없는 일종의 역모사건이었다.

1922년 2월 24일에는 다음과 같은 사건이 있었다.

> 평안남도 중화군 유계리 유계요, 용강면 다미면 동전리 박기형 2명은 (…) 화성현에서 개최되는 태평양 회의에는 조선 독립문제가 해결될 터이요, 동시에 상해임시정부에서는 임원호, 최준호 2명을 태평양 회의에 파송키로 하는데, 이에 대한 비용은 태을교도가 전부 부담하기로 결정되었다고 하면서 수십 명으로부터 운동비를 모집하였으며 (…)[86]

태평양 회의라는 국제회의를 통해 곧 조선의 독립문제가 풀릴 것이기 때문에 상해임시정부에서 파견하는 인물의 파송비를 태을교도가 모두 담당할 것이라고 주장하면서 많은 사람에게서 경비를 모았다는 내용이다. 구체적 국제회의를 거론하면서 경비를 모집한 일은 실제로 태을교가 독립운동에 적극 가담했다는 증거로 볼 수 있다. 종교적 행사를 위해 자금을 모은 것이 아니라 정치적 활동을 위해 돈을 모은 것은 독립운동이 분명했다.

1922년 2월 25일자 『동아일보』에는 다음의 기사가 보인다.

---

86 「화부회의를 기회로 독립운동금을 모집한 일」, 『동아일보』 1922년 2월 24일.

> 옛날부터 전하여 오는 『정감록』이라는 비기에 쓰이기를 "모악산하(母岳山下) 금불능어(金佛能語)"라 하였다는데, 강일순이가 죽을 때에 유언하기를 『정감록』에 금불이 말한다는 말은 즉, 나를 가리킨 말인데, 내가 죽으면 금산사에 나란히 서 있는 세 부처 중 가운데 있는 미륵부처의 뱃속에 나의 혼령이 지정할 터이니, 너희가 언제든지 와서 기도를 하면 내가 문답을 하겠다 하였다는 말이 있다 하여 (…)[87]

증산이 『정감록』에 나오는 비결을 이용하여 유언을 남겼다는 내용이다. 『정감록』의 글귀가 자신의 행적을 가리키는 말이라고 주장한 증산은 "죽은 뒤 금산사 미륵부처의 뱃속에 나의 혼령이 좌정할 것이다"라고 예언했다고 전한다. 증산은 금산사의 미륵부처와 자신을 동일시했으며, 자신이 죽은 후에도 금산사 미륵부처에게 기도하면 응답하겠다고 신도들에게 약속했던 것이다. 『정감록』의 비결을 적극 활용한 증산은 불교적 믿음도 적극 수용하려 했다고 평가된다. 모악산두금불능어(母岳山頭金佛能語)라는 표현이 현전하는 『정감록』 「운기구책」과 「감결」에 보인다.[88]

1922년에는 김홍규의 독립운동 자금 모금사건이 발생하였다. 당시 사건 관련 공판기록을 근거로 하여 '1922년 태을교 독립자금 모금 발각사건'이라고 부르기도 한다. 김홍규는 보천교의 치성금을 모아서 '조선 독립을 위한 자금으로 공급'함으로써 안녕 질서를 방해한 자로 형사 처벌을 받았다.[89]

이 사건과 관련된 인물은 간부 김홍규, 이용하, 김혁중, 최두홍, 강태규, 목원익 등이다. 이들은 모두 태을교라 불리는 보천교 간부로 그중 김홍규는 교의 제2인자로서 교단의 교금을 장악했던 인물이었다. 김홍규의 자금 관련

87 「풍설이 전하는 태을교: 금불능어(金佛能語)의 비기(秘記)」, 『동아일보』 1922년 2월 25일.

88 「운기구책」, 『정감록』(한성도서주식회사, 1923); 안춘근, 앞의 책, 1973, 497면. 「감결」, 『정감록』(한성도서주식회사, 1923); 안춘근, 앞의 책, 1973, 601면. 「감인록」, 『정감록』(한성도서주식회사, 1923); 안춘근, 앞의 책, 1973, 624면.「감결」과 「감인록」에는 금불능언(金佛能言)으로 나온다.

89 행정자치부 정부기록보존소 서울사무소, 「공주지방 법원 예심 판결문」, 『정읍 신종교와 민족운동사 규명 학술용역』(충남대학교 유학연구소, 2014), 116쪽에서 재인용.

공판자료, 즉 예심 판결문은 다음과 같다.

> 피고 등은 오로지 조선의 국권회복을 요망하여 (…) 1918년 음력 1월 경에 태을교라 칭하는 유사종교단체에 가입, 태을교의 많은 교도들과 서로 결속하여 조선 독립을 목적으로 하는 음모단을 조직하여 교도들로부터 독립자금을 모집하려는 계획을 세웠다. (…) 표면상 단순한 종교를 위장하여 태을교 교조 강증산(옥황상제)을 존숭하는 제사를 지내고 (…) 독립 음모 취지를 알리고 후일 조선 독립이 될 때 교도에게 정부의 요로에 나가게 해 고관대작을 받는 것이 가능하다고 알려 치성금을 걷게 해 조선 독립의 준비를 공고히 해 독립 목적을 관철하려 하였다. (…) 1922년 3월 28일 공주 지방법원

전라북도 전주군 박성옥의 1922년 3월 28일자 공주지방법원 판결문에 다음과 같은 내용이 있다.

> 피고 등은 모두 조선의 국권회복을 희망하고 (…) 태을교라고 칭하는 종교유사단체에 가입하여 다수의 교도와 서로 결속하여 독립달성을 목적으로 하는 음모단을 조직하고 (…) 교주 강증산[姜甑山, 옥황상제(玉皇上帝)]을 존숭하여 제사를 행하고 (…) 55만 7천 7백 명의 신도를 조직할 계획이었던 것으로 (…)

당시 태을교도들은 국권회복운동을 했다는 혐의로 체포되고 처벌받았다. 종교를 자처했지만 실은 독립운동을 하는 음모단체라는 것이 법원의 판단이었다. 구체적인 신도수를 목표로 포교활동을 통해 거대한 독립운동단체를 만들려 했다는 것이 태을교의 범법행위로 여겨진 것이다.

경상북도 성주군 여해동의 1922년 4월 12일자 대구복심법원 판결문에 다음과 같은 내용이 있다.

전라북도 금산사(金山寺) 출신인 강증산(姜甑山)이라는 사람은 천신(天神)으로 2, 3년 후에는 악역유행(惡疫流行)으로 다시 차세(此世)에 나와 돌림병에 걸린 사람을 전부 고쳐 그 사람이 천황(天皇)이 되고 동양과 서양도 통일되어 현재 훔치교를 믿는 차경호(車京鎬)는 그때 내각총리대신 60인조는 각 성(省) 대신부터 도지사 자리, 6인조는 군수 자리라고 순서를 정해 직명을 주고 (…) 갑자년(1924)에 조선이 독립하면 강증산 선생은 천황이 되고 (…) 대정 9년(1920)에는 악역유행으로 (…)

위의 인용문의 차경호는 차경석의 오기다. 증산이 이 세상에 다시 태어나 천황이 되고, 차경석이 새로운 왕으로 즉위할 것이라는 예언이다. 급속히 퍼진다는 전염병이 강조되고 있음이 특기할 만하다.

한편 1922년 8월 11일자 박주대의 일기에는 "흠치교(欽致敎, 太乙敎)가 보천교(普天敎)로 탈바꿈하여 국내 신자수 무려 50여만 명에 이른다고 한다. 봉화읍(奉化邑)에서도 신도가 4천 명에 이르는데, 묘곡(卯谷)의 권치형(權致亨)이 그 우두머리라 한다"고 기록했다.[90] 당시 태을교의 신자가 매우 많았다는 사실이 이 기록을 통해 확인된다.

그리고 1922년 10월에는 다음과 같은 기사가 전한다.

전라북도 정읍군에 근거를 둔 태을교의 교주 차경석은 이번에 새로운 국호와 관제 등을 발표하였다는데, 국호는 대시국(大時國)이라 하고 자기가 친히 황제가 되고, 관제(官制)는 한국시대의 대신제도에 의하여 6임(任) 이하에 28임(任) 6판서(判書) 등을 두고, 13도에는 도지사 대신에 도정리(道正理)를 두고, 군수 대신에 360의 포장(包長)을 두고, 그다음 2,523의 면장을 둔다 하였으며, 국새는 대시국황제지새(大時國皇帝之璽)라 하였다더라.[91]

---

90 박성수 주해, 앞의 책, 465쪽. 흠치교는 훔치교(吽哆敎)의 오기다.

91 「자칭 대시국황제: 태을교주 차경석이 국호와 관제를 발표」, 『동아일보』 1922년 10월 26일.

차경석이 새로운 나라를 세울 것이라는 대중의 간절한 믿음에 부응하여 이제는 새 나라의 이름인 국호를 새로 정했다. 나아가 차경석은 새로운 관료조직을 두겠노라고 호기롭게 발표하고, 왕의 상징인 국새도 새로 만들었다. 이 모든 일이 "차경석이 새 황제가 된다"는 예언이 곧 이루어질 것이라는 점을 강조하고 많은 사람들의 신뢰와 신빙성을 높이기 위한 수단으로 보인다. 실제로 국호를 선포하고, 관직제도를 정비하고, 왕의 도장까지 새긴 일은 '임박한 새 나라의 건설'을 선언한 일이다. 이러한 일련의 일이 진행된 것은 당시 민중들에게 곧 일제의 지배를 벗어나 새 왕국이 조선에 세워질 것이라는 절실한 믿음의 반영이었다.

이와 관련하여 박주대도 (1922) 12월 12일에 "전라북도 정읍의 보천교장(普天教長) 차경석(車京錫)이 국호(國號)를 대시국(大是國)이라 하고, 그 공경(公卿)과 재보(宰輔)들을 임명하였다고 하는데, 매우 요망한 일이다"라고 기록한다.[92] 대시국(大是國)은 대시국(大時國)의 오기다.

당시 보천교의 예언 해석과 관련된 다음과 같은 기록이 전한다.

> "광축(光丑) 수변괴(雖變怪) 증산(甑山) 통구하(通九夏)"라는 글귀가 있는데, 여기서 광축은 광무황제(光武皇帝) 신축년(辛丑年, 1901)을 뜻하는 것이라고 하였다. 신축년은 증산대성께서 성도(成道)하신 해이다. 이때에 증산의 교(敎)가 구하 곧 천하에 통달한다는 뜻으로 해석하였다. (…) 이에 따라 같은 비결에 "팔난유오운(八難流午運), 명슬존태을(鳴膝尊太乙)"이라는 구절은 태을주(太乙呪)를 외우는 수련을 주로 하는 본교(本敎)를 따라야만 이 절박한 삼재팔난(三災八難)의 말세운수를 면할 수 있다는 것으로 해석하였다. 또 같은 비결의 "장육금신(丈六金身) 화위전녀(化爲全女)"라는 구절은 화위전녀의 전녀(全女) 두 글자를 합하면 강(姜) 자가 되는데 이는 금산사의 장육미륵불상이 강증산(姜甑山)으로 화신하였다는 것으로 설명하였다. 또

92 박성수 주해, 앞의 책, 465쪽. 대시국(大是國)은 대시국(大時國)의 오기이다.

같은 비결에 "모악산하(母岳山下) 금불능언(金佛能言) 천관산하(天冠山下) 금인봉새(琴人奉璽)"라는 구절은 모악산하 금산사의 미륵불의 화신 강증산이 창교함으로써 천관산, 곧 정읍 대흥리 앞에 있는 입암산(笠岩山) 머리에 금인(琴人) 차경석이 옥새를 받들어 제위(帝位)에 오른다는 뜻으로 해석하였다. (…) 위에서 말한 같은 비결에 "오오탁탁합위일자연후(烏烏啄啄合爲一字然後) 활로가지(活路可知) 상상구구합위일자연후(上上九九合爲一字然後) 거처가지(去處可知)"라는 구절이 있다. 이는 증산의 성자(姓字)를 전자(篆字)로 표기한다면 좌오(左烏)와 우오(右烏)의 합성된 글자인 강 자(姜字)를 말한 것이라고 해석하였다. 또한 상상구구합위일자는 위와 아래의 구 자(九字) 둘을 합하고 그 속에 상 자(上字) 둘을 위아래로 하여 넣으면 곧 차 자(車字)가 된다는 파자식 방법으로 해석하여 새 운수가 강증산과 차경석에 있다는 것을 예언한 것이라고 설명하였으므로 대개는 이 말을 들은 사람들은 이에 혹하여 입교하는 사람이 날로 늘어갔다.[93]

복잡한 파자 풀이를 통해 강증산과 차경석의 도에 입문할 것을 강조했다. 이와 같은 비결 풀이가 당시에 성행했으며, 의외로 많은 사람들의 호응을 받은 것으로 보인다. 금산사는 증산이 주로 활동한 지역이며, 입암산은 정읍에 있는 산 이름으로 차경석의 교단이 엄청난 규모의 교당을 건설한 곳이다.

인용문에서 말하는 비결의 구체적 이름은 밝히지 않았다. "광축(光丑) 수변괴(雖變怪) 증산(甑山) 통구하(通九夏)", "팔난유오운(八難流午運), 명슬존태을(鳴膝尊太乙)", "장육금신(丈六金身) 화위전녀(化爲全女)", "오오탁탁합위일자연후(烏烏啄啄合爲一字然後) 활로가지(活路可知) 상상구구합위일자연후(上上九九合爲一字然後) 거처가지(去處可知)" 등의 구절은 『정감록』에는 없는 구절의 비결이다. 아마도 당시에 이러한 비결이나 예언이 유포되었을 가능성은 있지만, 현존하는 이른바 『정감록』에는 보이지 않는다.

---

93 홍범초, 앞의 책, 76-77쪽.

한편 "모악산하, 금불능언"과 "천관산하, 금인봉새"는 『정감록』에 자주 나오는 구절이다.[94] 그러나 "장육금신, 화위전녀"라는 구절은 현전하는 『정감록』에 보이지 않는다. 아마도 이 구절은 당시 강증산의 출세를 비결로 풀이하려던 사람들이 만들어낸 것으로 짐작된다.

몇 글자가 다르기도 하지만 천관산과 관련된 『정감록』의 내용은 다음과 같다.

> 母岳山頭金佛能語, 天冠山下琴人奉璽((…) 모악산 꼭대기의 금빛 부처가 말을 하고, 천관산 아래에 거문고 타는 사람이 옥새를 바치리라).[95]
>
> 母岳山頭金佛能言, 天冠山邊琴人奉玉((…) 모악산 꼭대기의 금빛 부처가 말을 하고, 천관산 근처에서 거문고 타는 사람이 옥을 바치리라).[96]
>
> 玉璽奉獻于天冠山下((…) 옥새를 천관산 아래에서 봉헌하리라).[97]
>
> 琴人奉玉璽, 自迎于天冠山下((…) 거문고 타는 사람이 옥새를 받들고, 스스로 천관산 아래에서 맞이하리라).[98]

그런데 "천관산(天冠山)이 곧 정읍 대흥리 앞에 있는 입암산(笠岩山)이다"라는 주장은 틀린 것이다. 천관산은 전남 장흥군에 있는 유명한 산이다. 천관산이 곧 입암산을 가리키며, 『정감록』의 비결에 등장하는 금인(琴人)이 바로 차경석이라고 해석하여, 장차 차경석이 옥새를 받들어 제위(帝位)에 등극한다고 풀이하기도 했다고 전한다. 입암산 정상에 있는 바위 모습이 마치 임금이

---

94 「운기구책」, 『정감록』(한성도서주식회사, 1923); 안춘근, 앞의 책, 1973, 497면.

95 「운기구책」, 『정감록』(한성도서주식회사, 1923); 안춘근, 앞의 책, 1973, 497면.

96 「이토정비결」, 『정감록』(한성도서주식회사, 1923); 안춘근, 앞의 책, 1973, 601면. 옥(玉) 대신 새(璽)로 적힌 기록도 있다. 「호남소전」, 『정감록』(한성도서주식회사, 1923); 안춘근, 앞의 책, 1973, 624면.

97 「감인록」, 『정감록』(한성도서주식회사, 1923); 안춘근, 앞의 책, 1973, 607면.

98 「정감문답」, 『정감록』(한성도서주식회사, 1923); 안춘근, 앞의 책, 1973, 643면.

머리에 관을 쓰고 있는 것처럼 보이기 때문이라고 한다.[99] 실제로 전북 정읍과 전남 장성군에 경계하고 있는 입암산은 이 산에 있는 '갓바위'가 마치 초립(草笠)을 쓰고 있는 형상을 하고 있어서 붙여진 이름이다.[100]

전남 장흥에 있는 천관산이 엄연히 존재한다는 점에서 정읍의 입암산이 천관산이 될 수는 없다. 다만 굳이 입암산의 '갓바위'를 연상하여 천관산이라고 해석할 여지는 있지만, 앞 구절에 나오는 모악산이 김제에 실재하는 것과 연관시켜본다면 뒷 구절의 천관산도 장흥에 있는 산을 가리킨다고 보는 것이 옳다. 특정한 예언과 비결 구절에 대한 해석은 자유지만, 보다 상식적인 선에서 해석해야 한다는 점은 명백하다.

한편 차경석이 하필이면 함양에서 하늘에 제사를 지낸 일도 비결에 따른 해석에 부응하기 위해서라는 전언이 있다.

> 차경석이 함양(咸陽) 땅에서 두 차례의 고천제(告天祭)를 행한 것은 전래의 비결에 진인(眞人)이 함양(咸陽) 상림원(上林院)으로부터 나온다는 내용에 의한 것이었다.[101]

"진인이 상림에서 출현할 것이다."는 비결은 성인출어함양지림(聖人出於咸陽之林)이라는[102] 구절로 『정감록』 「요람역세」에 나온다. 상림원이라는 구체적 지명은 『정감록』에 보이지 않는다. 보다 구체적 지명을 가미함으로써 성인이나 진인이라는 이상적 인물이 출현할 것을 강조한 것이다. 조선시대의 대표적 예언서인 『정감록』의 비결을 적극 반영한 차경석이 자신의 새로운 왕국의 이름과 교단 이름을 함양에서 제천(祭天)함으로써 스스로 진인이라고 주장한 것이다. 당시에 만연하던 『정감록』의 예언과 비결에 대한 새 해석을 내려 차경

---

99 이강오, 『한국신흥종교총감』 (대흥기획, 1992), 247-248쪽.

100 김재영, 『보천교와 한국의 신종교』 (신아출판사, 2010), 90쪽.

101 홍범초, 앞의 책, 77쪽.

102 「요람역세」, 『정감록』(한성도서주식회사, 1923); 안춘근, 앞의 책, 1973, 530면.

석이 새 왕국을 세울 것이라고 강조했다.

이러한 차경석의 천자등극설에 대해 다음과 같은 평가가 있다.

> 차경석의 갑자년 등극설은 갑오년 동학혁명과 끊임없는 의병의 저항 그리고 기미년 독립만세운동 실패 후 조선 민중이 다시 한 번 가져본 나라의 독립에 대한 꿈이었다고 볼 수 있다.[103]

일제의 탄압과 지배를 벗어나 새 나라를 세우고자 열망했던 당시의 민중은 이제 종교운동을 통해 조국의 독립을 기원했던 것이다. 보천교가 창립된 지 불과 수년 만에 엄청난 교세를 지닌 대교단(大教團)으로 성장하게 된 결정적 계기가 바로 '새로운 형태의 독립운동'이었다는 지적이다. 이와 관련하여 1920년대 초는 3.1운동이 실패로 돌아간 뒤, 우리 민족이 구심점을 상실하고 있던 시기였고, 이때 등장한 보천교의 천자등극설(天子登極說)은 보천교가 독립을 염원하며 암암리에 독립운동을 추진하는 민족종교라는 인식을 갖기에 충분했다는 평가가 있다.[104]

전라북도 무주군 이원선의 1923년 5월 21일자 전주지방법원 금산지청의 판결문에 다음과 같은 내용이 있다.

> 보천교를 믿으면 병에 걸리지 않고 일가가 편안할 뿐만 아니라 1923년 12월 30일에는 조선이 독립하여 교주 차경석이 천자(天子)로 즉위할 것인데 그때 보천교 신자는 상당한 지위를 얻게 되고, 신자가 아닌 자는 사망하거나 비참한 상황에 빠질 수밖에 없다.

갑자년(1924)이 아니라 직전인 1923년 12월 30일에 조선이 독립할 것이

103 홍범초, 앞의 책, 82쪽.

104 김재영, 「보천교 천자등극설 연구」, 『한국종교사연구』 제9집(한국종교사학회, 2001)을 참고.

라고 예언한 점이 특기할 만하다. 그 이외의 주장과 예언은 앞에서 살펴본 내용과 대동소이하다.

한편 1923년 호소이의 저서에 따르면 다음과 같은 내용이 있다.

> 충청남도 예산군 고덕면(高德面) 부근의 마을에 퍼진 이야기에 따르면 고래(古來)의 비결에 왜왕(倭王) 3년을 지나 가정(假鄭) 3년이 되면 실제의 정왕(鄭王)이 출현하여 공주군 계룡면 계룡산 신도(新都)에 나라를 수립할 것이라고 한다. 왜왕 3년은 총독(總督) 3대(代), 즉 데라우치(寺內), 하세가와(長谷川), 사이토(齋藤)를 가리키고, 가도(假都)는 가정부(假政府) 3년을 가리키는 것으로, 대정(大正) 10년(1921)에 반드시 독립할 것이라는 말이다.[105]

충청도 지역에 전하는 비결 해석에 의하면 일제의 총독 정치가 3대를 지난 후에 임시정부 3년을 지나 1921년에는 조선이 필히 독립할 것이라고 한다. 당시 긴박하게 전개된 역사적 상황을 반영하여 임시정부 수립 후 3년째가 되는 해에는 조선의 독립이 실현될 것이라는 예언이 유포되었고, 이를 믿는 사람들이 상당수 있었다는 보고다. 일제의 총독을 지낸 3명의 구체적 이름이 제시되었고, 1919년 4월 중국 상해에서 임시정부가 수립된 일도 새로운 정씨(鄭氏) 진인(眞人)이 출현하여 계룡산 신도안에 새 왕조를 건설할 것이라는 희망찬 예언의 해석에 적극 반영된다. 요컨대 진인이 나와서 계룡산에 새 나라를 세울 것이라는 예언이 1921년에는 이루어질 것이며, 그 전 단계의 역사적 사건으로 일제의 3대에 걸친 총독정치와 임시정부의 3년간 활동이 제기되었던 것이다.

1923년 3월에는 경북지방에서 다음과 같은 사건이 발생했다.

---

105 호소이(細井肇), 앞의 책, 1973, 667면. 문맥상 앞에 나오는 가정(假鄭)은 가도(假都)의 오기로 보인다.

경북 예천군에 사는 금병석은 원래 보천교의 신자인데, 작년 음력 8월경에 충북 단양면장 박운업에게 대하여 보천교는 상해가정부의 연락이 있는 종교단체로, 한국군대가 조선에 쳐들어와서 조선을 평정할 때에는 보천교주 차경석이가 임금이 될 터이니 그 교에 들라 하였고 (…)[106]

위의 인용문에 따르면 "보천교는 상해임시정부와 연락을 주고받는 종교단체"로 규정된다. 금병석이라는 보천교 신자는 상해임시정부와 관련이 있는 군대가 장차 조선에 들어와 조선을 평정할 것이라고 주장하고, 이때 보천교의 교주 차경석이 새로 임금이 될 것이라는 예언을 퍼뜨렸다. 보천교의 독립운동 관련혐의는 이제 실제적인 군사 사건과도 연관되는 곧 실현될 일로 믿어졌다.

충청남도 공주군 강태규의 1923년 4월 4일자 경성복심법원 판결문에 다음과 같은 내용이 있다.

강증산을 조상이라 하고 차경석을 교주로 하는 태을교(太乙教)라는 종교유사단체가 있었는데 (…) 강증산이 출두하고 조선을 통일하는 데 있어서 교당을 준비해놓을 필요가 있으니 (…) 태을교는 옥황상제(玉皇上帝)를 존숭하고 본부는 전북 정읍군에 있다. 교주는 차경석으로 (…) 태을교의 선생 차경석이 계룡산 새 도읍 내에서 천자(天子)의 위치에 오르기 위한 운동으로 (…) 장래 차경석이 천자가 되면 조선은 독립하기 때문에 신도는 모두 고위고관에 오르고 (…)

증산이 다시 출세할 것이라는 예언이 알려졌음이 확인된다. 예언 실현의 주체가 교조인 증산이라고 강조했던 것이다. 물론 태을교에서 믿는 옥황상제는 증산이다. 차경석이 천자로 등극하는 일은 곧 조선의 독립을 의미한다. 따

106 「면장에게 전도한 보천교도」, 『동아일보』 1923년 3월 22일. 금병석은 보안법 위반으로 징역 8개월을 선고받았다.

라서 당시 일제는 태을교를 경계하고 적극적으로 탄압할 수밖에 없었다. 종교운동이 정치활동으로 여겨졌던 것이다.

1923년 7월에는 황해도에서 보천교도가 금전사취의 혐의로 체포되었다.

> 황해도 안악에 사는 보천교인 박래필은 (…) 얼마 되지 아니하여 이 세상이 한번은 번복이 되는 때에는 보천교에서 정권을 잡을 터이니, 지금 200원을 낸 사람은 군수를 시키고, 20원 이상을 낸 사람은 면장을 시킬 터이니, 이 기회를 잃지 말고 돈을 내라 하여 (…)[107]

보천교인으로서 내는 헌금액의 다수에 따라 새로운 나라에서의 관리직이 보장될 것이라는 내용이다. 보천교의 헌금제도 자체가 새로운 나라의 관료조직과 관련이 있다는 믿음이 반영되었다. 이 기사도 "보천교가 곧 정권을 잡을 것이다"라는 예언과 관련이 있다.

한편 1923년 8월 2일자 『동아일보』에 「유정근 외 오인은 필경 검사국에, 김좌진의 청구로 군자금을 모집한 사실 발각」이라는 기사가 있다. 보천교도 신찬우가 김좌진의 부하가 되어 군자금 모집을 의논하고 조선에 들어와 군자금을 모집하는 동시에 보천교 교주 차경석을 만주로 데려올 계획을 세우다가 경찰에 발각되었다고 한다. 당시 많은 사람을 모아 교세가 확장일로에 있던 보천교의 조직과 대중의 힘을 이용하고자 만주에서 항일무장운동을 추구하던 김좌진 측에서 국내에 사람을 보내 "군자금을 모집하려고 보천교 교주 차경석을 만주로 데려가고자 시도했다"는 것이 사건의 요지다. 실제로 이러한 의도가 실행되지는 않았기 때문에 상세한 분석을 시도할 수는 없지만, 항일무장투쟁을 위한 군자금 확보를 위해 보천교의 세력과 조직이 포섭대상이 되었다는 사실은 알 수 있다.

1923년 8월호 『개벽』에는 다음과 같은 기록이 보인다.

---

107 「보천교 선교사가 허탄한 말로 백성을 속이고 돈을 사취」, 『동아일보』 1923년 7월 16일.

『정감록』의 전설은 마침 조선인심과 부합되야 수(遂)히 정치미신단체를 형성함에 지(至)케 되엿나니 이것이 곳 차천자적(車天子的) 무지(無知)를 탄생케 하엿스며 (…)[108]

『정감록』에 대한 조선인의 열망과 신앙이 인심에 응하여 "정치미신단체"를 이룬 것이 바로 차경석의 보천교신앙이라는 주장이다. 당시에 보천교에 대한 인식이 단순한 종교단체가 아니라 정치적 결사체이기도 하다는 입장을 반영한 것이다. 그리고 보천교의 천자등극설의 기반이 되는 원초적 신앙이 『정감록』의 예언을 믿는 조선 민중의 염원이 발현된 것이라고 강조한다. 새로운 진인의 탄생과 신 왕국의 건설이라는 『정감록』의 핵심주제가 이어져 보천교 교주 차경석이 주도하는 새 왕조의 수립이라는 예언으로 변모되었다고 설파한다.

이와 같은 주장은 『개벽』의 다른 기록에서도 다음과 같이 확인된다.

보천교의 종지(宗旨)는 별것이 안이라 이재궁궁(利在弓弓)이오.[109]

차씨가 이 지명을 이용하야 세인을 미혹케 하는 것이다. 『정감록』에 소위 신인(神人)이 자해도출(自海島出)이라 한 말을 이 해도에다 부치며 기타 계룡(鷄龍)이니 무엇이니 하는 것을 모도 다 『정감록』과 비준하야 혹세무민한다.[110]

비봉산인이라는 필자는 보천교의 종지가 이재궁궁이라고 주장한다. "(앞으로 다가오는 세상에서는) 이로움이 궁궁(弓弓)에 있을 것이다"라는 『정감록』의 핵심적인 비결이 보천교의 종지라는 주장은 보천교의 교리체계가 거의 대부

108 저암(猪巖), 「암영중에 무쳐잇는 보천교의 진상」, 『개벽』(1923. 8월호), 31면.

109 비봉산인(飛鳳山人), 「정읍의 차천자를 방문하고」. 『개벽』(1923. 8월호), 37면.

110 위의 논문, 38면.

분 정감록적 믿음과 토대에서 발생한 것이라는 논지다. 궁궁을 어떻게 해석해야 하는지에 대한 설명은 없지만, 비봉산인은 보천교가 실은 『정감록』 신앙의 탈바꿈이라고 강조하고 있다.

이재궁궁은 이재양궁(利在兩弓)이라는 표현으로 현전하는 『정감록』 「징비록」에 나온다.[111] 그리고 이어양궁(利於兩弓)이라는 표현도 전한다.[112]

나아가 비봉산인은 차경석이 『정감록』에 나오는 "신인(神人)이 해도(海島)에서 출현할 것이다"라는 기록을 인용하며, 계룡산 도읍설도 차용하고 있다고 보았다. 즉 그는 보천교의 교리는 『정감록』에 대한 새로운 인용과 해석에 지나지 않는다고 설명한다. 당시에는 보천교의 교리체계나 신앙대상에 대한 이해와 인식이 널리 알려지지 않았기 때문에 그렇게 볼 가능성은 충분히 있다. 어쨌든 보천교의 핵심 교리와 선전내용이 『정감록』의 예언이나 그 해석과 별반 다르지 않다는 인식과 판단이 당시에 있었음이 확인된다.

진인출어해도(眞人出於海島)와[113] 진왕출해도중(眞王出海島中)이라는[114] 비슷한 표현이 현전하는 『정감록』 「동차결」에 보인다. 그리고 직주출어해도중(直主出於海島中)이라는[115] 표현도 전한다.

1923년 9월 26일자 『매일신보』에 「보천교본부를 수사」라는 기사가 있다. 동대문경찰서에서 보천교 진정원장 이종조 등 10명을 체포하여 취조 중인데, 다수의 불온문서를 압수했으나 내용은 비밀이라고 한다. 구체적 내용은 밝히지 않아 알 수 없지만, 보천교 신자가 불온한 조직과 운동에 참여했을 가능성이 있다.

1923년 10월에는 비결에 있는 구절을 믿고 보천교인들이 머리카락을 길렀다는 보고가 있다. 보천교 신도들이 보발(保髮)하는 풍습이 사실 비결에 있

---

111 「징비록」, 『정감록』(한성도서주식회사, 1923); 안춘근, 앞의 책, 1973, 490면.

112 「운기구책」, 『정감록』(한성도서주식회사, 1923); 안춘근, 앞의 책, 1973, 498면.

113 「동차결」, 『정감록』(한성도서주식회사, 1923); 안춘근, 앞의 책, 1973, 549면.

114 「동차결」, 『정감록』(한성도서주식회사, 1923); 안춘근, 앞의 책, 1973, 564-565면.

115 「동차결」, 『정감록』(한성도서주식회사, 1923); 안춘근, 앞의 책, 1973, 555면.

는 구절을 신봉하고 지키려는 행위라는 보고가 있다.

> 전설(傳說)을 들은즉 귀(貴) 교도(敎徒)들이 비결에 있는 "승혈성천(僧血成川)"이란 것을 맹신하고 보발(保髮)한다니 참말 그럿소?[116]

"중의 피가 내를 이룰 것이다"라는 구절은 승혈만강(僧血滿江)이라는[117] 표현으로 『정감록』「감결」과 「감인록」에 나온다. 원혈성천(寃血成川)이라는 표현과[118] 유혈성천(流血成川)이라는[119] 표현과 분혈성천(噴血成川)이라는[120] 표현도 보인다.

머리를 깎는 일이 불길한 앞날을 예고하는 일이라는 믿음이 반영되어 보천교인들이 이를 피하기 위해 머리를 길렀다는 내용이다. 『정감록』에 나오는 비결을 나름대로 풀이하여 다가올 재앙을 물리치고 재난을 면하기 위해 전통적인 복색과 보발 풍습을 지켰다는 것이다. 보천교도들이 『정감록』의 구절 하나하나를 믿고, 머리카락을 깎는 일이 승려와 같다고 보고 이들의 피가 내를 이룰 것이라는 예언을 믿고, 이러한 재앙에서 벗어나기 위해 머리카락을 길게 길렀던 것이라는 이야기이다. 개화의 상징인 단발이 유행하던 당시의 세태와 달리 보발을 굳이 강조했던 보천교의 신행이 실은 『정감록』에 나오는 비결을 해석한 것이라는 입장이다.

전라북도 익산군 임재근의 1923년 12월 24일자 공주지방법원 판결문에 다음과 같은 내용이 있다.

---

116 일교인(一敎人), 앞의 논문, 37면.

117 「감결」, 『정감록』(한성도서주식회사, 1923); 안춘근, 앞의 책, 1973, 571면. 「감인록」, 『정감록』(한성도서주식회사, 1923); 안춘근, 앞의 책, 1973, 613면과 630면.

118 「요람역세」, 『정감록』(한성도서주식회사, 1923); 안춘근, 앞의 책, 1973, 527면.

119 「감결」, 『정감록』(한성도서주식회사, 1923); 안춘근, 앞의 책, 1973, 568면.

120 「감결」, 『정감록』(한성도서주식회사, 1923); 안춘근, 앞의 책, 1973, 589면.

자신은 보천교 신도로서 교주 차경석은 일본, 조선, 중국의 삼국을 통일하고, 1924년 4월 8일 천자(天子)로 즉위하여 일본정치 아래에서 도탄에 빠진 일반 세민(細民)을 구제함을 목적으로 하니 입교하라고 운운하고 (…)

차경석이 천자로 등극하는 것은 조선 한 나라만의 문제가 아니라 일본과 중국까지도 포함하는 전 동양적인 문제라는 주장이다. 갑자년 4월 8일이라는 구체적 날짜까지 제시된다. 예언이 꼭 이루어질 것이라는 점을 강조한 대목이다. 음력 4월 8일은 '부처님 오신 날'이다. 새로운 성인이 이 세상에 오실 때에는 특별한 의미가 있는 날짜여야 될 것이라는 민중의 마음을 헤아린 주장으로 짐작된다.

1924년 1월에는 다가오는 4월 초파일에 차경석이 천자가 되어 계룡산에서 등극식을 가질 것이라는 예언이 있었다.

보천교 교주 차경석씨는 중국, 조선, 일본의 세 나라를 통일하여 천자가 된 후에 대정 13년(1924) 4월 8일에 계룡산에서 즉위식을 거행하고 일본 정치 아래서 도탄의 고통을 받는 인민을 구제할 터인데 (…)[121]

위의 인용문에서 차경석은 조선의 천자가 될 뿐만 아니라 중국과 일본도 통합하는 대제국의 황제가 될 것이라고 강조한다. 천자등극식이 조선의 계룡산에서 열릴 것이라는 주장에서 동양 3국의 중심지가 우리나라가 될 것이라는 입장을 밝혔다. 여기서도 우리나라가 곧 일제의 통치를 벗어나 자유로운 독립국가가 되리라는 예언에 대한 믿음이 확인된다.

양명(梁明)이 쓴 「우리의 사상혁명(思想革命)과 과학적 태도」 『개벽』 제43

121 「보천교주 차경석이 갑자년 사월 초파일에: 조선, 일본, 중국의 천자로 등극한다고」, 『동아일보』 1924년 1월 12일. 익산군에 사는 임재근이 논산에서 한 말이다.

호(1924. 1.)에 "『정감록(鄭鑑錄)』을 이용하야 50만의 미신자를 모아서 자칭 천자(天子) 노릇을 하는 차경석(車京錫)이 잇고"라는 내용과 "우리의 출판계에서 제일 잘 팔니는 책은 무슨 문학이나 과학의 명저(名著)가 아니요, 『정감록(鄭鑑錄)』이다. 갑자년(甲子年)은 아직 되지 아니하엿는대 천자(天子)는 발서 둘[김천자(金天子), 차천자(車天子)]이나 되고 '최제우(崔濟愚) 씨까지 부활(復活)이 되엇다' 한다"라는 내용이 있다.

여기서 김천자는 시천교의 김연국을, 차천자는 보천교의 차경석을 가리킨다. 그리고 수운 최제우까지 부활할 것이라는 예언과 믿음이 성행했다는 보고다. 또한 당시 가장 판매부수가 많은 책이 바로 『정감록』이라고 주장하고, 1924년에 새로운 천자가 등극될 것이라는 믿음이 성행했다고 한다. 이 역시 새로운 왕이 등장하여 장차 일제의 통치가 종식될 것이라는 예언과 관련이 있다.

1924년 4월 1일자 『동아일보』에 「보천교에 군자금 모집 협의로 정읍 경찰에 잡히었다」라는 기사가 있는데, 정읍경찰서에서 보천교 본소 부근에 출장하여 김 모(某)라는 청년을 잡아 취조 중인데 그는 상해임시정부에서 온 사람으로 보천교에 군자금 모집 차 온 것이라는 내용이다. 당시 일제 경찰은 보천교의 자금동원력과 방대한 조직이 상해임시정부와 관련이 있을 가능성에 대해 예의주시하고 있었음이 확인된다.

한편 청오(靑吾)가 지은 「호남잡감(湖西雜感)」 『개벽』 제46호(1924. 4.)에 "지나인(支那人)의 상업상 세력은 또 경시치 못할 것이다. 하지방(何地方)을 물론하고 여간한 도시에는 지나인의 상점이 독권(獨權)을 점하고 촌에는 당목(唐木), 광목(廣木), 물감 등 물(物)을 가지고도 부단니는 자가 퍽 만어서 조선인(朝鮮人)으로는 도저히 상업상 쟁형(爭衡)을 못한다. 『정감록(鄭鑑錄)』에 어양망어고월(魚羊亡於古月)이라더니, 충남(忠南)은 참 지나인에게 상업상 정복을 당하얏다"라는 내용이 보인다.

『정감록』에 나오는 "조선은 중국 오랑캐에 의해 망할 것이다"라는 구절을 실제 중국과 조선의 경제적 상황과 상권의 독점과 관련하여 풀이한 것이다. 이처럼 어쩌면 일상적이고 현실적인 역사적 전개마저도 『정감록』의 비결과 연관시켜 이해하고 있었다.

“어양망어고월”이라는 구절과 비슷한 “고월망어어양(古月亡於魚羊)”이라는 표현이 현전하는 『정감록』 「징비록」, 「동차결」, 「감결」에 보인다.[122] 해석은 거꾸로다. 조선이 오랑캐에게 망할 것이라는 구절이 원래는 오랑캐가 조선에 망할 것이라는 점이 확인된다. 그리고 어양(魚羊)이 망하기 전에 광서(光緖)가 먼저 망할 것이라는 표현은[123] 『정감록』 「동차결」에 보인다.

1924년 7월 13일자 『매일신보』에 「황당무계한 망설(妄說)로 사기(詐欺)한 보천교도, 조선왕이 된다고 속이고서 미성년자에게 천원을 편취」라는 기사가 있는데, 주요 내용은 다음과 같다.

> 1923년 10월에 (…) 장차 세계가 변경되는 동시에 일본은 큰불로 망하고, 조선은 병으로 망하고, 서양은 물로 망한다 함은 강증산(姜甑山) 천사(天師)의 예언으로 금번에 일본에서 지진이 있는 것만 보아도 명백하며, 그 후에는 차경석이가 조선의 왕이 되면 일본인은 전부 귀국한 후 곧 모두 멸망할 뿐 아니라 각국까지 전부 점령할 터이니, 지금 속히 보천교에 입교하여 육임(六任)이 되면 의식은 물론이요, 자못 부귀를 누리리라라고 꾀이고

1924년 9월 17일자 『동아일보』에 「보천교 혁신회」라는 기사가 보인다. 신 구 양파로 나뉘어 내홍을 겪어 경성 보천교진정원에서 보천교혁신회 발기회를 가졌다는 내용이다.

1924년 9월 17일자 『시대일보』에 「박멸을 자창(自唱)하는 보천교의 내홍(內訌)」이라는 기사가 있다. 보천교를 혁신하지 않으면 없애자고 신파와 구

122 「징비록」, 『정감록』(한성도서주식회사, 1923); 안춘근, 앞의 책, 1973, 493면. 「동차결」, 『정감록』(한성도서주식회사, 1923); 안춘근, 앞의 책, 1973, 549면. 「감결」, 『정감록』(한성도서주식회사, 1923); 안춘근, 앞의 책, 1973, 581면과 601면.

123 「동차결」, 『정감록』(한성도서주식회사, 1923); 안춘근, 앞의 책, 1973, 549면.

파가 나뉘어 야단법석을 떤다는 내용이다.

1924년 9월 무렵의 보천교도 숫자가 약 30만 명이라는 기사가 있다.[124] 그리고 1924년 9월 29일자 『시대일보』에 「전(全) 조선적으로 박멸, 민중과 단체는 단결하여 보천교 내막 조사 보고회 결의」라는 기사가 있다. 당시에 전국 각지에서 보천교에 반대하는 집회가 열리기도 했다.[125]

1924년 10월 10일자 『시대일보』에 「장리 놓는 차천자」라는 기사에 "계룡산 도읍을 꿈꾸던 무식한 지아비와 어리석은 지어미들"이라는 표현이 보인다. 보천교를 신앙하는 무리들이 실은 계룡산 도읍설을 믿었다고 주장한 것이다. 즉 보천교신앙은 『정감록』신앙의 변형이라는 이해이다.

1924년 10월 12일자 『시대일보』에 「보교(普敎) 분쟁 완력화」라는 기사가 있다. 1924년 10월 14일자 『시대일보』에 「차천자 궁궐내에 혁신지회의 발회식 거행」이라는 기사가 있다.

1924년 11월 무렵에 김좌진(金佐鎭, 1880-1930)이 큰 어려움을 겪고 있을 당시에 보천교에서 김좌진에게 군자금을 지원한 일이 있다. 이 사건 관련 자료는 다음과 같다.

> 아세아국 제3과
> 비(秘) 관기고수(關機高授) 제3243호
> 대정 13년 11월 26일
> 관동청 경무국
> 임시보 제440호

124 보천교 내막 조사보고회는 (…) 더구나 30만이나 되는 대다수의 군중이 이와 같이 허무맹랑한 교리를 신봉하고 「보천교 박멸 절규」, 『동아일보』 1924년 9월 29일.

125 1924년 10월 3일자 『시대일보』에 「목포 무산(無産)청년회의 보천교 성토 연설」이라는 기사가 있다. 『동아일보』 1924년 9월 29일자에 「보천교 박멸 절규」라는 기사가 보인다.

김좌진, 군자금을 얻다.

근년에 김좌진은 자금부족으로 부하를 해산하고 오로지 활동불능의 상태가 되었으나 금년 봄 조선 내 보천교 교주 차경석과 연락하여 만주 별동대로서 행동하게 되어, 지난 10월 초순 교주 대표 모(某)가 영고탑(寧古塔)에 와서 금 2만여 원의 군자금을 줌으로써 이 돈으로써 옛 부하를 소집하고 (…)[126]

『개벽』 제54호(1924. 12.)의 「갑자년(甲子年)과 조선(朝鮮)의 득실여하(得失如何)」에 다음과 같은 내용이 보인다.

차천자(車天子) 등극도 일장 환몽이 되여버리고 해동진인(海東眞人)도 아주 쑥 들어가버려섯다. 그리하야 기십만의 우부우부(愚夫愚婦)에게 낙심천만만 주고 말앗다.

갑자년 3월이나 4월에 천자로 등극할 것이라는 보천교의 주장과 믿음이 그해 말이 되자 허위로 끝났다는 내용이다. 그러나 예언했던 시점이 지나더라도 예언의 실행일은 해석의 오류나 잘못된 이해에서 비롯되었다는 그럴싸한 설명에 힘입어 다시 연기되기 마련이다. 차경석의 갑자년 천자등극설은 그 후 기사년(1929) 등극설로 미루어졌다.

『개벽』 제54호(1924. 12.)에 차천자(車賤者)라는 필명으로 쓴 「창피막심(昌皮莫甚)한 보천교(普天敎)의 말로(末路)」라는 기사의 내용은 다음과 같다. 차천자(車賤者)는 차천자(車天子)를 자처하는 차경석을 조롱하는 표현이다.

㉠ 보천교의 파멸은 기지(旣知)한 사실

본지(本紙) 작년 8월호에 게재된 저암군(猪岩君)의 「암영(暗影) 중에 무

126 『정읍 신종교와 민족운동사 규명 학술용역』(충남대학교 유학연구소, 2014), 124쪽에서 재인용.

처 잇는 보천교의 진상」이란 논문을 독(讀)한 이는 누구나 물론하고 보천교의 흑막 여하를 대개 알엇슬 것이다(타 방면으로도 알겟지만). 그리고 또 그 논문의 말단에 보천교의 장래 여하를 논함에 「보천교의 수명이 장구햐라 단명하랴 함은 전혀 조선 사회의 발전이 지(遲)하냐 속(速)하냐 하는 문제와 직접 관계를 가진 것이다. 만약 조선 사회의 장래가 과거 혹은 금일과 가티 일반 민중의 사상이 암흑하다면 그에 짤하서 보천교의 수명도 장(長)할 것이오, 그러치 안이하고 사회의 사상이 금일 이상으로 발전이 된다 하면 보천교의 멸망은 명약관화(明若觀火)할 것이다. 하고(何故)오 하면 보천교의 신념과 행동이 근본으로부터 사회의 암흑면을 교묘히 이용한 까닭인 고로 사회의 암흑면이 철폐됨에 짤하 미신도 점멸(漸滅)할 것임으로써라 [하략(下略)]"라는 구절이 잇는 것도 아즉까지 일반 독자의 기억이 남어 잇슬 줄로 안다. 과연 참 그럿타. 보천교는 원래부터 무슨 견고한 신념이라던지 확실한 주의라던지 희생적 역사를 가진 단체가 안이오, 단지 과도시기의 암흑한 사회에 잇서서 인민의 무지몽매함을 이용하야 일시의 정치적 미신과 사기적 수단으로 집합된 단체인 고로 그 암흑한 과도의 시기만 일과(一過)하면 마치 공중의 신기루와 음중(陰中)의 망량형(魍魎形) 모양으로 삽시(霎時)에 소멸되고 말 것이다. 금일의 보천교가 파멸의 비운에 임한 것은 결코 우리 조선 사회에 새삼스럽게 발생된 사실이 안이오, 찰아리 전일(前日)부터 일반이 이미 확지(確知)한 단안(斷案)의 사실이라 가위(可謂)하겟다. 일층(一層) 극단으로 논하면 아모리 암흑한 우리 조선 사회에서라도 보천교가 아즉까지 잔명을 보지(保持)하고 잇는 것은 오히려 일종 기괴의 현상이라 운(云)치 안이치 못하겟다.

㉡ 민중은 벌서 각오하얏다

보천교가 그와 가튼 별별 기괴한 미신 사기의 수단, 방책을 농(弄)하야 우부우민(愚夫愚民)을 기만하되 우리 일반 사회에서는 이때까지 그것을 관망묵과(觀望黙過)하고 하등의 제재와 토주(討誅)가 별로 업섯슬 뿐 안이라 엇던 점으로는 다소 기대까지도 잇섯다. 그것은 결코 피등(彼等)의 맹랑허무한 소위 "개안(開眼)되야 옥황(玉皇)을 맛나본다"는 교설(敎說)에 다소

간 진리가 잇서서 그런 것도 안이오, 차천자(車天子)가 갑자년(甲子年)에 대시국(大時國)을 건설하면 우리 민족을 가(可)히 구제하리라는 미신적 희망을 두어 그런 것도 안이오, 또는 피등(彼等)의 망언하는 흑우(黑牛)가 황금을 산출하야 우리 무산대중(無産大衆)의 기아를 일시에 면해주리라고 해서 그런 것도 안이다. 다만 잘 모왓스나 못 모왓스나 호왈백만(號曰百萬)의 단체이라닛가 지리멸렬한 조선 사회에서 그것이나마 두어서 상당히 지도하고 이용하면 장래 유익한 점이 잇슬가 생각한 까닭이다. 그러나 피등(彼等)은 아모 각성과 개오(改悟)가 업고 갈사록 극악궁흉(極惡窮凶)의 짓을 더하야 전일(前日)의 비밀리에서 행하던 괴술(怪術)을 금일(今日) 공공연하게 감행하고 개인적 역행(逆行)이 점차 단체적 역행화(逆行化)하야 우리 민족에게 대치욕을 이(貽)하고 우리 신(新) 운동에 대방해를 가(加)한다. 이것이 엇지 우리 일반 사회에서 영구히 관망하고 영구히 용인하며 또한 무슨 기대가 더 잇슬 것이냐. 일반의 민중은 벌서 각오하고 근본적으로 보천교를 박멸치 안이하면 안 될 줄로 확신하얏다. 작년 진주(晋州)에서 제일봉(第一鋒)으로 성토강연(聲討講演)이 닐어나 피등(彼等) 죄악을 공개하고 또 본지(本紙)에서 엄정한 필봉을 가하야 피등(彼等)의 암흑한 진상을 적나라하게 세(世)에 발표한 후로 계(繼)하야 금년에는 『시대일보』(時代日報) 문제를 도화선으로 하야 각 단체 각 보관(報舘)에서 동구일성(同口一聲)으로 피등(彼等)을 성토하얏다. 딸하서 자체 교도 중에서도 반기를 거(擧)하고 혁신운동을 기(起)하야 소위 보천교혁신회를 조직하고 "재래(在來) 제도의 타파, 시대사조에 순응"하자는 격문을 차천자(車天子)에게 전하야 최후 육박(肉迫)까지 하얏다. 소위 차천자는 아모리 "천하지하(天下地下) 천상지상(天上地上)"의 설(說)로 인민을 우혹(愚惑)케 하랴 하야도 이미 그 자체로부터 파열이 생겻다.[천(天)은 천간(天干)의 의(意)니 천하(天下)는 즉 천간(天干)의 하계(下癸)요, 지(地)는지지(地支)의 의(意)니 지하(地下)는 지지(地支)의 하해(下亥)를 의미함이다. 방차(倣此)하야 천상(天上)은 갑(甲), 지상(地上)은 자(子)니 작년 세말(歲末)에 차씨(車氏)가 비결(秘訣)이라고 교도에게 분급(分給)한 것이다].

ⓒ 청보(青褓)에 싸인 개똥은 냄새가 나고야 만다

이와 가티 외부로 사회의 비상한 공격을 밧고 내부에 복심(腹心)의 치명환(致命患)이 생겨 사면초가 중에 근화(槿花)의 일몽(一夢)을 놀내인 차천자(車天子)는 다시 전일(前日)의 부귀번화(富貴繁華)를 만회할 도리가 업섯다. 계룡산을 암행하야 신도(新都) 터를 바라보와도 사태(沙汰)에 버서진 백석(白石)만 암암(巖巖)할 뿐이오[차씨(車氏)가 정감(鄭鑑)의 계산석백설(鷄山石白說)을 숭배함], 제영봉(帝營峯)[정읍(井邑) 대흥동(大興洞) 전산(前山)]에 올라 옥황상제를 면회하야도 묵묵무어(默默無語)할 뿐이다. "무애발지역(務愛髮之逆), 필애연죽지장(必愛煙竹之長)"이란 팔임(八壬)의 교첩(敎帖)을 발행하얏스나 뾰죽한 수와 긴 계책이 별로 업고 [동교(同敎) 소위 팔임교첩(八壬敎帖)에 상기(上記)한 문구를 기(記)하고 교도 단발을 금하고 장죽(長竹)을 지(持)하게 함], "천지분분종동세산천적적조수추(天地紛紛鍾動世山川寂寂鳥收秋)"란 비결을 이용하야 대종(大鍾)을 주(鑄)하얏스되 그 역(亦) 추수기의 가망이 전혀 업다[차씨(車氏)가 우(又) 상기 비결을 이용하야 교인에게 시저(匙箸)를 모와 금년 3월 이내에 대종(大鍾)을 주(鑄)하면 추수기에 등극한다 하얏스나 기역(其亦) 상금(尙今)까지 완성치 못함], 가지(加之) 다년간 차씨의 복마전(伏魔殿)에 잠재하야 허다의 풍설괴계(風說怪計)를 고출(做出)하던 유일의 고문(顧問)인 채규일(蔡奎一)도 이미 고비원주(高飛遠走)하야 후책(後策)을 문(問)할 곳이 업섯다[채씨(蔡氏)는 원(元) 완도(莞島) 역학자인데 보천교의 각종 미신의 운명설은 다 채씨가 고출(做出)하다가 임경호(林敬浩), 문정삼(文正三) 등 세력 암투에 축출됨]. 이에 번민과 고뇌에 쌔힌 차씨는 백이사지(百爾思之)하다가 정신이 착란하고 이상이 생겨서 "조지장사(鳥之將死) 기명야쇠(其鳴也哀)"격으로 최후에 전일 김정곤(金正坤)[소위 추방주(秋方主)], 민영성(閔泳晟)[경북(慶北) 진정원장(眞正院長) 역겸(亦兼) 방주(方主)] 등의 헌책(獻策)한 당국친화설(當局親和說)을 부활케 하야 [금년 1월에 보천교에 재정이 극군(極窘)하야 차씨가 방주회(方主會)를 개최하고 선후책(善後策)을 논하얏는데 민김(閔金) 양인이 당국과 잘 교섭하야 일선융화(日鮮融和)를 철저히 하면 재정이 융통되리라는 설을 주창함] 차씨의 복심(腹心)인 임경호(林敬浩)[동교(同敎) 총령원장(總領院長)] 문정삼(文正三)[전북 고창인(高敞人), 연 44벽(擘) 무학식(無學識), 인격이여차씨자소교유(人格而與車氏自少交遊), 차씨제일신임(車氏第一信任), 금위총정원장(今爲摠正院正)], 이달호(李達濠)[경북 성주인(星州人), 연(年) 37, 금위춘방주(今爲春方主)] 이하 제방주(諸方主)와 상의하고 [금년 9월 19일 동교(同敎) 강선회시(綱宣會時)] 인(人)을 일본에 파견하야 중앙정부 급(及) 정당의 양해를 득(得)하고 그 배경하에 다시 무슨 운동을 개시코자 하얏스니 차(此)가 즉금(卽今) 세간에 유전하는 소위 차천자출세설(車天子出世說)이다. 그러나 재정의 곤란이 극도에 달한 보천교는 그 인원의 파송할 노비(路費)까지도 판출(辦出)할 도로가 업서서 최후침선파부정(最後沉船破釜鼎) 셈으로 차씨가(車氏家)의 가장십물(家庄什物) 을 전집(典執)하야 제1회로 근(僅)히 2천 원을 준비하고, 또 각지 교인에게 "금번에 총독부에서 행정정리를 하야 일본인 관리 약 3분의 1 이상을 도태하고 기대(其代)로 조선인을 임용할 터인데 우리 보천교가 이 시기에 잘 활동만 하면 그 관리는 보천교도가 다 어더하고 딸하서 미구에 정권도 보천교에 귀하리라는 맹랑망탄(孟浪妄誕)의 설(說)을 암포하야 교묘히 4천여 원을 모집하얏다. 차(此) 6천여 원의 자금을 득(得)한 차씨는 다시 임경호, 문정삼 양인을 대표교섭위원으로 정하고 김준식(金俊植)을 통역으로 선(選)하야 소위 종교시찰이라는 명의로 일본에 파송하게 되얏다. 이 만반(萬般)의 위임을 수(受)한 임경호, 문정삼은 몬저 경성(京城)에 와서 전일에 추파를 암송(暗送)하던 소위 11단체 각파 유지연맹(有志聯盟)과 악수한 후 일본으로 가랴고 경성에 왓섯다. 그때는 (10월경) 마참 미기옥당군(尾崎愕堂君)이 수렵차로 경성에 체류하던 중이엿다. 평소부터 일본의 정객을 연결하랴고 계획 중이던 임문(林文) 양인은 천재일우의 호(好)기회라 하고 각파 유지연맹의 간부인 채기두(蔡基斗), 이희간(李喜侃) 등의 소개로 미기군(尾崎君)을 면회하고 자기의 소회(所懷)를 말하얏다. 그러나 미기군(尾崎君)은 객중에 잇서서 하등의 성원할 도리가 업슴으로 후일에 귀국한 후 극력성원한다 약속하고 또 모모(某某) 정객에게 소개장을 텽주엇다. 임문(林文) 양인은 다시 정읍에 가서 차씨에게 보고하고 즉시 일본으로 갓섯스니 때는 금년 음 9월 20일경이엿다. 차(此) 양인은 소위 도관도복(道冠道服)의 독갑이탈 가튼 복색으로 동경(東京)에 가서 제국(帝國)호텔에 유숙하얏다[기후(其后) 도관(道冠)은 자심(自心)에도 기괴한 생각이 낫던지 탈기(脫棄)하고 재래의 갓을 썻다]. 각 단체는 물론이고 각 정당을 방문하는 중 특히 헌정회(憲政會) 소개로 가등수상(加藤首相)을 면회하얏는데 가등(加藤)수상은 임문(林文) 양인에게 원래(遠來) 방문한 것을 사(謝)하고 조소 비슷하게 "일선(日鮮) 양(兩) 민족(民族)은 원래 동근동족(同根同族)이오, 또 병합(併合) 금일(今日)에 융화를 할 것은 갱언(更言)할 필요가 업다. 그러나 종교와 정치가 호상(互相) 방면이 상이하야 간격이 혹 유(有)한 것은 심히 유감으로 사(思)하는 바 특히 조선에 잇서 그런 감이 절실하다. 그대들이 출선하야 일선융화(日鮮融和)를 주(主)함은 참 감사하다. 그러나 그대들이 아즉까지 상투가 잇고 일어(日語)를 해(解)치 못하야 나와 의사를 잘 통치 못하니 심히 유감이다. 나도 신임 하강(下岡) 정무총감(政務總監)에게 부탁하려니와 그대들도 조선통치에 직접관계자인 하강군(下岡君)을 친히 면회하라"고 말하고 소개까지 하야주엇다. 그 후 임문(林文) 양인은 하강군(下岡君)을 누누(屢屢) 면회하야 여러가지의 사정을 말하고 또 천장절일(天長節日)에는 4천 원의 거액으로 헌성(獻誠)까지 하고 일방(一方)으로 참정권 운동하기 위하야 동경(東京)에 체재 중인 각파 유지연맹과 연락을 취하야 동일한 보취(步趣)를 하기로 약(約)하얏다.

이상은 당시 일본 모모(某某) 신문에 기재되고 또 동교(同敎) 중요간부가 본(本) 기자에게도 언명한 사실이어니와 소위 경성(京城) 보천교총령원(普天敎總領院) 출장소(出張所) 주임(主任)으로 잇는 춘방주(春方主) 이달호(李達濠) 군은 하(下)와 가티 또 본(本) 기자에 대하야 성언(聲言)한다.

"세간에서 본교가 유지연맹(有志聯盟)과 합하야 참정권을 운동한다 함은 무근(無根)의 설이다. 우리는 종교인이닛가 보통 사람처럼 민족주의나 사회주의를 가지지도 안코 또 다른 종교처럼 종교의 명의 하에서 민족을 구별하거나 자국만 위하는 사(事)를 하지 안는다. 그리고 보면 일선(日鮮) 융화는 어대까지 주창함이 필요한 줄로 사(思)한다. 세(世)에는 독립운동자가 만흐나 실은 도적놈이 만타. 또 금일 각 사회에서 우리를 아모리 배척하더라도 우리는 다 불관(不關)하고 금전을 잘 모와 실력만 잇스면 장래 자연이 그 배척이 업서지리라"고.

아- 이것이 무슨 최후의 발악이며 비명이냐. 청보(靑褓)에 쌔힌 개똥이 언제던지 악취가 나고야 말 것이다. 그러나 금일 우리 사회에 비록 잠시 소멸되고 말 것이라도 여사(如斯)한 망량(魍魎)의 배(輩)가 아즉 잔여한 것은 참으로 한심하다 운(云)치 안이치 못하겟다. 피등(彼等)은 증오하는 이보다 영(寧)히 가련한 동정의 심(心)이 업지 안타.

㉣ 애차루만(哀此屢萬)의 장발(長髮) 동포는 장차 엇지 하랴는가

진소위성즉군왕(眞所謂成則君王)이오 패즉역적(敗則逆賊)이라고 차경석(車京錫)은 갑자년에 황제가 되지 못한 까닭에 일반 민중 의사에 원반(遠反)되는 행동을 감행하야 구구한 잔명을 보(保)하랴고 한다. 그러나 피(彼) 무고순량(無辜純良)한 누만(屢萬)의 장발(長髮)한 교도는 장차 엇지 하랴는가 [호왈(號曰) 120만이라 하나 모처(某處) 조사에 의하면 기실(其實) 5만에 불과] 군(君) 등(等)의 희망하던 대시국(大時國)은 갑자년이 다 가도록 아모 소식이 업고 딸하서 군수(郡守) 관찰(觀察) 대신(大臣) 협판(協判)은 몽(夢)중에도 할 수 업다. 「흠치, 흠치」 부르기에 입만 압핫고, 기념제 삭망제(朔望祭) 지내기에 무릅만 깨젓다. 군 등의 조선(祖先)으로 전래하던 양전(良田), 미답(美畓), 가옥(家屋)은 차천자(車天子)의 와복(蝸腹)과 차씨(車氏)가 돌안첨두(突眼尖頭) 대복(大腹)으로 좌즉항상(坐則恒常) 트름하는 관성(慣性)이 잇서서 모상(貌相)이 와형(蛙形)과 가튼 고로 호왈(號曰) 정중지와(井中之蛙)니 정(井)은 즉 정읍(井邑)의 의(意)라. 60방주(方主), 6임(任), 8임 등의 야욕만 충(充)케 하고, 군(君) 등의 노쇠한 부모와 유약한 처자는 지금 기한(飢寒)에 비읍(悲泣)하며 도로에서 방황한다. 그러나 천변지재(天變地災)의 리(罹)한 동포 모양으로 누가 동정하야 구제할 사람도 업다. 다만 남은 것은 욕뿐이다. 잘못하면 제2 이용구(李容九)의 도당(徒黨) 또는 제2 민원식(閔元植)의 도당이 되야(각파 유지연맹의 도당은 벌서 되얏지?) 일반 민족에게 장발적(長髮

賊) 칭호를 드를 것이다.

그러나 군(君) 등은 사실상 하등의 죄악이 업다. 몽매(蒙昧)가 죄오, 무지(無知)가 죄오, 사회에서 아즉까지 구출치 안은 것이 죄다.

군 등도 누천년 신성한 역사를 가진 우리의 동족이오, 대천화육하(大天化育下)에 생장한 우리 인류다. 나는 구태여 군 등을 증오하지 안코 토주(討誅)하고 십지 안타. 다만 군 등을 기만한 모모배(某某輩)를 천하에 명고(鳴鼓)하고 만민이 공공(共攻)코자 할 뿐이다. 군 등이 만일에 소호(小毫)타도 양심이 잇고 각오가 잇다 하면 또다시 동지일(冬至日)을 기다릴 것 업시[지방 교도가 금년 동지까지 호(好) 소식이 업스면 차씨 급(及) 방주(方主)를 박멸한다 운(云)함] 조속히 자결(自潔)의 도(道)를 취할 것이다. 보천교를 개혁하랴고 반기를 거(擧)하얏던 혁신파의 기(幾) 개인도 대세를 다시 만회키 불능한 것을 대각하고 기(旣)히 탈퇴선언을 하얏다[주익(朱翼), 서성달(徐成達), 김유경(金有經)] 최후에 나는 다시 차천자(車天子)의 시(詩) 2수를 소개하야 독자 일소(一笑)에 공(供)코자 한다.

"默然坐通古今, 天地人進退時. 片片雪一局, 家家燈天下花. 北玄武使亥去, 東青龍自子來. 去年去來日來, 有限時萬邦春.

이것은 작년, 즉 계해(癸亥)의 제석시(除夕詩)인데 그의 의사가 얼마나 음흉하며 차(且) 갑자년(甲子年)[동청령자자래(東青龍自子來)는 갑자(甲子)의 의(意)]에 무엇이 된다고 교도를 얼마나 기만함을 가지(可知)하겟다. 또 근일 『시대일보』 문제로 이상호(李祥昊)군과 힐난할 때는 하기(下記) 시구를 선송(撰送)하얏는데 기(其) 의사(意思)의 요령을 득(得)키 난(難)하나 대개 환산국장(丸山局長)을 구가칭송(謳歌稱頌)하고 딸하서 금일 소위 일선융화(日鮮融和)의 기치를 거(擧)할 것을 암시한 것이다.

"君不見丸山, 警務之政策. 剛剛柔柔治, 化中百禍滅, 譲使臺灣去."

1924년 갑자년 천자등극설이 허망하게 돌아가자 차경석이 새롭게 일제 당국과 연락하여 모종의 활동을 시도하던 상황을 비판적으로 서술하고 있다. 차경석이 새로운 비결을 제시하고 풀이하여 교도들에게 신행에 참고하도록 했다는 내용과 차경석이 시를 지어 교도들에게 나누어주었다는 설명도 있다. 그리고 비결을 풀이했다는 간부의 이름과 행적을 밝히고 있다.

첨구생(尖口生)이 지은 「경성잡화(京城雜話)」『개벽』 제70호(1926. 6.)에 "『정감록(鄭鑑錄)』에 '낙반고사유(落盤孤四乳)'라는 말이 있는데 미신(迷信)에 취(醉)한 자들은 그것을 미자(米字)라고 해(解)하야 미국(米國)이 엇지 하느니 하고 떠들더니 요새 이 당국(當局)에서 산미정책(産米政策)을 쓴다 하닛가 또 일부의 무지인(無知人)들은 익크 이것이 『정감록』과 꼭 마젓다고 떠든다 하니 『정감록』의 해석도 수시변천(隨時變遷)"이라 했다.

『정감록』에 나오는 핵심 비결 가운데 하나인 낙반고사유(落盤孤四乳)가 미(米) 자를 가리킨 것이라는 주장이 있었으며, 그것이 미국(米國)을 뜻한다고 해석했다고 전한다. 미국을 따르라는 내용으로 보이는데, 자세한 뜻은 알 수 없다. 어쨌든 미국 내지 미에 착안해서 쌀과 관련된 정책과도 연관되어 다양한 해석이 제기되었던 듯하다. 『정감록』에 나오는 비결이 세상이 돌아가는 실제 상황과 들어맞는다는 인식이 전제되었다. 첨구생은 『정감록』에 대한 해석도 시세에 따라 다양하게 제기된다고 보았다.

1924년 12월호 『개벽』에 다음과 같은 기사가 있다.

> 차천자(車天子)가 갑자년에 대시국(大時國)을 건설하면 우리 민족을 가히 구제하리라는 미신적 희망을 두어 (…) 호왈 백만의 단체 (…)[127]

우선 당시 보천교가 자파의 신도수를 백만이라고 주장했다는 사실이 확인되며, 보천교의 교주 차경석이 1924년에 천자로 등극할 것이라는 예언이

127 차천자(車賤者), 「창피막심한 보천교의 말로」, 『개벽』(1924. 12월호), 63면.

유포되었고, 새로 세워질 나라의 이름이 대시국으로 정해졌다고 강조했음을 알 수 있다. 이 기사를 통해서도 갑자년 천자등극설의 실체가 드러난다.

이어지는 기사에 다음과 같은 내용도 있다.

> 차씨가 정감(鄭鑑)의 계산석백설(鷄山石白說)을 숭배함 (…)[128]

차경석이 『정감록』에 나오는 "계룡산 바위가 희게 변한다"는 구절을 굳게 믿었다는 내용이다. 여전히 차경석이 주장하는 말이 실은 『정감록』에 따른 것이라는 주장이다. 보천교에서 강조하는 예언이 실은 『정감록』의 예언을 부연하여 설명한 것에 불과하다는 평가다.

차경석의 갑자년 천자등극설은 1924년이 지나자 효력을 잃었다. 그렇지만 예언은 계속성을 유지해간다. 예언은 독특한 생명력을 지녀 계속적으로 유효하며, 시간의 변화와 주어진 조건이 변함에 따라 항상 새롭게 탈바꿈하여 유지된다. 일차적인 예언이 헛되게 된 후에는 보다 내부적인 응집성이 강해지면서 여전히 예언을 믿는 집단들이 있다.[129]

③ 기사년 천자등극설

차경석은 1925년 1월부터 대규모의 성전을 건축하기 시작했으며, 3월부터는 전국 각지의 교도들로부터 거두어들인 물품으로 큰 종(鍾)을 만들기 시작하였다.[130] 이는 외부적으로 어려운 상황을 타개할 필요성과 예언의 확신성을 불어넣기 위해 내부의 결속력을 강화시켜 나간 활동으로 평가된다. 보천교의 십일전(十一殿) 신축은 차천자의 대궐신축공사라고 선전되었고, 장차 1929

---

128 위의 논문, 64면.

129 김탁, 『증산교학』(미래향문화, 1992), 300-301쪽.

130 이영호, 앞의 책, 1935, 61면.

년 3월 15일에 준공식과 영위봉안식을 거행한다고 소문이 났는데 이때 차경석이 신축궁전에서 등극식을 거행하려 한다는 설로 유포되었다.

또한 차경석이 자신의 성(姓)이 실은 정씨(鄭氏)라는 설을 유포했다는 내용은 『동아일보』 1925년 1월 13일자 기사에 보인다. 『동아일보』는 1925년 1월 12일부터 1월 17일까지 「분교중(糞窖中)에 준동(蠢動)하는 시국대동단(時局大同團)」이라는 제하에 총 6회의 기사를 실었다.

> 차경석을 두목으로 한 소위 훔치교, 태을교의 후신인 보천교의 무리가 (…) 갑자(甲子)의 기회를 잔뜩 바라고 있다가, 갑자의 그해도 굶주리고 헐벗은 이외에는 아무 행적도 없이 지나가버리고 말게 되었다. (…) 국민협회와 손목을 마주 이끌어 조선과 일본을 더욱 융화시키자는 조건을 비롯하여 관민일치(官民一致), 노자협조(勞資協調), 사상선도(思想善導), 대동단결(大同團結)이라는 다섯 가지 조목 아래에 시국대동단이라는 것을 조직하게 되었다.[131]

위의 인용문은 차경석이 갑자년 천자등극설이 실패로 끝나고 교단 내부에서 보천교혁신운동이 일어나자 새로운 신앙의 활로를 찾기 위해 시국대동단을 조직하였다는 내용을 설명한 것이다. 특별한 종교적 특색을 찾기 힘든 조목을 위주로 단체가 만들어졌다.

이어지는 연재 기사에 차경석이 『정감록』의 정씨 진인출현설(眞人出現說)을 신봉하여 자신의 실제 성씨가 바로 정씨라는 다소 해괴한 주장을 했다는 사실이 밝혀진다.

> 강일순이 하나를 가지고 김형렬은 미륵불이라고 받들게 되고, 차경석은 옥황상제로 받들게 되었는데, 김형렬이가 그 선생되는 강일순을 미륵

131 「분교(糞窖) 중에 준동하는 시국대동단(1)」, 『동아일보』 1925년 1월 12일.

불이라고 함에 반하여 차경석은 제가 직접 미륵불이라고 떠들게 되었다. 그것은 이 세상을 다스리기 위하여 석가와 미륵불이 차례로 번갈아 세상에 나올 터인데, 석가는 이미 다녀갔은즉 미륵불 되는 자기가 옥황상제의 명령을 받아가지고 세상에 나오게 된 것이라고 말을 하고 있는 것이라고 한다. 또 어느 편에서는 차경석이 정(鄭)가라고 일컫고 있는 것은, 『정감록』에 말하기를 장차 계룡산에 정도령이 나가지고 등극한다는 글귀를 빙자하여 제가 그 정도령이라고 세상에 알리기 위하여 그와 같이 정가라고 한다는 말도 있으며, 또는 먼저 말한 바와 같이 고창군 반정리에 살 때에 그 어미가 머슴살이하는 정가와 정을 통하여 차경석을 낳게 된 것이라고 전하는 말도 있다. (…) 갑자년 동짓날이면 차경석이가 등극을 하여 천자(天子)가 된다고 일종 닿는 데도 없는 환상적 낙원을 꿈꾸고 내려오면서 오늘날까지 이렇다는 한 권 경전도 없이 소위 교지를 선전하여 왔으며 (…) 갑자년 등극을 꿈꾸고 있는 어수룩한 백성을 속여 너는 정승감이다, 너는 판서감이다, 너는 무슨 감이다, 너는 무슨 감이다 하여 가지고는 (…) 쇠전푼이라는 쇠전푼은 모두 발라먹고 마는 까닭에 (…) 한 번 그 속을 겪고 나와서는 벌거벗은 알몸덩이가 되어가지고 집집마다 버렁뱅이질을 하여 다니는 사람이 한둘이 아니라고 한다. (…) 나도 나도 하고 덤벼드는 사람이 적지 아니하여 오히려 교도의 수는 더욱 늘어갔다고 한다.[132]

차경석이 "자신이 바로 미륵불이다"라고 주장했다는 사실이 드러난다. 그리고 차경석은 교조 강일순을 옥황상제로 믿었다고 전한다. 나아가 차경석이 자기의 원래 성씨는 정가(鄭哥)라고 주장했던 일이 있었고, 이는 『정감록』에 나오는 정씨 진인출현설을 굳게 믿고 정씨 진인이 바로 자신이라고 강조하기 위해서였다고 서술한다. 차경석은 그 근거로 자신의 실제 아버지가 머슴살이 하던 정씨라고 주장했다고 한다. 이처럼 친부의 존재마저도 부인하는 다소

132 「분교(糞窖) 중에 준동하는 시국대동단(2)」, 『동아일보』 1925년 1월 13일.

엉뚱한 주장을 했던 이유는 바로 『정감록』에 등장할 것으로 믿어지는 정도령이 자신임을 강조하기 위함이다. 그러나 『정감록』에는 "정도령"이라는 표현은 보이지 않는다. 정씨 진인이 새 세상을 만들 풋풋한 젊음을 가진 존재라는 의미로 일반인들이 이해하고 믿었기 때문에 그러한 표현이 가능했던 것뿐이다. 어쨌든 차경석의 이러한 주장과 믿음은 『정감록』신앙의 반영이며, 『정감록』의 진인출현설을 자신에게 맞추기 위한 해석이다.

차경석이 애초에 천자로 등극하려던 시기가 갑자년 음력 4월 8일에서 그해 동지(冬至)로 등극예정일이 바뀌었다. 3월과 4월이 지나가도 차경석이 천자로 등극하는 일이 이루어지지 않자 이제는 그해 동짓날로 등극일이 연기되었다. 물론 갑자년 동짓날에도 차경석이 천자로 오르는 일은 이루어지지 않았다. 그 시기는 다시 연기되는 것이다.

1925년 1월 13일자 『시대일보』에 「대시국(大時國)의 기형아 시국대동단(時局大同團)의 망신」이라는 기사에 찬 서리 맞은 보천교와 각파 연맹에 관한 내용이 있다. 여기에 "차천자가 대시국을 건설하고 천하를 통치한다는 갑자년", "갑자년 차천자 등극을 믿는 보천교인들"이라는 표현이 보인다.

『동아일보』 1925년 1월의 보천교 관련 연재 기사에도 차경석의 갑자년 천자등극설에 관한 기사가 있다.

> 갑자년 등극을 부르짖어 교도를 모으고 쇠전을 빨아들였으며, 심지어 등극한 후에 맡길 소임까지 작성하여 대신 지위로부터 면장, 이장에 이르기까지 모두 정하여두었다는데 (…)[133]

차경석이 갑자년에 천자의 지위에 오를 것을 강조하면서 교도들에게 금전을 모았으며, 새롭게 이루어질 왕국의 각종 벼슬과 관직까지 모두 정해두었다는 주장을 했음이 밝혀진다.

---

133 「분교(糞窖) 중에 준동하는 시국대동단(3)」, 『동아일보』 1925년 1월 14일.

차경석이 갑자년 3월과 4월에 이어 동짓날에 천자등극식을 가지겠다고 주장했던 사실은 다음의 기사에서도 확인된다.

> 더욱이 기괴한 것은 군함을 만드느니 인경[懸鍾]을 만드느니 하여가지고, 각지에 있는 교도들로부터 그릇, 숟가락 등속을 모아 작년 9월 중부터는 우선 인경을 먼저 만들기로 하고 동짓날 그 인경을 울려가며 등극을 한다고 하던 것이 (…) 등극할 때는 점점 다가오는데 제가 생각하여보아도 그것은 다만 한 몽상에 지나지 못하고 (…) 그와 동시에 일반 사회의 비난과 타매는 나날이 높아갈 뿐이므로 (…) 한층 큰 힘으로 어리석은 교도들을 그대로 꾸준히 속여 나가볼 작정으로 지금까지의 오해를 풀고 당국과 연락을 취하여 그 힘을 빌어보고자 하는 마음을 가지고 있었다. 그리하여 차경석이 (…) 지금 형편으로 보아서는 조선이 독립하여보기는 절대로 어려운 일인즉 차라리 일본정부의 양해를 얻어가지고 우리의 편의를 취하는 것이 옳다.[134]

차경석은 자신이 황제의 지위에 오를 것을 상징하고 그것이 실제로 이루어질 것이라는 점을 강조하기 위해 군함을 만들고 큰 종을 만든다고 주장하면서 교도들에게 쇠붙이를 모았다. 단순히 금전만 모은 것이 아니라 눈으로 확인이 가능한 큰 종이라는 물체를 만들어 자신의 천자등극설이 실제로 이루어질 것이라는 믿음을 유발시켰다.

그러나 차경석의 갑자년 천자등극설은 실패로 끝나고 이듬해부터 교단 내부에서는 혁신운동이 일어나며 외부에서는 보천교 박멸운동까지 일어났다. 이와 관련하여 1925년 1월 15일자 『시대일보』에 「보천교 성토회」라는 기사에 연사들이 자유등단하여 보천교 박멸론까지 주장했다는 내용이 실려 있

134 「분교(糞窖) 중에 준동하는 시국대동단(4)」, 『동아일보』 1925년 1월 15일.

다.[135]

그럼에도 불구하고 1925년도에도 훔치교를 믿어 계룡산 도읍설을 따라 계룡산으로 이주하는 사람들이 있었다.

> 소위 시국대동단이라는 것이 생긴 후로는 훔치교도의 마력이 점점 더 심하여 까닭도 모르고 좇게 되는 사람이 점점 늘어가는 중이라는데, 강화군 안에서도 하도면 덕포리라는 동리가 온통 그 마수에 걸리어 수십 년을 두고 지니고 있던 전답 등속을 팔아가지고 계룡산 도읍터로 떠나는 사람이 나날이 늘어간다더라.[136]

갑자년 천자등극설이 무위로 판명난 후에도 여전히 차경석의 계룡산 천자등극설을 신봉하는 사람도 상당수 있었음이 확인된다. 이러한 민중의 신행에 힘입어 천자등극의 시기는 다시 5년 후인 기사년으로 연기되었던 것이다.

갑자년이 지나자 차경석이 "일본과 교섭하여 조선총독이 될 것이다"라는 예언이 등장하기도 했다.

> 차경석이가 장차 천자로 등극할 터인데, 이번 일본정부와 교섭한 결과 등극하기 전에 얼마 동안은 조선총독이 된다. 그리하여 관공서의 삼분지 이는 교도가 차지하고, 나머지 삼분지 일만 일본인에게 맡길 터라는 허무맹랑한 소리를 하여, 한동안은 쓸쓸하던 정읍 일대에는 다시 상투쟁이로 가득차게 되었다 하며, 등극 당일, 즉 동짓날에는 교도를 모아 양쪽으로 갈라 세우고 차경석이 그 가운데로 지나가면서 등극날이 오늘인데 등극을 못 하게 된 것은 여러 가지 사정이 있는 중 더욱이 옥황상제의 말씀으로 때가 아직 조금 이르다는 까닭에 오늘 등극을 미루어 오는 입춘날,

---

135 1925년 1월 21일자 『시대일보』에도 「훔치교 성토 강연」이라는 제하에 안동의 5대 단체 주최로 보천교 성토대회가 열렸다는 내용이 있다.

136 「계룡산으로 이사」, 『동아일보』 1925년 1월 16일.

즉 음력 내년 정월 열 이튿날은 기어이 등극할 터인즉 그리 알라 하고, 또는 보천교를 반대하는 사람에게는 전부 사형선고를 내려 등극하는 날에는 모두 없애버릴 터이라고 한다. (…) 방금 정읍 일대에는 남부여대하여 가지고 들어가는 봇짐꾼이 끊일 날이 없어 상투쟁이 거지의 세상이 되어간다고 한다.[137]

차경석이 황제로 등극하기 전에 실제로 조선을 통치하고 있던 세력인 일제를 대표하는 정치적 인물인 조선총독이 되어 나라를 다스릴 것이라는 다소 약화된 형태의 예언이 퍼졌던 것이다. 물론 이러한 장치는 여전히 차경석의 천자등극설이 아직도 유효하다는 점을 강조하기 위한 수단이다. 갑자년 동짓날에 아무런 사건이 일어나지 않자 차경석은 천자등극의 시점을 이듬해, 즉 1925년 입춘일로 연기한다. 옥황상제의 말씀에 따라 "때가 아직 이르다"는 공수를 받았다고 주장하면서 천자등극일을 미루었다. 이러한 시점의 연기에 힘입어 보천교의 본부에는 다시 사람들로 야단법석이 이루어졌다. 예언은 실현 시기가 다가오기까지 계속해서 연기되는 특성이 있다.

보천교인들이 "계룡산에 정도령이 도읍을 정할 때를 기다렸다"는 사실이 다음의 기사에서 또다시 확인된다.

경상북도 포항 보천교도들은 수삼 년 전에 (…) 수천 명이 모여서 (…) 야단법석을 떨다가 (…) 필경은 하늘을 원망하고 산지사방으로 흩어지던 일이 엊그제 일이었더니, 다시 포항에 크나큰 기와집을 사고 날마다 모여 앉아 훔치 훔치를 부르며, 계룡산에 정도령이 도읍하는 때만 기다리고 있더니 (…)[138]

---

137 「분교(糞窖) 중에 준동하는 시국대동단(6)」, 『동아일보』 1925년 1월 17일.

138 「훔치교와 시국대동단」, 『동아일보』 1925년 1월 18일.

증산교단의 대표적인 주문인 태을주(太乙呪)를 외우는 교도들이 실은 계룡산에 정도령이 하루 빨리 출세하여 새 나라를 세워줄 것을 기대하고 있었다는 내용이다. 그리고 수년 전에도 차경석의 천자등극설이 실패로 돌아가자 원망하며 흩어졌던 사람들이 연기된 등극시점에 다시 기대를 가지고 모여들었던 사실이 확인된다.

1925년 1월에도 차경석의 천자등극설은 널리 유행되었음이 다음의 기사로 알 수 있다.

> 갑자년은 지났건만 의연히 계룡산 꿈을 깨지 못하여 전남 정읍으로 차천자라는 위인을 한 번 대면하여 보려고 (…)[139]

차경석이 갑자년(1924)에 천자의 지위에 오를 것이라는 예언이 실패로 끝난 후에도 여전히 그의 계룡산 천자등극설, 즉 "계룡산 꿈"이 유효한 예언으로 믿어졌다. 차경석이 진인의 자격으로 계룡산에 새로운 도읍을 세워 새 나라를 세울 것이라는 예언이 갑자년이 지난 뒤에도 계속 신빙성이 있는 예언으로 받아들여졌던 것이다.

이 시기인 1925년 1월 23일자 『시대일보』에 「청주에서 혼비백산」이라는 기사가 있는데, 소위 시국대동단의 강연이 민중들의 반대로 무산되었다는 내용이다. 한편에서는 차경석의 천자등극설이 믿어졌고, 또 다른 한편에서는 보천교에 대한 비판적인 행사가 열렸다고 한다.

한편 1925년 3월에 이른바 대시국(大時國)이 건설될 것이라는 믿음이 성행하기도 했다.

> 금년 3월에 대시국이 건설되어 차천자(車天子)가 등극하는 날에는 모두 군수, 면장 기타의 벼슬을 시켜준다는 (…) 보천교첩을 한 개씩 나누어

---

139 「평양의 상투쟁이 정읍으로 가」, 『동아일보』 1925년 1월 23일.

준 후 (…) 돈을 뺏는 중이라는데 (…)[140]

대시국은 차경석이 새로 세울 나라의 이름이라고 한다. 갑자년 천자등극설이 이듬해 3월로 미루어져 믿어졌음이 확인된다. 그때도 역시 군수, 면장 등의 관직에 보천교인들이 참여할 것이라는 엽관적(獵官的) 믿음이 강조되었다. 당시 차경석은 교단에 성금을 내는 교인들에게 이른바 '교첩(教牒)'을 나누어 주었는데, 이것이 새 나라의 벼슬에 오를 임명장이라는 교인들의 믿음을 유발했지만 일제 당국에서는 사기로 금품을 편취하기 위한 수단이라고 의심했다.

『개벽』 제55호(1925. 1.) 이돈화(李敦化)가 쓴 「적자주의(赤子主義)에 돌아오라, 그리하야 생혼(生魂)이 충일(充溢)한 인종국(人種國)을 창조하자」에 "문제 만튼 갑자년(甲子年)도, 어제까지, 사정(私情)업시 가버렷다. 차천자설(車天子說), 정진인설(鄭眞人說)도 문제를 밧구지 안으면, 안되게 되엿다."라는 내용이 보인다. 갑자년에 차경석의 천자등극설이 매우 유행했으며, 정씨 진인출현설도 널리 유포되었음이 다시 한 번 확인된다.

1925년 3월에는 차경석의 보천교 본부에 거대한 성전이 건립되었는데, 멀리 압록강에서 목재를 가져왔다고 한다.

> 정읍에 궁궐을 신축한다고 선전 (…) 압록강 연안에서 재목을 매수 중 (…) 피혹되는 동포가 날로 늘어 (…)[141]

보천교의 성전 건축공사는 곧 "새 황제가 사용할 궁궐"이라는 소문이 퍼졌으며, 이에 미혹되는 사람들이 계속 늘었다고 전한다. 성전 건축이라는 미명 아래 실은 천자가 사용할 새 궁궐을 짓고 있다는 풍설이 유행하여 많은 사람들이 믿고 따랐다는 내용이다.

---

140 「우민(愚民)에게 교첩 사기판매」, 『동아일보』 1925년 1월 30일.

141 「훔치는 미천대죄(迷天大罪)」, 『동아일보』 1925년 3월 22일.

1925년 3월 29일자 『조선일보』에 「시평(時評), 훔치와 경찰(1)」에 다음과 같은 내용이 있다.

> '훔치'라는 대명(大名) 안에는 태을교(太乙敎), 보천교(普天敎), 태을보화교(太乙普和敎) 등의 파별(派別)이 포함되어 있는 것이나 (…) 훔치가 처음 일어났을 때에는 계룡산 신도(新都)와 지리산 청학동(靑鶴洞)을 배경으로 하여 가지고 정감(鄭堪)의 예언을 교묘히 이용하여 촌간(村間)으로 출몰하면서 (…) '갑자(甲子)에 대시국(大時國) 천자등극(天子登極)'이라는 허무맹랑한 선전을 (…)

1925년 7월 25일자 『시대일보』에는 「수난(水難)을 기회하야 훔치배 또 준동」이라는 기사가 있다. 유언(流言)을 지어 인민을 농락하며 긴급회의에 들어간 보천교도들은 이번의 홍수는 태을천상(太乙天上)이 말한 바인데 이 세상 사람이 자기의 죗값을 받는 것이며 따라서 차천자의 등극일 시일이 가까웠다고 주장했다. 을축년 대홍수는 전대미문의 재난이었다. 이러한 천재지변을 당하자 보천교인들은 대홍수를 세상 사람들이 죗값을 받는 일이라고 해석하면서 이러한 일이 신앙대상인 태을천상이 예정해놓았던 일이라고 풀이했다. 태을천상은 증산교의 대표적 주문에 나오는 태을천상원군(太乙天上元君)에서 유추된 신앙대상으로 짐작된다. 보천교인들은 대홍수가 발생했기 때문에 차경석의 천자로의 등극일이 매우 임박했다고 주장했는데, 갑자년 천자등극설이 실패로 돌아간 이듬해에도 여전히 천자등극설이 새롭게 재해석되면서 유효함을 강조했다.

1925년(을축) 7월에 발생한 대홍수는 『시대일보』 8월 5일자에 따르면 피해 가옥이 9만 4천 채, 확인된 익사자가 397명에 이르는 엄청난 재난이었다.

또 1925년 8월 29일자 『동아일보』에 합천군 가회면에서 보천교 박멸운동이 일어났다는 기사가 있다. 차경석의 천자등극설이 사그라지지 않고 널리 퍼지는 과정에서도 한편에서는 보천교를 없애자는 운동이 발생했음이 확인된다.

1925년 11월에는 보천교가 독립운동자금 모집에 관련되었다는 사건에 대한 공판이 열렸다.

> 보천교를 이용하여 30만 원의 거액을 변통하여 만주에 있는 조선 민족운동단체로 보내려던 사건의 공판이 열렸다. (…) 피고들은 모두 다 보천교도들로 표면으로는 보천교당을 짓는다고 하고 그 자금을 변통하는 동시에, 이것을 기회로 보천교주 차경석의 환심을 사서 또한 보천교의 돈을 끌어내어 만주 방면으로 보내기로 획책하고, 우선 그 수단으로 작년 7월에 만주 모 단체에서 권총 두 자루와 탄환 40여 발을 비밀히 가져 들어와 (…)[142]

보천교의 일부 신도들이 정읍에 새로운 교당을 세운다는 미명 아래 거액의 금전을 모았는데, 실은 만주에 있는 민족운동단체, 즉 독립운동단체에 보내려 했던 사건이다. 이들의 계획은 단순히 거사모의에 그친 것이 아니라 실제로 권총과 탄환을 준비해 실행에 옮기려 했다고 전한다. 보천교의 새 교당 건설을 위한 자금 모집이 독립운동자금 마련을 위한 수단으로 이용되었다는 사실이 이 사건에서 드러난다. 막대한 자금이 소요되는 새 교당 건설을 위한 자금모집이 일부에서는 독립운동자금으로 이용되기도 했다는 점이 확인된다.

경상북도 청송군 조성복의 1926년 1월 30일자 대구지방법원 판결문에 다음과 같은 내용이 있다.

> 피고인 2명은 보천교 교도인데 (…) 1924년 음력 12월 중에 조선은 보천교가 통치하게 될 것이니 이에 교주의 성전(聖殿), 종당(鐘堂)의 건설비 300만 원을 교도로부터 기부받는다. 그리고 기부한 자는 교주로부터 상당

142 「민족운동자금으로 30만 원 반출」, 『동아일보』 1925년 11월 14일.

한 관직에 임용할 것이다.

갑자년 천자등극설이 동지(冬至)로 제기되었다는 사실이 확인되며, 보천교라는 종교단체가 나라를 다스릴 것이라는 주장이다. 구체적으로 교단의 건물과 종교적 상징물에 들어갈 비용의 다과로 새로운 나라의 관직이 결정될 것이라는 믿음이 유포되었음을 알 수 있다.

1926년 6월 29일자 『시대일보』에 「보천교도 우(又) 사기」라는 기사가 있다. 범인은 광주에서 잡혔다. 보천교도는 "개안(開眼), 통령(通靈)을 받아 시운(時運) 여하 뿐만 아니라 어떠한 악질(惡疾)이라도 주문과 기도만 하면 전쾌되고 더욱이 지리(地理)에 통달하야 자기들에게 묘지를 구할 것 같으면 그 자손의 대에 곧 발원되어 고관대작이 날 터이다"라고 선전하며 사기와 금전을 편취했다는 죄목이다. 교주 차경석이 교사(敎舍)와 학교를 신축하는 데 기부하고 교도가 되면 후일에 대관(大官)이 된다고 선전하다가 경찰에 체포되어 조사받는다는 내용이다.

또한 1921년 3월 무렵에 무극도 교도의 수가 만여 명에 도달했다고 주장했다고 전한다.

1926년 11월에도 보천교의 자금이 민족운동단체의 독립자금으로 이용되었다는 사건이 일제에 의해 발각되었다.

1926년 11월 14일자 『동아일보』에 「민족운동자금으로 30만 원 변출계획」이라는 기사가 있다. 보천교를 이용하여 30만 원의 거액을 변통하여 만주에 있는 조선민족 운동단체에 보내려던 사건의 공판이 있었다. 피고는 조만식, 한규숙, 정찬규, 정상엽 등인데, 강도 예비와 총포 화약류 취체령 위반으로 예심이 종결되었는데 기일이 연기되다가 그저께 공판이 열린 것이다. 피고들은 보천교도로 표면으로는 보천교당을 짓는다 하고 그 자금을 변통하는 동시에 이것을 기회로 보천교주 차경석의 환심을 사서 보천교의 돈을 끌어내어 만주 방면으로 보내기로 획책하고 작년 7월에 만주 모 단체에서 권총 두 자루와 탄환 40여 발을 비밀히 가져다가 경남 함양군 민태호라는 부호를 위협하여 자금을 모집하기로 의논하다가 관헌에 발각된 것이다. 구체적 인명과 지역이 밝혀진 사건이며, 실제로 총으로 부자를 위협하여 자금을 마련하려 했다는 점이 확인되었다.

1926년 11월 24일자 『중외일보』에 「보천교의 와해와 몽롱단체의 준동」이라는 기사가 있다. "대시국(大時國) 천자(天子)의 어리석은 꿈을 꾸던 보천교주 차경석"이라는 표현이 보이고, 보천교가 임치삼, 이달호의 증산교, 김형렬의 미륵교, 조철제의 무도대극교(無道大極敎) 등의 각 교로 분립되었다는 내용이다. 여기서 무도대극교는 무극교의 오기로 보인다. 차경석이 종교가로서가 아니라 천자등극을 꿈꾸던 인물이며 구체적인 나라 이름을 거론하면서 자신이 진인이라고 소문을 냈다는 사실이 다시 한 번 드러난다. 보천교의 천자등극설이 무효로 돌아가자 여러 교파로 분립되었다는 사실이 기사화되었다.

1926년 11월 29일자 『중외일보』에 「평남진정원 내 보천교도의 싸움질」이라는 기사에 보천교 박멸운동이 진행 중인 상황을 보고하고 있다.

1927년 4월 5일자 『중외일보』에 「사진 문제로 피소된 차천자는 필경 결석」이라는 기사에 2만 원 손해배상을 당한 차경석 사건을 다루고 있다.

1928년 11월 11일자 『매일신보』에 「소위 차천자(車天子) 팔고 각처에 금품사취, 보천교신도를 검거」라는 기사가 있다. 교주가 명년 봄에 왕위에 등극한다고 주장하며 사람들에게서 금품을 사취했다는 내용이다. 보천교의 교주 차경석이 다가오는 기사년(1929) 봄에 천자의 위에 오를 것이라는 예언이다. 갑자등극설이 기사등극설로 바뀌어 사람들을 유혹했던 것이다.

1929년 3월 보천교의 신축 성전 내에 삼광영(三光影) 봉안식을 거행해야 한다는 청원에 대해 "보천교주가 3월 15일에 등극 즉위식을 거행한다"는 설이 각지에 전파되어 있어 봉안식 거행이 민심을 동요시킬 우려가 있다고 판단한 정읍경찰서는 이를 허가하지 않았다.[143]

---

143 무라야마 지준(村山智順), 앞의 책, 1935; 무라야마 지준(村山智順), 앞의 책, 1991, 258-259쪽.

기사년 봄에 차경석이 천자로 등극할 것이라는 예언의 실체는 전라북도 정읍에 있는 보천교의 교당에 새 건물이 낙성된다는 것이었다. 구체적 날짜까지 이야기되며 차경석의 천자등극설이 다시 유행하자 일제 경찰은 민심 동요를 이유로 낙성식을 허가하지 않았고, 결국 차경석의 천자등극설은 다시 그 실현 시기를 미루게 되었다.

차경석의 기사년 천자등극설은 다음의 평가에서도 확인된다.

> 어쨌든 기사년에 이 신축공사가 끝나 그해 3월 15일을 택하여 준공식과 아울러 신축된 십일전에 신앙대상으로 모시는 삼광영의 영위 봉안식을 거행한다고 전국 각지에 통고하였다. 이러한 소문은 차교주가 기사년 기사월 기사일에 신축궁전에서 등극식을 거행한다는 설로 유포되었던 것이다.[144]

이와 관련하여 1929년 4월에는 보천교 간부 한기섭이 경기도 가평지방에서 포교할 때 사람들에게 "교주가 등극하여 관직을 수여한다"는 불온언동을 하여 가평경찰서에서 구류 21일에 처해졌다.[145]

1929년 5월 4일자 『매일신보』에는 「황탄무계한 망설로 옥새(玉璽), 옥관(玉冠) 값을 사취」라는 기사가 있다. 기사년 기사일이 가깝다고 야단치며 우민(愚民)을 기만한 협잡꾼들이 경찰에 체포되었다. "보천교주 차경석이가 기사년 기사월 기사일 기사시에는 대시국(大時國)에 등극하야 천자가 된다는 소문은 들은 지도 오래다. 그날은 음력 4월 16일 낮 11시경인데, 돈을 바치면 대관(大官)을 시켜준다고 사람들을 미혹했다"는 내용이다.

기사년 봄 구체적으로는 3월 15일에 차경석이 천자로 등극한다는 믿음과 주장이 이제는 기사년 기사월 기사일 기사시, 즉 기사년 음력 4월 16일 낮

---

144 홍범초, 앞의 책, 111쪽.

145 무라야마 지준(村山智順), 앞의 책, 1935; 무라야마 지준(村山智順), 앞의 책, 1991, 259쪽.

11시로 그 실현시기가 조금 미루어졌다. 차경석이 황제로 즉위하여 대시국을 건설한다는 소문은 널리 퍼졌으며, 황제 즉위식에 사용될 옥새와 옥관을 마련하기 위한 자금을 모집한다는 주장으로 더욱 강조되었다. 이에 미혹된 사람들이 보천교에 성금을 투척했으며, 일제 당국은 사기취체혐의로 자금 모집자들을 체포했던 것이다.

그런데 하필이면 기사년 기사월 기사일 기사시가 제기되었는지는 자세히 알 수 없다. 갑자년 갑자월 갑자일 갑자시는 동양 역법의 시초가 된다는 상징성이 부여되었지만, 기사년 기사월 기사일 기사시는 그러한 상징성을 찾을 수 없다. 교단의 자세한 설명도 전하지 않기 때문에 현재로서는 그 실상을 명확하게 짐작하기 어렵다.

1929년 6월에는 정읍 검사국에서 교주 차경석을 호출하여 20여 일에 걸쳐 심문 취조하였는데, 내란죄를 범하고 등극 후에는 교도들에게 관직을 준다고 하여 교도로부터 금전을 사취하고 옥새, 곤룡포, 용상 등 황실용 물품을 구비하여 매일 아침 조견례를 받는다는 등의 고소가 있었기 때문이었다.[146]

1929년 6월에 계룡산에서 교주가 등극할 것이라고 믿는 보천교(普天敎)와 만인교(萬人敎) 사이에 맹렬한 경쟁이 있었다고 한다.[147]

이 무렵 『별건곤』의 기록에도 다음과 같은 내용이 보인다.

> 기사년(己巳年) 기사월 기사일 기사시에 **위(位)에 등극한다고 세상에 선전 우민을 미혹하는 차경석이를 (…)[148]

**는 황제 또는 제왕을 가리키는 말로 보인다. 기사년 천자등극설을 알 수 있는 기록이다.

---

146 무라야마 지준(村山智順), 앞의 책, 1935; 무라야마 지준(村山智順), 앞의 책, 1991, 259쪽.

147 「계룡산 등극을 꿈꾸는 보천교와 만인교 맹경쟁」, 『동아일보』 1929년 6월 3일자.

148 해금강(海金剛), 「차경석회견기」, 『별건곤』(1929. 6월호), 110면. **의 탈자는 황제 또는 천자로 보인다.

1929년 7월에 「내란죄로 보천교도 취조, 50여 명을 구인하고 정읍법원 지청에서」라는 기사가 있다.[149] 내용은 "최근 전주지방법원 정읍지청 검사국에서는 보천교 방주되는 김홍규, 김*용 등 50여 명을 내란죄로 방금 취조 중이라는데 그 내용은 비밀이므로 알 수 없으나 추문한 바에 의하면 보천교 이전 간부였던 채규일 씨에 (…)"이다.

급기야 1929년 7월에는 보천교 교주 차경석의 기사년 천자(天子) 등극설을 믿다가 가산을 탕진하고 거지가 된 사람들이 속출하고 있다는 기사가 있다.[150]

1929년 7월 2일자 『매일신보』에는 「연와대(煙瓦代) 만원 미불로 차압당한 차경석, 고성낙일(孤城落日)의 대시국(大時國)」이라는 기사가 있다. 천자로의 등극을 믿고 궁궐과 같은 큰 교당을 짓기 위해 사용한 기와 대금을 미지급하여 차압까지 당했던 차경석의 씁쓸했을 심정이 고스란히 드러난다.

『동아일보』 1929년 7월 12일자부터 8월 1일까지 12회에 걸쳐 최용환(崔容煥)이 쓴 「복마전(伏魔殿)을 차저서: 『정감록(鄭鑑錄)』의 왕국(王國) 계룡산(雞龍山) 긔사년 등극 밋다가 떼거지만 생겨 내우외환(內憂外患)의 보천교(普天教) 정체(正體)」라는 연재물이 있다.

또 1929년 7월 12일자 『동아일보』 기사에 "입암산 아래로 (…) 고루거각(高樓巨閣)이 수백 칸 즐비하게 늘어 있으니, 이것이 금년 3월 이래 차천자(車天子)의 등극설(登極說)을 선전하던 미신의 복마전이라 한다"라는 내용이 있다.

그리고 1929년 7월 14일자 『동아일보』에 「복마전을 찾아서(3), 보천교 정체」라는 기사가 있다. "5~6백 칸의 보천교 신청사의 봉안식을 거행하자 차천자의 등극실이라는 풍설과 소문이 퍼졌다. 십일전(十一殿)은 차경석이 등극할 집을 중국 천자를 본떠 누른 기와를 올렸다"라 했다. 일반적인 기와가 아니

149 『중외일보』 1929년 7월 3일.

150 「정감록의 왕국 계룡산, 기사년 등극 믿다가 떼거지만 생겨, 내우외환의 보천교 정체」, 『동아일보』 1929년 7월 12일자.

라 황실에서 사용하는 황색 기와를 올려 곧 있을 예정인 천자등극설을 더욱 강조하기 위한 장치로 보인다.

이와 관련된 다음과 같은 후대의 평가가 있다.

> 을축년(1925)에는 1만 8천 근의 대종(大鐘)이 주조되고 여기에 중앙교당으로서의 십일전(十一殿)의 신축을 착공하였는데, 그 장엄한 규모는 대궁전을 연상하게 되어 세간에서는 이 신축공사를 차천자의 대궐신축공사라고 말하게끔 되었다. 한편 교도들에게는 이 공사의 완공과 더불어 무진년(1928) 기사년(1929)간에 차교주가 등극하게 되리라는 설이 유포되어 일부 교인들은 다시금 희망을 걸어보기도 하였다. 그런데 이때의 등극설은 대개 『정감록』 비결에 "진사성인출(辰巳聖人出)"이라는 구절에 부합시켜 나타난 유언비어였다.[151]

『정감록』에 나오는 "진년과 사년 사이에 성인이 출세할 것이다"라는 비결에 부응하여 차경석이 짓는 대교당 낙성식이 이루어질 것이고 실제로 그가 천자로 등극할 것이라는 믿음이 널리 퍼졌다는 말이다. 『정감록』의 비결과 들어맞는다는 주장과 믿음이 강조되었고, 이에 따라 많은 사람들이 보천교에 모여들었다. 진사지간진인출래(辰巳之間眞人出來)라는[152] 구절이 현전하는 『정감록』에 보이며, 진사성인출(辰巳聖人出)이라는[153] 표현도 있다.

1929년 7월 20일자 『동아일보』에도 「복마전을 찾아서(6), 보천교 정체」라는 기사가 있다.

그리고 1929년 11월에는 평안북도 강계군 회천에 살던 사람이 천리를 멀다 않고 차천자(車天子)를 찾아갔다가 재산만 없애고 『정감록』을 못 믿겠다

---

151 홍범초, 앞의 책, 110-111쪽.

152 「요람역세」, 『정감록』(한성도서주식회사, 1923); 안춘근, 앞의 책, 1973, 528면.

153 「감인록」, 『정감록』(한성도서주식회사, 1923); 안춘근, 앞의 책, 1973, 607면.

고 장탄 후회했다는 기사도 보인다.[154] 「차천자 차저갓든 칠가족(七家族) 가산(家産)만 탕진(蕩盡)코 낙담(落膽) 귀향(歸鄕), 강계 희천 사람으로서 천리를 머다 안코 차천자를 차저갓다가 재산만 업새버려, 『정감록(鄭鑑錄)』 못 밋겟다고 장탄후회(長歎後悔)」라는 기사다. 주요 내용은 다음과 같다.

> 이 사람들은 본적을 평북(平北) 희천(熙川) 강계(江界) 지방에 둔 사람들로서 작년도에 소위 보천교주 차천자를 찾아 멀리 정읍에 이사하였던 일곱 가족이 재산을 탕진하여 지금 거지가 되어 할 수 없이 (…) 환고향하는 터라 하는데 (…) 팔십 노인 한 사람의 말을 듣건대 우리 산골사람들은 지금 난리가 난다는 등 또는 남조선 방면에 이사를 하여야 산다는 소위 『정감록』의 비결을 생각하다가 마침내 정읍에 있는 차천자한테 가면 먹고 잘 산다고 하므로 덮어놓고 2천여 리나 되는 데를 갔더니 생각하던 바와는 판이하여 (…) 차천자, 즉 보천교의 마술에 걸리었던 것을 통분히 생각하더라.

『정감록』의 남조선신앙에 심취한 일부 평북지방 사람들이 멀리 정읍까지 차경석을 찾아갔다가 재산만 날리고 실망했다는 내용이다. 차경석의 천자등극설의 기원이 『정감록』이라고 굳게 믿었던 사람들의 실례이다. 이처럼 당시에는 보천교의 진인출현설은 곧 『정감록』의 진인출현설의 현실적 실제화로 이해하고 믿었던 사람들이 많았다. 보천교의 독특한 교리체계를 신앙했던 것이 아니라 『정감록』에 등장하는 진인출현설에 현혹된 사람들이 보천교의 주장과 믿음을 받아들였던 것이다.

1930년 2월 18일자 『매일신보』에는 「가라앉은 세간원차의 표적인 보천교 수령 차경석」이라는 기사와 차경석의 사진이 실려 있다. 차경석의 사진으로 전하는 유일한 것이다. "우부우부(愚夫愚婦)를 농락하여 궁사극치의 호화한

154 「차천자 찾아갔던 일곱 가족, 가산만 탕진하고 낙담 귀향」, 『동아일보』 1929년 11월 23일자.

생활"이라는 부제가 있다.

1930년 2월 21일자 『매일신보』에 「가라앉은 욱일승천의 기세도 근화(槿花) 일조(一朝)의 몽(夢)으로」라는 기사가 있다. "차경석의 갈 곳이 어디냐, 대시국(大時國)이 실현되는 날에는 벼슬을 마음대로 한다"는 풍설을 퍼뜨렸다는 내용이다.

1930년 5월에도 정읍경찰서 서장이 보천교 본소에 출장하여 가택수사를 하고 교주를 심문했는데, 교도가 교주로부터 고관대작을 받는다고 하여 거금을 납입했지만 사기당한 것을 고발했기 때문이었다. 그러나 증거불충분으로 판명되었다.[155]

1930년 7월 28일자 『매일신보』에 「영변군 일폭에 한하여 사파교도(邪派敎徒)를 대검거」라는 기사가 있다. "보천교, 시천교, 천도교, 유림 등의 단체가 비밀결사를 조직한 것이 드러났는데, 70여 명이 검거되었지만 사건 내용은 비밀이다. 사건은 각지로 확대될 듯하여 고등과장이 급거 상경했다. 영변서의 두 형사가 전라도로 갔는데 취조 결과 보천교본부와 관련이 있는 듯하다"라는 내용이다. 구체적 내용은 밝히지 않아 그 실체는 알 수 없지만 보천교 등의 단체가 합세하여 일종의 독립운동과 관련된 활동을 벌였다고 짐작된다.

1930년 10월 13일자 『매일신보』에 「체포된 심용출은 보천교의 전 간부」라는 기사가 있다. 계속하여 혐의자 2명을 검거했고 공명만화단(共鳴萬和團) 사건으로 불리는데, 불온한 사상을 선전하다가 경찰서에서 심문 중이라 한다. 이 역시 보천교 간부가 관련된 이른바 불온활동에 대한 체포가 있었다는 내용이다.

---

155 무라야마 지준(村山智順), 앞의 책, 1935; 무라야마 지준(村山智順), 앞의 책, 1991, 259쪽.

④ 유보된 예언

1931년 3월 14일자 『동아일보』에 「멸망한 대시국 잔해 또 약동」이라는 기사가 있다. 경북지방에서 음력으로 금년 6월 초하루가 미년(未年) 미월(未月) 미일(未日) 미시(未時)인데 그날은 보천교주 차경석 천자의 생일인데 이날에야 말로 등극한다고 선전했다는 내용이다. 차경석의 천자등극 시점이 갑자년 갑자월 갑자일 갑자시에서 기사년 기사월 기사일 기사시로 미루어지더니 이제는 신미년 신미월 신미일 신미시로 다시 연기되었다는 것이다. 연월일시(年月日時)가 특정 천간(天干)과 지지(地支)가 겹치는 날, 즉 특별한 날짜가 되면 어김없이 특별한 사건이 일어날 것이라는 믿음이 강조되었다. 더욱이 신미년 신미월 신미일 신미시는 곧 천자로 등극할 차경석의 생일이라는 점에서 천자로의 등극시점이 새롭게 설정되었다. 물론 이날도 별일 없이 지나갔지만, 새로운 왕국인 대시국(大時國)의 건설이라는 민중의 오랜 꿈은 여전히 희망찬 미래로의 지향을 원했던 것이다. 차경석의 천자등극이라는 예언은 그 실현이 이루어질 때까지 특정시점을 위주로 계속해서 제시되었던 것이다.

1930년대에는 일제(日帝)의 종교관련 조사보고서가 간행되었다. 일제는 국권상실 이후 조선을 효율적으로 지배하기 위해 한국의 기층문화에 대한 집중적인 조사를 진행하였는데, 이러한 조사사업의 일환으로 한국 신종교에 대한 본격적인 자료서가 간행되었다. 식민지배의 효율성을 위해 작성한 조사 자료집이 오늘날에는 이 시기 연구에 있어서 유용하면서 거의 유일한 자료가 되고 있다.

1933년 1월 강경에 사는 보천교도 이 모는 "보천교의 교지 속에는 '계룡의 돌이 하얗게 되고 초포에 배가 다닐 때야말로 그때이다.(鷄龍山石白, 草浦行舟, 世事可知)' 운운의 예언이 있다. 이것은 계룡산의 돌이 하얗게 되고 초포에 배가 지나갈 때가 되면 보천교주가 등극한다는 것을 예언한 것인데 계룡산의 돌은 이미 하얗게 되었으며 지금은 금강(錦江)의 하천공사로 초포에도 배가 다니게 되었다. 그 예언의 두 가지 조건이 모두 부절을 맞추듯 되어 있으니 보천교주가 조선국왕으로 올라 계룡산에 새 도읍을 세울 것은 머지않은 일이다. 그때야말로 보천교도들이 고위영직에 앉을 때이다"라고 주장했다.[156]

1933년 1월 경상남도 사람인 보천교도 김 모는 전라북도 정읍에서 다음과 같은 예언을 하였다.

> 작년부터 일어난 일지분쟁(日支紛爭)이 점차 악화되어 장차 세계대전이 발발할 것이다. 그때가 되면 조선은 반드시 독립을 하고 보천교도가 모든 정권을 잡을 것임에 틀림없다. 왜냐하면 요즘 유행하고 있는 속담에 '조지로 왜목 친다'라는 말이 있는데 이것은 조선을 중심으로 한 인접국간의 사건을 예언한 것인데 조지로는 조(朝), 지(支, 중국), 로(露, 소련)를 가리키며, 왜목은 일본 놈의 모가지를 가리키는 것이므로 이 속담은 앞으로 이들 네 나라의 관계를 예시한 것이다. 그러므로 이 속담에 따르면 조지로가 왜놈의 목을 친다는 것이므로 이번 세계전쟁에서는 왜놈이 망하고 이에 따라서 조선은 자연히 독립하게 된다는 것이다.
>
> 그리고 조선에서는 국왕 및 국도(國都)의 운수가 숙명적으로 정해져 있는데, 한양을 도읍으로 정한 이씨 다음으로 조선의 통치자가 될 사람은 정씨로서 그 도읍은 계룡산으로 정해져 있으니까 지금이야말로 보천교가 조선을 통치할 기운이 도래한 것이다. 왜냐하면 계룡산에 있는 새로운 도읍을 건설해야 하는 정씨는 실은 보천교주인 차천사(車天師, 車京錫)의 손자인 정동영(鄭童嬰)이다. 차씨의 손자가 정씨라면 이상한 것 같으나 실은 차경석 자신이 진짜 정씨이다. 그것은 차경석의 어머니인 박씨는 일찍이 정모에게 강간당하여 그 씨를 잉태했는데 그 씨가 바로 차경석이었으므로 차경석은 현재 차씨 성으로 행세하지만 실은 정씨이며, 따라서 그 손자인 동영은 바로 정씨이다.
>
> 그런데 이 정동영은 지금 행방불명인데 실은 모 심산에 들어가 있으면서 주야로 자신의 정신수양과 심신단련에 힘쓰는 한편, 임금이 되기 위

---

156 무라야마 지준(村山智順), 앞의 책, 1933; 무라야마 지준(村山智順), 앞의 책, 1991, 530쪽.

한 훈련을 쌓으면서 서서히 그 기회가 도래하기를 기다리고 있는데 때가 오면 즉시 출현할 것이다. 그리고 이 시기가 도래했을 때야말로 정동영과 제일 관계가 깊은 보천교도들이 새 정부의 중요 간부가 되어 대신, 대장의 요직에 앉고 일반 신도들은 그 부하가 되어 부귀영화를 누리게 될 것은 의심할 여지가 없다. 한편 구체적인 사실은 3월 21일(음력 2월 26일)에 보천교 본부에서 발표할 것이다.[157]

장차 세계대전이 발발할 것이며 이 과정에서 조선이 독립할 것을 예언하고 있다. 그리고 계룡산에 새로운 나라가 건설될 것인데 그 주인공은 차경석의 손자인 정동영이라는 새로운 주장과 믿음을 제시한다. 이제 차경석의 천자 등극설은 그의 손자인 젊은 세대로 이전되었고, 차씨의 손자가 실은 정씨라는 주장은 차경석의 어머니가 정씨에게 강간당해 그를 낳았다는 다소 황당한 이유가 덧붙여진다. 어쨌든 새로운 천자인 정씨가 실재하며 임금이 되기 위한 훈련과 심신수련에 몰두하고 있다고 설명된다.

한편 제1차 세계대전에서 독일이 연합국에 승리하고 있는 역사적 사실도 실은 조선 출신의 정씨 등의 인물이 있었기에 가능하다는 소문도 퍼졌다. 『조선의 점복과 예언』(1933)에는 다음과 같은 기록이 있다.

훔치교(吽哆教)와 태을교(太乙教)에서는 『정감록』의 자구를 견강부회하거나 가공의 망설(妄說)을 유포하였다. 제1차 세계대전은 결국 독일의 승리로 돌아갈 것인데, 조선도 역시 전란의 소용돌이에 말려들 것이며 동시에 천변지이가 있고 인류는 모두 사멸할 것이다. 다만 본교(本敎)를 믿는 자는 그 재앙을 면할 수 있음은 물론 전후(戰後) 정씨가 계룡산에 도읍을 정할 때, 본교의 신도는 신앙의 후박(厚薄)과 포교 공적의 경중에 따라 작록(爵祿)을 받게 될 것이라고 예언했다.

157 무라야마 지준(村山智順), 앞의 책, 1933; 무라야마 지준(村山智順), 앞의 책, 1991, 530-532쪽.

또 제1차 세계대전 중 독일이 연합군을 적으로 하여 연전연승하는 것은 독일군 중에 정 모(鄭某) 등의 다수의 유능한 조선인 장교가 있기 때문이다. 이들은 가까운 장래에 대군을 이끌고 조선으로 돌아와서 일본의 세력을 몰아낼 것이다. 그리고 본교를 믿으면 매사가 순조롭게 성취되고 선술(仙術)을 얻어 새처럼 공중을 날 수 있고 탄환도 뚫지 못한다는 등을 설을 유포하여 교도를 모집하고 금전의 갹출을 도모하고 있다.[158]

증산교계의 교단에서 세계전란의 발생도 장차 있을 조선의 전쟁과 새로운 독립국가 건설과 관련이 있다고 주장했음을 알 수 있다. 그리고 그 핵심은 "정씨가 계룡산에 도읍한다"는 정감록적 예언이 기반이 되었다. 나아가 독일의 승리의 배후에는 많은 조선인들이 있었기 때문이라고 주장하며 곧 군대를 이끌고 조선에 들어와서 독립운동에 종사할 것이라고 강조하여 예언의 임박성을 다시 한 번 강조한다.

1933년 3월에는 경북지방의 보천교인들이 곧 세계대전이 일어나 보천교인만 살아남을 것이라는 예언을 퍼뜨리다가 체포되었다.

경북 봉화군에 사는 경호창, 최성기 등은 보천교도인데 태백산 기슭의 간벽지를 편력하면서 머지않아 세계대전이 일어나는데 그때에는 보발자(保髮者)인 보천교도 이외에는 아무도 살아남지 못한다는 말을 퍼뜨렸다는 이유로 경찰에 체포되어 구류처분을 받았다.[159]

1933년 3월 28일자 『중앙일보』에 「시국 긴장을 기회 삼아 보천교배 우(又) 준동」이라는 기사가 있다. 교도 등에게 비밀 통첩을 발송하여 황당무계의 비어를 유포한 사건이다. 장차 계룡산 입도(立都)를 꿈꾸며 차경석을 소위 천

158 무라야마 지준(村山智順), 앞의 책, 1933; 무라야마 지준(村山智順), 앞의 책, 1991, 585-586쪽.

159 『중앙일보』 1933년 3월 16일자; 무라야마 지준(村山智順), 앞의 책, 1933; 무라야마 지준(村山智順), 앞의 책, 1991, 528쪽에서 재인용.

자(天子)라 하야 미래에 어떤 국가를 건설한다고 몽상하며 우민(愚民)을 농락하던 보천교도가 체포되었다. 모종의 교지와 비밀문서 등을 작성하여 교도들에게 보내며 시국의 장래가 자기들의 상상하는 대로 변화하리라는 풍설과 유언비어로 민중을 농락하는바 총독부 경무국에서는 각 도 경찰부에 지시하여 단속했다고 한다.

1934년 5월 23일자 『매일신보』에 「비상시기를 기화로 마수 뻗는 보천교도」라는 기사가 있다. 시대를 역행하는 혹세무민의 유언인데, 일소전쟁과 일미, 일중전쟁이 미구에 있을 터인데 보천교도만은 그때에도 아무런 피해를 입지 않을 터이니 보천교로 들어오라고 권유했다는 내용이다. 각도 경찰에 엄명을 내려 경계하여 보천교도를 한 달 동안에 80여 명을 인치(引致)하고 구류처분을 내렸다. 전쟁이 개시되면 조선이 **되고, 보천교주가 00가 되는바 보천교도로 인정받는 유일한 표적이 상투이니 상투를 짜라고 인심을 소란시켰다고 한다. 조선이 독립되고 보천교주가 황제가 된다는 주장이다.

1934년 5월 23일자 『동아일보』에도 「훔치 보천교도들이 유언비어 살포」라는 거의 비슷한 내용이 실려 있다.

1934년 6월 29일자 『매일신보』에 「종교유사미신단체 등 혹세무민의 비어(蜚語) 유포」라는 기사가 있다. 시국을 이용하여 농촌 진흥을 저해한 보천교, 동화교, 수운교 등의 책동이 끊이지 않아 당국은 이들의 취체(取締)에 전력을 다하고 있다는 내용이다. 시국에 관한 유언비어를 희롱하여, 보천교는 작년 1월부터 금년 3월까지 경찰에 검거되어 취체받은 수효가 98건, 동화교와 수운교 관계사건은 72건이다. 주목되는 것은 교주가 어찌 된다는 것과 교도들이 고관이 된다는 것이 34건, 농촌진흥운동이 소용없다 하여 방해한 것이 34건, 병을 고친다는 것이 7건 등이다. 당시 경무국에서 조사한 보천교도 수는 2만인을 돌파했다고 한다.

『개벽』 신간 제1호(1934. 11.)에 실린 유광렬(柳光烈)의 「사멸중(死滅中)의 보천교(普天敎)」라는 기사에 다음과 같은 내용이 있다.

이리하야 그들은 이 전 세계적 변환을 오직 과거 조선(朝鮮)의 봉건왕조가 변혁되든 말세로 보고 도피의 길로만 질주하게 되엿다. 『정감록(鄭堪錄)』을 밋고 십승지(十勝地)를 차저다니게 되엿다.

이 심리와 이 현상을 이용하야 최근 수십 년간에 기다(幾多)의 사기배(詐欺輩)가 사언망어(邪言妄語)를 펏들이며 우민(愚民)의 잔각(殘殼)을 빼서 사복(私腹)을 채우게 되엿으니 그중의 중요한 자로 훔치교 또는 보천교를 들 수 잇다.

보천교(普天教)란 어떠한 자의 소위(所爲)이며 어떠한 동기로 생겻는가. 그들이 말하기를 거금(距今) 30여 년 전 갑진(甲辰) 을사(乙巳)년간에 강일순(姜一淳)이라는 자가 잇엇다 한다. 보천교인의 말을 그대로 빌어 하면

"강일순은 원래 천상의 옥황상제로서 인간에 하강하야 사람이 되엇는데, 그가 지상에 잇을 때에도 천지공사(天地公事)(?)를 행하야 구름도 만들고 비도 오게 하다가 다시 하늘로 올라갓는데 그가 만민에게 옥황상제의 하는 교(教)를 펴고 갓다"한다.

과연 일반(一般) 전언(傳言)을 들으면 30여 년 전에 고부(古阜) 태인(泰仁) 정읍(井邑) 등지로 전전걸식(轉轉乞食)하는 일개 술객(術客)이엇섯는데 그는 이러케 유걸(流乞)하다가 필경 50 미만으로 요사(夭死)를 하고 말엇다 한다. 그러나 이 강일순(姜一淳)이라는 인물은 이 보천교(普天教) 성장에는 잇어도 조코 없어도 조흘 것이다. 조선근세사에 이들이 셀 만한 조건이 없엇다면 비록 천백의 강일순이 잇을 지라도 하등의 소용이 없이 일개 광한(狂漢)으로 종신(終身)하엿을 것이다. 그러나 이 역사적 불안은 지룡(地龍)이라도 구름을 타고 천상에 올라보고 준동(蠢動)을 하게 만든 것이다.

이 강일순을 이용하야 현재와 가튼 세(勢)를 이룬 자는 차경석(車京錫)이니, 차경석은 어떤 사람인가. 그는 구시대로부터 신시대로 넘어오려고 애쓰다가 되다 뭉그러진 자이다. 그는 전북(全北) 고창(高敞)출생이니, 그의

부친 차치구(車致九)는 한창 조선(朝鮮) 사람들이 늣게나마 자수(自手)로 양반계급을 때려부수고 신흥(新興)세력을 세워보려는 동학당(東學堂)에 뛰어들엇고 당시 나어리든 차경석도 역시 내부(乃父)를 따라 동학(東學)에 따라든 자이다.

그러나 시세는 작고 변하야 일청전쟁(日淸戰爭) 이래 급격히 들어오는 외래세력은 동학당의 성장에도 여유를 주지 아니하고 갑진(甲辰) 일아(日俄)전쟁 이후에 급각도(急角度)로 변하는 시세는 이 동학당의 존립조차 위태케 하엿다. 이때에 생존에 급급하는 일부는 일진회(一進會)로서 갈 길을 가려 하고 원친(遠親)으로써 재도(再圖)를 기(企)하는 일부는 천도교(天道敎)로서 갈 길을 가다가 필경 기미운동(己未運動)에까지 이르게 된 것이다.

이리하야 동학당이 기미(己未) 이후 비교적 신문명의 길로 추향(趨向)하는 것을 본 감상적 노인들은 다시 새로운 귀의처를 찻게 되엿다. 이때에 차경석은 이 복고적 노인배의 심리를 교묘히 갓추어서 안출(案出)한 것이 보천교이요, 떠메고 나온 것이 백골(白骨)된 지 오래인 강일순(姜一淳)이요, 부르는 것이 태을주문(太乙呪文)이다. 그러나 우에도 말하엿거니와 태을주문이니 강일순이니 하는 것은 잇어도 조코 없어도 조흔 것이다. 요컨대 차경석이가 맘대로 지어내인 사기도구에 지나지 안는 것이다.

그러면 그의 사기방법은 어떠한가.

일(一). 노인의 복적(復的) 심리를 이용함 = 보천교인은 머리를 깍지 안는다. 깍갓든 머리도 도로 길너야 한다. 그리고 테두리 큰 갓을 쓰며 청의(靑衣)를 입어야 한다고 이것을 교헌(敎憲)으로 정하엿고, 또 자식이 낫트래도 학교에 보내지 말고 신학문을 배우지 말고 한문이나 배워라, 그러면 세상이 뒤집히고 다시 요순(堯舜)의 세상이 될 때에는 우리만 써먹게 되며 그 새 세상을 배판하는 데는 우리가 3정승 6판서를 모다 하게 된다.

일. 최면술을 이용함 = 입교하면 소위 태을주문(太乙呪文)이라는 것을 외우게 하나니 "훔치훔치 태을천상원군(太乙天上元君) 훔리치야도래 훔리함리사바하"라는 것을 밤낫 칠일을 두고 외이면 개안(開眼)이 된다 한다. 이 개안이란 것은 그들은 도(道)의 눈이 띄이는 것이라 하나 실상은 최면으로 들어가는 것이니, 이때에 최면을 건 자(者)가 압헤 안저 옥황상제(玉皇上帝) 잇는 데를 가보게 하느니 죽엇든 부모를 맛나보게 하느니 천하만국(天下萬國)을 구경하게 하느니 한다. 그러면 이 최면 바든 사람은 그대로 보앗다고 한다. 이것은 근래에 흔히 다니는 최면술에 일반적으로 쓰는 것을 이용하는 것이다.

일. 비기(秘記)를 이용함 = 조선(朝鮮)은 고래로 선도(仙道)를 숭배하든 나라이요, 비기를 조와하는 나라이다. 비기라는 것 그 실치인(實痴人)의 몽결(夢缺)에 지나지 안는 것이나 과거에 정치변동을 꾀하는 자들이 만히 이를 이용하엿다. 고대(古代)로는 "황제입청구학선도(黃帝入靑邱學仙道)"라 하야 조선이 고대 선도의 중심지인 듯한 혹(惑)이 잇고, 그 후 고구려(高句麗)가 망할 때는 "900년 고국(古國)이 80노장(老將)에게 망한다" 하야 당장(唐將) 이륵(李勒)이에게 망할 것을 합리화하엿고, 백제(百濟)가 망할 때에는 "신라여월신(新羅如月新) 백제여월락(百濟如月落)"이라는 것으로 인심을 선동케 하엿고, 고려(高麗) 말 이조(李朝)가 나올 때에도 "목자득국(木子得國) 신부삼연내왕자(身負三椽乃王字)"이니 하는 말을 지어 돌리어 왕위변동의 책략을 하엿고, 조광조(趙光祖)를 몰아 죽일 때에도 금원(禁苑)의 나무에 밀즙(蜜汁)으로 "주초위왕(走肖爲王)"이라 써서 이용하엿고, 정여립(鄭汝立)의 역옥(逆獄)에도 산중에서 옥판주서(玉板朱書)가 나왓는데 "목자망(木子亡) 존읍흥(尊邑興)"이라고 쓰이엇다 하야 민심을 편동(遍動)하엿다.

이러케 전통적으로 밀기(密記)이니 참서(讖書)이니 하는 것을 조와하는 조선인(朝鮮人)은 근세의 역사적 불안과 함끠 더욱 증장(增長)하야 근대(近代) 과학(科學)에 불안과 공포들 늣기는 그들은 일루서광(一縷曙光)을 『정감록(鄭堪錄)』과 밀기(密記)에 두고 옛 세상이 다시 되기를 고대하나니 이 가련한 심리를 이용하야 『정감록』에 이른바 새 세상이라는 것은 우리가 만들 세상이라고 속이엇다.

일. 사환열(仕宦熱)을 이용함 = 조선은 고대부터 사환(仕宦)에 대하야 퍽으나 동경심을 가젓다. 한 번 벼슬을 잘하면 자기 자신이 지배계급이 될 뿐 아니라 자자손손(子子孫孫)까지 지배계급이 되여보겟다는 야망으로 더욱 사환열(仕宦熱)이 놉흔데 이 심리를 이용하야 벼슬을 준다고 하엿다.

일. 민중의 무지(無智)를 이용함 = 상기(上記)한 여러 가지 방법을 쓸지라도 조선민중이 참으로 과학에 눈뜨고 자각이 잇으면 속는 일이 없을 터인데 민중이 무지한 것을 이용하야 그들을 속이는 것이다.

일. 생활불안을 이용함 = 아모리 무지한 민중이라도 생활이 곤란하지 안으면 그러케까지는 속지 안을 터이나 최근에 더욱 격심한 생활 불안한 농민들은 물에 빠지는 사람이 집오락이에 매달리듯이 매달린 것이 그들의 사기의 함정에 빠진 것이다.

차경석이가 용한 것도 아니다. 보천교가 마력이 잇는 것도 아니다. 상기한 기다(幾多) 조건이 그들의 사기를 용이케 한 것이다.

얼마 전에 필자는 정읍(井邑)에 간 기회를 타서 보천교의 소굴인 대흥리(大興里)를 보게 되잇다. 징주읍(井州邑)에서 약 30리나 격(隔)한 농촌이니 보아서 기승(奇勝)하다 할 산수(山水)도 없고 훤한 평야의 한가운데에 채색단청(彩色丹靑)으로 지어노은 것이 한창 당년에 차경석이가 지어노은 대궐이라는 것이다.

동구(洞口)에 들어서 자게딴지가치 나진 집이나마 거리가 길게 연(連)하엿으니 이것은 모다 황평양서(黃平兩西)나 경상도(慶尙道)에서 논을 패고 집을 팔고 와서 모여 사는 위인들이라. 한참 가다 보니 종각(鍾閣)이 잇고 놋쇠로 종(鍾)을 하야 달앗으니 그 크기로는 서울의 종(鍾)보다 조케 보인다. 이 종이 잇기 때문에 이 거리를 종로(鍾路)라 부르는 것도 가소로운 일이다. 이곳에 일시는 수천호(數千戶)가 와서 살앗으나 대부분은 기아에 못익이어 아사(餓死) 또는 유걸(流乞)이 되고 남은 것이 약 500호(戶)이며 그 중에는 게집과 딸을 팔아 연명하는 자도 잇다.

소위 대궐정문은 보화문(普化門)이라고 쓰고 서울 광화문(光化門)을 본데서 층루(層樓)로 되여 잇다. 그 안에를 들어가면 바른손 편으로 총의원(總宜院)이라는 것이 잇으니 그것은 여자교인들이 사무 볼 곳이요, 왼손 편으로 총정원(總正院)이라는 것이 잇으니 남자교인들이 사무 볼 곳이라는 것이다. 규모를 크게 하야 수백 간(數百間)씩 되고 공부(工夫)할 곳과 회의실 가튼 것이 설비되여 잇다.

중앙으로는 경복궁(景福宮)의 근정전(勤政殿)을 모방하야 십일전(十一殿)이라는 것이 잇으니 이 십일전은 토자(土字)를 의미한 것이다. 그들의 이른바 후천괘(後天卦)[주역복서(周易卜筮)]가 천지태괘(天地泰卦)이니 후천(後天)에는 흙이 왕성(旺盛)하리라 하야 토자로 대궐을 지은 것이라 한다.

이 토전(土殿)은 이 집 중에도 제일 힘들인 곳이니 아람들이 원주(圓柱)가 수십 장(數十丈)이나 올나가고 그 우로 오색단청(五色丹青)의 장식을 하야 노아 가위(可謂) 궁사극치(窮奢極侈)한 것이요. 중앙에는 황금(黃金) 용상(龍床)이 잇으니 이것이 차경석(車京錫)이가 갑자년 등극(甲子年登極)을 하느니 기사년 등극(己巳年登極)를 하느니 하든 곳이다. 금상(金床) 뒤에는 산천과 일월성진(日月星辰)을 그린 그림 일폭을 부치고 흰 휘장으로 가리엇다.

이 집을 들어갈 때부터 나오기까지 1시간 이상이 결리니 그 큰 것을 알 수 잇고 공비(工費) 개산(概産) 150만 원(圓)이라 한다. 처음에 차경석이가 자칭 천자라 하고 천자의 대궐은 황와(黃瓦)로 이으는 법이라 하야 개와장이를 불러다가 황와를 구어서 이엇엇으나 경찰의 호령으로 다시 보통와(普通瓦)로 이으는 중이라 한다. 한창 이 집을 지을 때에는 차경석의 전성시대이니 교도 6백 만이라 호어하고 만주(滿洲)서 이 집 짓는 목재를 수입할 때에 대흥리 부근에 임시정거장(臨時停車場)까지 생기엇엇다 한다.

다시 차경석의 면회를 요구하니 그는 칭병(稱病)하고 보지 안는다. 대개 그는 과학의 소등(昭燈)의 그 요미(妖尾)가 들어나는 것을 두려워함이리라. 차경석의 집 사랑에서 교조(敎祖) 강일순(姜一淳)의 사당을 보여달라 하니, 사당에는 "호천금궐(昊天金闕)"이라 쓰고 양편으로 일련의 글이 잇으되 "삼척경금(三尺輕琴) 만국화조(萬國和朝) 천*중금(千*重劍) 사해탕열(四海湯裂)"이라 하엿다. 이 만국화조 사해탕열의 구를 그들은 얼마나 어리석은 백성을 속이는 데 소뻑다귀 우리듯 하엿으랴. 상투 튼 교도에게 그 글 쓴 이유를 무르니 "보천교도(普天敎徒)가 도(道)를 닥가 개안이 되어 옥황상제 잇는 데를 올라가보니 거긔 호천금궐이라 쓰고 양편으로 그런 글을 써부첫기로 그대로 써부친 것이라"고 한다. 시하치인치몽(是何痴人痴夢)이냐. 생각건대 교도(敎徒)로 속일 때에는 헐신 다른 말로 설명하엿으리라. 다-보고 나니 청(請)치 안는 꿀물을 내온다. 이것이 이른바 "꿀을 먹이는 것이로구나"하고 일소(一笑)하엿다.

이러케 민중에게 큰 해를 끼치는 것이엇만 차(車)에게 수십만 원의 금전이 잇다는 것이 동기로 경성의 자칭 명사들이 모다 와서 납배(納拜)하고 멧천 원 멧만 원을 어더먹는 것은 일시 마치 똥에게 모여드는 파리떼와 갓다고 한다.

다만 신흥(新興) 청년들이 감연히 그들 두상(頭上)에 철추(鐵錐)를 내리고 "거금(距今) 30여 년 전에 전북(全北)에 배회하는 강일순이라는 일개 광한(狂漢)이 잇으니 (…) 운운(云云)"의 창두(昌頭)로 신랄준렬한 배격에 격(檄)을 돌려 그때에 바든 상처는 상당히 컷든 모양이다. 그 후로는 인하야 이러서지 못하고 지금은 점점 퇴세(頹勢)로 들어가는 중이라 한다. 그들은 상투 튼 사람을 중심으로 구시대의 잔재를 배경으로 생기엇든 독갑이불이다. 과학문명이 들어오고 전기등이 켜지고 보통학교 졸업생이 만하지면 필경 사멸될 운명이 잇는 것이다.

멧 해 전까지 호주권을 가젓든 노인이 죽어가자 보천교도 부지 중 죽고 마는 것이다. 신(新)과 구(舊), 정(正)과 부정(不正), 과학(科學)과 미신(迷信) 이 양자가 대립될 때에 언제든지 후자가 패퇴하는 것이 당연한 일이다. 차경석은 이 퇴세(頹勢)를 만회하려고 이 보천교를 유교(儒敎)로 전환한다고 인의(仁義)를 각금 말한다고 한다. 어서 속히 민중의 신문화가 보급되어 이런 데에 속는 시일이 짤라지기를 바랄 뿐이다.

논자(論者) 중에는 이를 정치적으로 이용함을 운운하는 자이 잇스나 이는 천만부당한 말이다.

삼국시대의 수천만의 황건적(黃巾賊)이 무엇을 하엿드냐. 청말(淸末)의 백련교도(白蓮敎徒)나 최근의 대도회(大刀會) 홍창회(紅槍會)가 안전(眼前)의 실례를 보여주지 안느냐. 수천만의 백련교도가 먼지가치 역사 진행의 선상에서 사라질 때에 일본(日本)에 망명한 일청년(一靑年)이 밥을 굶으며 만든 수삼 인의 청년동지가 후일 전 중국(全中國)을 통일하는 국민당의 전신이 아니엿드냐.

하나는 수천만이로되 사(邪)이기 때문에 망하엿고, 하나는 수삼 인이로되 정(正)이기 때문에 최후 승리를 한 것이다. 죽은 자는 죽은 자로 장사지내게 하고 산 자는 산 자를 따르라!

차경석의 보천교에 대한 비판을 교조 강일순의 내력, 차경석의 집안 내력, 조선 근대의 약사, 보천교의 특징과 수법, 조선 전래의 비결신앙, 민중의 엽관적(獵官的) 심리, 당시의 사회적 상황, 정읍 대흥리 보천교 본소의 탐방기, 보천교의 신로(信路) 변경의 현황 등을 중심으로 서술하고 있다. 유광렬은 "『정감록』에 이른바 새 세상이라는 것은 우리가 만들 세상이라고 속이엇다"라고 지적하여, 보천교에서 주장하는 새 세상이 곧 『정감록』에서 주장하는 신세계라고 강조한다.[160]

160 유광렬, 「사멸 중의 보천교」, 『개벽』(1934. 11월호), 64면.

한편 무라야마는 보천교본부가 있는 정읍군 대흥리도 새로운 도읍터로 믿어졌다고 보고한다.

> 계룡산 신도안에 이어서 나타난 성도(聖都)운동의 땅은 전라북도 정읍군 입암면 대흥리이다. 여기는 흠치교의 후신인 보천교에 의해 경영된 것이다. 정읍(井邑)의 정(井)은 물의 근원이며, 물은 만물을 생육하는 것이므로 따라서 정읍지방에는 만물을 생육하는 왕자가 출현하는 곳, 대흥리(大興里)는 대왕의 흥기를 의미하는 땅, 그리고 그 남쪽에는 입암산(笠岩山)이 있고 입은 관(冠)이므로 이 땅에는 반드시 왕자가 나오는 곳이라고 한다.[161]

하필이면 정읍에 보천교본부가 세워졌느냐에 대한 풍수지리적 설명과 지명의 유래를 들어 그 타당성을 강조하고 있다. 새로운 황제가 나올 땅으로 정읍 대흥리가 선정되며, 보천교본부가 위치하는 입암산이라는 이름도 그 증거로 제시된다.

당시 보천교에서는 다음과 같은 『정감록』의 구절을 이른바 천자등극설에 이용했다고 전한다.

> 辰巳君何去, 午未樂堂堂. 靑衣自南來, 似僧則非僧((…) 진년과 사년에 임금은 어디로 가는가? 오년과 미년에 즐거움이 당당하리라. 푸른 옷을 입은 자가 남쪽에서 오리니, 중과 비슷하나 중이 아니다).[162]

보천교의 본소가 있는 입암면 대흥리는 정읍의 남쪽에 위치하고 있어 푸른 옷을 입고 남쪽으로부터 온다는 말을 결부시킨 것으로 보인다는 주장도 있다.[163] 거의 모든 예언이나 비결이 중의적(衆意的)인 의미를 지니거나 애매모호

161 무라야마 지준(村山智順), 앞의 책, 1935; 무라야마 지준(村山智順), 앞의 책, 1991, 874쪽.

162 「무학전」, 『정감록』(한성도서주식회사, 1923); 안춘근, 앞의 책, 1973, 576면.

163 김재영, 앞의 책, 92쪽.

한 형태로 유포된다는 사실에 비추어볼 때, 위의 인용문을 차경석이 정읍 대흥리에 보천교의 본소를 세운 일로 해석할 수는 있다. 그러나 '임금 군(君)'이 나온다는 사실 이외에 굳이 천자등극설과 연관시켜 풀이하기가 매우 어렵다.

그리고 진년, 사년, 오년, 미년은 십간(十干) 가운데 넷이다. 확률상으로 40퍼센트나 되는 경우의 수로 특정한 사건이 일어날 것이라고 해석하는 것은 정확성이 부족하다. 또 '푸른 옷'이 상징하는 것이 무엇인지 확실하지 않으며, '푸른 옷을 입은 인물'이 '남쪽'에서 온다는 것을 천자등극과 관련시키는 까닭이 명확하지 못하다. 나아가 "중과 비슷하나 중이 아니다"라는 구절은 여전히 의미가 통하지 않는다. 『정감록』의 정씨 진인출현설과 관련된 내용은 위의 인용문보다 훨씬 방대하고 다양하게 남아 있다. 어쨌든 당시 보천교에서는 이러한 『정감록』의 구절을 이용하여 천자등극설로 연결시켜 해석하고 있었다는 사실만 확인 가능하다.

1935년 12월 19일자 『동아일보』에 「종교유사단체에 철추, 필두는 보천교 소탕」이라는 기사가 있다. 보천교주 차경석이 스스로 **라 참칭하고 민중을 우롱하고 혹세무민하는 행동을 하는 외에 불경한 언동과 행동이 적지 않음으로 전 조선적으로 대철퇴를 내렸다는 내용이다.

1936년 3월 2일자 『조선중앙일보』에 「정감록을 팔고서 농민에게 금전사기」라는 기사가 있다. 보천교 간부 등이 피검(被檢)된 사건인데, 『정감록』의 기묘한 술법을 가르쳐준다고 재물을 편취했다고 한다. 보천교 간부 포정(布正) 김기응이 경상남도 함안군 군북면 동초리 등지의 농촌으로 돌아다니며 유언비어를 유포하며 사기를 치다가 경찰에 체포되어 엄중 조사했다는 내용이다. 보천교인이 보천교의 독특한 교리를 설명한 것이 아니라 "『정감록』의 기묘한 술법을 가르쳐준다"는 말로 사람들을 속였다. 당시 보천교의 포교방법이 정감록적 신앙에 기대있었다는 사실이 다시 한 번 확인된다.

『조선일보』 1936년 6월 10일자에 「전 조선 유사종교(類似宗教)에 불일중(不日中)에 대철퇴(大鐵槌). 보천교(普天教), 증산교(甑山教), 동화교(東華教) 등 종교적 행사의 철폐를 단행」이라는 기사가 있다. 내용은 다음과 같다.

저번에는 일본 내지에 있어서 왕인삼랑(王仁三郎)의 대본교(大本教)가 철저한 복멸을 당하는 등 사상통제(思想統制)의 대선풍이 불기 시작한 지 이미 오래되는 이때 전북 정읍을 근성(根城)으로 하고 전 조선에 5만의 신도를 가진 죽은 차천자(車天子)의 보천교(普天教)와 1만의 신도를 가진 조천자(趙天子)의 무극교(無極教), 3천의 신도가 있는 강증산교(姜甑山教)와 2천의 신도를 가진 동화교(東華教)에도 전북 경찰부가 중심이 되어 드디어 불일내로 전 조선에 일제히 철퇴를 내려 신도의 집회는 물론 포교, 수금 등 일체의 종교적 행사를 금지할 것은 물론 각 처에 걸려 있는 간판까지도 철거명령을 내려 오랫동안을 두고 깊이 뻗치고 있는 뿌리를 한꺼번에 빼어버릴 작정이라고 하며, 이와 같이 탄압을 내리는 이유로는 전기 제 파의 신교가 모두 농촌진흥운동에 대하여 반대적 역할을 하는 데 있다고 한다.

1936년 6월 11일자 『매일신보』에 「보천교 검색에 대한 다나까 경무국장담」이라는 기사가 보인다. 다나까 경무국장은 전, 현임 전북경찰부장에게 보천교는 불온한 사상을 가질 염려가 있으니 잘 취체하라고 명한 바 있다는 내용이다.

1936년 6월 11일자 『조선중앙일보』에 「보천교의 성쇠기(盛衰記)」라는 기사가 있다. 등극설도 일장춘몽(一場春夢)이고, 정자문(井字紋)도 빛이 무색했다는 내용이다. 수만 명의 교도가 있던 보천교 교주 차경석이 죽은 때는 지난 4월 30일이다. 갑자등극설로 사람들을 속여 한때 5만 명의 신도를 가졌다고 주장했다. 증산 강일순이 죽은 뒤 영생불사의 신으로 모시는 선도교, 보화교를 거쳐, 대정 11년(1922)에는 차경석이 보천교를 시작하였다. 차경석이 죽은 후 전북 경찰대 40여 명이 출동하여 보천교본부를 총수색했다. 이후 보천교는 무극대도교, 증산교, 미륵불교, 동화교, 태을교, 대세교(大世教), 원군교(元君教), 용화교(龍華教), 선도교 등으로 분파되었다고 한다. 보천교의 성장과 차경석의 죽음 이후 여러 교파로 나뉘었던 사실을 기사화했다.

1936년 6월 12일자 『조선중앙일보』에 「보천교의 성쇠기」라는 6월 11일에 연속된 기사가 있다. 훔치 훔치 주문에 무지한 대중이 매혹된 보천교의 초대 교조는 강증산인데, 신화일심(神化一心), 인의상생(仁義相生), 거병해원(去病解寃), 후천선경(後天仙境)의 4요법이 있다고 지적했다. 그리고 차경석이 대정 10년(1921) 9월 황석산에서 교명을 고천(告天)할 때의 교명은 보화(普和)였지만 후에 보천교로 개칭했다는 내용도 설명한다. 보천교의 핵심 교리가 밝혀지며, 교명의 변화에 대해서도 언급했다.

1936년 6월 13일자 『조선중앙일보』에도 「보천교의 성쇠기」라는 연재 기사가 있다. 보천교가 정치적 색채를 가미하여 전 조선에 세력을 확대했으며 방주제를 실시했다는 내용과 대정 11년(1922) 2월 경성에서 보천교진정원이라는 간판을 걸고 포교했으며, 교주의 갑자등극설이 전국에 유포되었다고 전한다.

1936년 6월 14일자 『조선중앙일보』에도 「보천교의 성쇠기」라는 연재 기사가 있다. 기괴한 행동으로 검거와 수색도 수차 받은 보천교는 수백만의 신도가 있다고 호언했다. 그리고 김송환의 전주 헌병대 밀고로 알려진 대정 4년(1915)부터 차경석은 자신을 천자라고 자칭하고 조선을 **시켜 스스로 ○○가 된다고 주장하며 교주에 등극하는 동시에 교도들에게 관직을 수여한다고 선전했다고 적었다. 그러나 결국 차경석은 금품 수수와 사기 혐의로 경찰에게 주목받았으며, 그는 곤룡포, 면류관, 용상(龍床) 등을 갖추어놓고 매일 아침 조견례를 받는다는 밀고를 받았는데, 증거불충분으로 불기소 처분으로 풀려났다는 내용이다.

1936년 6월 15일자 『매일신보』에 「평남에서도 보천교 탄압」이라는 기사가 있다. 보천교의 집회와 성금 징수 금지를 각 경찰서에 지령했다는 내용이다.

1936년 11월 30일자 『매일신보』에 「보천교 대전당 고종(告終), 만인의 고혈로 축조한 아방궁도」라는 기사가 있다. 한때 수십만의 신도수를 자랑하던 보천교의 대종(大鐘)과 십일전(十一殿)이 공매에 넘어갔다는 내용이다.

⑤ 맺음말

예언이 실현되지 않았다고 판단하는 것은 일반적인 관점에서 세속적으로 이야기되는 일이지, 예언을 믿고 따르는 사람들에 있어서 예언이 실현되지 않는 일은 결코 없다. 예언은 실현되지 않은 것이 아니라, 다만 잘못 이해되고 왜곡되었을 뿐인 것이다. 예언은 설정된 궁극적인 이상세계가 이루어지는 순간까지 '계속하여' 나타날 것이며, 비록 조금씩 그 모습은 바뀌어도 근본적인 골격은 유지해나가며 오히려 확대되고 발전하기까지도 한다. 또 예언은 그 당시의 사회현상을 반영해주는 것이기에 인간이 보다 나은 세계를 추구하고 기대하는 한, 주어진 현실이해의 한 방법으로 예언이 갖는 고유한 기능과 뜻이 있다. 그러므로 인간에게 미래가 있고 추구하고 이루어내야 할 이상이 존재하는 한, 현실을 개선시키려는 인간의지의 표출로서 예언은 어떠한 형태로든지 계속 존속할 것이고 또한 부단히 계속 나타날 것이다.[164]

보천교는 일제강점기에 가장 대표적으로 예언을 생성하고 유포시킨 교단이었다. 이는 갑자년 천자등극설과 기사년 천자등극설로 대변된다. 천자등극설은 그 실현시점을 여러 번 변경하면서 다양하게 제기되었으며, 보천교의 본소가 건설되는 실제상황과 맞물려 보다 설득력이 있게 민중들에게 받아들여졌다. 보천교는 성립기, 성장기, 쇠퇴기, 몰락기 내내 종교적 예언을 가장 많이 유포하였던 교단이다.

보천교의 교주 차경석이 천자로 등극하여 새로운 왕조와 나라를 세울 것이라는 교인들의 믿음은 결국 실현되지 않은 채 실현시점이 계속하여 연기되었다. 갑자년(1924) 음력 3월 15일, 갑자년 봄, 갑자년 음력 4월, 갑자년 4월 초파일, 갑자년 갑자월 갑자일 갑자시, 갑자년 동짓날, 1925년 입춘일, 1925년 3월, 기사년(1929) 봄, 1929년 3월 15일, 기사년 기사월 기사일 기사시(음

164 김탁, 앞의 책, 1992, 303쪽.

력 4월 16일), 신미년(1931) 신미월 신미일 신미시(음력 6월 1일) 등으로 차경석의 천자등극일이 계속해서 연기되었다. 특정한 예언이 실현되기까지 예언의 실현시점은 현실적으로 계속되어 연기되는 속성이 있다. 예언은 맞느냐 틀리느냐를 가리는 논리적이고 합리적인 판단의 영역이나 문제가 아니라, 믿느냐 안 믿느냐의 믿음과 신념의 영역이자 문제이다.

보천교의 예언은 조선을 대신할 새로운 왕조의 탄생을 주장하는 내용이었다. 따라서 보천교의 예언은 왕조 중심의 전통적 사고체계를 벗어나지 못하는 한계를 지녔다. 개화기를 거쳐 근대사회가 열리는 과정에서 국민주권의 시민사회가 진행되는 과도기라는 시대상황 속에서 여전히 전통과 보수에 갇힌 채 절대왕권체제의 예언에 몰두하였다. 그리고 보천교에서 유포한 각종 예언은 시한부적이고 정치적인 형태로 제시되었다. 종교적인 차원에서의 구원을 약속하거나 종교적 이상향을 제시한 것이 아니라, 보천교의 예언은 정부조직과 현실 사회의 변화에만 관심을 가졌다. 보천교에서는 새 왕조의 관직이라는 현세적이고 물질적인 축복만 약속했지, 영적이고 종교적 구원을 약속하지 않았다. 따라서 보천교는 좀 더 차원이 높은 종교적 조직으로 발전하는 데 어려움이 있었고, 고도의 종교적 성숙도를 갖추지 못하였다.

보천교의 예언은 국권회복운동의 일환으로 전개되고 믿어졌다. 보천교가 일제강점기, 특히 1919년 3.1만세운동이 수포로 돌아간 이후의 시기에 급격하게 교세를 확장하게 된 가장 결정적인 이유가 바로 일제의 강점을 벗어나기 위한 시도와 투쟁으로 교인들에게 받아들여지고 믿어졌기 때문이다. 곧 새 왕조가 보천교의 교주 차경석을 중심으로 세워져 억압과 착취로 고통받는 이 나라 이 민족을 구원하리라는 예언은 '정신적 차원의 독립운동'이었다.

(4) 미륵불교

1916년 봄에 김형렬(1862-1931)은 신도 중에서 독실한 자 360명을 선발하여 전국 360군(郡)에 파견하여 육무(六戊)를 묻었는데, 360군 읍 소재지에서 한날한시에 물형부(物形符)를 전신주 밑에 묻으면 육무를 묻은 지 1개월 이내에 일본에 큰 변란이 일어나게 된다고 주장하였으나 그 일이 허사로 돌아가자 신도들이 낙망하여 버렸고 교단이 분열되었다.[165]

1919년 9월 김형렬은 신도 수십 명을 거느리고 금산사 미륵전에서 치성을 행할 때 금산사 주지 김윤창이 "김형렬과 전주 위봉사 주지 곽법경(郭法鏡)이 공모하여 금산사에 수백 명의 동지를 모아 비밀결사를 조직하여 독립운동을 일으키려고 획책한다"고 일본 경찰에 밀고하니 일본 경찰이 김형렬과 법경 등을 비롯하여 신도 수십 명을 모조리 체포하여 전주 일본검사국에 송치하였다.[166]

김형렬은 신정부 건설을 계획하다가 발각되어 체포되기도 했는데, 1919년 11월에 그를 추종하던 자들과 신정부 건설을 맹세했고, 이어서 정부조각(政府組閣)을 위해 내각총리대신 및 각 성(省) 대신 등의 중요 직책을 정하다가 일제 경찰에 검거되었다.[167]

1919년 12월 26일자 전라북도지사의 「태을교도 검거에 관한 건」이라는 보고에 다음과 같은 내용이 있다.

> 태을교를 열심히 신앙하고 또 다액의 금전을 기부하는 자는 갑자년 흠치교의 개조 강일순 선생이 소생해서 동양의 맹주가 될 때 고위고관직에 오를 것이다. (…) 흠치교의 개조 강일순 선생은 돌아가신 후에 하늘에 올라 미륵불이 되어 살고 있으며, (…) 평소 기부를 하는 사람은 병란, 흉년, 악질의 삼재(三災)를 면할 수 있을 것이다. (…) 김형렬은 (…) 흠치교 개조 강일순 선생이 다시 태어나 동양의 맹주가 된다면 조선은 독립하고 자

165 홍범초, 앞의 책, 182-183쪽.

166 홍범초, 위의 책, 183쪽.

167 김정명 편, 『조선 독립운동』 제1권(분책) 「민족주의운동」 편(명치 백년사총서, 동경, 원서방, 1967), 248쪽.

신은 재상에 이를 것이라고 하였다.[168]

1923년 봄에 김형렬이 일본정부의 고급관리와 조선총독부 관리들의 명부(名簿)를 작성하여 한 사람당 부(符) 한 장씩을 그려 그 이름을 쓴 뒤에 심복 신도 360명을 뽑아한 고을씩 맡아서 부적을 나누어주어 각 군(郡)의 전선주 밑과 신사(神社) 문 앞에 묻게 한 뒤에 가을철에는 일본에 큰 재앙이 일어나리라고 예언하였더니 과연 추석 무렵에 일본에 큰 지진이 일어난지라 이 예언이 응험함에 포교활동이 활발하였다.[169]

1927년 12월 1일자 『매일신보』에 「해괴한 미륵교주, 부녀를 속이다 피촉」이라는 기사가 있다. 칠성경(七星經)을 읽고 부적을 주면서 사람들의 돈을 빼앗은 미륵교주 김형렬이 경찰에 체포되었다는 내용이다.

부산부 정대건의 1945년 2월 2일자 광주지방법원의 판결문에 다음과 같은 내용이 있다.

> 피고인은 (…) 어린 시절부터 미륵불교를 신앙하고 있는 자인데 (…) 미륵불교는 강일순의 뛰어난 제자 김형렬을 교조로 하여 (…) 금산사의 미륵불을 본존(本尊)으로 (…) 신인합일(神人合一)의 경지에 이르는 해탈을 구하는 것으로 (…) 1932년 교조 김형렬이 사망한 후에는 교세가 쇠락하여 (…) 김형렬이 설명한 교의 중에는 "현세는 천지기운에 의하면 말세로서 미륵불(강증산)의 신명(神明)이 출현할 시기가 절박하고, 그 전조로서 임오(1932), 계미(1933) 두 해부터 갑신년(1934)까지 흉(凶), 병(兵), 병(病)의 삼재(三災) 팔난(八難)이 일어나고, 을유년(1945)부터 병술(1946), 정해(1947)에 대병(大病)이 유행한다. 그때는 미륵불교 신자만은 신명의 영력(靈力)에 의해 그 삼재팔난을 면하여 살아남는다. 조선에 미륵불이 재생(再生)한 성인

168 일제강점기 보천교의 민족운동자료집 편찬위원회, 앞의 책, 260쪽.

169 이정립, 앞의 책, 128-129쪽.

(聖人)이 출현하여 조선법을 만들고 조선 내지는 물론이고 전 동양을 지배하여 미륵교 사회라는 종교사회를 건설하고 그 종교 무리가 사회의 실권을 장악하여 이를 통치하고 5만 년의 성운(盛運)을 유지한다"라는 (…) 내용을 가진 것이다. (…) (제주도에서) 스스로 교주로서 미륵불교를 재건할 것을 계획하고 (…) 집단을 결성하였다. (…) 『정감록』에도 조선을 짊어질 대왕(大王)은 정씨(鄭氏)에서 출현한다는 것을 명시하고 있는데 우리들이 정씨이니 (…) 소원을 성축할 것이다. (…) 우리 교는 금강산 1만 2천 봉의 영기(靈氣)에 의해 세상에 드러난 것이니 교의 목적이 달성될 때에는 1만 2천 명의 사람이 관의 요직에 나아갈 것인데 (…)

김형렬의 미륵불교는 증산을 미륵불로 믿는 단체다. 증산이 다시 태어날 것을 예언했으며 각종 재난과 질병과 전쟁이 일어날 것을 예언했다는 점이 확인된다. 구체적인 연도가 제시되어 예언이 이루어졌으며, 미륵불교 신자만이 구원받을 것이라는 독선적 태도도 알 수 있다. 그리고 종교를 통해 세속 정치가 다스려질 것을 강조하고 주장했었음도 짐작된다. 그리고 미륵불교도 『정감록』에 나오는 정씨 진인출현설을 따랐다는 점도 확인된다. 그런데 예언실현의 주인공인 정씨가 누구인지에 대해서는 설명이 없다. 그런데 금강산의 1만 2천 봉우리의 기운에 의해 미륵불교가 세상에 나왔다고 주장하고, 1만 2천 명이 관직에 임용될 것이라는 점을 강조했던 사실이 특기할 만하다.

(5) 무극도

① 머리말

이 장에서는 일제강점기에 약 10만 명의 교세를 모았던 무극도(無極道)의 예언사상과 그 특성에 대해 살펴보겠다. 무극도를 창교한 조철제(趙哲濟,

1895-1958)는 보천교의 차경석(車京石, 1880-1936)과 함께 일제강점기의 대표적인 증산계(甑山系) 신종교 교단 창시자였다.

보천교의 차경석은 차천자(車天子)로, 무극도의 조철제는 조천자(趙天子)로 불릴 정도로 각각 강력한 교세를 과시했으며, 신도들은 그들을 새로운 왕조나 국가를 개창할 위대한 인물로 믿고 따랐다. 그러나 일반 민중들은 차경석과 조철제를 신종교 교주를 폄하하거나 조롱하는 의미로 천자(天子)라고 불렀다.

보천교는 일제강점기에 교주인 차경석이 사망한 후로 줄곧 쇠퇴의 길을 걸었다. 반면 무극도는 1936년 일제의 유사종교해산령이 내려진 후 10여 년 동안 포교를 접고 휴식기에 접어들었고, 이후 1945년 조국이 광복되자 다시 종교 활동을 개시하여 1950년대 후반에는 부산에서 태극도(太極道)로 교단 이름을 바꾼 다음 다시금 강력한 교세를 자랑하기도 했다. 교주 조철제가 사망한 1958년 이후에는 교단 간부들 사이의 분열과 분쟁이 있기도 했지만, 이후 1970년대에는 태극도에서 분파한 대순진리회(大巡眞理會)가 한국 사회의 주요한 교단으로 급성장하여 현재에 이르렀다.

이 장에서는 무극도의 창교와 전개과정에 대해 살펴본 다음 무극도의 교세 확장에 큰 영향을 끼친 것으로 판단되는 무극도의 예언사상과 그 특성에 대해 고찰하기로 한다. 현재까지 남아 있는 기록들이 거의 없는 관계로 자세한 분석은 어렵지만 당시의 단편적인 기록들을 통해 무극도의 예언사상에 대해 천착하고, 그 특성과 의미에 대해 당시의 판결문이나 신문기사 등을 통해 알아보도록 한다.

② 무극도의 창교와 전개과정

㉠ 무극도 창교 이전의 역사

무극도(無極道)는 천인교(天人敎), 무극교(無極敎), 무극도(无極道), 무극대도교(無極大道教) 등으로 불리는 교단으로,[170] 정산(鼎山) 조철제(趙哲濟, 1895-1958)가 창립한 증산교(甑山教) 계통의 신종교다. 무극도의 확장되고 큰 개념인 무극대도교는 둘 다 의미가 상통하는 용어다. 그리고 교(教)와 도(道)는 거의 동일한 개념으로 불리고 이해되는 용어다. 또 무극(無極)과 무극(无極)도 혼용하여 쓰이는 용어이다. 따라서 이 장에서는 당시 교단 내부에서나 일반적인 신문기사에서 흔히 사용되었던 무극도라는 용어를 사용하여 교단의 명칭으로 사용한다.

한편 천인교(天人教)라는 교단 이름을 사용했다는 보고는 『조선의 유사종교』(1935)의 기록이 유일하다. "하늘과 인간 사이의 관계에 대한 가르침" 또는 "하늘 사람이 되기 위한 가르침" 등의 의미로 교단의 초기 때 사용된 교단 이름으로 짐작된다.

무극도의 창시자 정산(鼎山) 조철제(趙哲濟)는 을미년(1895) 12월 4일에 경남 칠원현 서면 회문리에서 부친 조용모(趙鏞模)와 모친 민씨의 아들로 태어났다.

이 아기가 장차 상제(上帝)의 공사(公事)를 뒤이을 도주(道主)이시니[171]

무극도와 무극도의 정신을 계승한 태극도와 대순진리회에서 정산을 부르는 공식적인 호칭은 도주다. 인용문의 상제는 증산교단(甑山教團)의 교조(教祖)인 증산(甑山) 강일순(姜一淳, 1871-1909)을 가리킨다. 정산은 증산이 행한 천지공사(天地公事)의 이념과 진행을 계승할 존재로 받들어지고 믿어지는 인

170 1919년 3.1만세독립운동이 일어나자 이러한 사건이 발생한 것은 안심(安心)이 확립되어 있지 않음에 유래한다고 깨닫고, 스스로 깨우친 강일순의 본지를 따라 세인(世人)에게 안심을 확립시켜주어야 한다고 결의하였다. 이에 정산은 동지를 모아 1921년에 천인교(天人教) 혹은 무극교를 창설하고, 1925년에 무극대도교라고 개칭하였다. 무라야마 지준(村山智順), 앞의 책, 1935; 무라야마 지준(村山智順), 앞의 책, 1991, 272쪽.

171 「교운」 제2장 1절, 『전경(典經)』(대순진리회 교무부, 1974), 190쪽.

물이다.

무극도(無極道)는 교조 증산 강일순을 숭배하는 교단으로, 도주 조철제가 1909년 음력 4월 28일 만주(滿洲) 봉천(奉天)으로 망명할 당시에 대전역(大田驛) 부근에서 구천(九天)의 천존상제(天尊上帝)로 불리는 증산으로부터 "그대는 삼계(三界)의 진주(眞主)니 그대가 나의 도통(道統)을 이어 내 명교(命敎)를 받들어 태극(太極)의 진법(眞法)을 용(用)하면 광구삼계(匡救三界)하리라"라는 최초의 계시(啓示)를 받았다는 주장에서 비롯한 단체다.

> 기유년(1909) 4월 28일 미시경(未時頃)에 (…) 대전(大田) 부근에 임하셔서는 (…) 이때 홀연히 일광(日光) 같은 안용(顔容)에 황금색 용포(龍袍)의 신인(神人) 한 분이 현현(顯現)하셔서 우레(雨雷) 같은 음성으로 하명하시기를 "(…) 그대는 삼계의 진주니 이는 막중한 천기(天機)라. 그대가 나의 도통을 이어 치천하도수(治天下度數)로 무극대운(无極大運)의 대공사(大公事)를 성취하되, 내 명교(命敎)를 받들어 태극의 진법을 용(用)하면 무위이화(無爲而化)로 광구삼계하리라. 그대의 호는 정산이니 나와 그대는 증정지간(甑鼎之間)이며, 이도일체(以道一體)니라. 나는 구천의 천존상제로라" 하시니라. (…) 몸소 태극진주(太極眞主)임을 대오(大悟) 자각(自覺)하시고, 삼계(三界)를 광구(匡救)하실 각오를 심서(心誓)하시니라.[172]

후대에 확립된 교리체계에 의하면 증산은 "구천의 천존상제"로, 정산은 "삼계의 진주"로 불리고 믿어진다. 정산은 증산의 도통(道統)을 이은 유일한 존재로 받들어지며, 진법(眞法)을 사용하여 천(天), 지(地), 인(人) 삼계를 널리 구원할 인물로 믿어진다.

증산을 교조로 하는 대부분의 많은 교단들이 수부(首婦) 고판례(高判禮, 1880-1935)가 1911년 음력 9월에 교단 창립을 선언한 사건에 연유하여 교단

---

172 「태극진경(太極眞經)」 제1장 39절, 『진경(眞經)』(태극도출판부, 1989), 330쪽.

의 연맥(緣脈)을 잡고 있는데 반해, 무극도에서는 위의 인용문에서와 같이 증산으로부터 정산에게 직접 계시가 있었다고 주장한다. 계시가 내린 구체적인 날짜가 1909년 음력 4월 28일로 확정되며, 자세한 계시의 내용이 밝혀져 있다. 증산이 이 세상에 생존할 때 이미 정산에게 계시를 내렸다는 점이 매우 강조되었다. 증산이 행한 천지공사(天地公事)의 중요한 부문으로 자신의 도통을 계승할 인물을 예정해놓았다는 주장과 믿음이다. 이처럼 증산으로부터 직접 계시를 받았다는 주장은 증산교계 교단에서는 처음 있는 사건이었다. 무극도에서는 이러한 증산의 계시가 처음 있는 일이자 유일한 종교적 사건이라고 주장한다.

앞에서 살펴본 바와 같이 매우 구체적인 증산의 말과 계시가 있었다는 주장과는 달리 『선도진경(宣道眞經)』(1965)에는 다음과 같은 기록이 있을 따름이다.

> 상제님께서 그달(4월) 28일에는 종도 수 명을 데리고 충청도 대전역 근처의 기차 철도 주변에 가셔서 "올 때가 되었는데"하고 혼자 말씀을 하시며 멀리 바라보고 누구를 기다리는 표정이시므로, 종도들이 이상히 여겨 여쭙기를 "누구를 그렇게 기다리시나이까?" 하였으나, 아무런 대답도 않으시고 멀리 바라만 보시는데 마침 이때 남쪽에서 기차가 달려오는 것을 보시고, 무척 반기시며 철도 가까이 다가가셔서 기차가 지나가는 것을 바라보시더니 무릎을 치시며 "이제 나의 일은 다 되었도다. 남아 15세면 호패를 찬다는데 무슨 일을 못하리오?"하시고, 기차가 멀리 사라지도록까지 바라보시다가 종도들을 데리고 돌아오시니라.[173]

이와 거의 비슷한 내용이 『진경(眞經)』(1989)에 다음과 같이 전한다.

173 『선도진경(宣道眞經)』(태극도 편찬위원회, 1965), 354쪽.

(기유년) 4월 28일에 (…) 수인(數人)을 거느리시고 대전역(大田驛) 근처의 철도 주변에 행행(行幸)하셔서 (…) 멀리 바라보시며 누구를 기다리는 표정이시니라. (…) 마침 이때 남쪽에서 달려오는 기차를 보시고 반겨하시며 "이제 나의 일은 다 이루었도다. 남아(男兒) 15세면 호패(號牌)를 차느니, 무슨 일을 못하리요? 과연 인유기인(人有其人) 시유기시(時有其時)로다" 하시고 (…)[174]

위의 인용문들에서 증산은 대전역 근처에서 기차가 다가오는 모습을 보고 "나의 일은 다 이루었도다. 남아가 15세면 호패를 찬다고 하니, 무슨 일을 못할 것인가?"라고 말했다고 전한다. 당시 정산의 나이가 15세라는 사실을 강조한 대목이다. 이처럼 1965년 무렵에는 증산의 구체적인 계시가 아직 교리로 체계화되지 않았다는 사실이 확인된다. 다만 후대에 구천에 있는 천존상제인 증산으로부터 삼계의 진주인 정산에게 계시가 내린다는 교리로 체계화되는 과정이 확인될 뿐이다.

어쨌든 무극도에서는 증산이 정산에게 계시를 내린 1909년 음력 4월 28일을 도력기원(道曆紀元)으로 정한다. 구천상제인 증산에게 정산이 천명(天命)을 받은 일에 연유한 것이다. "하늘로 표현되는 증산으로부터 계시를 받은 사건"이 무극도의 기원으로 인정되고 반포되는 것이다.

그런데 대순진리회(大巡眞理會)에서 1974년에 간행한 『전경(典經)』에는 이 시기의 기록이 "도주께서 기유년(1909) 4월 28일에 부친과 함께 고국을 떠나 이국땅인 만주에 가셨도다"라고만 기록되어 있다.[175] 1974년 무렵만 해도 정산(鼎山)에게 '증산(甑山)의 계시'가 내린 종교적 진실에 관한 교리가 체계화되지 않았음이 확인된다.

1909년 4월 28일 증산의 천명(天命)을 받은 이후 정산은 공부(工夫)에 전

174 「무극진경(无極眞經)」 제9장 153절, 『진경(眞經)』(태극도 출판부, 1989), 299쪽.

175 「교운」 제2장 4절, 『전경(典經)』(대순진리회 교무부, 1974), 191쪽.

력한 지 9년째 되던 해인 정사년(丁巳年, 1917) 1월 1일에 다시 증산의 계시로 구세제민(救世濟民)할 기도주(祈禱呪)와[176] 태을주(太乙呪)를 받아 득도(得道)하였다고 전한다. 관련기록은 다음과 같다.

> 옥황상제께서 정사년 원조(元朝)에 (…) 이날 새벽에 구천상제(九天上帝)께서 하명하시기를 "이제 나의 도수(度數)에 따른 그대의 대중화(大中華) 보은공사(報恩公事)가 끝났으니, 본가(本家)로 돌아가서 다시 나의 명교(命敎)에 따라 의식(儀式)을 거행함으로써 도통(道統)의 연맥(連脈)과 인계(人界)의 인연을 다지도록 하라. 이 곧 득도(得道)니라"하시니라.[177]

정산이 다시 한 번 증산의 계시를 통해 주문을 받고, "나의 도수에 따른 공사(公事)가 끝났으니, 나의 가르침에 따라 의식을 거행하여 도통의 연맥을 다지라."는 말을 따라 "도를 얻는 일"이 완성되었다고 주장한다. 증산의 계시를 따라 정산의 행위가 정당화되고 설득력이 있다고 믿어지는 것이다. 도를 얻는 종교적 행위의 완성이 수도(修道)가 아니라 계시(啓示)에 의한 득도였다는 주장이 특기할 만하다.

공식적으로는 정산이 1917년 윤2월 10일에 득도치성(得道致誠)을 올린 일로 득도가 이루어졌다고 믿어진다.[178]

> 도주께서는 9년의 공부 끝인 정사년(1917)에 상제의 삼계대순(三界大巡)의 진리를 감오(感悟)하시도다.[179]

정산이 증산의 천명을 받은 1909년 이후 9년 동안의 공부를 한 후에 드

176 기도주는 동학(東學)의 시천주(侍天呪)다.

177 「태극진경(太極眞經)」 제2장 1절, 『진경(眞經)』(태극도출판부, 1989), 338쪽.

178 「태극진경(太極眞經)」 제2장 4절, 『진경(眞經)』(태극도출판부, 1989), 339쪽.

179 「교운」 제2장 6절, 『전경(典經)』(대순진리회 교무부, 1974), 191쪽.

디어 증산이 삼계(三界)를 대순(大巡)한 진리를 깊이 깨달았다고 한다. 이때 정산은 증산의 진리를 크게 깨닫는 득도의 순간을 체득했다는 주장이다.

정산은 정사년(1917) 음력 2월 10일에 운장주(雲長呪), 칠성주(七星呪) 등 도합 7개의 주문을 강증산(姜甑山) 구천상제로부터 전해 받고 드디어 종통(宗統) 계승의 계시를 받았다고 주장한다.

그러나 이 무렵 용인(龍仁) 사람으로 만주에 와서 독립운동을 하던 김혁(金赫, 1875-?)이[180] 이전에 증산의 종도들로부터 증산의 행장과 교훈을 듣고 입도한 적이 있었는데, 만주에 와서 정산의 공부방법과 주문이 자신이 전해 받은 것과 똑같았다고 경탄했다고 한다. 즉 객관적이고 역사적 사실로 볼 때 정산은 증산의 종도였던 이치복(李致福, 1860-1944)으로부터 증산의 언행과 행적을 전해 들은 김혁에게서 증산의 행적을 들었고 관련된 주문을 전해 받은 것이 분명하다.

> (정사년, 1917) 3월 초에 (…) 용인인(龍仁人) 오석(烏石) 김혁(金赫)이 내방(來訪)하니라. 그는 (…) 도장(道丈)께 호형(呼兄)하는 친교(親交)의 동지(同志)인데 (…) 도장께 말씀드리기를 "제가 (…) 본국에 갔다가 정읍(井邑)에서 이치복(李致福)을 만나 교조(教祖) 증산선생(甑山先生)의 교법을 들었나이다. (…) 영식(令息)의 입도치성(入道致誠)을 올리게 하심이 좋으리이다" 하니라. 이에 상제께서 천명(天命)과 신교(神教)를 받들어 이미 득도(得道)하셨음을 알려주시니, 오석도 경탄하니라. 이날 상제께서 (…) 오석에게서 증산상제(甑山上帝)의 내력을 비롯한 신봉수행(信奉修行)의 방법과 기도(祈禱), 치성(致誠)의 절차 등 설법을 들으시니라. 그 내용이 몸소 받드신 구천상제의 계시와 여합부절(如合符節)하고, 그 뿐 아니라 봉교(奉教)하신 주문(呪文)도 일자일구(一字一句)의 오착(誤錯)이 없음에 심독희자부(心獨喜自負)하시고 (…)[181]

---

180 호는 오석(烏石)이고, 본명은 김학소(金學韶)다.

181 「태극진경(太極眞經)」 제1장 8-10절, 『진경(眞經)』(태극도출판부, 1989), 341-342쪽.

정산이 김혁으로부터 증산에 관한 이야기를 전해 들은 일이 있기 20여 일 전에 이미 증산에게 계시를 받아 주문을 전수받았다는 주장이다. 그러나 정산이 오석 김혁에게 수행의 방법, 기도와 치성의 절차, 설법의 내용 등을 들었다는 역사적 사실은 위의 인용문을 통해서도 확인된다. 정산이 증산의 계시를 받았다는 무극도의 종교적 진실도 강조되지만, 정산이 김혁으로부터 증산의 언행과 주문을 전수받았다는 역사적 사실도 엄연히 존재한다. 역사적 사실에 근거하여 후대에 종교적 진실이 더욱 부각되었을 가능성이 높다.

한편 정산은 정사년(1917) 4월 28일에 또다시 증산의 계시를 받고 귀국하였다. 이후 정산은 증산의 생전 행적을 따라 객망리(客望里), 금산사(金山寺), 동곡(銅谷) 등의 성지와 유적지를 찾고, 김형렬, 박공우, 이치복, 김광찬 등 증산의 종도들을 순방했다. 그해 9월 초에는 태안(泰安)의 안면도(安眠島)에 들어가서 처음으로 이정률 등 30여 명을 입도시켜 독자적인 종교활동을 시작했다.

마침내 기미년(1919) 1월에 정산은 증산의 유족들을 만났고, 1월 20일에 증산의 여동생인 선돌부인(1881-1922)이 10년 동안 지켜오던 이른바 본소(本所) 벽 속에서 천서(天書)를[182] 찾아 백일공부를 했다.

> "정읍 마동(馬洞)에 책 한 권을 두었으니, 그 글이 나오면 세상이 다 알리라" 하시고 (…)[183]

무극도에서는 증산이 자신의 친필저작인 『현무경(玄武經)』을 세 벌 만들었다고 주장한다. 그 가운데 한 벌이 정읍 마동에 있는 선돌부인의 집 벽 속에 보관되어 있다가, 10년 뒤에 정산에 의해 발견되었다고 강조한다. 즉 무극도는 증산이 자신의 법맥(法脈)을 이어갈 인물로 지정한 정산에게 『현무경』과 주

182 증산의 친필저작인 『현무경(玄武經)』을 가리킨다. 「태극진경(太極眞經)」 제2장 49절, 『진경(眞經)』(태극도출판부, 1989), 358쪽.

183 『선도진경(宣道眞經)』(태극도 편찬위원회, 1965), 331쪽.

문을 전해주었다고 주장한다.

이윽고 정산은 기미년(1919) 9월에는 보천교(普天教) 도장을 찾아가 증산이 만들어두었던 이른바 천보(天寶)인 둔궤(遁櫃)를[184] 가지고 왔다.[185]

> 상제께서 궤 2개를 만들어 큰 것을 조화궤(造化櫃)라 이름하고 동곡약방에 두고, 작은 것을 둔궤라 이름하고 (…) 신경수의 집에 두셨도다.[186]

이른바 둔궤 탈취사건에 대한 다음과 같은 기록이 전한다.

> 기미년 여름에 철제(哲濟)가 따로 교단을 창설하려고 획책할 새 유의경(柳宜卿)이 철제에게 일러 가로대 "천사(天師)께서 천지공사(天地公事)를 행하사 운수(運數)를 뭉쳐서 약장과 궤에 갈마 두셨으므로 차경석도 이 신기(神器)를 얻은 연후에야 운수가 열려서 교단창설에 성공하였나니, 그대도 교단을 창설하고자 하면 먼저 계획을 세워 이 신기를 도취(圖取)하도록 하라"라 하니 철제가 이 말을 옳게 생각하였다. (…) 철제는 장정 여덟 사람을 순사(巡査)로 가장하여 하여금 밤중에 본소(本所)를 습격하여 (…) 약장은 길가에 버리고 궤만 가지고 돌아왔었다.[187]

차경석이 증산이 남겨두었다는 약장과 궤를 얻은 후에 보천교라는 교단을 창설했다는 이야기를 전해 들은 정산은 자신도 독자적인 교단을 세울 작정으로 보천교에서 보관하고 있던 약장과 궤를 훔쳐올 결심을 하고, 1919년 9월에 사람들을 모아 한밤에 보천교를 습격하여 무거운 약장을 포기하고 궤만

---

184 증산이 1908년 여름에 동곡에 약방을 차릴 때 약장과 함께 만들어두었던 궤이다. 둔궤 안에 증산의 도지(道旨)와 도통을 숨겨놓았다고 믿어진다.

185 관련기록은 「태극진경(太極眞經)」 제2장 66-69절, 『진경(眞經)』(태극도출판부, 1989), 368-369쪽.

186 「공사」 제3장 10절, 『전경(典經)』(대순진리회 교무부, 1974), 133쪽.

187 이정립, 앞의 책, 70-71쪽.

옮겨왔다.

이러한 일련의 행위를 통해 정산은 증산의 계시를 받은 천명(天命)을 받았고, 증산이 남긴 『현무경』을 발견하여 천서(天書)를 받았고, 증산이 남긴 둔궤를 확보하여 천보를 받는 하늘의 명령과 두 가지 보물을 모두 획득했다고 믿어진다. 이 천명, 천서, 천보는 증산의 도를 계승할 인물이 꼭 가져야만 하는 하늘의 명령과 보물들로 인식되고 선전되었다. 따라서 이 하늘의 지엄한 명령과 두 가지 하늘의 보물은 무극도가 증산의 종통을 계승했다는 믿음과 인식의 근거가 되었다.

이 외에도 정산은 교단 창립을 준비하기 위해 증산의 유골을 자신의 공부방에 옮겨왔다. 증산의 유골을 모시고 수련하면 쉽게 도통(道通)을 이룰 수 있다는 믿음에 따른 일이었다. 1921년 2월에 증산(甑山)의 유골(遺骨)을 조철제가 훔쳐갔던 사건이 발생했는데, 관련기록은 다음과 같다.

> 신유년(1921) 2월에 묘구(墓寇)가 구릿골 뒷산 장탯날에 모셔둔 성묘(聖墓)를 발굴하여 성골(聖骨)을 도적(盜賊)하여 갔거늘 (…) 조철제는 성골을 몸에 지니고 수련하면 쉽게 도통된다는 말을 유포한 뒤에 (…) 장정 여덟 사람을 보내어 밤을 타서 성묘를 발굴하여 정읍군 감곡면 통사동 이씨 재사(齋舍)에 성골을 숨겨두고 (…) 이 사실을 탐지한 문공신(文公信)은 (…) 임술년(1922) 정월에 (…) 밤중에 통사동재사를 습격하여 (…) 철제는 도망한지라.[188]

증산의 유골을 몸에 지니고 수련하면 곧 도통할 수 있다는 믿음에 따라 정산은 증산의 유골을 몰래 자신의 공부방에 모셔왔다. 이러한 일은 모두 새로운 교단을 창립하기 위한 철저한 준비과정이었다.

한편 1923년 4월 6일자 『매일신보』에 「태을교주(太乙敎主)의 유골(遺骨)

---

188 이정립, 앞의 책, 95-97쪽.

발굴」이라는 제목의 다음과 같은 기사가 보인다.

> 개장비(改葬費)로 돈 4천여 원을 모은 강도 공갈사건
>
> 수일 전부터 대전경찰서에서 공갈죄로 취조 중이던 정읍군(井邑郡) 감주면(甘州面) 조철제(趙哲濟), 하재룡, 권중민, 권영하, 김익진, 강열수 외 여섯 명은 그 후 취조의 진행을 따라 전주 방면에서 강도의 여죄가 발각되어 취조까지도 일단락을 고하였으므로 전주경찰서로 호송하기로 결정하였다는데, 그 여섯 명에 대한 범죄내용에 관하여는 종교적 미신으로부터 일어난 것인데 탐문한 바에 의하면 전기 여섯 명은 모두 태을교(太乙敎) 신자로 조철제는 15년 전에 태을교 선생 강병산(姜甁山)이가 사망할 때 어떠한 사정으로 인하여 장사를 못 치르고 전주 동곡리 산중에 가매장을 한 것을 유감히 여겨 작년 10월에 그 묘지를 발굴하고 유골을 감추어둔 후 개장비로 신자에게 4천여 원을 모집한 바 이 일을 전기 하재룡 외 네 명이 탐지하고, 조철제를 공갈 강탈한 듯하며, 조철제는 묘지 발굴죄와 하재룡 외 4명은 공갈과 및 강도범으로 기소되었다더라.

인용문의 강병산은 강증산(姜甑山)의 오기(誤記)다. 증산의 묘지가 발굴된 시기가 차이가 나지만, 이 사건이 세간에 알려진 시기가 1923년 4월이라는 점이 확인된다. 정산이 증산의 묘지를 도굴했다는 역사적 사실은 분명하며, 무극도에서는 이 사건을 증산의 종통(宗統)을 이은 인물인 정산이 당연히 증산의 유골을 보관해야 한다는 종교적 진실로 포장하고 있다.

㉡ 무극도의 창교

신유년(1921) 4월 28일 봉천명일(奉天命日) 치성(致誠)에서 정산은 통사동 공부처에서 무극대도(無極大道)를 선포하고, 도주(道主)임을 선포하였다. 이때 그는 신앙대상이 구천상제(九天上帝)이고, 자신의 도호(道號)가 정산(鼎山)이라

고 선포하고 임원들을 임명하여 도체(道體)를 갖추었다.

> (신유년, 1921) 4월 (…) 28일 (…) 대치성에 앞서 가족과 도인들에게 하명하시기를 "(…) 대저 상제님의 도수(度數)는 (…) 그 원강(原綱)은 오직 무극대도라. 천명(天命), 천서(天書), 천보(天寶)의 3천(天) 대운(大運)에 부합하여 수많은 도수를 마쳤으니, 이는 내가 구천상제님의 도통계승자(道統繼承者)임이 실증됨이라. 이에 나 스스로 무극대도주(无極大道主)의 권명(權名)을 천하에 고하노라" 하시니라.[189]

정산이 독자적인 자신의 교단을 창립한다고 공식적으로 선언한 것이다. 증산의 천명(天命)을 계시받고, 증산이 남긴 『현무경』과 주문을 발견했고, 반구제수(半口齊水)라고 자신의 이름이 새겨진 둔궤를 가져왔으므로 증산의 도통(道統)을 잇는 유일한 계승자라고 선포하였다. 그리고 증산이 남긴 핵심적인 가르침을 무극대도(無極大道)라고 규정하고, 이를 새로 창교하는 교단의 이름으로 정했다. 또 무극대도라는 교단명에 준하여 자신의 지위를 무극대도주(無極大道主)라고 선언했다.

그리고 이때 정산은 자신의 도호(道號)가 정산(鼎山)이라고 공식적으로 발표한다. 기존의 인격에서 탈피하여 새로운 존재로 바뀌었음을 공개적으로 선포했던 것이다. 정산이라는 도호를 사용한 일 자체가 새로운 "구천상제님의 도통계승자"임을 스스로 홍보한 것이며, "무극대도주"로서의 권위와 이름을 천하에 포고한 것이다.

그렇지만 이처럼 무극대도라는 교단 이름을 교인들에게 하달하고, 정산 자신이 무극대도주라고 주장한 사실은 아직까지는 교단 내부의 사건에 그쳤다. 보다 공개적이고 공식적으로 교단 이름이 무극대도라고 선포하는 일은 몇 년 뒤로 미루어졌다.

---

189 「태극진경(太極眞經)」 제3장 8절, 『진경(眞經)』(태극도출판부, 1989), 386-387쪽.

한편 1921년 9월 5일에 정산은 증산의 유골(遺骨)을 통사동 영모재 공부실로 옮겨[190] 공부를 시작했다. 그리고 9월 19일에 도장(道場)을 세울 도장영건(道場營建)추진위원회를 구성했다.[191]

임술년(1922) 1월 23일에 문공신(文公信) 등 증산의 일부 제자들이 정산의 공부실을 습격하여 증산의 유골과 금품을 빼앗아간 후[192] 왼손 유골을 빠뜨렸으므로 정산이 이를 가지고 대전으로 옮겨 공부를 계속했다.

포교에 노력함으로써 점차 교세가 확장되자 정산은 계해년(1923) 12월 6일에 전라북도 정읍군 태인면 태흥리 도창현(道昌峴)에 크게 도장을 세울 것을 결정하였고, 갑자년(1924) 1월에 도장의 대지를 매입 완료하였다. 그해 3월 25일부터 도장의 영건(營建)공사에 착공하여 을축년(1925) 4월 15일에 도솔궁(兜率宮)과[193] 영대(靈臺)가[194] 완공되었고, 이듬해에 각종 회관, 사무실, 거실, 주방, 창고, 작업실 등 총 19동 240여 칸의 다른 부수건물들 모두가 준공되었다. 1925년 4월 28일에 도장영건과 영대 봉안치성을 올리며 교단의 이름을 무극대도라고 포고하여[195] 축하연을 베풀고,[196] 무극도 취지서를 포유하고 신조, 강령, 요체, 도규(道規) 등을 공포하고 임원을 임명하였으며, 이곳을 교단의 본부로 삼았다.

1925년 4월 28일 마침내 도장 건물이 완성되자 정산은 이곳에 영대(靈臺)를 봉안하는 큰 치성을 올리고 교명을 포고하고 무극도 취지서를 공표하고

---

190 「태극진경(太極眞經)」 제3장 13절, 『진경(眞經)』(태극도출판부, 1989), 389쪽.

191 「태극진경(太極眞經)」 제3장 17절, 『진경(眞經)』(태극도출판부, 1989), 390-391쪽.

192 「태극진경(太極眞經)」 제3장 22절, 『진경(眞經)』(태극도출판부, 1989), 393쪽.

193 총 72칸으로 4층, 3층, 2층에 33천(天), 칠성신명, 육정신 등을 각각 모셨다. 1층은 중궁(中宮)이라 하여 도주의 공부실로 삼았다. 외부는 3층이나 내부는 4층으로 된 웅대한 건물이었다.

194 3층에 구천상제(九天上帝)의 영위(靈位)를 모시고, 1층과 2층은 집회장인데 총 48칸이었다. 외부는 2층이나 내부는 3층이다.

195 「태극진경(太極眞經)」 제3장 71절, 『진경(眞經)』(태극도출판부, 1989), 415쪽.

196 이때 증산의 영위를 구천응원뇌성보화천존강성상제지신지성성령지위(九天應元雷聲普化天尊姜聖上帝至神至聖聖靈之位)로 모셨다고 전한다. 을축년(1925) 4월 태인 도창현에 도장이 완성되자 정산(鼎山)은 무극도를 창도하고, 증산(甑山)을 구천응원뇌성보화천존상제(九天應元雷聲普化天尊上帝)로 봉안했다고 전한다. 「교운」 제2장 32절, 『전경(典經)』(대순진리회 교무부, 1974), 201쪽.

강령과 도규 등을 공식적으로 선포하였다. 이로써 교단 내부뿐만 아니라 외부에도 무극대도교라는 교단명이 공개적으로 알려지게 되었다.

1925년 7월 8일자 『시대일보』에 「제2보천교, 무극종교단」이라는 기사가 있는데, 주요 내용은 다음과 같다.

> 시내 도염동 조 모(趙某)의 집에 상투쟁이들이 모여 간판도 붙이지 않고 비밀리에 무극교(無極敎)란 일종 미신단체가 있어 가만한 속에서 교도를 구하고 교리를 선전하기 시작하야 그네의 마수는 전 조선에 퍼진바 벌써 그 교도가 도합 만여 명에 달하얐다는데, 이제 그 내용을 들으면 교주는 전북 정읍에 있는 조 모란 자로 일찍이 보천교주 차경석과 한 가지로 강증산(姜甑山)의 제자가 되어 배웠고 차경석의 계룡산 등극을 표방하야 전국의 우매한 자를 속이게 되자 이 조 모는 차경석과 교리를 달리하야 따로이 문호를 세워보려고 고심하던 나머지, 보천교가 일반사회의 공격을 받아 여지없이 망하여 가는 것을 기회로 자기의 교리를 선전하여보려고 전기(前記)와 같은 무극교를 설립한 것이라 하며, 협잡배들의 하는 음모는 차경석보다도 더욱 교묘하게 하야 계룡산 등극같은 것을 내세우지 않고 어떠하게 송유(宋儒) 주렴계(周濂溪)의 무극태극(無極太極)이란 말을 설명하며, 이 세상에 복을 받으려면 사람사람이 타고난 무극의 진리를 지켜야 된다는 것을 표면에 내세우는 한편에, 강증산을 착실히 믿어야 한다고 하야 동학(東學) 등의 외우던 주문 "시천주조화정"을 항상 외우게 하며 단오와 추석 같은 명절 때에는 하늘에 치성한다 이름 앞에 제물을 차리고 제사를 지내게 하는 등 여러 가지 (…) 본부는 정읍에 두고 (…) 입회금이란 핑계로 (…) 편취한 것이 (…)

위의 인용문을 통해 알 수 있는 사실은 정산은 차경석과는 달리 계룡산 도읍설과 천자등극설을 전면에 내세우지 않았다는 점이다. 정산은 송대(宋代)의 유학자 주렴계(1017-1073)가 주창한 태극도설(太極圖說)에 나오는 무극(無極)과 태극(太極)이라는 용어를 사용하여 자신의 교리를 주장하였다.

인용문은 보천교와 한 가지로 강증산(姜甑山)의 지류 여파로 협잡하는 무리인 무극도의 교도가 벌써 만여 명에 달한다고 보고한다. 여기서 교주 조 모는 조철제(趙哲濟)를 가리킨다. 이 기사를 통해 무극도는 1925년 당시에는 성리학적(性理學的) 성향의 교리체계를 가지고 있었음이 밝혀졌다.

현전하는 「무극도 취지서」에는 무극이라는 용어가 등장하지만, 이 글은 짧고 거의 대부분이 유학(儒學)과 관련된 구절이 있을 따름이다. 실제 정산은 그의 일평생 동안 체계화된 교리서를 편찬하지도 않았고 매우 짧은 글귀만 반포했기 때문에 무경전(無經典)을 지향했던 인물로 평가된다.

㉢ 무극도의 발전과 사회적 문제화

무극도에서는 을축년(1925) 5월 도장 건물이 완성된 직후에 교세가 급성장하여 자칭 10만 명에 달한다고 선언하였다. 도장이 완공되자 상당히 많은 신도가 급격히 늘었다는 주장이다.

1925년 7월 9일자 『동아일보』에 「횡설수설」에 "제2 보천교(普天敎)인 무극교(無極敎)는 그 교도가 이미 만여 명이라고, 그 이면에도 어떠한 보조(補助)가 많이 있는 모양"이라는 내용이 있다.

그리고 1925년 11월 10일자 『조선일보』에 「무극교도와 일반군중의 격투, 일반은 박멸책을 강구 중에, 도리어 폭행이 많은 까닭에」라는 기사가 있는데, 무극교의 교당을 구경하러 들어간 사람들과 교단 간부 사이에 충돌이 있었다는 내용이다. 무극도의 교세가 비약적으로 발전하고, 그 화려한 교당 건물을 보러 오는 사람이 많았다는 증거다.

1926년 9월 21일자 『동아일보』에 「무극도본부를 검사대(檢事隊)가 대수색, 안동지청 검사와 경관 십수 명이 태인읍내 무극도본부를 대수색, 소위 도주(道主)는 내측(內廁)에서 피신」이라는 기사가 있는데, 무극도의 교세가 비약적으로 발전하자 일제 경찰의 주목을 받기 시작한 것이다.

또 1926년 11월 24일자 『중외일보』에 「보천교(普天敎)의 와해와 몽롱단체의 준동」이라는 제하의 기사가 있는데 "조철제의 무도대극교(無道大極教) 역시 욱일승천의 형세로써 15만 원의 거액을 들여 정읍 태인에 그 교당을 건설하는 터이므로"라는 내용이 있다.

무극도가 갑자기 교세를 떨치며 급속하게 발전하자 점차 사회적으로 문제가 되기 시작하였다. 일련의 신문기사화 작업과 홍보로 인해 무극도의 사기 행각과 교주의 사생활이 폭로되었는데, 여기에는 일반 민중들과 무극도 사이의 괴리와 이질감을 조장하는 일제의 책동도 한몫했다고 여겨진다.

1928년 3월 5일자 『동아일보』에 「폭약과 전등 사용, 뇌전(雷電)이라고 교도 기만(欺瞞)」이라는 기사가 있는데, 전문은 다음과 같다.

> 밀양(密陽) 산중(山中)의 기괴한 제례
> 폭로된 무극교 정체
>
> 무극교(无極教)라면 그 본부를 전북 정읍 등지에 두고 별별 수단으로 우매한 사람을 유혹하야 패가망신하는 사람이 비일비재(非一非再)임은 이미 다 아는 바어니와, 그 교인들은 근일에 각처로 돌아다니며 천지도수(天地度數)를 본다는 등 기괴한 수단을 쓰기 시작하얏다는데, 지난 29일 오후 9시경에는 극비리에 그 교도 중 신임이 많은 자들만 300여 인이 경남 밀양군 밀양면 활성리 산턱에 있는 산정금시당(山亭今是堂) 앞 산비탈에 모여, 소위 두목되는 자들이 각 도(道) 각 군(郡)의 교도들을 구분한 후 도수(度數) 보는 법으로 36괘(卦)에 응하야 사람을 셋씩 세우고 또 72방위(方位)에 사람을 세운 뒤에, 소위 교주란 조철제(趙哲濟)가 그 중앙에 들어가 절한 후 칠성보(七星步)란 걸음을 걷고 주문을 외우고 간 뒤에, 지휘자가 나와 말하되 도수(度數)를 볼 때에는 뇌성벽력(雷聲霹靂)을 할 터이니 이 중에는 부인들도 20여 인이 있는지라 정신을 차리지 못하면 혼도한다고 선언함에, 일반교도들은 눈을 감고 주문을 외우는 중 별안간에 전기(前記) 금시당(今是堂) 건너편 강변에서 조그마한 불이 반짝하고 총소리 모양으로 꽝하자 불이 번쩍하매, 일반교도들은 더욱 정신을 차리고 참 뇌성벽력이 내

린 줄 알 즈음에 또 불이 나고 소리가 더 크게 나고 또 제3차는 불만 나고 소리가 나지 아니함에, 일반교도에게 주문을 더 읽게 하였으나 영영 소리는 내지 못하고 11시경에 폐회하고 각기 헤어졌다더라.

무극도에서 주장하는 이른바 "천지도수를 보는 일" 자체가 사기행각에 불과하다는 비판이다. 36괘와 72방위에 응해 사람들을 세운 뒤 교주가 중앙에 들어가 칠성걸음을 걷고 주문을 외우자 뇌성벽력이 떨어졌다고 전한다. 그런데 이러한 행위가 사기놀음이라는 주장이다. 무극도의 교리와 신행 자체를 부정하고 범죄행각이라고 비난한 것이다.

위의 사건에 대해 무극도에서는 안동에 살던 김해산(金海山)이 한 사기행각이라고 주장한다.

안동도인 김해산이 수년 후 배신하고 영성정(靈聖亭)에 가서 상제를 모방하여 신도를 모으다가 실패하자 밀양읍에 나가 야간에 군중을 모아놓고 전등불로 도술작용이라 하여 사술(詐術)을 행사하다가 발각되어 도망하니, 세간에는 이 일이 상제의 소위(所爲)로 오전(誤傳)되니라.[197]

1928년 3월 5일자 『동아일보』에는 「교도(敎徒) 등 분개(憤慨), 교주(敎主)를 추적」이라는 기사도 있는데, 전문은 다음과 같다.

비밀히 따라갔던 구경꾼들이
정체를 폭로하고 만단회유(萬端懷柔)에
다수 교도 회오(悔悟)

밀양의 기괴한 소식을 듣고 그 교도들을 따라온 경북 영주, 청도와 경

197 「태극진경(太極眞經)」 제3장 65절, 『진경(眞經)』(태극도출판부, 1989), 412-413쪽.

남 부산, 김해 각지에서 구경 온 사람 20여 인이 교도인 체 하고 그 실황을 자세히 본즉, 전기(電氣) 소리가 날 때에는 사람이 성냥불을 켜서 무엇에다 붙이고 가는 것이 은은히 보인 뒤에 소리가 나고, 그다음에 불이 번쩍거림으로 다시 몸을 숨기어 가까이 들어가 실상을 본즉 어떠한 사람이 무슨 약품에 불을 질러 소리가 나게 하고, 그다음 수제전등(手製電燈)으로 불을 번개 모양으로 번쩍거리는 고로, 이 광경을 목도한 사람들은 하도 기가 막히어 교주 조철제를 보기를 청하되 잘 보여주지 아니하고 벌써 떠났다는 등 핑계만으로, 그 있다는 집을 수색하였으나 종시 발견하지 못한 까닭에 밤이 밝도록 수차 찾으려 하였으나 종시 만나지 못하고 말았는데, 그들은 다시 그 교도를 만나는 대로 전기(前記) 조철제의 허무맹랑한 수작에 속아 어리석게도 가산을 탕패하지 말라고 친절히 권고한 결과, 교도들도 확연히 깨달았던지 소위 교주를 붙잡아 응징하기로 역시 사방으로 수색을 하나 벌써 도망한 뒤이므로 이를 갈고 분을 참지 못하야 조철제가 도망한 듯한 삼랑진 방면으로 추적 중이라더라.

위의 사건에 대한 다음과 같은 기록도 전한다.

무진년(1928) 겨울에 술사(術士) 김해산(金海山)을 비밀리에 초빙하여 (…) 밀양군으로 데리고 가서 밀양면 금시정(今是亭)에 신도 수백 명을 모아 대치성(大致誠)을 행할 때 먼저 철제(哲濟)가 도통(道通)되어서 천지화권(天地化權)을 농단(壟斷)하니, 이번 치성에 화권(化權)을 대중 앞에 공개한다고 소문을 내었다. 지정한 날 밤중에 치성을 행한 뒤에 모두 보니 금시정 앞 암새 강변 밤나무 숲속에서 현황(炫煌)한 놀이불이 일어나거늘 철제가 자기의 화둔(火遁)하는 권능(權能)이라고 자랑하는지라. 군중이 "이것은 회중전지(懷中電池)를 교묘하게 이용하여 우리들을 속이는 것이라"고 떠들며 논박하니 철제는 도망하여 버렸었다.[198]

198 이정립, 앞의 책, 191쪽.

정산이 천지의 조화로운 권능을 사용한다는 주장이 실은 전등불을 이용한 사기였다는 설명이다. 어쨌든 당시 정산이 신도들을 많이 모아놓고 치성을 올리며 특별한 종교적 행위를 했다는 사실이 확인된다. 인용문에 나오는 화둔은 증산이 사용한 용어다. 정산은 자신이 바로 증산의 권능을 이어받은 유일한 적통자임을 강조하기 위해 독자적인 종교적 행위를 했던 것이다.

이후 무진년(1928) 봄에 정산은 교도로 하여금 진업단(進業團)이라는 노동단체를 조직하여 각지의 빈곤한 교도를 간석지 간척사업과 황무지 개간사업 등에 알선 종사케 했다.

1929년 7월 26일자 『동아일보』에 「복마전(伏魔殿)을 찾아서, 무극교 정체 (8), 자칭 강증산(姜甑山) 정통(正統), 35세 청년 도주(道主), 미신 장치는 보천교보다 간단, 무극교 근거지에 정읍에서 최용환」이라는 기사가 있는데, 주요 내용은 다음과 같다.

> 안내하는 20 내외의 초립동 신랑이 향불을 붙여놓고 북향(北向) 사배(四拜)를 한 후 주문(呪文)을 불태워버린다. 그 주문은 시천주조화정(侍天主造化定) 영세불망만사지(永世不忘萬事知) 지기금지원위대강(至氣今至願爲大降)이라는 것이다. 이것이 안심(安心) 경천수도(敬天修道)하라는 강증산 선생의 유훈을 이은 한울 공경하는 법이라 하며 (…) 그 조직이 도주 조철제 밑에 주선원(周旋元)이니 찰리(察理) 순동(巡動) 종리(從理) 연락(聯絡) 부분(部分) 포득(布得)이니 하는 부하가 있어서, 이미 6~7만(萬)이나 된다는 교도로부터 소위 수인금이니 월성금이니 하는 돈을 거둬들이는 폼이 (…)

사배를 올리고 동학(東學) 때부터 사용하던 시천주(侍天呪)를 불에 태우는 신행(信行)이 보고되어 있다. 그리고 도주 아래 주선원, 찰리, 순동, 종리, 연락, 부분, 포득 등의 하부조직이 있고, 7만여 명의 신도가 있다고 주장했다고 한다. 당시 무극도에서 동학의 시천주를 주로 사용했고, 독자적인 종교조직을 갖춰 7만여 명의 교세를 자랑했으며 정기적인 헌금을 받았다는 점이 특기할 만하다.

그리고 1929년 7월 27일자 『동아일보』에 「복마전을 찾아서, 무극도(無極道) 정체 (9), 정읍에서 최용환, 지하실 객청에서 도주(道主)와 일문일답(一問一答), 엉터리없는 대답에 고소할 뿐, 동문서답(東問西答)의 변명, 지하실 찾아드니」라는 기사가 있는데, "도의 강령을 물었더니 경천수도(敬天修道), 성신양성(誠信養性), 안심안신(安心安身)이라 한다"라는 내용이 있다. 유교적인 덕목과 같으며, 안심안신은 증산이 『현무경』에서 했던 말이다.

경오년(1930) 봄에 정산은 진업단을 증원하여 북만주(北滿洲) 목단강(牧丹江) 부근과 함경도 무산(茂山) 등지에서 이후 2년 동안 산림벌채사업에 종사하게 하였다. 그러나 일제(日帝) 경찰의 진업단 사업 방해가 시작되어 마침내 진업단의 활동을 그만두게 되었다.

임신년(1932) 여름에는 전주 이서면(伊西面)의 사금광(沙金鑛), 충북 음성의 무극광산(無極鑛山) 등 전국의 72광구(鑛區)를 출원하여 채굴사업을 하여 막대한 수익을 올리기도 했으며, 가을에는 안면도와 원산도의 간석지 간척사업을 했다.

1935년 12월 23일자 『동아일보』에 「제7호 애첩(愛妾) 사형(私刑)코 철창(鐵窓)에 갇힌 무극도주(無極道主)」라는 기사가 있는데, 주요 내용은 다음과 같다.

> 전북 태인에 본거를 두고 경상도를 중심으로 약 8천 명의 교도를 가진 무극도의 교주 조 모(趙某)는 속칭 조**라는 별명을 듣고 있으면서 웅장한 건물 속에 웅거하야 세상 사람의 주목을 끌고 있는 바, 지난 19일에 돌연히 정읍경찰의 손에 검거되어 방금 유치하고 엄중 취조를 받는 중이라는데, 이제 그 사실을 들은 바에 의하면 종교를 이용하야 우부우맹(愚夫愚氓)을 속여 화려한 집을 꾸며놓고 미색(美色)을 구해 들여 음일(淫佚)한 생활을 하던 것이 의외로 폭로된 것이다.
>
> 조 모는 현재 본처(本妻) 외에 제8호까지 도합 9명이나 되는 여자를

아내로 삼고 본처 외에 전부 한 집 안에서 동거하고 있는 바 (…)

위의 기사에서는 무극도의 1935년 교도수를 8천여 명으로 보고한다. 1929년의 보고와 비교할 때 무려 90퍼센트가 감소한 숫자다. 교세가 급격히 감소했다는 사실을 반증한다. 한편 1934년 8월 말의 보고에 따르면 무극도는 포교소가 네 곳이며, 24지구가 있었고, 교도수는 2,190명이었다고 한다.[199] 전라북도 태인에 무극도의 본부가 있었지만, 교단의 주요 세력은 경상도 출신의 신자였다는 사실이 특기할 만하다.

그리고 교주 조철제는 속칭 조천자(趙天子)라는 별명이 있었다는 점이 밝혀진다. 종교를 이용하여 사기행각을 꾸미는 것이 무극도의 정체이며, 교주의 방만하고 문란한 사생활을 비판하고 있다.

1935년 12월 27일자 『매일신보』에 「호화 향락(享樂)도 일조몽(一朝夢)」이라는 제목 아래 다음과 같은 기사가 보인다.

정읍(井邑) 조철제(趙哲濟) 피검(被檢), 정읍서(井邑署)에서 가택수사

전북 정읍군 태인면 태흥리에 소굴을 두고 무극도(無極道)라는 간판하에 굉장한 가옥을 건축하고, 구음일양(九陰一陽)의 도수(度數)라는 말을 교도에게 암시하며 처첩(妻妾) 9인을 두고 향락을 마음대로 하며, 분명조화성공일(分明造化成功日) 요순우왕일체동(堯舜禹王一體同)이라는 말을 자작자음(自作自吟)하야 천자(天子)를 몽상하던 조철제는 정읍경찰서에 검거되었고, 기첩(其妾) 이쇠한(李釗漢)은[200] 대창여관에 유숙하고 있다는데, 풍문으로는 첩을 구타하여 고소를 당하였다 하나 그것도 아니요, 무슨 중대한 범행이 있는 모양인 바 거(去) 22일에는 비상소집으로 가택수사까지 하였다 한다.

---

199 무라야마 지준(村山智順), 앞의 책, 1935; 무라야마 지준(村山智順), 앞의 책, 1991, 277쪽.

200 『진경』에는 정산이 1921년 11월에 그녀와 재혼했으며, 이름이 금한(金漢)이라고 한다. 「태극진경(太極眞經)」 제3장 18절, 『진경(眞經)』(태극도출판부, 1989), 391쪽.

정산이 처첩을 9명이나 둔 사실도 "구음일양(九陰一陽)의 도수"에 맞추어 행한 일로 선전했으며, "분명히 조화가 성공하는 날이 올 것이요, 요(堯), 순(舜), 우(禹) 임금과 한 몸과 같이 되리라"는 말을 퍼뜨리며 자신이 곧 천자가 될 것이라고 홍보했다는 사실이 드러난다.

㉣ 무극도의 해산

을해년(1935) 봄에 안면도와 원산도(元山島)의 간척공사가 완공되었으나, 도합 130여 정보의 논과 염전이 왜정(倭政)의 탄압으로 강탈되었다. 그해 12월 24일에 조선총독의 종교단체해산령에 따라 무극도는 해산되는 운명에 처했고, 결국 정산은 12월 말에 무극도 해산을 선포하고 잠룡(潛龍), 낙화도수(落花度數)를 신도들에게 하달하였다.

> 이 해(1935) 12월 24일에 (…) 상제께서는 "나의 도(道)는 도인(道人)을 해산시키고 때를 기다리기로 결심한 지 이미 오래니, 다시는 도에 대한 일을 거론하지 말라" 하시니, 그대로 돌아가며 총독부(總督府)의 소위 종교단체해산령을 전하니라.[201]

> 이 해 대회일(大晦日)에 (…) 하명하시기를 "(…) 도(道)는 낙화도수로서 결실을 기다려야 하고, 나는 잠룡도수(潛龍度數)로서 회룡도수(廻龍度數)에 들어가야 하느니라. (…) 그대들은 각자 귀가(歸家)하여 내가 찾을 때를 기다리라" 하시니라.[202]

조선총독부의 종교단체해산령에 따라 정산은 무극도의 해산을 선언하였다. 정부의 강압에 의해 교단이 해체되는 위기를 맞이한 것이다. 그런데 훗날

---

201 「태극진경(太極眞經)」 제3장 116절, 『진경(眞經)』(태극도출판부, 1989), 445쪽.

202 「태극진경(太極眞經)」 제3장 117절, 『진경(眞經)』(태극도출판부, 1989), 445-446쪽.

이 사건은 도(道)를 다시 열 때까지의 휴식기를 의미하는 낙화도수, 잠룡도수, 회룡도수로 종교적으로 설명되었다. 꽃이 떨어지고, 용이 몸을 숨기고, 용이 다시 돌아오기를 기다리는 도수(度數)에 의해 무극도 교단이 잠시 교단을 해산하고 일정한 기간 동안 숨는다는 주장과 설명이다.

1936년 1월 11일자 『동아일보』에 「무극교주(無極敎主) 조천자(趙天子), 상해죄로 철창행」이라는 기사가 있는데, 주요 내용은 다음과 같다.

> 4만 명의 교도를 가졌다는 자칭 무극대도교 교주 조천자(趙天子)라는 조철제(趙哲濟)는 우매한 촌민을 속여 미신과 우상을 섬기게 하며 사복(私腹)을 채우기에 흠흠하던 악운이 드디어 진(盡)하여 소재 정읍경찰서에 얼마 전에 검거되어, 그 제1첩(妾) 이쇠한과 함께 일건 서류에 억매여 10일 전주지방법원 정읍지청에 송국(送局)되었다 한다.

1936년 1월에는 무극도의 교도수가 4만 명으로 보고되었다. 여전히 조철제의 축첩행위가 사회적으로 비판받고 있으며, 종교를 빙자한 사기행각이라는 비판이다.

1936년 1월 18일자 『동아일보』에 「교도(敎徒)의 혈한(血汗) 흘린 70만(萬) 정보(町步) 독점」이라는 기사가 있는데, 주요 내용은 다음과 같다.

> 무극대도(無極大道) 교주(敎主) 조철제가 첩 싸움에 끼어 제7첩(妾) 남봉교에게 고소를 당하야 전주지방법원 정읍지청에서 벌금형을 받았다 함은 기보(旣報)한 바어니와, (…) 또 재산 문제에 있어서의 동(同) 교도 간의 내분의 원인을 들으면 충남 논산 안면도에 있는 70여만 정보의 간사지(干潟地)는 원래 동교(同敎)의 소유지로 만들어 장래 이상향(理想鄕)을 그 땅 위에 건설하고 교도들에게 안락한 생활과 직위를 준다는 약속 밑에 4만(四萬)여 교도로부터 공사비를 집금(集金)하였고, 또 그 교도들의 노동에 의하야 현재 70여만 정보의 수전(水田)이 되어 있는데, 이렇게 소망을 달하자

조철제는 그 땅을 자기 개인 명의로 허가신청을 제출하고 처음 약속을 지키지 않으므로, 동교 간부 중 급진파는 탈회를 선언하고 앞으로 전(全) 교도에까지 이 정체를 폭로하려고 준비 중이므로 이에 무극대도교는 일로(一路) 와해의 구렁에 빠지리라 한다.

안면도에 조성한 대규모의 간척지는 원래 무극도 교도들의 헌금과 노동력으로 조성된 것인데, 간척지가 완성되자 조철제가 개인 명의로 허가신청을 내어 교단 내부로부터 거센 반발을 받았다는 내용이다.

1936년 2월 5일자 『매일신보』에는 「자칭 궁궐(宮闕)을 건축코, 첫 사업(事業)은 8선녀(仙女), 시종(侍從) 명목으로 처녀 유인 전문, 소위 무극도(無極道) 요괴상(妖怪相) (4)」이라는 기사가 있는데, 주요 내용은 아래와 같다.

기적적으로 마술(魔術)이 실현되야 질풍신뢰격으로 신도의 집중이 무려 백만(百萬)에 달하였다고 선전하였다. 이에 자만한 조(趙)는 의기양양하야 (…) 태인(泰仁)에 자칭 궁궐 건축을 설계함에 그들의 전설로 5만 년 극락운수를 받을 12만 도통할 곳은 상유도창(上有道昌), 중유태인(中有泰仁), 하유대각(下有大覺)이라는 교묘한 전설을 광포(廣布)하였다. 이는 태인이라는 곳은 옛날 태인군(泰仁郡) 소재지로서 위에 도창리(道昌里) 고개가 있고 아래 대각(大覺)다리[대각교(大覺橋)]가 있음을 이용하야 교묘한 미화(迷話)를 만들고, 임실(任實) 운암(雲岩) 강물이 물넘이 고개를 넘어 태인으로 흘러오면 태인이 회운(回運)한다는 전설이 있음을 기화로 이용하야 [때마침 동진수조(東津水組) 운암저수지 물이 태인으로 흘러 동진평야로 흐르는 것을 이용] 신도의 정신을 미혹케 하야 복마전(伏魔殿) 건설에 일대 자원(資源)을 삼았다. (…)

이에 집합한 역공(役工)들은 공사 완성하면 등극(登極)한다는 바람에 혈성(血誠)을 다하야 의무출역하는 자가 대부분이요, 그 외에는 신도로서 하지 못할 공사만을 외인(外人)이 하되 임시 신도라도 되었다.

무극도의 교세가 정점에 달했을 당시에는 무려 백만 명의 신도가 있다는 허황한 소문이 나기도 했다는 보고다. 그리고 태인에 무극도의 본부가 완성되면 "5만 년의 극락운수를 받을 것이다"라는 예언이 유포되었고, 12만 명의 도통자(道通者)가 배출될 것이라고 주장했다고 전한다. 무극도에서는 태인에 있는 지명(地名)을 이용하여 소문을 퍼뜨렸고, 실제 운암저수지의 물이 태인으로 흘러든 일에 비유하여 곧 새 세상이 올 것이라고 주장했다고 전한다. 무극도의 본부가 세워진 태인을 중심으로 새 세상이 이룩될 것이라는 예언이 유포되었던 것이다. 이때 조철제는 태인에 자칭 궁궐을 건축하고 3년만 지나면 새 세상이 된다고 선전했다.

1936년 2월 6일자 『매일신보』에는 「주문만 외우고 있으면 기미(期米)도 자유자재, 부모도 옆에 있으면 방해라고, 소위 무극도 요괴상(5)」이라는 기사가 있는데, 주요 내용은 다음과 같다.

> 무극도(無極道)란 도술(道術) 도술하여서 잘못된 일이 있으면 도수(度數)라고 벌여 맞추고 시행할 일도 도수라고 하여서 간부 이하 신도들을 제어하는 수단으로 유지하는 것이요, (…) 1만 2천 도통(道通)을 준다고 백만 교도가 달려들었는데 이제 자기가 도통 공부를 한다고 밤낮으로 주문(呪文)만 읽어 이보법(耳報法)을 통하야 기미취인(期米取引)할 생각이 만강자하니 (…)

무극도에서 도수를 강조하여 신도들을 통제했으며, 앞으로 1만 2천 명의 도통군자(道通君子)가 날 것을 예언했다는 보고다. 그 방법은 주문을 열심히 읽는 공부라고 주장했다고 한다.

1936년 2월 7일자 『매일신보』에 「이런저런 착취(搾取)로, 패가망신자(敗家亡身者) 속출(續出), 증거 안 남기는 교묘한 그 방법, 소위 무극도 요괴상(6)」이라는 기사가 있는데, 그 주요 내용은 다음과 같다.

소화(昭和) 3년(1928)에 자본금 1백만 원으로 공업무역, 개척, 대금(貸金), 기타 부대사업을 목적하야 보성(輔成) 산업주식회사를 창립한다고 조(趙) 도주(道主)의 감시하에 이우형 등 (…) 24명이 발기인이 되야 합(合) 25,400주(株)를 인수하고 (…) 소수의 금액인 사람과 간부로서 주(株) 신립(申込)만 하고 주금(株金) 불립치 아니한 자 등이 불입금은 성금(誠金)으로 변경한다는 결의를 수행하고 문서를 교묘히 작성하야 장래할 문제 예방의 술책을 수립하여 두고 모취하였던 증거금과 불입금은 횡령하여버렸다.

무극도에서 회사를 설립한다고 빙자하여 교금을 사취했다는 보고다. 종교단체가 기업을 세워 이익을 취하려 했던 일이 특기할 만하다.

1936년 2월 9일자 『매일신보』에 「비상(非常) 시기(時期)를 칭탁(稱託)코 교도(敎徒)의 성금(誠金) 착취(搾取), 간사지 개척의 주식까지 모집, 소위 무극도 요괴상(8)」이라는 기사가 있는데, 주요 내용은 다음과 같다.

신명도수(神明度數)라, 비상시기(非常時期)라 등의 엉터리없는 수작은 조철제(趙哲濟)의 순설(脣舌)에서 흘러 무선전신격(無線電信格)으로 신도층(信徒層)에 방송(放送)하고 있는 것은 그 뜻이 어디 있는가? (…) 신명도수란 즉 도통(道通)수는 도수(度數)가 도래하였으니 비상시기라는 말이다. 소위 무극도(無極道)가 삼대도수(三大度數)가 있다고 하야 허령(虛靈), 지각(智覺), 신명(神明)의 삼대도수에서 허령, 지각 2대 도수는 과거(過去)하고 신명도수가 도래하였다고 이를 비상시기라 하야 신도의 정신을 미혹케 하야 써 거금(巨金)을 모취(募取)할 큰 계획이다.

착수자금 1백만 원[허장(虛張)]으로 전선(全鮮)에 산재한 간사지(干潟地)를 개척하야 무극도를 믿는 무산궁민(無産窮民)을 구제하며 따라서 해도(該道)의 기초를 확립하야 써 사업을 성취한다는 외식적(外飾的) 언사(言辭)를 구실 삼아 (…) 성금(誠金) 모집에 착수하였다. (…) 신도로서 신명도수가 도래하야 도통운수(道通運數)가 불원(不遠)하다는 외에 간사지를 개척하야 빈궁(貧窮) 신도에게 연부상환(年賦償換)으로 토지를 주어 생활을 유지케 하고 또는 둔전(屯田)을 만들어 천지대사업(天地大事業)에 자원(資源)을 수립한다는 말에 신도는 다 불려들고 1회에 기백(幾百) 정보를 개척하야 신도에게 연부상환케 하면 신도는 농작수입으로 생활을 보장하며 연부금을 불입하면 불과 기년(幾年) 내에 신도가 부유(富裕)케 되며 연부 수입으로 개척사업은 계속케 된다는 계획이다. (…) 순진한 자만 골라서 역장(役場)으로 보내어 공사에 착수하니 그들은 필사의 힘을 다하야 밤낮으로 역사(役事)한다. (…) 또한 계책은 주식회사로 하자는 명목으로 주주(株主)를 모집하고 주금(株金)을 모집하였다. (…) 이와 같은 꿍꿍이 수작을 하는 동안에 서산군(瑞山郡) 안면면 창기리 91,640평, 창기리에 80정보, 서산군 남면 신온리 500정보, 진산리 369,228평, 당암리에 399,184평, 소원면 파도리에 1,647,789평, 보령군 오천면 원산도리에 80정보, 원산도리에 20정보 기타 수 개소의 간사지를 출원하야 창기리 2개소와 원산도리 2개소는 공사를 착수하야 창기리 80정보는 실패하고 나머지 3개소는 준공됨에 앞으로 신도의 주금이 수입될까 않을 것인가의 문제를 생각한 조(趙)는 최후수속을 착수하였다.

간사지에 대한 허가출원자가 간부 명의로 된 것은 출원 명의만 되었고 하등의 권리가 없다는 증서를 작성하야 날인하여두고 그 나머지는 기부(其父)와 처첩(妻妾)의 명의로 출원하고 이는 둔전이니 주금이라 할 수 없다. 하야 신도들의 출자한 것은 성금으로 형식을 취하였다.

이제 곧 정산 조철제가 신도들에게 도통을 주는 신명도수가 도래할 것이니, 간척지를 개척하고 주식회사를 설립해야 한다고 무극도에서 주장했다. 그러나 간척지가 완성되자 조철제는 신도들이 낸 성금이라는 명목으로 빼앗고 자신의 가족 명의로 돌려버렸다고 전한다.

1936년 2월 11일자 『매일신보』에 「허령요마(虛靈妖魔)의 황금광(黃金狂), 몰락(沒落) 직면한 발악(發惡), 금문(金門)을 열어야 한다는 헛소리, 소위 무극도 요괴상(9)」이라는 기사가 있는데, 주요 내용은 다음과 같다.

여천지합기덕(與天地合其德), 여일월합기명(與日月合其明), 여사시합기서(與四時合其序), 여귀신합기길흉(與鬼神合其吉凶), 천문지리(天文地理), 풍운조화(風雲造化), 팔문둔갑(八門遁甲), 육정육갑(六丁六甲), 지혜용력(智慧勇力)을 소원성취(所願成就)로 천검일휘, 천지진동, 천검이휘, 태산편쇄, 천검삼휘, 황하단류라는 문구를 열기(列記)한 부서(符書)를 벽조목(霹棗木) 삼층으로 지은 까치집 상량나무로 벽력패(霹靂牌)라는 것을 만들어 해석(海石)을 달아 끈을 꿰어 들고 도통(道通)한다는 공부를 한다 부황(浮荒)한 장난을 하고 있던 조천자(趙天子)는 월성금, 표성금, 원납금, 수인금 등의 수입도 적어지는 모양이요, 정전(井田)벌이, 둔전(屯田)벌이가 뜻과 같이 돈벌이가 되지 못하였던 모양으로 황금광(黃金狂)의 증세는 더욱 더욱 침중하야 금문(金門)을 열어야 된다는 대청정도수(大淸淨度數)라는 등의 정신없고 넋 빠진 헛소리를 또다시 중얼거리며 신도의 고혈(膏血)을 뽑아내어 매수하였던 전답(田畓)을 전당하야 채금(債金) 8천 원을 차입하야가지고 되나 못 되나 산에 이상한 돌만 있으면 황금광(黃金鑛)을 출원하고 있다. (…) 금산(金山)을 채굴할 때에는 신도를 이용하야 노동임금을 착취하야 비용을 절약할 일이 둘째 예산이요, 금문을 열어야 된다는 허깨비 장난에 눌려서 돈을 주는 것으로 광산노동자 신도들의 밥을 먹여주고 뜻과 같이 크게 둘려주면 큰 돈벌이가 있을 것을 몽상(夢想)하는 예산이어서 이러하나 저러하나 돈 손해는 없다는 예산이고 (…) 토지도 조철제의 가족 명의로 두고 임의대로 처분하는 것을 참고하여서라도 신도들에게 무슨 권리가 있겠는가? (…) 금광구역 범위가 상당히 넓다. 정읍군 옹동면에 두 구역, 정읍군 입암면에 두 구역, 정읍군 산내면에 한 구역, 전주군 이서면에 두 구역, 고산, 덕진, 용진에 세 구역, 부안에 한 구역, 임실에 한 구역, 전남 장성군에 두 구역, 구례군에 한 구역, 충북 충주군에 한 구역, 음성에 한 구역, 경북으로 가서 달성군에 세 구역, 군위에 두 구역, 의성에 두 구역, 안동에 네 구역, 예천에 두 구역, 문경에 두 구역, 선산에 두 구역, 강원도 울진에 두 구역, 삼척에 두 구역으로서 합(合) 40구역을 출원하였다.

이 지역 부근에 거주하는 신도들은 금문을 열어야 된다는 요괴한 말과 대청정도수라는 말에 돌리지 말고 순전한 금광(金鑛)을 보고 전후 업적을 상세히 살펴가며 처사(處事)하는 것이 광업가(鑛業家)의 본무(本務)로 알고 또는 각자에게 법적 권리를 얻은 후에 투자하는 것이 완전한 일이라는 것이다.

금광을 채굴하는 일에도 정산이 대청정도수라는 이름의 종교적 명분을 내세웠다는 주장이다. 당시 이처럼 금을 캐는 일이 "금문을 여는 일"로 믿어졌다고 한다.

무극도를 해산한다고 선포한 이듬해인 병자년(1936) 2월에 무극도 도장(道場) 건물은 일제 경찰에 의해 강제로 경매(競賣)되어 철거되었다.

1936년 6월 10일자 『조선일보』에 「전 조선 유사종교(類似宗教)에 불일중(不日中)에 대철퇴(大鐵槌), 보천교, 증산교, 동화교 등, 종교적 행사의 철폐를 단행」이라는 기사가 있는데, 전문은 다음과 같다.

> 저번에는 일본 내지(內地)에 있어서 왕인삼랑(王仁三郎)의 대본교(大本教)가 철저한 복멸을 당하는 등 사상통제의 대선풍이 불기 시작한 지 이미 오래되는 이때 전북 정읍을 근성(根城)으로 하고 전 조선에 5만의 신도를 가진 죽은 차천자(車天子)의 보천교와 1만의 신도를 가진 조천자(趙天子)의 무극교, 3천의 신도가 있는 강증산교와 2천의 신도를 가진 동화교에도 전북경찰부가 중심이 되어 드디어 불일내로 전 조선에 일제히 철퇴를 내려 신도의 집회는 물론 포교, 수금 등 일체의 종교적 행사를 금지할 것은 물론 각처에 걸려 있는 간판까지 철거명령을 내려 오랫동안을 두고 깊이 뻗치고 있는 뿌리를 한꺼번에 빼어버릴 작정이라고 하며 이와 같이 탄압을 내리는 이유로는 전기(前記) 제파(諸派)의 신교가 모두 농촌진흥운동에 대하야 반대적인 활동을 한다는 데 있다고 한다.

1936년 6월 무렵의 증산계 신종교의 교세가 보고된 기록이다. 당시의 인구수를 감안해볼 때 이 기록이 실정에 가장 부합되는 교세로 짐작된다. 1936년 윤3월 10일 보천교의 교주 차경석이 죽은 직후에 증산계 신종교가 일제의 탄압을 심하게 받았다는 증거이다.

1936년 6월 18일자 『매일신보』에 「무극도(無極道)에 철추(鐵鎚), 포교, 성금, 집회 금지와 교주(教主)의 단발(斷髮)을 엄명(嚴命)」이라는 제하의 기사가 있는데, 전문은 아래와 같다.

> 정읍군 태인면 태흥리에 있는 무극도는 본지(本紙)에 누보(屢報)한 바와 같이 적지 않은 교도를 획득하야 굉장한 건물을 건축하고 모재(募財)에 열중하는 도주(道主) 조철제(趙哲濟)를 지난 16일 오전 11시경에 정읍경찰서에 호출하야 포교(布教), 성금(誠金), 집회(集會)를 폐지함과 동시에 조철제 자신의 단발을 엄명한바 조(趙)는 황공한 태도로 명령에 복종할 것을 서약하였다 한다.

무극도가 일제의 종교단체해산령에 굴복하여 해산하게 된 사건에 대한 구체적인 보고다. 이러한 일제의 강력한 명령에 따라 결국 무극도는 해산 절차에 돌입하게 된다.

한편 1936년에 발행된 장봉선(張奉善)이 편찬한 『정읍군지(井邑郡誌)』(이로재) 91쪽에는 증산계의 신자들 가운데 경상남도에서 온 사람들이 많았다는 사실을 특기하고 있다. 보천교인 1,837명, 무극도 325명, 증산교 89명으로 통계자료를 제시하였다. 기독교가 2,544명, 불교가 443명, 동학계가 185명으로 기록된 점으로 볼 때 증산계의 신도수가 상당히 많았음을 알 수 있다. 그리고 이 책 20쪽과 21쪽에는 태인면 태흥리에 있는 무극도의 본소 건물이 1924년 3월에 시공하여 1926년 4월에 준공했다고 기록하였다. 건물의 3층은 도솔궁(兜率宮)이고, 2층은 영대(靈臺)이며, 주위에 부속 건물 10동이 있었다고 한다.

③ 무극도의 예언사상

㉠ 정산(鼎山)과 정도령출현설(鄭道令出現說)

정산은 무극도를 창교하기 이전 시기나 창교의 초창기에 정도령출현설을 주장했다. 이씨 왕조를 이어 새로운 왕조를 개창할 정도령이 자신이라고 주장한 것이다. 이에 대한 대표적인 기록으로 1925년 7월 10일자 『동아일보』에 「정철통(鄭鐵統)이 정도령(鄭道令), 무극대도단주(無極大道團主)의 섬어(譫語)」라는 기사가 있는데, 전문은 다음과 같다.

> 정철통이라고 변성명(變姓名)을 하고
> 병인년(丙寅年) 4월에 계룡산에 등극

> 무극대도단의 사실은 기보(既報)한 바어니와 그 자세한 후보(後報)를 들은즉 소위 무극대도단 교주 조철제는 본시 경남 함안 태생으로 지금부터 약 10여 년 전에 보천교(普天教) 교주(教主) 강증산(姜甑山)의 누이라는 여자가 전북 김제에 있을 때에 전기(前記) 조철제를 수양자로 정하야가지고 있으면서 서로 비밀한 관계를 두고 외면으로만 수양자로 하여오면서 내 아들은 강증산의 아들인즉 그의 도(道, 보천교)를 전수치 않으면 안 된다 하야 차경석(車京錫)을 배척하고 서로 갈라져서 5~6년을 경쟁적으로 내려오다가 뜻을 이루지 못하고 그 당시 교명(教名)을 고쳐 무극대도단이라 하였다 하며 한동안은 조철제가 정철통으로 변경하여가지고 다니며 계룡산 정도령은 즉 자기라고 하며 병인년 4월에는 자기가 계룡산에서 등극한다는 등 또 정읍군 태인면에다가 삼각형으로 교회당을 신축하는데 그것이 완성만 되면 여러 교도들의 소원대로 시켜준다 하야 그 부하에 있는 간부 20여 명을 각처로 보내어 지부(支部)를 설치하고 단원(團員)을 모집하야 기교한 수단으로 속여먹은 것이 보천교에 지지 않게 많다는바 무극대도단 지부 있는 곳은 아래와 같다더라.

부산, 밀양, 김제, 경성, 평양, 대구, 대전

위의 인용문에서 무극대도단주 조철제(趙鐵濟)가 바로 정철통이라고 말하며 '계룡산 정도령'이 자기라고 주장하며 변성명하고 병인년(1926) 4월에 계룡산에서 등극한다고 선전했다. 이처럼 "계룡산에서 새로운 천자가 등극할 것이다"라는 주장과 믿음은 전형적인 정씨(鄭氏) 진인출현설(眞人出現說)이다. 이 기록을 통해 무엇보다도 무극도가 공식적으로 창교하기 이전의 초기에는 무극대도단이라고도 불렀다는 사실이 확인되며, 조철제가 자신을 새 왕조를 건설할 '계룡산 정도령'이라고 주장했다는 사실이 확인된다.

조철제는 자신의 이름을 정철통(鄭鐵統)이라고 바꾸어 계룡산에 새로 등극할 천자(天子)가 바로 자기라고 강조했던 것이다. 따라서 무극도에서도 "계룡산에 새로운 왕국이 건설되어 곧 새 천자가 등극할 것이다"라는 정감록적 신앙을 굳게 믿었던 사실을 알 수 있다. 무극도의 교리가 정립되기 전인 교단의 초기에는 『정감록』에 대한 신앙으로 교세를 확장했던 것이다.

그런데 왜 조씨가 정씨가 되는지에 대해서는 한마디 설명도 없다. 보천교의 교주 차경석이 자신의 실제 성씨가 정씨인 까닭을 자신의 어머니가 정씨 총각에게 강간당했다는 다소 황당한 주장을 편 사실과 비교해보면 더 이상의 설명이 없다는 점이 특기할 만하다. 조철제가 정도령이라고 주장했다는 사실만 확인할 수 있을 따름이다.

그리고 철통(鐵統)이라는 구체적인 이름을 밝히고 주장했다는 점도 특기할 만하며, 이름까지 구체적으로 주장하면서 천자등극설을 강조했다는 점도 밝혀진다. 철통이라는 이름이 정확히 어떤 의미를 갖는지는 알 수 없지만, 이름까지 강조하면서 정산이 바로 조선의 민중들이 그토록 오랫동안 기다려오던 진인(眞人) 정도령(鄭道令)이라고 주장했던 사실이 밝혀졌다.

한편 1926년 6월에 만들어진 『보천교(普天敎) 일반(一般)』은 일본(日本) 학습원대학교(學習院大學校) 동양문화연구소에 소장된 자료인데, 전라북도 경찰부에서 수집 정리한 내용으로 비밀문건이다. 보천교 교조, 교주, 교의 제사와 주문, 포교수단, 성전 건축 상황, 내홍과 분열 등의 정황을 상세히 정리한 것으로 총 230면에 이르는 자료다. 전라북도 지사를 역임한 도변(渡邊) 인(忍)이 재임했던 기간에 작성한 내사보고서로 짐작된다.

이 자료의 뒷부분에 「무극대도교(無極大道敎) 개황(槪況)」이라는 보고서가 첨부되어 있다. 무극대도교 연혁, 조직, 주문, 치성, 간부 성명, 강령(綱領) 및 도(道) 규정, 무극도 취지서, 무극도 간부 일람표 등이 열거되어 있다. "무극대도교는 강증산(姜甑山)을 교조로 하는 훔치교의 별파이다"라고 규정하고, 특히 "김형렬(金亨烈)의 태을교계(太乙敎系)에 속한다"고 강조하였다. 보천교를 세운 차경석과는 다른 김형렬 계통의 교파라는 입장이다.

이 보고서에는 조철제(趙哲濟)가 도주(道主)로 불렸고, 증산의 여동생이 그의 첩이 되었다고 기록하였다. 그러면서도 조철제의 아버지 조용모(趙鏞模)를 도주라고 칭할 때도 있었다고 보고한다. 물론 단체의 조종은 조철제가 담당했다고 전한다.

「무극대도교 개황」에 다음과 같은 중요한 기록이 보인다.

> (조철제는) 경상남북도, 충청남북도, 강원도 등을 배회하고, 부인교(夫人敎), 정도령교(鄭道令敎), 혹은 제화교(濟化敎) 아니면 무극교(無極敎)라고 칭하면서 은밀히 포교하고 그 세력의 부식(扶植)에 노력하였다.[203]

정산은 초기에 교단의 이름을 부인교, 정도령교, 제화교, 무극교라고 칭하면서 은밀하게 포교했다는 보고다.

먼저 부인교라는 명칭을 사용했다는 기록은 아마도 증산의 부인인 정치순(鄭治順, 1874-1928)을 모시고 교단 창립의 근거를 마련하려 했던 김형렬과 증산과 종교적 결혼을 했던 증산교단 최초의 교단인 태을교 또는 선도교를 세

203 「무극대도교 개황」, 『보천교일반』 (전라북도, 1926), 2면.

운 고판례(高判禮, 1880-1935)의 경우와 같이, 증산의 누이동생인 선돌부인[204] 강율(姜栗, 1881-1922)을[205] 정산(鼎山)이 모시고 새로이 교단을 창립하고 했던 일에 근거하여 불리어졌던 교단명이라고 짐작된다. 증산과 관련된 부인(夫人)들의 종교체험과 친근감을 내세워 교단을 새롭게 창립하고자 했던 역사적 사실이 확인되는 것이다. 정산이 처음에는 증산의 여동생인 선돌부인을 전면에 내세워 자신의 교단 창립의 근거로 삼았고, 이를 널리 홍보했다는 점을 알 수 있다.

그리고 제화교는 이치복(李致福, 1860-1944)이 1916년에 김제군 원평(院平)에 세운 교단 이름이다. 이치복은 전북 부안 출신으로 본명은 영로(榮魯), 자는 치화(致和)였던 증산의 종도 가운데 한 사람이다. 정산은 1917년 4월 귀국한 다음 증산의 종도들을 찾아다니며 증산의 행적에 대해 자세히 들었는데, 이때 만난 사람 가운데 한 사람이 바로 이치복이었다. 그리고 정산에게 처음으로 증산의 행적과 언행에 관해 들려준 김혁이 만났던 사람도 이치복이었다. 따라서 정산 조철제가 애초에는 이치복에게 감화를 받아 그가 세운 제화교(濟化教)의 교리와 종지를 따랐음이 확인된다.

특기할 것은 이러한 보고서의 기록을 통해 조철제가 세운 교단이 초기에는 "정도령교(鄭道令教)"라는 교단명을 사용했다는 사실이 확인된다는 점이다. 이 시기 조철제는 『정감록(鄭鑑錄)』의 이른바 '정도령(鄭道令)신앙'에 심취했었음이 단적으로 드러난다.

물론 현전하는 『정감록』에는 정도령이라는 용어는 보이지 않는다. 『정감록』이 세간에 널리 알려진 이후에[206] 『정감록』에 등장하는 '정씨(鄭氏) 진인(眞

---

204 증산의 누이동생은 고부군 입석리(立石里)에 살던 박창국(朴昌國)에게 시집갔다. 입석(立石)의 한글 이름인 '선돌'을 따서 선돌부인이라고 불렸다.

205 전라북도 정읍군 조용모(趙鏞謨), 이우형(李佑衡) 등에 대한 1927년 6월 21일자 대구지방법원 안동지청의 판결문에 선돌부인의 이름이 율(栗)이라고 적혀 있다.

206 『정감록』이 필사본으로 은밀히 유통되다가 공간(公刊)된 때는 1923년 3월이다. 공간된 『정감록』에도 '정도령'이라는 용어는 보이지 않는다. 필자는 『정감록』이 공간된 이후의 어떤 시기에 정도령신앙이 태동되었다고 생각한다.

人)'을 새 나라와 새 왕조를 건설할 젊은 패기를 지닌 젊은이에 비유하여 '양반집 사내아이'를 뜻하는 '도령(道令)'이라는 용어가 덧붙여져 흔히 '정도령'이라고 불리게 되었다. 풋풋한 혈기를 지니고 새로운 세상을 만들 인물로 믿어진 '정도령'은 '정씨 진인'의 다른 이름으로 민중들에게 받아졌다. 원래의 『정감록』에는 나오지 않는 용어이지만, '정도령'은 새 왕조를 건설할 젊고 새로운 인물인 '정씨 진인'으로 인정되고 믿어졌던 것이다.

어쨌든 정산은 『정감록』의 정씨 진인출현설을 잘 알고 있었으며, 정씨 진인의 출현을 기대하고 기다리는 많은 사람들의 열망을 충족시켜줄 의도와 야망을 가지고 있었다는 점이 확인된다. 정산 자신이 이른바 '정도령'이라고 불리었다는 역사적 사실과 전언이 이를 다시 한 번 알려준다. 정산이 세운 교단은 초기에는 특별한 명칭이 없이 교세를 확장시켜나갔지만, 사람들은 이를 '정도령교'라고 불렀던 것이다. 『정감록』의 정씨 진인출현설을 집약시킨 주장을 정산의 초기 교단에서 적극적으로 받아들였으며, 교단의 주인공인 정산 자신이 적어도 신도들에게는 '진인 정도령'으로 불리고 믿어졌음이 밝혀진 것이다.

물론 정산 조철제의 성씨는 조씨(趙氏)다. 『정감록』에서 주장하는 바에 따르면 조선(朝鮮)의 이씨(李氏) 왕조를 대신하여 새롭게 세워질 왕조의 건립자는 정씨(鄭氏)여야 한다. 보천교를 세운 차경석(車京石, 1880-1936)이 정씨 진인출현설에 부응하기 위해 자신의 실제 성씨가 정씨(鄭氏)라고 주장한[207] 사례는 전해지지만, 정산이 정도령(鄭道令)이라는 주장의 근거는 전하지 않는다.

그리고 「무극대도교 개황」에 따르면 조철제의 교단은 1921년 3월 무렵에는 교도수가 만 명에 도달했다고 주장했다고 전한다.

한편 정산은 진주(眞主), 즉 '참주인' 또는 '참된 법의 주인공'으로 불린다. 진법(眞法)을 계승한 인물로 이해되고 믿어진 것이다. 즉 정산은 증산의 참된

207 차경석은 자신의 생모가 결혼 전에 정씨 성을 가진 머슴에게 강간당해 자신을 낳았다는 엉뚱한 주장을 했다.

법을 이어갈 신비한 존재로 신도들에게 믿어졌다.

후대의 기록에도 정산(鼎山)은 다음과 같이 진주로 불린다.

> 이때 혼몽 중 비몽사몽간에 (…) 천상에서 (…) 선녀(仙女)가 내려와서 부인에게 경배하며 말하기를 "소녀는 천존상제(天尊上帝)님의 명(命)을 받들었사온바 지금 탄생하시는 옥동자께서는 천제(天帝)님의 명에 따라 삼계(三界)를 광구(匡救)하실 진주(眞主)이심을 전하옵고 (…)"하며[208]

이 외에도 정산은 진인(眞人)으로도 믿어졌다.

> (계묘년, 1903) 겨울 어느 날 (…) "내 이제 신명(神明)을 시켜 진인을 찾아보니 아직 아홉 살 밖에 되지 않은지라. 내 일과 때가 이렇듯 더디니, 어찌 민민(憫憫)하지 않으리요?" 하시니라.[209]

위의 구절은 증산이 정산 조철제가 아홉 살이 되던 때에 그가 진인이라고 주장했다는 기록이다. 정산이 진인이며 증산이 그를 인정했다는 주장으로, 정산이 증산의 도를 이어갈 참된 계승자라고 생전에 이미 말했다는 점을 강조한 대목이다. 증산의 도를 받들어 새로운 세상을 만들어갈 인물로 정산이 뽑혔다는 정통성을 거듭 주장하는 대표적 기록이다. 진인이 '후천개벽(後天開闢)의 주인공'으로 불리는 점이 특기할 만하다.

이 외에도 정산이 진인으로 불린 다음과 같은 기록이 전한다.

> 계묘년(1903) 12월 어느 날 (…) 잠시 오수(午睡)에 드셨는데 비몽사몽간에 선풍도골(仙風道骨)의 한 선비가 나타나서 (…) "저는 천제님의 하명

208 「태극진경(太極眞經)」 제1장 10절, 『진경(眞經)』(태극도 출판부, 1989), 319쪽.

209 『선도진경(宣道眞經)』(태극도 편찬위원회, 1965), 65쪽; 「무극진경」 제3장 59절, 『진경(眞經)』(태극도 출판부, 1989), 59쪽.

(下命)으로 진인을 알현함이옵나이다" 하니라.[210]

요컨대 정산(鼎山)은 진주 또는 진인으로 불렸다. 두 단어가 같은 의미로 사용되었다. 진주는 "진법(眞法)의 주인(主人)"이라는 뜻이며, 진주는 곧 진인이다.[211]

진인은 조선 후기의 각종 역모사건에 자주 등장하는 용어로 새로운 왕조를 개창할 위대한 인물로 믿어져 왔다.[212] 오랜 세월에 걸쳐 진인은 메시아적 존재로 믿어져 왔으며, 민중들이 다가올 새 시대를 열 새 인물로 받아들였던 신성한 존재에 대한 대표적 표현이자 용어다.

그리고 진인은 조선시대를 대표하는 예언서인 『정감록(鄭鑑錄)』에 자주 등장하는 용어이다. 『정감록』에는 진인, 성인(聖人), 이인(異人), 직주(直主), 진왕(眞王), 직인(直人) 등의 용어가 새로 이 세상에 나타날 메시아에 대한 이름으로 언급된다. 진주라는 용어는 『정감록』에 보이지 않는다. 그러나 진주와 비슷한 용어가 『정감록』에 자주 보이며, 진주와 의미가 거의 같은 용어가 사용된다는 점에서 『정감록』에 나오는 진인의 또 다른 이름이 진주(眞主)라고 보아도 무방할 것이다.

진주라는 용어는 증산이 『대순전경(大巡典經)』 제4장 62절에서 "진주노름에 독조사라는 것이 있다"라는 기록과 제5장 24절에서 "손병희(孫秉熙)가 선진주(先眞主)라"라는 기록에서 사용하였다. 어쨌든 진주라는 용어는 증산의 뒤를 이어 무극도에서 독창적으로 사용한 용어임은 분명하다. 물론 진주는 『정감록』 등의 예언서에 나오는 다양한 진인에 대한 언급과 용어에 상당한 영향을 받았음이 확인된다.

그리고 "후천(後天) 진인"이라는 용어는 갑오년(1894) 5월에 증산의 꿈에

210 「태극진경(太極眞經)」 제1장 23절, 『진경(眞經)』(태극도 출판부, 1989), 323쪽.

211 「태극진경(太極眞經)」 제2장 49절과 50절, 『진경(眞經)』(태극도출판부, 1989), 358쪽.

212 조선시대의 진인출현설이 성립하는 과정과 역사적 전개에 대해서는 김탁, 『조선의 예언사상』 상, 하(북코리아, 2016)을 참고.

한 노인이 나타나 "나도 후천 진인이라. 천지(天地) 현기(玄機)와 세계 대세를 비밀히 의론할 일이 있나이다"라고 아뢰었다는 기록에서 확인된다.[213] 원래 이 기록과 동일한 내용이 『증산천사공사기』(1926)에 나온다.[214]

진인에 특히 "후천"이라는 용어를 덧붙여 다가올 새 세상의 진정한 인물이라는 의미로 사용하였다. 여기서 후천은 선천(先天)을 전제로 한 용어다. 지나가고 낡은 세상을 선천으로 규정한다면, 후천은 새로 열릴 새 세상을 가리키는 용어다. 따라서 진인은 후천에 나타날 새 인물이며, 후천이라는 이상세계를 이 세상에 이룩할 존재로 믿어진다.

한편 정산이 도수(度數)를 볼 때 진인이 사용하는 걸음걸이법을 사용했다는 기록도 전한다.

> 도주께서 청도(淸道) 유천(楡川)의 박동락의 집에서 단도수(壇度數)를 행하시니, 이것이 곧 진인보두법(眞人步斗法)이니라.[215]

정산이 세상의 질서를 정하는 일인 도수를 행할 때 진인이 행하는 걸음걸이를 걸었다는 기록이다. 진인, 즉 새 세상을 열 주인공이 행하는 신비로운 걷는 방법을 정산이 친히 걸었다는 점에서 정산이 곧 진인이라는 주장이 확인된다. 정산이 바로 진인이라고 강조하는 대목이다.

이 외에도 정산(鼎山)은 갑오년(1954)에 해인사(海印寺)를 다녀온 후 종도들에게 "해인(海印)은 먼 데 있지 않고 자기 장중(掌中)에 있느니라. 우주 삼라만상의 모든 이치의 근원이 바다에 있으므로 해인이요,[216] 해도진인(海島眞人)

---

213 『선도진경(宣道眞經)』(태극도 편찬위원회, 1965), 10쪽. 갑오년(1894) 5월 어느 날 밤 상제께서 주무시고 계시는 중에 한 노인이 꿈에 나타나 "나도 후천 진인이라. 천지현기와 세계 대세를 비밀히 의논할 일이 있노라"고 아뢰는도다. 「행록」 제1장 22절, 『전경(典經)』(대순진리회 교무부, 1974), 7-8쪽.

214 이후 『대순전경』(1929)이 간행되었을 때에는 이 부분의 기록이 사라졌다.

215 「교운」 제2장 27절, 『전경(典經)』(대순진리회 교무부, 1974), 199쪽.

216 해인설화의 내용과 의미, 한국불교와 해인신앙, 해인신앙의 전개과정과 종교적 의의에 대해서는 김탁, 앞의 책, 2009를 참고.

이란 말이 있느니라"라고 말했다.[217]

해도진인 즉 "바다 가운데 있는 섬에 있는 진인"은 『정감록』에 자주 등장하는 진인에 대한 언급이다. 진인이 남해 바다에 있는 어떤 섬, 구체적으로는 자하도(紫霞島)에 숨어 지내다가 때가 되면 곧 지상으로 군사를 이끌고 출현하여 새로운 왕조를 세울 것이라는 믿음이다. 그런데 정산은 "바다"라는 말에 주목하여 진인을 이해하고 있다. 바다에 우주의 온갖 이치가 있으므로 자연히 진인도 바다에 존재한다고 설명한 것이다. 여기서도 정산이 『정감록』에 나오는 해도진인출현설(海島眞人出現說)에 대해 잘 알고 있었다는 점이 확인된다.

나아가 정산이 바로 후천진인(後天眞人)이라는 증산의 말이 있었다는 다음과 같은 주장도 있다.

> 공우(公又)에게 말씀하시기를 "나의 이번 길은 장래(將來)할 유일인(唯一人)의 절을 받기 위함이니, 그 절이 천하에 널리 미치리라. 그 인사(人士)가 곧 후천진인이니라" 하시고, 홀로 정읍(井邑) 마동(馬洞)에 임하시니라. 그곳에 집 한 채를 사놓으시고, 매씨(妹氏) 선덕부인(宣德夫人)을 부르셔서 말씀하시기를 "(…) 이곳이 나의 본소(本所)임은 천기(天機)니 누설하지 말라"하시며 그 집을 하사하시고 (…)[218]

천하에 널리 미칠 한 사람의 절을 받기 위한 증산의 행적이 정읍군 마동에 이르렀다고 한다. 이때 증산은 그의 누이동생인 선돌부인에게 그곳에 집 한 채를 장만해주었다고 전한다. 훗날 이곳을 찾을 정산 조철제를 가리켜 후천진인이라고 불렀다는 주장이다. 여기서도 정산은 후천의 새 세상을 열 진인으로 불리고 믿어진다.

그리고 위의 기록보다 더욱 명확하게 정산이 선돌부인을 찾아올 진인이

---

217 「교운」 제2장 55절, 『전경(典經)』(대순진리회 교무부, 1974), 216쪽.

218 「무극진경(无極眞經)」 제8장 159절, 『진경(眞經)』(태극도 출판부, 1989), 221쪽.

라는 종교적 진실이 강조되는 다음과 같은 대목도 전한다.

> 이날 정읍 마동에 임하셔서 매씨에게 하명하시기를 "너는 이 본소에서 을미생(乙未生)을 기다리라. 그는 나의 도통(道統)을 이을 진인(眞人)이니라. 그 진인을 나 본 듯이 경대(敬待)하되 천기니 누설하지 말라"하시며, 그 집을 손수 수리하시고 도배까지 하여주시니라.[219]

> 화천(化天) 당년(當年) 정월 15일에 (증산) 선생께서 그 집을 손수 수리하시고 도배까지 하셨으며, (선돌)부인에게 "이곳이 나의 본소니라. 너는 이곳에 살다가 10년 후 이날 본소를 찾는 후천진인 을미생에게 나의 도통을 전하라"라는 요지로 하명하셨다.[220]

정산의 생년(生年)이 을미년(1895)이라는 점이 강조되어 "을미생인 진인"이 1919년 정월 보름날 정읍군 마동에 있는 선돌부인의 집을 찾아올 것이라는 매우 구체적인 증산의 말이 있었다고 주장하는 것이다. 정산이 바로 증산의 도통을 이을 유일한 계승자라는 종교적 진실이 강조되는 대목이다.

무극도가 공식적으로 창교되기 이전 시기에 정산 조철제가 곧 정도령이라는 믿음이 성행했고, 이러한 일에 힘입어 그 교단의 이름이 '정도령교'라고 불리었다는 점이 확인된다. 그리고 정산이 진주(眞主), 진인, 후천진인으로 일컬어지고 믿어졌던 사실도 밝혀졌다. 이처럼 무극도의 초기부터 새로운 세상을 열 진인(眞人)이 바로 정산이라는 믿음이 널리 유포되었다. 새 세상을 건설할 것이라는 진인 정도령이 정산이라는 예언이 확산되었던 것이다.

---

219 「무극진경(无極眞經)」 제9장 15절, 『진경(眞經)』(태극도 출판부, 1989), 255쪽.

220 「태극진경(太極眞經)」 제2장 41절, 『진경(眞經)』(태극도출판부, 1989), 354-355쪽.

㉡ 조씨(趙氏) 진인출현설의 등장

오랫동안 전해오던 정씨(鄭氏) 진인출현설(眞人出現說)을 벗어나 이제 정산에 의해 조씨 진인출현설이 등장하였다. 진인의 성씨가 정씨가 아니라 실은 조씨라고 주장하고 강조한 것이다.

전라북도 정읍군 조용모(趙鏞謨), 이우형(李佑衡) 등에 대한 1927년 6월 21일자 대구지방법원 안동지청의 판결문에[221] 다음과 같은 내용이 있다.

> 피고들은 태을교의 신자인데 (…) 피고 조용모의 장남인 조철제와 (…) 종교를 빙자하여 무지몽매한 무리를 속여 금전을 편취하고자 계획하였다. (…) 1922년 음력 8월경 강증산의 분묘를 발굴하여 유골을 훔쳐내어 이를 정읍군 감곡면 통석리 이경세의 제각에 숨겨둠과 동시에 강증산의 유족을 맡아서 돌보아주었다. 그런데 강증산의 누이 율(栗)이 조철제와 추한 관계에 있어 강증산 생존 시 하늘에서 받은 비서[秘書, 증산교의 근본을 담은 전장(典章)이라 불리는 임하유서(林下遺書) 외 여러 장 기재된 서적]를 입수하게 되었다. 이에 강증산 직계의 교단이라 부르고 특히 동(同) 서적 중에 무극대도(無極大道)의 문자가 있자 단체명을 무극도라 칭하였다. 그리고 동 서적 중에 "시구시구조을시구시구(矢口矢口趙乙矢口矢口)"라는 문자가 있고, 마침 조철제는 을미(乙未)년 생이었기에 조을(趙乙)이라는 것은 조철제를 가리키는 것으로, 시구(矢口)는 지(知)라는 글자를 만들기 때문에 "시구시구조을시구시구"는 즉 조철제가 천지만물을 아는 자라는 것이라 사칭(詐稱)하였다. 원래 조철제는 (…) 처첩을 여러 명 두는 등 품행이 부정한 무리배임에도 불구하고 강증산이 수십 년 전 하늘로부터 받은 서적 중에 아직 태어나지 않은 조철제가 천하치도(天下治道)를 안다는 내용이 기재되어 있으므로 조철제는 착실하게 천명(天命)의 도움으로 도통(道

221 일제강점기의 법원 판결문은 '국가기록원' 홈페이지에서 '독립운동 관련 판결문'에 들어가서 단어를 검색하면 볼 수 있다.

通)하여 천지개벽의 때에는 천자(天子)의 지위에 오를 것이니 당연히 이 도(道)의 도주(道主)라 하였다. (…) 태극도의 최고 간부를 조직하였다. (…) 위의 임하유서를 근거로 하여 도주 조철제는 하늘의 사람이라 칭하고 천지개벽의 때에는 동인(同人)이 천자에 즉위하고 비신도(非信徒)는 모두 멸망하고 신자는 행복한 운명의 혜택이 있을 뿐만 아니라 열심인 신자는 그 정도에 따라 고위고관에 채용될 것이라 속였다. 그리고 강증산(姜甑山)의 전장 중 일심봉축(一心奉祝)이란 장(章) 중에 "옥황상제폐하(玉皇上帝陛下) 어하(御下) 천상천하(天上天下) 봉명행령(奉命行令) 위의(威儀) 도원수(都元帥) 도대장군(都大將軍) 옥동성자(玉東聖子) 주인우일대사(主人宇一大事) (이하 생략)"라는 것이 있어 "옥동성자 주인우일대사"를 "태일성철정령(太一聖哲定領)"이라 고치고, 조철제가 하늘의 명을 받아 최고위에 올라 천하를 다스린다는 취지의 문서로 하였다. 그리고 이를 무극도의 축문(祝文)으로 하여 인쇄하여 (…) 각 신자로 하여금 부르게 한 후 그 인쇄물을 소각하게 하여 정치에 관한 불온한 언동을 하게 함으로써 치안을 방해하였다.

당시 일제 경찰에서는 증산이 『임하유서(林下遺書)』라는 책을 남겼다는 진술에 의거하여 이를 압수했다고 전한다. 그런데 현재까지 『임하유서』라는 책이 증산과 관련되었다는 주장과 전언은 전혀 없는데, 이러한 언급은 이 기록이 유일하다.

다만 현전하는 『임하유서(林下遺書)』라는 이름의 책자가 따로 있을 따름이다. 물론 이 『임하유서』는 증산과는 관련이 없는 서적인데, 이 책은 작자 미상의 동학가사(東學歌辭)로 연세대학교 도서관에서 소장하고 있다. 분량은 2율각 1구로 159구이며, 율조는 4·4조가 주를 이루고 있으나, 귀글체가 파괴되어 난삽하다.

『임하유서』는 1935년 10월 시천교당(侍天教堂)에서 발행하던 용천검사(社)의 잡지 『룡천검』 제29호에 실려 있다. 그리고 이본으로는 경상북도 상주의 동학본부에서 1932년에 간행된 목판본 『용담유사(龍潭遺詞)』 제2권으로 소개된 국문본과 국한문 혼용의 2종이 있다.

『임하유서』의 지은이에 대해서는 "혹운제세주(或云濟世主)의 글이라 하고 혹운당시제자(或云當時弟子)의 글이라 하야 작자(作者)는 부지(不知)"라고 백당(栢堂)이라는 이가 밝히고 있다.

이 『임하유서』는 "천지음양(天地陰陽) 시판후(始判後)에/사정사유(四正四維) 이서스니"로 시작하여, "이런 풍진(風塵) 엇지 할고/삼년괴질(三年怪疾) 무섭드라"로 끝맺고 있다.

동학가사인 『임하유서』의 내용은 "원형이정(元亨利貞)을 행하며 정심정기(正心正氣)로 심화기화(心和氣和)하여 하느님만 공경하면 지성감천할 것이고, 삼강오륜 법을 삼아 일심으로 인화(人和)를 공부하면 보국안민(報國安民) 요순지치(堯舜之治)를 이룰 것이니, 열심히 청림도(靑林道)를 깨달아 수도하라"는 것이다.

『용담유사』본 「임하유서」는 ⓐ 지지가(知止歌), ⓑ 경탄가(警歎歌), ⓒ 도성가(道成歌), ⓓ 육십화갑자가(六十花甲子歌), ⓔ 연월가(年月歌)의 5편으로 구성되어 있다.

반면 『룡쳔검』본의 「임하유서」는 ⓐ 지지가뿐이다. 두 본의 「지지가」가 내용은 같으나, 글귀의 순서가 뒤바뀐 것도 있고, 사용한 어휘들이 서로 다른 것들이 꽤 많다. 분량은 『룡쳔검』이 23구가 더 많다.

1927년 무렵에 일제 경찰이 태을교[222] 신자에게서 압수한 『임하유서』와 현전하는 1932년판 『임하유서』 또는 1935년판 『임하유서』는 전혀 다른 책일 가능성이 매우 높다. 그렇지만 동학에서 이야기하는 5만 년 운수, 괴질의 발생, 궁을과 개벽 등의 용어가 나오는 점 등은 증산이 생존했을 시기에도 충분히 인구(人口)에 널리 회자(膾炙)되었을 가능성은 있다. 그리고 이러한 내용이 어떤 형식으로든지 간에 책의 형태로 필사되었을 가능성도 있다. 그렇지만 분명한 것은 현전하는 『임하유서』에는 증산의 독창적인 교리체계에 대한 기

222 당시에는 무극도라는 교단 이름이 널리 알려지지 않아 '태을주(太乙呪)를 외우는 교단'이라는 의미로 불렸던 것 같다.

록은 없다는 사실이다.

어쨌든 이 현전하는 『임하유서』에 "시구시구조을시구(矢口矢口鳥乙矢口)"라는 구절이 있다. 정산 조철제가 이 구절의 조(鳥)를 조(趙)로 변모하여 사람들에게 자신을 홍보했을 가능성이 높다.

정산은 무술년(1958) 자신이 죽기 직전인 1월 28일에 제자들에게 봉강문(奉降文)을 하사했는데, 이 가운데 "시구시구(矢口矢口) 조을시구(鳥乙矢口)"라는 구절이 있다.[223] 그리고 봉강식(奉降式) 때 중궁(中宮)에서 고수(鼓手)가 "전진전진(前進前進) 대강전진(大降前進) 조을시구(鳥乙矢口) 대강전진(大降前進)"이라고 외우며 북을 쳤다고 전한다.[224] 따라서 정산은 1927년 무렵에는 조을시구(趙乙矢口)라고 주장했지만, 말년에는 원래의 조을시구(鳥乙矢口)를 제자들에게 알려주었던 것이다.

그리고 1927년의 판결문에 따르면 정산이 증산이 남긴 『임하유서』에 나오는 무극대도(無極大道)라는 용어를 취하여 자신이 만든 교단의 이름을 무극도(無極道)라고 지었다고 기록되어 있다.

실제 당시 경찰에 압수되었던 『임하유서』가 현전하지 않아서 구체적인 내용을 확실히 파악할 수는 없지만, 현전하는 1935년판 동학가사인 『임하유서』에는 무극대도라는 용어가 나온다. 물론 동학의 창시자 수운(水雲) 최제우(崔濟愚, 1824-1864)가 자신의 도를 무극대도라고 불렀기 때문에 동학 이후에는 무극대도라는 용어가 자주 사용되었다. 따라서 역사적 사실로 볼 때는 동학 이후 널리 사용되고 알려진 무극대도라는 용어에서 착안하여 정산이 무극도라는 교단 이름을 사용했을 가능성이 매우 높다.

그리고 증산이 남긴 일심봉축(一心奉祝)이라는 글귀에 있는 특정한 구절을 정산이 "태일성철정령(太一聖哲定領)"으로 바꾸었던 일이 판결문에 전한다. "옥황상제폐하(玉皇上帝陛下)의 다스림 아래 천상천하(天上天下)의 명(命)을 받

223 「태극진경」 제9장 21절, 『진경(眞經)』(태극도출판부, 1989), 691쪽.

224 「태극진경」 제9장 22절, 『진경(眞經)』(태극도출판부, 1989), 692쪽.

들고 영(令)을 행하는 위엄이 있는 도원수(都元帥), 도대장군(都大將軍), 옥동성자(玉東聖子)는 인간계와 우주의 큰일을 주관하시고"라는 구절의 마지막 부분을 정산이 "태일(太一)의 성스러운 철(哲)이 명령을 정하여"로 바꾸어 무극도의 축문으로 삼았다고 전한다. 여기서 철은 정산의 이름인 철제(哲濟)를 가리키는 용어로 사용되었다. 이 전언에서도 당시 증산이 옥황상제로 받들어지고 믿어졌다는 사실이 다시 한 번 확인된다.

한편 태일(太一)은 천지만물의 근원을 가리키는 말로서 태극이나 도(道)와 같은 개념이다. 중국 고대사상으로 천지만물의 출현 또는 성립의 근원인 우주의 본체를 인격화한 천제(天帝)를 가리키는 용어로 태일(泰一)이라고도 한다. 도교(道敎)에서는 천제가 상거(常居)한다고 믿는 태일성(太一星, 北極星)을 가리키기도 하는데, 태을(太乙)이라는 용어와 같은 의미로 사용되기도 한다.

어쨌든 위에서 인용한 판결문의 기록에 의하면 당시 정산이 증산이 남겼다는 이른바 『임하유서』의 기록에 나오는 "시구시구조을시구"라는 구절의 '조'가 조(趙)라고 주장하여 자신이 바로 조씨 진인이라고 강조했다고 전한다. 정씨 진인출현설을 부정하고 새로운 조씨 진인출현설을 주장하는 핵심적인 대목이다.

나아가 정산은 증산이 살아생전에 이미 새로운 진인의 구체적인 이름까지 명확하게 예언했다고 주장했다.

증산의 행적과 말에 대한 기본적이고 핵심적인 경전인 『대순전경(大巡典經)』에는 증산의 약장(藥欌)에 대한 기록만 전하는데, 태극도(太極道)에서 1965년에 간행된 『선도진경(宣道眞經)』에는 이른바 둔궤(遁櫃)에 대한 다음과 같은 기록이 전한다. 이 둔궤탈취사건은 1919년 9월에 일어났다.

> 궤(櫃) 안에는 "오강록(烏江錄)", "설문(舌門)", "반구제수(半口齊水)", "천문지리(天文地理) 풍운조화(風雲造化)", "팔문둔갑(八門遁甲) 지혜용력(智慧勇力)" 등의 글을 쓰시고, 이 글자를 불지짐 하신 다음 그 주위에 24점(點)을 주사(朱砂) 물로 돌려 찍으시며 "이 궤는 속에 나의 법통(法統)이 숨겨져 있

으므로 둔궤니라"하시고 (…)[225]

무극도에서는 증산이 남겨둔 둔궤 안에 "반구제수(半口齊水)"라는 글자가 새겨져 있었다고 주장한다. 반(半)은 절반이란 뜻으로 어떤 물건이나 종이를 반으로 접거나 꺾으면 '절(折)'이 되고, 여기에 '입 구(口)'를 합치면 '밝을 철(哲)' 자가 된다. 그리고 제(齊)와 수(水)를 합치면 '구제할 제(濟)' 자가 나온다. 따라서 '반구제수'라는 글자에서 "철제(哲濟)"라는 정산(鼎山)의 이름이 분명하게 나온다고 주장하는 것이다. 정산이 증산의 종통(宗統)을 이은 유일한 계승자라는 종교적 진실이 더욱 분명하게 주장되는 대목이다. 매우 구체적이고 정확하게 정산 조철제의 이름이 궤 속에 새겨져 있었다고 강조한다. 조씨 진인 출현설에 이어 조씨 진인의 이름이 구체적으로 예언되어 있다는 주장과 믿음이다.

"천문지리, 풍운조화, 팔문둔갑, 육정육갑, 지혜용력"은 기유년(1909) 6월 20일에 증산이 제자에게 쓰게 한 구절이다.[226]

그리고 "천문지리 풍운조화"와 "팔문둔갑 지혜용력"은 1919년 1월 선돌부인의 집 벽에서 나왔다고 전하는 이십사절주(二十四節呪)의 마지막 부분인 "천문지리 풍운조화 팔문둔갑 육정육갑(六丁六甲) 지혜용력 엄엄 급급 여율령(如律令)"에도[227] 나온다. 시간이 흘러 이 구절이 주문처럼 외워지게 된 현상을 보여준다.

한편 증산이 생전에 금산사(金山寺)를 찾아가 미륵불을 모신 것을 살펴본 후 종도들에게 다음과 같은 말을 했다는 주장이 전한다.

하루는 금산사(金山寺)의 미륵금불(彌勒金佛)과 기대(基臺)를 감(鑑)하시고, 종도들에게 말씀하시기를 "과시(果是) 증정일체(甑鼎一體)며, 양산도

225 『선도진경(宣道眞經)』(태극도 편찬위원회, 1965), 191쪽.
226 『증산천사공사기』(상생사, 1926), 140면.
227 「태극진경」 제2장 51절, 『진경(眞經)』(태극도출판부, 1989), 360쪽.

(兩山道)로다"하시고, 화위전녀(化爲全女)와 주초위왕(走肖爲王)을 하교(下教) 하시니라.[228]

금산사의 미륵불이 쇠솥 위에 세워진 것에 빗대어 증산이 "시루와 솥이 일체다"라고 말했으며, 구체적으로 "2명의 산(山)에 의한 도(道)"를 상징하는 일이라고 언급했다는 내용이다. 여기서 "2명의 산"은 증산(甑山)과 정산(鼎山)을 가리킨다. 또한 전(全) 자와 여(女) 자를 합치면 증산의 성(姓)인 강(姜) 자가 나오고, 주(走) 자와 초(肖) 자를 합치면 정산의 성(姓)인 조(趙) 자가 나온다. 결국 화위전녀와 주초위왕은 증산과 정산을 가리키는 비결(秘訣)이라는 주장이다.[229] 조씨 진인출현설의 또 다른 주장으로 금산사의 미륵불이 상징적으로 사용되었다.

그리고 1936년 1월 26일자 『매일신보』에 「간도(間島) 유리(流離)튼 허황한(漢), 비결(秘訣) 토매(土埋)로 사기복선(詐欺伏線), 민중을 도독(荼毒)한 무극도(無極道)의 극악상(極惡相) (1)」이라는 기사가 있는데, 주요 내용은 다음과 같다.

사교(邪教)의 하나인 태인(泰仁) 무극도(無極道)라는 간판 아래에서 20년간을 지내온 조철제(趙哲濟)가 정읍경찰서에 검거된 사실이 지상으로 대중 앞에 보도됨에 따라 (…) 20년 전에 서간도(西間島)로 유리(遊離)하던 한 가족이 있었으니, 즉 경남 함안 출생인 조용모의 일가족이었다. 그의 아들 조철제와 기타 가족을 동반하야 (…) 환탄한 생각만 늘게 되어 능히 도술(道術)을 찾게 되어 김혁(金赫)이라는 사람과 친하게 되었다. 김혁은 그때 태을교(太乙教)라는 즉 강정을[230] 스승으로 한 교(教)를 닦고 있는 사람으로

228 「무극진경(无極眞經)」 제6장 45절, 『진경(眞經)』(태극도 출판부, 1989), 113쪽.

229 "조씨(趙氏)가 왕(王)이 될 것이다"는 비결은 조광조(趙光祖, 1482-1519)와 관련하여 전해져 온다. 이 부분에 대해서는 김탁, 앞의 책, 상, 2016을 참고.

230 강증산(姜甑山)의 오기(誤記)이다.

서 그 도(道)를 통하면 천하만사가 장중(掌中)에 있다는 것을 암시하고 있음에, 야심이 많은 조(趙)는 그 도를 받어 태을주(太乙呪)를 읽어 미혹하야 눈에는 헛것이 보이고 귀에는 헛소리가 들리게 되야 근근 도를 통할 듯하였다 한다. 도를 통하려면 조선(朝鮮) 태안(泰安)으로 가야 된다는 섬어(譫語)를 하면서 그 누이 귀(貴)를 남복(男服)으로 변장시켜 앞세우고 전기(前記) 김혁에게 전교하던 구연무(具然武)의 고토(故土)인 충남도(忠南道)를 향하야 강경에 도착하야 태안을 찾게 되었다는바, 태안군(현 서산군 태안면)이 있다는 말을 듣고 태안에 도착하야 궁벽한 곳을 찾아 안면도(安眠島)에 도착하야, 이장우(李章雨)의 부친을 만나 철제(哲濟) 자신이 별 도술이나 있는 듯이 감언이설로 꾀야 그의 집에 의탁하야 그의 주선으로 안면도 창터(昌基里)에 우거(寓居)하고, 소위 태을주를 읽어 도술을 통하려고 무한히 애를 써가면서 호구(糊口)할 계책으로 그 지방 농민을 친하야 식로(食路)를 열기 위하여, 먼저 이상우의 가족에게 전교함을 비롯하야 정사(丁巳) 2월에는 몇 사람의 신도가 있어 그해 가을에 어락동이라는 궁벽한 산간으로 들어가서 갖은 술책을 다하야 다소의 신도를 얻어 1년간을 경과하다가, 자신의 약점이 현로(現露)할까 염려이든지 그다음인 무오년(戊午年)에는 소위 도통(道通)할 곳이 태안이 아니라 태인이라는 섬어를 하면서 태인을 찾아 전북(全北)을 향하야 강증산(姜甑山) 교도의 근거지인 김제군(金堤郡) 수류면 금산사(金山寺) 부근에 와서 강증산의 교도를 역방(歷訪)하야 비로소 강증산의 경력을 대강 알고 정읍군 감곡면 황새리에 근거를 두고 강증산의 유래를 탐구하던 중, 강증산의 누이를 친하게 되야 강증산이 가졌던 술서(術書) 한 권을 얻어가지고 증산(甑山)의 전서(傳書)로서 천생진인(天生眞人)에게 전하였다는 요괴한 망언을 함부로 극비밀리에 암시하야 기미년(己未年)에 강녀(姜女)와 함께 구성산중에 들어가 잡술을 연구하야가면서 우매한 농산촌 민중을 농락하야 금전을 사취키 시작하였다.

거금(去今) 20년 전 조선 민중의 미개를 말함보다도 산간벽지 화전민의 정도는 화전(火田)을 파서 잡곡을 갈아 호구하는 것이 상례로 생활난에 비명하는 그들에게 천생진인(天生眞人)이 출세(出世)하야 만능의 도술로 우매할지라도 순진한 인간으로서 지도하는 대로 잘 듣는 자에게는 도통(道通)을 주어 만통(萬通)의 도술(道術)로 극락(極樂)을 누리게 한다는 감언이설을 들려주니 우매한 그들로서 미혹하였던 것이다. (…) 시기가 시기여서 기미년 전후의 조선 민중의 동요는 극도로 착잡하야 모모 운동이 궐기함을 기회로 모모의 비결서(秘訣書)를 이용하야 조(趙) 자신이 천자(天子)가 된다는 것을 암시하야 엉터리없는 유언비어로 정도령(鄭道令)이 계룡산에 도읍한다는 말을 방지하고, 당시 영남지방에 황 모(黃某)가 유사한 술책으로 세력이 있음을 방지키 위하야 아래와 같은 시(詩)를 지어 심산암혈에 넣어두고 상제(上帝)의 지시라 하야 교도를 시켜 끌어보게 하니, 그 시는 팔계일인포장도(八鷄一人抱長刀) [정자(鄭字)], 만장허위조풍조(漫張虛僞助風潮) [정도령이 계룡산 도읍한다는 것은 허언이라는 의미], 규농막향공일전(竅農莫向共一田) [황자(黃字)], 천불우로종대아(天不雨露終大餓) [황 모(黃某)를 믿으면 하늘이 복을 주지 아니하야 아사(餓死)한다는 뜻], 토인복연배소월(土人卜緣配小月) [조자(趙字)], 절수양양하제구(折水洋洋下齊口) [철제(哲濟)], 증와산하철도화(曾瓦山下鐵桃花), 만이천지차제개(萬二千枝次第開) [증산의 아래 철제가 일만 이천 도통을 준다는 의미]라는 글이다. (…) 신도가 불어나기 시작하였던 것이다. (…) 조(趙)가 만능의 도술이 있어 천자(天子)가 되야 1만 2천의 도통을 줌과 함께 5만 년 극락세계의 복록을 받을 것으로 믿고 있었다 함에야, 그들의 재산은 고사하고 생명이라도 희생하여서라도 조(趙)에게 신임되야 전정(前程)을 열라 하였다 한다.

무극도(無極道)에 대한 사회적 비판을 폭로한 내용이다. 태인에 있는 무극도의 조철제(趙哲濟)가 정읍경찰서에 검거되었는데, 신도를 농락하고 금품을 갈취했다는 죄목이다. 그러나 정산은 당시에 "하늘이 내린 진인(眞人)"으로 불렸고, 그를 따르는 신도들은 정산이 곧 천자(天子)에 등극할 것을 믿었다고 전한다.

이후 정산은 비결서를 이용하여 기미년(1919)에 자신이 천자가 된다고 암시했는데, 구체적으로 한시(漢詩)를 이용하여 정도령이 계룡산에 도읍하는 것이 아니라 자신이 천자가 된다는 비결을 유포했다고 전한다. 철제(哲濟)라고 구체적인 이름이 밝혀진 진인이 곧 출현하여 1만 2천 명에게 도통을 내릴 것을 예언한 비결이 전한다고 강조했던 것이다.

조철제는 매우 이른 시기인 1919년 무렵에 이미 스스로 천자가 될 것이라는 예언을 퍼뜨리며 신도를 모았다. 교단의 초기 무렵에 정산은 정철통이라는 가명을 사용하여 정씨 진인출현설에 부응하려 했지만, 1919년 무렵부터는 정도령의 계룡산 도읍설을 부정하고 자기가 바로 천자가 될 것이라고 강조했던 것이다. 정산은 정씨 진인이 출현하는 것이 아니라 조씨, 즉 자신이 천자로 등극할 것을 예언했다.

그런데 위의 인용문에 나오는 당시 영남지방에서 천자가 계룡산에 도읍한다는 설을 유포했다는 황 모가 어떤 인물인지는 지금으로서는 알 수 없다. 이 기사에 이러한 사실이 유일하게 전한다. 당시에는 조선 각지에 계룡산 도읍설이 널리 퍼졌다는 사실만 확인될 따름이다.

또 1936년 1월 31일자 『매일신보』에 「소위(所謂) 강증산(姜甑山) 유물(遺物), 차경석(車京錫)과 쟁투(爭鬪) 일막(一幕), 치인(痴人)의 치몽(痴夢) 같은 도통(道通)은 하물(何物), 소위 무극도의 요괴상 (2)」라는 기사가 있는데, 주요 내용은 다음과 같다.

> 강증산의 유물(遺物)로서 약장(藥欌)과 목궤(木机)가 천지도수(天地度數)를 응하야 제작하였다는 엉터리없는 풍설을 들은 조(趙)는 그 약장과 목궤를 도둑하였으면 술법 통할 자료가 될 것을 믿고 (…) 장한(壯漢) 구하기를 꾀하고, 조(趙)는 요괴하게 천하장사도수(天下壯士度數)라 선언하고 (…) 그들은 조(趙)의 지휘대로 하룻밤 여행을 시작하야 한 곳을 당도하니 그곳은 별 곳이 아니라 보천교 차경석의 집이었다. 조(趙)는 그때에야 강증산의 유물로서 천지조화(天地造化)를 장치(裝置)한 약장과 목궤는 상제(上帝)가 조(趙) 자기에게 유전(遺傳)한 바라 하야 이를 강탈하라고 명령을 내렸다. (…) 신유년(辛酉年)에 또다시 안면도(安眠島) 쇠섬[철도(鐵島)]에다가 처

소를 정하고 소위 도통할 공부를 계속하며 무슨 도술을 부릴 듯이 신도를 시켜 장검(長劍) 세 자루를 만들어가지고 산중에 들어가 도술을 설법한다고 단(壇)을 모아놓고 주문(呪文)을 읽으며 무슨 짓을 하였으나, (…) 이는 도수(度數)로 철독을 빼느라고 한 일이라고 하야 분개한 신도와 강씨(姜氏)를 무마하야 안돈하고, 임술년(壬戌年) 봄에 또다시 도망의 길을 떠나 부안(扶安) 변산(邊山) 장군암(將軍岩) 아래에 막을 치고 반년간을 체재하면서 생각한 묘계가 자칭 도통하야 만능(萬能)이 자재(自在)한 듯이 포교도수(布敎度數)라 선언하고 널리 농산촌의 우민(愚民)을 농락할 첫걸음을 걸었다.

조(趙)는 긴밀한 종자(從者)를 데리고 수년 만에 전날 다니던 곳에 나와서 포교(布敎)한다는 말을 내걸고, 광제창생(廣濟蒼生), 포덕천하(布德天下)한다는 말을 감히 전함에 우민들이 또다시 착안하게 된다. 전일(前日)에 듣던 진인(眞人)이 수년간을 뵈이지 아니하다가 광제창생 포덕천하한다는 미명(美名)으로 다시 대면하게 되니 일방으로 반기며 일변으로 운수(運數)가 돌아왔다고 환희만천으로 맞아주었다.

그 시기에 조선 농촌에 떠도는 부황한 말로 천하영웅이 또는 계룡산 도읍할 진인이 세상에 나와서 다닌다 하므로 걸인(乞人)이 오더라도 후대(厚待)하는 시기였으므로 우민은 고사하고 두뇌 명석한 사람이라도 무엇인가 한 번 시험할 만도 하였다.

당자(當者)인 조(趙)는 산중(山中)에 숨겨두고 부항서 종자배가 엉터리없는 별별 수작을 다함에서도 반신반의하는 우민의 마음인데 더구나 그에 미혹한 사람이야 더 할 말이 없을 것이다. 따라다니는 무리의 우민의 심장을 녹여내는 감언이설은 천지개벽(天地開闢)이 조(趙)의 일거일동(一擧一動)에 좌우하니 묻지 마라 새 세상이다 세인의 길흉화복(吉凶禍福) 생사존망(生死存亡)이 조(趙)의 장중(掌中)에 있다고 한다.

여천지합기덕(與天地合其德), 여일월합기명(與日月合其明), 여사시합기서(與四時合其序), 여귀신합기길흉(與鬼神合其吉凶), 천문지리(天文地理), 풍운조화(風雲造化), 팔문둔갑(八門遁甲), 육정육갑(六丁六甲), 지혜용력(智慧勇力)을 소원성취로 천검일휘(天劍一揮)에 천지진동(天地震動), 천검이휘(天劍二

揮)에 태산편쇄(泰山片碎), 천검삼휘(天劒三揮)에 황하단류(黃河斷流)하는 무극도주(無極道主) 조철제(趙哲濟)라고 철을 모르면 아니된다[철모르면 안 된다는 속어(俗語)를 이용하야 조철제의 아명(兒名)이 철이라 하였으므로 교묘히 조어(造語)하야 즉 조철제가 계룡산 도읍 주인이 되므로 천기(天機) 자동으로 그러한 속어가 있다고 하였다.]는 등의 괴상망측한 유언비어를 극비리에 암시하니, (…) 곧 도통(道通)받는 날에야 천하만사(天下萬事)가 장중(掌中)에 있다는 생각뿐이 되었다. 그 얼마나 금전편취하기에 용이하였으랴?

위의 인용문에서는 정산이 둔궤를 탈취해간 사건을 천하장사도수라고 합리화하고, 포교활동에 나선 일도 포교도수라고 이름 짓고 교세를 넓힌 경과를 간략하게 언급한다. 그리고 당시 조선사회에는 "천하영웅인 진인(眞人)이 곧 출세하여 계룡산에 도읍을 정할 것이다."라는 예언이 널리 퍼졌다고 전한다. 이러한 사회적 분위기를 틈타 정산은 "천지개벽은 모두 나의 일거수일투족에 달렸다. 새 세상의 길흉화복과 생사존망도 나의 손 안에 있다"는 말로 세력을 넓혀갔다고 전한다.

그리고 정산은 『주역(周易)』에 나오는 문구와 몇몇 구절을 합쳐서 주문처럼 만들어 자신을 알아야 살아남을 수 있다고 주장했다. 정산은 그 당위성을 "'철'을 모르면 안 된다"라는 속어를 이용했는데, 그 뜻은 "조철제의 아명(兒名)인 철(哲)을 알아야 살 수 있다"고 풀이했다고 전한다. "계룡산에 도읍할 주인"인 진인이 바로 철(哲)이라는 어릴 적 이름을 사용했던 정산 조철제 자신이라는 주장이었다. 이는 조씨 진인출현설의 근거로 자신이 어릴 때 사용하던 이름을 내세운 것이다. 매우 구체적인 이름까지 언급하면서 조씨 진인출현설의 근거로 제시하였다.

㉢ 새로운 천자등극설(天子登極說)의 제기

차경석의 갑자년(1924) 천자등극설이 당시 우리 사회 전반에 엄청난 영향을 미쳤는데, 갑자년에 아무런 특별한 사건이 발생하지 않고 그냥 지나가버리자 많은 사람들이 실망하였다. 이러한 암울한 사회적 상황에서 정산은 새롭게 병인년(1926) 천자등극설을 제기하였다.

차경석의 갑자년 천자등극설만큼 많은 반향을 일으키지는 못했지만, 정산의 병인년 천자등극설은 당시 그를 믿고 따르던 수많은 민중들로 하여금 일제의 강점으로부터 벗어나 새로운 사회나 국가를 건설하고자 하는 염원을 다시 한 번 북돋아준 주장이자 믿음이었다. 갑자년이 허망하게 지났지만, 병인년에야말로 새로운 세상이 열릴 것이라는 결코 포기할 수 없는 기대와 희망을 정산은 그를 믿고 따르는 사람들에게 제공했던 것이다.

1925년 2월 25일자 『동아일보』에 「무극(無極)으로 통일천하(統一天下)」라는 기사가 있는데, 전문은 다음과 같다.

> 경북 안동에 새로 생긴 무극교(無極教)
> 맹랑한 수작으로 우민(愚民)을 속여
> 안동서 준동하는 제2 차가(車哥)
>
> 경북 안동군 일직면 송리동에는 요사이 무극교라는 것이 새로 생기었다는데 그 내막을 들은즉 교주는 전북 정읍에 있는 조철제라는 자로 역시 천하를 통일한다 하며, 교도는 입회금 1원 50전씩 받고 한 사람에게 소지(燒紙) 5만 장(萬張)씩 올린다 하고 대금을 받으며, 여러 가지로 농촌의 어리석은 백성을 속여 금전을 빼앗아 먹는다는데, 그 교중에는 운동원(運動員), 운동가(運動家), 주선가(周旋家)를 두어 교주가 등극한 후에 제후(諸侯), 왕(王)이 된다 하고, 돈만 많이 주면 큰 비사(秘史)를 준다 하야, 전기(前記) 송리동에 중앙교부(中央教部)를 두고 교도 3백 명 가량이 비밀히 잠복하였다가, 지난 19일에 처음으로 모여 교당 문을 닫히고 외인을 일절 금지

하고 소위 기도를 올린다 함을 들은 그 동리 어떠한 청년이 음흉한 행동을 하는가 하고 들어가다가 교도와 일장 활극을 이루었다는데, 그자들은 말하기를 보천교(普天敎)는 자기네의 길을 닦아주는 선봉이라 한다는데 일반 청년들은 어디까지 박멸할 방책을 강구한다더라.

무극도도 "(장차 교주가 천자로 등극하여) 천하를 통일할 것이다"라는 예언을 퍼뜨렸으며, 무극도의 간부가 되면 곧 펼쳐질 새 왕조의 제후와 왕에 오를 것이라는 소문이 널리 퍼졌다고 전한다. 당시 무극도는 "보천교는 무극도의 길을 앞서 닦아주는 일꾼에 불과하다"는 말을 유행시켰다고 하는데, 이는 보천교의 갑자등극설이 실패로 끝난 후에 새로운 대안으로 무극도의 병인년 천자등극설이 등장하는 일을 염두에 둔 선전과 홍보였다.

1925년 7월 6일자 『동아일보』에 「혹세무민(惑世誣民)하는 무극대도단(無極大道團)」이라는 기사가 있는데, 전문은 다음과 같다.

"지금은 공산주의를 실시하고 내년이면 고관영작(高官榮爵)을 얻는다."
대도단(大道團) 간부 3명 피착(被捉)

원적을 합천군 삼가면 학동에 두고 방금 부산부 대신동 331번지에 있는 석진두와 밀양군 상남면 조음리에 원적을 두고 역시 대신동 569번지에 있는 김규린과 부산 초장정 삼정목 50번지에 있는 김용운 등 3명은 지난 4일 아침 부산경찰서 고등계에서 엄중한 취조를 받고 즉시 동서(同署)에 인치(引致)되는 동시에 모선 전지(全紙) 3천여 매까지 압수되었다는바, 그 자세한 내용을 듣건대 전기(前記) 3명은 무극대도단이라는 교도로서 밀양군 상남면 조음리에 본부를 두고, 재작년 2월경에 전기(前記) 석진두가 부산지부장이 되어 전기(前記) 대신동 331번지인 자기 집에 사무소를 정하고, 이래 2년 동안을 극비밀리에서 현시 전북 정읍에 있는 소위 무극단 교주 조철제가 명년(明年)이면 충청도 계룡산에서 등극한다는 기괴한 말을 하며 단원을 모집한 것이 부산부(釜山府) 내에만 3백여 명이라 하며, 또 그의 모집 수단을 보면 입회금 1원 50전씩 받어 지금 정읍에다가 삼각형으로 15층의 교회당을 건축하는 중이라는 거짓말로 입회금 5백여 원과 기부금 2천여 원을 정읍 조철제에게 보내고, 또 백로지 여섯 장을 사다가 그것을 6백 매를 만들어가지고 교도들에게 팔어 그 수입으로 경비를 써왔으며, 또 매일 주문을 세 번씩 외이고 세 번씩 소지(燒紙)를 올릴 때에 시천주조화정 영세불망만사지라는 주문과 그의 횡설수설한 주문 7종 합하야 8종의 주문 쓴 종이를 한 번에 여덟 장 하루 스물 넉 장씩 소지를 올리면 길흉화복이 다 소원대로 된다고 하야, 재작년 2월부터 오늘까지 그와 같이 3백여 명 교도들이 하루같이 계속하여 왔다 하며, 또 이 세상은 공산주의가 제일인즉 재산 있는 대로 공산(共産)하여 쓰다가 명년에 등극만 하면 그때에는 마음대로 소원성취가 된다는 감언이설을 하여가며, 별별 기괴망측한 수단으로 거액의 금전을 소비하여 버리었다는데, 그와 동시에 전기(前記) 김용운은 또 다른 방면으로 일대 계획을 하여 온 것까지 발각된 것이라더라.

병인년(1926)이 되면 정산이 계룡산에서 천자로 등극할 것이라는 예언이 당시에 널리 성행했다는 전언이다. 정산 역시 천자등극설(天子登極說)의 한 주인공이었으며, 구체적인 연도까지 설정하여 천자로의 등극을 예언했음이 밝혀졌다.

보천교의 교주 차경석이 갑자년(1924)에 천자로 등극할 것이라는 예언을 했고, 그 시기가 아무런 일이 없이 지나가자 다시 기사년(1929)으로 예언을 유보했다는 사실과 비교해 볼 때, 정산은 특정한 연도의 간지(干支)를 제시하지 않았다. 특히 정산은 차경석의 경우처럼 갑자년 갑자월 갑자일 갑자시 또는 기사년 기사월 기사일 기사시로 특정 시점을 구체화하지 않았다는 사실이 드러난다. 즉 정산은 천자로의 등극에 대한 확정된 시점을 제시하지는 않았던 것 같다. 다만 내년이라는 다소 애매모호한 시점을 제시했을 따름이다. 그 시기가 거의 대부분 병인년(1926)으로 상정된다는 점은 확인된다.

앞에서 살펴본 1925년 7월 10일자 『동아일보』의 「정철통(鄭鐵統)이 정도령(鄭道令), 무극대도단주(無極大道團主)의 섬어(譫語)」라는 기사에도 정산의 병인년 천자등극설이 실려 있다. "정철통이라고 변성명(變姓名)을 하고, 병인년(丙寅年) 4월에 계룡산에 등극할 것이다"라는 기사가 그것이다. 병인년(1926)이라는 연도만 제시되는 일에서 한 걸음 더 나아가 병인년 4월에 계룡산에서 천자로 등극할 것이라는 예언을 퍼뜨렸던 것이다.

왜 하필이면 병인년 4월일까에 대한 더 이상의 설명은 없다. 따라서 그 까닭에 대해서는 추측만 할 수 있을 뿐이다. 아마도 을축년(1925) 4월 28일에 태인에 도장 건물이 완성되자 교단 이름을 포고하고, 취지서와 강령을 공표한 후 교단 간부를 조직했던 일과 연관이 있는 듯하다. 교단의 중심인 본부가 완성되고, 교단의 교지가 선포되고, 조직화 작업이 거의 완성된 후인 1년여의 시간이 흐른 후에야 새로운 사회와 국가가 세워질 것이라고 생각했던 것 같다.

1925년 11월 19일자 『시대일보』에 「훔치교의 여얼(餘孼), 성토강연 준비」라는 기사가 있다. 그 주요 내용은 다음과 같다.

> 소굴 작성을 기회로 황당 설화(說話)를 지어내, 태인 청년 유지(有志) 분개
>
> 정읍군 감곡면 전농에 사는 조절제는 본시 훔지교의 여파로 다년간 동류를 모집하여 불소한 금전을 편취하던바 작년 이래 훔치교가 사회에 반격을 받음으로 명칭을 무극교(無極教)라 하고 소굴은 정읍군 태인면 태성리(泰成里)에 두고 수만 원의 거액으로 금년도간 이래 백여 칸을 건축 중인데 근처 인민에게는 조천자(趙天子)의 황실(皇室)이라 선포하며 금년 내에 황실이 준공하면 명년 정월에 등극할 터이니 속히 입교하여 고관대작이 되라고 권유하며 소위 황실건축 공사장에는 차성을 쌓고 후면에 소로(小路)를 통하여 피(彼) 교도만 내왕하고 외인의 출입을 일체 거절하므로 일반은 피(彼) 역장(役場)의 명칭과 같이 무극도계(無極圖計)를 도모한다는 평판이 자자하더니 근일 태인 청년 유지가 동지(同地) 청년회관에서 훔치 여파(餘派)인 소위 무극교 박멸회를 조직하고 일방(一方)으로 성토강연을

준비 중이라고 한다. (…) 순후무결(淳厚無缺)한 산간벽지의 농민은 대시국(大時國) 건설이 된 후에 면장, 구장, 군수, 군속(郡屬)을 준다는 바람에 한 달에 1원이라는 돈을 아끼지 않고 솔선하여 자납(自納)하는 모양인데 (…)

위의 인용문에서는 정산이 병인년(1926) 정월에 천자로 등극할 것이라는 예언이 당시에 퍼졌음이 확인된다. 당시에 무극도의 본부는 단순한 종교적 건축물이 아니라 "조천자(趙天子)의 황실(皇室)"로 불렸다. 나라를 다스릴 천자(天子)로 등극하려면 이에 격이 맞는 황실과 같은 건축물이 있어야 될 것이라는 민중들의 믿음이 반영되었다. 특정 교단의 본부가 세워지는 일이 새로운 왕국이 건설될 구체적인 증거라는 믿음으로 발전되었던 것이다. 병인년 4월로 제기되던 천자등극의 시점이 1월로도 제시되었다는 사실이 확인된다.

여기서 "황실이 준공되는 때"는 무극도의 도장 건물과 나머지 부속 건축물이 모두 완성되는 시점을 이야기한 것이다. 왜냐하면 을축년(1925) 4월에 이미 주요 건물인 도솔궁(兜率宮)과 영대(靈臺)가 완공되었기 때문이다.

한편 을축년(1925) 음력 12월 그믐날에 다음과 같은 정산과 종도들 사이의 문답이 있었다고 전한다.

이 해 대회일(大晦日)에 (…) 이우형 등이 앙주(仰奏)하기를 "도주님께서 새해에는 천자위(天子位)에 등극하옵소서" 하니, 훈교하시기를 "나의 일은 일국사(一國事)에 국한하는 군왕사업(君王事業)이 아니고, 전 인류, 나아가서는 삼계(三界) 전체를 개벽(開闢) 광구(匡救)하여야 하는 공사(公事)니 외인(外人)이 설혹 나를 조천자로 호칭하더라도 너희는 이에 현혹되지 말라" 하시니라.[231]

인용문을 통해 을축년(1925) 무렵에 신도가 급증한 이유 가운데 하나가

231 「태극진경(太極眞經)」 제3장 87절, 『진경(眞經)』(태극도출판부, 1989), 434쪽.

바로 정산 조철제의 천자등극설(天子登極說) 때문이었다는 사실이 밝혀진다. 다가오는 새해인 병인년(1926)에는 조천자(趙天子), 즉 조철제(趙哲濟)가 새로운 임금으로 등극할 것이라는 바람과 믿음이 무극도 교세가 급격히 성장한 큰 원동력이었다.

그런데 이러한 신도들의 바람과 희망에 대해 정산은 "나의 일은 한 나라의 일에 국한되는 정치적인 군왕사업이 아니라, 세계 인류의 구원, 나아가 삼계를 개벽하고 널리 구하는 종교적인 차원의 사업이다"라고 대답했다고 전한다. 조천자(趙天子)라는 용어에 담긴 정치적 차원의 새로운 국가건설이라는 민중의 희망을 대변하는 인물에 대해, 정산은 자신은 그런 사람이 아니라고 답한 것이다. 정산이 꿈꾼 천자는 정신적이고 종교적 차원의 구원을 지향하는 세속을 초월한 '교중천자(教中天子)'였다.

어쨌든 당시에 조천자의 천자등극(天子登極)에 대한 열렬한 기대와 강렬한 염원이 엄연히 존재했었고, 이러한 희망에 힘입어 태인에 세워진 무극도 본부로 사람들이 많이 몰려들었다. 수많은 사람들은 정산 조철제가 곧 새로운 왕국의 천자로 등극하여 세속적인 차원의 행복과 구체적인 물질적 축복을 내려준다고 믿었다. 반면 정산 자신은 스스로를 세속을 초월한 종교적 삶을 지향하는 인물이라고 규정하면서, 제자들에게 일반인들과 같은 세속적이고 물질적인 헛된 기대와 희망에서 벗어나라고 가르쳤다.

강원도 삼척군 최정희 외 5인의 1926년 12월 24일자 대구지방법원 안동지청의 판결문에 다음과 같은 내용이 있다.

> 피고들은 조철제라는 사람을 도주(道主)로 하고 종교단체를 표방하는 무극도(無極道)라는 것에 가입하여 (…) 신자를 권유하는 자이다. 1925년 1월부터 1926년 6월에 걸쳐 (…) 신자를 권유할 때 "무극도는 옛 중국의 문왕(文王)이 천하를 통일하는 방법으로서 인민에게서 많은 액수의 금품을 징수하여 영대(靈臺) 건축에 착수하여 완성함과 동시에 왕위에 올라 천하를 통일한 사례를 본떠 신자의 갹금(醵金)에 의해 위의 건축을 하고, 완

성한 후에는 우리 조선의 천지는 개벽(開闢)한다. 현재 계룡산에 은둔 중인 도주는 왕위에 올라 신자에게 도통(道通)하게 한 후 갹금의 많고 적음 및 공로의 정도에 의해 각각 도지사, 군수, 면장 등의 고관을 내릴 것이다. 그러나 본 도(道)에 가입하지 않은 자는 도주에게 살해될 것이다"라고 말하여 정치에 관한 불온한 언론을 하여 치안을 방해하였다.

정산이 고대 중국의 문왕의 고사(故事)에 빗대어 자신도 영대라는 신비한 이름의 건축물을 짓고 곧 제왕에 등극할 것이라고 주장했다는 전언이다. 천하를 통일하기 위한 준비작업으로 먼저 천자가 등극할 장소인 성스러운 건축물이 있어야 할 것이라는 믿음이 반영되었다.

이처럼 영대가 완성되면 조선 천지는 개벽할 것이며, 계룡산에 숨어 지내던 도주 정산이 왕위에 올라 신도들을 도통시킨 다음 성금의 다소와 공로의 정도에 따라 고위관직에 임명할 것이라는 예언이 퍼져나갔던 것이다. 천자로의 등극에 전제되는 중요한 전제조건 가운데 하나가 영대의 완공이었음이 밝혀진다.

또 1928년 1월 11일자 『동아일보』에 「조선인으로 창시된 종교와 비밀단체 해부, 숨은 사실과 드러난 내용(7)」이란 기사가 있는데, 무극도와 관련된 내용은 다음과 같다.

보천교에 차천자(車天子)가 있고, 무극교에 조천자(趙天子)가 있는 것과 같이 정도교(正道教)에서는 주공 신태제를 신천자(申天子)라고 한답니다.

1920년대 초반에는 조선의 3대(大) 천자(天子)로 상제교(上帝教)의 김연국(金演局, 1857-1944), 보천교의 차경석, 무극도의 조철제가 손꼽혔는데, 상제교가 급격히 몰락한 1920년 후반에 이르면 김연국 대신 정도교의 신태제(申泰濟)가 언급된다는 기록이다. 어쨌든 일제강점기를 대표하는 조선의 이른바 3대 천자에 증산계의 차경석과 조철제가 들어간다는 점이 확인되었다. 그만큼 조철제의 천자로서의 선전과 홍보가 일반인들에게 널리 알려졌다는 사실이 드러난다.

그리고 1928년 8월 7일자 『동아일보』에 「무극도의 정체, 태인 일(一) 기자(記者)」라는 기사가 있는데, 전문은 다음과 같다.

(1) 정읍의 보천교(普天教)와 유사한 즉 소위 강증산(姜甑山) 숭배의 교(教)가 또 하나 있으니 그것은 보천교와 겨우 3~4리의 거리를 격하야 태인읍내 돌창이고개에다가 오채영롱(五彩玲瓏)한 2층, 3층의 궁궐식 본소를 두고 세상 사람으로부터 조천자(趙天子) 집이라는 별명을 듣게 되는지는 모르거니와, 태인지방 사람은 물론 원근각지에까지 무극도(無極道)라면 무엇인지 몰라도 조천자 집이라면 남녀노소 할 것 없이 모르는 사람이 없을 만큼 조천자라는 이름이 항간에 널리 퍼졌으니, 일군(一郡)에 소위 천자(天子)가 둘이나 있는 곳은 아마 조선(朝鮮)에도 정읍(井邑)이었을 것이다.

(2) 그러면 이 무극도는 과연 그 내용이 무엇인가? 그것은 정읍의 보천교가 차천자(車天子) 집이라는 것과 같이 이 무극도도 조천자(趙天子) 집이라는데 별명을 듣는 만큼 그 내용이 어떠할까는 누구나 가히 알 수 있는 일이며, 더구나 그 교(教)의 시조(始祖)가 강증산(姜甑山)이며 신앙의 대상이 옥황상제(玉皇上帝)인 만큼 민중을 어느 길로 인도할까는 독자가 더 잘 알 것이다. 그러므로 구태여 이러니저러니 더 지면을 허비할 필요가 없다. 오즉 그들이 드러나게 표방하는 소위 취지와 강령이 무엇인가를 잠깐 써 보겠다.

(3) 먼저 그들의 취지서라는 것을 보면 "도야자(道也者)는 천(天)이 명(命)하신 바로 인(人)이 행하는 바를 위(謂)함이라"는 것을 필두로 하야 끝까지 자자구구(字字句句)가 "천(天)"자 만을 나열하였으며, 강령(綱領)이라는 것은 1. 경천수도(敬天修道), 1. 성신양성(誠信養性), 1. 안심안력(安心安力)이라는 세 가지이다. 이 취지서와 강령이 봉건적 미신에 침투된 무의식 민중의 의사에 얼마나 부합할까? 그 교도가 십만에 근(近)한다고 그들이 말

하니 과연이라면 어떠한 수단으로서든지 이만한 민중을 포옹하고 있는 집단이 우리 사회 내에 있는 이상 우리는 그저 그것을 범연시(泛然視)할 수 없다. 예리한 해부와 통랄한 비판이 있어라 할 것이다. 그리하야 그것이 민중에게 무엇을 주는가를 부절(不絶)히 주시하여야 할 것이다. 물론 있을 것이다.

정읍에 있는 보천교의 차경석이 차천자(車天子)로 불렸다면, 태인 무극도의 조철제는 조천자(趙天子)로 불렸다는 전언이다. 둘 다 궁궐과도 같은 교당 건물을 높이 세우고 많은 교세를 자랑했기 때문에 사람들이 그렇게 불렀던 것이다.

위의 기사에서도 보천교와 무극도의 신앙대상이 옥황상제(玉皇上帝)로서의 증산이라는 점이 밝혀졌다. 그리고 무극도의 취지서가 천(天)을 강조한 유교적 문장으로 이루어졌으며, 세 가지 강령도 유교적 덕목에 가깝다고 보고되었다.

그리고 위의 기사는 당시에 무극도는 자칭 10만 명의 신도가 있다고 보고하였고, 따라서 많은 사람이 모여든 교단으로 인정해야 할 것이라는 입장을 강조했다.

보천교의 천자등극설과 상당히 비슷하지만 무극도에서도 나름대로의 천자등극설을 주장했다. 천자로의 등극시점이 보천교에서는 갑자년과 기사년이 제시되었고, 무극도에서는 병인년이 주로 주장되었다. 보천교의 갑자년 천자등극설이 허무하게 지나가자 무극도에서 병인년 천자등극설을 강력하게 제시하여 일시에 급격한 교세성장을 이루었다. 이처럼 천자등극설은 특정한 연도에 국한하여 끊어지지 않고 그 실현시점이 미루어지면서 계속해서 이어져 나갔다.

㉣ 예언의 집행자로서의 정산(鼎山)

무극도의 교주 정산은 단순히 예언을 말하는 인물에 그치지 않고, 예언을 구체적으로 실현하기 위한 구체적인 일, 즉 도수(度數)를 집행하는 존재로 믿어졌다. 즉 증산이 행했다고 믿어지는 천지도수(天地度數)를 새롭게 정하는 일을 이제 정산도 할 수 있다고 믿어졌던 것이다. 결국 정산은 단순히 한 교단을 세운 교주나 도주가 아니라, 장차 새로운 세상이 오기까지의 모든 일을 미리 예언하고 정하는 권능을 지닌 존재로 점차 신격화되었고, 급기야 그의 사후에는 옥황상제(玉皇上帝)로까지 믿어졌다.

이제 정산은 예언을 하는 인물이 아니라 예언을 실현하고 집행하는 성스러운 존재로 거듭났다. 정산 자신이 교조인 증산과 마찬가지로 예언을 스스로 성취하는 거룩한 존재로 신비화된 것이다. 이 장에서는 정산이 특정한 교단의 대표자에서 벗어나 '가장 높은 하늘에 머무는 상제(上帝)'로 신격화되는 과정에 대해 살펴보도록 하자.

먼저 『보천교일반』(1926)에 실린 「무극대도교 개황」에 따르면 정산은 무극도 교단의 간부를 임명할 때 도솔천(兜率天)에 있는 옥황상제의 성령(聖靈)에 심고(心告)를 드리는 문서를 그 교인의 이름과 함께 써서 예배한 다음 소각시켰다고 한다. 이 문서의 기록에 따르면 "도솔천에 있는 옥황상제"는 증산(甑山) 강일순(姜一淳)을 가리키는 신격(神格)의 이름이다. 즉 무극도의 초기에는 증산이 옥황상제로 믿어졌던 것이다.

그리고 『보천교 일반』의 「무극대도교 개황」에는 무극도의 치성(致誠)과 신도들이 매일 기도하는 방법에 대해 다음과 같이 전한다.

> 치성제(致誠祭)는 매년 음력 6월 23일(강증산의 생일), 음력 9월 19일(강증산 사망의 날)[232] 및 음력 정월 1일과 8월 15일은 예제(例祭)로 하고, 기타 입

232 증산의 사망일은 음력 6월 24일이고, 탄생일은 음력 9월 19일이다. 아마 전언이나 조사에 착오가 있었

교시에 치성을 행하는 것으로 한다. 신도는 매일 실내를 청결하게 유지하고 백지에 붓으로 "옥황상제(玉皇上帝) 성령지위(聖靈之位)"라고 쓴다. 그 앞에는 상을 준비하고 맑은 물을 올려 상 앞에서 무릎을 꿇어 주문을 외운다. 매일 조식, 점식, 석식의 식전 및 밤 12시[자시(子時)에 해당]의 4번 기도한다.

당시 무극도 신도들의 기도대상인 옥황상제는 증산 강일순으로 보아야 할 것이다. 살아 있는 정산 조철제 자신을 천상(天上) 최고(最高)의 신격(神格)인 옥황상제로 지칭하는 일은 어려웠을 것이며 설득력도 없었을 것이기 때문이다.

물론 이후 시간이 많이 흐른 후에, 특히 조철제 자신이 이 세상을 떠나기 얼마 전에, 스스로를 옥황상제라고 부르라고 간부 신도들에게 말한 사실은 현재에 전하고 있다. 이는 무극도 내지 태극도의 내부적 교리체계에서 믿어지고 받아들여지는 종교적 진실이다. 그렇지만 1920년대 당대의 역사에서는 옥황상제가 증산 강일순이라는 믿음이 있었고, 간부를 임명할 때 옥황상제라는 신격의 이름을 쓰고 불태우는 종교적 행위가 있었다는 역사적 사실은 명백하다.

증산이 옥황상제로 믿어졌던 역사적 사실은 보천교의 차경석의 사례에서도 다음과 같이 확인된다.

신유년(1921) 9월 24일에 (…) 황석산(黃石山)(함양군 서하면 우전리)에서 천제(天祭)를 행할 새 국호(國號)는 시(時), 교명(敎名)은 보화(普化)로 할 것을 하늘에 고하고 (…) 제단(祭壇) 앞에 "구천하감지위(九天下鑑之位), 옥황상제하감지위(玉皇上帝下鑑之位), 삼태칠성응감지위(三台七星應鑑之位)"라고 크게 쓴 위패(位牌) 세 위(位)를 세웠었다.[233]

던 것 같다.

233 이정립, 앞의 책, 83-84쪽.

차경석이 황석산에서 천제를 지낼 때 국호를 선포하고, 새로운 교단 이름을 하늘에 고했다. 이때 차경석은 제단에 구천, 옥황상제, 삼태칠성의 세 위패를 모셨다. 구천은 '가장 높은 하늘'을 의미하고, 옥황상제는 '가장 높은 신격(神格)'을 뜻하며, 삼태칠성은 '가장 중요한 별자리'를 가리킨다. 여기서 옥황상제는 분명히 증산 강일순을 가리키는 신격의 이름이다. 물론 구천(九天)과 옥황상제(玉皇上帝)와의 관계가 분명하게 구별되지 않았다는 한계가 있지만, '가장 높다.'는 의미와 '가장 고귀하다.'는 뜻이 들어간 용어라는 점은 확인된다.

훗날 이러한 애매모호함에 힘입어 태극도(太極道)에서는 정산(鼎山)이 세상을 떠난 후에 구천을 구천응원뇌성보화천존(九天應元雷聲普化天尊)이라는 신격으로 보고 증산(甑山)을 가리키는 용어로 규정하였고, 옥황상제를 정산의 죽은 다음의 신격으로 모셨다.

한편 임술년(1922) 봄에 조철제는 경북 안동군에 은거하면서 신도들에게 한 달 동안 폐백도수(幣帛度數)를 행하라고 명했다. 폐백도수는 매일 새벽에 청수(淸水)를 올리고 봉축주(奉祝呪)를 세 번 읽은 뒤에 시천주(侍天呪)를 읽으면서 양지(洋紙) 팔절지(八折紙)를 무수히 소화(燒火)하는 것이었다.

> 이 봉축주에 "천지인(天地人) 대판주(大判主) 옥황상제 성령지하(聖靈之下) 철제(哲濟) 정도령(正道令) 우일대사(宇一大事) 즉즉성취(卽卽成就)케 하여 주옵소서"라는 구절이 있다.[234]

봉축주는 "하늘, 땅, 사람의 큰 심판주이신 옥황상제의 성스러운 영혼 아래 조철제 정도령이 우주의 큰일을 곧바로 성취하게 하여주옵소서"라는 의미다. 결국 임술년 무렵에도 정산 조철제의 신앙대상은 옥황상제로 믿어진 증산 강일순이었다는 점이 이 기록을 통해서도 또다시 확인된다. 당시에는 옥황상

---

234 이정립, 앞의 책, 134쪽.

제가 증산이라는 종교적 진실이 널리 알려졌고, 증산 옥황상제를 정산이 받들고 믿었다는 역사적 사실이 밝혀진 것이다.

그리고 위의 기록에서 특기할 만한 사항은 바로 정도령이라는 용어가 사용되었다는 점이다. 『정감록』의 정씨(鄭氏) 진인출현설(眞人出現說)이 정씨라는 특정한 성(姓)을 가진 인물로만 국한되지 않고, 이제는 진인(眞人)이기만 하면 그 어떤 성(姓)을 가진 인물이라도 상관없다는 주장이 반영된 용어다. 정씨여야지만 진인이 될 수 있다는 믿음이 아니라, 이제는 다른 성씨를 지닌 진인이 출현할 가능성이 열린 것이다. 이는 전통적인 『정감록』에 대한 신앙의 외연이 좀 더 확대된 역사적 사실을 반영하는 기록이다.

한편 증산(甑山)은 3년 동안 천하를 두루 돌아다닌 후 경자년(1900)에 고향으로 돌아와 집 뒤에 있는 시루산(甑山)에 올라 공부를 계속했다. 이때의 수련과 관련된 기록으로 다음과 같은 내용이 전한다.

> 어느 날 시루봉에서 진법주(眞法呪)를 외우시고, 오방신장(五方神將)과 48장(將)과 28장(將) 공사(公事)를 보셨도다.[235]

『증산천사공사기』(1926)와 『대순전경』 초판(1929), 『대순전경』 2판(1933), 『대순전경』 3판(1947), 『대순전경』 4판(1949), 『대순전경』 5판(1960), 『대순전경』 6판(1965) 등에는 증산이 시루봉에서 공부했다는 기록만 있고, 위의 인용문과 같은 내용은 없다. 여기서 중요한 점은 무극도 계통의 증산계 종단에서는 증산이 매우 이른 시기부터 진법주를 외웠다고 주장하는 것이다.

그리고 무극도에서는 1919년 1월에 증산이 남긴 이른바 천서(天書)인 『현무경(玄武經)』과 함께 본소(本所)의 벽에 숨겨져 있던 목함(木函)에서 진법주가 나왔다고 주장한다.

---

235 「행록」 제2장 10절, 『전경(典經)』(대순진리회 교무부, 1974), 20쪽.

진법주는 "구천(九天) 하감지위(下鑑之位), 옥황상제(玉皇上帝) 하감지위(下鑑之位), 석가여래(釋迦如來) 하감지위 (…) 칠성대제(七星大帝) 응감지위(應鑑之位) (…) 소원성취케 하옵소서"이다.[236]

이처럼 진법주에는 1921년 9월에 있었던 차경석의 황석산 천제(天祭) 때 구천, 옥황상제, 삼태칠성의 세 위패를 세운 일과 거의 비슷한 신격이 열거되어 있다. 진법주의 세 번째 서열로 석가여래라는 불교의 창시가 석가모니 부처님을 가리키는 신격이 제시되어 있다는 점이 특기할 만하다. 그리고 진법주에는 삼태(三台)라는 별자리를 가리키는 신격은 보이지 않는다는 점도 확인된다.

어쨌든 이 진법주에 구천과 옥황상제가 서로 구별되고 분리된 신격(神格)으로 등장된다는 점에서, 후대에 증산은 구천에 비유되는 구천응원뇌성보화천존으로 믿어지고, 정산은 옥황상제로 믿어지게 된 실마리가 있다.

후대에 정산(鼎山)이 옥황상제로 불리고 믿어졌다는 다음과 같은 기록이 있다.

상제의 신격위(神格位)는 태극주(太極主) 옥황상제시며, 인격위(人格位)는 무극신(无極神) 대도덕(大道德) 봉천명(奉天命) 봉신교(奉神敎) 태극도주(太極道主) 조성정산상제(趙聖鼎山上帝)시니, 삼계(三界) 최고위(最高位)이신 태극도주(太極道主) 옥황(玉皇) 조성상제(趙聖上帝)로서 구천상제(九天上帝)와 이도일체(以道一體)시니라.[237]

위의 인용문은 태극도에서 정산 조철제를 태극주 옥황상제로 신격화한 기록이다. 여기서 구천상제는 증산을 가리키는 용어이며, 보다 구체적으로는 구천응원뇌성보화천존(九天應元雷聲普化天尊)으로 표현된다. 증산과 정산이 도

236 「태극진경(太極眞經)」 제2장 51절, 『진경(眞經)』(태극도출판부, 1989), 359쪽.

237 「태극진경(太極眞經)」 제1장 2절, 『진경(眞經)』(태극도 출판부, 1989), 315쪽.

(道)의 경지에서 하나인 일체라고 주장한다.

무극도 해산 이후에 정산이 부산에 세운 태극도(太極道) 때의 일이지만, 정산은 1955년 4월 28일 봉천명일(奉天命日)에 태극도의 도장 준공과 영대(靈臺) 봉안치성(奉安致誠)을 올렸는데, 구천상제(九天上帝)에게 법사배(法四拜), 옥황상제(玉皇上帝)에게 평사배(平四拜), 석가여래(釋迦如來)에게 평삼배(平三拜), 관성제군(關聖帝君)에게 평재배(平再拜), 칠성대제(七星大帝)에게 평재배하도록 했다.[238]

영대에 모셔진 중심 신격의 서열과 그에 대한 예법을 결정한 일이었다. 여기서 구천상제는 증산 강일순을 가리키는데, 옥황상제에 대한 더 이상의 언급은 없다. 당시 살아 있던 정산이 옥황상제라는 주장도 당시까지는 없었다. 그런데 적어도 각종 치성에 참여했을 산 정산이 옥황상제라는 신격에 배례를 올렸다는 사실을 생각해보면, 정산이 바로 옥황상제라는 주장과 믿음은 최소한 그가 이 세상을 떠난 이후의 일이라고 본다. 살아 있는 옥황상제인 정산이 옥황상제라는 위패에 절을 올리는 일은 어불성설이기 때문이다. 물론 이 모든 것이 믿음의 영역에 있는 문제이기는 하다.

1956년에 필사된[239] 「태극도통감(太極道通鑑)」은 도인(道人) 대표 박경호(朴景浩)가 쓴 것이다. 박경호는 훗날 대순진리회(大巡眞理會)를 창교한 우당(牛堂) 박한경(朴漢慶, 1917-1996)의 본명이다. 「태극도통감」은 총 18면의 작은 책의 필사본으로 비매품이었는데, 취지서, 도(道) 종통(宗統)과 강령(綱領), 기원(起源), 신조(信條), 도주약력(道主略歷), 2장의 팔괘도 등으로 구성되었다.

이 「태극도통감」에는 증산을 성사(聖師)로 지칭하고, 구천대원조화주신(九天大元造化主神)으로 숭상한다고 기록하였다. 또 증산이 세상을 떠난 후에는 상계(上界)에 올라가 보화천존(普化天尊)의 제위(帝位)에 임했다고 적혀 있고, 태극도의 도주는 정산 조철제이며, 신앙의 대상은 구천응원뇌성보화천존상

---

238 「태극진경(太極眞經)」 제6장 10절, 『진경(眞經)』(태극도 출판부, 1989), 534-535쪽.

239 이 필사본 그대로 1956년에 비매품으로 활자본이 간행되었다.

제(九天應元雷聲普化天尊上帝)라고 기록하였다.

따라서 「태극도통감」이 기록된 1956년 무렵까지만 해도 정산이 옥황상제라는 교리는 이루어지지 않았음을 알 수 있다. 정산에 대한 특별한 숭배나 명칭이 없고, 교단의 대표라는 도주(道主)라는 표현과 함께 "도주약력(道主略歷)"이 매우 짧게 기록되어 있을 따름이기 때문이다.

역사적으로 볼 때 옥황(玉皇) 혹은 옥제(玉帝)라는 용어가 문헌에 처음 등장한 것은 남조시대(南朝時代) 양대(梁代) 도홍경(陶弘景, 456-536)이 지은 『진령위업도(眞靈位業圖)』에서부터다. 그러나 이때 옥황의 지위는 하위에 속했는데, 그중에서도 옥황도군(玉皇道君)은 옥청삼원궁(玉淸三元宮) 우위(右位)의 제11위(位)에 배열되었으며, 고상옥제(高上玉帝)는 옥청(玉淸) 우위(右位) 제19위(位)에 배열되었다.[240]

옥황대제(玉皇大帝)가 공식적으로 최고신격으로 승격하게 된 것은 북송(北宋)의 진종(眞宗, 재위기간 997~1022)과 휘종(徽宗, 재위기간 1100~1125)에 의해서였다. 이 시기에 도교에 대한 국가의 지원이 최고조에 달하였고, 마침내 1116년에 옥황(玉皇)은 호천옥황상제(昊天玉皇上帝) 또는 태상개천집부어력함진체도옥황대천제(太上開天執符御歷含眞體道玉皇大天帝)라는 존호로 격상되었다. 이는 옥황이 천제(天帝)나 대제(大帝)에서 상제(上帝)로 승격되었음을 의미하는 동시에 국가의 최고 사전(祀典)체계의 주신(主神)인 호천상제(昊天上帝) 숭배와 결합되었음을 뜻한다. 이로부터 옥황상제는 관방(官方)도교와 민간도교 모두에서 지고신(至高神)으로 인정되었으며, 옥황상제에 대한 신앙이 광범위하게 유행하게 되었다.[241] 이후 옥황상제에 대한 신앙은 우리나라에도 유입되어 널리 유행하였는데, 최고의 지고한 신격으로 믿어졌다.

한편 『보천교 일반』(1926)의 기록에 의하면 무극대도교의 주문이 시천주(侍天呪)가 주된 주문이며, 진법주(眞法呪), 예고주천지(禮古呪天地), 대기합련주

240 진건헌(陳建憲), 『옥황대제신앙(玉皇大帝信仰)』(北京, 學苑出版社, 1994), 14면.

241 위의 책, 19면.

(大気合運呪), 분음양경주(分陰陽經呪), 성경주(星経呪), 개성주(開聖呪), 대성경준주개이주(大成経俊呪開耳呪), 신좌주(神佐呪) 등이 있다고 한다. 증산교의 대표적인 주문인 태을주(太乙呪)가 보이지 않는 점이 매우 특징적이며, 현전하지 않는 주문도 몇 개가 보인다는 점도 특기할 만하다.

또 『보천교 일반』에 따르면 무극대도교의 치성일이 매년 음력 6월 23일(강증산의 생일), 음력 9월 19일(강증산 사망의 날), 음력 정월 1일, 음력 8월 15일이라고 한다. 물론 증산 강일순의 생일이 음력 9월 19일이고, 사망일이 음력 6월 24일이라는 점은 바로잡아야 하겠다. 이 부분은 조사자의 오기(誤記)로 보인다. 이 보고를 통해서도 당시 무극도의 신앙대상이 증산 강일순 한 분이었음이 명백하다는 사실이 다시 한 번 확인된다. 음력 1월 1일은 설날이고, 음력 8월 15일은 추석으로 민족 전래의 명절이기 때문이다.

그리고 무극도에서 치성을 드릴 때 백지(白紙)에 '옥황상제성령지위(玉皇上帝聖靈之位)'라고 써서 그 앞에 상을 준비하고 맑은 물을 올리고 상 앞에서 무릎을 꿇고 주문을 외운다고 보고한다. 당시의 신행의 핵심이 옥황상제(玉皇上帝)였다는 사실이 또다시 확인된다. 그리고 치성의 중요한 날이 증산 강일순(1871-1909)의 생일과 사망일이라는 점에서 그가 바로 옥황상제로 믿어지고 받들어졌음이 드러난다. 요컨대 1920년대 무극도의 신앙은 옥황상제에 대한 신앙이었고, 이때의 옥황상제는 바로 증산(甑山)을 가리킨다는 사실이 확인되었다.

또 『보천교 일반』에 따르면 당시 무극도의 간부는 전라북도 정읍군, 경북 안동군, 경남 밀양군 출신이 대부분이었다. 본소가 있는 정읍 이외에 경북과 경남 출신의 간부가 많이 있었다는 점이 특기할 만하다.

그리고 『보천교 일반』에 의하면 당시 무극도의 신도들은 "태극(太極) 모양이 들어간 연관(煙管)"을 소지하였다고 전한다. 태극을 새긴 담뱃대를 가리키는 것인데, 태극을 도(道)의 상징으로 삼았음을 알 수 있다.

이 밖에도 『보천교 일반』에 의하면 1926년 6월 무렵 무극도에서 도주 조철제가 장차 천자(天子)가 된다는 불온한 언동을 일삼았다는 보고도 전한다.

또 『보천교 일반』에 의하면 무극도의 강령(綱領)이 경천수도(敬天修道), 성신양성(誠信養性), 안심안신(安心安身)이었다고 한다. 여기서 안심안신은 증산이 직접 쓴 『현무경(玄武經)』(1909)에 나오는 구절이고, 이 외의 두 강령은 유교적(儒教的) 개념(概念)에서 나온 것이다. 그리고 『보천교 일반』에는 「무극도 취지서」를 싣고 있는데, 이 역시 유교적인 색채가 매우 강하게 남아 있는 기록이다. 당시 이 「무극도 취지서」 이외에 무극도의 교리나 역사를 알 수 있는 공식적인 기록은 전혀 없다. 결국 이 「무극도 취지서」가 당시 무극도의 핵심 교리체계인 셈인데, 전체적인 내용이 매우 유교적이라는 사실만 확인된다. 무극도 초기에는 무극도 특유의 교리체계가 거의 확립되지 않았고, 도덕이나 인성(人性)을 함양하는 가르침이라는 정도의 교리만 내세웠다고 평가된다.

마지막으로 『보천교 일반』에는 무극도의 본소에 있던 직원의 명부를 첨부하고 있는데, 모두 127명의 직명, 이름, 나이, 본적 등을 상세하게 기록하였다. 전체적으로 볼 때 간부들의 연령이 20대 후반부터 30대 초반으로 분포되어 있어 매우 젊다는 점이 특색이며, 경상도 출신의 간부가 상당수 있다는 점이 확인된다.

한편 1921년 4월 28일 정산은 자신이 무극대도주(無極大道主)라고 선포할 때, 진법주(眞法呪)의 "구천(九天) 하감지위(下鑑之位)"를 "구천응원뇌성보화천존강성상제(九天應元雷聲普化天尊姜聖上帝) 하감지위"로 바꿀 것을 종도들에게 명령했다고 전한다.[242] 증산의 신격(神格)을 구천상제(九天上帝)라고 부르던 일에서 이제는 구천응원뇌성보화천존(九天應元雷聲普化天尊)이라고 부르라고 신도들에게 명했다는 주장이다.

"구천응원뇌성보화천존 강성상제(姜聖上帝)"라는 용어는 1965년 12월에 간행된 태극도(太極道)의 『선도진경(宣道眞經)』에 처음 등장하는 증산(甑山) 강일순(姜一淳)을 가리키는 신격 이름이다.[243]

---

242 「태극진경(太極眞經)」 제3장 10절, 『진경(眞經)』(태극도출판부, 1989), 388쪽.

243 『선도진경(宣道眞經)』(태극도 편찬위원회, 1965), 1쪽. 필자는 이 시기 이후에 구천응원뇌성보화천존

구천응원뇌성보화천존은 중국 도교의 『옥추경(玉樞經)』을 설한 중심 본존(本尊)으로서 유명한데, 현전하는 『옥추경』에 각각의 글자에 대한 주석이 달려있다.[244] 천지가 분리되기 전 혼돈한 때에 원시천존(元始天尊)께서 아홉째 아들인 옥청진왕(玉淸眞王)을 두었는데, 그 분이 뇌성보화천존으로 화생(化生)했다고 전한다.[245]

『옥추경』은 원래 중국 도교의 경전이었다. 뇌성보화천존에 관한 기록은 북송(北宋)의 도사(道士)가 쓴 것으로 추정되는 『무상구소옥청대범자미현도뇌정옥경(無上九霄玉淸大梵紫微玄都雷霆玉經)』에서 처음으로 등장한다.[246]

우리나라에서는 고려시대에 북송(北宋)의 휘종(徽宗)이 『옥추보경(玉樞寶經)』을 전했으며, 고려 예종(睿宗) 13년(1118) 7월에는 송(宋)의 휘종이 7명의 의사를 고려에 파견하여 2년 동안 의학을 전수하게 했는데, 이들은 신소파(神霄派)의 『옥추경』을 위주로 한 치료법을 전수하였다. 또 고려의 도교는 복원궁(福源宮)을 중심으로 발전되었는데, 중국 도교의 영향을 받아 옥황상제, 태상노군, 뇌성보화천존을 숭배하였다.

또 조선시대 초기에는 소격서(昭格署)에서 도사를 선발할 때 『옥추경』 등을 염송하였고, 초제(醮祭)를 행할 때에도 『옥추경』을 읊었다. 민간에서는 많은 사람들이 「옥추경주(玉樞經呪)」를 송독하였고, 부록(符籙)을 운용하였으며, 이로써 병을 몰아내고 잡귀를 물리쳐 태아를 지키고 생명을 지키기를 바랐다. 그리고 1570년부터 『옥추경』이 우리나라에서 간행되었으며, 영조 9년(1733)

이 증산의 신격으로 불리게 되었다고 생각한다.

244 허시성 편역, 『옥추보경』(명문당, 2009). 76-78쪽. 예를 들면 천존(天尊)은 지대(至大)하고 지귀(至貴)함을 일컬음이라고 한다.

245 위의 책, 95쪽.

246 리웬구어, 「구천응원뇌성보화천존 신앙 연구」, 『대순사상논총』 제21집(대순사상학술원, 2013), 37쪽. 『옥추보경』은 작자미상으로 북송 휘종(徽宗) 시기에 발견되었다. 위의 논문, 41쪽. 남송(南宋) 이래 뇌성보화천존 신앙이 매우 성행하여 『옥추보경』이 광범위하게 발간되었다. 『봉신연의(封神演義)』에서는 은(殷)나라의 재상이었던 문중(聞仲)이 구천응원뇌성보화천존으로 화했다고 전하며, 『역대신선통감(歷代神仙通鑒)』 제4권에서는 황제(黃帝)가 득도하여 승천한 후에 구천응원뇌성보화진왕에 봉해졌다고 믿어진다. 위의 논문, 54-55쪽. 중국의 민간에서는 뇌성보화천존에 대한 신앙이 매우 보편적이라고 한다.

에는 묘향산 보현사에서 『옥추경』이 간인되기도 했다.[247]

그런데 『옥추경』이 우리나라에 들어와 재생산되면서 중국의 2권짜리가 우리나라의 3권짜리가 되면서 재생산되었으며, 우리나라에서는 중국의 44신장(神將)이 48신장으로 변모되기도 했다.[248] 고려나 조선시대의 기록에는 '구천응원'이 빠진 채 '뇌성보화천존'으로 불렸다가, 1888년에 계룡산본이 나오면서 '구천응원'이 첨가되었다.[249]

한편 증산이 상제(上帝)가 아니라 도교적 성향이 훨씬 드러나는 천존(天尊)이라는 신격(神格)을 김일부(金一夫)의 꿈속에서 만났다는 다음과 같은 기록이 전한다.

> 김일부를 만나셨도다. 그는 당시 영가무도(詠歌舞蹈)의 교법을 문도에게 펼치고 있던 중 어느 날 일부가 꿈을 꾸었도다. 한 사자가 하늘로부터 내려와서 일부에게 강사옥(姜士玉)과 함께 옥경(玉京)에 오르라는 천존의 명하심을 전달하는도다. 그는 사자를 따라 사옥과 함께 옥경에 올라가니라. 사자는 높이 솟은 주루금궐 요운전(曜雲殿)에 그들을 안내하고 천존을 배알하게 하는도다. 천존이 상제께 광구천하의 뜻을 상찬하고 극진히 우대하는도다.[250]

증산이 정유년(1897) 천하를 주유(周遊)할 때 『정역(正易)』의 창시자 일부(一夫) 김항(金恒, 1826-1898)을 만났는데, 그의 꿈에 한 사자(使者)가 하늘로부터 내려와 증산과 함께 옥경(玉京)에 오르라는 천존의 명하심을 전달하였다고 한다. 사자의 안내로 김일부와 증산은 요운전에 올라 천존을 배알하였다고 한다.

---

247 위의 논문, 63-65쪽.

248 구중회, 「『옥추경』 48신장의 변천과 도상」, 『대순사상논총』 제24-2집(대순사상학술원, 2015), 165쪽.

249 위의 논문, 166쪽.

250 「행록」 제2장 2절, 『전경(典經)』(대순진리회 교무부, 1974), 17쪽.

이러한 기록이 제시되는 이유는 먼저 천존이라고 불리는 존재가 부각되기 시작해야 그 이후에 증산이 구천응원뇌성보화천존으로 불리게 되는 당위성을 보장받기 때문이다. 『증산천사공사기(甑山天師公事記)』(1926)와 『대순전경(大巡典經)』(1929~1965)에는 이 부분이 천존이 아니라 상제라고만 기록되어 있다. 물론 이 기록에 대한 증산교단의 해석에 따르면 상제나 천존은 증산(甑山) 자신의 신격이라고 믿어진다.

한편 이와 관련하여 다음과 같은 기록도 전한다.

> 상제께서 광구천하(匡救天下)하심은 김일부의 꿈에 나타났으니, 그는 상제와 함께 옥경(玉京)에 올라가 요운전에서 원신(元神)이 상제와 함께 광구천하의 일을 의논하는 것을 알고 상제를 공경하여야 함을 깨달았도다.[251]

인용문에 나오는 상제(上帝)는 증산(甑山)이다. 김일부의 꿈에 증산이 원신과 함께 천하를 구원하는 일을 의논했다는 주장이다. 이 기록은 김일부의 꿈에 등장하는 신격이 상제 또는 천존이 아니라 원신이라는 점을 강조한 대목이다. 상제 또는 천존이 바로 증산 자신이라는 주장을 힘주어 말한 부분이다.

한편 1935년에 무라야마 지준(村山智順)이 지은 『조선(朝鮮)의 유사종교(類似宗教)』가 조선총독부에서 출간되었다. 한국 신종교에 대한 최초의 종합보고서인데, 이 책에 있는 무극도(無極道) 관련 기록에서 신중하게 살펴보아야 할 부분들이 있다.

> 도주 정산(鼎山) 조철제는 1895년에 경상남도 밀양군 하남면 우서리에서 태어났다.[252]

---

251 「예시」 3절, 『전경(典經)』(대순진리회 교무부, 1974), 311-312쪽.

252 무라야마 지준(村山智順), 앞의 책, 1935; 무라야마 지준(村山智順), 앞의 책, 1991, 271쪽.

우선 이 책에는 정산의 출생지가 틀리게 적혀 있다. 전언이 잘못되었거나 오기(誤記)로 보인다.

정산은 만주 각지를 유랑하다가 귀국하여 안면도에서 지냈으며, 증산 강일순의 직제자인 부안사람 이치화(李致華)로부터 권유를 받아 강일순의 신자가 되었다.[253]

이치화는 이치복(李致福)의 원래 이름이다. 그는 제화교의 창시자였다. 애초에 정산이 이치복의 영향을 많이 받았다는 사실이 확인된다.

1917년에 정산은 거주를 정읍군 우순면 마동으로 옮겨 증산의 본택에 다니다가 그 가족에게서 증산의 신념을 배웠는데, 증산의 여동생과 결혼하기에 이르렀다. 혹은 첩으로 삼았다고 한다.[254] 그 후 1918년에 강일순의 수제자인 김형렬이 차경석에 대항하여 미륵불교를 세워 교세확장에 노력하자 여기에 합세하여 획책한 바 있었다.

정산이 증산의 유족을 찾아가 증산의 행적에 대해 전해 들었으며, 특히 증산의 여동생인 선돌부인과 특별한 관계가 있었다는 점이 보고되었다. 그리고 정산은 자신의 교단을 세우기 전 초기에 김형렬(金亨烈, 1862-1932)이 세운 교단인 미륵불교에 입교하여 활동했다고 전한다.

1919년 삼일만세독립운동이 일어나자 이러한 사건이 발생한 것은 안심(安心)이 확립되어 있지 않음에 유래한다고 깨닫고, 스스로 깨우친 강일순의 본지를 따라 세인(世人)에게 안심(安心)을 확립시켜 주어야 한다고 결의하였다. 이에 정산은 동지를 모아 1921년에 천인교(天人敎) 혹은 무극

253 무라야마 지준(村山智順), 앞의 책, 1935; 무라야마 지준(村山智順), 앞의 책, 1991, 271쪽.

254 무라야마 지준(村山智順), 앞의 책, 1935; 무라야마 지준(村山智順), 앞의 책, 1991, 271쪽.

교(無極敎)를 창설하고, 1925년에 무극대도교라고 개칭하였다.[255]

『조선의 유사종교』는 기미년(1919)에 발생한 3.1운동이 정산의 창교(創敎) 결심에 결정적인 영향을 주었다고 보고한다. 정산이 3.1운동의 발발과 실패를 딛고 일어설 새로운 종교운동을 일으키기로 마음을 먹었다는 주장이다. 그 핵심이 "마음을 편안히 한다"는 안심에 있다고 판단한 정산은 증산이 강조한 안심안신(安心安身)에 영향을 받았다.

> 주문에는 태을주(太乙呪)와 기도주(祈禱呪)가 있다. 태을주는 보천교가 이 주문을 주로 하는 데 대하여, 무극도에서는 이 주문보다도 오히려 기도주에 중점을 두고 안심의 최적주문으로 외우고 있다. 기도주는 동학(東學)의 시천주(侍天呪)이다. 주문은 동일하더라도 동학계 교단이 이것을 외우는 것은 최제우를 목적으로 삼는 데 반하여, 무극도에서는 강일순을 대상으로 하는 점에 그 상이점이 있는 것이다.[256]

정산의 무극도에서는 태을주보다 시천주인 기도주를 많이 읽었다고 전한다. 동학의 주문 해석과는 달리 무극도에서는 시천주에 나오는 천주(天主)를 증산(甑山)이라고 믿고 외웠다는 보고다.

> 도통(道通)의 목적은 강일순(姜一淳)이 "나는 옥황상제의 재생이고, 나는 미륵불의 재생이다"라고 교시한 말에 따라 신인(神人)의 영역에 다다르는 것이다.[257]

무극도의 당시 교리가 증산 강일순을 옥황상제이자 미륵불로 믿는 것이

255 무라야마 지준(村山智順), 앞의 책, 1935; 무라야마 지준(村山智順), 앞의 책, 1991, 272쪽.
256 무라야마 지준(村山智順), 앞의 책, 1935; 무라야마 지준(村山智順), 앞의 책, 1991, 272-273쪽.
257 무라야마 지준(村山智順), 앞의 책, 1935; 무라야마 지준(村山智順), 앞의 책, 1991, 273쪽.

었다는 보고다. 여기서도 당시 무극도에서 옥황상제는 증산을 가리키는 신격의 이름이었다는 점이 확인된다. 훗날 시간이 많이 흐른 이후에야 정산 조철제가 옥황상제라는 교리가 나온 것이다. 따라서 이러한 보고를 통해서도 알 수 있듯이 정산이 옥황상제라는 믿음과 신행은 그가 이 세상을 떠난 후에야 가능한 교리였음이 밝혀진다.

> 무극도의 경천수도(敬天修道)의 대상은 도솔천(兜率天)과 교조 강일순이고, 도솔천에는 도솔천신인 33천과 함께 칠성신, 그 외의 천신(天神), 지신(地神)도 모시는 일이 있다.[258]

무극도는 도솔천에 있다고 믿어지는 미륵불인 증산을 믿는 교단이고, 이 도솔천에는 기타의 여러 신격도 모셨다는 보고다. 이 기록 역시 무극도의 주된 신앙대상이 미륵불인 증산 한 신격(神格)뿐이었다는 사실을 알려준다.

> 성전(聖殿)인 도솔궁은 1922년에 완성된 4층 건물인데, 4층을 도솔궁이라고 하며 여기에서 입춘, 입하, 입추, 입동의 4대 절후에 도솔천신(兜率天神) 33천(天)께 제사지낸다. 3층을 칠성전(七星殿)이라 하고 여기에서 칠시신(七時神)을 모신다. 2층을 봉령전(奉靈殿)이라 하고 여기에서 33천신 이외의 천신 및 지신을 모신다. 1층을 도주실 또는 중궁(中宮)이라 하고, 도주가 수도공부하는 곳으로 삼고 있다. 영전(靈殿)은 영대(靈臺)라고도 하는 1922년에 낙성된 3층 건물인데, 3층은 강일순의 영을 모시고 그의 생일과 서거일에 여기서 성대한 제사를 지냈다. 2층은 제사 때 교의 간부가 참석하는 곳이고, 1층은 교도가 모이는 곳으로 쓰인다.[259]

증산이 사용한 도솔(兜率)이라는 용어는 원래 불교용어인데, 욕계(欲界)

258 무라야마 지준(村山智順), 앞의 책, 1935; 무라야마 지준(村山智順), 앞의 책, 1991, 273-274쪽.

259 무라야마 지준(村山智順), 앞의 책, 1935; 무라야마 지준(村山智順), 앞의 책, 1991, 274쪽.

육천(六天)의 제 4천(天)으로서 욕계의 정토(淨土)를 가리키는 말이다. 도솔은 미륵보살(彌勒菩薩)이 사는 곳이라고 전하며, 도솔천(兜率天)이라고도 부른다. 나아가 도솔궁(兜率宮)은 수미산(須彌山) 꼭대기에 있는 칠보(七寶)로 된 궁전으로, 석가여래가 전생에 머물렀던 곳이라고 전한다. 따라서 도솔은 미륵보살과 관련되거나 석가가 전생에 머물렀던 고귀한 장소이다.

결국 도솔천 또는 도솔궁은 전통적으로 미륵불(彌勒佛)이나 석가불(釋迦佛) 있는 곳으로 신비화된 장소다. 이곳에서는 미륵불로 믿어졌던 증산이 모셔졌을 가능성이 매우 높다. 4대 절후에 제사지냈다는 점이 특기할 만하며, 칠성전에서 모셨다는 칠시신은 낯선 신격이다. 그리고 증산의 탄생일과 화천일에 제사지냈다는 점으로 미루어볼 때 영대에 모셔진 증산(甑山)을 옥황상제(玉皇上帝)로 부르고 신앙했을 가능성이 높다.

정산이 살아 있을 때에는 도주(道主), 교주(敎主), 지존(至尊)[260] 등으로 불렸다. 정산은 1957년 9월 18일에 영대의 옥황상제 위패(位牌)의 위지(位紙)를 떼어 불사른 다음 그 자리에 자신의 진영(眞影)을 봉안했다.[261] 이때부터 정산은 제자들에게 최고의 신격(神格)에게만 올리는 사배(四拜)를 받았다. 그런데도 당시 제자들은 정산이 옥황상제라는 사실을 알지 못했다고 전한다. 정산이 스스로를 옥황상제로 인식하고, 그 실제적 증거로 자기의 진영을 봉안했다는 점이 특기할 만하다.

어쨌든 정산은 그가 세상을 떠난 후에야 비로소 옥황상제라는 신격으로 믿어졌다. 무극도 당시에 정산은 교단의 대표로서 예언을 했던 인물로 믿어졌고, 훗날 서거한 후에야 옥황상제로 교리가 체계화되기 시작했다. 옥황상제로 믿어진 정산은 증산의 위격과 동등하게 믿어졌고, 동등한 권능을 지닌 존재로 인정되었다. 이제 정산은 단순히 예언을 말하는 인물이 아니라 예언을 실제로

260 정산은 1955년 4월부터 지존으로 불렸다. 「태극진경」 제4장 8절, 『진경(眞經)』(태극도출판부, 1989), 534쪽.

261 「태극진경」 제8장 76절과 80절, 『진경(眞經)』(태극도출판부, 1989), 654쪽과 656쪽.

집행하고 실현하는 성스럽고 신비한 존재로 신격화되었다.

ⓜ 종교적 교리로 체계화된 예언

일제강점기에 있어서 무극도의 예언은 소문이나 풍문처럼 사회에 일시적인 영향을 끼친 것이 아니라, 후대의 믿는 사람들에게는 한 종단의 교리로 제시되어 지속적인 영향을 미쳤다.

무극도에서는 새 세상이 올 특정한 시점이 특정한 연도로만 한정되지 않고, 이른바 도수(度數)로 교리화되었다. 천지도수의 실행과정으로서 예언이 인정되었던 것이다.

그리고 무극도의 본부가 세워진 태인(泰仁) 도창현(道昌峴)이 종교적 성지(聖地)로 강조되었는데, 이곳에 무극도의 교당 건물이 세워지게 된 역사적 사실을 종교적으로 신비화하기 위한 장치가 다음과 같은 기록에서 확인된다.

> 기유년(1909) 설날 아침에 상제님께서 친히 현무경(玄武經) 세 벌을 쓰셔서 한 벌은 몸소 지니시고, 한 벌은 후일 도창현에서 불사르시고, 한 벌은 안내성에게 맡기시니 (…)[262]

> 상제께서 기유년 정월 1일 사시(巳時)에 현무경 세 벌을 종필(終畢)하고, 한 벌은 친히 품속에 지니고, 한 벌은 도창에서 불사르고, 나머지 한 벌은 경석의 집에 맡기셨도다.[263]

증산이 책이나 글을 쓴 종이를 불사르는 행위는 특별한 종교적 의미가 있다고 믿어졌다. 따라서 증산이 『현무경』을 태인 도창현에서 불살랐다는 주장이 도창현에서 무언가 특별한 사건이 일어날 것을 증산이 예언한 일로 믿어

262 『선도진경(宣道眞經)』(태극도 편찬위원회, 1965), 275쪽.
263 「교운」 제1장 66절, 『전경(典經)』(대순진리회 교무부, 1974), 182쪽.

진다.

> 상제께서 자주 태인에 머물고 계신 것은 도창현이 있기 때문이었나니라.[264]

> 상제께서 태인 도창현에 있는 우물을 가리켜 "이것이 젖(乳)샘이라"고 하시고 (…) 상유도창(上有道昌), 중유태인(中有泰仁), 하유대각(下有大覺)이라고 말씀하셨도다.[265]

증산이 태인에 자주 머물렀던 까닭은 도창현이 있었기 때문이라고 무극도에서 강조한다. 훗날 무극도의 본부가 도창현에 세워지게 된 일은 증산이 태인에 자주 머물렀기 때문이라고 주장하는 것이다.

그리고 무극도에서는 태인 도창현에 있는 우물을 증산이 특히 지목하여 "젖샘"이라고 명명한 것도 특별한 종교적 이유가 있었다고 강조하며, 증산이 도창, 태인, 대각이라는 지명을 넣어 설명한 일도 있었다고 주장한다. 각각 '도(道)가 번창할 곳', '크게 인자한 땅', '큰 깨달음이 있을 장소'로 설명된다. 여기서 대각(大覺)은 태인에 있는 대각교(大覺橋)를 가리키는 용어이기도 하다.

위의 인용문보다 더욱 자세한 종교적 설명이 추가되는 다음과 같은 기록도 있다.

> 또 태인(泰仁) 도창현(道昌峴)을 순행(巡幸)하시다가 종도들에게 말씀하시기를 "이곳이 군신봉조지국(群臣奉詔之局)이며, 상유도창(上有道昌)하고 하유대각(下有大覺)하니, 백의군(白衣君) 백의신(白衣臣)의 운회지지(運廻之

---

264 「행록」 제4장 6절, 『전경(典經)』(대순진리회 교무부, 1974), 57쪽. 원래 이 구절은 『증산천사공사기』(1926) 85면과 86면에 "천사(天師)께서 자조 태인에 머무심은 도창현이 있음을 취하심이러라"에서 기원한다.

265 「예시」, 『전경(典經)』(대순진리회 교무부, 1974), 324쪽.

地)니라" 하시고 (…)[266]

태인 도창현의 지형을 "뭇 신하들이 왕에게 조회를 올리는 형국"이라고 설명한 증산이 "위에는 도창이 있고, 아래에는 대각이 있다"고 말했다고 전한다. 따라서 이곳 도창현은 "흰 옷을 입은 임금과 흰 옷을 입은 신하들이 모여드는 성스러운 땅"으로 신비화된다. 증산이 도창현에 무극도의 본부가 세워질 것을 미리 예견했고, 증산의 예언이 실제로 이루어져 태인 도창현에 무극도 본부 건물이 크게 낙성되었다는 종교적 설명과 주장이다.

그리고 증산이 3대(大) 천운(天運)인 이른바 천명(天命), 천서(天書), 천보(天寶)를 정산에게 계시하고 전수했다는 일도 무극도에서는 독특한 교리로 설명하고 체계화시켰다. 증산의 예언이 정산에 의해 비로소 완성되었다는 해석이다.

또한 정산이 증산의 유족과 친하게 지내고, 증산의 유골을 모시고 와서 수련하면서 장차 교단 창립의 근거로 삼고자 했던 일도 교리로 정립한다. 교단 창립의 근거와 정당성을 이러한 행위에 의해 보장받으려 했던 것이다.

나아가 천생진인(天生眞人)인 정산(鼎山)이 곧 옥황상제(玉皇上帝)라는 믿음이 그의 사후에 정립되기 시작하였고, 이후 교리가 더욱 체계화됨에 따라 증산은 구천응원뇌성보화천존으로, 정산은 옥황상제로 믿어졌다. 이 또한 각기 다른 두 최고 신격의 조화를 강조한 교리가 체계화되는 과정이며, 예언의 완성자이자 집행자로서의 정산의 면모를 대내외에 과시하는 것이다.

④ 무극도 예언사상의 특성

무극도에는 공식적으로 교단이 창교되기 이전이나 교단의 초기에 전통적인 정감록신앙에 심취되었던 흔적이 많이 남아 있다. 무극도는 초기에는

---

266 「무극진경(无極眞經)」 제6장 46절, 『진경(眞經)』(태극도 출판부, 1989), 113쪽.

『정감록』의 진인출현설을 집약적으로 표현한 이른바 정도령출현설을 주장하여 신도를 모았던 것이다. 이는 조선시대 중기 이후 후기에 이르기까지 오랫동안 지속적으로 전개되어왔던 진인(眞人)에 대한 신앙을 이어가는 종교현상이다.

그리고 정도령출현설은 진인이라는 성스러운 존재의 출현을 예언하고 기다리는 인물중심의 예언이다. 무극도에서도 교단의 초기에는 교주인 정산 조철제가 정철통이라는 이름을 지닌 이른바 진인 정도령이라고 주장하고 믿었다. 정산이 바로 정도령이므로 곧 계룡산에 도읍을 정하고 새로운 나라를 세울 것이라고 예언했던 것이다.

한편 무극도에서는 정치사회적인 사건이 중심되거나 환경의 변화가 예언된 것이 아니라, 특정한 인물이 중심이 된 예언을 했다. 이와 같은 예언 형태는 한국종교의 한 특성으로 이해되며, 특히 한국 신종교 교단에서 제기된 수많은 예언들이 지니는 공통된 속성이다. 메시아적인 한 인물이 출현하기만 하면 곧바로 이상사회가 건설될 것이라는 예언이 중심적으로 제시되었다. 거의 대부분의 한국 신종교 교단에서는 자신이 속한 교파의 대표자인 교주가 진인이며 메시아라는 예언을 했다.

나아가 무극도에서는 『정감록』 신앙의 전형적인 형태인 정씨 진인출현설을 부정하고, 조씨 진인출현설을 주장하고 믿었다. 이제는 정씨가 아니라 조씨가 진인인 정도령으로 출세할 것이라는 예언이었다. 여기서 조씨는 바로 무극도의 교주인 정산 조철제를 가리킨다. 정씨 진인출현설 대신에 새로운 진인출현설을 등장시킨 것이다. 정씨 성을 지닌 인물이 진인으로 출세하는 것이 아니라 이제는 새롭게 조씨가 진인으로서 이 세상에 출현할 것이라는 예언을 제기했다. 진인출현설의 새로운 전개와 변용을 보여주는 대표적인 사례의 하나로 볼 수 있다.

한편 무극도는 증산이 남겼다는 신비한 내용을 지닌 책자에 조씨(趙氏)라는 기록이 나온다고 주장하여 조씨 진인출현설을 정당화하기도 했다. 또한 무극도는 정산의 어릴 적 이름이 '철'이었다는 점에 주목하여 세상이 곧 바뀔 것을 빨리 깨닫는다는 의미의 "철을 알아야 한다"는 속어와 연관시켜 설명하기도 했다. 그리고 무극도는 증산이 남겼다는 이른바 둔궤에 새겨진 "반구제수(半口齊水)"라는 글자가 바로 정산의 이름인 철제(哲濟)를 예언한 결정적인 증거라고 주장하기도 했다. 증산이 자신을 계승할 유일한 인물로 정산을 미리 정해놓았다는 예언이다.

그리고 무극도에서는 새로운 천자등극설을 전개했다. 보천교의 갑자년(1924) 천자등극설이 널리 알려졌지만 갑자년에 아무런 사건이 일어나지 않고 지나가버리자, 무극도에서는 곧이어 정산의 병인년(1926) 천자등극설을 유포하였다. 일제강점기의 대표적인 천자등극설은 보천교의 갑자년 천자등극설과 기사년(1929) 천자등극설이다. 그런데 무극도는 갑자년과 기사년 사이인 병인년에 정산이 천자로 등극할 것이라는 새로운 예언을 시도했다.

무극도도 특정한 연도와 월(月)을 제시하여 새 세상의 건설이 이루어질 것이라는 시한부적인 예언을 했다. 보천교에서는 갑자년 갑자월 갑자일 갑자시 또는 기사년 기사월 기사일 기사시라는 매우 구체적인 시점을 제시하면서 예언했다. 동양의 역법(曆法)에 따라 새로운 간지(干支)가 시작되는 시점이나 특정한 연도의 간지가 연월일시(年月日時)에 겹치는 시점이 되면 세상에 엄청나고 급격한 변화가 있을 것이라는 예언이다. 이러한 보천교의 매우 구체적인 시점 예언과는 달리 무극도에서는 병인년 정월 또는 병인년 4월 등으로 새로운 세상의 도래 시점을 제시했다. 무극도는 보천교보다 특정한 시점을 제시하는 데 다소 느슨한 입장을 취했던 것이다.

그리고 무극도는 병인년 이후에는 다른 연도를 예언의 실현시점으로 다시 제기하지는 않았다. 이에 대해 정산은 자신은 정치적인 의미의 천자(天子)가 아니라 "교중천자(敎中天子)"라고 주장했다. 정산은 자신은 정치적 왕조를 건설할 것으로 예언된 인물이 아니라, 종교 교단의 최고 지도자로서 영적 구원을 성취하는 종교적 차원의 천자라고 강조했다.

새로운 왕조가 곧 이 땅에 건설되리라는 예언이라는 점은 무극도에서도 강조하는 대목이다. 그렇지만 보천교가 추구한 새 왕조가 매우 정치적인 성향의 독립운동으로 이해되고 믿어진 반면, 무극도에서 지향한 새 왕조는 다소 종교적인 성향으로 선전되고 유포되었다. 따라서 무극도에서는 교단의 조직을 중심으로 새 나라의 건설이라는 예언이 알려졌다. 물론 이 역시 관직을 탐하는 일종의 엽관주의(獵官主義)로 평가할 수 있지만, 새로운 왕조의 정치적 관직(官職)을 얻고자 했던 보천교의 경우와는 달리, 무극도에서는 도통(道通)이라는 종교적 목적을 추구했다. 또 무극도는 장차 도통을 받는 사람의 숫자가 1만 2천 명이라고 한정되어 있다고 예언했다. 매우 제한된 인원만이 궁극적인 종교적 구원을 받을 수 있다는 예언이다.

한편 무극도는 예언의 집행과 실현을 주도하는 중심인물로서 정산을 믿고 부각시켰다. 애초에 정산은 무극도라는 한 교단의 대표로서 도주(道主)로 존숭되었지만, 그의 사후에는 급기야 천상 최고의 신격인 옥황상제로까지 믿어졌다. 따라서 정산의 언행은 단순히 미래사회의 변화에 대해 '미리 말함'이 아니라 이미 '결정한 일의 선포'로 이해되었다. 이러한 일이 가능한 것은 정산의 인격을 신비롭고 초월적인 존재로 신격으로 변모시키는 신격화작업이 있었기 때문이다.

무극도의 교단 초기에는 옥황상제가 증산이라는 믿음이 있었다. 이는 당시의 여러 관련기록들을 분석해보아도 충분히 알 수 있는 역사적 사실이다. 시간이 점차 흘러 후대에 갈수록 무극도 교단 내부에서 도주인 정산에 대한 신격화 작업이 진행되었다. 그 결과 정산이 이 세상을 떠난 후에는 증산은 구천응원뇌성보화천존으로 받들어졌고, 정산은 옥황상제로 믿어지게 되었다.

이제 정산은 옥황상제라는 신격의 입장에서 미래의 변화상에 대해 단순히 미리 알려주는 인물이 아니라, 새로운 세계질서를 현 시점에서 확정 짓고 결정하여 세상에 선포하는 신비한 존재로 믿어졌다. 정산은 예언을 행하는 인물이 아니라 실현하고 집행하는 존재로 부각되었던 것이다. 따라서 후대의 믿음에 의하면 정산은 수많은 '예언자' 가운데 한 인물이 아니라 천상계 최고의 지위를 지닌 '옥황상제'로서 앞으로 올 세상의 모든 변화를 미리 판단하고 결정짓는 성스러운 존재다.

교조 또는 교주의 언행과 행적에 대한 신비화 작업은 결과적으로 해당 인물에 대한 급격한 신격화(神格化)로 이어져 후대에는 일반인은 상상조차 하기 어려울 정도의 초월적인 존재로 믿어지게 된다. 물론 이러한 현상은 대부분의 종교에서 찾아볼 수 있는 다소 보편적인 현상이다. 교단의 초기에는 교주가 신비하고 거룩한 존재로부터 '계시를 받는 인물'이었다면 후기로 갈수록 그는 '계시를 내려주는 신성한 존재'로 받아들여지고 믿어진다. 이러한 역사적 전개과정은 무극도의 경우도 마찬가지로 나타난다.

무극도는 정도령이라는 진인출현설을 주장하는 것에서 한 발 나아가 옥황상제의 인간계 출세를 주장하고, 그러한 믿음을 더욱 고조시키고 유발했다. 급기야 무극도는 도주인 정산이 곧 옥황상제라고 강조하면서 그의 사후에 궁극적인 차원의 신격화를 이루었다. 이에 따라 예언은 미리 말해진 것이 아니라 이미 결정된 일을 선포하는 행위로 부각되었다.

정산의 예언은 이른바 "도수(度數)를 본 일"로 교리화되었다. 각종 사건들이 도수로 결정된다고 믿어졌고, 이러한 도수의 결과 장차 일어날 모든 변화가 결정됐다는 믿음이 시작되었다. 물론 이러한 도수를 보는 행위는 이미 교조인 증산에게서 먼저 확인되는 사실이다. 증산의 모든 행적과 마찬가지로 이제는 정산의 숱한 행적도 성스럽게 교리로 체계화되었던 것이다.

정산은 갖가지 도수를 본다고 주장했는데, 이러한 주장은 실제 사회에서 많은 구체적인 사업으로 진행되었다. 정산의 도수에 힘입어 그를 따르는 신도들은 도수의 실행에 착수했던 것이다. 무극도에서는 삼림벌채사업은 물론 각지의 간척지와 황무지 개발사업과 곳곳의 금광개발사업에도 참여했다. 이러한 사업들은 새 세상을 만들기 위한 정산의 도수 가운데 하나로 받아들여졌다.

그리고 무엇보다도 정산은 신도들에게 매일 수련하고 기도하는 신행을 강조했다. 그는 하루에 정해진 시간에 청수를 올리고 주문을 외우는 일을 한시도 게을리해서는 안 된다고 가르쳤다. 이처럼 기도하고 수련하는 행위 자체가 무극도 신도들이 행한 도수의 실행과 실천으로 이해되었다.

또한 정산은 교단을 정비하고 조직하는 일도 자신의 도수를 실현하는 일이라고 주장했다. 교세의 확장과정이 곧바로 새 세상의 도래를 불러오는 도수의 현실화라고 이해한 것이다. 이에 따라 정산은 교단의 조직을 강화하고 확대하는 데 중점을 두었는데, 이러한 행위에 힘입어 비교적 젊은 층 중심의 간부가 구성되기도 했다.

⑤ 맺음말

무극도는 증산계(甑山系) 한국 신종교 교단이다. 무극도는 교단 내부적으로는 1921년 4월 28일에 무극대도라고 선포했지만, 공식적으로는 1925년 4월 28일에 취지서를 발표하고 강령을 공표하여 무극도를 포고했다. 이후 무극도는 교세가 급증하여 한때 10만 교도를 자랑했고, 산림벌채, 황무지 개척, 간석지 개척, 금광 개발 등에 뛰어들며 교도들의 자립생활에 기여하기도 했다. 그러나 1936년 5월에 내려진 일제의 종교단체해산령에 의하여 교단이 강제적으로 해산당했다.

따라서 무극도는 불과 10년 내지 15년 동안 존속되었던 신종교 교단이었다. 이후 무극도의 도주 정산 조철제는 10년간의 잠복기를 거쳐 해방 이후 부산에서 무극도를 잇는 태극도를 개창하였고, 1958년 정산 사후 10여 년이 지난 다음에는 서울 중곡동에서 대순진리회가 설립되어 그 교맥(教脈)을 이어가고 있다.

이 글에서는 무극도의 예언사상과 특성에 대해 살펴보았다. 이제 앞서 고찰한 논의를 토대로 삼아 몇 가지 결론을 도출해보겠다.

첫째, 무극도는 그 초창기에 전통적인 정씨진인출현설을 내세워 신도들을 규합했다. 도주인 정산이 바로 진인 정도령이라는 주장을 내세워 교세를 확장시켜 나갔던 것이다. 나아가 정산은 자신의 실제 이름이 정철통이라고 주장하면서까지 정도령출현설에 심취했었다. 이러한 정도령출현설은 조선시대 중기 이후 면면히 이어져 온 한국적 예언사상의 핵심이었다. 결국 무극도도 초기에는 '정도령'이라는 메시아적 존재를 열렬히 기다리는 예언을 제시했던 것이다.

둘째, 무극도에서는 정씨 진인출현설을 대신하여 조씨 진인출현설을 새롭게 제기하였다. 조씨 진인은 바로 정산 조철제를 가리킨다는 해석과 주장을 적극적으로 내세웠던 것이다. 증산이 남겼다는 문서, 증산이 전수해주었다는 둔궤의 글귀 등을 이용하여 정산은 앞으로 조씨가 진인으로 출현할 것이며, 증산이 자신의 구체적인 이름까지도 알려주었다고 강조하였다. 기존의 전통적인 정씨 진인을 대신하여 정산 자신이 새로 진인으로 이 세상에 나타날 것을 예언한 셈이다.

셋째, 무극도는 병인년(1926) 천자등극설을 주장하여, 갑자년 천자등극설이 헛되이 지나가 실망에 빠진 당시의 민중들을 다시 한 번 결집시키는 계기를 마련해주었다. 보천교의 교주인 차경석이 갑자년에 천자로 등극하여 새로운 왕조와 나라를 세울 것이라는 예언이 당시 사회에 널리 알려져 민중들에게 상당한 영향력을 미쳤다. 그러나 갑자년이 다 지나도록 아무런 사건이 일어나지 않자 갑자년 천자등극설에 심취했던 대다수의 민중들은 천자등극설을 허황한 꿈으로 돌리며 실망에 빠졌다. 이러한 암울한 상황에서 정산은 다시 병인년 천자등극설을 제시하여 급속히 교세를 신장시켰다. 병인년 천자등극설은 이를 믿는 당시 민중들에게는 또다시 가슴 설레게 고대하는 새로운 국가를 향한 희망이자 꿈이었다.

넷째, 무극도에서는 도주 정산 조철제를 단순히 특정 교단의 대표자 가운데 한 사람으로 보지 않고, 최고위의 신격으로 숭배하고 믿는다. 시간이 흐르고 교리가 점차 체계화됨에 따라 정산은 자꾸만 신격화되기 시작했고, 급기야 그의 사후에는 옥황상제라는 최고 높은 하늘에 있다고 믿어지는 신적 존재로 인정되기에 이르렀다. 그 결과 정산은 예언을 행하는 일개 예언자에서 벗어나 예언을 집행하고 실현하는 완성자로 신앙되었다. 정산은 무극도의 도주에서 출발하여 다양한 예언을 도수를 통해 이룬 존재로 신도들에게 받아들여지고 믿어졌다. 초기 교단에서부터 정산이 옥황상제로 믿어진 것은 아니다. 무극도의 초기 교단사를 살펴보면 당시에는 교조인 증산이 옥황상제로 신격화되어 믿어졌다. 훗날 교리가 정비되면서 정산의 위격은 계속 높아져 갔으며, 결국은 증산과 마찬가지로 상제(上帝)의 반열에 올라서게 되었다.

다섯째, 무극도에서는 도주가 예언을 말한 것이 아니라 예언의 결과로 드러날 도수(度數)를 집행했다고 믿는다. 미래 사회의 많은 변화상을 미리 말하는 차원에 머물지 않고, 장차 일어날 다양한 변화를 미리 결정짓고 확정 지었다는 의미에서 도수를 보았다고 교리화시켰다. 결국 무극도 신도들은 정산에 의해 예언이 말해진 것이 아니라 그에 의해 예언이 결정되고 새로운 질서로 확정되었다고 믿는다. 예언이 도수라는 종교적 교리로 점차 체계화된 것이다. 물론 이러한 믿음에는 도주인 정산이 최고위 신격이라는 전제가 깔려 있다.

무극도는 일제강점기의 일정 기간 동안 존속하고 사라졌던 이미 '죽은 종교'가 아니다. 현재까지도 무극도는 태극도와 대순진리회로 면면히 그 생명력을 이어가고 있는 '살아 있는 종교'다. 따라서 무극도는 현재의 태극도와 대순진리회의 뿌리이자 연원(淵源)이다. 향후 무극도에 대한 좀 더 전문적인 연구 성과가 나와서 그 실체의 의미와 영향에 대한 제대로 된 평가가 이루어지기를 바란다.

(6) 정인표의 미륵불교

정인표(鄭寅杓, 1897-1955)가 창립한 미륵불교에서는 1935년에 김제에서 일본의 멸망과 한국의 독립을 예언하였으며, 1939년 음력 7월에 국호를 대명

국남조선대법국(大明國南朝鮮大法國)이라고 정하고 연호를 단주(丹周)라고 하는 등의 활동을 하다가 일제 경찰에 체포되었다.[267]

정인표는 스스로 선관(仙官)의 계시와 상제(上帝)로부터 도통을 받았으며, 미륵불의 성령이 자신에게 내렸다고 주장하였다. 자신에게 내린 미륵불은 증산(甑山)이 귀의한 금산사 미륵불의 성령이라면서 그는 증산처럼 천지공사(天地公事)를 때때로 행하기도 했다.[268] 정인표는 1934년 1월에 미륵불의 성령이 자신에게 접응되었으므로 자신은 곧 인불(人佛)이라고 주장하였다.

1938년 7월 15일에 정인표는 정읍군 신태인 백산리에 있던 이진호(李鎭浩)의 집에서 신도공사(神道公事)를 행하였다. 정인표는 신도공사를 통해 지상선경사회 건설을 도모하였다. 하지만 일제의 강점 상태에서 지상선경세계는 요원하다고 판단한 그는 일본의 멸망을 예언하고 기원하는 비밀스러운 집회를 이어나갔다. 이때 일본의 명치신명(明治神明)을 불러 크게 꾸짖으면서 "일본에 사(死) 자를, 조선에 생(生) 자를, 소화천황(昭和天皇)에게는 낙(落) 자"를 각각 붙였다. "일본은 죽고, 조선은 살고, 소화(일본의 왕)는 떨어지고 일본은 망하여 그 존재조차 찾을 수 없다"는 뜻이다.

정인표는 멸왜기도(滅倭祈禱)를 확산시키기 위하여 1939년에 '신인동맹(神人同盟)'이라는 비밀결사체를 만들었다. 신인동맹은 신도공사를 통해서 일제의 멸망을 예언하고 기도하는 한편 대원 50여 명으로 조(組)를 편성하여 경찰서를 습격할 계획을 세웠다.[269]

이 신인동맹에서는 종교적 결합을 바탕으로 일제(日帝)의 신사참배(神社參拜)를 반대하고 민족의식을 고취하는 데 힘을 쏟았다. 평소 항일의식이 투철했던 정창묵(1884-1961)과 미륵불교 3대 교주인 정휴규(1904-1974)는 신인동

267 한국독립운동사연구소 편, 『독립운동사사전』 4, 「운동, 단체 편」(독립기념관, 2004), 508-510쪽.

268 이강오, 앞의 책, 979-980쪽.

269 설일심 편, 『애국의 거불』(미륵불교총본부, 1975), 2-6쪽.

맹 초기부터 활동하며 동지들 규합에도 적극적으로 가담하였다.[270]

1940년 5월에도 정인표는 이진호의 집에서 그를 따르던 50여 명의 신도와 함께 이른바 '일망무지(日亡無地)'라는 예언을 하였다. 일망무지란 "일본은 재앙을 당해 패망하고, 우리나라 땅은 곧 밝은 세상이 될 것이다"라는 주장이다. 그는 "일본은 결국 패망하니 우리는 조국 광복을 위하여 성심성의껏 기도를 계속하자"라며 집회를 확산시켜 나갔다. 신도공사는 일본의 멸망을 예언하거나 기도하는 집회였다.

1940년 12월 15일 일제 밀정의 밀고로 정인표는 그를 따르던 수십 명의 교도들과 함께 일제 경찰에 검거되었는데, 이를 '신인동맹(神人同盟)사건'이라고 한다. 정인표를 포함하여 총 43명이 일경에 체포되었고, '황실불경죄 육해군 형법 치안유지법 위반'이라는 혐의로 구속되었다.[271]

이 사건 관련자 대부분은 "자신들은 보천교도이다"라고 대답하였으며, 이러한 사실은 조선총독부 고등법원 검사국 사상부에서 보고한 「조선중대사상사건경과표」와 국가보훈처의 독립유공자 공훈록 등에서 확인된다.[272]

(7) 원군교

원군교(元君教)는 증산을 신앙해오던 홍순옥이 1930년에 만든 비밀결사체다. 증산을 교조로 하고, 그의 형 홍순문을 교주로 하였다.[273] 한편 1933년 보천교를 탈퇴했던 박인택(朴仁澤)이 부안군 산내면 지서리에 별도의 교당을

270 신인동맹 사건과 관련한 국가유공자 명단과 자세한 내용은 안후상, 「미륵불교의 신인동맹사건」, 『정읍학연구』 창간호(정읍학연구회, 2014)를 참고.

271 최현식, 『개정증보판 정읍항일운동사』(정읍문화원, 1994), 185-189쪽.

272 안후상, 앞의 논문, 220쪽.

273 안후상, 「선도계열의 예언을 어떻게 볼 것인가」, 『신종교연구』 제6집(한국신교종학회, 2002), 30쪽.

짓고 포교활동을 하였다.[274] 이 교단은 원군교라 불렸다.[275] 원군교는 1935년 5월경에 일제의 위협으로부터 벗어나기 위하여 형식상 조직 해산을 결정하였다가, 1937년 7월에 중일전쟁이 발발하면서 후천선경개벽(後天仙境開闢)을 내세우며 활동을 시작하였다. 후천선경개벽이란 증산이 재림하여 조선을 독립시키고 불평불만은 없고 불사불멸의 5만 년 신천지가 시작된다는 일종의 예언이다.

1941년 5월에 가진 집회에서 이들은 "세계는 곧 큰 전쟁에 휘말리나 수년 내로 끝을 보게 되는데, 그때 증산이 재림하여 천지인(天地人) 삼계(三界)를 장악하며, 이때 우리나라는 세계의 선진국이 될 것이다. 교도들은 증산의 수제자가 되어 후천 5만 년 동안 불로불사(不老不死)하며 세계 인류를 지도하는 자격을 부여받게 될 것이다. 따라서 그때를 대비하여 동서남북의 49임원을 선임하는 등 강력한 조직을 구축해야 한다"고 주장하며 홍순옥, 전봉균, 박승주 등을 49임원으로 정하였다.

1942년 2월에는 홍순문, 국채준, 김만암, 이내룡, 김재천, 강제숙, 강양원 등이 함께 증산의 재림과 조선의 독립을 준비하는 집회를 가졌다. 이 과정에서 이들은 일제의 패망을 기원하였으며, 홍순문의 집에서 천지공사(天地公事)라는 집회를 개최하여 일제의 패망과 조선의 독립을 기원하였다. 일제의 대대적인 검거로 인하여 조직원 다수가 구속되고 심지어 옥사하는 자까지 생겨나게 되었다.[276] 이들은 "증산교를 빙자하여 사람들을 모아놓고 독립사상을 고취하여 치안유지법 위반으로 구속"되었으며, 구체적인 혐의는 "조선은 곧 독립할 것이라고 주장했으며, 일본의 공출과 징용을 반대하고 신사참배를 거부하

---

274 『부안군지』(1991), 825쪽.

275 『김제군사』(1994), 1081쪽. 그런데 원군교는 증산계열의 신종교로 증산을 신앙해 오던 홍순옥이 1930년에 만든 비밀결사체라는 주장이 있다. 원군교는 증산을 교조로 하고, 홍순옥의 형 홍순문을 교주로 했다고 전한다. 김재영, 「동학 이후 증산계열의 민족운동」, 『일제강점기 보천교의 민족운동』(도서출판 기역, 2017), 75쪽.

276 『형사재판서원본』(전주지방검찰청, 1944).

는 운동을 주도하였다"는 것이었다.[277]

이후에도 이 단체를 통하여 "지금의 전쟁은 증산이 짜놓은 운도에 의해 끝날과 함께 후천선경 5만 년의 세계가 시작되며, 조선은 독립하고 교인들은 증산의 수제자가 되어 세계 인류를 지도하게 된다"는 등의 예언으로 민중의 결집을 시도하였다.

당시 원군교 신자였던 전봉균(田鳳均)은 치안유지법 위반으로 징역 2년 6월을 선고받고 복역하다가 심한 고문으로 옥사하였다. 그의 조서내용에는 "1942년 5월 7일 전북 부안군에서 일제의 패망을 기원하며 조선 독립과 주권국가 건립을 목적으로 활동하다가 피체되었다"라고 적혀 있다.

전북 부안의 국채준(鞠採準) 등에 대한 1944년 1월 10일자 전주지방법원 형사부의 판결문에 다음과 같은 내용이 보인다.

> 1928년경부터 (…) 강일순이란 자가 창건한 훔치교를 신앙해오다가 (…) 1930년 1월경 (…) 훔치교의 일파인 원군교를 전교하여 (…) 1937년 5월경 (…) 동교(同教)를 해산하였으나 (…) 이윽고 일지사변(日支事變)이 발발하여 세계의 정세가 중대화되자 이는 즉, 강일순의 교리인 후천선경 개벽하여 5만 년의 신천지가 실현되어 강일순이 현세에 재림하고 그 지배하에 조금의 불평, 불만도 없는 불사(不死) 불멸의 평화세계가 창조되고 조선이 독립될 전조라고 하여 (…) 결사를 조직할 것을 계획하였다. (…) 1941년 5월 (…) 현재 세계의 정세는 강증산의 교리인 신도조리공사(神道調理公事)에 의해 세계전쟁이 발발하였는데 가까운 장래에 이 대전은 끝나게 되나 그때 교조 강증산이 현세에 재림하여 선경(仙境) 5만 년의 세계를 열고 강증산은 천지인 삼계(三界)를 통리(統理)하는 삼황(三皇)폐하가 됨에 따라 조선은 독립하여 세계의 선도국이 되고 우리들 신도는 강증산의 수제자가 되어 후천 5만 년에 걸쳐 불로불사하는 복록을 획득하여 세계인류를 지도

277 『정읍 신종교와 민족운동사 규명 학술용역』(충남대학교 유학연구소, 2014), 158쪽에서 재인용.

하는 자격을 부여받게 되므로 (…) 국체를 부인하는 목적으로 (…) 결사를 조직하였다.

위의 인용문을 통해 원군교는 1937년 무렵에 장차 중일전쟁이 세계전쟁으로 화할 것이며, 이윽고 후천개벽이 일어나 새로운 세상이 열릴 것이고, 이때 증산 강일순이 재림할 것을 예언했음을 알 수 있다. 증산이 재림하여 천지인(天地人) 삼계를 다스리는 삼황폐하(三皇陛下)가 될 것이라고 강조한 점이 특기할 만하다. 물론 원군교는 일제로부터 국체(國體)를 부정하는 비밀결사조직으로 처벌받았다.

(8) 인도교

인도교(人道敎)는 채경대(蔡慶大, 1890-1940)가 세운 교단이다.

1936년 1월 30일자 『동아일보』에 「정읍(井邑) 증산교주(甑山敎主)도 치안방해로 피검(被檢)」이라는 기사가 있는데, 전문은 다음과 같다.

교도(敎徒) 수만(數萬)을 가진 보천교(普天敎) 일파(一派)
정벌(征伐)에 전율하는 각종 사교(邪敎)

이제 또다시 정읍경찰서에서는 자칭 증산교 교주라고 하는 채경대를 검거하야 앞으로 이 사교 정벌의 철투는 어디까지 뻗쳐질는지 모르게 되어 각지에 할거하고 있는 자칭 천자(天子)들을 전율케 하고 있다.

이제 전기(前記) 채경대가 검거된 경로를 들어보면 그는 정읍군 덕천면 신월리에 본거를 둔 보천교의 일 분파인 증산교의 교주로 그 근방에 사는 우매한 농민 가운데 수만의 교도를 확보하야 그들을 주문을 읽는 것으로 복을 받고 병이 전쾌된다는 등 각종의 미신으로 돌림은 물론 국제정세이나 조선의 장래에 관한 유언비어를 유포하므로 정읍경찰서에서는 사회의 치안을 방해한다고 하여 일전에 검거 유치 중이라 한다.

그리고 전북경찰부에서는 앞으로도 차종(此種) 사교에 대하여는 용서 없이 정벌할 작정이므로 이즈음은 도내에 사교공황시대(邪教恐惶時代)를 연출한 감이 있다고 한다.

채경대가 정읍군 덕천면에 본거를 둔 증산교 교주로 수만의 교도를 획득하여 주문을 읽는 것으로 복을 받고 병이 전쾌된다는 미신은 물론 국제정세나 조선의 장래에 대한 유언비어를 유포하다가 경찰에 체포되었다는 내용이다. "조선의 장래에 대한 유언비어"는 조선의 독립과 관련된 풍설을 퍼뜨렸다는 죄목일 가능성이 높다.

1936년 8월 14일자 『조선중앙일보』에 「요언(謠言)을 유포하는 증산교(甑山教)에도 대탄압, 평양포교소에 해산령」이라는 기사가 있는데, 전문은 다음과 같다.

요망스러운 말을 전파하는 여자, 그는 평양부 교구정에 있는 김신수(가명)라는 여자로 서만주지방에 본소를 둔 소위 증산교에 입교하야 포교사가 된 후 근 수십 여 회에 권고하야 신도가 되게 한 후 매일 돌아다니며 "금년은 병자년(丙子年)인데 말세가 되었으므로 이 지구 위에 있는 모든 것은 모조리 멸망한다"고 요망한 소리를 전파하야 인심을 소란케 하고 결국 가산을 낭패코 유리하는 자가 생기게 할 우려가 있으므로 평양경찰서에서는 수일 전에 이 여자를 호송하야 엄중 설유하는 동시에 포교소에 대하여는 당연 해산을 명하였다고 한다.

평양에서 요언을 퍼뜨리던 여자는 채경대의 인도교와 관련이 있는 인물로 짐작된다. 채경대는 병자년(1936) 여름에 만주(滿洲)에 들어가 이곳저곳을 돌아다니며 교도들을 이주시킬 장소를 물색하였다. 채경대는 만주로의 이주 계획에 찬동한 교인 6백 세대를 중심으로 신농사(神農社)를 조직하였다. 이들은 봉천(奉天) 서탑(西塔)과 계림촌 등지의 농장에 머물면서 일과 포교에 주력하였다. 채경대의 인도교에 영향을 받은 증산교인 구체적으로는 인도교인이었던 어떤 여자가 "병자년에 세상이 말세가 되어 모든 것이 멸망할 것이다"라는 예언을 퍼뜨리고 다녔다는 내용이 핵심이다.

1937년 9월 5일자 『동아일보』에 「자칭 옥황상제, 보천교가 몰락한 이후에 일어난 법사 채경대(蔡慶大)의 위인(爲人)」이라는 기사가 있다. 인도교를 표방하고 비밀결사를 조직한 채경대는 전남 무안군 출신인데, 천도교와 보천교에 있다가 소화 5년 경오년(1930)부터 인도교를 세워 자신이 옥황상제라고 칭하고 주의와 주장을 선포하여왔었다는 내용이다. 채경대도 스스로를 옥황상제라고 자처했다는 사실에서 그 역시 새로운 황제로의 등극을 꿈꿨던 인물임이 확인된다.

1937년 10월 30일자 『매일신보』에 「혹세무민 사욕에 급급튼 인도교(人道敎) 간부 총 검거, 교도 만 명 모으고 맹랑한 도통설」이라는 기사가 있다. 교주 채경대 등이 송국(送局)되었다. 이들은 전라남북도를 중심으로 대정 13년(1924)부터 신도를 모집했는데, 신농주식회사를 조직하여 장래에 실현할 국가의 중심인물이 된다고 금품을 편취했다. 보천교의 일 분자가 조직한 단체로 소학(小學), 중학(中學), 대학(大學)의 도통이 열릴 것이라고 주장했다. 채경대도 "장래에 실현할 국가"를 예언했으며, 이를 빌미로 신도를 모았음이 확인된다.

전라남도 무안군 박헌행의 1938년 2월 10일자 광주지방법원의 판결문에 다음과 같은 내용이 있다.

> 증산교[일명 인도교(人道敎)]는 원래 훔치교의 교조 강증산(姜甑山)을 증산신성(甑山神聖, 옥황상제)으로 우러러 채경대의 창시로 이룬 유사종교로서 1924년경부터 전라북도 정읍군 덕천면 신월리에 본부를 두고 채경대를 법사(法師)로 (…) 증산교를 믿으면 불로장생해서 모든 원의(願意)를 성취하고 장래 증산신성이 통치하면 국가의 선관선녀(仙官仙女)가 된다고 유포 선전하며 (…) 옥황상제(증산신성)에게 조알(朝謁)하는 예배를 드리는 등

> 정치에 관한 불온한 언동을 하여 치안을 방해하였으며 (…) 선천과 후천이 순환하여 3년간 악질이 유행하고 인류는 사멸하나 (…) 도통을 획득한 증산교 신자에 한하여 난을 면하고 증산신성이 통치하는 국가에서 (…) 선관 선녀가 된다.

1938년 3월 24일자 『매일신보』에 「도피한 인도교 일파, 증산교로 또 무민(誣民)」이라는 기사가 있다. 서대문서에서 체포하여 취조하다가 일당 8명을 어저께 송국했다는 내용이다. 이들의 죄목은 수원과 경성에서 금품을 사취한 것이다.

그리고 만주국 봉천성 심양현에 살던 채경대의 1939년 5월 23일자 경성지방법원 판결문에 다음과 같은 내용이 있다.

> 1923년 보천교를 탈퇴한 이래 (…)1930년 11월 (…) 증산교를 창립하게 되었다. (…) 그 후 1935년에 신도가 약 6천 명에 이르렀으나 (…) 1936년 5월 (…) 증산교를 인도교로 개칭하고 (…) 증산교 법사 채경대는 인세(寅歲)에 태어난 위인으로 장래 조선국왕이 되어야 한다. 그때 동교(同敎) 교도는 고위고관 자리에 오른다. 또 채경대는 동학의 시조 최제우(崔濟愚)가 죽은 후 80년째에 신통력을 얻어 어떠한 난병(難病)이라도 바로 완쾌시키고 5만 년 장수를 지킬 수 있다.

채경대가 창교한 인도교에서도 교주가 조선의 국왕이 될 것이며, 교도들이 새 나라의 관직을 차지하게 될 것이라고 예언했다는 내용이다. 이들은 1944년이 되면 교주가 신통력으로 온갖 질병을 낫게 하고 5만 년 운수를 열 것이라고 주장했다.

(9) 선도교

선도교(仙道敎)는 보천교 간부였던 황해도 금천군에 살던 김홍원(金洪圓)이 1928년에 결성한 비밀결사체다.[278] 이 결사체는 "어느 시기에 교주가 평강군 현내면 이목리에 교도 1만 8천 명을 이주시키고 불식장생(不食長生)의 술법을 이들에게 전수하여 신선이 되도록 한다"고 주장하면서 "신선이 된 자는 만왕(萬王)의 왕이 됨으로 현재의 정치를 벗어나 교도만의 국가를 조직한다"는 결사체의 목적과 취지를 분명히 하고 있다. 그리고 "조선인 전부가 본교를 믿게 되었을 때 조선은 완전히 조선인의 손에 의해 통치하게 된다"며 민중을 대거 조직하려 하였다.[279]

김홍원은 보천교 입교 당시의 같은 교인이었던 이용규, 서인환, 배수겸 등과 함께 활동을 시작하여 1931년 봄 무렵에[280] 교도 1,080명을 확보하였다. 그리고 1934년 12월경에는 약 7천 명, 1935년 3월 15일이면[281] 1만 8천 명에 이를 예정이라고 주장할 정도로 급격한 교세 확장이 이루어졌다. 이들은 평강군 현내면 이목리(梨木里) 장지포(長池浦)를 『정감록』에서 말하는 성지(聖地)로 인정하고, 1931년 봄 무렵부터 이곳에 한옥 9채를 건립하였다. 그리고 교도들에게 세계의 중심지가 된다고 주장하면서 이주를 도모하였다.

선도교의 활동에 대해 일제는 "자신들의 조직을 종교라고 말해왔으나 사실은 조선을 독립시키기 위한 결사체였다"고 판단했으며, "조선의 독립은 조

278 세간에서는 이들의 결사체를 천팔교(千八敎), 신선교(神仙敎), 선도교 등으로 부르기도 하였다. 전주지방검사청, 『형사재판서원본』(정부기록보존소, 1944).

279 「선도교의 불온계획에 관한 건」[평고비(平高秘) 제839호, 평강경찰서 1935년 7월 26일] 본건은 경성지방법원검사와 조선총독 앞으로 보내는 경찰비밀문건이다. 「치안유지법 위반 및 사취 피의사건 검거에 관한 건」[평고비(平高秘) 제1,461호, 평강경찰서 1935년 6월 14일] 역시 마찬가지다.

280 교의 본부를 『정감록』에 의하여 평강군 현내면 이목리로 선정하였다. 이곳의 지세를 공자(孔子)가 태어난 곡부(曲埠)와 같다고 주장하고, 비산비야(非山非野) 등으로 불렀다. 선도교에 대해서는 안후상, 「자료로 재구성한 일제강점기 보천교운동」, 『일제강점기 보천교의 민족운동』(도서출판 기역, 2017)에 자세한 내용이 번역되어 있다.

281 이날에 천지개벽하여 우리들의 세상이 된다고 소문을 퍼뜨렸다.

선인이라면 어느 누구도 반대할 자가 없으니 반드시 성공한다"고 주장했다고 밝혔다. 황해도 및 평강경찰서에서 이들에 대한 수사를 착수하여 54명을 구속하고 153명을 불구속 입건하였다.[282] 이들은 취조과정에서 한결같이 "교의 목적이 조선의 독립이며, 선도와 조선의 독립은 같은 의미다"라고 강조했다고 전한다.

1935년 7월 무렵에 작성된 선도교에 대한 일제의 보고서에는 "머지않아 러일전쟁이 일어날 적에 우리 교주는 러시아의 승리를 틈타 일본과 분리를 꾀하여 조선을 독립하도록 한다", "교의 목적은 교도에게 불식장생(不食長生)의 비술을 전수시켜 신선이 되도록 하는데, 교도가 신선이 되면 신선은 만왕의 왕이므로 조선은 선도교가 지배하게 된다", "머지않아 미일전쟁이 일어나는데, 이 교를 믿어 난을 면함과 동시에 미국이 승리했을 때 일제와 절연(絶緣)하여 본래의 조선국이 된다" 등이 적혀 있다.[283]

1935년 8월 3일자 『동아일보』에 「혹세무민배 5명을 검거」라는 기사가 있다. 양양경찰서에서 선도교도 5명을 검거하여 취조 중인데, 선도교에 가입하면 전쟁에 나가 총을 맞으면 총알은 물이 되므로 죽지도 않으며 조선이 ** 되면 벼슬을 시켜준다고 선전하며 가입금을 받았다는 내용이다. 조선이 독립되면 벼슬자리를 차지할 수 있다는 엽관적 신앙을 강조했다는 점이 드러나는데, 선도교라는 교단도 국권회복운동을 빌미로 신도들을 모았음이 확인된다.

1937년 8월 20일자 『동아일보』에는 선도교의 교인이 1만 3천 명가량이며, 해외에 있는 모종 비밀단체에 자금을 보낸 일이 있었다고 한다. 이 기사를 통해서 선도교인이 다수 있었으며, 이들이 모은 자금이 해외에 있는 독립단체에 보내졌다는 의심을 받기도 했음이 드러난다.

1937년 8월 31일자 『동아일보』에 「평강 선도교 사건 12명 예심 회부」라

---

282 「선도교의 불온계획에 관한 건」[평고비(平高秘) 제839호, 평강경찰서 1935년 7월 26일]; 『정읍 신종교와 민족운동사 규명 학술용역』(충남대학교 유학연구소, 2014), 160쪽에서 재인용.

283 안후상, 앞의 논문, 2002, 34쪽과 『정읍 신종교와 민족운동사 규명 학술용역』(충남대학교 유학연구소, 2014), 161쪽에서 재인용.

는 기사가 있다. 주모자 김중섭은 소화 4년(1929) 봄에 선도교를 창립하였는데 원래 보천교 간부였다고 한다. 교도 8천여 명을 가졌으며 불식장생(不食長生)이라는 미신으로 종교적 색채를 표방하였으나 그 이면에는 비밀결사를 조직하고 정치적 의도하에서 해외에 있는 모종 비밀단체와 연락이 있었다고 한다. 이 기사에서 선도교의 창교주가 보천교의 간부였음이 밝혀진다. 그리고 선도교가 겉으로는 종교라고 주장하지만 속으로는 독립운동을 꾸미는 비밀결사이며 더욱이 해외의 독립단체와도 연락을 주고받았다는 내용이 확인된다.

(10) 무극대도교(동도법종금강도)

증산교의 일파인 동도법종금강도(東道法宗金剛道)의 교주 강승태(姜昇泰, 1895-1960)는 1918년경부터 보천교를 믿었으며,[284] 1936년 1월 27일에 제주도 안덕면 동광리 강위경(姜渭慶)의 집에서 무극대도를 결성하였다. 이때 그는 "다가오는 경진년(1940)에 진인이 나타나 조선을 독립시키고 천자가 등극할 것이다"라는 예언을 내세워 결사체를 결성하였다.

보다 구체적으로는 "오는 1940년 3월 경진년(庚辰年) 경진월(庚辰月) 경진일(庚辰日) 경진시(庚辰時)에 제주도 남방 자록도(紫鹿島)에서 진인(眞人) 정도령(鄭道令)이 나타나서 부하 군졸 수천 수백 명을 홍기(紅旗)를 단 홍선(紅船)인 태을선(太乙船)에 태워 중문면 대포리에 상륙하여 교주 강승태와 협의한 후에 충남 계룡산으로 들어가 조선을 독립시키고 천자로 등극한다. 세계를 72개국으로 나누어 지배할 것이고, 그때 가서 각국의 왕은 물론 일본의 소화천황(昭和天皇)이라 하더라도 1940년에 한하여 폐제(廢帝)되어 일개 왕후(王侯)로서 정천자(鄭天子) 밑에 조공할 것이다. 그리고 우리 무극대도는 국교(國敎)가 되어

284 보천교 선교사들이 "가까운 장래에 정도령이라는 진인이 나타나서 천하를 통일하고 등극하면 보천교의 독신자는 신선이 될 것이다"라고 교시했다고 전한다.

교도는 그 성의에 따라 성인 반열에 올라 후천 5만 년의 영락(榮樂)을 입어 천성당(天聖堂), 만성당(萬聖堂), 영당(靈堂)에 봉사하게 될 것이다"라는 예언이었다.[285]

1936년 8월 6일 강승태는 표선면 토산리 김창규(金昌圭)의 집에서 강석구, 김태휴 등과 강서(降書)라며 작구(作句)한 "동방황성락(東方皇星落)"에 대해 "수일 전 동쪽 하늘에 황제를 지키는 별이 떨어지는 것을 보았는데 이는 일본 황제의 운이 쇠미하여 앞서 말한 정천자(鄭天子)의 출현으로 황후의 자리로 떨어져 조공하여 올 징조이다"라고 해석하며 독립의식을 고취시켰다.

1936년 11월 19일에 강승태는 국운회복대치성을 제주도 조천면에서 올릴 때 신도 2백여 명과 함께 태극기를 세우고 조선 독립만세, 세계통일만세 무극대도만세 등을 외쳤다.[286]

1937년 1월 26일에 강승태는 안덕면 동광리 양기현(梁琪鉉)의 집에서 다시 강서(降書)라며 작구한 시를 해설하였다. 그 시는 "붉은 깃발이 하늘을 반쯤 가리니 일본이 망하고, 서불(徐市)이 지나가 머문 손자들이 망실(亡失)하네"라는 내용이었다. 즉 "1937년 1월 26일 오전 2시경 하늘이 반분하고 붉어지는 것을 목격하였는데 이는 가까운 장래에 일제가 멸망할 징조다. 그리고 일본의 제1대 천황은 중국의 진시황 때 불로불사초를 구하기 위해 왔던 서불인데, 서불은 명을 받아 동남동녀 5백 명을 거느리고 불로불사약을 구하여 제주도에 왔다가 일본으로 건너가 제1대 천황이 되었다"라고 해석하였다.[287]

또 강승태는 정축년(1937) 6월에 도생들에게 말하기를 "7월 1일의 해가 지는 모양이 개와 같으면 삼국이 재앙으로 망하고, 해가 지는 모양이 소와 같으면 만국이 재앙으로 망하고, 닭과 같으면 한 나라가 재앙으로 망하고, 7월 7

285 『정읍 신종교와 민족운동사 규명 학술용역』(충남대학교 유학연구소, 2014), 162쪽에서 재인용. 강승태의 무극대도교에 대해서도 안후상, 「자료로 재구성한 일제강점기 보천교운동」, 『일제강점기 보천교의 민족운동』(도서출판 기역, 2017)에 자세한 내용이 번역되어 있다.

286 홍범초, 앞의 책, 470쪽.

287 『정읍 신종교와 민족운동사 규명 학술용역』(충남대학교 유학연구소, 2014), 163쪽에서 재인용.

일에 해가 지는 모양이 소와 같으면 지나사변(支那事變)이 세계대전으로 변하여 조선이 을유년(1945)에 해방이 되리라"라고 예언하였다.[288] 해가 지는 모양이 개, 소, 닭과 같이 변하면 각종 재앙이 일어날 것이라는 내용이다. 그런데 조선이 을유년에 해방이 될 것이라는 그의 예언이 부절처럼 들어맞게 이루어졌다. 물론 이러한 전언이 기록된 것이 해방 이후라는 점에서 실제로 그가 1937년 무렵에 이미 1945년에 일어날 일을 정확하게 맞추었다는 주장을 현재로서는 확인할 수 없다.

또한 강승태는 1937년 7월 31일에 양기현의 집에서 강석구 외 11명에게 "지나사변이 발발한 것은 미리 내가 알고 있던 것으로, 이 전쟁은 금후 일진일퇴로 서로 싸우며 1940년까지 계속되지만 결국은 일본이 패망한다. 그때 정도령(鄭道令) 천자(天子)가 출현하여 일본과 중국을 평정하게 될 것이다"라고 예언하였다.

1937년 10월에도 강승태는 고무생(高戊生)의 집에서 "전란에 이은 흉작과 질병이 일어날 무인년(1938), 기묘년(1939) 양 해에 일본이 군사적으로 우세하여 상호 일진일퇴가 상당히 오래가지만, 1938년부터는 세계대전으로 진전되며 일본도 1939년부터는 점차 세력이 쇠약해져 패전할 운명에 있다. 그때 정도령이 나타나니 1940년 경진년에 해당되고, 정도령의 신통력으로 전쟁을 중지시키고 조선을 독립시켜 세계를 평정하고 세계 각국이 모두 조공하여 올 것이다"라고 예언했다.[289]

1938년 8월 12일자 『동아일보』에 「피검자 2천 3백 명, 무극대도교 송국(送局)」이라는 기사가 있다. 제주경찰서에서 10개월 동안 무극대도교 관계자 2,350명을 검거하여 조사했다는 내용이다.

1938년 8월 13일자 『동아일보』에 「세계통일, 일국(一國)건설」이라는 기사가 있다. 무극대도교는 소화 15년 경진년(1940)에 진인(眞人) 정도해(鄭桃海)

---

288 홍범초, 앞의 책, 471쪽.

289 광주지방법원 제주지청, 『형사사건부』(1940년 형공합 제2호), 정부기록보존소.

가 자하도로부터 제주도 중문면 대포리에 상륙하여가지고 교주 강승태와 의논하여서 충청도 계룡산에 터를 정하고 호를 임흥(任興)이라고 하여 세계를 73개국으로 나누어 정도해가 천자로 임어할 때 교주는 국사(國師)로서 정천자(鄭天子)를 지휘하여 대동세계를 건설하고서 무극대도교의 신자로 하여금 73개국의 국사로 파견할 뿐 아니라 후천 5만 년의 영화를 누리는 동시에 천성당(天聖堂), 만성당(萬聖堂) 등에 봉사(奉祀)케 한다는 설로 무지한 민중을 미혹케 하였다 한다.

무극대도교에서는 진인 정도해가 제주도에 와서 교주와 함께 상의하여 이후 계룡산에 나라를 세우고 새로운 국호를 정할 것이라고 예언했다. 진인이 제주도로 출현할 것이라고 주장한 점이 특기할 만하며, 천자와 국사라는 직책과 임무가 나뉘어 설명된다는 점이 독특하다.

『동아일보』 1938년 8월 14일자 「횡설수설」에 음양오행, 팔괘, 풍수설, 『정감록』 등을 이용한 소위 무극대도교가 세계통일, 일국건설(一國建設), 후천 5만 년의 영화 등을 운운하며 제주도에서 포교되는 상황을 비판하고 있다.

1938년 12월에는 무극대도교와 관련된 다음과 같은 잡지 기사가 있다.

> 제주도를 중심 삼은 무극대도교(無極大道教)란 사교(邪教)의 (…) 1천 5백 명의 우매한 남녀를 (…) 작년 12월 13일 새벽에 일제 검거를 하여 (…) 그 종지를 보건대 (…) 정감록설 기타 미신을 꾸미여 (…) 소화(昭和) 15년 경진(庚辰, 1940)해에나 또는 소화 15년에 되지 아니하면 60년 후 경진년에는 진인 정도해가 제주도 남쪽에 있는 자하도(紫霞島)로부터 제주도 중문면 대포리에 상륙하야 전기 정도해는 천자가 되고 강승태는 국사(國師)가 되야 같이 국정에 대하야 상의 후 충청도 계룡산에 터를 정하고 (…) 세계를 73개국으로 논아서 후천 5만 년의 영화를 누리고 (…)[290]

290 「후천 5만 년 영세를 꿈꾸는 무극대도교의 극악한 죄상」, 『조광(朝光)』(1938. 12월호), 182-186면.

무극대도교의 종지(宗指)가 『정감록』에 기반을 둔 것이라는 평가다. 이들은 1940년에 진인 정도해가 제주도로 나와 교주 강승태와 상의하여 마침내 계룡산에 새 나라를 건설할 것이라고 예언했다. 1940년에 이러한 예언이 실현되지 않으면, 60년 후인 2000년에 그 예언이 실현될 것이라고 주장한 점이 특기할 만하다. 그리고 조선에 새 나라가 건설되는 일이 곧 세계를 다스리는 일과 관련된다고 강조한 점도 독특하다. 한 나라의 독립에 그치는 일이 아니라 세계구원을 예언했던 것이다.

제주도 제주읍에 살던 김경식의 1940년 1월 31일자 광주지방법원 형사부의 판결문에 다음과 같은 내용이 있다.

> 피고인은 (…) 1936년 10월경 (…) 무극대도교에 들어가 (…) 오는 경진년(庚辰年, 1940) 경진월 경진일 경진시에 제주도의 남쪽 자하도(紫霞島)에서 정도해(鄭桃海)라는 진인(眞人)이 나타나 부하 군대 천 수백 명을 이끌고 붉은 배의 붉은 깃발을 단 태을선(太乙船)에 올라 제주도 중문면 대포리에 상륙하여 교주 강승태와 협의하여 충청남도 계룡산에 가서 조선을 독립시켜 천자(天子)에 올라 세계를 72개국으로 나눠 전 세계를 지배할 때 (…) 일본의 소화황제(昭和皇帝)도 소화 15년(1940)을 끝으로 폐제(廢帝)하고 (…) 우리 무극대도교는 국교(國敎)로서 (…) 5만 년의 영락을 누리고 (…) 중국의 곤륜산과 일본 후지산도 모두 정도해 천자의 소유가 되고, 전 세계의 산야(山野)와 큰 강과 바다를 모두 통일하게 될 것이므로 (…) 정치에 관해 불온한 언동을 함으로 치안을 방해했다.

앞서 살펴본 강승태의 예언과 관련된 구체적 기록으로 확인된다.

이와 관련하여 제주도 중문면에 살던 강승태의 1940년 12월 4일자 광주지방법원 형사부의 판결문에 다음과 같은 내용이 있다.

> 피고인 강승태는 1918년경부터 사교(邪敎)인 보천교를 믿게 되었다.

> 그 무렵 보천교본부로부터 선교를 위하여 제주도에 온 황석호 등으로부터 "곧 정도해라는 진인이 현세에 나타나 천하를 통일하여 등극하고 보천교의 독신자는 모두 신선이 될 것이다"라는 교시를 받자 깊게 이것을 믿고 1931년경부터 맹목적이 되었는데 (…) 『정감록(鄭鑑錄)』의 비결, 미신, 전설 등을 위(緯)로 하고 보천교를 모방하여 1936년경 무극대도교(無極大道敎)라는 것을 창안하여 스스로 교주가 되어 (…) 다가오는 1940년 3월 경진년 경진월 경진 때에는 제주도의 남쪽 계용도에서 정도해라는 진인이 나타나고 부하 군대 천 수백 명을 인솔하고 홍선홍기(紅船紅旗)의 태을선을 타고 제주도 중문면 대포리에 상륙한다. 교주 강승태와 협의하여 충청남도 계룡산에 이르러 조선을 독립시킬 천자로서 등극하고, 세계를 72개국으로 나뉘어 전 세계를 지배할 것이다. (…) 일본의 소화(昭和) 황제라고 해도 1940년을 끝으로 폐제된다. 일왕(日王)으로서 정천자(鄭天子) 밑에 조공해야 한다. 우리 무극대도교는 국교가 되어 (…) 결국 일본은 패배의 운명에 있고 일본도 중국도 평정할 것이다. (…) 또한 3년 안에는 악성 전염병이 유행하여 일본인은 전멸할 것이다. (…) 1940년이 되면 남쪽 바다 가운데 자하도로부터 진인 정도해가 출현하여 천자로서 등극하고 (…) 조선의 독립 및 세계통일을 기원하고 (…)

강승태의 신앙적 연원이 보천교였다는 점이 확인되며, 보천교의 예언과는 다르게 정씨 진인출현설을 강조했다는 점도 엿볼 수 있다. 그리고 제주도가 진인의 출현장소로 강조되며, 진인과 교주가 힘을 합쳐 계룡산에 새 도읍을 정할 것이라는 주장도 독특하다. 나아가 이들은 조선의 구원뿐만 아니라 세계구원을 지향했으며, 전염병의 유행을 강조했던 점도 특기할 만하다.

(11) 제주도 미륵교

1942년에 제주의 양붕진(梁鵬進)과 보천교인 양계초, 송태옥, 이두생 등은 대중집회에서 "잠시 후면 조선의 운세가 호전할 터인즉 이는 음양 두 수의 순환이법에 의한 필연적인 결과이다. 현재 조선은 일본에 병합되어 있지만 1944년이 되면 현 사회는 몰락하고 동시에 조선의 미륵교 사회인 지상천국(地上天國) 용화세계(龍華世界)가 출현하여 세계를 지배하게 된다"라는 예언을 했다.[291]

이와 관련하여 제주도 애월면 변호찬(邊鎬燦) 등의 1942년 11월 12일자 광주지방법원 제주지청의 판결문에 다음과 같은 내용이 있다.

> 변호찬은 1916년 봄 무렵부터 보천교를 믿고 1925년 가을 무렵 탈교를 한 자인데, 1926년 음력 2월 (…) 미륵교를 (…) 권유받고 입교한 후 (…) 오는 1944년이 되면 천황씨의 정기와 강증산의 정기가 서로 합류 발전하여 현 사회가 몰락함과 동시에 조선에는 미륵교 사회, 즉 지상천국인 용화세계가 출현하여 조선은 독립하고 신자 중의 도통한 자는 1만 2천 명이 전 세계를 지배할 뿐만 아니라 신자들은 선각자로서 중국의 공자 및 그 제자와 같이 후세까지 존경, 추모됨은 물론 고위고관에도 오르고 부자가 될 수 있다라는 설명을 듣고 (…) 미륵교 사회가 실현되어 조선이 독립하여 전 세계를 지배하도록 기원했을 뿐만 아니라 (…) 정치에 관한 불온한 언론동작을 하여 지안을 방해한 자이다.

미륵교에서도 1944년이 되면 새로운 세상이 열릴 것을 예언했다는 내용이다. 천황씨와 증산의 기운이 합쳐져 새 사회가 출현할 것이라고 주장했던 점이 특기할 만하다. 그리고 이들은 도통군자 1만 2천명이 출현하여 이 세상을 지배할 것이라고 강조했다.

---

291 광주지방법원 제주지청, 『형사사건부』(1942년 형공합 제54호), 정부기록보존소; 『정읍 신종교와 민족운동사 규명 학술용역』(충남대학교 유학연구소, 2014), 165쪽에서 재인용.

(12) 서상석의 증산교파

1939년 1월 29일자 『매일신보』에 「계룡산 천국 팔던 증산교도에 철퇴, 전남서 2백여 명 검거」라는 기사가 있다. 1939년 정월 초부터 영암경찰서를 중심으로 전라남북도의 증산교 교도를 대량 검거했다는 내용이다. 정읍에 사는 서상석이 주모자인데, 이 자는 보천교 간부였다고 한다. 그는 작년(1938) 7월 7일에 계룡산에서 증산(甑山)의 신령이 말하기를 선천(先天)의 기운이 진(盡)하고 후천(後天)의 기운이 온다고 하며, 소화 16년(1941) 1월 1일에는 금강산 1만 2천 봉의 정기를 받아 증산이 다시 나와 이상국가를 만들고, 차천자(車天子)의 영혼은 지나사변에 일본군을 위하여 활약한다고 주장했다. 양민을 속여 교도를 모집한 죄목으로 일제에 체포되었는데, 교도 명부와 서류를 압수당했다. 고흥, 영광, 화순, 무안, 해남, 나주 등지와 전북 각처에서 2백여 명이나 검거되었다.

서상석은 증산의 영혼이 자신에게 내려 "선천이 지나가고 후천이 올 것이다"라고 예언했다고 주장했다. 나아가 그는 1941년 정월 초하루에 "금강산 1만 2천 봉우리의 정기를 받아 증산이 다시 태어나 이상향을 건설할 것이다"라고 강조했다. 증산의 영혼을 빌려 예언했다는 점이 특기할 만하고, 특히 금강산의 봉우리 숫자를 언급하면서 증산의 부활을 강조했던 점이 독특하다. 후대의 일부 증산교단에서 금강산 1만 2천 봉에 응하여 1만 2천 명의 도통군자가 날 것이라고 예언한 점과 관련이 있는 것으로 보인다. 그리고 서상석은 차천자, 즉 보천교주 차경석의 영혼이 일본군을 도와줄 것이라고 주장했는데, 차경석의 영혼까지 자신의 예언에 포함시킨 점도 특기할 만하다.

한편 1939년 1월 29일자 『동아일보』에 「황당무계설로 도중 취집, 계룡산하에 몽상천국」이라는 기사가 있다. 영암경찰서에서 유사종교단체 일당 20여 명을 체포했는데, 주모자 서상조(徐相照)는 보천교 간부였는바 "나는 강증산의 영혼과 신통되므로 소화 16년(1931) 1월 1일에는 충남 계룡산에 도읍을 정하고 동국(東國)이라는 지상천국을 건설하는 동시에 전 세계를 통일할 터이다. 나를 믿고 따르는 자는 말세의 유행 악질에도 걸리지 않고 성자가 되는 동시에 제후 왕을 시켜주겠다"는 풍설을 유포하고 나주, 영광, 함평, 무안, 화순, 해남 등지에서 2백여 명의 신도를 모집했다고 한다. 『매일신보』 같은 날짜의 기사와 동일한 내용인데, 주모자의 이름이 서상석과 서상조로 다를 뿐이다. 둘 중 하나는 오기로 보인다. 장차 지상에 건설될 이상국의 이름이 동국이라고 밝혀진 점이 특기할 만하다.

(13) 황극교

1926년 10월 김영식, 은세룡(1888-1974), 홍명선 등이 황석공교(黃石公敎)를[292] 창교하고, 고려의 충신 정몽주의 후손인 정해도(鄭海桃)를 교주로 삼았다가 1932년 교명을 황극교(黃極敎)로 개칭하였다.[293] 황극교는 종교단체를 표방하고 있었지만, 실제로는 민족사상을 고취하여 조선 독립을 궁극의 목적으로 하는 독립운동단체였다.

이들은 일본이 27년간이면 망하고 사경진(四庚辰)이 되는 경진년(1940) 3월 15일에 교주인 정해도가 해외에서 돌아와 계룡산에서 등극하여 조선은 독립할 것이니 황극교는 그의 명에 의하여 그동안 준비를 해야 한다고 주장하였다. 그리하여 이들은 조선의 독립을 기원하기 위해 명산에 천제(天祭)를 지냈다. 1931년 10월 15일 무주 덕유산, 10월 15일 모악산 천제를 지냈고, 1933년에는 변산에서 천제를 지냈다. 나아가 1937년에는 조선 독립을 대비하여 교주가 등극할 정청(政廳)으로 계룡산에 삼황묘(三皇廟)를 세우기도 했다.

황극교의 교세는 전라, 충청, 영남에 미쳐 교인이 1천여 명에 이르렀다. 일제는 황극교 사건을 보천교의 재건으로 간주하고 1937년 전 조선 각지에

292 황석공은 중국 고대 전한(前漢)시대의 이인이다.

293 최현식, 『정읍 항일운동사』(정읍문화원, 1994), 183쪽.

서 간부급 160명을 검거하였다. 1938년 12월에는 이 가운데 89명을 송국(送局)하였다.

이 밖에도 증산교의 분파로 추정할 수 있는 단체의 주장이 있다.

황해도 옹진군 최도성의 1945년 3월 12일자 고등법원 형사부의 판결문에 다음과 같은 내용이 있다.

> 피고인은 (…) 자기는 훔치교의 교주였던 죽은 강증산의 화신으로 현재의 인류사회는 그 명맥이 다하여 장래 천지개벽하여 일본을 포함한 세계 각국은 전부 멸망하고 새로이 후천 5만 년의 선인세계(仙人世界)라고 말하는 선경(仙境)이 실현되면 조선에 신국가(新國家)가 탄생되어 자기가 그 왕으로 등극하여 계룡산에 도읍을 정하여 전 세계를 통치할 것이고, 지금부터 강증산을 믿는 자는 천지개벽 후 신선화(神仙化)되어 무병, 불로장생할 것이요. (…) 1943년 10월 보천교라는 교단을 결성하여 자신이 교주가 되어 신도를 모집하고 (…) 증산의 영을 맞이하여 문답한다고 (…)

스스로를 증산의 화신이라고 주장했다는 점이 특기할 만하다. 여전히 계룡산 도읍설을 강조하며 5만 년 선경세계를 지향했다. 그리고 보천교라는 교명을 다시 사용했던 점도 독특하다.

3.
기타 신종교의 국권회복운동과 예언

(1) 경천교

1912년 10월 24일자 『매일신보』에는 「경천교도(敬天敎徒) 검거」라는 기사가 있다. 내용은 정수기(鄭壽基) 일파가 국권의 회복을 도모하고자 공주, 청주 각지에서 활동하다가 경찰에 체포되어 조사받았다는 것이다. 이들은 사기취체범으로 약 30여 명이 체포되었다. 경천교와 관련된 더 이상의 기사가 보이지 않아 추가적인 분석은 현재로서는 불가능하다. 그러나 정씨 성을 가진 교주가 중심이 되어 "국권의 회복을 도모했다"는 점에서 경천교라는 신종교 교단이 일제의 강점이 시작된 매우 이른 시기에 벌써 국권회복운동을 벌였다는 사실이 확인된다.

전라북도 김제군 박경래의 1922년 2월 22일자 광주지방법원 전주지청의 판결문에 다음과 같은 내용이 있다.

> 피고 경래 등은 경천교 해산 후 그것이 변형된 삼성무극경천교(三聖無極敬天敎)라 불리는 신교(新敎)를 선전한다는 이름을 빌려 해당 교지(敎旨)는 유, 불, 선의 삼교가 합병한 것으로 조선인인 자는 모두 해당 교도가 되

> 지 않으면 안 되고, 이 종교에 가입하면 훗날 조선이 독립되었을 때 자격에 따라 각 타당한 지위를 획득한다는 말을 퍼뜨리고, 악질(惡疾)과 재난(災難)을 면하고 훗날 조선과 일본의 전쟁이 일어나도 일가(一家)는 항상 평온무사하다고 선전하였다. 그리고 입교자는 조선 독립의 때에 국기(國旗)가 될 교기(敎旗)를 게양하여 크게 그 행동을 도와야 한다고 권유하면서 돌아다녔다. 1920년 3월 이후 1921년 음력 6월까지 (…) 각지에 다수의 신도를 권유하여 입교시키고 (…)

경천교라는 교단이 없어진 후에도 새롭게 이름을 바꾸어 예언을 퍼뜨렸다는 사실이 확인된다. 한 번 생긴 교단은 해산된 후에도 여전히 그 생명력을 이어나간다는 점이 특기할 만하며, 조국의 독립을 중점적으로 역설했다는 사실도 알 수 있다. 그리고 교단을 상징하는 교기를 게양해야 한다고 강조한 점이 특기할 만하다.

(2) 칠성교

칠성교(七星敎)는 계룡산에서 초고(草鼓)를 만들어 세계의 정세를 재판한다는 교단이었다.[294] 1902년에 사망한 강원도 사람 김달붕(金達鵬, 남도선생)이라는 사람이 북두칠성을 받들고 성심으로 기도할 때에 병마와 재액을 면하고 오곡 풍요, 생활의 안온, 행복을 얻을 수 있고, 또 짚으로 북을 만들어 이를 보물로 간수할 때는 반드시 개운(開運)할 수 있다고 주장하였다. 이를 믿은 그의 처 일필(一弼), 아들 서봉(瑞鳳) 등이 의논하여 1922년 무렵부터 자택에 재단을 설치하고 북두칠성을 만들어 기도하였다. 이들은 교도가 증가하자 1923년 칠성각을 세우고 1924년에는 짚으로 북을 만들어 칠성각 안에 안치하였

294 「계룡산하에 초고재판소, 칠성교의 괴작극」, 『동아일보』 1931년 12월 25일자.

다. 이 북이 울릴 때에는 진인(眞人)이 출현하여 신세계가 열린다고 주장하거나, 혹은 이 북을 간직하는 자는 장래 조선의 주교(主敎)가 된다는 말이 떠돌아 입교하는 자가 많았다고 전한다.[295]

1931년 12월 25일자 『동아일보』에 「계룡산하에 초고재판소」라는 기사가 있다. 근래에 새로 초고당(草鼓堂)을 건축하기에 몰두하여 완성되어 초고재판소라는 간판을 내걸었다고 한다. 그러나 경찰의 제지로 간판을 내리고 낙성연만 성대하게 열렸다. "초고가 울 때 가히 일을 알리라"라는 전설을 선전할 기회로 삼고자 했다. 짚으로 북을 만들어놓고, 이 북이 울릴 때 시사(時事)를 알 수 있다고 예언했다. 진인이 출현하여 그의 신성한 능력으로 짚으로 만든 북을 울려 자신의 권능을 알려줄 것을 기대했던 것이다.

1934년 1월 2일자 『동아일보』에 「벼슬 꿈 깨지고, 남은 게 거지꼴」이라는 기사가 있다. 칠성교에서 소화 3년(1928) 5월 4일을 기하여 각 교 교주가 각기 이 짚북을 쳐서 정말 북소리가 나면 그 교주가 모든 교를 통일하여 유일무이한 교주가 될 뿐 아니라 황제가 된다고 선전했다. 이 말을 듣고 모여든 사람이 무려 2만 4천 명에 이르렀다고 한다. 엄청난 인파가 몰려들었던 이 사건은 한바탕 춘몽(春夢)으로 끝나고 말았지만, 당시 세간의 큰 관심을 끌었음은 분명하다. "모든 종교 교단을 통일할 유일한 교주이자 황제가 곧 출현할 것이다"라는 예언이 널리 전파되었던 당시 상황을 짐작할 수 있으며, 그러한 신성한 인물의 능력은 짚으로 만든 북을 울리는 얼핏 불가능할 것 같은 일마저도 해낼 수 있다고 믿어졌던 것이다.

1934년 10월 4일자 『매일신보』에 「계룡산 엽기행, 짚북을 만들어서 환심을 산 칠성교」라는 기사가 있다. 이들은 갑자년(1924) 갑자월 갑자일 갑자시에 짚으로 북을 만들어 보통 북과 같이 소리가 나는 때에 신도안에 정도령이 나타나서 왕위를 차지한다는 미신을 퍼뜨렸다고 한다. 이 칠성교는 무당들

295 무라야마 지준(村山智順), 앞의 책, 1935; 무라야마 지준(村山智順), 앞의 책, 1991, 366-367쪽.

이 조직한 단체라 한다. 이후 이들은 기사년(1929) 기사월 기사일에는 반드시 짚북에서 소리가 날 것이라고 주장하기도 했다. 차경석의 천자등극일과 마찬가지로 갑자년 갑자월 갑자일 갑자시와 기사년 기사월 기사일 기사시가 "계룡산 신도안에 정도령이 나타나 왕위에 오를 것이다"라는 예언이 실현될 시점으로 제시되었다. 칠성교의 이러한 예언 유포는 칠성교 역시 계룡산에 도읍을 정할 정씨 진인출현설을 철석같이 믿었던 교단임을 알려준다.

한편 이러한 칠성교의 신행과 관련하여 "충남 논산군 두마면 부남리에 위치한 칠성교(七星敎)에서는 1924년부터 짚으로 북을 만들어 칠성각 안에 안치하였는데, 이 북이 울 때는 진인(眞人)이 출현하여 신세계가 열린다든가 혹은 이 북을 간직하는 자는 장래 조선의 주교(主敎)가 된다는 설로 교도를 끌어모았다"는 보고도 있다.[296]

전라북도 정읍군 김기운의 1940년 6월 10일자 광주지방법원의 판결문에 다음과 같은 내용이 있다.

> 피고인은 (…) 1932년 8월경 전라북도 김제군 금산군 김형렬(金亨烈)이라는 자로부터 북두칠성을 제신으로 하는 칠성교를 믿으면 무병식재(無病息災)하고 모든 소원을 성취한다는 교시를 받는 등 (…) 신주식에게 "현대는 말세다. (…) 악역(惡疫)은 유행하고 인류는 모두 죽어 없어지게 되고 이번 사변에서 일본군이 (…) 끝내 사멸하고 결국 일본이 패전하게 된다. 이때 조선이 일본으로부터 독립하고 이왕(李王) 전하는 조선으로 돌아가 황제가 되고 (…) 칠성교를 믿는 자는 살아남고 개국의 공신이 되어 재상의 자리에 오를 수 있다"라는 내용을 말하고 (…)

위의 인용문에 등장하는 김형렬은 앞에서 살펴본 증산교의 교파인 미륵불교를 창시한 인물이다. 그런 김형렬이 왜 북두칠성을 모시는 칠성교를 믿으

296 무라야마 지준(村山智順), 앞의 책, 1935; 무라야마 지준(村山智順), 앞의 책, 1991, 367쪽.

라고 말했는지는 현재로서는 알 수 없다. 어쨌든 김형렬의 영향을 받은 김기운이 질병의 유행으로 인류가 전멸하는 최악의 재난이 일어날 것과 전쟁의 발발을 예언했다는 점이 확인된다.

(3) 정도교

1928년 1월 11일자 『동아일보』에 「조선인으로 창시된 종교와 비밀단체 해부, 숨은 사실과 드러난 내용(7)」이라는 기사가 있다. 각세교(覺世敎)에서 정도교(正道敎)로 개칭하였고, 뚝섬에 본부를 둔 이 교단은 "진인이 해도(海島)에서 출현한다"는 내용과 관련이 있다. 교주 신태제(申泰濟)는 신천자(申天子)를 자처하며 갑자년부터 교도를 모집했고, 무진년(1928)에 (임금으로) 등극한다고 주장했다. 진인이라는 정도령(鄭道令)의 '정도'라는 음을 따 정도교로 개칭했다고 전한다. 따라서 정도교도 『정감록』의 정씨 진인출현설에 기반을 둔 종단이라는 점이 밝혀졌다. 진인인 정도령을 본떠 교단의 이름을 정하고, 더욱이 진인이 섬에서 출현할 것이라는 예언을 굳게 믿었다는 사실이 드러났다. 정도교의 교주 신태제도 자신이 곧 천자에 등극할 것이라고 강조했던 점에서 그의 『정감록』에 대한 확신이 드러난다.

1928년 6월 2일자 『동아일보』에 「개천대제 거행차, 삼천교도 착취」라는 기사가 있다. 『정감록』에 "장안왈자정도령(長安曰子鄭道令)"이란 구절을 정도교 본부가 있는 뚝섬 앞에 장안벌이 있다고 해석하고, 교주는 교황(敎皇)이라고 통칭하며, 교주의 이름 가운데 신(申)은 신(神)과 같고 태(泰)는 태평천국(泰平天國)의 뜻이요, 제(濟)는 광제창생(廣濟蒼生)의 뜻이라 풀이했다고 전한다. 이들은 금년에 개운대제를 지내는 것은 진사성인출(辰巳聖人出)이라는 비결에 부응하는 것이라 주장했다. 나아가 이들은 자신의 교주가 3,722 신병(神兵)을 불러 계룡산에 도읍한다고 주장했다. 정도령 운운하는 구절은 현전하는 『정감록』에는 보이지 않는다. 그렇지만 통상 『정감록』의 정씨 진인을 가리키는 용어로 부잣집 사내아이를 뜻하는 정도령이라는 명칭이 사용된다는 점을 감안할 때 정도교의 주장도 『정감록』과 관련된 믿음에 기초한 것으로 보인다.

그러나 "장안왈자정도령"이라는 표현은 현전하는 『정감록』에 보이지 않는다. 특히 정도령이라는 용어도 『정감록』에는 나오지 않는 표현이다. 당시 정도교를 믿는 사람들이 만들어낸 비결로 보인다.

나아가 정도교는 교단의 본부가 위치한 뚝섬의 장안벌도 『정감록』 「비결」에 나온다고 강조했다. 또 정도교는 교주 신태제를 교황이라고 불렀고, 교주의 성씨와 이름 글자를 신(神), 태평천국, 광제창생 등으로 해석하여 그가 바로 천자로 등극할 신비로운 인물이라고 주장했다. 그리고 정도교에서 무진년(1928)을 맞아 개운대제를 올리는 것은 『정감록』에 나오는 "진년과 사년에 성인이 출세할 것이다"라는 비결에 들어맞는 일이라고 선전했다. 또 교주 신태제가 신병을 부려 "계룡산에 도읍을 정할 것이다"라는 예언을 퍼뜨리기도 했다. 따라서 정도교의 주장과 믿음은 『정감록』에 토대를 둔 체계로 이해할 수 있다.

『동아일보』 1928년 6월 6일자 「독도(纛島)에서 용체(龍體) 타고 진인출어해도중극(眞人出於海島中劇), 몽매한 수천 교도를 속여 편재, 소위(所謂) 개운대제괴광경(開運大祭怪光景)의 정도교(正道教)」라는 기사가 있다. 『정감록』에 있는 "진인이 해도에서 출현한다"는 말을 연출하기 위해 정도교의 교주 신태제가 곤룡포를 입고 용체를 타고 해도 중으로부터 나온다는 형상을 보이며 자기가 정도령이라고 주장했다는 내용이다. 신태제는 자신이 『정감록』에 등장하는 진인임을 강조하기 위해 왕의 의상을 입고 용의 모습을 본 뜬 배를 타고 육지에 상륙하는 모습을 연출하였다. 이러한 그의 행동은 철저히 정감록적 신앙에 근거를 둔 것이다. "진인이 장차 뭍으로 출세할 것이다"라는 『정감록』의 내용에 맞춰 실제 그와 비슷한 종교적 행위를 거행함으로써 신도들의 확신을 유도했다.

한편 진인출어해도(眞人出於海島)라는[297] 표현이 『정감록』 「동차결」에 보인다. 그리고 이와 비슷한 진인자남해도래(眞人自南海島來)라는 표현이[298] 있고, 정씨출어해도(鄭氏出於海島)라는[299] 표현도 현전하는 『정감록』에 보인다.

정도교 교주 신태제가 행했다는 이른바 개운대제에 대한 다음과 같은 설명도 전한다.

> 신태제(申泰濟)를 교주로 뚝섬에 본거를 둔 정도교(正道教)가 개운대제(開運大祭)를 거행한다고 빙자하고 3천여 명의 교도로부터 다수한 금전을 착취하였다는 것은 기보(既報)하였거니와, 동(同) 제일(祭日)인 지난 3일에는 수천 교도가 모여 대제를 거행하였다는데 의식은 자못 기괴하여 『정감록』에 있는 말과 같이 '진인출어해도중(眞人出於海島中)'이란 일막을 연출하였다 한다. 교주 신태제가 곤룡포를 입고 스스로 진인이 되어 수백 원을 들여 만든 용체(龍體)를 타고 해도중(海島中)으로부터 나온 형상을 보였으며, 일반교도에게 자기가 정도령인 것을 증명하였다는데, 교도 중에서도 동교(同教)에 대한 불평이 많다더라.

신태제의 종교적 행사에는 많은 사람들이 참여했다. 그 의식의 핵심주제는 바로 "『정감록』에 있는 진인이 섬으로부터 출현할 것이다"는 비결에 부응하는 것이었다. 그는 자신이 바로 진인이자 정도령이라고 힘주어 말했는데, 이를 증명하기 위한 방편으로 임금의 의상, 용의 모습을 본떠 만든 배 등을 이용한 행사를 벌였다. 따라서 정도교는 정감록적 신앙에 심취한 교주와 교도들이 자신이 새로운 구원자이자 구원을 주도할 단체라는 점을 강조했던 교단이었음을 알 수 있다.

297 「동차결」, 『정감록』(한성도서주식회사, 1923); 안춘근, 앞의 책, 1973, 549면.

298 「운기구책」, 『정감록』(한성도서주식회사, 1923); 안춘근, 앞의 책, 1973, 507면.

299 「요람역세」, 『정감록』(한성도서주식회사, 1923); 안춘근, 앞의 책, 1973, 513면.

(4) 대정교(大正教)

1936년 6월 6일자 『매일신보』에 「혹세무민 대정교(大正教), 용산서서 검거 착수」라는 기사가 있다. 이 교단의 정식 명칭은 황국제국대정교(皇國帝國大正教)이며, 신도안에 본부를 두고 있다고 한다. 이상국 건설이 교단의 목표인데, 연호를 신통(神統)이라 하고, 6부(部)를 세우고 교도를 모집했다는 내용이다. 계룡산 신도안에 교 본부를 가지고 있으며, 이상국을 건설하기 위해 모였다는 대정교는 새 나라에 사용한 새로운 연호까지 내세웠다. 실제로 국가 조직과 맞먹는 교단조직을 수립하여 신도를 모았다는 혐의가 있었다. 하필이면 계룡산에 교단의 본부를 두고 황국을 세우려 했던 점에서 대정교 역시 정감록 신앙에 토대를 둔 이상국 건설을 꿈꿨던 단체로 볼 수 있다.

(5) 금강도

금강도(金剛道)에 대한 다음과 같은 기록이 보인다.

> 『정감록』의 예언 중 "금병산하(金屛山下), 녹활만인(鹿活萬人)"이라는 구절을 믿은 금강도 교도에 의해 현출(現出)된 연기군 금남면 금천리 약 1백 호의 신흥부락은 정감신앙(鄭鑑信仰)에 의해 만들어진 부락이다.[300]

금강도가 『정감록』의 비결에 나온다는 내용을 믿고 모여든 사람들로 구성된 "정감록신앙에 의해 만들어진 마을"이라는 보고다. 그런데 "금병산 아래 사슴이 많은 사람을 살릴 것이다"는 비결은 현전하는 『정감록』에는 보이지 않는다. 당시 유행하던 비결 혹은 교단 내에서 임의로 만든 비결로 짐작된다. 어

300 무라야마 지준(村山智順), 앞의 책, 1933; 무라야마 지준(村山智順), 앞의 책, 1991, 591쪽.

쨌든 금강도는 계룡산이 아니라 교단의 본부가 있던 충남 연기군에 있는 금병산을 새로운 구원의 중심지로 믿었다. 굳이 계룡산이 아니라도 새로운 구원의 땅이 제기되는 것이다. 금강도도 정감록신앙에 심취한 집단이라는 사실이 이 보고를 통해 드러난다.

(6) 백백교

1915년 3월 19일자 『매일신보』에는 「백백사도(白白詐道)」라는 기사가 실려 있다. 백백도는 신자가 팔백 명이며 황해도 곡산군에서 포교하고 있다는 내용이다. 이들은 곧 악질흉귀가 유행할 터인데 악질이 소멸하려면 백백도를 믿어 산천기도를 해야 예방할 수 있을 것이라고 주장했다. 당시 백백도에서 사용했던 강도문(降道文)은 "백백체심(白白體心) 제병악귀소멸(諸病惡鬼消滅)"이다. 경찰에서 취조 중이라는데, 재난의 발생이 임박했다는 혹세무민의 혐의가 있었다고 전한다. 백백교의 초기 모습을 확인할 수 있는 기록이다.

한편 강원도 이천군 원효진의 1918년 1월 15일자 경성지방법원의 판결문에 다음과 같은 내용이 있다.

> 피고 원효진의 동생 원태호는 하늘에 예배하면 장명안락(長命安樂)을 얻을 수 있다고 하는 백백교라는 종교를 깊이 믿으며 (…) 1917년 음력 10월 (…) 신의 계시에 따라 우리들 신도는 충청남도 계룡산으로 이주하면 천재(天災)를 면하고, 장명안락할 수 있다고 말하며 계룡산으로 이주할 것을 권유하여 일동의 찬성을 얻게 되자 (…)

초기 백백교도 계룡산 도읍설을 주장했음을 알 수 있는 기록이다. 이러한 백백교의 주장에 따라 실제로 계룡산으로 이주했던 사람들도 있었다고 짐작된다.

그리고 『동아일보』 1922년 5월 28일, 29일, 30일자 기사에도 금전편취죄로 경찰의 조사를 받는 백백교(白白敎)에 대한 기사가 실렸는데, 이 교단도 계룡산에 황제가 나타난다는 것이 핵심적인 교리로 삼았다고 전한다. "계룡산에 새로운 황제가 출현할 것이다"라는 예언은 정감록적 신앙의 핵심 가운데 하나다. 따라서 백백교도 정감록신앙의 새로운 형태로 볼 수 있다.

또 1922년 5월 30일자 『동아일보』에 「백백교란 과연 무엇인가, 계룡산을 중심 삼은 전설로 어리석을 사람을 미혹케 해」라는 기사가 있다. 백백교의 제1세 교주 전정운(全廷芸, 1869-1919)이 죽은 후 7년이 되는 을축년(1925)에 충청남도 계룡산에 다시 나타나서 새 나라를 세우면 교도는 모두 고관대작을 하게 될 것이요, 전(全) 교주가 부활할 때에는 염병이 크게 유행하고 큰 전쟁이 일어나서 백백교에 들지 않으면 모두 급살을 맞을 터이요, 또 큰 비가 와서 물이 39척씩 실려 백백교도 이외의 사람은 모두 죽는다는 등의 말을 퍼뜨렸다고 한다. 백백교의 초대 교주인 전정운이 곧 부활하여 "계룡산에 새 나라를 건설할 것이다"라는 예언을 중심으로 다가올 전염병의 유행, 전쟁의 발발, 대홍수의 발생 등을 예고했던 것이다. 교주가 다시 살아나 새 나라를 건설할 것을 믿었다는 점이 특기할 만하다.

백백교의 전신은 함경도 영변의 농촌 출신인 전정운이 1899년 무렵(당시 30세)에 수도를 통해 득도하려고 3년간 금강산에 들어가 천지신령의 심리를 오득하여 함경남도 문천군에서 창교한 단체이다. 이들은 입교하는 사람이 점차 증가하자 1912년에 강원도 김화군에 본거를 정하고 백도교(白道敎)라는 교명을 선포하였다. 당시 입교하는 자가 많아 1915년과 1916년 무렵에는 교도가 1만여 명에 달했다고 전한다. 그런데 1919년에 갑자기 교주가 사망하자 경성에 본부를 둔 이희룡(李禧龍) 파와 경기도 가평군에 본부를 둔 차병간(車秉幹) 파로 나뉘어, 이희룡 파는 1923년 5월에 인천교(人天敎)를 창립하였고, 차병간 파는 그해 7월에 백백교를 창립하였다.[301]

301 무라야마 지준(村山智順), 앞의 책, 1935; 무라야마 지준(村山智順), 앞의 책, 1991, 196쪽.

또 백백교도(白白敎徒)들은 계룡산에 황제가 나타난다는 말로 교도를 모집했다.[302] 그리고 1923년 8월 31일자 『매일신보』에 「경성에 이전된 백백교」란 기사가 있다. 이들은 9월 2일에 경성에서 개교식을 거행할 예정인데, 백백교는 당시 30년 전에 창교했고, 황해도가 중심지이며, 1세 교주는 서거했고, 신도가 5만 명이라고 주장했다고 한다. 초기의 백백교는 "계룡산에 새 임금이 탄생할 것이다"라는 예언을 중심으로 조직되었음이 이 기사를 통해서도 확인된다.

그리고 1923년 10월 16일자 『매일신보』에는 「백백교주가 구인(拘引)되야」라는 기사가 있다. 이들은 타인의 재산을 탐닉한 음모와 중상으로 체포되었으며, 백백교의 1세 교주는 전정운이고, 2세 교주는 우광선이라고 전한다.

그런데 1930년 9월 2일자 『매일신보』에 「여자 3명 생매참살한 백백교도 등 종예(終豫), 전대미문의 괴사변」이라는 기사가 있다. 백백교도가 전대미문의 살인죄로 공판에 회부된 것이다. 백백교가 살인과 관련하여 재판을 받은 첫 사례이다. 이후 몇 년이 지나면 백백교는 세상을 깜짝 놀라게 할 대규모 살인사건과 연관된다.

이와 관련하여 1931년 2월 3일자 『매일신보』에 「사악 백백교의 마배(魔輩)」라는 기사가 있다. 최종 재판일이 박도하여 백백교의 전율한 죄상이 점차 드러난다는 내용이다.

또 1931년 2월 4일자 『매일신보』에는 「잔인 흉포를 자행턴 백백교 마배(魔輩) 공판」이라는 기사가 있다.

그리고 1931년 3월 21일자 『매일신보』에 「백백교 잔당의 전율할 죄악」이라는 기사가 전한다. 일족을 전부 교살하여 피고인에게 무기징역을 구형했다는 내용이다.

백백교가 사회적으로 훨씬 심각한 물의를 빚은 때는 1937년 2월이었다.

---

302 「백백교란 과연하(果然何)인가」, 『동아일보』 1922년 5월 30일자; 「백백도는 방송(放送)」, 『동아일보』 1922년 5월 29일자.

당시 경기도 양주군에서 무려 157명의 사체가 발굴되어 신종교에 대한 부정적 시각을 갖게 만든 대표적 사례로 손꼽혔다.

백백교는 1923년 우광현(禹光鉉)이 전정예(全廷藝)의 백도교(白道敎)를 개칭하여 세운 교단이다. 우광현은 백도교 교주 전정예가 1919년에 사망하자, 그의 죽음을 숨기고 전정예의 아들 전용해(全龍海)와 상의하여 교주의 시신을 암매장하였다. 그런데 1920년 경찰이 수사에 착수하면서 비로소 전정예가 이미 죽은 사실이 밝혀지자 많은 신도들이 이탈하였다. 이에 우광현은 교명을 백백교로 바꾸고, 전정예를 교조로, 자신을 교주로 하는 새 교단을 창설하였다. 백도교 교주의 이름이 전정예로 표기되어 이전의 기사에 보이는 전정운과 다르게 표현된다. 동일인물에 대한 이름이 전파과정에서 조금 다르게 나타난 것으로 보인다.

1924년 백백교는 우광현이 교주직을 사임하고 김공연(金公然)이 취임하였다가, 1927년에는 차병간(車秉幹)이 교주가 되면서 본부를 서울로 옮겼다. 그렇지만 실질적인 교단업무는 1세 교주의 아들인 전용해가 맡았다.

한편 1937년 5월 19일자 『매일신보』에 「백백교 사건 거익(去益) 진전, 암장지로 급행」이라는 기사가 있다. 백백교의 현 교주 전용해 뿐만 아니라 전 교주 전정운 시대에도 다수한 살인사건이 판명되었던 것이다. 양평에서 시체 40구를 발굴했고, 강원도 황학산에도 수십 명을 파묻은 사실이 판명되었다.

1937년 5월 20일자 『매일신보』에는 「백백교 흉수에 빼앗긴 인명 287명의 다수」라는 기사가 있는데, 당분간 시체 발굴에만 전력한다는 내용이다.

또 1937년 5월 29일자 『매일신보』에 「백백교 희생자 발굴, 함남에까지 확대」라는 기사가 있다.

그리고 1937년 6월 22일자 『매일신보』에 「백백교 희생자들의 발굴 시체 처리 곤란」이라는 기사가 있다. 발굴된 시체만 350구 가량이라고 한다.

또한 1937년 6월 24일자 『매일신보』에 「동대문 외 중랑천서도 시체 발굴에 착수, 백백교 사건 희생자」라는 기사가 있다.

한편 1937년 7월 8일자 『매일신보』에 「백백교 사건, 여인들은 석방」이라는 기사가 있다. 관계자 100여 명을 검거하여 취조 중이라 한다.

나아가 1937년 10월 11일자 『매일신보』에 「백백교 취조 단락, 50명은 송국(送局), 나머지는 불일 석방」이라는 기사가 있다.

1937년 12월 14일자 『동아일보』에 「백백교 천하 꿈꾸고」라는 기사가 있다. "교주 전용해는 보통 사람과 달라서 멀지 않은 장래에 반드시 천자(天子)가 될 신비한 인물이다. 불원간 백백교의 천하가 될 천운인데 그때에 각 교도들은 헌성금의 다과에 응하여 정승, 판서, 대감, 참봉 등의 영직에 임명될 것이다. 그리고 몇 해 후면 세계 대전쟁이 폭발할 터이니 속히 재산을 청산하여 상경하라. 그러면 교주는 신통한 힘으로 생명을 반드시 보호해줄 것이다. 백백교를 믿으면 불로장생하며 다복다손할 것이다" 등의 말로 입교 권유했다는 내용이다. 당시 백백교는 한때 북선(北鮮) 지방에 약 만 명의 교도가 있다고 주장했다고 한다.

이처럼 당시에 백백교도 "교주가 장차 천자가 될 사람이다"라는 예언을 중심으로 교도들에게 고위직을 약속했고, 전쟁의 발발과 장래의 수명과 행복을 제시하면서 사람들을 유혹했다는 점이 밝혀졌다. 교주가 새로운 천자로 등극한다는 주장은 곧 일제의 강점을 대신하여 조선에 새 나라가 등장할 것이라는 예언과 깊이 관련이 있다.

또 1937년 12월 24일자 『매일신보』에 「백백교의 살인마들 28명 예심에」라는 기사가 있다.

그리고 1938년 2월 9일자 『매일신보』에 「당국의 철저 소탕 불구, 사교 잔당의 연발로」라는 기사가 있다. 백백교의 잔당 45명을 인치하여 동대문서에서 엄중 취조 중이라는 내용이다. 이때 종교유사단체로 백백교, 인천교, 도화교, 선도교, 미륵교 등이 거론되었다.

한편 1940년 3월 13일자 『매일신보』에는 「살인악귀의 대집단, 백백교의 참학사」라는 기사가 전한다. "금일 공판정에 단죄된 백백교는 양평군 용문산을 근거지로 하는 단체이다. 교주 전용해는 신비한 힘을 가지고 있는 사람으로서 장래 천위(天位)에 올라갈 사람으로 믿어졌다. 교도는 돈을 바치는 데 따라 대신, 지사, 군수, 경찰서장 등의 자리를 받게 될 것으로 선전되었고, 궁궁을을(弓弓乙乙) 문양이 있는 도장을 전지에 찍어 팔았다"라는 내용의 기사다. 이들은 가까운 장래에 전쟁이 일어날 터이므로 모든 재물을 팔아 서울로 오라고 주장했으며, 교주의 신통력으로 생명을 보증할 것이라고 강조했다. 또 조선에는 머지않아 30척 이상에 달하는 큰 홍수가 휩쓸려와서 일반 백성은 죽게 되지만, 교단에 돈을 바친 교도는 금강산에 있는 피신궁에서 난을 피할 수 있고, 교주인 전용해가 등극하여 천위에 취하게 되면 교도는 헌금의 액수에 따라 영예스러운 직업을 얻을 터이며, 백백교를 믿어 불로장생하고 재물을 많이 얻을 것이라고 선전했다고 전한다. 더욱이 이들은 '궁궁을을'이라는 『정감록』에 나오는 비결을 문양으로 새긴 도장을 종이에 찍어 교도들에게 팔았다고 한다. 이 대목에서 백백교도들은 나름대로 『정감록』에 대한 비결풀이를 한 셈이다. 그런데 백백교에서는 "금강산에 있는 피신궁에서 난리를 피할 수 있다"는 주장을 하여 『정감록』에서 손꼽히는 십승지 이외의 지역이 피난처로 제시한 점이 특기할 만하다. 궁궁을을은 "이로움이 궁궁을을에 있다"는 표현으로 현전하는 『정감록』 「운기구책」에 나온다.[303]

1940년 3월 14일자 『동아일보』에는 「마교 백백교도의 공판 속보(1)」이 있다. 당시 백백교에 관계한 이경득의 신문내용에 재판장이 "『정감록』의 청청강북마가지(淸淸江北馬哥地)가 평안남도 청천강(淸川江) 이북은 장차 마씨 성을 가진 사람이 통치한다 하며, 또 인구양백(人求兩白)은 장차 물난리가 있을 것인데 그때 백백교도만은 구원되리라는 말로 포교하였느냐?"고 물었다. 이에 이경득이 그런 사실이 있다고 대답했다.

당시 백백교인들은 『정감록』에 나오는 비결에 대해 상당한 관심이 있었으며, "사람 인종을 양백(兩白)에서 구할 것이다"라는 비결에 대해 홍수난리가 발생할 것을 가리킨 내용이며 백백교라는 교단 이름인 백백(白白)을 비결에

303 「운기구책」, 『정감록』(한성도서주식회사, 1923); 안춘근, 앞의 책, 1973, 506면.

대한 해답으로 제시했음이 밝혀졌다. 대개 양백은 태백산과 소백산 사이라고 해석되지만, 백백교단을 두 '백(白)' 자를 사용하는 교단에 들어가야만 살아날 수 있다는 의미로 풀이했음을 알 수 있다. 그런데 "청천강북마가지"라는 구절은 현전하는 『정감록』에는 보이지 않는 표현이다. 아마도 이러한 구절을 백백교 신도나 간부들이 만들어낸 것으로 보인다.

1940년 3월 14일자 『매일신보』에도 「염라도 전율, 악귀들의 죄상, 전용해의 요술에 명한대로 살인 자행」이라는 기사에 심문과 답변 내용, 입교 동기 등이 실려 있다.

또 1940년 3월 19일자 『매일신보』에 「생사의 기로에 선 백백교 피고, 단죄일은 왔다」라는 기사에도 살인 사실에 대한 심문 내용이 실려 있다.

그리고 1940년 3월 20일자 『매일신보』에도 「백백교 살인마의 참회루(懺悔淚)」에 검찰의 논고와 변호인의 변론 내용이 실려 있다. 한편 1940년 3월 21일자 『매일신보』에 「백백교도 공판, 검사의 논고 요지」가 있으며, 3월 22일자에는 「요교(妖敎) 백백교도 공판, 검사의 준엄한 논고 요지」를 필두로 3월 23일자, 3월 24일자, 3월 25일자, 3월 26일자 등에도 관련기사가 상세히 실려 있다.

1940년 3월 20일자 『동아일보』에는 「백백교사건 논고 요지(2)」가 실려 있다. 당시 백백교 1세 교주 전정운이 『정감록』의 "성인이 함양림(咸陽林)에서 나온다"는 구절을 함경도 마양동(馬陽洞) 운림면(雲林面)이라고 해석했다고 전한다. 나아가 전정운은 명치 37년 갑진년(1904) 6월에 신(神)의 심판에 의해 병화(兵火)의 난이 일어날 것이라고 주장했다고 한다. 그들은 피난지가 마양동밖에 없다고 강조했다. 백백교의 1세 교주가 일반적으로 경남 함양으로 해석하는 구절을 함경도 지역에 있는 지명으로 풀이했다는 내용이다. 그리고 1904년 무렵부터 각종 전쟁과 대형 화재 등의 재난이 발생할 것이라고 예언했다는 점이 확인된다.

또 1940년 3월 21일자 『동아일보』에도 「백백교 사건 논고 요지」가 실려 있다. 백도교 교주 전정운은 명치 36년(1903) 6월에는 신의 심판에 의하여 병화(兵火)의 난이 일어날 것이라고 예언했고, 이때 피난지는 함경도 운림면 마양동밖에 없다고 칭하고, 『정감록』 가운데 전라도 운봉 두류산 성인출어함양림중(聖人出於咸陽林中)이라는 글을 인용하여 마양동은 함경도 마양동 운림면이라는 뜻이라고 풀이했다는 전언이다. 또 이들은 『정감록』에 있는 "무수자선입즉부(無鬚者先入則否)"라는 말은 생문방(生門方)에 인도할 수 있는 사람은 교주인 전정운 외에 없다는 것이라고 풀이했다고 전한다. 앞에서 살펴본 비결풀이와 거의 유사한 내용이며, 『정감록』에 나온다는 "수염이 없는 자는 먼저 들어가면 안 된다"는 구절은 어떤 의미인지 확실하지 않다. "성인출어함양림중"은 현전하는 『정감록』 「징비록」과 「운기구책」에 나온다.[304] "무수자선입즉부"라는 표현은 『정감록』 「운기구책」에 나온다.[305] 또 이와 비슷한 "무수자선인즉부(無須者先入則不)"라는 표현도 『정감록』 「징비록」에 보인다.[306]

한편 1940년 3월 22일자 『동아일보』에는 「백백교 사건 논고 요지(4)」가 실려 있다. 당시 백백교도들은 "전용해는 천부(天夫)님의 아들이므로 새로운 천부님이요, 전용해를 신앙하는 것은 천신천부(天神天夫)님을 신앙하는 것과 같다. 전정운이 사망할 때 모든 것을 전용해에게 인계하였다. 불원한 장래에 화(火)심판과 수(水)심판이 있는데, 조선 전도에 53본소(本所)를 설치하고 수화(水火)의 심판 때에는 먼저 백백교도를 53본소에 수용하고, 그 후 서서히 금강산에 있는 피수궁(避水宮)에 이전시켜 3개년간 피난하면, 천부님이 그곳에 내려와서 동해(東海)의 영산(瀛山)에 데려가는 자와 대원님(大元任)이 계룡산에 데려가는 자를 구별하여, 계룡산에 가면 대원님은 왕이 되고 그 밖의 자는 헌금, 수완, 신앙의 정도에 의하여 각각 고위고관에 취(就)하고 새 왕에 부림받는다는 설(說)과 백도교(白道教) 시대의 무병식재불로장생(無病息災不老長生)과 신선이 될 수 있다는 설을 섞어 현재 육지는 전부 수중(水中)에 몰(沒)하고 인류

---

304 「징비록」, 『정감록』(한성도서주식회사, 1923); 안춘근, 앞의 책, 1973, 489면. 「운기구책」, 『정감록』(한성도서주식회사, 1923); 안춘근, 앞의 책, 1973, 506면.

305 「운기구책」, 『정감록』(한성도서주식회사, 1923); 안춘근, 앞의 책, 1973, 503면.

306 「징비록」, 『정감록』(한성도서주식회사, 1923); 안춘근, 앞의 책, 1973, 491면.

는 전부 사멸하고 화(火)심판이라는 것은 세계의 화산이 일시에 폭발하여 생물이 전부 사멸한다, 동해 삼천리에 주위 1천 리의 섬이 나타나는데 이것이 영산(瀛山)이다" 등의 주장을 했다고 전하는 기사다.

위 기사의 요지는 전용해가 조선 왕위에 오를 것이라는 믿음이다. 그런데 전정운이 천부님이라는 주장이 특기할 만하고, 전정운의 아들인 전용해를 믿는 것이 바로 천신천부님을 믿는 일이라는 주장도 독특하다. 혈통에 의해 신성성이 보장되고 혈통을 따라 신성성이 계승된다는 믿음이다. 나아가 가까운 장래에 일어날 불심판과 물심판 때에 조선 전체에 53곳의 피신처가 있다는 주장은 『정감록』의 십승지사상의 새로운 변형이며, 특히 금강산에 있다는 피난처를 강조하고 있다는 점도 특기할 만하다. 또 이들 백백교도들은 금강산 피난처에서 3년이 지나면 천부님이 강림하여 동해의 영산에 있다는 이상국으로 데려갈 사람을 선발하고, 대원님은 계룡산으로 데려갈 사람을 선발한다고 주장했다. 그리고 계룡산으로 가는 사람들은 대원님을 왕으로 모시고 각자 고위직에 오를 것이며, 병도 없고 재앙도 없이 오래도록 살 수 있다는 현세적 복락을 받을 것이라고 강조했다고 전한다.

1940년 3월 24일자 『동아일보』에는 「백백교 사건 논고 요지 (7)」이 있다. "백백교도만이 교주의 신통력에 의하여 신의 심판을 면하여 피수궁에 피난케 한다, 동해에 영산이 출현하여 교도를 그곳에 수용하여 불로장수신선(不老長壽神仙)으로 화하게 한다, 전용해가 계룡산에 도읍하여 조선의 왕위에 오른다" 등의 예언을 믿었다고 한다. 재난의 발생과 함께 피난처를 제시했다. 나아가 백백교도들은 동해에 구원의 땅이 솟아나 그곳에서 구원받을 수 있다는 종교적 구원을 제시함과 동시에 교주인 전용해가 계룡산에 도읍하여 조선의 왕이 될 것이라는 현세적 구원을 제시했다. 종교적 이상향과 함께 현세적 복락도 보장했던 것이다. 하필이면 계룡산 도읍설을 제시했다는 점에서 정감록 신앙의 한 형태를 엿볼 수 있다. 그리고 교주가 새롭게 조선의 왕위에 오를 것을 예언했다는 점에서 백백교 역시 국권회복운동의 혐의가 짙다.

어쨌든 백백교는 희대의 살인사건으로 세상을 놀라게 하였는데, 전용해는 간부 문봉조 등 18명과 함께 신도 314명을 살해한 혐의로 기소되어, 1940년에 모두 체포되어 12명이 사형을 선고받고 나머지도 무기 내지 수년씩의 실형을 선고받았다. 도주하였던 전용해는 경기도 양평 용문산에서 자살하여 시체로 발견되었고, 마침내 이 교단은 소멸되었다.

한편 백백교에 대한 심문과정에서 다음과 같은 내용이 보인다.

> 벽력사(霹靂使) 문봉조는 교지에 대하여 "선생(교주 전룡해를 의미함)께서 말씀하시기는, 불원에 서양은 불로 동양은 물로 심판받아 인류가 전멸하는데 그 심판에서 구원받으려면 백백교를 믿어야 한다. 심판 때에 동해에 영산(瀛山)이 떠오르는데 교도들은 전부 피난해서 거기서 불로장생하고 병재(病災)도 없다고 하셨습니다. (…) 백백교를 믿으면 먹지 않고도 살 수 있다, 불로장수하고 후에는 신선이 될 수 있다 해서 입교했습니다. (…)『정감록』 가운데 평안남북도는 장차 마가(馬哥)가 통치하게 되고 백성은 모두 학살한다고 쓰였는데 이 난을 피하려면 백백교를 믿어야 한다.『정감록』에 "구인백백(求人白白)"이라고 쓰인 것은 백백교가 백성을 구한다고 (…)[307]

백백교의 간부가 백백교의 교리에 대해 "곧 서양은 불로, 동양은 물로 심판을 받을 것이다", "심판에서 구원받으려면 백백교를 믿어야 한다", "동해에 신비한 산이 솟아날 것이고, 그곳으로 피난하면 불로장생하고 각종 재앙도 피할 수 있다", "백백교를 믿으면 불로장수하고 훗날 신선이 될 것이다" 등으로 설명했다. 그리고 백백교에서『정감록』에 나오는 비결을 풀이했는데, "평안남북도는 마씨가 통치할 것이며, 백성을 모두 죽일 것이다", "이 난리를 피하기 위해서는 백백교를 믿어야 한다"고 주장했고, 특히 "인종을 양백(兩白)에서 구할 것이다"라는 구절은 백백교를 믿어야 한다는 사실을 강조한 것이라고 설명했다. 기존의 양백에 대한 해석은 태백산과 소백산이었는데, 이제 백백교(白

307 「백백교 사건 공판 방청기」,『조광』(1940. 5월호), 64-65쪽.

白敎)로 풀이되었던 것이다.

이 외에도 백백교에 대한 심문과정에 대한 다음과 같은 판결이 있었다.

백백교주 김두선은 많은 간부로 하여금 자기가 신비스러운 힘을 가져서 장래에 꼭 천위(天位)에 오를 인물이라는 것을 (…) 조선은 장래에 교주 통솔 아래 **할 터이므로 신도는 헌금하는 액수 또는 인물과 신앙심에 따라 고위현관에 임명한다는 등 (…) 김두선이란 자는 본명이 전용해인 것이 판명되었다. (…) 『정감록』에 전라도(全羅道) 운봉(雲峯) 듀류산(頭流山)이 생문방(生門方)이라고 있는데 이는 전씨(全氏)가 도(道)를 열(羅)고, 운(運, 雲)에 만(逢 = 峯)난다는 두류산이라는 뜻인데 (…) 또 성인출어함양중(聖人出於咸陽中)의 함양림은 함경도 마양동 운림면의 뜻이라. 또 『정감록』 가운데 무수자선입즉부(無鬚者先入則否)라 있는데 전정운은 수염이 없었기 때문에 즉 생문방에 인도할 수 있는 자는 전정운밖에 없다고 (…) 천부님은 동해의 영산에 데려가고 대원님은 계룡산에 데려가는데 계룡산에 가면 대원님은 임금이 되고 다른 사람들은 헌금, 수완, 신앙의 정도에 따라 각기 높은 벼슬을 가지고 새 임금을 모신다고 한 모양인데 (…) 마침내는 신선이 될 수 있다는 말을 뒤섞고 또 물 심판이란 이 땅에 여름이면 큰 홍수, 겨울이면 큰 눈이 있어 지금 사는 육시는 모두 물 가운데 들어가고 인류는 전부 죽고, 불 심판이란 세계의 화산이 모두 한꺼번에 폭발해서 생물이 모두 죽는다, 또 동해의 영산이란 현재 바다 가운데 잠겨 있는 일곱 금강산이 떠오르는 것이라든가 또는 동해 3천 리 되는 곳에 주위 1천 리나 되는 섬이 나타나는데 이것이 영산이라는 것이라든가 사람마다 말하는 것이 조금씩 다르나 결국 백백교를 믿으면 무병식재, 불로장생하고 물불 심판 때에는 전용해의 신통력으로 피난하여 전용해가 조선 임금이 되는 날에는 교도는 높은 벼슬을 얻고 안락한 생활을 할 수 있다고 설교해온 것으로 인정된다. (…) 『정감록』에 백의적(白衣赤)을 입은 이는 신(神)이니라 하였다 (…) 전용해는 전 조선에 쉰여섯 곳 본소가 있다고 말해왔다. (…) 전용해가 계룡산에 도읍하고 조선의 왕위에 등극한다든가 하는 말을 (…) 조선의 사교

(邪教)는 모두 『정감록』의 예언을 여러 가지로 견강부회하여 교주나 또는 다른 자가 계룡산에 나타나 조선의 왕위에 등극하고 교도들은 그날에는 높은 벼슬을 하고 안락한 생활을 하게 된다는 것이 보통으로서 (…)[308]

백백교의 교주 전용해는 여러 가명을 사용했다. 그는 자신이 곧 천자의 지위에 오를 것이라고 선전했다. 이 과정에서 전용해는 "조선이 곧 독립할 것이다"라고 강조했는데, 교도들이 헌성금과 그들이 가진 능력에 따라 새 나라의 요직에 임명될 것이라고 예언했다. 그리고 전용해는 『정감록』에서 십승지를 설명하는 구절을 이용하여 "장차 전씨(全氏)가 도를 열고 새로운 운을 개창할 것이다"라고 해석하여 자신이 새로운 교단이나 국가를 세울 것을 의미하는 내용이라고 설명했다. 또 전용해는 『정감록』에 나오는 "성인이 함양 땅에서 나올 것이다"라는 구절을 "(경상남도의 함양이 아니라) 함경도 운림면이라고 해석하여 백백교의 교단이 출현할 지역을 예언한 내용이라고 주장했다. 나아가 전정운은 『정감록』의 한 구절을 자신이 수염이 없다는 사실과 관련시켜 자신만이 진정한 구원자라고 강조하는 데 이용했다고 전한다.

한편 위의 인용문에서 전용해는 동해의 영산에 데려갈 천부님은 전용해의 아버지이자 백백교 1세 교주인 전정운을 가리키며, 계룡산에 데려갈 대원님은 전용해 자신을 가리킨다고 주장했다. 백백교는 각종 재난에 대해서도 구체적으로 표현했으며, 동해에 새로운 구원의 땅이 솟아날 것을 예언하기도 했다. 결론적으로 "전용해가 조선의 왕이 될 것이다"라는 예언을 했던 점이 다시 한 번 확인되는데, 백백교 역시 국권회복운동의 일환으로 포교했고 다수의 신도를 모았다는 점을 알 수 있다. 백백교의 엽기적인 살인죄목과는 별도로 일정한 범위에서 조선의 국권을 회복할 것이라는 민중의 바람에 기대어 교도모집에 나섰던 점이 드러난다. 이러한 맥락에서 당시 재판부에서는 백백교를 "정감록의 예언을 이용하여 계룡산 천자등극설을 주장한 단체"라고 규정

308 「백백교사건 논고 전문」, 『조광』(1940. 5월호), 76-91쪽.

했다.

그리고 1941년 1월 10일자 『매일신보』에 「살인은 무식의 탓, 백백교 피고의 의무교육론」이라는 기사가 있다.

(7) 인천교

1937년 8월 16일자 『매일신보』에 「백백교와 동근이지(同根異枝)인 인천교(人天教) 흉상(凶狀)도 노현(露顯)」이라는 기사가 있다. 인천교 간부들의 검거가 진척이 있는데, 인천교는 백백교주 전용해의 형인 전용수가 창설하였으며, 인천교에서도 살인사건이 판명되었다는 내용이다.

또 1937년 10월 22일자 『매일신보』에 「백백교주 전용해의 형, 신인천교(新人天教)로 무민(誣民)」이라는 기사가 있다. 강원도 횡성군에 근거를 두고 신인천교라는 비밀결사를 조직하여 시국을 표방하고 다수의 금품을 편취한 사실이 판명되었다는 내용이다. 당시 이들의 교도 명부에 기재된 숫자만 1천 명이라고 한다.

한편 1938년 7월 22일자 『매일신보』에 「신인공노(神人共怒)의 살인마, 인천교 사건 예심종결」이라는 기사가 있다. 이 사건 관련자들은 살인, 사기, 보안법 위반 혐의로 체포되었다. 소화 2년(1927)에 인천교를 창설했는데 시국을 표방하고 보안을 해롭게 하고, 소화 4년(1929)부터 죽은 전정운(백도교 교주, 아버지)이 재생하여 *의 위를 차지하면 관직을 가지고 싶은 사람은 돈을 미리 맡겨야 한다고 선전했다고 한다. 인천교도 "시국을 표방하고 보안을 해롭게 했다"는 죄목으로 일제 경찰의 취체를 당했던 것이다. "죽은 아버지 전정운이 다시 태어나 왕의 지위를 차지하게 될 것이다"라는 내용이었다. 인천교도 백백교와 비슷하게 제1세 교주인 자신의 아버지가 부활하여 새 나라를 세울 것이라는 예언을 중심으로 포교했음이 드러난다.

그런데 1938년 12월 25일자 『동아일보』에 따르면 인천교는 일명 태을선교(太乙仙敎)라고도 불렸다고 한다. 두목의 이름이 한병수라고 기록된 점이 특기할 만하다.

한편 1939년 8월 9일자 『매일신보』에 「백백교 별파 인천교주 전용주에 사형」이라는 기사가 있다. 당시 전용주는 살인, 보안법 위반, 사기 등의 혐의로 체포되었다. 그의 아버지 전정운의 둘째 아들 전용해는 백백교를, 셋째 아들 전용도는 도화교를 창설했다고 한다. 전용주는 하늘에서 받았다고 15계(戒)를 만들어 조선이 **할 때 신도들에게 고위고관을 준다고 주장했으며, 죽은 아버지 전정운이 머지않아 세상에 다시 살아날 것이라고 예언했다고 전한다. 여기서 **는 독립을 가리키는 말로 짐작된다. 이 기록을 통해 인천교도 국권회복운동의 일환으로 제기된 신앙운동단체였음을 알 수 있다.

또 1939년 8월 9일자 『동아일보』에도 「인천교의 죄상, 전용주에 사형 단죄」라는 기사가 있다. 전용주가 대정 13년(1924)에 인천교를 창립하여 강원도 이천군에 복마전을 두고 교를 믿으면 신선이 된다고 주장하고 고관대작을 주겠다고 선전하며 금품사취와 부녀자를 농락하다가 교도 6명을 학살 매장한 혐의로 체포되었다는 내용이다.

1940년 4월 18일자 『동아일보』에는 「사교(邪敎) 인천교도(人天敎徒)」라는 기사가 있다. 인천교 교주 한병수가 보천교를 맹신하다가 새로운 교를 포교하기로 하고 인천교를 믿으면 머지않아 있을 사시명명(四時明明)하고 상춘(常春) 선경(仙境)의 후천사회에 무병무재 영생불사의 전지전능의 신선이 된다는 교리로 경성에 본부를 두고 교도들에게 헌성금을 사취하다가 체포되었다는 내용이다. 아마도 한병수는 전용주가 사용한 가명일 가능성이 높다.

(8) 도화교

백도교(白道敎)를 창시한 전정운(全廷芸)의 셋째 아들 범룡(範龍)은 도화교(桃花敎)의 교주였다.[309] 이 백도교가 대정 8년(1919)경에 인천교, 도화교, 백백교 3파로 분파했다.[310] 도화교도 죽은 전범룡의 아버지 전정운이 다시 태어나 새로운 나라를 세울 것이라는 예언을 유포하며 신도를 모았을 가능성이 높다.

(9) 신선교

1935년 5월 18일자 『동아일보』에 강원도 평강군 현내면을 중심으로 신선교라는 종교유사단체가 『정감록』을 근거로 한 허망한 소리를 유포하며 조선이 **한 후에는 특별은전이 있을 것이라고 선전하며 금전을 편취했다는 기사가 전한다. 이들 교도가 수천에 달하리라 하며 검거된 인원만 백여 명에 이른다고 한다. 신선교도 "『정감록』을 근거로 한 종교유사단체"로 규정되었다는 점을 고려할 때, 그리고 신선교도 조선의 독립을 예언했다는 점에서 국권회복운동의 일환으로 조직된 교단으로 볼 수 있다.

(10) 천지교

1941년 6월 2일자 『매일신보』에는 「요교(妖教) 천지교(天地教), 도당 12명 취조 후 송국(送局)」이라는 기사가 있다. 부산에 사는 신영규의 보안법 위반사건인데, 그는 소화 7년(1932) 3월 부산에서 스스로 천지교를 창설했다고 한다. 신영규는 신통력으로서 현재의 국가 사회를 **케 하고 대은국(大殷國)이라는 도깨비 국가를 건설하여 자기는 천자가 되고, 신자는 모두 요직을 가질 수 있다고 주장하며 신자를 획득하기에 힘썼다고 전한다.

---

309 『동아일보』 1937년 12월 14일자, 「백백교 본원」 삼남의 이름이 용도(龍桃)라고도 한다. 『동아일보』 1939년 8월 4일자

310 「백백교 유인호, 설교 사실 부인」, 『동아일보』 1940년 3월 14일자,

천지교에서도 현재의 국가 사회, 즉 일제의 강점을 벗어나 조선의 독립을 갈망했으며, 대은국이라는 새로운 국가의 이름까지 정해 국권회복운동에 나섰던 것으로 보인다. 새 나라의 상징인 국호를 정했다는 점이 특기할 만하다.

(11) 청림미륵교

1938년 1월 14일자 『동아일보』에 「각 교 특징 뽑아 사교(邪教)를 창설」이라는 기사가 있다. 교주 손해주(孫海珠)는 대구고보를 중퇴하고 순사교습소까지 졸업했으나 순사 노릇도 못하고 사기 공갈죄로 대구형무소에서 복역하고 대정 14년(1925)에 출감했다. 그는 천도교, 보천교, 청림교 등의 교리를 검토하여 특징을 채택하는 한편 『정감록』에 빗대어 청림미륵교를 창설하고 중국의 역학을 응용하여 음양의 길을 해설하였다고 한다. 교리가 구체적으로 전해지지 않아 자세한 내용은 알 수 없지만, "『정감록』에 빗대어 교단을 창설했다"는 표현으로 볼 때 청림미륵교도 정감록적 신앙에 근거를 둔 종교활동이었음을 알 수 있다.

4.
기타 예언들

충청북도 보은군 김혜종의 1928년 3월 28일자 공주지방법원 청주지청의 판결문에 다음과 같은 내용이 보인다.

> 피고는 (…) 1917년 2월경 자택에서 광복회(光復會)라는 비밀결사를 조직하고, 조선의 독립을 도모하여 국권을 회복한 후 공주군 계룡산에 신정부(新政府)를 설립한다는 불온한 언동을 하여 (…) 독일군대가 조선을 독립시키기 위해 압록강을 건너 조선에 올 예정이니 (…)

계룡산 도읍설에 심취했다는 점에서 단순한 정치적 결사는 아니었다는 점이 확인된다. 역시 조국의 독립을 도모한 국권회복운동으로 처벌받았다.

한편 충청남도 홍성군 장필선의 1918년 4월 30일자 공주지방법원 판결문에 다음과 같은 내용이 있다.

> 피고 김해성, 유병교는 1917년 음력 8월 중 은도(隱道)라 칭하는 사교 비밀단체를 조직하고, 동교(同教)를 믿지 않으면 재앙을 면치 못한다고 말하면서 조만간 계룡산에 정도령(鄭道令)이 도읍을 정하고 조선을 통치할

것이다. 그때는 일본인을 퇴치할 것이니 그때 은도교도(隱道敎徒)들은 중히 기용될 것이라고 신자를 모집하고 (…)

계룡산 도읍설과 정씨 진인출현설을 주장했다는 점에서 신종교 교단의 하나로 보인다. 은도교라는 교단에 대한 더 이상의 자료는 찾지 못했다.

그리고 1920년 4월 3일자 『매일신보』에는 「혼화일치주의(渾和一致主義) 삼성무극교(三聖無極敎) 출현」이라는 기사가 있다. 모든 종교와 교파의 종교를 바라고 이근호 외 44인이 발기했다고 전한다. 삼성무극교라는 교단이 창설되었는데, 모든 종교와 교파의 통합을 추구했다는 내용이다.

또 1923년 10월 11일자 『매일신보』에는 「대화교도(大華敎徒)가 구인(拘引)되야」라는 기사가 있다. 종로경찰서에서 3명을 취조 중인데, 내용은 비밀이라 한다. 대화교주 윤경중도 조사했다고 전한다.

1924년 4월 6일자 『매일신보』에는 「각세도(覺世道)는 미세도(迷世道)」라는 기사가 있다. 이들은 영생불사와 투시법을 가르쳐준다는 요언망설로 농민을 속여, 동대문서에서 엄중 훈계했다는 내용이다.

그리고 1931년 4월 평안남도 덕천군 맹산에서 1930년 무렵에 소위 정도령교(鄭道令敎)가 생겼다는 보고가 있다. 정도령교는 1927년경에 보천교에 입교했던 정읍 사람 박경화(朴京化)가 조직했던 것인데, 정도령이 전라도 자하동(紫霞洞) 도중(島中)에서 왕도(王道)를 닦고 있는데 곧 계룡산에 도읍한다고 주장하며 신도들은 모두 고관대작이 될 것이라고 강조했다고 전한다.[311] 정도령교는 교단의 이름에서 정감록적 신앙에 심취했던 교단이었음이 분명하다. 나아가 이 교단의 교리는 "정도령이 섬에 있는 자하동에서 왕도를 닦아 곧 계룡산에 도읍을 정할 것이다"라는 예언이 구심점이 되었음이 확인된다.

한편 1934년 8월 금황제(金皇帝)라고 칭하며 민중을 속이고 재산을 편취하는 일당이 평안북도 신의주에서 검거되었다. 김창하(金昌河, 당시 48세)라는

311 「맹산에서 발각된 정도령교 정체」, 『동아일보』 1931년 4월 23일자.

자가 1932년 5월 무렵부터 평양의 시천교 포교사 이 모(李某)와 공모하여 지상천국 및 영술(靈術)을 미끼로 몽매한 민중으로부터 재산의 편취를 기도하였다. 당시 이들은 "나는 금강산 비로봉에서 안민제세를 위해 천신 옥황상제께 천일의 기도를 수행한바, 옥황상제로부터 '그대가 황제에 등극하니 나 대신 제세(制世)하라'는 명을 받고 등극 후 사용할 옥새, 천병만마를 마음대로 격퇴할 수 있는 해인(海印),[312] 만병통치의 석침(石針) 및 처방을 친히 전수받았다"는 등의 언사를 퍼뜨렸다고 전한다.[313]

옥황상제의 계시가 있었다는 주장이며, 장차 나라를 다스릴 신표로 옥새, 해인, 석침, 처방 등의 물건과 수단을 직접 받았다고 강조한 점이 특기할 만하다.

한편 전라남도 영광군 김영택의 1937년 10월 28일자 광주지방법원 목포지청의 판결문에 다음과 같은 내용이 있다.

> 피고인은 1936년 12월 27일 (…) 산신제를 시행할 때 (…) 이성재를 조선의 천자 대황제에 봉하여 도덕을 계승하고 오랜 세월 대대로 이어지게 하소서라는 취지의 불온문구를 기재한 축문을 낭독함으로써 (…) 치안을 방해한 자이다.

특정한 인물을 조선의 천자라고 주장했던 점에서 일제의 주목을 받았고, 이는 또 다른 국권회복운동으로 파악되어 처벌받았던 것이다.

또한 강원도 춘천군 오일보의 1939년 10월 28일자 경성지방법원 춘천지청의 판결문에 다음과 같은 내용이 있다.

> 1935년 2월경 정기가 넘쳐 조선에 삼재(三災)가 일어나면 계룡산에

312 해인에 대해서는 김탁, 앞의 책, 2009를 참고.

313 무라야마 지준(村山智順), 앞의 책, 1935; 무라야마 지준(村山智順), 앞의 책, 1991, 878쪽.

정왕(鄭王)이 나타나 등극하고 조선을 통치하여 선정(善政)을 베푼다. 태극교도는 새로운 조선국왕에 봉사하여 영원히 번창한다는 소원 주문을 제창하게 함으로써 조선 독립의 기원을 표현하는 기도를 했다. (…) 1940년 일지전쟁(日支戰爭)에서 지나(支那)는 미국과 러시아가 가담하고 일본은 독일과 이태리가 가담해서 전쟁은 커진다. 일본은 패배하고 지나(支那)의 대군은 조선을 공격해 들어와 인민은 대다수가 사망하기에 이른다.

계룡산 도읍설과 정씨 진인출현설의 한 형태로 보이며, 태극교라는 교단도 있었음을 알 수 있다. 이 교단도 조국의 독립을 기원하고 강조했던 혐의로 처벌받았다. 전쟁의 확대과정을 예언했다는 점이 특기할 만하다.

또 주거가 부정한 이정재의 1939년 11월 16일자 경성지방법원의 판결문에 다음과 같은 내용이 있다.

피고인은 1939년 7월 (…) 앞서 번개가 있었는데 천지조화에 의하여 현재 일본과 중국, 러시아가 전쟁 중이나 3년 후에는 일본이 패배할 것이라는 의미이다. 자신은 한산(漢山) 이씨(李氏)인데 일본이 멸망하고 조선이 독립하면 그때에는 한산 이씨가 조선의 왕이 되고, 도읍을 충청도 계룡산으로 정할 것이다. (…) 유언비어로 정치에 관한 불온한 행동을 함으로 치안을 방해한 자이다.

자연현상을 전쟁과 일본의 패망과 연결시켰다는 점이 독특하다. 그리고 정씨 진인출현설을 대신하여 자신의 성씨인 이씨 진인출현설을 강조했던 점도 특기할 만하다. 이정재 역시 계룡산 도읍설에 심취했던 인물로 확인된다.

강원도 김화군 임일봉의 1940년 5월 31일자 경성지방법원 판결문에는 다음과 같은 내용이 전한다.

피고인 임일봉은 (…) 『정감록(鄭鑑錄)』 등을 독습했는데 (…) 이후 『정

> 감록』에 의하면 충청도 계룡산에 정왕(鄭王)이 출현하여 조선국왕이 되어 총괄하고 800년은 번영하리라는 예언을 믿고 은밀히 조선 독립시기가 도래하리라는 큰 기대를 가지고 (…) 1934년 1월경 (…) 태극교를 창설하여 (…) 다수 교도를 획득하여 조선 독립사상을 고취할 것을 기도하였다. (…) 만주 및 중국을 중심으로 세계대전이 발발하고 (…) 전화(戰禍)는 조선에 미치나 (…) 태극교도는 천도(天道)에 의해 어려움을 피하고 영원히 번영하고 (…) 조선에는 남해도(南海島)로부터 정왕(鄭王)이 나타나 통치하게 되고 (…) 1934년 11월에 (…) 4~5년 후에는 악병(惡病)이 유행하고 (…) 정왕이 나타나 조선을 독립시키고 충청남도 계룡산에 도읍을 정하고 왕위에 오른다.

정씨 진인출현설과 계룡산 도읍설을 결합한 정감록적 신앙의 전형으로 보인다.

한편 충청남도 논산군 김성규의 1940년 10월 30일자 전주지방법원 형사부의 판결문에 다음과 같은 내용이 있다.

> 피고인은 (…) 겉으로는 종교단체를 가장하고 이면에 조선을 우리 대일본제국의 굴레로부터 이탈 독립시킬 것을 목적으로 하는 결사를 조직할 것을 세의하고 (…) 황석공교(黃石公敎)라 부르는 종교결사를 조직하고 황석공소서(黃石公素書)에 의거한 믿음, 사랑, 존경을 교의 기본으로 하는 한편 (…) 조선 항간에 유포되고 있는 소위 정감(鄭堪)의 예언에 의하여 정해도(鄭海桃)라는 가공의 인물을 실재하는 것 같이 꾸며서 교주로 하고, 동인(同人)은 천명(天命)에 의해 사경진(四庚辰)의 해, 즉 1940년 음력 3월 15일 충청남도 계룡산에서 조선 왕위에 즉위할 것인데 (…) 주문을 외우면 (…) 삼재팔난을 면할 것이라고 선전하여 (…) 1932년 황석공교를 황극교(黃極敎)로 고칠 것을 결정하고 (…)

중국의 전설적인 인물인 황석공이 남겼다는 기록을 근거로 세워진 교단으로 보인다. 그러나 여전히 정감록적 믿음을 나타내고 있으며, 경진(庚辰)이라는 간지가 네 번 겹치는 시기를 강조했다는 점이 확인된다.

충청남도 논산군 최응모의 1940년 11월 19일자 경성복심법원의 판결문에는 다음과 같은 내용이 있다.

> 최응모는 (…) 1940년 4월 중순 (…) "조기는 쪄먹고, 청어는 구워먹고, 소는 밖에 묶어놓고, 여마(驢馬)는 안에 묶어둔다"고 지어두었던 시를 (…) 해석하면서 "조기는 조선, 청어는 중국, 소는 음이 소(昭)로 통하여 소화(昭和)의 천황, 즉 일본 폐하를 의미하고, '여마'는 정감록의 정왕(鄭王)을 지칭하는 것이다"라고 하면서, 전체적 의미는 "일본은 조선을 쪄먹는 것처럼 병합하고, 중국을 소살(燒殺)하여 먹는 것처럼 침략하고 있다. 소를 밖에 매어두는 것과 같이 금상폐하의 정권을 조선으로부터 물러나게 하려면 소위 정왕을 끌어들이지 않으면 안 된다"라고 설명함으로써 (…)

자신이 지은 시를 독특하게 해석했다는 내용이다. 『정감록』에 등장하는 정씨 진인출현설의 변형으로 볼 수 있다.

충청북도 괴산군 송원용의 1940년 12월 16일자 경성복심법원 판결문에 다음과 같은 내용이 있다.

> 피고인은 1940년 7월 (…) 정씨(鄭氏)는 언제 어디서나 거병할 수 있으나 오는 10월이나 11월경에는 이왕(李王) 전하, 즉 영친왕(英親王)이 조선총독이 될 것이나, 정씨는 그의 임시정부의 병사 360명을 일으켜 영친왕을 토벌하고 정씨는 충청남도 계룡산에 새로운 도읍을 건설할 예정이다라는 취지를 말하였고 (…)

정씨 진인출현설에 근거를 두고 당시의 정세에 결부하여 특이한 해석을 내렸다. 상해임시정부의 인물들이 정씨 진인과 함께 조선에 들어올 것이라는 임박한 예언을 강조했던 것으로 보인다.

그리고 강원도 삼척군 윤상명의 1941년 7월 31일자 경성지방법원 판결문에 다음과 같은 내용이 있다.

> 대정 11년(1922) 1월 20일 사망한 함경남도 함주군 덕산면에 거주하는 (…) 이기문(李基文)이라는 자는 생전에 북극성(北極星)에 향해 (…) 태극존신(太極尊神)에게 무병식재(無病息災), 다행다복(多幸多福)을 성심으로 기도하면 병마재액(病魔災厄)을 면할 수 있다고 하며 (…) 세상 사람들이 이를 북학교(北學敎) 또는 태극교(太極敎)라 부르게 되었다. 피고인 윤상명은 (…) 소화 4년(1929년) 봄 무렵 피고인 이낙림으로부터 "조선은 장래에 반드시 독립국이 될 것이며, 그때 조선왕이 되는 자는 자신 또는 윤상명이 될 것이라고 꿈속에서 신(神)으로부터 통지받았다"라고 듣고, 이에 어려서부터 장래 조선왕이 되겠다는 야망을 품게 된 자이다. (…) 머지않은 장래에 천지개벽(天地開闢)으로 (조선은) 독립국이 될 것이다. (…) 1929년 10월 17일 (…) 스스로 교주가 되었음을 선언하고 그가 주재하는 교를 천지중앙명류도(天地中央明流道)라고 명명한 후 (…) 조선은 가까운 장래에 천지개벽하여 함경도와 평안도는 삼재팔난(三災八難)을 입게 되니 남쪽으로 이거(移居)한다. (…) 장래 조선이 독립할 때에는 국왕이 될 것이니 (…) 태극존신에게 예배, 기원하였다.

꿈을 통해 신인의 계시를 받았다고 주장한 점이 특기할 만하다. 개벽으로 조선이 독립할 것이라는 점을 강조했고, 남쪽으로 피난하라고 주장했던 사실이 확인된다.

충남 홍성군 유태훈의 1942년 6월 25일자 대전지방법원의 판결문에는 다음과 같은 내용이 보인다.

> 피고인은 (…) 1925년 봄 무렵 (…) 정감록을 탐독하고 (…) 믿고 있는 자이다. (…) 일본은 지금 싱가포르와 프랑스령 인도도 점령하여 대동아 건설이 착착 진전되고 있으나 『정감록』의 비결에 의하면 지금부터 10년 후

에는 공주 계룡산 기슭 신도(新都) 내에 조선의 수도가 건설된다고 하니 다분히 그 무렵 조선은 독립될 것이다. 또 같은 비결에 올해와 내년 중에 천재(天災) 및 충독(蟲毒)이 혹독하다고 하니 일본도 장래에 어떻게 될지 의문이다.

계룡산 도읍설이 여전히 확인된다. 그 시점이 계속해서 연기되는 점도 알 수 있다. 요컨대 『정감록』에 나오는 계룡산 도읍설은 새로운 나라의 건국이라는 점에서 일제의 관심과 주목을 받았다.

또 대구부 신영화의 1942년 6월 29일자 경성지방법원 원주지청의 판결문에 다음과 같은 내용이 있다.

피고인은 (…) 원래 보천교도로서 (…) 1938년 음력 7월 김언수가 보천교를 재흥하려고 계획하는 것을 듣고 (…) 보천교주 차경석(車京錫)의 손자 차천태(車天泰)가 원 보천교의 계통을 이어 동교(同敎)를 재흥한다고 (…) 1939년 음력 8월 (…) 김언수가 새로운 교단은 조선의 독립도 목적으로 하고 (…) 관헌의 단속을 피하기 위해서 표면적으로는 시천교(侍天敎)를 포교하는 것처럼 위장하고 있다. (…) 최수운을 교조로 하는 시천교와 강증산을 교조로 하는 증산교의 양 교의에 따라 유, 불, 선의 삼도(三道)를 통합하여 창시한 것으로서 신도 1만 2천 명에 대해 신통력을 갖는 도통군자로 만들기 위해 공부를 시켰던 강증산의 유저(遺著) 『대순전경(大巡典經)』에 의하면 "멀지 않아 세계 속에 병재(病災), 전재(戰災), 흉재(凶災)의 소위 삼재(三災)가 자행하고, (…) 일본을 비롯한 각국은 멸망에 처하고, 그때 도통군자 1만 2천 명은 그 신통력에 의해 생존하여 조선을 독립시킬 수 있고, 장래 영원히 조선 건국의 큰 공로자로서 후한 대접을 받게 될 것이고 (…) 1942년 음력 2월 21일 (…) 새로운 세계가 출현하는 것, 즉 조선이 독립하는 것을 예언하는 것 외에 (…) 1940년 동지(冬至)로부터 내년 한식(寒食)날까지 오선위기(五仙圍碁)인 선인(仙人)으로 도통공부를 시켜야 하는 것을 (…) 표면은 시천교라는 신종교단을 조직하여 (…) 증산사당에서 규모식을 거행하고 (…)

보천교 교주였던 차경석이 죽은 후에는 이제 그의 손자가 교단을 이어받았다. 새로운 교단을 창교하는 일 자체가 조선의 독립을 도모하는 일로 지목받았음을 알 수 있다. 시천교와 증산교의 교리를 통합하여 새로운 교단을 세우려 했다는 사실이 확인되며, 1만 2천 도통군자를 강조했다는 점도 짐작된다. 증산의 언행을 담은 책이 예언의 근거로 제시되었다는 점이 특기할 만하다.

경성부 행촌정 윤광현의 1942년 8월 13일자 경성지방법원 판결문에는 다음과 같은 내용이 있다.

> 1940년 4월 (…) 최수운(崔水雲)을 교조로 하는 시천교와 강증산(姜甑山)을 교조로 하는 증산교(甑山敎)의 두 종교의 뜻을 종합하여 신종교를 창시한다. 이에 가장 열심히 신앙하는 자 1만 2천 명은 도통군자라 하여 나쁜 병을 치료하는 신통력을 얻게 된다. 전 세계에 대전쟁이 발생하여 나쁜 병이 유행하여 일본을 비롯하여 각국이 함께 멸망한다. 이때에 도통군자 1만 2천 인은 그 신통력에 의해 조선을 독립시키고 장래 영원히 조선 독립 건국의 대공로자로서 국가와 국민으로부터 존경을 받기에 이르게 된다. (…) 1942년 2월 21일 한식날은 (…) 새로운 세계가 출현한다는 것을 의미하는데 (…) 조선이 독립한다는 것을 예언하는 것으로 (…) 국체의 변혁을 목적으로 하는 결사를 조직하고 (…)

앞에서 살펴본 신영화 사건과 대동소이한 내용이다.

한편 전라북도 정읍군 정영대의 1944년 1월 14일자 전주지방법원 정읍지청의 판결문에 다음과 같은 내용이 있다.

> 피고인은 (…) 『정감록』 중에 갑신년(1944)에 북(鼓)의 당나귀가 울면 정도해(鄭桃海)가 세상에 나와 조선의 왕이 된다는 기재가 있고, 그의 동지

수십 명은 거지차림으로 변장하여 조선 각지를 돌면서 시기를 기다리고 있다는 말을 듣고 (…)

악기인 북에서 당나귀 소리가 나면 정도해라는 진인이 출현할 것이라는 주장이다. 정씨 진인출현설의 변형으로 보인다.

또 경상북도 김천군 임인무의 1944년 7월 22일자 전주지방법원 남원지청의 판결문에 다음과 같은 내용이 있다.

피고인은 (…) 1944년 1월 (…) 일본은 (…) 미국과 영국에게 승리한다는 것은 불가능하다. (…) 조선을 독립시킬 것이기 때문에 조선어를 상용하고 언문을 배우지 않으면 안 된다. 계룡산에 도읍이 생기면 6개국으로부터 도움을 받는다는 전설이 있는데 그 시기가 도래한 것 같다.

새 세상이 되면 조선말이 표준어가 될 것이라는 예언이 특기할 만하다. 역시 계룡산 도읍설을 주장했다는 점에서 정감록적 신앙의 표현으로 볼 수 있다.

또한 전라북도 정읍군 정차동의 1945년 6월 7일자 전주지방법원 형사부의 판결문에 다음과 같은 내용이 있다.

피고인은 (…) 1944년 음력 11월에 (…) 내년 음력 4월경에는 미군이 조선에도 상륙하여 일본은 패전하는데, 그때 태평양 자하도(紫霞島)로 어부를 이끌고 건너간 정만인(鄭萬仁, 당시 144세)의 손자 정종찬(鄭鍾贊)이 나타나 충청남도 계룡산에서 등극하여 조선이 독립한다. 김일성(金日成)도 조선 독립을 위해 만주 등지에서 활약하고 있는 모양이다. 1946년 3월 중에 계룡산에서 정종찬의 등극제(登極祭)를 집행하는 것에 (…) 현금 1만 원의 준비가 필요하다.

자하도로 피신한 정만인이라는 진인의 나이와 그의 손자가 곧 세상에 출현하여 조선을 독립시킬 것이라는 예언이 중심이다. 역시 『정감록』에 나오는 정씨 진인출현설의 하나로 볼 수 있다. 정만인은 해인(海印)과 관련되어 등장하는 인물의 이름이다. 그리고 김일성의 독립투쟁도 정씨 진인출현설의 한 근거로 제시하여 임박한 예언의 실현을 약속했다는 점이 특기할 만하다.

한편 경성부 종로구 정강헌일(正崗憲一)의 1945년 6월 15일자 전주지방법원 형사부의 판결문에 다음과 같은 내용이 있다.

> 피고인 정강헌일은 (…) 1913년 6월경 당시 경성부 내에서 포교하던 각세교(覺世敎)에 입교하여 다음해 9월경 각세교 교주 이선평(李仙枰)의 뒤를 이은 교주가 되어 각세정도교(覺世正道敎)라 개명하고, 또 천지의 도수(度數)에 의하면 현세는 선천건운(先天乾運) 시대의 말기로서 다가오는 후천곤운(後天坤運) 시대는 상제친정출생(上帝親政出生)에 의해 정도령(正道靈)의 세계, 즉 지상천국(地上天國)의 실현을 보게 될 것이라고 말하고, 1926 4월경 정도교(正道敎)로 개칭하여 (…) 스스로 정도령감(正道靈鑑)이라는 서적을 저술하거나 (…) 신도 획득에 노력한 결과 일시적으로 신도 1만이 넘는 성황을 이루었으나, 1937년 5월경 일단 이를 해산하였는데 그 후에도 정도령이란 망상을 멈추기 어려워 (…) 정도령은 최고의 신령으로 천조대신(天照大神)은 그의 보좌역인 신령에 불과하고 대심판인 지금의 세계대전이 끝난 후는 조선을 중심으로 한 후천곤운의 세계, 즉 정도령의 세계가 실현되어 상제인 정도령이 자신에게 현현하여 신세계를 지배할 것이다. (…) 후천운수인 미륵세존 5만 년 시대의 실현이 목전에 임박하였으니 미륵세존이 출세하여 용화세계가 되면 조선은 독립하여 세계를 통일함과 동시에 지상천국을 건설할 것이다.

각세도도 정씨 진인출현설을 주장하고 퍼트렸으며, 진인 정도령을 빗대어 교단의 이름을 바꾸었다는 점이 확인된다. 책을 지어 이러한 예언을 강조했다는 점이 특기할 만하다. 그리고 굳이 정씨(鄭氏)가 아니라 "참된 도를 가진 영적인 세계"가 실현될 것이라고 강조하여, 정씨 이외의 성씨도 구원자가 될 수 있다고 믿었음을 알 수 있다. 그리고 불교의 미륵불 출현설을 한국 신종교의 후천 5만 년 선경세계와 연관시킨 점이 독특하다.

제4장
일제강점기 예언의 특성과 의미

일제에 의해 국권이 유린된 암울한 시기였던 일제강점기에도 많은 교단 특히 신종교 교단에 의해 상당한 양의 예언이 제시되어 당시 민중의 삶에 막대한 영향을 미쳤다. 곧 진인이 새로운 나라를 세울 천자로 등극하여 나라를 독립시켜줄 것이라는 희망찬 미래를 약속하며 예언은 입에서 입으로 퍼져나갔으며, 이를 국권회복운동의 일환으로 규정했던 일제 당국의 엄중한 감시 아래 많은 사람들이 체포되어 수감생활을 했다. 그럼에도 불구하고 요원의 불길처럼 은밀하게 유포된 예언은 나라의 독립이 실제로 이루어진 해방을 맞이했던 순간까지 정신적 독립운동의 횃불로 줄기차게 타올라 시대의 흐름에 따라 여러 교단의 중요한 교리체계와 포교수단으로 계승되었다.

이 장에서는 일제강점기에 제기된 예언의 특성과 그 의미를 살펴보고자 한다.

1.
체제변혁의 도구와 선전자료

일제강점기의 예언도 예언이 지닌 고유한 특성을 그대로 드러내어 체제변혁의 도구로 이용되었고, 체제변혁을 위한 유효하고 강렬한 영향을 지닌 형태의 선전 자료로 제시되었다. 기존의 체제, 즉 일제강점의 정권을 타도하고 곧 새로운 정부가 이 땅에 세워질 것이라는 것이 핵심적 예언으로 등장한다.

나아가 '새 나라의 건설'이라는 복음(福音)은 당시 일제의 탄압과 수탈에 억눌리고 지쳐 있던 조선의 민중들에게 열렬한 환영을 받았다. 이러한 예언에 심취된 사람들은 앞다투어 새로운 조직에 참가했고, 이는 다양한 형태의 한국 신종교 교단의 탄생과 직결되었다. 민중적 혁명운동의 형태로 하나로 제기된 한국 신종교 교단은 국권회복운동의 일환으로 발생하여 특히 일제강점기에 극도의 분립상을 보여주었다.

이와 관련하여 다음과 같은 보고가 있다.

> 한국 신종교에 입교를 권유하는 이유에 대해 "이 교야말로 혁명을 성취하는 것이고 새로운 왕을 내는 것이며 이 교야말로 새 도읍의 출현에 밀접한 관계를 갖는 것이므로, 이 교의 교도는 그때 선택된 자로서 대우받고 교(敎)에 대한 지성의 대소에 비례하여 고위고관 또는 특적이 있는 사회적

지위가 약속될 것이다"라는 것이 대부분이었다.[1]

한국 신종교 교단에 참여했던 일제강점기의 조선 민중의 대부분은 '혁명을 성취하는 일'로 교단 입교 이유를 설명했다. 구체적으로는 가장 큰 입교 동기가 일제의 억압과 지배를 벗어나 '새로운 왕을 세우는 일'이며, '새 나라의 도읍지를 결정하는 일'이라고 믿었다. 마침내 나라의 독립이 성취되면 그 대가로 교도들의 벼슬길이 열릴 것이라는 믿음에서 새 나라 건설의 주역으로서의 자부심을 확인할 수 있으며 한편으로는 그들의 엽관적(獵官的) 소망을 엿볼 수 있다.

이 외에도 다음과 같은 보고도 있다.

> 입교 권유의 언사에 "우리 교는 내정 문란하고 외적에 고통당하는 한국의 국권을 회복하고 무고한 인민을 구제하고 무식자를 계몽하여 행복을 얻게 한다", "우리들은 5만 년 무극의 대도로써 지상천국을 건설하는 데 목적이 있고 현재의 정부를 전복하고 우리 교가 그 정권을 장악해야 하며 교도는 성미(誠米), 성금(誠金)의 납부의 다소에 따라 각각 고관대작의 지위를 얻는다", "우리 교는 한말(韓末)에 도탄의 민중을 해방할 유일한 단체이고 조선의 **는 우리 교에 의해서만 단행되며 그때는 교도 모두 행복한 지위를 받을 것이다", "동학의 교조(敎祖) 최제우는 신인(神人)이고 동학교 창시 후 61년째인 1920년에 재생하여 세계통일의 대업을 성취해야 할 것을 예언했다", "우리 교를 믿는 자는 무병, 행복증진, 조선 **의 때는 각각 상당한 관직에 오르고 영달할 수 있다", "국권회복의 때 또는 교주 등극의 때는 우리 교도만이 고위고관에 임용된다", "조선의 **는 우리 교에 의해서만 달성된다" 등이 대부분이었다는 보고가 전한다.[2]

---

1 무라야마 지준(村山智順), 앞의 책, 1935; 무라야마 지준(村山智順), 앞의 책, 1991, 709쪽.

2 무라야마 지준(村山智順), 앞의 책, 1935; 무라야마 지준(村山智順), 앞의 책, 1991, 709-710쪽.

인용문의 **는 독립을 가리키는 말이다. 위의 인용문에서도 일제강점기의 예언이 대부분 당시의 억압적 체제를 극복하는 수단으로 제시되었고, 이를 위한 선전 자료로 활용되었다는 사실을 확인할 수 있다. "나라의 국권을 회복하는 일"은 "무고한 인민을 구원하고 계몽하여 행복으로 이끄는 길"이다. 그리고 "지상천국을 건설하는 일"이 예언의 목적이며, "현재의 정부를 전복하고 우리 교(敎)가 그 정권을 장악해야 할 것이다"라는 강렬한 체제변혁의 의도를 드러낸다. 나아가 신종교 교단에서는 "민중을 도탄에서 구원할 유일한 단체"가 바로 자신이 믿는 교단이며, "조국의 독립은 우리 교에 의해서만 이룩할 수 있다"는 굳건한 믿음을 강조했다.

이와 관련하여 한국 신종교 교단은 일제강점기에 국권회국운동에 앞장섰다. 새로운 나라를 상징하는 국호와 연호까지 제시되기도 했다. 보천교에서는 대시국(大時國)이라는 국호를 제시했고, 불무황제 김연일은 "갑자년(1924) 갑자월 갑자일에 불무국(佛務國)이 건설될 것"이라고 주장했으며, 무극대도교에서는 임홍(任興)이라는 국호를 제시했다. 정인표(鄭寅杓)가 창립한 미륵불교에서는 1939년 음력 7월에 국호를 대명국남조선대법국(大明國南朝鮮大法國)이라고 정하고 연호를 단주(丹周)라고 하는 등의 활동을 하다가 일제 경찰에 체포되었다.그리고 서상석의 증산교파에서는 동국(東國)이라는 이상국가 이름을 주장했으며, 대정교에서는 신통(神統)이라는 연호를 주장했고, 천지교에서는 대은국(大殷國)을 건설할 것을 주장했다.

이처럼 새로운 국호와 새로운 연호까지 제시되는 예언은 한국 신종교 교단이 국권회복운동에 매우 적극적으로 나섰다는 결정적 증거이다. 일제가 다스리는 나라가 아니라 이제 새로운 나라가 곧 세워질 것이며, 구체적 이름까지 정해졌다는 주장과 함께 일제에 의해 강요되는 연호가 아니라 새로운 연호를 사용해야 할 것이라는 믿음이 강조되었다. 일제의 억압과 강요를 벗어나 새로운 나라 이름이 정해지고 새로운 연호까지 사용될 것이라는 신종교 교단의 예언은 임박한 시점에 나라가 독립될 것이라는 믿음이었다.

한편 "교조가 위대하고 이상적인 존재이며, 곧 부활하여 세계를 통일시킬 것이다”라는 믿음은 세계구원이라는 이상향을 약속한 것인데, 영혼의 구원도 약속하는 종교적 구원과는 다른 다소 정치적 성향의 구원관을 제시한 것이다. 특정한 교를 믿는 일이 무병장수와 행복추구라는 다소 일상적이고 현세적인 목표를 이룸과 동시에 ‘조선의 독립’을 약속했다는 점이 특기할 만하다. 결국 조선의 독립이라는 체제변혁을 중심으로 일제강점기의 예언이 제시되었음이 다시 한 번 확인된다.

2.
인물 중심의 예언

일제강점기에도 구체적 인물 중심으로 예언이 유포되었다. 조선시대의 예언이 주로 정씨라는 성을 지닌 진인이 등장한다는 주장과 믿음이 중심이 되었던 점과는 조금 다르게 일제강점기의 예언에는 정씨 이외의 다른 성씨를 지닌 진인도 새로운 구원자로 등장한다는 점이 특기할 만하다. 물론 조선시대에도 유씨, 조씨, 홍씨 등의 성씨를 지닌 예언이 나오기도 했지만, 주류를 이루는 것이 정씨 위주의 예언이었다.

일제강점기의 예언에는 다수의 교주가 등장한 점이 가장 큰 특징이다. 조선시대의 진인이 성씨만 제시되어 다소 애매했던 점에 비해 일제강점기에 이르면 진인이 특정 교단의 교주로 제시되어 구체적인 이름까지 명확하게 제시된다. 시천교의 김연국, 보천교의 차경석, 무극도의 조철제, 백백교의 전정운, 정도교의 신태제 등이 그 대표적 예이다. 특정 성씨에 특정한 이름을 지닌 구체적 인물이 새로운 구원자로 등장하는 것이다.

이와 관련하여 다음과 같은 보고가 있다.

> 이전부터 조선에 믿어져 온 『정감록』 예언에는 구왕조의 운이 다한 후에는 반드시 천명을 받은 위인이 출현하여 왕이 되어 새 도읍을 건설한

다는 신왕도 건설 예언과 세계에 대변란이 발생하고 천변지이가 발흥하여 인류가 전멸의 재앙에 직면할 때 진인이 출현하여 세상의 재건을 단행한다고 하는 재변혁신(災變革新) 예언의 두 가지가 있다.[3]

인용문에 『정감록』에 나오는 대표적 두 가지 예언으로 제시된 '신왕도 건설 예언'과 '재변혁신 예언'을 하나로 통합할 수 있는 핵심 예언은 바로 '진인(眞人)출현 예언'이다. 그러므로 『정감록』의 주된 예언은 진인이라는 신비하고 이상적 인물이 곧 세상에 나타날 것이라는 것이다. 이와 같은 경향은 일제강점기의 예언에도 그대로 이어졌다. 일제강점기에 제기된 다양한 예언에도 그 중심은 항상 새로운 진인의 출현이 강조되었다.

그런데 인물 중심의 예언은 예언의 중심이 되는 해당 인물이 사망하면 그 해석의 여지가 더 이상 없어진다. 따라서 특정 인물이 강조되는 예언은 예언의 중심 인물이 사망하면 그에 대한 새로운 예언과 그에 대한 해석의 가능성 자체가 사라진다. 그러므로 예언의 지속을 불가능하게 만드는 경향이 있다. 이는 예언의 지속과 연속을 단절시키는 경향으로 이어졌다.

한편 일제강점기의 진인 가운데는 유독 특정인물의 부활(復活)이 강조되었다는 점이 특기할 만하다. 동학의 교조 수운 최제우, 증산교의 교조 증산 강일순, 백백교 1세 교주 전정운 등이 대표적인 사례이다. 이는 곧 출현할 진인이 이미 이 세상을 한 번 다녀갔던 위대한 인물 특히 종교적 인물이라고 주장한 것이다. 아마도 재림(再臨)할 메시아로 예수 그리스도를 믿는 교리체계를 가진 기독교의 영향이 아닐까 짐작된다.

3 무라야마 지준(村山智順), 앞의 책, 1934; 무라야마 지준(村山智順), 앞의 책, 1991, 861쪽.

3.
기존 예언에 대한 새로운 해석

일제강점기 예언의 특성 가운데 하나는 새로운 예언서가 등장하지 않는다는 점이다. 일제강점기에는 새로운 형태나 자료로 제시되는 예언서가 거의 보이지 않고, 기존의 전통적인 예언서 특히 『정감록』에 대한 새로운 해석의 형태로 예언이 제시된다. 물론 그 핵심은 진인출현설이며 구체적으로는 계룡산 신도읍지 건설이 주를 이룬다.

또한 일제강점기에는 『정감록』의 십승지사상에서 제기된 승지(勝地)를 넘어서 다른 지역이 새로운 구원의 중심지로 부각된다. 십여 곳의 승지가 피난처나 구원의 땅으로 믿어지고 제시되었던 조선시대와는 달리 일제강점기에는 특정 교단의 본부가 있는 지역이 구원의 중심지나 피난처로 제시된다. 대표적인 예는 상제교의 계룡산 신도안, 보천교의 정읍, 백백교의 함경도 운림면 마양동과 금강산 등이다.

그리고 청림교에서는 파주, 철원, 통천, 평원, 문산, 영월 등지의 피화당(避禍堂)을 주장했고, 백백교에서는 금강산에 있다는 피신궁(避身宮)을 강조했으며, 무극대도교에서는 "진인 정도해가 제주도 중문면에 출현할 것이다"라고 주장하였다. 『정감록』에서 주장하는 이른바 십승지 이외의 지역이 새로운 피난처나 구원처로 제시되는 것이다. 이제 기존의 십승지만이 아니라 다른 지역도 몸을 보신할 수 있는 땅으로 믿어질 수 있었고, 이를 바탕으로 이들 지역이 해당 교단의 교리체계에 중심지 역할을 할 수 있었다.

또한 금강도에서는 교단의 본부가 있는 지역인 금병산을 새로운 구원지로 주장했고, 백백교에서는 애초에 교단이 세워진 지역인 함경도 운림면 마양동을 진인이 출세할 땅으로 믿었다. 단순한 피난처로서만 특정 지역이 신성화되는 것이 아니라 교단의 본부가 세워진 곳을 성스러운 장소로 믿었던 것이다.

그렇지만 일제강점기에도 여전히 계룡산 중심의 구원처가 중점적으로 제시된다. 일제강점기의 많은 신종교 교단에서는 계룡산에서 곧 천자가 등극할 것이라거나 새로운 도읍이 들어설 것이라는 점을 강조했다. 이는 조선을 잇는 나라가 정씨 성을 가진 진인에 의해 계룡산에 세워질 것이라는『정감록』의 영향을 크게 벗어나지 못한 것으로 보인다.

4.
교단 위주의 예언

조선시대의 예언이 반란과 역모를 도모하던 몇몇 인물이 중심이 되어 제기되었던 것에 반해 일제강점기의 예언은 종교 교단을 중심으로 비교적 체계적으로 제기되었다. 사회가 발전함에 따라 정치, 경제, 교육, 예술, 종교 등의 여러 영역으로 세분화되어 분화되는 상황에서 일제강점기에 이르면 거의 대부분의 예언은 종교의 영역에서 제기되었다. 결국 일제강점기에서는 예언이 교단을 중심으로 제기되어 선전, 홍보되었다. 미분화된 사회체제를 벗어나 점차 세분화되는 역사적 사정을 반영하여 이제 예언은 종교 영역에서 주로 제기되기 시작했던 것이다.

이러한 사회적 상황에 발맞추어 일제강점기에는 여러 지역에서 다수의 교주가 등장한다. 이제 예언은 은밀하게 모의되었던 각종 역모사건이 아니라 종교 교단을 중심으로 제기된다. 예언의 핵심을 이루는 메시아적 인물도 막연하고 신비한 인물로 제시되는 것이 아니라 실존인물이 실재하는 교단을 대표하는 인물로 있다고 강조하기 시작한다.

일제강점기의 예언은 신종교가 중심이 되었다. 기존의 기성종교였던 불교, 천주교, 기독교는 거의 예언을 제기하지 못했고, 각 교단의 고유한 예언조차 이 시기에 부각시키지 못했다. 더욱이 일제강점기에 기성종교들이 국권회복운동에 참여한 증거도 거의 찾아볼 수 없다. 한국 신종교 가운데서도 선두주자인 천도교도 국권회복운동에 다소 소극적 자세를 보였으며, 뚜렷한 예언을 제기하지는 못했다. 이러한 경향은 아마도 기성종교의 특성인 체제순응적인 성격에서 비롯된 것으로 보인다. 체제에 순응하면 할수록 체제를 변혁시키거나 전복시키는 혁명적인 예언을 제기하는 일이 어려워지기 때문이다. 새로운 종교운동으로 일어난 신종교라는 참신성을 강조하면 할수록 기존 체제에 저항하고 반(反)하는 예언을 유포했다.

한편 조선시대의 예언이 반란과 역모사건과 관련되어 제시됨으로써 사건연루자들이 대부분 참형 또는 극형에 처해졌던 사실과 비교해볼 때, 일제강점기의 예언은 종교단체를 중심으로 이루어져 사기, 금전편취, 부녀자 농락 등과 관련되어 다소 약한 형벌만 받았다. 사회의 여러 부문이 각기 정립되는 과정에서 예언은 종교의 영역으로 인식되었고, 이에 따라 체제변혁적 성향이 강하더라도 왕조사회의 경우처럼 극단적인 형벌은 피할 수 있었던 것으로 파악된다.

5.
특정 시점과 실제화를 제시한 예언

조선시대의 예언이 진인(眞人)이 출현할 것이라는 점만 강조하고 그 시기에 대해서는 애매모호하게 제시되었던 사실과 비교해볼 때, 일제강점기에 제기된 여러 교단의 예언은 특정한 연도의 특정한 월일(月日)에 진인이 천자(天子)로 등극할 것이라는 매우 구체적 형태로 알려진다. 조선시대의 예언이 진인의 출현 시기에 대해 구체화된다고 해도 진년(辰年), 사년(巳年), 오년(午年), 미년(未年) 등 특정한 연도만 언급되었다. 이에 반해 일제강점기에는 구체적이고 특정한 연도와 자세한 날짜까지 제시된다. 실례로는 갑자년 3월 15일, 갑자년 춘분일, 갑자년 4월 초파일, 갑자년 갑자월 갑자일 갑자시, 기사년 기사월 기사일 기사시, 경진년 경진월 경진일 경진시 등을 들 수 있다.

천도교에서는 "1920년에 수운선생이 부활하여 세계를 통일할 것이다"라고 예언했고, 시천교에서는 "1924년에 조선이 독립되어 세계 일등국이 될 것이다", "1924년에 교주 김연국이 천자가 될 것이다", "교주 김연국이 갑자년(1924) 갑자월 갑자일 갑자시에 천자로 등극할 것이다" 등을 주장했으며, 청림교에서는 "1930년 8월 11일에 계룡산에 정도령이 나타날 것이다"라고 강조했다. 또 청림교도 정서복은 "1933년 벽두에 전쟁이 일어나 조선이 난리에 휩싸일 것이다"라고 예언하기도 했다.

그리고 훔치교에서는 "1921년에 태을성신이 출현하여 정부를 조직하고 조선을 독립시킬 것이다", "교조 강일순이 1925년에 다시 태어나서 황제가 될 것이다" 등을 예언했다. 나아가 보천교의 차경석은 "갑자년(1924)에 계룡산에서 천자즉위식을 가질 것이다", "갑자년 동짓날에 등극하여 천자가 된다", "1925년 입춘날에 천자로 등극할 것이다", "1925년 3월에 대시국이 건설되어 천자가 될 것이다", "1929년 봄에 천자의 위에 오를 것이다", "1929년 3월 15일에 등극 즉위식을 가질 것이다", "기사년(1929) 기사월 기사일 기사시에 황제가 될 것이다", "1931년 6월 1일에 천자로 등극할 것이다" 등의 예언을 주장했다. 예언의 실현 시기를 시시때때로 연기했던 대표적인 사례이다. 이러한 시점 연기에도 불구하고 예언이 실현되지 않자 급기야 보천교에서는 "차경석의 손자인 정동영이 천자로 등극할 것이다"라고 주장하여 대를 이어 예언을 연기하기도 했다.

한편 무극도의 조철제도 "1919년에 천자가 될 것이다", "1926년 4월에 계룡산에서 등극할 것이다", "1939년에 새 세상이 될 것이다" 등의 예언을 했다. 또한 서상석의 증산교파에서는 "1941년에 증산이 다시 출세하여 이상국가를 세울 것이다"라고 예언했다.

또 무극대도교의 강승태는 "1940년에 진인 정도해가 제주도 남쪽 자하도에서 제주도에 상륙하여 천자가 될 것이다"라는 예언을 했으며, 칠성교에서는 "갑자년(1924) 갑자월 갑자일 갑자시에 짚으로 북을 만들어 보통 북과 같이 소리가 나는 때에 신도안에 정도령이 나타나서 왕위를 차지할 것이다", "기사년(1929) 기사월 기사일 기사시에 짚북이 울릴 것이다" 등의 예언을 했다.

이처럼 한국 신종교의 다양한 교단에서 매우 구체적인 연도와 날짜를 지정하여 예언이 이루어질 것이라고 강조했다. 특정 시점을 한도로 정하여 그 예언이 이루어진다고 주장함으로써 임박한 구원과 이에 따른 의무와 책임을 강조했던 것이다.

그리고 일제강점기에는 특정한 교단에서 교당을 신축하거나 교주가 곤룡포를 입고 행사를 치르는 등 예언이 실제로 이 세상에서 곧 이루어질 임박한 사건이라고 강조한 예가 많다. 일부 교단의 교주는 천자로 등극하여 사용할 옥새, 의관, 용상, 옥관 등을 마련하고 새로운 국가에서 사용할 큰 종을 만들거나 교당의 기와를 황제가 거주하는 곳을 뜻하는 황색으로 잇기도 했다. 예언이 언젠가 이루어질 다소 애매하거나 막연히 예정된 일이 아니라 곧 이 땅에서 이루어지는 실제로 임박한 사건이라고 강조했던 것이다.

제5장
결론

❁ ❁ ❁

이상의 논의를 정리하면 다음과 같은 몇 가지 결론을 도출할 수 있다.

첫째, 일제강점기에 이른바 『정감록』의 판본이 확정되었다.

조선 후기 구체적으로 영조 15년(1739) 6월에 처음으로 역사의 무대에 등장한 이른바 『정감록』이 이후 필사본의 형태로 180여 년 동안 다양한 형태로 은밀하게 전승되다가 1923년 2월에 비로소 공식적으로 활자본으로 간행되었다. 이후 『정감록』은 정본이 확정되었으며, 이를 바탕으로 하여 예언이 이루어져 다양하게 표출되고 해석되었다. 이제는 예언의 구체적인 근거로 활자본 『정감록』의 내용이 제시된 것이다. 조선시대처럼 비밀스러운 예언서나 비결서가 아니라 일제강점기에는 활자본의 형태로 구체화된 『정감록』에 나오는 구절이나 비결을 재해석하는 형태로 예언이 이루어졌다.

이러한 사실은 조선 후기를 잇는 시기인 일제강점기에도 우리나라의 예언은 『정감록』의 영향을 여전히 벗어나지 못했음을 보여준다. 『정감록』의 핵심 가운데 하나는 정씨 진인출현설이다. 특히 충청남도 계룡산이 정씨 진인이 등장하여 새로운 국가를 건설할 도읍지로 제시된다. 일제강점기에도 계룡산은 여전히 새로운 진인이나 천자(天子)가 출현할 신성한 땅으로 인식되고 그에 대한 각종 소문이 퍼졌다.

그런데 일제강점기 예언에는 정씨 이외의 다른 성씨인 김씨, 차씨, 조씨, 신씨 등도 진인으로 출현한다는 점이 특기할 만하다. 그리고 계룡산 이외의 지역인 정읍, 금강산, 뚝섬 등 각 교단의 본부가 있는 지역도 진인이 탄생할 새로운 지역으로 제시되기도 했다.

둘째, 일제강점기의 예언은 국권회복운동을 중심으로 제기되었다.

일제강점기 예언은 일제에 의해 강제로 빼앗긴 국권을 회복하려는 정신적, 사상적 측면의 독립운동의 일환으로 이루어졌다. 무장투쟁을 하지 못하거나 할 수 없었던 일반인의 독립운동 참여의 한 방법으로 이해된다.

일제강점기라는 암울한 시대에 우리 민족의 가장 급박하고 커다란 화두(話頭)는 일제의 지배와 약탈에서 벗어나는 '조국의 독립'이었다. 따라서 이 억눌리고 암울한 시대를 이겨내는 희망으로 예언이 제시되었다. 특히 1919년 3월 1일 전국적 규모로 일어난 만세운동이라는 정치적 사건이 결국 실패로 돌아간 이후, 그 좌절감을 극복하기 위한 대체적 방법으로 예언이라는 종교적 성향의 독립운동이 폭발적으로 일어났다.

일제강점기에 제기된 많은 예언의 중심에는 항상 '새 나라의 건설'과 '새로운 임금의 즉위'라는 주제가 있었다. 이에 따라 많은 교주가 등장하여 자신이 곧 새로운 나라를 세우고 천자로 등극할 것이라고 주장했다.

셋째, 일제강점기의 예언은 예언의 주체와 예언의 실현시점이 자꾸 연기되는 특성이 있다.

특정한 시점에 어떠한 예언이 이루어지지 않자, 그 실현 시기가 점점 연기되었다. 예언이 실패한 것이 아니라 아직 이루어지지 않고 준비가 덜 되어 있기 때문에 연기된다고 선전되었다. 시기만 연기되는 것이 아니라 어떤 교단의 경우에는 교주의 후손이 예언의 실현자로 홍보되기도 했다. 예언은 결코 실패하지 않는다. 다만 그 실현 시점이 연기될 뿐이다. 특정한 예언을 유포한 교단의 생명력이 존재하는 한 어떠한 이야기와 상황이라도 덧붙여져 그 실현의 시점이 미루어진다. 더욱이 어떤 예언을 유포한 특정 교단이 소멸하더라도 이후 다른 교단이 계속 나타나 또 다른 형태의 예언이 제시된다. 예언은 제시하고 있는 이상향이 이루어질 때까지 계속 이어지는 경향이 있다.

넷째, 일제강점기 예언은 세계구원을 시도하여 종교적 특성을 강조했다.

고려시대의 예언이 풍수지리적 입장에서 도읍터를 선정하거나 도읍지의 우수성을 강조하는 데 중점을 두었다면, 조선시대의 예언은 각종 역모사건을 중심으로 새로운 인물이 나타나 새 왕조를 건설할 것이라는 인물 중심의 예언이 주를 이루었다. 반면 일제강점기의 예언은 교단을 중심으로 체계적으로 제기되었다.

일제강점기는 사회의 각 부문이 미분화되었던 전통사회를 벗어나 여러 부문이 극도로 분화된 현대사회가 되기까지의 이행기(移行期)였다. 따라서 이 시기에 제시된 여러 예언은 점차 교단이 중심되어 유포되기 시작했다. 이후 현대에 이르면 종교라는 영역에서 예언이 거의 독점적으로 제기된다.

다섯째, 일제강점기에는 교단의 본부가 새로운 구원의 중심지로 제시된다.

계룡산이 여전히 천자등극의 땅으로 믿어진 경향이 있지만, 일제강점기에는 계룡산 이외의 지역도 중심이 되어 종교적 구원이 강조된다. 그리고 『정감록』에 등장한 십승지 이외의 지역도 새로운 구원처로 믿어지고 선전된다.

여섯째, 새로운 예언서가 나타나지 않으며, 다양한 예언도 부족하다.

조선시대에는 왕씨를 대신해 이씨가 나라를 다스릴 것이다, 유씨와 조씨가 왕이 될 것이다, 남쪽에서 이인이 나올 것이다, 오랑캐가 조선에 망할 것이다, 석가의 운수가 다하고 미륵이 이 세상을 주관할 것이다, 조선이 셋으로 갈라질 것이다, 조선의 운수가 몇십 년 안 남았다, 남조선 홍의도에 이인이 숨어 있다, 홍씨가 임금이 될 것이다, 미성(尾星)이 출현하면 사람이 많이 죽을 것이다, 서울과 지방에 괴질이 발생할 것이다, 조선왕조의 수명이 정해져 있다, 천지가 개벽하여 불로장생의 선경(仙境)이 열릴 것이다 등의 천재지변, 왕조교체, 천지개벽설 등 비교적 다양한 예언이 제기되었다.

이에 반해 일제강점기에는 오로지 '국권회복'과 관련된 '천자등극설'의 예언이 주를 이루었다. 이는 당시 시대의 절대적인 화두인 '조국의 독립'을 해결하기 위한 집중의 결과로 보인다. 그렇지만 예언이 다양한 형태로 제시되지 못했다는 일정한 한계를 지닌다.

그리고 조선시대에는 『도선밀기』, 도선의 『유기(留記)』, 의상의 『산수비기』, 『구변진단지도』, 『도선참기』, 무학의 『도참기』, 『나옹비기』, 『남사고비결』, 『요람』, 『역년기』, 『국조편년』, 『관서비기』, 『동방삭비결』, 『지공대사비기』, 『이토정비기』, 『격암비기』, 『두사총비기』, 『청구비결』, 『고결』, 『고산자비기』, 『사주편년』, 『상주신도록』, 『소학산비기』, 『이순풍비기』, 겸암의 『비결』 등의 비교적 많고 다양한 예언서가 제시되었다. 이에 비해 일제강점기에는 『정감록』 이외의 예언서는 거의 보이지 않는다. 『정감록』의 특정 구절에 대한 재해석을 시도하거나 『정감록』의 계룡산 천자등극설을 추종하거나 재해석할 따름이다.

일곱째, 일제강점기의 예언은 군주적 제왕의 등극 또는 출현을 중심으로 제기되어 정치적 영역과의 분화가 이루어지지 않았다.

일제강점기에 제기된 예언은 정치와 종교가 미분화된 경향을 보인다. 이 시기의 예언은 여전히 왕조(王朝) 중심의 사관(史觀)을 지녔고, 복고주의적 경향을 보인다. 어쩌면 다소 과대망상을 지닌 인물들이 등장하여 자신이 곧 천자가 될 것이라는 예언을 주장하여 사람들을 끌어모았다. 그리고 이러한 예언은 거의 대부분 종교적 차원의 구원이 아니라 정치적 차원의 구원과 물질적 축복과 세속적 영예를 약속했다.